FEUILLETON DU JOURNAL *LE TELEGRAPHE*

UNE

GOUTTE DE SANG NOIR

ÉPISODE DE LA GUERRE CIVILE

AUX

ÉTATS-UNIS

PAR

GUSTAVE AIMARD

PARIS
IMPRIMERIE DUBUISSON ET Cⁱᵉ
5, RUE COQ-HÉRON, 5
1878

©

UNE
GOUTTE DE SANG NOIR

PREMIÈRE PARTIE
LES PLANTEURS

I

COMMENT, EN S'ÉGARANT DANS UNE PLAINE, ON PEUT FAIRE MANQUER L'AFFUT D'UN CHASSEUR D'HOMMES.

Notre récit commence le 23 juin 1862, à huit heures du soir, en plein Etat de Virginie — Etats-Unis du Nord-Amérique.

Ce jour-là, au coucher du soleil, un ouragan d'une violence extrême, sorti des Mornes des *Blues-Ridges*, s'était abattu à l'improviste sur la magnifique vallée de la Shenandoha.

L'obscurité était complète; des nuages noires frangés de jaune livide, fort bas et chargés d'électricité, couraient lourdement dans l'espace, sans cesse rayés par les zigzags verdâtres, des éclairs alternant avec les éclats stridents de la foudre que répercutaient à l'infini les échos des mornes; une pluie diluvienne tombait depuis longtemps et semblait à chaque seconde augmenter d'intensité; le vent sifflait avec rage, tordant les grands arbres et remplissant l'air de mugissements sinistres ressemblant à des plaintes humaines; les ruisseaux et les rivières, changés en torrents, bondissaient échevelés à travers la vallée, creusant et défonçant les chemins, roulant dans leurs eaux bourbeuses des arbres déracinés, des quartiers de roche, des cadavres d'animaux domestiques et des débris de toutes sortes.

Au plus fort de cet ouragan, deux cavaliers, aveuglés par la pluie et le vent qui leur fouettaient le visage, cherchaient péniblement leur chemin perdu au milieu de cet effroyable cataclysme.

Autant qu'il était possible de s'en rendre compte à la lueur fugitive des éclairs, ces inconnus étaient jeunes, de haute taille, de manières élégantes, et portaient avec une désinvolture toute militaire l'uniforme de capitaine et de chef d'escadron sous l'ample capote grise à boutons de métal adoptée indistinctement par tous les soldats et officiers de l'Union, depuis le général en chef jusqu'au dernier *sutler*, mot qui, en bon français, signifie cantinier.

Le premier de ces deux personnages, le chef d'escadron, paraissait âgé de vingt-neuf ans; il était très brun de cheveux et de teint; ses traits expressifs étaient réguliers et fort beaux; il avait le front pensif et pur, les yeux noirs bien ouverts, un peu rêveurs, mais à la plus légère émotion remplis d'éclairs; une fine et soyeuse moustache ombrageait une bouche aux lignes spirituelles; sa physionomie avait une rare expression de franchise, de volonté, et d'énergie des plus sympathiques.

Son compagnon, peut-être un peu plus jeune d'une année ou deux, était blond, avec des yeux bleus regardant bien en face; son teint était d'une pâleur mate; sa chevelure bouclée et sa longue moustache fauve donnaient à sa physionomie mobile une indicible expression d'énergie mêlée à une extrême douceur; son regard et ses lèvres souriaient avec cette insouciance et ce laisser-aller de la jeunesse que rien ne surprend ni n'effraie.

Soudain, après un éclat de la foudre plus strident que les autres, les chevaux épouvantés s'arrêtèrent tout à coup comme si leurs sabots se fussent incrustés dans le sol.

— Nous voilà dans une jolie position! s'écria le capitaine avec colère.

— Il est certain, mon cher John, qu'elle n'a rien de très réjouissant, répondit le chef d'escadron.

— Et la pluie qui a éteint les feux de nos bivouacs! Comment retrouver la position de nos campements?

— En effet, cette dernière chance nous échappe; il faut en prendre notre parti.

— Vous en parlez bien à votre aise, vous, Tristan, reprit le capitaine en grommelant; passer la nuit en pleins champs par une nuit pareille! Après tout, qui sait si, en continuant à marcher ainsi à l'aveuglette, nous n'aurions pas été donner tête baissée dans les piquets de l'ennemi?

— Au lieu d'arriver au charmant cottage où votre jolie cousine miss Jane s'est retirée avec sa famille depuis le commencement de la guerre!

— Pauvre Jane! j'espérais la surprendre; il y a si longtemps que nous ne nous sommes vus!

— On a toujours un but, cher ami, répondit l'autre évasivement.

— Vous aviez un but vous aussi, en venant avec moi.

— Ah! s'écria tout à coup le capitaine.

— Quoi?

— Une lumière!

— Je ne vois rien.

— Elle a disparu, mais je l'ai vue, *by god!* comme je vous vois.

— Hum! fit Tristan en riant, il fait bien noir!

— Vous avez raison, nous sommes dans un véritable four; cependant, je suis certain de ne pas m'être trompé; suivez-moi.

— A la grâce de Dieu! répondit simplement son ami.

Alors les deux officiers, conduisant leurs chevaux par la bride, trébuchant à chaque pas et enfonçant jusqu'à mi-jambe dans les terres défoncées, recommencèrent à vaguer au hasard dans la nuit a la recherche de ce phare sauveur si promptement éclipsé.

Cependant, le capitaine John ne s'était pas trompé : échappée furtivement d'une cabane de nègres peu éloignée, dont la porte avait été ouverte et refermée brusquement, cette lueur fugitive, semblable à un feu follet, s'était tout aussitôt noyée dans une flaque d'eau.

— Mille diables! s'écria John après un quart d'heure de recherches inutiles, il faut que je sois ensorcelé!

— Silence et attention! dit vivement Tristan à voix basse.

Les soldats et les chasseurs s'entendent à demi mot; un geste, un serrement de main à défaut de la parole suffisent pour les mettre sur leurs gardes.

Les deux officiers avaient silencieusement conduit leurs chevaux hors de la route; et, se faisant un rempart de leurs corps, ils s'étaient embusqués derrière eux.

Bientôt le faible bruit que l'oreille exercée de Tristan avait saisi d'abord devint perceptible pour son compagnon; ce bruit se rapprocha rapidement; les deux hommes reconnurent alors les élans effarés d'une course vertigineuse à travers les halliers et les fondrières.

— Qu'est cela? demanda John.

— Chut! lui glissa son ami à l'oreille d'une voix faible comme un souffle.

Tout à coup, un fulgurant éclair raya l'atmosphère et pendant quelques secondes illumina le paysage.

Les deux officiers entrevirent alors un être humain courant avec une rapidité folle, serré de près par un énorme molosse, la gueule ouverte et sanglante, les yeux brillants comme des charbons ardents, et à quelques pas en arrière, traîtreusement embusqué derrière un tronc d'arbre, un homme, le fusil épaulé, le doigt sur la gâchette.

Cette vision étrange, presque fantastique, n'eut que la durée de l'éclair; avec lui elle s'éteignit et tout rentra dans l'ombre et le silence.

Soudain un coup de feu retentit, se mêlant aux éclats de la foudre; un cri de douleur se fit entendre, en même temps que le bruit d'une lourde chute et d'un aboiement étouffé.

Guidé par la lueur magnétique des yeux du molosse, Tristan s'élança résolument devant l'homme renversé, en même temps que John déchargeait au juger son revolver dans la direction du misérable si lâchement embusqué.

Un cri de douleur, une malédiction et le bruit d'une fuite précipitée apprirent au capitaine que sa balle avait porté.

De son côté, Tristan, au moment où le molosse se ruait sur le fugitif renversé, avait, de deux coups de revolver, tué raide le féroce animal.

— *Of course!* dit John dont toute la gaieté était revenue; voilà qui égaie la situation. Vous avez tué le molosse, je suppose?

— Oui, pardieu! Il était temps, l'horrible bête m'allait dévorer; et vous, qu'avez-vous fait?

— Ce *rascal* de chasseur d'homme a goûté de mon plomb ; il l'a même emporté. Comme il détalait !..

— Bravo ! cher John. Voyons maintenant en quel état se trouve le pauvre diable que nous avons essayé de sauver.

— Je crains qu'il ne soit bien malade, dit le capitaine avec compassion.

— Non, dit l'inconnu qui s'était relevé et s'était approché sans être entendu ; je ne suis pas, grâce à Dieu, aussi malade que vous le supposez.

Les deux officiers reconnurent alors dans l'individu qu'ils avaient sauvé un noir de haute taille, taillé en athlète, aux traits fins et intelligents, mais déjà avancé en âge.

— Tant mieux ! s'écrièrent les jeunes gens avec un véritable intérêt.

— Mais, reprit Tristan, vous êtes blessé ?

— Oui, mais ce n'est rien : une égratignure dans les chairs, voilà tout ; la force du coup m'a fait trébucher et je suis tombé ; mais, si vous n'étiez pas venu aussi vivement à mon aide, ce chien m'aurait dévoré : c'était un tigre pour la férocité ! ajouta-t-il avec un tressaillement nerveux, bien que le molosse fût mort.

— Comment cet homme a-t-il osé lancer ainsi son chien à votre poursuite ?

— Ah ! fit avec hésitation le noir, c'est que....

— Parlez sans crainte, interrompit le capitaine avec bonté, nous ne vous avons pas sauvé pour vous nuire.

— C'est vrai ; mais...

— Nous sommes officiers dans l'armée des États du Nord, dit le commandant avec noblesse ; vous n'avez rien à redouter de nous.

— Pardonnez-moi cette hésitation bien naturelle, quand j'ignorais à qui je parlais, reprit le noir ; mais à présent que je sais que vous êtes des officiers *nordistes*, je ne vous cacherai rien. Je suis un esclave *marron* ; depuis dix ans, j'ai réussi à m'échapper de l'atelier de mon maître, un des plus riches planteurs de la Louisiane. Depuis lors, malgré toutes les recherches, j'ai réussi à rester libre, grâce à un refuge que j'ai découvert et dans lequel je vis entouré de serpents dont j'ai fait mes amis et mes gardiens. Je possède, je ne sais comment, la singulière faculté de dompter ces redoutables animaux, et de m'en faire obéir sur un mot, sur un geste. Les chasseurs d'hommes, dont je brave ainsi les poursuites, m'ont donné le nom de Charmeur-de-Serpents.

— Cependant, interrompit le commandant Tristan, il y a une heure vous avez failli mourir d'une mort horrible.

— Oui, et sans vous j'étais perdu ! Mais, ajouta le noir en hochant la tête, c'est par ma faute.

— Comment, par votre faute ! s'écria le capitaine avec surprise.

— J'ai deux fils, tout ce qui me reste d'une famille autrefois nombreuse, hélas ! L'aîné, Will, un beau et brave garçon de vingt-cinq ans, et mon petit Bob, à peine âgé de dix-huit, sont esclaves d'un riche propriétaire, dont l'habitation est située à deux lieues d'ici ; j'aime mes enfants, je n'ai qu'eux pour me consoler et me donner le courage de vivre. Mon bonheur est de les voir, mais cela m'est bien difficile.

— On vous cherche donc toujours ? interrompit le commandant.

— Une prime très forte est promise à celui qui s'emparera de moi, mort ou vif ; malheureusement j'ai été imprudent, je n'ai pas voulu croire ceux qui m'avertissaient qu'un traître m'avait vendu aux *Bushwakers*...

— Qu'est-ce que c'est que les *Bushwakers* ? demanda curieusement le capitaine.

— Ce sont des rôdeurs de bois, ainsi que leur nom l'indique ; ils servent en partisans dans les armées *sudistes* ; on les emploie aussi comme espions, mais ils sont surtout chasseurs d'hommes ; moyennant une forte prime, ils se chargent, avec l'aide de chiens féroces dressés par eux, de s'emparer des nègres marrons et de les ramener à leurs maîtres ; en réalité, ce sont des bandits, des voleurs et des assassins.

— C'est donc de l'un de ces *Bushwakers* que nous vous avons débarrassés ?

— Oui, du plus terrible d'entre eux, leur chef, le docteur Jerry Wolf ; bien souvent, il m'a chassé sans jamais réussir à s'emparer de moi ; je lui ai même éventré deux de ses plus redoutables molosses. Aussi il est furieux contre moi et a juré de me prendre coûte que coûte : ce soir, il s'est embusqué derrière la cabane où je me rendais sans défiance pour embrasser mes enfants ; heureusement pour moi, Amy, une douce créature, aperçut le docteur, si bien qu'il fût caché ; elle m'avertit. Cet avertissement me sauva en me donnant le temps de m'esquiver d'un côté pendant que le docteur entrait par un autre. Vous savez le reste, puisque je vous dois la vie.

— Dites-moi, charmeur, demanda le capitaine qui n'avait pas oublié la lumière précédemment aperçue par lui, est-ce que cette cabane dont vous sortez, est très éloignée de l'endroit où nous sommes ?

— Non pas ; elle est tout près, au contraire.

— Pourriez-vous nous y conduire ?

— Facilement.

— Vous ne songez pas, mon ami, intervint Tristan, que le misérable qui poursuivait ce malheureux est probablement embusqué aux environs, et...

— Non, dit le noir, cela n'est pas à craindre; le docteur est blessé, d'ailleurs son chien est mort, il n'y a donc rien à redouter quant à présent de cet homme.

— Bah ! que nous importe après tout ce *rascal* ! dit John en haussant les épaules.

— C'est juste ; partons, alors; l'orage s'apaise, ne tardons pas davantage.

Les deux hommes prirent de nouveau leurs chevaux par la bride, et, guidés par le charmeur de serpents, ils se dirigèrent vers la cabane fantastique qui jusque-là avait semblé fuir devant eux.

— Eh ! s'écria joyeusement John, voici la cabane cette fois !

— Oui, mais un mot encore s'il vous plaît, avant que nous nous séparions ?

— Parlez, répondirent ensemble les deux jeunes gens.

Le noir redressa alors sa haute taille, et avec une majesté que les officiers étaient loin de soupçonner chez ce pauvre esclave :

— Maîtres, dit-il d'une voix frémissante d'émotion, je ne vous adresserai aucun remerciement pour la vie que vous m'avez conservé; de vaines paroles exprimeraient mal ce que mon cœur ressent ; j'ai été l'ami de John Brown, le martyr d'Harper's Ferry, cela seul vous dit quelle foi on peut avoir dans ma parole ; sur un mot, sur un geste, sur un signe, je vous obéirai sans réfléchir ni hésiter, à quelque heure de jour et de nuit que vous l'exigerez, en tout ce que vous me demanderez, serait-ce ma vie, ou celle cent fois plus précieuse pour moi d'un de mes enfants, je vous le jure !

— Je retiens votre parole, charmeur, dit Tristan en lui serrant énergiquement la main.

— J'ai juré, répondit simplement le noir.

— Mais, demanda John, le cas échéant où nous aurions besoin de vous, comment pourrions-nous vous trouver? D'après ce que vous nous avez dit vous-même, vous ne devez pas être facile à découvrir?

— Vous verrez mes enfants dans cette cabane; Will et Bob, sur votre ordre, vous conduiront à mon refuge, où à toute heure je serai prêt à vous obéir; et maintenant, au revoir, maîtres et que Dieu vous protège.

Le charmeur de serpents fit un dernier geste, répéta le mot : au revoir, puis il se glissa dans les buissons au milieu desquels il disparut presque aussitôt.

Les deux officiers se dirigèrent alors vers la cabane, dont ils n'étaient éloignés que d'une quinzaine de pas au plus.

La pluie tombait toujours, mais moins serrée ; l'orage était presque calmé.

II

CE QUI ADVINT AUX OFFICIERS NORDISTES

La cabane aperçue par les deux officiers nordistes, de même que toutes celles des esclaves en Virginie, était construite en troncs d'arbres à peine dégrossis, dont on avait tant bien que mal bouché avec de la boue les nombreuses solutions de continuité.

Elevée au-dessus du sol d'environ deux pieds et demi, on y montait au moyen de trois grosses pierres superposées, tenant lieu de marches. Il n'y avait dans cette construction primitive que deux ouvertures seulement : la porte se fermant en dedans par une barre de bois placée en travers, et un trou laissé à l'extrémité de la case et remplaçant la cheminée; le tuyau adapté à ce trou, et cloué en dehors de la muraille, était en bois et en boue.

Le toit, fait de petites planchettes superposées, était d'une forme aussi primitive.

Quant aux fenêtres, quelques cabanes de nègres en Virginie possèdent ce luxe ; mais celle que nous décrivons en était complétement dépourvue; le maître, ayant sans doute judicieusement pensé que les êtres misérables mis au monde pour être courbés sous le joug du travail servile n'ont pas besoin d'y voir clair quand ils sont enfermés et ne font rien, avait économisé les vitres et les chassis; mais, de leur côté, les habitants de la cabane, probablement peu désireux d'étouffer, avaient éventré la muraille à coups de pioche et ouvert ainsi une espèce de large meurtrière par laquelle ils recevaient le jour et l'air, et que la nuit ils bouchaient avec de la paille, des chiffons et des loques sans nom.

C'était par cette soi-disant fenêtre qu'une heure auparavant s'était échappé le *charmeur.*

La distribution intérieure du local n'avait coûté à l'architecte aucun effort d'imagination : les quatre murs ne formaient qu'une seule pièce de quatorze mètres de large sur autant de long à peu près.

Quant au mobilier, il était des plus simples.

Dans un coin, un grabat en planches vermoulues qu'un prodige d'équilibre empêchait seul de se disloquer; aux murs, à droite et à gauche, pendaient, accrochés à des chevilles en bois fichées entre deux pierres, des guenilles sordides de toutes couleurs et de toutes espèces ; sur une table grossièrement équarrie à la hâche, en compagnie de gamelles en fer-blanc bosselées, noircies, crasseuses, quelques galettes de maïs se prélassaient au milieu de loques immondes.

Sous ce triste abri vivait une famille de nègres.

Famille n'est pas le mot juste; nous ne l'employons que faute d'un équivalent qui nous manque : c'est agglomération qu'il faudrait dire; en effet, ces êtres misérables n'étaient liés entre eux par aucun lien de parenté, si ce n'est par une commune infortune; mais à ce titre ils étaient frères, tous appartenant à cette race de parias voués par la couleur de leur peau à un horrible esclavage, si nombreux alors, pour la honte de l'humanité, dans la plupart des Etats de la grande République américaine.

Assise sur un tabouret, au chevet du grabat où geignait une vieille négresse malade, une jeune fille semblait plongée dans de tristes et profondes réflexions. Parfois une larme, après avoir perlé à la pointe de ses longs cils, coulait lentement sur ses joues, sans qu'elle songeât à l'essuyer; son sein virginal, admirable de forme, se soulevait péniblement sous l'effort d'une amère douleur, bien qu'elle tentât, mais en vain, d'étouffer ses soupirs et de cacher sa tristesse.

Aucune description ne saurait rendre exactement l'incomparable et irréprochable beauté de cette jeune fille, ou plutôt de cette enfant, car elle comptait seize ans à peine.

Jamais Raphaël, de son divin pinceau, n'a esquissé une plus adorable tête de vierge. Son front un peu bas; ses grands yeux noirs et rêveurs, bordés de longs cils faisant ombre sur ses joues; son nez droit; sa bouche d'un modelé exquis, dont les dents petites, bien rangées, tranchaient par leur blancheur éclatante sur le rouge de ses lèvres; l'ovale pur de son visage, encadré dans une profusion de cheveux soyeux d'un noir bleu et dont elle aurait pu se faire un manteau; la pâleur laiteuse et un peu chaude de son teint, lui complétaient une de ces beautés parfaites, attrayantes, d'un charme doux et voluptueux, mêlé à une grâce naïve, qui la rendait plus touchante et plus admirable encore. Tout en elle était grâces; la nature semblait s'être complu à créer un chef d'œuvre; grande, svelte, toutes ses formes, d'une remarquable pureté, s'harmonisaient entre elles pour donner à son port et à sa démarche, cette *morbidezza* et cette nonchalante désinvolture particulière aux créoles et qui les rend irrésistibles.

Il fallait que cette jeune fille fût bien véritablement belle, pour le paraître, sous l'affreux accoutrement qui la couvrait; sa tête charmante disparaissait presque sous une de ces coiffures à ramages dont la capote, s'avançant en forme de tuyau, emprisonnait le visage, tandis que l'immense bavolet tombait sur les épaules, jusqu'au milieu des reins; ce hideux chapeau servait en même temps de châle; une robe en toile écrue, taillée en fourreau, serrée à la taille par un simple lacet, complétait, avec de gros souliers boueux et rapiécés, la toilette honteuse de cette jeune fille, que cependant elle embellissait encore.

Cette adorable enfant, qui aurait fait mourir de jalousie nos plus charmantes Parisiennes et rendu fous nos viveurs les plus blasés, était honnie, méprisée et considérée par les blancs et les blanches des Etats du Sud, dont la peau était certes bien plus bistrée et plus foncée que la sienne, comme une bête de somme; une *chose* dont on pouvait user et abuser à sa guise, conduire à coups de fouet et traiter moins bien qu'un chien ou un cheval de prix.

Malgré sa blancheur et son exquise beauté, quelques gouttes de sang noir circulaient dans ses veines: donc elle était négresse et par conséquent esclave! Le code noir est implacable, les planteurs du Sud l'ont constamment appliqué avec une horrible cruauté.

La couleur ne fait pas le nègre; *c'est le sang!* Un grand nombre d'esclaves sont plus blancs que leurs maîtres, mais ils ont du sang noir dans les veines; quelques points jaunes, presque imperceptibles dans le blanc de l'œil et à la racine des ongles, des mains et des pieds, signes qu'une longue connaissance fait seule découvrir, mais auxquels les planteurs expérimentés ne se trompent jamais, suffisent pour déterminer la race; cela est odieux, contre nature, mais cela est ainsi, il faut s'incliner.

Voilà comment la charmante Amy était négresse et par conséquent esclave.

Devant l'âtre où pétillait un bon feu de branches sèches, le seul luminaire du logis, trois hommes étaient réunis.

L'un d'eux, assis sur une escabelle, était un vieillard. Ses cheveux gris frisés, ainsi que les rares mèches de poils blancs dont ses joues étaient couvertes, faisaient un contraste assez étrange avec sa peau aussi noire et aussi luisante que la courte pipe qu'il serrait entre ses lèvres épaisses; ce personnage, aux épaules larges et puissantes, à l'échine courbée, était très occupé à rogner avec un énorme couteau des côtes de tabac.

Près de lui, sur un baquet renversé, était accroupi un individu beaucoup plus jeune, dont la peau était presque blanche; ses cheveux, légèrement crépus, étaient recouverts par un vieux feutre troué; les coudes sur les genoux, le menton dans les deux mains, il regardait sans les voir les étincelles s'évanouissant tour à tour dans le nuage de la fumée.

De l'autre côté de l'âtre, en face du vieillard, un grand garçon de dix-huit ans, vigoureusement charpenté, était agenouillé sur l'aire humide, le haut du corps appuyé au mur; son nez écrasé outre mesure, ses lèvres charnues s'ouvrant parfois pour laisser scintiller des dents éblouissantes; sa chevelure courte et emmêlée comme une touffe de laine, sa peau huileuse et d'un noir d'ébène, tout enfin faisait de lui un sujet de la race africaine la plus pure; le mulâtre presque blanc était son frère.

Il écoutait la conversation de ses compagnons, tout en jetant mélancoliquement des brindilles de bois dans le foyer.

— Voilà un mauvais temps, dit le vieillard, en rompant un long silence le Bushwacker fera buisson creux.

— J'ai entendu plusieurs coups de feu, dit le mulâtre; il aura trouvé à qui parler.

— Le père lui a échappé; il est trop fin pour se laisser prendre, ajouta le jeune noir en jetant quelques brindilles au feu.

— Dieu le veuille! dit le vieillard; Sem est un de mes plus vieux amis.

— Pauvre père! c'est pour nous embrasser qu'il commet ces imprudences!

— Aussi nous l'aimons bien, n'est-ce pas, Will? dit le jeune noir.

— Oui, malheur au Bushwacker, si jamais!..., s'écria le mulâtre avec un geste énergique de menace.

— Silence! dit le vieillard; les murs ont des oreilles; les blancs savent tout. D'ailleurs, il est sauvé maintenant.

Et il ajouta après un instant :

— Les enfants du Sud vont être mouillés.

— Ceux du Nord aussi, répondit Will.

La jeune fille, sortant une seconde de sa rêverie, poussa un profond soupir.

— Yankées, ou enfants de *dixy*; ventres bleus, ou dos gris, tous sont des blancs ! murmura le jeune nègre.

Les esclavagistes se désignaient eux-mêmes sous ce nom singulier de *dixy*.

— Peu importe, continua le vieillard, dont les lèvres se tordirent ironiquement; qu'est-ce que cela nous fait, à nous autres nègres? Il n'y a là que de nos amis.

Et il se mit à siffler entre ses dents la ballade du *Dixy*, espèce de légende absurde sans rime ni raison, probablement composée par un planteur après boire C'est l'histoire d'un maître tellement bon que les esclaves aspiraient tous à venir sur sa plantation : un pays de cocagne, un vrai paradis terrestre pour les nègres. L'air de cette rapsodie, bizarrement rythmé, possède un incontestable caractère.

— Est-ce vrai, vieux Jup, demanda tout à coup le jeune noir, que les Yankees vendent à Cuba les nègres qu'ils prennent aux Dixy, sous prétexte de leur rendre la liberté? maîtresse l'a dit ce matin à Nancy.

— Nancy! répéta comme un faible écho la vieille négresse tressaillant sous ses haillons; Nancy, ma fille ! la reverrai-je jamais! Et elle éclata en sanglots.

— Maîtresse n'a pas voulu la laisser venir, répondit le jeune noir.

— Tu n'as donc pas dit que j'étais malade, Bob ? soupira la vieille femme.

— Si. J'ai même dit que vous alliez mourir, ajouta-t-il avec une naïveté terrible; mais maîtresse n'a pas voulu la laisser venir, parce qu'on a vu des Yankees dans les environs.

— Maîtresse craint qu'on ne la lui vole! dit ironiquement le vieillard.

— Pour la vendre à Cuba, n'est-ce pas, vieux Jup? insinua le jeune nègre persistant dans son idée.

Nous noterons en passant que, être vendu à Cuba était pour les esclaves plus terrible que la mort.

— C'est possible, *boy*, c'est possible ; ils sont capables de tout; n'ont-ils pas rendu aux maîtres bien des gens de couleur fugitifs? même ceux qui leur avaient servi de guides' Ils savent bien pourtant, ces damnés Yankees, qu'une corde est ce que les *Secesh*, réservent à ceux d'entre nous qui servent l'Union ; mais que leur importe le sang noir ?

Le mulâtre s'était levé, en proie à une vive émotion ; il marchait à grands pas comme un ours tournant dans une cage.

— Tous ne sont pas ainsi, Jup ! s'écria-t-il enfin ; il y a de braves gens parmi eux.

— Vas t'y faire mordre, Will ! répondit le vieillard en secouant doucement la tête. Je suis vieux, moi, je suis seul aujourd'hui ; il est probable que je crèverai dans un coin, abandonné de tous, comme un chien galeux. Pourtant j'ai eu trois familles : où sont-elles? femmes, enfants... qui le sait? (Une larme roula sur sa joue flétrie.) Ces gens-là, *poor boy*, blanc du Sud, blanc du Nord, c'est toujours du blanc. Voilà longtemps que je suis l'esclave des blancs ; je les connais. Du travail sans cesse, des coups souvent, du mépris toujours pour le pauvre homme de couleur ; puis, quand la bête est trop usée, qu'elle n'a plus ni santé ni forces, qu'elle ne vaut plus rien, voilà sa récompense!

Et, d'un geste d'une éloquence navrante, le vieux noir désigna de sa main calleuse et blanchie par le travail la moribonde étendue sur le grabat et se débattant avec désespoir dans les affres de l'agonie.

— Mais le général Fremont aime les noirs, lui ?

— Blanc, mon fils ; blanc, toujours blanc!

Et, en ricanant, il entonna le refrain du Dixy :
Hurrah! Hurrah! in dixie land well take our stand, and fix our home in dixe!

Trois coups frappés à la porte d'une certaine manière interrompirent la chanson.

La jeune fille se leva, fit basculer la lourde barre de bois et ouvrit à un mulâtre à figure joviale.

L'eau ruisselait sur sa houppelande grise et sur son pantalon déchiqueté en scie par l'usage.

— Bonsoir, enfants. Mauvaise nuit ! dit-il en entrant.

— Eh bien ! Jack, quelles nouvelles ? demanda le vieillard.

— Oh ! fameuses, vieux Jup ! répondit Jack en s'asseyant sur le baquet renversé.

— Quoi donc ? Voyons !

— Hum ! hum ! m'est avis que nous allons avoir du nouveau avant peu, reprit-il avec mystère.

— Qu'est-ce ? Qu'y a-t-il ? s'écrièrent les assistants.

Jack secoua dans le feu un horrible chapeau passé à l'état d'éponge, et, après avoir lancé un regard investigateur dans la chambre, il murmura presque à voix basse :

— Il y a que j'ai vu les *ventres bleus* !

— Tu les as vus ? où cela ? combien sont-ils ? leur as-tu parlé ? s'écrièrent les impatients et curieux auditeurs.

— Un instant donc ! s'écria Jack abasourdi par ce débordement subit d'interrogations ; je les ai vus à trois milles d'ici ; ils étaient deux ; ils ont passé au grand galop de leurs chevaux à quatre pas de moi.

— Leur as-tu parlé ? demanda le jeune nègre.

— Parlé ! Plaisantes-tu, Bob ? Si maître Warding m'avait vu !

Un frisson de terreur secoua, à cette seule pensée, tout le corps du pauvre esclave.

— Et puis, ajouta-t-il, ils avaient le revolver à la main et passaient si vite !...

— C'est égal, je leur aurais parlé ; je n'aurais pas eu peur, moi ! dit résolûment le jeune noir.

— Mets du bois dans le feu, *boy*, fit le vieux nègre en haussant les épaules ; cela vaudra mieux que de dire des sottises.

Bob obéit au vieux Jup ; mais, tout en jetant une brassée de bois sec dans l'âtre, il répéta à demi-voix :

— C'est égal, je leur aurais parlé, moi !

— D'ailleurs, reprit Jack, quelques instants plus tard des coups de feu ont été échangés. En me sauvant, j'ai trébuché dans l'obscurité contre le corps déjà froid de *Rageur*, un des molosses du docteur, tué d'une balle dans la tête.

— Ah ! ah ! fit Will en se frottant les mains, voilà une bonne nouvelle !

— Et la preuve que le père s'est échappé ? ajouta joyeusement Bob.

— C'est tout ce que tu sais, Jack ? demanda Jup d'un air moqueur.

— Oui, est-ce tout ? ajouta doucement la jeune fille.

— Hum ! il me semble que c'est assez comme cela ? dit Jack d'un air vexé ; mais il y a autre chose : j'ai rencontré aussi, en venant ici, le bossu Snoll ; il m'a assuré que demain le maître doit nous envoyer dans le Sud.

— God dam ! s'écria Will, je n'irai pas ! il me tuera plutôt !

— Ni moi ! ajouta Bob ; je me sauverai !

— Devil ! se sauver ? dit Jack en se grattant la tête ; hum ! si l'on savait !

— Ici, dans le Nord, je sais ce que je sais, dit Jup d'un air narquois ; mais, là-bas au Sud, qui sait ce qui m'attend ?

— Etre mené avec les bœufs et les mulets, tous ensemble en un troupeau ! s'écria Will en se croisant les bras avec désespoir ; perdre Nancy qui doit être ma femme et que j'aime ! ne plus revoir le père ! oh ! c'est trop de douleur à la fois !

Il s'appuya au mur ; il se sentait défaillir.

— Moi, je vais aux Yankees ; viens, Will, nous enlèverons Nancy et le père. Allons à la terre libre ! Partons, frère !

— Il n'y a pas plus de terre libre là-bas qu'ici, enfants ! répéta la voix aigre de Jup.

— Nous le verrons bien ! répondit hardiment Bob.

Et déjà il entraînait son frère vers la porte, lorsque des coups redoublés firent reculer tous les noirs vers le fond de la cabane.

On entendait au dehors sonner les fourreaux de fer des sabres et piétiner les chevaux dans la boue.

— Ouvrez, au nom du diable ! criait-on en heurtant de plus en plus vigoureusement ; fait-il un temps à laisser des chrétiens se morfondre à la porte ?

Le vieux Jup se décida enfin à ouvrir.

Les deux officiers nordistes entrèrent en toute hâte.

— By God ! s'écria John, ce n'est pas malheureux !

— Enfin, nous voici à l'abri ; c'est déjà quelque chose, dit Tristan. Bravo Charmeur ! c'est à lui que nous devons cette bonne aubaine !

— Le fait est, répondit son compagnon, que nous avons une certaine chance dans notre malheur ! Allons, ajouta-t-il en secouant l'eau dont ses vêtements étaient imbibés et en se rapprochant de l'âtre, allons, enfants, place au feu, s'il vous plaît !

Sans se faire prier, Bob jeta une énorme brassée de bois dans le foyer.

— Il est gentil, ce jeune homme, dit Tristan en posant la main sur la tête de Bob.

Le noir était radieux.

Will, Jack, Jup et Amy, la jeune esclave blanche, immobiles près du grabat, semblaient changés en statues de bronze; Amy était pâle ; elle tremblait et essayait de se dissimuler derrière ses compagnons.

— Oui ! il a la mine très éveillée, reprit Tristan en continuant à caresser amicalement le jeune noir. Ce sera un gaillard !

— Gentil ? Ils le sont tous quand ils sont jeunes, mais en vieillissant ils deviennent affreux, répondit dédaigneusement John.

— Pas si affreux ; en voici un qui, certes, n'a pas vilaine tournure, reprit Tristan en désignant Will.

— Oui, celui-là a une certaine valeur ; quinze cents dollars au bas mot.

Et John, après avoir toisé le pauvre Will d'un air connaisseur, allongea nonchalamment ses bottes humides vers la flamme pétillante du foyer.

— Ainsi, un peu plus qu'un cheval ? dit Tristan avec ironie.

— Pas beaucoup plus.

— Pauvres diables ! murmura le jeune officier ; ce n'est pas riche ici, continuat-il en croisant les mains derrière son dos qu'il tournait au feu.

— Une case de nègre, répondit sèchement John.

— Tant de misère, c'est affreux !

— Il faudrait les loger dans des palais, n'est-ce pas ? Vous avez des idées, mon cher !...

Mais, cette fois, Tristan ne répondit pas ; il avait aperçu Amy et s'était élancé vers elle en la saluant respectueusement.

— Comment, vous ici, miss Amy ? s'écria-t-il avec surprise.

La jeune fille ne répondit pas. Confuse et tremblante, elle baissa la tête et était sur le point de s'évanouir.

— Hein ? qu'y a-t-il ? demanda John en se tournant à demi.

— Cette dame que nous n'avions pas vue, répondit Tristan.

— Une dame ? où donc ?

Son regard tomba alors sur la jeune fille, qu'il reconnut aussitôt.

— Eh ! c'est Amy ! s'écria-t-il joyeusement. Que fais-tu donc ici, petite ? Allons, approche ; n'aie pas peur ; je ne veux pas te manger ! ajouta-t-il en riant.

— Mon cher John, vous vous trompez, s'écria vivement Tristan. J'ai eu l'honneur de voir plusieurs fois, il y a un an, cette jeune dame avec sa mère, à Washington : elle se nomme miss Amy Warding.

— Vous ! s'écria John avec stupeur, ce n'est pas possible ; et vous êtes certain qu'elle se nomme...

— Miss Arny Warding, oui, mon ami, je vous en donne ma parole.

— C'est étrange ; car, moi aussi, je dis vrai ; cette esclave se nomme Amy ; je l'ai vue à différentes reprises, il y a six mois à peine, chez ma cousine miss Jane Cobden, qui l'aime beaucoup.

— Allons donc ! vous divaguez, mon ami ; regardez cette dame, elle est blanche ; elle ne peut être esclave.

— Oui, fit le jeune homme en hochant la tête ; son teint est clair, mais cependant elle est négresse et esclave, demandez-le lui à elle-même ?

— Oh ! s'écria-t-il avec horreur.

La jeune fille lança à Tristan un regard d'une expression touchante, porta vivement la main à son cœur, fondit en larmes et alla en trébuchant tomber presque évanouie sur une escabelle, près du grabat.

Là, elle cacha son visage dans ses mains et sanglota tout bas.

Tristan voulut s'élancer à son secours. John l'arrêta d'un bras vigoureux.

— Pas un mot, pas un geste, dit-il à voix basse à son ami ; nous sommes entourés d'espions.

— Que m'importe ! s'écria le jeune homme avec violence.

— A vous, rien sans doute ; mais à cette malheureuse jeune fille ! Voulez-vous donc la perdre ?

— La perdre ?

— Oui, son maître la tuerait, s'il soupçonnait quelque chose de ce qui s'est passé il y a un instant.

— Je ne l'abandonnerai pas, dit Tristan avec résolution.

— Ecoutez, Tristan, j'entrevois une sombre et effroyable histoire, car ce que vous m'avez dit doit être vrai, et moi-même j'ai entendu dire certaines choses.

— Raison de plus pour...

— Etre prudent, mon ami ; nous la sauverons, je vous le jure ; mais, quant à présent, ne compromettons rien ; vous savez que je suis tout à vous.

— Je le sais, John ; que faut-il faire ?

— Rien à présent ; nous ne sommes pas en forces, nous risquerions de nous perdre sans réussir à la sauver ; soyez patient ; je ne vous demande que vingt-quatre heures ; laissez-moi voir miss Jane ; y consentezvous ?

— Soit : j'obéirai, dit le jeune homme en étouffant un soupir.

— Surtout ne vous occupez plus d'elle.

— J'essayerai.

— Le diable soit de la petite sotte ! s'écria

John à haute voix ; je ne pourrai plus en tirer un mot.

— Massa, dit Jup en s'approchant, Amy ne pourrait vous répondre, quant même elle le voudrait; massa Warding défend à ses esclaves de parler aux blancs.

— Merci, vieil homme, répondit John avec insouciance; qu'elle pleure donc tant que cela lui plaira ; maintenant dites-moi à qui vous appartenez ?

— Nous appartenons à mister Warding ; répondit Jup.

— Sommes-nous loin de Rockingham ?

— Trois milles au plus.

— Les Sesechs y sont-ils toujours ?

Le vieux Jup baissa la tête sans répondre.

— As-tu compris ? reprit John en agitant sa cravache d'un air de menace.

— Oui, ils y sont, dit Bob en s'avançant résolûment ; leurs avant-postes sont à un demi-mille d'ici, ajouta-t-il en indiquant la direction de la main.

— Qui de vous consent à nous conduire à notre camp ? Je le paierai bien.

Les esclaves se reculèrent brusquement, comme si un abîme se fut tout à coup creusé devant eux.

— Les maîtres nous tueront quand ils le sauront ! répondit sourdement Jack.

— Qui le leur dira ?

Les nègres échangèrent entre eux des regards de terreur, en hommes sachant de longue date, et par expérience, que l'espionnage est l'arme favorite et la plus redoutable des planteurs.

— Personne ne le leur dira, mais pourtant ils le sauront, dit Jup d'une voix railleuse.

— Tenez, voici de l'or, dit John en prenant une poignée de dollars dans sa poche et les faisant étinceler aux yeux de ces misérables.

Pas un ne bougea.

— Stupides brutes, s'écria l'officier avec colère, je saurai bien vous faire marcher !

Et, armant son revolver, il ajusta les nègres ; ceux-ci baissèrent la tête avec résignation.

— Que vous ai-je dit ? murmura John à l'oreille de son ami. Avais-je raison de vous recommander la prudence ?

— Oui, répondit Tristan en jetant à la dérobée un regard douloureux sur la jeune fille toujours pleurant tout bas; mais votre menace n'est pas sérieuse, vous ne ferez pas feu sur ces pauvres diables.

— Ma foi! je ne sais plus que faire; je me suis avancé, et...

— Bon ! interrompit vivement Tristan ; notre moyen est tout trouvé. Souvenez-vous de notre promesse à l'homme que nous avons sauvé.

Et élevant la voix :

— Mes enfants, dit-il, mon ami et moi nous avons sauvé la vie, il y a une heure, à un homme de couleur. En nous guidant jusqu'à cette maison, il nous a appris qu'il se nommait le *Charmeur de serpents*, que ses deux fils sont ici ; nous avons promis de les sauver. Qu'ils me suivent, je les fais libres !

— Voyons, enfants, décidez-vous ! ajouta John en replaçant son revolver à sa ceinture.

— Vous ne nous vendrez pas à Cuba ? demanda craintivement Bob.

— Enfant, tu seras libre comme moi, je te le jure, dit Tristan.

— Eh bien, soit, en avant ! s'écria joyeusement le jeune noir.

— J'irai aussi, moi, puisque c'est la volonté du père, dit résolûment Will.

— A la bonne heure, voilà des hommes ! s'écria gaiement John.

Pendant que l'on préparait tout pour le départ, Tristan s'approcha d'Amy, et après l'avoir respectueusement saluée :

— Miss Amy, lui dit-il d'une voix affectueuse et légèrement émue, pardonnez-moi de vous quitter si brusquement votre intérêt même exige ce départ. Je me suis juré de vous sauver, je tiendrai mon serment. Quoi qu'il arrive, souvenez-vous que vous n'êtes plus seule, que vous avez maintenant un ami, un frère dévoué ; acceptez cette bague qui me vient de ma mère. Vous rappelez-vous mon nom, Tristan de Saint-Pierre ? Je suis chef d'escadron d'état-major et aide de camp du général Fremont. Bientôt, demain peut-être, je serai à Rockingham ; dites mon nom au premier soldat de notre armée que vous rencontrerez, faites-moi passer cette bague, et vous me trouverez prêt à vous protéger comme un frère protégerait sa sœur.

— Merci, monsieur, répondit-elle d'une voix tremblante et les yeux pleins de larmes: vous m'avez reconnue malgré mon avilissement, vous daignez vous intéresser à moi, pauvre misérable esclave que chacun méprise et maltraite ; je conserverai dans mon cœur, brisé par la douleur, un précieux souvenir de cette rencontre. Vous êtes bon et loyal ; je n'hésiterai pas, si ma souffrance devient trop forte, à réclamer la protection que vous m'offrez si généreusement.

— Au revoir, à bientôt, miss Amy ! reprit-il avec un doux sourire. Souvenez-vous de Tristan de Saint-Pierre.

— Oh ! toujours ! toujours ! s'écria-t-elle d'une voix brisée, en même temps qu'une vive rougeur colorait son charmant visage et que son regard brillait d'un éclat étrange.

— Eh bien ! partons-nous ? cria John de la porte.

—Me voici, répondit l'officier après avoir salué la jeune fille, en proie à une émotion, qu'elle n'essayait même pas de dissimuler.

Pour la première fois peut-être depuis bien longtemps, la pauvre enfant entrevoyait la signification de ce mot : *bonheur*, qu'elle avait autrefois entendu si souvent prononcer autour d'elle sans le comprendre.

Tristan invita du geste les deux esclaves à le suivre, ce que ceux-ci se hâtèrent de faire.

— Ici, en croupe! dit-il à Bob dès qu'il fut en selle.

Le jeune noir ne se fit pas répéter l'invitation; d'un bond il s'installa derrière son libérateur.

— Me voici voleur de nègre maintenant! Que penserait de moi mon père, lui, le démocrate enragé, s'il apprenait jamais pareille escapade! murmura John en se hissant mélancoliquement sur son cheval, que Will conduisait par la bride.

Les cavaliers s'éloignèrent grand train; la porte fut refermée, et le vieux Jup, avec cette philosophie égoïste qui le caractérisait, reprit de sa voix cassée son refrain favori.

A peine nos quatre voyageurs eurent-ils disparu dans les ténèbres, que de nouveaux cavaliers entourèrent la cabane.

Ils sautèrent précipitamment à terre et se ruèrent le sabre au poing dans l'intérieur aussitôt que la porte leur fut ouverte.

Les noirs, ébahis, consternés par cette invasion soudaine, se tenaient tremblants et silencieux.

— Où sont les Yankees? cria un grand gaillard, le chef de la bande, sur les manches de la tunique duquel étincelaient des orsades d'or.

Les esclaves courbèrent humblement l'échine.

— Où sont-ils? Répondrez-vous, canailles! reprit le chef sudiste.

— Partis! finit par articuler Jup.

— Partis! Damnation! combien étaient-ils?

— Deux.

— Il y a longtemps?

— Cinq minutes à peine.

— Enfants, ils ne doivent pas être loin, dit l'officier en s'adressant à ses soldats qui remplissaient toute la case. Allez! au galop! il me les faut!

— *All right*! capitaine! s'écrièrent plusieurs voix; morts ou vifs, vous les aurez.

Tous sortirent à la hâte, excepté l'officier. On entendit le pas des chevaux et le cliquetis de leur ferraille s'éloigner dans la nuit.

En ce moment, un gros homme tout essoufflé pénétra à son tour dans la case et s'assit sans cérémonie devant le feu.

— Trop tard, capitaine! trop tard! dit-il en pilant rageusement le sol du bout de son gourdin. Pourtant j'ai fait diligence; le temps seulement d'aller vous prévenir que je les avais vu entrer ici, et ils en ont profité pour déguerpir.

— Je crains, mister Warding, que nous ne soyons dérangés pour rien, mais peu importe. Merci. Si tous nos concitoyens agissaient comme vous, nous aurions bientôt raison de ces fils de chiennes.

— Vous savez, capitaine Mac Morlan, que vous pouvez compter sur moi et sur toute ma famille, lorsqu'il s'agit de notre belle et noble cause.

— Je le sais, mister Warding; si vos nègres n'ont pas fourni de renseignements à ces gredins, il est tout à fait impossible qu'ils nous échappent.

— Vous m'y faites songer, capitaine! s'écria le gros homme.

Et, se tournant vers ses esclaves respectueusement debout et silencieux à quelques pas en arrière, il ajouta :

— J'espère, vieux Jup, que vous ne leur avez pas donné d'avis sur la route, à ces damnés *ventres bleus* de Yankees?

— Non, maître.

— Ah! c'est bien : j'en étais sûr. Oh! je connais le vieux Jup; il m'est dévoué!

Un imperceptible sourire ironique erra sur les lèvres du vieil esclave.

— Seuls, ils sont perdus, capitaine; vos hommes les pinceront sûrement.

— Mais ils ne sont pas seuls, massa, ajouta timidement le goguenard Jup.

— Comment, pas seuls? s'écria mister Warding en se dressant sur son siège.

— Ils ont emmené avec eux Will et Bob, reprit Jup d'une voix mielleuse.

Mister Warding bondit comme un chat sauvage, ses yeux s'injectèrent de sang, ses traits se décomposèrent; il était évidemment sous le coup d'une congestion cérébrale.

— Canailles! misérables! voleurs! m'emmener mes nègres! C'est par trop fort! les enlever malgré eux! car, j'en suis sûr, c'est contre leur gré qu'ils sont partis? Je suis un père pour eux; sans moi, que deviendront-ils? Deux nègres magnifiques ils m'ont bel et bien coûté trois mille dollars à eux deux! et, en argent comptant, encore! Les pauvres garçons! moi qui les traitais si bien! ils avaient tout chez moi! Mais pourquoi n'ont-ils pas crié, appelé au secours? pourquoi ne se sont-ils pas défendus? On n'emmène pas ainsi les noirs, malgré eux, surtout lorsque nos soldats étaient si près pour leur venir en aide! c'est abominable!

Le vieux Jup jouissait sournoisement du désespoir comique de son tyran; sous sa peau tannée, son cœur tressaillait d'aise ; il voulut savourer cette innocente vengeance jusqu'au bout.

— Mais, massa, insinua-t-il avec une apparente niaiserie, les Yankees ne les ont pas emmenés de force.

— Comment ? Que veux-tu dire, vieux drôle ?

— Bob et Will les ont suivis d'eux-mêmes de bonne volonté.

— Infâmes misérables ! se sauver, eux, les ingrats ! se voler eux-mêmes ! Que dites-vous de cela capitaine ? Est-ce possible ? Est-ce croyable ?

Le gros planteur arpentait la case d'un pas saccadé, en roulant des yeux furibonds et soufflant comme un phoque. Il était sérieusement menacé d'apoplexie.

— Voyons, s'écria-t-il en s'arrêtant subitement devant Jup et croisant avec peine ses bras sur sa poitrine, qu'est-ce que leur ont donné ces damnés Yankees ? Ils sont donc bien riches, hein ? Combien les ont-ils payés ?

— Pas d'argent, massa.

— Comment, pas d'argent ?

— Non, ils leur ont donné la liberté.

— Je vais t'en donner, de la liberté ! hurla Warding au comble de l'exaspération, en tombant à coups de pied et à coups de poing sur Jup.

Celui-ci se réfugia avec ses compagnons épouvantés près du lit de la moribonde.

— Ah ! vous voulez être libres, brigands ! reprit le furieux planteur, voleurs ! traîtres ! yankees ! abolitionnistes ! scélérats ! lincolnistes ! tenez ! Tenez, encore, toujours !

Et le planteur, ivre de rage, frappait à tort et à travers sur ses malheureuses victimes. Celles-ci, serrées contre la muraille les unes près des autres, essayaient, mais en vain, de se préserver de cette grêle de coups.

Le dos tourné au feu et contemplant cette scène avec un sérieux prouvant une longue habitude de telles exécutions, le capitaine Mac Morlan ne put cependant s'empêcher de tressaillir au mot de liberté prononcé si malencontreusement par le vieux Jup, et auquel lui et ses compagnons devaient cette avalanche de coups.

— C'est là notre côté faible, murmura l'officier sudiste. Ces chiens noirs sont nos plus dangereux ennemis ; si les Yankees s'en servent, quelles armes contre nous ! Bah ! ils n'oseront jamais détruire l'esclavage !

Cette réflexion ramena un peu de calme dans son esprit.

Enfin, mister Warding, ayant épuisé toutes ses forces sur les épaules de sa propriété, se laissa pesamment tomber sur l'escabelle.

— Quo faire, capitaine ? dit-il d'une voix dolente. Si mes enfants s'enfuient, je suis un homme perdu, ruiné. Que faire, mon Dieu ? que faire ?

Et l'affreux bonhomme, désespéré, plongea ses deux mains dans sa chevelure ébouriffée qu'il secoua avec rage.

En ce moment, deux soldats rentrèrent.

— Eh bien ? demanda l'officier.

— Rien, capitaine.

Celui-ci frappa du pied avec impatience.

— Il faut qu'ils connaissent bien le pays, capitaine, dit un des deux soldats. Nous les avons aperçus près de la rivière ; les eaux sont très hautes ; nous comptions qu'ils ne pourraient pas la traverser, mais ces diables ont trouvé le moyen de passer. Où ? nous n'en savons rien. Nous avons essayé de les suivre, mais impossible de se risquer bien loin : les chevaux perdaient pied, et le courant est très fort en ce moment. Tim a failli se noyer. Je ne comprends pas comment ces damnés Yankees ont réussi à nous échapper ainsi !

— Maudits nègres ! dit le capitaine.

— *Rascals* ! voleurs ! trois milles dollars perdus ! ponctua mister Warding comme un écho.

— Il n'est pas possible de tenir le pays, si ces canailles noires s'entendent avec les ventres bleus ! s'écria l'officier.

— Tous nos esclaves vont s'enfuir ! Nous sommes tous ruinés.

— Il n'y a qu'un moyen, voyez-vous, mister Warding.

— Lequel, mon cher capitaine ? lequel, je vous prie ?

— C'est d'envoyer toute votre propriété dans le Sud, reprit sentencieusement le capitaine ; là on aura l'œil sur vos noirs ; la guerre finie, on vous les ramènera sains et saufs.

— C'est le seul moyen, vous avez raison, fit le planteur en hochant la tête.

— Si vous m'en croyez, vous ne perdrez pas de temps ; vous ferez cette expédition cette nuit même ; peut-être est-il déjà trop tard ?

— Euh ! trois mille dollars ! Oui, vous avez raison, capitaine ; il faut en finir tout de suite. Qui sait ce qui nous attend encore demain ! Trois mille dollars ! Allons, vous autres, marchez ! ajouta le planteur en se levant et poussant Jup devant lui si rudement que le vieillard trébucha et faillit tomber.

— Si vous bronchez, je vous casse la tête, vous entendez ? dit l'officier d'une voix rude en caressant de la main gauche le revolver passé à sa ceinture.

— Des coups de bâton, capitaine ! des coups de bâton tant qu'ils en voudront ! ils comprennent bien cela ; il n'est pas besoin de les tuer pour les faire marcher, insinua mister Warding, voyant déjà sa propriété détériorée. Allons, va donc, toi! ajouta-t-il en prenant rudement Amy par le bras, et l'arrachant brutalement du chevet de la mourante.

— Mais elle? murmura craintivement la pauvre enfant; elle est malade.

— Marche donc, chienne!

Et mister Warding, d'un coup de bâton sur les épaules l'envoya près de Jup toujours insouciant et de Jack plus ébahi que jamais.

— Et là? Qu'y a-t-il? demanda le capitaine en soulevant avec le fourreau de son sabre les guenilles couvrant la vieille malade.

— C'est usé, ça ne vaut plus six pences, répondit le planteur en haussant les épaules avec mépris; qu'elle crève, ce sera un bon débarras pour moi!

Sur ce dernier mot, d'un cynisme si horrible, le planteur sortit, poussant à coups de bâton ses nègres devant lui.

La porte, restée ouverte, frappait violemment contre son cadre; le vent sifflait aigrement, envoyant des torrents de pluie dans la cabane; le tonnerre roulait avec fracas; le feu, à moitié éteint, lançait de fauves lueurs.

— Ma fille! ma fille! hurlait la vieille négresse dans son agonie.

Les mugissements sinistres de la tempête répondaient seuls.

Elle était définitivement abandonnée par son maître; elle ne valait plus rien!

Où était Dieu?...

III

DE QUELLE FAÇON DEUX COUSINS SE RENCONTRÈRENT A L'IMPROVISTE DANS LA MONTAGNE, ET CE QUI S'EN SUIVIT POUR TOUS DEUX.

Cette nuit terrible s'achevait.

Depuis longtemps déjà, sur l'aile humide de la brise nocturne, l'ouragan avait été emporté dans d'autres et lointains parages; il ne restait plus un nuage au ciel bleu, où les étoiles commençaient à pâlir.

A ce moment précis qui précède l'aube matinale de quelques secondes, où l'ombre n'est plus la nuit, sans être encore le jour, une teinte lumineuse envahit un coin du ciel, éclairant de sa lueur indécise la ville de Rockingham.

Cette cité virginienne, située dans une vaste plaine, aux pieds même des *Blues Ridges* ou Montagnes-Bleues, que l'on nomme souvent aussi les monts Alleganhis, était alors à demi plongée dans une buée blanchâtre, planant en flocons laiteux sur toute la vallée de la Shennandohah; les cimes des grands arbres, les pics des collines, les clochers élevés des églises émergeaient d'espaces en espaces de cet océan de brumes, au fond duquel étaient submergés les maisons, les buissons et les accidents de terrains, dont les silhouettes vagues prenaient des apparences fantastiques.

Tout à coup, dans ce brouillard, apparut un cavalier sortant de la ville encore endormie.

Ce personnage, vêtu d'une grande houppelande à pèlerine, était coiffé d'un feutre gris à larges bords, et avait les jambes enveloppées jusqu'aux genoux dans de grandes bottes; sa monture, un vigoureux cheval noir, semblait trouver médiocrement de son goût les formidables éperons mexicains, en argent bruni, sonnant aux talons de son maître.

Agé tout au plus de vingt-deux ans, avec une soyeuse moustache rousse, les cheveux d'un blond fauve, le teint d'une blancheur mate, ce cavalier portait dans ses yeux et le bas de son visage l'indice certain de son caractère. Sous cette mâchoire puissante et carrée, sous ses yeux gris de fer étincelants, dans l'ensemble de ses traits blafards, se lisaient parfaitement la résolution, l'entêtement et l'énergie qui font réussir ou conduisent à l'abîme, c'était en somme une nature fière, à la fois loyale et indomptable.

Il se dirigeait vers les montagnes peu éloignées : à voir ses tâtonnements, ses hésitations, on comprenait tout de suite qu'il était engagé dans une de ces périlleuses aventures où la ruse est aussi indispensable que l'audace.

Le chemin sur lequel il s'était engagé, de même que tous ceux de la Virginie, était bordé à droite et à gauche de *fences-rails*, c'est-à-dire de bûches superposées en zigszags, formant une clôture de six pieds de haut, très suffisante pour maintenir les chevaux et les bestiaux dans les pâturages; en Virginie, les *fences-rails*, ou rails de défense, entourent non-seulement tous les champs, toutes les pâtures, mais encore toutes les maisons ou fermes de la contrée, et cela de telle sorte que des forêts entières gisent là, symétriquement couchées et soigneusement allignées.

Le pays semble ainsi couvert d'un vaste filet, à mailles serrées, de l'Est à l'Ouest et du Nord au Sud.

Le voyageur parcourut rapidement les trois milles séparant la ville de la montagne; mais, là, le chemin s'enfonçant brusquement dans une forêt épaisse, il s'arrêta.

Puis, après avoir levé la tête, comme un fauve flairant le chasseur, il poursuivit sa route, mais, cette fois, avec une lenteur circonspecte, suivant autant que possible les rebords du chemin, contraignant son cheval à marcher sur les touffes d'herbe et les bandes de gazon dont le bois était frangé, sans doute afin de ne pas laisser de traces de son passage. Plus il avançait, plus son attention augmentait, plus son regard investigateur sondait la profondeur de la forêt !

Le moindre frémissement de feuilles, la plus légère infraction au silence régnant partout à cette heure, étaient aussitôt relevés par lui.

Les serpents à sonnettes et les *têtes de cuivre*, surpris dans leurs vagabondages nocturnes, ondulaient silencieusement dans les bruyères; les lapereaux, éveillés à l'improviste, partaient entre les pieds du cheval et disparaissaient aussitôt sous les humides feuillées, les oiseaux pépiaient et agitaient leurs ailes.

Le voyageur constatait la nature de tous ces bruits et passait, le sourire sur les lèvres.

Bientôt il se trouva dans un carrefour formé par la rencontre de deux routes se coupant presque à angle droit; après avoir d'un regard exploré les chemins, le jeune homme fit marcher doucement son cheval de droite à gauche, puis soudain il se pencha de côté sur la selle afin de mieux examiner le sol.

— Un et deux, murmura-t-il après quelques secondes d'examen; le fer arrondi au sommet, large à la base, les clous à tête écrasée; deux Yankees seulement; ils ont passé par ici il y a peu de temps: les traces sont toutes fraîches.

En effet, grâce à l'orage de la nuit, les sabots des chevaux étaient profondément empreints et avec une parfaite netteté sur le sable de la route.

Alors, jugeant sans doute inutile de suivre plus longtemps le chemin sur lequel il avait marché jusqu'alors, la direction prise par les inconnus lui étant révélée, l'éclaireur changea de voie et pressa le pas de son cheval.

Il chemina ainsi pendant une vingtaine de minutes, puis il fit un brusque crochet sur la gauche et s'engagea sous bois par une sente à peine frayée se perdant dans les arbres et grimpant les flancs abruptes de la montagne.

La montée devint bientôt pénible; à chaque instant le cavalier était contraint de se courber pour éviter les branches, qui lui auraient rudement fouetté le visage.

De plus, il lui fallait écarter les lianes suspendues au-dessus de sa tête et qui semblaient s'acharner à l'enlacer et à le retenir.

Le cheval, lui aussi, avait fort à faire et n'était pas le moins à plaindre: le terrain était jonché d'arbres morts, de fragments de roches et de taupinières où il enfonçait jusqu'à mi-jambes.

Le pauvre animal enjambait tout cela sans trop broncher, car chaque faux pas lui valait de la part de son maître un vigoureux coup d'éperon, ce qui dénotait chez celui-ci une forte dose de mauvaise humeur.

En effet, le cavalier avait déjà fait entendre trois ou quatre sifflements aigus, auxquels aucune réponse n'avait été faite; pourtant il suivait bien la route indiquée, car il reconnaissait les entailles faites à coups de hache à certains arbres, puis de distance en distance il voyait des pierres posées l'une sur l'autre d'une façon particulière, ou bien encore des troncs d'arbres noircis par le feu.

Peu à peu, le sentier finit par s'effacer complètement, en même temps que les arbres se resserraient tellement qu'il devenait absolument impossible de s'avancer plus loin à cheval.

Le cavalier sauta à bas de sa monture suante et essoufflée, la bouchonna vigoureusement sur toutes les articulations, puis il l'attacha à un arbre après lui avoir ôté le mors et lui avoir amicalement caressé l'encolure et le poitrail.

Il n'est pas facile de gravir une montagne en Virginie, et surtout lorsqu'il s'agit du Blue-Ridge.

L'exubérante végétation de ces montagnes étranges défie toute description.

En effet, là se trouve rassemblé, pêle-mêle, le désordre échevelé dans toute sa magnificence, au milieu du sauvage, de l'abrupte, de l'imprévu, du caprice, de l'enchevêtrement et du fouillis; l'amalgame le plus complet de la nature vivante et de la nature morte, des bosquets de fleurs odorantes, mêlés aux parfums mortels des poisons les plus subtils, de la lumière et de l'ombre; un chaos d'empierrements et d'embroussaillements, le tout perdu dans une immensité de lianes et de feuilles.

Tout cela est beau à donner le vertige !

Cependant le jeune voyageur poursuivait son chemin à travers toutes ces splendeurs, en homme depuis longtemps blasé, sur ces admirables tableaux de la nature vierge prise sur le fait.

Plusieurs fois il s'était arrêté pour reprendre haleine et toiser du regard cette muraille de granit et de verdure qui se dressait devant lui sombre et mystérieuse. Enfin un sifflement lointain le fit tressaillir et lui rendit toute son énergie.

Bientôt le fourré s'éclaircit sous ses pas, la pente devint moins rapide, puis, le sol s'abaissant soudainement, le paysage grandiose se détacha net et sombre sur le ciel resplendissant comme une nappe de lumière.

Le jeune homme avait escaladé le sommet de la montagne. Le soleil se levait; mais, comme un gigantesque écran, le Blue-Ridge s'opposait encore à ce que les gerbes étincelantes de ses rayons inondassent la vallée de la Shennandoah.

Les hauts pics des Alleghanis, se dorant et s'irisant de nuances légères et harmonieuses, nageaient dans un océan de vapeurs contrastant avec l'obscurité dans laquelle leurs pieds étaient plongés.

Le fond de la vallée, bien qu'enseveli encore dans le brouillard, commençait déjà à laisser distinguer quelques détails du paysage, grâce au soleil levant qui aspirait avidement les brumes épaisses condensées pendant la nuit.

Le voyageur était donc arrivé au point qu'il voulait atteindre.

Sans perdre un instant, il se dirigea vers un pli de terrain au-dessus duquel une légère spirale de fumée bleuâtre se tordait follement dans l'air au souffle capricieux de la brise matinale.

A ce pli de terrain était adossé une espèce d'*ajoupa* fait de branchages entrelacés et devant lequel brûlaient quelques tisons.

Autour de cet agreste foyer, essentiellement primitif, cinq individus étaient accroupis, fort occupés à faire rôtir des tranches de lard.

Cette excentrique réunion eût certainement obtenu une pochade de Salvator Rosa ou quelques coups de crayon de notre humoristique Callot.

Le chef de cette troupe singulière, que déjà nous avons entrevu, était un homme aux membres robustes et trapu, aux épaules puissantes; il avait une chemise assez fine, toute débraillée, laissant apercevoir une poitrine velue comme celle d'un ours; ses traits ne manquaient pas d'une certaine distinction, lorsque l'on ne regardait que la partie basse de son visage: la bouche était fine et se tordait parfois avec une ironie toute voltairienne; le menton était parfaitement dessiné; mais ce qui déparait cette tête originale, c'était un nez camard et un front bas et étroit outre mesure, en ce moment dissimulé sous un mauvais chapeau de paille noircie et déformé; les mèches grisonnantes de la chevelure se mêlaient à des sourcils aussi rudes et hérissés que le collier de barbe dont le visage était encadré; la teinte cuite du nez et des pommettes laissait deviner un goût prononcé pour le wisky et autres liqueurs plus appétissantes que l'eau; le menton et la lèvre supérieure, recouverts d'un poil dru assez long, indiquaient que depuis plusieurs jours cet homme avait négligé ou s'était trouvé dans l'impossibilité de se raser; le tout était éclairé par deux petits yeux gris, percés comme avec une vrille, pétillants d'astuce et de méchanceté; il portait le bras gauche en écharpe.

Enfin, toutes les allures de cet individu, demi-marin, demi-bandit, faisaient comprendre que, par son audace, son cynisme et sa résolution, il devait exercer une énorme influence sur l'entourage de gredins qui le gratifiaient du titre pompeux de capitaine.

Quant aux drôles assis aux côtés de leur chef, ces individus, non-seulement à cause de leurs guenilles sordides, mais surtout par l'admiration qu'ils semblaient avoir vouée au capitaine et le mutisme presque complet dans lequel ils se renfermaient en sa présence, montraient qu'ils n'avaient jamais gravi bien haut l'échelle sociale.

Ces figures sombres, impassibles, froidement patibulaires, encadrant la tête singulièrement sardonique du capitaine, formaient un tableau bien fait pour donner le frisson à l'homme le plus brave. Jamais collection de malandrins n'avait été mieux réussie.

L'un de ces chenapans, grand, maigre, osseux et jaune, n'avait qu'une partie charnue dans son individu, la joue gauche, gonflée par une énorme chique. Les haillons dont il était couvert étaient indescriptibles; ses trois autres camarades étaient à l'avenant, plus sinistres encore s'il est possible.

Il va sans dire que tous étaient armés jusqu'aux dents.

— Enfants, voici Dick! dit le capitaine en voyant paraître le voyageur.

— Lui-même, mon vieux Wolf, répondit gaiement le jeune homme.

— Je suis content de vous voir, mon garçon. Quelles nouvelles?

— Mauvaises, Wolf, dit le nouveau venu en secouant énergiquement la main large et velue du capitaine; mauvaises! Les Yankees sont dans nos parages.

— Oui, oui, à trois milles d'ici, pas davantage, répondit Wolf en se levant pour indiquer un point dans la plaine. Tenez, voyez-vous leurs feux, là-bas sur cette colline, un peu à gauche?

En effet, de nombreuses colonnes de fumée ondulaient au-dessus du brouillard avant de se fondre dans l'atmosphère.

— Si près déjà! A peine six milles de la ville! murmura tristement Dick.

— Oui, six milles de la ville! Et on les

laisse arriver sans rien faire pour les chasser; voilà ce qui m'enrage !

Et Wolf, qui avait regagné sa place, se mit, pour calmer sa fureur, à mordre à belles dents, un morceau de pain de maïs, jaune comme de l'or ; ses compagnons l'imitèrent silencieusement.

— Eh ! fit Dick, vous êtes blessé, mon vieux Wolf?

— Oui, une égratignure ; ce démon de *Charmeur*, que j'ai failli prendre cette nuit, m'a tué ce pauvre Rageur, mon meilleur chien.

— Rageur est mort ?

— Mon Dieu, oui ; tué raide, d'un coup de revolver; moi, j'ai attrapé cette égratignure, mais il me le paiera, le *rascal* ! fit-il avec un affreux juron.

— Vous n'avez pas de chance avec lui ! Voilà je ne sais combien de fois qu'il vous glisse entre les mains comme un serpent.

— Patience ! j'aurai ma revanche.

— Je le désire pour vous, mon vieux Wolf ; mais, dites-moi, êtes-vous homme à me rendre un grand service ?

— Hum ! fit le capitaine en jetant un regard de côté au jeune homme.

— Oh ! vous savez bien que je suis riche ! dit en riant le jeune homme, devinant d'où provenait l'hésitation de son ami.

— C'est juste. Voyons, de quoi s'agit-il ?

— Tout simplement de ceci : mister Warding veut, je crois, vendre la petite Amy.

— Ah ! ah ! fit le capitaine, dont les petits yeux gris pétillaient de luxure.

— Oui, et, s'il ne la vend pas à mon père, il vous proposera probablement de l'acheter !

— Je ne demande pas mieux ! s'écria-t-il vivement.

Mais, se reprenant aussitôt :

— A condition, toutefois, qu'il ne veuille pas me la vendre trop cher ; je ne suis pas riche, moi.

Dick sourit :

— Ne vous inquiétez pas du prix, mon vieux Wolf, dit-il gaiement.

— Eh ! garçon ! c'est du prix surtout que je dois m'inquiéter.

— Non, vous dis-je.

— Pourquoi donc cela ? demanda-t-il en le regardant fixement.

— Parce que, en supposant que Mister Warding vous propose d'acheter la gentille Amy, quel que soit le prix qu'il vous demande, vous le lui paierez.

— *God bless me!* voilà ce que je ne ferai pas, par exemple! Tu entends singulièrement le commerce, garçon !

— Peut-être, fit-il en riant ; mais ceci est mon affaire.

— Comment, ton affaire ? Je n'y suis plus du tout, moi !

— Vous allez y être. Dix minutes après que vous aurez acheté Amy, je vous la rachèterai, moi, en vous donnant deux cents dollars de bénéfice. Comprenez-vous, maintenant ?

— Si je comprends !... Ah ! mon gaillard ! tu en tiens donc pour la petite ?

— Je veux l'acheter.

— Quel gaillard !

— Cela vous va-t-il ?

— C'est à voir. Comment me paieras-tu ?

— Comptant ; d'avance même, si vous voulez ?

— Bravo ! Parlez-moi des amoureux pour être généreux !

— Est-ce convenu ?

— C'est à voir : je ne dis pas non.

— C'est «oui» que je vous demande, mon vieux Wolf.

— Tu y tiens donc beaucoup ?

— Ceci me regarde.

— C'est juste. Tu mettras bien cent dollars de plus? Amy me serait très utile pour ma fabrique, tu sais ?

— Taisez-vous, vieux satyre! s'écria le jeune homme en fronçant le sourcil.

— Ne te fâche pas, je plaisantais.

— Je ne veux pas que vous plaisantiez avec Amy.

— Soit ; n'en parlons plus.

— J'irai jusqu'à quatre cents dollars ; mais jouez franc jeu avec moi, vieux Wolf, ou vous pourriez vous en trouver mal; vous savez que je ne suis pas patient !

— Je sais, je sais ; c'est entendu.

— A la bonne heure.

— Une heure après l'achat tu auras la fille.

— Non, dix minutes.

— Hum ! tu y tiens ; eh bien ! soit !

— C'est dit, voici ma main.

— Voici la mienne.

— Là, voilà une affaire réglée; c'est pour cela que tu étais venu ?

— Pour cela, oui, et pour autre chose encore. Je ne vous ai pas tout dit.

— A propos de quoi ?

— De mes nouvelles.

— Ah ! tu n'as pas vidé ton sac ?

— Non; le plus sérieux s'y trouve encore.

— Bois un coup, dit-il en lui tendant sa gourde, et achève ta confession.

Dick porta à ses lèvres l'énorme gourde de son ami, et après avoir bu une large rasade, il reprit :

— J'ai trouvé la trace des *Scouts* — batteurs d'estrade — yankees à Cross-Road.

— A Cross-Road ? et nos piquets les ont laissé passer ? s'écria Wolf au comble de l'étonnement.

— Il n'y a plus de piquets à Cross-Road. répliqua Dick, en essayant de retenir deux grosses larmes que lui arrachait la force du wiskey.

— Encore reculés ! Il n'y a pas de raisons pour que ces damnés *scouts* ne viennent pas rôder jusque dans la ville!

— Ils peuvent y venir.

— Et notre armée?...

— Il n'y a plus d'armée dans la ville.

— Eh ! plus d'armée dans la ville ! répéta Wolf en se dressant brusquement ; est-ce faire la guerre cela? Il y a de la trahison là-dedans, voyez-vous Dick ?

— C'est de la stratégie, rien de plus, répliqua froidement Dick; Jackson, que nous avons nommé Stonewal, c'est-à-dire Muraille de pierre, à cause de sa ténacité au feu, n'a pas peur pour sa peau. C'est un vieux madré, il sait ce qu'il fait. Croyez-moi, Wolf; il s'y connaît mieux que vous et moi en fait de guerre ; s'il se retire, c'est que les circonstances l'y obligent, soyez-en certain... Des nouvelles de Richemont, peut-être? Qui sait?

— Oui, qui sait ? Des ordres de Richemont, de savantes combinaisons, de grands mouvements !

Le capitaine haussa les épaules avec dédain.

— Les voilà bien, continua-t-il; faire tant d'embarras pour chasser ces fils de chiennes ! De bons fusils, maniés par de bons bras, derrière de bons buissons, de l'œil et du cœur, c'est plus qu'il n'en faut.

Dick secoua tristement la tête en écoutant la tirade de son vieil ami, dont il ne semblait pas partager l'opinion.

Celui-ci poursuivit, semblant plutôt se parler à lui-même que s'adresser à son interlocuteur :

— Mais non; il faut à ces gens-là de grandes guerres, de grandes batailles pour se faire de grands noms. Et qui paie les frais ? Le pauvre diable de volontaire, qui verse son sang et son or. Pendant que ces gentlemen perdent du temps à combiner leurs plans, le Nord vomit des hordes d'abolitionnistes pour piller nos maisons, brûler nos granges, dévaster nos champs et voler nos nègres.

— Que diable! toute l'armée ne peut se composer de volontaires et de gens comme vous autres ! répondit enfin Dick impatienté, en jetant un regard de mépris sur les ruffians dont il était entouré. Pour combattre un ennemi aussi fort que celui que nous avons devant nous, il nous faut autre chose que des... partisans.

— *Bushwackers* ! dites le mot, jeune homme ! repartit Wolf avec amertume, en s'introduisant dans la bouche une forte pincée de tabac qu'il venait de retirer d'une boîte en fer. *Bushwackers* ! oui, c'est ainsi que l'on nous appelle, nous autres qui sacrifions obscurément notre vie pour la cause ! *Bushwackers* ! pour nous point de triomphes ! point de sourires des dames ! Quand l'ennemi nous prend, il nous accroche au premier arbre venu ! Personne ne réclame et ne crie vengeance ! Ce n'est qu'un Bushwacker de moins et tout est dit ! Et le soldat, le vrai soldat régulier, passe son chemin sans avoir un mot de pitié, une larme de regret, comme si la peau d'un Bushwacker n'en valait pas une autre ! Quand il s'agit de nous faire travailler, cela va bien, on nous choie encore assez; mais, la besogne faite, c'est à peine si l'on nous regarde, si l'on daigne nous parler.

— Vous ne pensez pas cela, Wolf, s'écria vivement Dick, en saisissant la main du vieillard ; vous êtes injuste, car vous savez que je n'estime personne plus que vous, dans notre armée; et la preuve, c'est que je suis ici pour vous prévenir de notre départ.

— Ce n'est pas à vous que s'adressent ces reproches, mon garçon, grommela Wolf en répondant à l'étreinte du jeune homme. Je sais qu'il y a dans l'armée de braves et bons cœurs comme le vôtre, maître Dick ; mais ceux à qui j'en veux, ce sont ces *politiciens* du diable, qui allument le feu, l'attisent, et, au moment où il chauffe, se retirent pour laisser brûler les autres; voilà ce que je n'aime pas !

— De la patience Wolf; vous êtes plus vert qu'un jeune homme.

— Vous avez raison : de la patience ! Un jour viendra peut-être où je pourrai dire ma façon de penser à ces gredins-là. Allons, enfants, continua-t-il en se levant, en route ! Si les Yankees veulent entrer en ville aujourd'hui, ils ne manqueront pas de battre les chemins et les bois d'alentour le soleil est déjà haut; dans quelques heures, cette place serait malsaine pour nous !

Les préparatifs de départ ne furent pas longs; avec son fusil, chaque Bushwacker n'avait d'autre bagage qu'un léger havresac pour les provisions, la couverture qui lui servait de lit et de manteau, et quelques ustensiles de cuisine.

Wolf et Dick explorèrent d'un long regard la plaine, devenue complètement visible. De cette hauteur, les collines et les accidents de terrain disparaissaient dans la masse; la plaine avait l'aspect d'une immense nappe verte, constellée çà et là de taches sombres qui n'étaient autres que des bouquets d'arbres.

Les champs de maïs naissants étaient irrégulièrement rayés par les *fences rails*; puis, pareils aux mailles d'un filet d'argent, les chemins se contournaient suivant les caprices du sol. Enfin, les cours d'eau qui arrosaient la vallée étincelaient au soleil.

— Que c'est beau ! murmura Dick à part lui.

— Oui, c'est beau ! s'écria Wolf, qui avait entendu l'exclamation du jeune homme ; une aussi magnifique contrée ne doit pas devenir la proie des Yankees maudits ; aussi, je le jure, nous la défendrons comme des hommes. Allons, enfants, en avant !

La petite troupe quitta alors son nid d'aigle pour descendre la pente abrupte que Dick avait eu tant de peine à gravir.

Bientôt on atteignit l'endroit où le jeune homme avait attaché son cheval.

— Venez avec nous, mister Dick Cobden, dit alors Wolf à son ami ; ces damnés Yankees vous ont déjà dépisté, j'en suis sûr ; ils ont un véritable flair de peaux-rouges !

— Non, merci mon vieux Wolf ; le chemin que vous prenez est trop long ; je serai en ville deux heures avant vous ; j'ai assez des bois pour aujourd'hui.

— Vous avez tort ; c'est imprudent.

— Bah ! les Yankees ne me font pas peur, répondit Dick en s'asseyant sur une pierre pour chausser ses éperons, qu'il avait quittés pour gravir la montagne.

Et il ajouta en riant et en frappant sur son revolver :

— J'ai mon passeport.

— Enfin, puisque vous le voulez, faites à votre guise, grommela le Bushwacker en hochant la tête. Au revoir, mister Dick Cobden.

— Un mot encore.

— Dites.

— N'oubliez pas nos conventions à propos de la gentille Amy !

— Décidément, la fillette vous tient au cœur.

— Beaucoup. Aussi, je compte sur votre parole.

— C'est entendu, soyez tranquille.

— Merci ; au revoir donc, mon vieux Wolf.

— Au revoir, mister Dick Cobden.

Les deux hommes se secouèrent cordialement la main, et ils se séparèrent.

A peine les Bushwackers avaient-ils fait quelques pas pour s'éloigner, que le capitaine s'arrêta, pencha le corps en avant comme s'il entendait des bruits perceptibles pour lui seul ; puis, tout à coup, il poussa un sifflement aigu modelé d'une certaine façon et se lança sous le couvert, où il disparut aussitôt.

Au même instant, une effroyable détonation éclata derrière les buissons ; les balles sifflèrent aux oreilles de Dick, toujours occupé à chausser ses éperons, et une vingtaine de soldats nordistes se précipitèrent dans la clairière en hurlant des hurrahs frénétiques.

Les Bushwackers ne donnèrent pas signe de vie. Seulement, quelques secondes après l'apparition des soldats, la voix, déjà éloignée de Wolf, cria à plusieurs reprises :

— Garde à vous ! garde à vous ! les Yankees ! les ventres bleus !

Cet appel était pour Dick ; mais celui-ci, surpris à l'improviste et dans l'impossibilité de se sauver ou de se défendre, avait aussitôt pris son parti avec une résolution et une rapidité de décision, véritablement extraordinaires chez un homme aussi jeune.

Sans paraître se préoccuper de ce qui se passait autour de lui, il continua froidement à attacher ses éperons.

Plusieurs soldats s'étaient lancés sous le couvert à la poursuite des fuyards ; d'autres, en plus grand nombre, s'étaient arrêtés dans la clairière, regardant curieusement, mais sans s'approcher de lui, cet homme si profondément indifférent à la scène qui se jouait en ce moment devant lui.

Sur ces entrefaites, parut un officier accompagné d'un grand nombre de soldats. Après avoir échangé quelques mots à voix basse avec un sous-officier, tout en examinant attentivement l'éclaireur sudiste, dont il ne voyait pas le visage, il s'approcha délibérément de lui :

— Qui êtes-vous et que faites-vous ici ? lui demanda-t-il brusquement.

— Vous le voyez bien, répondit le jeune homme d'un air bourru en relevant la tête.

Mais tout à coup il s'écria avec surprise :

— Sur mon âme, je ne me trompe pas ! c'est John Charlton.

— Richard Cobden, mon cousin ! s'écria de son côté le capitaine.

— God bless me ! on m'avait assuré que vous vous étiez fait Yankee, cousin ; je ne voulais pas le croire.

— Eh bien ! maintenant que vous me voyez, vous savez à quoi vous en tenir, je suppose, cousin Dick ?

— Parfaitement, cousin ; c'est Jane qui sera étonnée en apprenant cela.

John Charlton fronça le sourcil et pâlit légèrement à cette brusque attaque ; mais se remettant aussitôt :

— Que faites-vous ici, cousin ? reprit-il.

— Vous le voyez, cousin, je remets mes éperons pour retourner à la ville ; vous arrivez précisément au moment où j'allais partir ; il n'y a plus moyen de tenir un affût avec cette maudite guerre ; le gibier est effarouché et a abandonné ses remises.

— Oui, je sais que vous êtes un grand chasseur, ami Dick, répondit le capitaine en souriant ; mais, ajouta-t-il en baissant la voix, cette fois vous ne me donnerez pas le change. A votre sortie de la ville, vous avez été dépisté par deux de nos *scouts*, dont vous avez croisé les traces au carrefour de la Croix. Vous avez été suivi ; vous avez ce matin servi d'éclaireur aux Bushwackers, auxquels nous donnons la chasse.

— Je ne mens jamais, cousin ; tout ce que vous dites est vrai, ma vie est entre vos mains : la loi est formelle, faites-moi pendre.

— Dieu m'en garde ! Nous sommes parents et amis, Dick ; il ne vous arrivera rien. Vous êtes sans armes, excepté ce joujou ; vous êtes seul et inoffensif ; seul je sais ce que vous avez fait ce matin. Partez, vous êtes libre.

— Merci, cousin, répondit le jeune homme avec émotion. Je vous dois la vie : mes relations avec les Bushwackers me condamnent, car vous ne les reconnaissez pas comme belligérants. Merci, cousin John ; je me souviendrai de ce service, et peut-être m'acquitterai-je un jour.

— Ne parlons plus de cela, Dick, répondit le capitaine avec mélancolie ; la guerre a des exigences cruelles, ne la rendons pas atroce par des barbaries inutiles et en oubliant les liens de parenté et les amitiés passées. Oh ! la guerre monstrueuse et fratricide ! partez, Dick, ne restez pas plus longtemps ici.

— Ne me chargez vous donc d'aucun message pour ma sœur ?

— Ne lui dites pas que vous m'avez vu, Dick ; je lui apprendrai moi-même la triste vérité, fit-il avec un soupir ; elle doit me haïr à présent ?

— Jane vous aime, John ; j'en ai la conviction, à cause même des reproches qu'elle vous adresse chaque fois que l'on parle de vous à la maison.

— Dieu veuille qu'il en soit ainsi, dit-il tristement ; mais j'ai peur qu'elle ne me pardonne jamais ce qu'elle doit considérer comme une apostasie.

— Ne vous chagrinez pas ainsi, John : vous vous expliquerez avec elle ; peut-être tout finira-t-il mieux que vous ne l'espérez.

— Oh ! si elle savait combien je l'aime !

— Elle le sait, John ; croyez-le, elle aussi vous aime, je vous le répète.

— Je la verrai aujourd'hui même. Nos troupes ne tarderont pas à occuper la ville ; partez sans retard. Surtout, pas un mot à qui que ce soit sur notre rencontre.

— Je vous le promets, John.

Il se leva, et s'approcha de son cheval, auquel il remit le mors.

— Vous pouvez partir, monsieur, lui dit le capitaine ; il est heureux pour vous de n'être pas armé, et surtout de ne pas vous être trouvé avec ces Bushwackers, ces drôles que nous pendons sans rémission chaque fois que nous en saisissons un. Seulement, croyez-moi, le temps est mauvais en ce moment pour la chasse à l'affût. Si enragé chasseur que vous soyez, remettez cet agréable passe-temps à une époque plus favorable, sous peine de devenir vous-même gibier un jour ou l'autre.

Les soldats éclatèrent d'un joyeux rire à cette dernière boutade de leur capitaine.

— Je suivrai votre conseil, monsieur, répondit Dick en se mettant en selle. La leçon est bonne, j'en profiterai. J'ai l'honneur de vous saluer.

— Bon voyage !

Le jeune homme piqua des deux, et, au risque de se rompre vingt fois le cou sur les pentes abruptes de la montagne, il partit ventre à terre.

— *Devil* ! dit en riant un des soldats ; voilà un jeune gaillard qui détale rondement. Il paraît qu'il a grand'peur de la prophétie du capitaine !

En ce moment les autres soldats reparurent, conduisant, au milieu d'eux, un des Bushwackers, légèrement blessé d'un coup de feu à la tête.

Le sergent s'approcha de John Charlton, occupé à allumer son cigare.

— Capitaine, que faut-il faire de ce drôle ? lui demanda-t-il.

— Les arbres ne manquent pas, répondit froidement l'officier ; accrochez-le à une branche quelconque.

Cinq minutes plus tard l'ordre était exécuté, et le pauvre diable se balançait mélancoliquement à la maîtresse branche d'un érable à sucre.

— Nous n'avons plus rien à faire ici, dit le capitaine ; en route !

Et ils partirent.

A peine avaient-ils disparu, que Wolf s'élança de derrière un buisson, et, leste et adroit comme un singe, il coupa la corde.

Le pendu tomba lourdement sur le sol, en faisant : Ouf !

Puis, après un instant, il se mit sur son séant ; la corde, mal graissée, n'avait pas fait son office.

— Eh bien ! Watt, comment te trouves-tu ? lui demanda le Bushwacker.

— Bien, capitaine ; j'ai soif, j'en reviendrai cette fois encore ! C'est égal, il était temps ; merci capitaine.

— Il n'y a pas de quoi ; tiens, bois, ajouta-t-il en lui tendant sa gourde.

Une demi-heure plus tard, Watt l'ex-pendu et le capitaine Wolf disparaissaient de compagnie au milieu des halliers. Watt, superstitieux comme un bandit qu'il était, avait précieusement serré la corde dans son havre-sac, persuadé qu'elle lui porterait bonheur

IV

DANS LEQUEL IL EST PROUVÉ QU'AUX ÉTATS-UNIS, A L'ÉPOQUE OU SE PASSAIT NOTRE HISTOIRE, LE PARADIS ET L'ENFER POUVAIENT SOUVENT SE TROUVER PORTE A PORTE.

La Virginie, grâce aux innombrables fleuves, rivières, ruisseaux, sources ou puits, par lesquels son sol est arrosé, sans compter les ondées que le ciel ne lui épargne guère, et les brouillards nocturnes valant les ondées, est une contrée d'une fertilité étonnante.

Or, dans cette contrée bénie où tout concourt à rendre la vie facile, la fertilité de la terre, la douceur du climat, la chaleur du soleil, l'ombre du nuage, la salubrité des eaux courantes, une ville agréable n'est pas une chose rare.

Cependant, il en est une plus agréable que les autres : c'est la délicieuse ville de Rockingham. Il existe une foule de villes de ce nom en Virginie et dans d'autres parties des Etat-Unis : c'est au lecteur à deviner quelle est celle dont nous voulons parler.

Les habitations de Rockingham sont construites avec plus de goût et d'élégance que partout ailleurs ; puis, fait digne de remarque, les jolies femmes de cette ville possèdent une beauté renommée dans toute la vallée de la Shenandohah, qui, entre parenthèse, se pique avec raison de fournir le contingent le plus élevé, de beau sexe, véritablement *beau*, de tous les autres Etats de la grande République.

Rockingham usurpe peut-être un peu son nom de ville ; sa grande rue est large, bien pavée il est vrai, garnie de trottoirs, etc., mais des rues transversales, des maisons secondaires, il ne faut pas en parler.

La seule chose qui excuse les prétentions de Rockingham à être une grande ville, c'est qu'elle a le privilège d'ajouter à son nom ces deux lettres : C. H., ce qui signifie *Court-House*. Ces deux mots, qui se traduisent à leur tour par « maison de justice », prouvent que, ainsi que Berlin au temps du grand Frédéric, elle possède des juges et par conséquent des criminels, les uns n'allant jamais sans les autres.

Du reste, en Virginie, dès que trois maisons sont parvenues à se grouper ensemble, elles se décernent d'abord humblement le titre de ville ; puis lorsqu'un médecin, un aubergiste et un homme de loi s'y sont incrustés, il serait très mal venu l'imprudent qui, en parlant de la nouvelle métropole, se hasarderait à dire irrévérencieusement « le village ». Donc, en dépit de l'esprit jaloux qui anime toutes ses rivales sans exception, Rockingham est une ravissante ville.

Les maisons, moitié bois, moitié briques, sont exhaussées sur une maçonnerie qui les protège de l'humidité, élévation rendant nécessaire cinq ou six marches qu'il faut gravir pour passer la porte, surmontée d'une sorte de marquise en bois fort coquette.

Là toute la famille vient humer l'air du soir et inspecter ce qui se passe dans la rue. A Rockingham, comme partout, chacun aime à mordre sur le prochain : les cancans vont un train d'enfer.

Hautes de deux étages quelquefois, mais rarement de trois, le terrain ne manquant pas, on a préféré s'étendre en profondeur plutôt qu'en hauteur : tel est l'aspect de ces constructions ; elles ne diffèrent entre elles que par les détails et les ornements, variés à l'infini, selon les caprices des propriétaires.

Toutes les maisons ont en outre ce point commun de ressemblance entre elles que toutes sont enveloppées et comme enfouies au milieu d'une telle masse de végétation, qu'il faut souvent connaître leur existence pour les découvrir.

Les chênes blancs, les hêtres, les acacias, mêlent leurs feuillages serrés tout autour, comme un formidable rempart ; les lilas, les noisetiers, les boules-de-neige, les églantiers, en massifs épais, défient la curiosité.

Des rosiers géants grimpent jusque sur les toits, où leurs boutons semblent s'entr'ouvrir tout exprès pour regarder par les fenêtres des derniers étages ; les vignes vierges rampent le long des gouttières, et les liserons s'infiltrent dans toutes les fissures.

Dans quelques maisons seulement, les plantes vagabondes n'ont pas la liberté ou plutôt la licence du grimpement et de l'accrochement ; ce sont celles de : l'épicier, — mercier, — horloger, — cordonnier ; — du docteur, — pharmacien, — vétérinaire ; — l'auberge et l'église ; — il y a aussi les maisons de quelques hommes de loi qui se passent de fleurs. Malgré ces lacunes regrettables, tout dans Rockingham respire la vie, la santé, le bien-être ; le voyageur qui ne fait que traverser cet Eden s'en éloigne en déplorant de ne pas être un de ses élus.

Le dimanche, lorsque les belles ladies, les jolies miss, parées de leurs robes souvent plus éclatantes qu'harmonieuses à l'œil, sortent de l'église, Rockingham n'est plus une ville, mais une vaste corbeille de fleurs !

Mais rien n'est parfait dans notre monde sublunaire ; chaque chose a son point faible, sa tache, sa tare, son ver rongeur, depuis le soleil jusqu'au moindre brin d'herbe, la plus infime bestiole jusqu'à la femme aimée! L'enfer le plus complet, doit avoir quelque part son rayon d'espérance; tout paradis, quelque délicieux qu'il puisse être, possède incontestablement son cabinet noir!

Aussi, à l'époque où se passait notre histoire, l'étranger désireux de conserver un bon souvenir de Rockingham faisait-il très bien de ne pas aventurer un regard derrière ces attrayantes villas; s'il commettait cette imprudence, pour peu qu'il fût affligé d'un cœur sensible, et qu'il eut le malheur de posséder une âme honnête, il sentait courir dans ses veines un frisson glacial, un cauchemar fiévreux s'emparait de son cerveau.

En effet, toute une population vivait là, travaillant, souffrant, mourant dans l'ombre, rivée à la chaîne du forçat par la fatalité.

Quel contraste honteux et affligeant offrait cette ville à double visage, semblable au masque tragique dont un côté souriait et envoyait des baisers tandis que l'autre pleurait et grinçait des dents!

Devant l'élégante habitation, les fleurs embaumées, les gracieux attributs de la fainéantise, le bonheur, la joie, la richesse, l'amour, la liberté. Derrière, la rustique case en bûches et en torches, les poutres enfumées, les durs instruments du travail, pas d'air, pas de lumière, le malheur, la misère, l'esclavage. Devant, les dorures, la soie le velours, les chants, la richesse, le soleil; derrière, la froidure, les ténèbres, les haillons sordides. Devant, le paradis avec toutes ses jouissances et le sourire des anges; derrière, l'enfer, les cercles horribles du Dante, avec toutes les tortures et les ricanements sinistres des démons!

Tels étaient les misérables quartiers des esclaves, sournoisement et hypocritement dissimulés derrière les splendides demeures de leurs maîtres; de ces abîmes de douleurs ceux-ci tiraient toutes leurs richesses, et ils les cachaient eux-mêmes avec dégoût!

Ce matin-là, la ville de Rockingham était curieuse à examiner.

La grande rue était encombrée de gens affairés, allant et venant; des groupes animés se formaient, puis se dispersaient pour se reformer plus loin.

Bientôt des interpellations, des exclamations se croisaient dans l'air, et souvent tout le monde parlait à la fois.

La cause de cette effervescence n'était autre que le départ subit pendant la nuit de Stonwall Jackson et de toute son armée.

— Jackson est parti cette nuit.
— Vraiment?
— Pourquoi?
— Comment?
— On ne sait.
— Mais hier personne ne s'en doutait.
— Le vieux Jackson a ses raisons; il manigance quelque chose.
— C'est probable.
— Mais les Yankees s'avancent!...
— Diable!
— J'ai définitivement bien fait d'expédier, hier, mes nègres!
— Qu'est-ce que tout cela va devenir?
— Ne m'en parlez pas; j'en suis malade!

Tels étaient les propos, à bâtons rompus, tenus par les dignes habitants de Rockingham; rien n'était comique comme la mine déconcertée de ces propriétaires, apprenant que leurs soldats avaient fait un mouvement en arrière, laissant l'ennemi maître de la ville.

Jusqu'alors les habitants de Rockingham n'avaient connu que par ouï-dire les malheurs affreux que la guerre amène avec elle; cette fois leur inquiétude était grande; ils allaient à leur tour subir les exigences d'un ennemi détesté; aussi, plus ils se communiquaient leurs appréhensions, plus leurs discours devenaient passionnés, et plus leur terreur grandissait.

Plusieurs quittaient leurs maisons, pour n'y plus rentrer, les uns à cheval, les autres dans leurs voitures, les pauvres simplement à pied.

Ceux-là, comme ils étaient moins exposés aux déprédations de l'ennemi, et qu'ils fuyaient tout bêtement, dans la crainte de dangers imaginaires, tenaient naturellement les propos les plus exagérés pour cacher leur couardise.

Tous les fuyards donnaient des poignées de mains à leurs amis et lançaient des malédictions aux Yankees, en se hâtant de gagner la route, comme si l'ennemi eût été déjà à l'autre bout de la ville.

On entendait partout des conversations dans le genre de celle-ci :

— Moi, je pars avec notre armée; je ne pourrais supporter la vue de ces damnés Yankees!
— Vous êtes bien heureux de pouvoir partir, vous! Ah! si je n'avais pas ma famille!
— On dit que les Allemands surtout sont féroces?
— Parbleu! C'est Frémont qui les commande!
— Ils volent tous les nègres!
— C'est abominable!
— On doit s'attendre à tout lorsque l'on a affaire aux abolitionnistes!
— Si c'était Mac-Clelan, au moins!
— Lui, c'est un gentleman!
— Nous n'avons pas de chance! Ce mi-

sérable Lincoln sait bien ce qu'il fait en nous envoyant Frémont!

Pendant que les nouvelles de la marche des nordistes bouleversaient la grande rue de Rockingham, si pacifique d'ordinaire, un homme était appuyé sur la petite porte en bois donnant accès à l'une des plus coquettes maisons de la ville, jetant sur tout et sur tous un mélancolique regard.

Cet individu, de haute taille, sec et maigre à proportion, avait un faux-col empesé outre mesure qui, à chacun de ses mouvements, menaçait de guillotiner ses oreilles, larges, plates et rouges; son nez, surmonté de lunettes d'or, était à moitié caché par un chapeau à haute forme, dont les tons roux indiquaient plusieurs années de service; quelques mèches d'un gris jaunâtre descendaient sur son habit vert à boutons de métal, dont le col était couvert d'une large plaque de crasse huileuse; l'habit, de beaucoup trop court aux poignets, caressait de ses longues queues de morue la place des mollets absents de son propriétaire; un pantalon, quadrillé jaune vert et rouge, plissé, racorni et usé jusqu'à la corde, servait tant bien que mal de fourreau à des jambes maigres, terminées par des pieds plats énormes, emprisonnés dans des bottes éculées, dont les pointes s'allongeaient démesurément en bec de canard.

Ce singulier particulier s'enveloppait frileusement, malgré la chaleur de la température, dans un gros pardessus gris-perle des plus vénérables et constellé de taches, dont les manches flottaient agréablement au gré de la brise matinale.

Ce personnage remarquable était mister Jim Cobden, propriétaire de la maison, et l'un des plus riches planteurs de Rockingham.

Il causait avec un de ses amis, se tenant en dehors du jardin, tout en s'appuyant, lui aussi, sur la porte.

Ce dernier, possesseur d'un ventre pyriforme, d'une face rubiconde et d'un cou apoplectique, portait sur l'épaule un fusil de chasse; une énorme parapluie en toile grise lui tenait lieu de canne; on voyait à ses guêtres de cuir et à sa casquette de veau marin qu'il s'apprêtait à partir en voyage.

Il parlait avec véhémence, en homme habitué à ne pas rencontrer souvent de contradicteurs.

C'était mister Josuah Warding, que déjà nous avons vu dans la case des nègres.

M. Cobden, après avoir écouté longtemps son interlocuteur sans souffler mot, lui répondit enfin :

— C'est impossible, monsieur Warding ; par le temps qui court, acheter des nègres c'est trop chanceux.

— C'est pourtant une fameuse fille, cette Amy.

— Je ne dis pas le contraire ; mais débourser à présent ce n'est guère prudent.

— Je vous la laisse à un prix bien au-dessous de sa valeur?

— C'est vrai.

— On m'en a offert le double il y a quelques jours.

— C'est très possible.

— Mais j'aimerais mieux qu'elle fût chez vous que chez Jerry Wolf.

— Est-ce que Wolf veut l'acheter?

— Parbleu! elle est jolie, et vous savez?..

— Oui, je sais, je sais ; Jerry Wolf est amateur ; c'est son affaire, il n'élève que des femelles.

— Cependant j'aurais préféré la caser dans une bonne maison comme la vôtre ; je m'intéresse à cette fille, ma mère l'avait élevée avec mes enfants ; aussi me l'a-t-elle recommandée en mourant ; vous l'auriez accouplée avec un de vos mulâtres ; c'eût été une bonne mère, bien honnête, bien tranquille ; il n'y a pas de danger qu'elle courre jamais, celle-là !

— Oh ! le vieux Wolf en fera aussi une bonne mère, dit M. Cobden avec un sourire légèrement railleur.

— C'est égal, je suis fâché de la vendre à Jerry Wolf ; elle ne sera pas heureuse chez lui.

— Mais pourquoi la vendez-vous ?

— Mon intérêt avant tout monsieur Cobden, vous comprenez ? Je pars, j'ai besoin d'argent.

— Parfaitement, monsieur Warding ; ainsi, vous partez ?

— A l'instant même. J'ai déjà expédié toute ma propriété dans le Sud, où je vais la surveiller moi-même ; j'aime mieux cela. Après avoir conduit Amy chez Wolf, je monte à cheval, et en route !

— Au revoir donc, et bon voyage, cher monsieur Warding.

— Merci ! Mes compliments à vos dames, je vous prie, mon bon monsieur Cobden.

Les deux propriétaires échangèrent une cordiale poignée de mains, et M. Warding s'éloigna à grands pas, afin d'aller au plus tôt livrer sa marchandise.

Dès qu'il fut seul, M. Cobden revint vers sa maison ; au moment où il mettait le pied sur la première marche de l'escalier de bois conduisant à la vérandah ombrageant la porte, une charmante jeune fille de dix-sept ans vint se jeter dans ses bras.

Cette belle enfant, dont les formes naissantes, étroitement emprisonnées dans un spencer de velours noir, commençaient à révéler la femme, était resplendissante de santé et de jeunesse. Les opulentes torsades de ses cheveux noirs menaçaient de rompre la résille de soie rouge dans laquelle elles étaient retenues ; ses grands yeux noirs, ombragés par de longs cils veloutés, brillaient d'un vif éclat; mais ses prunelles charmantes possédaient une fierté un peu farouche frisant la dureté. Cette particularité donnait à cette admirable créature un air d'assurance prématurée qu'on regrette toujours de découvrir chez une jeune fille, mais qui trop souvent se rencontre chez les jeunes Américaines. Son front, très bombé, indiquait une ténacité peu ordinaire ; sa lèvre supérieure, relevée dédaigneusement, laissait scintiller des dents petites, éblouissantes et parfaitement rangées.

Après avoir tendu ses joues de pêche, baiser paternel, elle rentra de sa jolie main potelée quelques mèches rétives sous sa résille et termina d'agrafer son corsage ; évidemment elle s'était habillée à la hâte; tout en achevant sa toilette, elle dit à M. Cobden, en train de la contempler avec admiration:

— Est-ce vrai, père, ce que maman m'a dit, que notre armée est partie cette nuit, et que les Yankees arrivent ?

Sa voix harmonieuse était entrecoupée par la colère.

— Oui, Jenny, c'est vrai ! répondit le bonhomme avec un profond soupir.

— Et Dick, où est-il ? reprit miss Jane en frappant du pied avec impatience.

— Il est parti aussi. Il a vu les Yankees ; ils ont tiré sur lui.

— Les scélérats ! grommela la jeune fille.

— Lilias est-elle levée ? demanda M. Cobden, afin sans doute de détourner la conversation.

— Pas encore je pense.

— Lilias ! Lilias ! cria M. Cobden, en se reculant de quelques pas, pour fixer une fenêtre située à l'étage supérieur de la maison.

La fenêtre ne tarda pas à s'ouvrir.

La tête d'une charmante blonde apparut.

Cette gracieuse créature, encadrée dans les feuilles de vigne vierge et enveloppée de boutons de roses, était ravissante ainsi. Elle avait à peine seize ans. Dans son déshabillé gracieux, elle semblait une ondine sortant de son nid d'algues.

— Allons, lève-toi, paresseuse ; il est temps ! cria M. Cobden, d'un ton de bonne humeur.

— Oui, père, tout de suite, répondit une voix suave et harmonieusement timbrée.

La délicieuse et frileuse apparition se retira de la fenêtre, après avoir lancé à son père un sourire plein de grâce et de finesse.

En ce moment l'agitation de la rue devint extrême.

Des gens allaient et venaient en toute hâte, se lançant au passage des phrases entrecoupées.

Les portes et les fenêtres s'ouvraient et se fermaient violemment.

— Les voilà ! les voilà ! entendait-on de tous les côtés.

Ce fut un sauve-qui-peut général.

Bientôt les rues furent abandonnées : la ville entière sembla déserte ; la métamorphose fut presque instantanée.

M. Cobden et sa fille rentrèrent dans la maison, après avoir fermé et verrouillé intérieurement la porte de la rue, et ils se réfugièrent dans le salon.

Là se trouvait Mme Cobden, grande femme sèche, à l'œil dur et à la mine revêche.

Elle était assise près d'une fenêtre d'où elle surveillait la rue; sur ses genoux était ouverte, une énorme bible qu'elle lisait gravement à haute voix, tout en ne perdant pas de vue une vieille négresse occupée à épousseter les meubles.

— Les voilà, maman ! les voilà ! s'écria miss Jane en se laissant tomber près de la cheminée sur un *rocking-chair*, ou fauteuil à bascule, siège indispensable aux États-Unis à toutes les ladies bien nées.

Sous le poids de la belle miss Jane, le rocking-chair se mit tout à coup à onduler follement ; la coléreuse jeune personne était au comble de l'indignation.

Mistress Cobden continuait imperturbablement sa pieuse lecture, sa voix grêle, prétentieusement mélodramatique se faisait seule entendre dans le silence général.

M. Cobden, l'air désolé, la mine allongée, le sourcil froncé, la lèvre pendante, se promenait de long en large dans le salon.

Sa femme lisait :

« Les enfants d'Israël, donc, firent ce qui est mauvais devant l'Éternel ; et ils oublièrent l'Éternel, leur Dieu, et ils rendirent un culte aux idoles et aux dieux des bocages. »

— Il faudrait, mistress Cobden, dit le mari en interrompant sans façons sa femme, il faudrait cacher l'argenterie.

— C'est déjà fait ! répondit la pieuse dame sans presque interrompre sa lecture.

« C'est pourquoi la colère de l'Éternel s'ombragea contre Israël, et il livra les Hébreux entre les mains de Cutsni-Kattan, roi de Mésopotamie, et les enfants d'Israël furent assujettis à Cutshi-Kattan pendant huit ans. »

— Il faudrait aussi que Sam eût l'œil sur les négresses, dit encore M. Cobden.

— Il est prévenu.

« puis les enfants d'Israël crièrent à l'Éternel, et l'Éternel leur suscita un libérateur qui les délivra, savoir : Hotto-niel, fils de Kem, frère puîné de Babel... »

M. Cobden, satisfait de la prudence de sa moitié, la laissant avec l'Éternel et Babel, disparut sans plus de cérémonie, sans doute afin de tâcher d'apprendre quelque chose de positif à propos de l'arrivée des nordistes.

Tout à coup Mme Cobden s'interrompit de nouveau pour crier d'une voix aigre à la négresse :

— Eh bien ! Junon, que faites-vous ? vous dormez ? Vous n'aurez jamais fini !

En ce moment entra dans le salon M. Sam, ou plutôt Samuel Cobden.

Ce personnage, âgé de près de quinze ans, ressemblait beaucoup à son frère aîné Richard ou Dick.

Il était vêtu des pieds à la tête d'un vêtement gris, d'une étoffe grossière, inusable, fabriquée dans le pays. Sam, l'œil vif et intelligent, les cheveux ébouriffés, les habits débraillés, paraissait être un jeune chenapan.

A l'animation de son visage, on devinait qu'il venait d'être acteur dans quelque scène désagréable pour lui.

Il avait brusquement ouvert la porte du salon et s'était précipité vers sa mère avec des hurlements furieux.

— C'est trop fort, mère ! cria-t-il en crispant les poings, Jack ne veut plus m'obéir.

— Qu'y a-t-il, mon enfant ? demanda Mme Cobden en prenant à deux mains la tête de son fils et en l'embrassant tendrement.

— Il y a que Jack m'a frappé !

— Jack t'a frappé ?

Mme Cobden et sa fille se dressèrent comme mues par un même ressort.

— Oui, il a osé lever la main sur moi ! reprit le garnement, heureux de l'effet qu'il produisait.

— Est-ce possible ? s'écria Mme Cobden en croisant les mains, lançant un regard courroucé vers le ciel et se laissant retomber lourdement sur son siège.

— Oui, c'est possible ! reprit l'enfant en piétinant avec colère. J'ai trouvé Jack bridant le grand cheval noir ; je lui ai demandé pourquoi ; il m'a répondu qu'il allait faire une commission pour le père. Je lui ai dit qu'il mentait, et que le cheval devait rentrer à l'écurie. Mais lui, au lieu de m'obéir, m'a arraché la bride des mains, m'a repoussé violemment, a sauté en selle en me riant au nez, en m'appelant gamin ! Puis il a franchi la haie d'un bond et est parti au galop à travers la plaine.

— Où allons-nous, Dieu miséricordieux ? s'écria Mme Cobden en levant les mains au ciel. Voilà nos nègres qui battent nos enfants, maintenant !

— Il faudra faire un exemple, maman ! s'écria furieusement miss Jane ; sans cela,
il n'y a plus de raisons pour que nos négresses ne viennent pas nous battre, nous aussi !

— Oui, il faut un exemple, maman ! reprit comme un écho maître Sam, pleurant à chaudes larmes sur le sein de sa mère ; je le tuerai, ce damné nègre ! s'écria-t-il en se redressant et en montrant le poing dans le vide ; nous verrons si, oui ou non, les peaux noires sont faites pour obéir !

Junon était stupéfiée.

La colère de ses maîtres lui paraissait très légitime ; elle se demandait comment Jack, un esclave si humble, si soumis toujours, avait osé commettre un tel méfait.

Le fait est que, pour la bonne négresse, la servitude de sa race était chose indiscutable ; n'ayant jamais été qu'une esclave, d'autres sentiments qu'une obéissance absolue aux blancs ne pouvaient trouver place dans son entendement obtus ; donc l'acte inqualifiable de Jack la confondait.

Mme Cobden se tourna majestueusement vers elle, et, pendant que maître Sam grinçait des dents comme un jeune chat sauvage, elle lui dit :

— Eh bien ! vous voyez, ma fille, comment vont les choses ?

— Oui, maîtresse, répondit humblement Junon.

— Cela n'arriverait pas si les gens de couleur avaient plus de religion. J'ai beau vous lire à tous des passages du Livre divin :

Ici Mme Cobden étendit solennellement les deux mains sur le volume qu'elle avait toujours ouvert sur les genoux.

— ...ces passages qui expliquent pourquoi Dieu a voulu lui-même que les nègres obéissent éternellement aux blancs ; eh bien ! cela ne sert à rien ! L'esprit de révolte est condamné par le Christ. Tous les dimanches, au prêche, le vénérable pasteur ne vous dit-il pas que vous serez damnés si vous n'obéissez pas et ne respectez point vos maîtres ? D'ailleurs, que feriez-vous sans vos maîtres ? Comment vivriez-vous ? Où iriez-vous habiter ? Qui vous soignerait quand vous êtes malades ? Qui vous vêtirait quand vous n'avez plus d'habits ? Est-ce que vous n'êtes pas membres de nos familles, dites ? est-ce que nous n'élevons pas nos enfants avec les vôtres ?

— Oui, maîtresse.

— Vous êtes tous nos enfants ; quand nous vous corrigeons, c'est pour votre bien ; car vous ne savez pas distinguer ce qui est bien de ce qui est mal ; sans nous, pauvres malheureux, vous redeviendriez des animaux ; est-ce vrai ?

— Oui, oui, maîtresse.

— Nous nous sacrifions pour vous, mais c'est notre devoir ; le Seigneur nous l'ordonne. Nous obéissons, nous aussi ; vous le voyez, Junon, nous avons un maître ; il faut que tout le monde ait un maître et le serve ! Voyez Jack ; eh bien! s'il le faut, on le chassera dans les bois, avec les chiens, on le rattrapera, on le fouettera jusqu'au sang ; parce que le Seigneur a dit que celui qui fait tort à son maître du service qu'il doit sera châtié! S'il rencontre les Yankees, il est perdu ; les Yankees le prendront et ils le vendront à Cuba, où les maîtres sont plus féroces que mister Warding. Ils ne connaissent qu'un châtiment : la mort ! une mort épouvantable, qui fait frémir rien que d'en parler ; et le nègre méchant s'en va tout droit en enfer brûler éternellement ! car Dieu ne pardonne jamais aux gens de couleur qui abandonnent leurs maîtres, sous n'importe quel prétéxte ; vous comprenez, Junon ?

— Oui, oui, maîtresse, articula la pauvre négresse en frémissant.

—Allez,ma fille,reprit Mme Cobden en lui montrant la porte avec un geste théâtral ; dites bien à toutes nos filles et à tous nos enfants qu'ils n'ont rien à craindre de tout cela, s'ils restent à la maison et s'ils n'écoutent pas les abolitionnistes, qui sont les démons dont parle l'Ecriture.

Junon, ahurie par ce sermon, bien qu'elle fût habituée à en entendre tous les jours de semblables, se dirigea en chancelant vers la porte ; mais, en vraie mère-nourrice qu'elle était, elle voulut consoler le dernier enfant de M. Cobden, qu'elle avait allaité, maître Sam, en train de se rouler sur le sopha, grondant, rageant et se rongeant les ongles jusqu'au sang.

— Au diable les nègres et les négresses ! s'écria le méchant garçon en repoussant brutalement la pauvre négresse, qui se penchait tendrement sur lui pour l'embrasser.

Junon ne se le fit pas dire deux fois ; elle disparut, au moment même où M. Cobden rentrait blême de terreur dans le salon, en criant d'une voix étranglée :

— Les Yankees arrivent !

Miss Jane bondit à la fenêtre, lança un regard irrité sur la rue et revint aussitôt en disant d'un air de défi :

— Eh bien! moi, je vais leur jouer *Dixy* !

La jeune fille s'assit devant son piano, l'ouvrit d'un geste nerveux ; et bientôt les doigts irrités de la charmante enfant, volant fiévreusement sur les touches d'ivoire, firent retentir le fameux air du patriotisme esclavagiste.

La voix saccadée et un peu faussée par la colère, miss Jane protestait contre le silence funèbre, qui, tout à coup, s'était étendu sur toute la cité.

V

COMMENT LE CAPITAINE JOHN CHARLTON SE PRÉSENTE CHEZ SON ONCLE ET QUELLE RÉCEPTION LUI FUT FAITE.

Ainsi que nous l'avons dit, les rues de Rockingham, étaient comme par enchantement devenues désertes.

Portes et fenêtres, tout était fermé et solidement barricadé ; le silence le plus profond avait remplacé la joyeuse animation qui d'ordinaire regnait, à cette heure du jour, dans la ville.

A l'une des extrémités de la Grande-Rue, on apercevait une vingtaine de cavaliers, l'œil attentivement fixé devant eux, l'oreille au guet, les carabines amorcées et armées appuyées sur la cuisse.

Ces cavaliers composaient le dernier piquet de l'armée confédérée.

A une centaine de mètres en arrière, l'orée du bois, deux compagnies de cavalerie de soutien étaient rangées en bataille, prêtes à toutes éventualités.

Bientôt, à l'extrémité opposée de la rue, apparurent quelques cavaliers nordistes, aux allures soupçonneuses, guidant leurs chevaux avec précaution et fouillant du regard tout ce qui les entourait.

Chaque fois que ces cavaliers arrivaient à une rue transversale, ils l'exploraient avec le plus grand soin, puis l'un d'eux se détachait, s'aventurait dans la rue suspecte, la visitait en détail et ne laissait pas sans le reconnaître le moindre recoin formé par les maisons et susceptible de cacher une embuscade.

Tous ces cavaliers tenaient en main soit une carabine, soit un revolver prêt à faire feu.

Ces cavaliers étaient «des scouts» ou batteurs d'estrade de l'armée libérale ; ils faisaient leur métier en conscience et avec une rare habileté.

Ils atteignirent ainsi sans encombre jusqu'aux deux tiers de la rue ; mais là force leur fut de faire halte. Ils se trouvaient en face, séparés par une douzaine de mètres au plus, de leurs ennemis les sudistes. ceux-ci, du reste, ouvrirent aussitôt le feu contre eux.

Les éclaireurs nordistes ne répondirent pas à cette audacieuse provocation ; ils reculèrent lentement, mais sans tourner bride, et tandis que la plus grande partie d'entre eux s'embusquaient résolument de chaque côté de la rue, trois ou quatre cavaliers seulement s'éloignèrent ventre à terre, sans doute pour chercher des renforts.

En effet, ces soldats rencontrèrent bientôt une troupe de cavaliers s'avançant à leur secours. En tête de cette troupe de cavaliers venait le général Cluseret, commandant l'avant-garde du corps du général Fremont.

Le général arrêta son cheval.

— L'ennemi! l'ennemi! criaient les éclaireurs en faisant halte, eux aussi.

— Où cela? demanda le général Cluseret.

— A l'autre bout de la ville, mon général, répondit un des éclaireurs; après nous avoir laissé traverser presque toute la ville, il nous a envoyé une décharge à bout portant.

Les coups de feu se succédaient rapidement; une escarmouche sérieuse était engagée.

— Les sudistes sont-ils nombreux? demanda le général.

— Oui, mon général, assez nombreux pour tenir pendant quelque temps.

Le général haussa les épaules et continua sa marche en avant, bientôt suivi de son état-major et de son escorte, une soixantaine d'hommes tout au plus; il atteignit les maisons dans lesquelles s'étaient embusqués les batteurs d'estrade.

C'était l'entrée de la ville, dont la grande rue était déserte dans toute sa longueur; à l'autre bout seulement, on apercevait les têtes des soldats confédérés, leurs corps étant cachés par le dos d'âne que formait le terrain en s'élevant par une pente presque insensible jusqu'au milieu de la ville; on voyait étinceler l'acier des sabres et des carabines.

Le général, toujours silencieux et pensif, donna l'ordre à un de ses aides de camp d'aller presser le pas de la colonne d'infanterie qui venait derrière lui; puis, après avoir braqué sa jumelle sur l'ennemi, il prit son revolver, l'arma, se redressa sur la selle et rassembla les rênes.

Les officiers de l'état-major et les soldats d'escorte imitèrent instinctivement leur chef. Les craquements secs des ressorts des pistolets, le cliquetis des sabres, le piétinement des chevaux étaient les seuls bruits qui frappaient les oreilles.

— En avant! cria le général d'une voix retentissante.

Les chevaux partirent au galop; bientôt on aperçut l'ennemi.

Celui-ci semblait décidé à attendre résolûment la charge des nordistes; il poussait des clameurs de défi auxquelles les Yankees répondaient par de formidables hurrahs.

Les chevaux s'animèrent, s'enlevèrent et bondirent en avant; une ligne de fumée avertit que les *secesh* avaient ouvert le feu.

La fumée de cette première décharge, aussitôt balayée par la brise, permit de voir les sudistes, toujours impassibles, continuant la fusillade.

Les chevaux nordistes, têtes baissées et les naseaux fumants, se précipitèrent en hennissant; ils semblaient être devenus furieux sous les éperons qui leur déchiraient les flancs.

La bride aux dents, les revolvers en avant, courbés sur leurs selles, les cavaliers nordistes se ruèrent sur l'ennemi en faisant feu à brûler la moustache.

A travers la fumée épaisse, on vit les *secesh* s'évanouir comme des fantômes, en bondissant par-dessus les haies dont la route était hérissée à droite et à gauche.

Le général fit halte et jeta un regard autour de lui.

Une quinzaine de cavaliers au plus étaient prêts à reprendre la charge; les chevaux écumaient, la sueur ruisselait sur leurs membres frémissants.

Alors apparurent sur la route les compagnies sudistes de soutien embusquées dans les bois, comptant sans doute fondre, au passage, sur les libéraux; mais, voyant leurs ennemis décidés à ne pas se risquer hors la ville, les sudistes se préparèrent à les charger.

Déjà les deux compagnies commençaient à s'ébranler, on entendait la voix sèche des officiers commandant le galop, lorsque les clairons de l'infanterie nordiste retentirent à l'autre bout de la ville.

Les sudistes, comprenant le sens de ces fanfares, se retirèrent en toute hâte, mais en saluant leurs ennemis de quelques coups de carabine que ceux-ci leur rendirent avec usure.

Deux malheureux sudistes étaient à terre: l'un, pris sous son cheval tué, avait la cuisse cassée; l'autre avait reçu une balle dans le ventre, sur lequel il se traînait en hurlant.

Les Yankees avaient un mort et trois blessés; au nombre des blessés se trouvait Will, le mulâtre.

Un des officiers nordistes, tenant son cheval par la bride, posa la main sur le cœur du mulâtre.

— Ce brave Will s'en tirera, Tristan, dit après un instant l'officier, qui n'était autre que le capitaine John Charlton, en s'adressant à son ami, qui, le sabre à la main, contemplait cette scène d'un œil mélancolique.

— J'en suis heureux! c'est un brave, répondit le commandant; je l'ai vu charger avec une rage et une furie incroyables! Dites donc encore, John, que les nègres ne sont pas des hommes!

— C'est vrai! Je n'aurais jamais cru qu'un noir osât regarder un blanc en face!

— Quoi qu'il en soit, John, en dépit de

vos préjugés, blanc ou noir, je salue respectueusement ce blessé; cet homme est de la famille de ceux dont la devise est : La liberté ou la mort !

Et Tristan souleva son képi.

— Et moi aussi, dit John en se découvrant; il est digne d'être blanc ! et, pour commencer, je lui donne les galons de sous-officier.

— Ce n'est que justice, répondit Tristan ; cela l'aidera à guérir plus vite !

Les deux jeunes gens donnèrent ensuite des ordres pour que les blessés fussent enlevés promptement; mais ils voulurent accompagner Will à l'ambulance, afin de le recommander chaudement au chirurgien-major; Will avait reçu une balle dans le bras gauche ; cette balle avait traversé les chairs de part en part sans toucher les os ; la perte du sang avait seule causé l'évanouissement prolongé du mulâtre.

Une heure après cette escarmouche, le calme était rétabli dans Rockingham ; c'est-à-dire que l'on n'entendait plus retentir ni coups de revolver, ni coups de carabine, et que toutes les rues étaient encombrées de soldats nordistes.

Partout on voyait de longues bandes d'hommes, en uniformes bleus plus ou moins râpés, circuler les uns à pied, les autres à cheval, cherchant aventure où le diable les poussait.

On frappait aux portes ; on secouait les fermetures des jardins plus ou moins vivement; mais, excepté les cases des nègres, toujours ouvertes à tous les vents, les maisons restaient obstinément closes.

On eût dit que les habitants, avaient été subitement changés en statues par quelque enchanteur, derrière leurs murailles de briques.

De temps en temps, un coin de rideau se soulevait derrière une vitre et permettait d'entrevoir comme à travers un nuage de jolies têtes de femmes, dont les lèvres roses se plissaient avec amertume et dont les yeux charmants étincelaient de colère et de dédain.

Après avoir recommandé Will à l'ambulance, Tristan et John étaient revenus sur leurs pas et s'étaient dirigés vers la maison de mister Cobden, devant laquelle finalement ils s'arrêtèrent.

— C'est ici, Tristan, s'écria joyeusement John; nous voici *at home!*

Après avoir attaché leurs chevaux au poteau consacré à cet usage, John Charlton, plus au courant que son ami des habitudes de Rockingham, fit jouer le loquet de la porte, la poussa, et les deux officiers pénétrèrent dans le jardin de M. Cobden.

Le digne propriétaire était un homme essentiellement *pratique*, ainsi que l'on dit aux Etats-Unis et autre part encore; esclavagiste renforcé, il faisait des vœux ardents pour le triomphe du Sud. Son fils aîné, Richard Cobden, avait pris le mousquet pour défendre la cause des planteurs; mais, d'un autre côté, mister Cobden tenait singulièrement à son argent ; il avait une horreur profonde pour tout ce qui ressemblait à une dépense, même minime, quelle qu'elle fût; il avait calculé, car les véritables Américains calculent toujours, qu'il était ridicule de fermer des portes et des fenêtres que les nordistes briseraient en un tour de main; que cette taquinerie, ou plutôt cet enfantillage, que les planteurs de Rockingham décoraient du nom pompeux de protestation, ne ferait qu'indisposer les nordistes et les pousser à des extrémités regrettables pour les propriétaires de la ville, lesquels seraient les premières victimes de ces vexations, puisque les ennemis étaient les plus nombreux, c'est-à-dire les plus forts, et, par conséquent, libres d'agir à leur fantaisie. S'appuyant sur ce raisonnement, d'une logique indiscutable, M. Cobden se décida à faire contre fortune bon cœur, en laissant d'abord fenêtres et portes ouvertes, puis en accueillant de son mieux le vainqueur détesté que le hasard conduirait chez lui; quitte à prendre plus tard, si l'occasion lui en était offerte, une revanche éclatante.

M. Cobden s'était donc installé sous sa vérandah, et, tout en grommelant dans son for intérieur et en envoyant à dix mille charretées de diables les importuns qui arrivaient si rapidement à travers son jardin, il se préparait gravement à les recevoir le sourire sur les lèvres.

John Charlton eut bientôt franchi la distance qui le séparait du digne propriétaire. Il saisit la main du vieillard abasourdi, et, la serrant à la lui briser, il lui dit avec effusion :

— Monsieur Cobden, mon bon oncle, que je suis donc heureux de vous voir !

— Eh quoi ! c'est vous, John, mon enfant? s'écria enfin M. Cobden sortant de son étonnement. Qui diable vous reconnaîtrait sous cet habit ?

Mais un sourire de satisfaction s'esquissa sur les lèvres minces du propriétaire; il avait compris en une seconde tout le parti qu'il tirerait, pour protéger son bien, du heureux hasard qui lui faisait ainsi trouver un ami chez l'ennemi.

— Mistress Cobden ! Isaac ! Lilias ! cria-t-il d'une voix allègre dont la maison trembla. Voici John Charlton, notre bon John ! Venez vite !

Il introduisit alors les nouveaux venus dans le salon que nous connaissons déjà.

— Faites comme chez vous, messieurs,

dit-il du ton le plus affable ; cette maison dès ce moment est vôtre.

Sur ces entrefaites, on entendit une vive rumeur dans le cottage, puis la voix de miss Jane criant avec une profonde émotion :

— John, mon cousin !

La porte s'ouvrit; miss Jane entra les bras tendus, répétant toujours :

— John ! mon John !

Le capitaine s'élança à sa rencontre, l'œil brillant d'amour, les bras en avant, prêts à la recevoir.

Mais soudain la jeune fille s'arrêta comme pétrifiée ; sa jolie figure s'empourpra de colère; son œil s'alluma d'un feu sombre, sa bouche resta béante. La gracieuse enfant, pleine de joie et d'amour, s'était subitement changée en furie.

Un cri rauque s'échappa enfin de sa poitrine haletante, et, lorsque son fiancé fut près d'elle et voulut la serrer dans ses bras, elle se rejeta impétueusement en arrière, en se couvrant le visage de ses deux mains; elle s'écria d'une voix déchirante, avec un accent d'écrasant mépris :

— John ! Vous Yankee ? Quelle honte !

Le malheureux officier, désespéré d'une telle réception, à laquelle il était si loin de s'attendre de la part de sa fiancée, lança un regard navré à son ami, qui, lui aussi, par sympathie sans doute, semblait fort décontenancé.

Heureusement, miss Lilias mit un terme à cette situation embarrassante pour tous, en faisant à son tour irruption dans le salon.

La charmante enfant sauta sans façon au cou de son cousin et l'embrassa à plusieurs reprises avec l'entrain d'une affection véritable.

Miss Lilias n'avait pas remarqué l'uniforme de son cousin, et l'eût-elle remarqué qu'elle n'eût pas agi autrement. Que lui importait, d'ailleurs? John n'était-il pas toujours John, son cousin, plus encore, son frère, avec lequel elle avait passé ses plus riantes années ?

— Voilà une bonne et charmante jeune fille, ne pût s'empêcher de dire assez haut pour être entendu le commandant Tristan, en jetant à la dérobée un regard de reproche à miss Jane.

Celle-ci se tourna à demi vers lui et lui décocha une œillade irritée, en faisant une moue dédaigneuse.

Tristan sourit, s'inclina légèrement d'un air railleur; puis il tourna sans cérémonie le dos à la charmante furieuse, dont la colère redoubla encore.

Tout à coup Mme Cobden présenta sa longue et sèche figure dans le cadre de la porte du salon, juste à temps pour voir la plus jeune de ses filles embrasser son cousin.

— Y songez-vous, Lilias ? Etes-vous folle, ma fille ? s'écria-t-elle d'un ton courroucé ; à votre âge, ne pas avoir plus de retenue, c'est inconcevable !

— Mais, ma mère, balbutia la jeune fille, c'est John, mon cousin !

— Dieu me pardonne ! reprit durement Mme Cobden, depuis une heure à peine les Yankees sont entrés à Rockingham, et déjà ils sont au mieux avec nos filles !

La pauvre miss Lilias rougit, toute confuse; de grosses larmes perlèrent dans ses yeux d'azur, et elle se laissa tomber, tremblante, dans un fauteuil.

— Vous êtes cruelle, ma tante, dit doucement le jeune homme.

— Ah ! c'est vous, John, mon garçon ! répondit Mme Cobden comme si elle venait seulement de l'apercevoir; vous avez un bien bel uniforme; il vous va très bien, mais, vous savez, dans le Sud, nous ne l'aimons guère ; nous en connaissons un plus beau.

Le commandant Tristan de Saint-Pierre se redressa fièrement. Il se rapprocha de son ami, et d'une voix tranchante et froide comme une lame d'épée:

— Vous vous êtes trompé, mon ami, en me conduisant ici, dit-il. Vous n'êtes pas dans votre famille, mais chez des ennemis qui nous insultent. Nous ne sommes demeurés que trop longtemps dans cette maison, dont, excepté cette charmante jeune fille, que je remercie de sa gracieuse réception, ajouta-t-il en saluant miss Lilias avec une exquise courtoisie, tous les habitants nous sont hostiles. Venez; sortons, et secouons sur le seuil de cette demeure nhospitalière la poussière de nos bottes !

— Oui, vous avez raison, Tristan ; sortons ! répondit résolûment le capitaine.

Les deux amis se détournèrent alors et se dirigèrent, calmes et dignes, vers la porte du salon.

Mais ils furent subitement arrêtés.

Cette triple scène, comme on dirait au théâtre, s'était jouée avec une grande rapidité; elle n'avait pas duré plus de cinq minutes.

Pendant cette averse de compliments aigres-doux, M. Cobden était demeuré tantôt sur un pied, tantôt sur l'autre, comme un dindon posé sur une plaque de tôle brûlante, et fort mal à l'aise. (Qu'on nous passe cette comparaison un peu triviale, bien que très juste.) Mais voyant que, définitivement, l'affaire tournait au tragique et risquait d'avoir pour lui de fâcheuses conséquences, il prit vaillamment son parti. Après s'être, à plusieurs reprises, mouché vigoureusement, en homme dont la cervelle est en travail pour faire éclore une inspiration heureuse, il fit quelques pas en barrant carrément le passage aux deux officiers.

— Est-ce ainsi, dit-il avec colère, qu'on reçoit chez moi le fils de ma sœur, l'enfant élevé sous mon toit, que j'aime comme s'il était le frère de mes filles ? Que signifient ces paroles acerbes, ces propos inconsidérés, ces reproches cruels ? Que nous importe l'uniforme de John ? Son cœur n'est-il pas resté le même pour nous ? D'ailleurs, tous les uniformes sont beaux quand ils sont portés avec fierté et honneur !

Mister Cobden était le maître chez lui ; il le faisait rarement sentir, mais quand il parlait sur ce ton, chacun tremblait e s'inclinait humblement devant sa volonté.

Mistress Cobden essaya aussitôt des excuses embarrassées, que les deux officiers interrompirent en insistant pour se retirer.

Mais miss Jane, s'avança vers eux, les salua, et avec un sourire contraint :

— Restez, John, dit-elle à son cousin, et elle ajouta en se tournant vers Tristan : et vous aussi, monsieur, je vous en prie !

Les deux officiers échangèrent un regard d'intelligence, puis ils s'inclinèrent silencieusement devant la hautaine jeune fille.

M. Cobden profita de cette accalmie pour faire immédiatement les présentations d'usage, cette importante cérémonie, que tout Américain, celui du Sud aussi bien que celui du Nord, ne manque jamais d'accomplir dans n'importe quelle circonstance.

Une conversation froide et banale s'engagea alors.

Les sourires étaient sur les lèvres, mais l'orage grondait toujours au fond des cœurs.

Il est bon d'ouvrir ici une parenthèse, pour mettre le lecteur au courant des divers sentiments dont nos différents personnages étaient animés les uns pour les autres, en les faisant mieux connaître.

Mais ceci exige un chapitre séparé.

VI

DANS LEQUEL L'AUTEUR FAIT ENFIN CONNAÎTRE LES PRINCIPAUX PERSONNAGES DE CETTE HISTOIRE.

Joe Charlton était à la fois un des plus riches propriétaires de Cincinnati et l'un des démocrates les plus influents de l'Ohio.

Jeune encore, il avait épousé, à la suite d'un voyage à Rockingham, miss Sarah Cobden, sœur de mister Jim Cobden, le planteur que nous avons déjà présenté au lecteur.

Mistress Charlton eut un fils, auquel on donna le nom de John.

En véritable fils unique qu'il était, John eut une enfance heureuse. Sa mère l'adorait. Son père, homme d'affaires avant tout, ne s'occupait de lui que pour le gâter à outrance et lui passer ses moindres fantaisies.

L'enfant fut, en grande partie, élevé en Virginie, dans la magnifique vallée de la Shennandoah.

Sa mère venait, chaque année, s'installer avec lui à Rockingham, dans la maison de son frère, où elle passait toute la belle saison.

John fut donc, tout naturellement, le camarade de jeux le plus intime des enfants de M. Cobden, qu'il aimait beaucoup.

Cette amitié toute fraternelle devint de plus en plus vive entre le cousin et les cousines, mais sans arrière-pensée encore ; ils étaient à l'âge heureux où la tête est libre de toutes préoccupations autres que celle du plaisir.

Ces enfants respiraient à pleins poumons l'air pur et vivifiant de l'admirable vallée qu'ils habitaient ; ils n'avaient d'autres soucis que de se laisser vivre.

Rien n'était charmant comme de voir la troupe folle et joyeuse partir pour le *meeting-house*, pittoresquement campé au milieu du bois, à trois mille environ de Rockingham.

Ce meeting-house n'était autre que l'école ; il servait aussi le dimanche de temple pour les cérémonies du culte.

John, ses deux cousines et son cousin Dick, montés sur de jolis poneys, et suivis par un nègre de confiance chargé de veiller sur eux, bondissaient par-dessus les haies, franchissaient les ravins et les ruisseaux, et venaient en riant écouter avec les autres enfants des fermiers du voisinage les leçons paternelles d'un vieux ministre méthodiste, qui, lui aussi, comme ses élèves, arrivait à cheval, mais d'une allure beaucoup plus pacifique et plus réfléchie que celle de ses jeunes disciples.

L'heure de la classe écoulée, le digne ministre mettait la clef du meeting-house dans sa poche et rendait la liberté à ses bambins ; ceux-ci sautaient à cheval et s'éparpillaient dans toutes les directions aussi gaiement qu'ils étaient venus.

On le voit, les premières années de notre ami se passaient joyeusement et sans soucis d'aucune sorte.

Se rouler sur l'immense tapis de verdure de la prairie, attenant à la maison de M. Cobden, cueillir des fleurs avec ses cousines, courir, rire et jouer avec elles ; chasser, battre les nègres, et vagabonder à cheval avec son cousin Dick : telles furent ses premières occupations.

Mais l'âge vint peu à peu, troubler cette existence, filée jusque-là, d'or et de soie, et y mêler quelques brins de laine.

En effet, mister Charlton de l'Ohio, ainsi ainsi qu'on l'appelait communément pour le distinguer d'autres démocrates influents aussi, du même nom, en Virginie et dans les deux Carolines, se souvint un jour qu'il était père d'un grand fils et, par conséquent, en âge de commencer le rude apprentissage de la vie.

En véritable Yankee, M. Charlton fit aussitôt revenir son fils auprès de lui, et, sans plus attendre, il le plaça chez un banquier de ses amis en lui disant tout simplement ceci :

— Vous êtes un homme à présent, John. il est temps de songer à l'avenir. A l'ouvrage donc, mon enfant. L'activité et l'intelligence mènent à tout : *Go head !*

John se demandait dans son for intérieur pourquoi son père, dont la fortune était en réalité immense, ne le laissait pas en repos ; mais il se posait cette question tout bas, se gardant bien d'en laisser rien deviner à l'auteur de ses jours.

Il savait M. Charlton intraitable lorsqu'il s'agissait d'affaires ; d'ailleurs, il comprenait très bien que cet homme, qui, déjà âgé, travaillait avec une ardeur fébrile à augmenter une fortune dont les proportions étaient en complet désaccord avec ses goûts simples, ne serait jamais d'humeur à laisser son fils traîner une vie oisive, inutile à lui-même et aux autres.

Le jeune homme se résigna ; il se mit à la besogne, mais tristement et sans goût.

Malgré lui, John, depuis qu'il les avait perdus, revoyait sans cesse, dans ses souvenirs heureux, sa chère vallée de la Shennandohah, et le joli village de Rockingham, égayé par la présence de miss Jane et de la gentille Lilias Cobden.

Ces douces images venaient toujours jeter le trouble dans son esprit, précisément au moment même où il aurait dû être le plus assidu à son ingrate besogne, ce qui faisait dire à son patron, yankee pur sang, avec un hochement de tête de mauvais augure, lorsqu'il parlait de lui dans ses bureaux.

— Ce garçon-là a du sang de planteur dans les veines ; mauvaise chose pour un banquier : ces gens-là sont accoutumés à emprunter de l'argent et à le manger ; ils sont faits ainsi et non pour en gagner en le prêtant à des intérêts raisonnables.

Cependant, malgré ces pronostics, peu à peu John s'était plié au métier ; il était même devenu un employé plus que passable, de sorte que son patron commençait à revenir sur son compte et à avoir meilleure opinion de lui.

Plusieurs causes, presque futiles en apparence, avaient amené ces modifications dans la conduite du jeune homme. Nous les dirons ici parce qu'elles eurent une grande influence sur son avenir, mûrirent son esprit et firent de lui un homme dans toute la belle acception du mot.

Bien que M. Charlton exigeât de son fils un travail assidu, il l'aimait trop pour le réduire à la portion congrue des simples et pauvres expéditionnaires.

Il avait pour principe qu'il ne faut pas, en privant les jeunes gens de l'argent nécessaire à leurs plaisirs, les contraindre à envier leurs compagnons plus heureux et les exciter ainsi à mal faire. Conséquent avec ses principes, M. Charlton avait assigné à son fils une somme mensuelle de cent dollars, dont celui-ci pouvait disposer à sa guise et sans en rendre compte.

Ces cent dollars, et à peu près autant que sa mère lui donnait en cachette, faisaient de John un des plus riches des jeunes gens de son âge de la ville de Cincinnati,— bien entendu, dans le milieu où il vivait.

Mais John n'était pas dépensier, non par avarice, — personne n'était plus généreux que lui,—mais parce que, semblable en ceci à son père, il avait des goûts très simples et ne fréquentait qu'un nombre très restreint d'amis, dont les goûts sympathisaient avec les siens.

Parmi ces amis, il en était deux avec lesquels John était plus intimement lié ; le premier, pour lequel il éprouvait une amitié véritablement fraternelle, avait nom Louis-Tristan de Saint-Pierre de Rocheforte, et le second, Joé Betraydle ; avec celui-là, il était moins lié.

Le hasard avait mis un jour les trois jeunes gens en présence, ils s'étaient convenus tout d'abord, ils s'étaient revus, et bientôt leurs relations étaient devenues intimes.

Quels étaient ces deux hommes ? C'est ce que nous allons dire en quelques mots.

Louis Tristan de Saint-Pierre de Rocheforte, ainsi que son nom l'indiquait, était d'origine française.

Les Rocheforte sont Angevins ; leur noblesse remonte aux croisades ; un de leurs ancêtres fut, dit-on, écuyer du sire de Joinville, lors de la croisade du roi saint Louis ; une branche de cette famille existe encore en Anjou ; plusieurs de ses membres ont tenu de grandes charges à la cour et ont beaucoup fait parler d'eux, soit en bien, soit en mal.

Sous le premier empire, un Rocheforte, parti comme volontaire de la République en 1792, devint un des plus célèbres généraux de cavalerie de cette époque sanglante ; il rivalisa avec La Salle comme courage, mais il le dépassa en cruauté ; ce fut ce général de Rocheforte qui, étant gouverneur de Madrid, attelait à sa voiture six moines, harnachés comme des mules, avec panaches et grelots, et se faisait promener par eux, à grands coups de fouet, à travers la ville ; on racontait de lui cent autres anecdotes aussi excentriques et beaucoup plus barbares.

En quittant la France, les Rocheforte, devenus américains, avaient rompu toutes relations avec la branche de leur famille restée française ; ce ne fut qu'à l'époque de la guerre de l'indépendance américaine qu'un Rocheforte de ce temps-là, colonel et aide de camp du général Lee, se rencontra un jour sous la tente du général Washington, avec un brillant officier français, aide de camp du général de Lafayette et dont le nom était de Rocheforte.

Les deux hommes se reconnurent pour parents ; ils l'étaient en effet, ils se lièrent d'une vive et sincère amitié ; depuis ce temps des relations intimes et suivies s'établirent entre les deux branches de la famille à travers l'Atlantique.

A l'époque de la Révolution française les Rocheforte se réfugièrent en Amérique où ils furent si cordialement et si généreusement accueillis par leurs parents américains que, lorsqu'ils rentrèrent en France au retour des Bourbons, contrairement à ce qui arriva à la plupart des émigrés, ils revinrent avec une fort belle fortune, loyalement gagnée, grâce aux conseils et à l'influence des Rocheforte yankees, ce qui augmenta encore et cimenta plus solidement les liens d'amitié qui rattachaient l'une à l'autre les deux branches de la même famille.

Nous appuyons sur ces détails, parce qu'ils sont importants pour l'intelligence des faits qui suivront.

Lors de la révocation de l'Edit de Nantes, l'acte le plus odieusement impolitique de la vieillesse de Louis XIV, et qui lui fut imposé par Mme de Maintenon et la camarilla jésuitique dont elle était l'esclave, le comte Roger de Saint-Pierre de Rocheforte, chef de cette puissante maison, était protestant convaincu et même légèrement fanatique.

Le comte avait de nombreux amis à Versailles.

Par eux le comte était tenu au courant de toutes les intrigues d'alcôve qui se machinaient entre les jésuites, représentés par le P. Lachaise, confesseur du roi, et la *vieille*, ainsi qu'on nommait Mme de Maintenon. Le comte apprit ainsi le mariage du roi avec la veuve Scarron, mariage dont la principale condition exigée par le P. Lachaise fut la révocation de l'Edit de Nantes.

Prévoyant ce qui allait arriver, grâce à sa connaissance approfondie des agissements de la Société de Jésus, le comte de Rocheforte vendit peu à peu tous ses biens à des prix très avantageux.

Il avait agi avec une extrême prudence et n'avait rien laissé transpirer de ses intentions. Le jour même où le roi, circonvenu par sa vieille maîtresse et les jésuites, signait la révocation de l'Edit de Nantes, le comte de Rocheforte s'embarquait au Havre avec sa femme, ses enfants et ses serviteurs, emportant son immense fortune, réalisée en excellentes traites sur l'Angleterre, à bord d'un navire frété et nolisé par lui, et sur lequel il se rendit à New-York, où il débarqua heureusement.

Ainsi, grâce à sa prudence, le comte de Rocheforte évita les désastres affreux dont furent victimes la plupart de ses coreligionnaires.

Devenu Américain, le comte se retira en Virginie, où il s'établit définitivement, dans la partie du comté qui, plus tard, devait former l'état de Kentucki ; il abandonna ses titres de noblesse, et ne songea plus qu'à asseoir sa fortune sur des bases solides, en achetant et défrichant des terres acquises des Indiens à des prix excessivement bas et qui plus tard atteignirent des prix considérables.

Le réfugié protestant, devint ainsi, en quelques années, un des plus riches, sinon le plus riche propriétaire de toute la contrée.

M. de Rocheforte avait adopté franchement son nouveau pays et sans arrière-pensée de retourner en France ; il prit le nom de Saint-Pierre, appartenant aux cadets de la famille ; son fils né et élevé en Amérique fut un véritable Virginien ; il se dévoua un des premiers pour combattre la tyrannie anglaise et devint un des héros de la guerre de l'indépendance.

C'est à partir de cette époque que les Saint-Pierre commencèrent à se mêler des affaires politiques.

Le père de Tristan de Saint-Pierre, petit-fils du général, était membre du congrès de Washington et abolitionniste déclaré ; il jouissait d'une grande influence ; il fut un de ceux qui s'opposèrent les premiers à la politique des Etats du Sud ; il combattit énergiquement pour les droits méconnus et sacrifiés du Nord.

Tristan avait été élevé à l'Ecole militaire de Westpoint, dont les cours sont en partie calqués sur ceux de notre Ecole polytechnique, et d'où sont sortis d'excellents officiers.

Tristan de Saint-Pierre, doué d'une intelligence d'élite, esprit sérieux et grand travailleur, suivit assidûment les cours, passa avec éclat ses examens et sortit troisième de l'Ecole.

Mais, à la surprise générale, au lieu de prendre dans l'armée territoriale le grade auquel il avait droit et qu'on lui proposa, il se retira à Lexigton, dans sa famille, où il résida pendant plusieurs années; puis, bien que fort riche, il se rendit à Cincinnati, où il entra en qualité de commis principal associé dans une des premières maisons de commerce de la ville.

Cette conduite extraordinaire de la part d'un jeune homme riche, instruit, intelligent, apparenté aux premières familles kentuckiennes, aurait dans tout autre pays que l'Amérique semblé tout au moins bizarre.

Mais aux Etats-Unis, où chacun est véritablement libre d'agir à sa guise, personne ne s'en préoccupa, si ce n'est pour le louer, au lieu de se faire soldat, d'avoir voulu rester un citoyen utile à son pays.

A Cincinnati, Tristan rencontra John Charlton, auquel il se trouvait lié par quelques attaches de parenté éloignées. Dès le premier moment, les deux jeunes gens se sentirent animés d'une vive sympathie l'un pour l'autre et s'aimèrent bientôt comme deux frères.

Tristan, un peu plus âgé que John, et ainsi que nous l'avons dit, esprit sérieux et chercheur, doué d'une grande rectitude de jugement, de sentiments nobles et élevés, acquit en peu de temps une influence extrême sur son ami, dont il devint, pour ainsi dire, le mentor.

Tout en lui cachant avec soin sa supériorité intellectuelle et se bornant à combattre en riant certaines idées erronées de son ami, il l'engagea par son exemple, non seulement à se livrer assidûment au travail ingrat que lui imposait son père, mais encore, sous prétexte de l'occuper utilement, il le fit consentir à suivre dans ses rares moments perdus un cours complet d'études militaires qu'il lui fit chaque jour, en lui répétant qu'un homme devait tout apprendre, qu'on ne savait pas quel rôle on pouvait être appelé à jouer quand on appartenait aux classes distinguées de la société.

John Charlton se montra docile aux conseils de son ami; ces cours avaient un grand attrait pour lui, et il fit des progrès rapides; bientôt Tristan lui déclara en riant qu'il en savait assez pour faire un officier très convenable. Ces compliments excitèrent encore l'émulation du jeune homme; il persévéra dans ses études et redoubla d'application, à la grande joie de Tristan qui s'intéressait de plus en plus aux progrès véritablement très rapides de son élève volontaire, et n'eut bientôt presque plus rien à lui apprendre.

Sur ces entrefaites le trio d'amis fut complété par l'adjonction d'un jeune homme, natif de Mâcon, dans l'Etat de Géorgie, et nommé Jason, ou plus ordinairement Joé Betraydle.

Ce Joé Betraydle avait vingt-quatre ou vingt-cinq ans. C'était un grand gaillard, aux épaules démesurément larges, taillé en athlète, dont les muscles et les nerfs saillaient comme des cordes sur ses bras; il était fort brun de peau, avait les cheveux plantés bas sur le front et outrageusement frisés. Ses traits étaient effacés, ses yeux un peu clignottants et ne se fixant jamais, était presque constamment, sous prétexte de faiblesse, cachés sous un double lorgnon couleur fumée de Londres, qui ne les laissait entrevoir que par hasard, lorsque le digne Joe était contraint d'en nettoyer les verres; ce qu'il faisait le plus rarement possible quand il n'était pas seul.

Cette espèce d'hercule, aux mains larges comme des éclanches de mouton, se tenait toujours à demi-courbé, comme si le poids de son corps eût été trop lourd pour lui; un pâle sourire obséquieux errait continuellement sur ses lèvres minces et serrées; il s'appliquait à se donner une physionomie béate, parlait avec onction, avec un filet de voix que l'on était tout surpris de voir sortir d'un aussi puissant corps. Sa timidité était extrême; il ne se hasardait que rarement à soutenir une conversation suivie; quand il le faisait, il s'étudiait à ne jamais blesser ses interlocuteurs et à toujours être de leur avis; avec tout cela, il était curieux, tatillon et rancunier comme une femme, s'informant de tout, voulant tout savoir, mais toujours sans paraître attacher la moindre importance à ses questions.

Joe Betraydle passait pour riche; en effet, il faisait des dépenses assez grandes, se montrait généreux en toutes circonstances; il affectait des opinions abolitionnistes outrées, bien qu'il fût citoyen d'un Etat où les esclaves formaient alors plus de la moitié de la population.

Il était associé à une grande maison de commerce allemande, tenue par un de ses parents récemment naturalisé Américain, mais, ainsi que lui, d'origine prussienne; du reste il ne travaillait guère dans cette maison.

Seulement il faisait de fréquents voyages dans l'intérêt de son commerce, prétendait-il; mais il ne se rendait jamais que dans les

Etats du nord, sauf quelques très rares exceptions où il se rendait dans le sud.

Ses amis, et ils étaient en grand nombre, car il dépensait sans compter, l'avaient surnommé *le Planteur*. Pour le taquiner, ils lui demandaient combien il avait d'esclaves et s'il les battait beaucoup : ce qui le faisait entrer dans des colères risibles, dont s'amusaient beaucoup lesdits amis.

En somme, on ne s'inquiétait guère de lui ; on s'en faisait un jouet, une espèce de plastron pour toutes les plaisanteries et les espiègleries les plus saugrenues, non-seulement sans qu'il s'en fâchât, mais encore sans qu'il semblât même s'en apercevoir ; de sorte qu'il était considéré par toutes les personnes en relation avec lui comme un être parfaitement inoffensif et accepté comme tel.

Seul, Tristan de Saint-Pierre avait de cet homme énigmatique une opinion toute différente mais qu'il ne disait à personne. Joe Betraydle lui produisait l'effet d'un serpent ; il le redoutait et le méprisait à la fois. Il ne s'était lié avec lui que pour l'étudier tout à son aise et découvrir, s'il était possible, ce qu'il y avait au fond de cet individu dont la pensée était insaisissable et devait, à son avis, jouer avec une perfection rare un rôle longtemps étudié.

John Charlton avait d'abord accepté avec insouciance cette nouvelle liaison, que lui imposait Tristan ; l'honnête Joe, ainsi que maître Betraydle s'intitulait modestement, lui semblait être un parfait imbécile et lui était complétement indifférent ; mais, un jour de grande chaleur où la sueur ruisselait sur tous les visages, il avait remarqué que seul, Joe ne suait pas, et ayant touché par hasard la main du jeune homme, John avait frissonné malgré lui, en la sentant glacée et imbibée de cette humidité visqueuse, particulière à la race des reptiles et des grands ophidiens.

Cette découverte avait suffi à John, pour lui faire prendre l'honnête Joe en exécration ; à la prière de son ami, il le supportait et s'efforçait de ne pas lui laisser voir, la répulsion qu'il lui inspirait.

— Cet homme est un tartuffe, un misérable, il joue je ne sais dans quel but, un rôle honteux ; c'est un ennemi, donc il importe de le surveiller, afin de réussir à le démasquer, on le prendra la main dans le sac de quelque fourberie, disait souvent Tristan. Patience ! et surtout feignons d'être dupes.

Comme toujours, John se rendait aux raisons de son ami.

M. Cobden étant venu accompagné de ces deux filles passer quarante-huit heures à Cincinnati, John n'avait fait aucune difficulté pour laisser Joé dîner avec son oncle et ses cousines à sa table.

Le trio se trouva organisé entre les jeunes gens sans que John soulevât d'objections, d'autant plus que des secrets de Tristan et de John, un mot n'était jamais prononcé en présence de Joe Betraydle.

C'était, ainsi que le disait Tristan en riant, un ami extérieur, très bon pour tuer le temps, lorsqu'on n'avait rien de mieux à faire.

John accompagnait souvent sa mère à Rockingham ; là, il puisait de grands encouragements au travail.

En effet, miss Jane Cobden, ou miss Jenny, comme John l'appelait amicalement, était devenue une délicieuse jeune fille ; ainsi que cela est naturel, l'amitié fraternelle de John s'était changée en un profond et violent amour.

Toutes les convenances se trouvaient réunies ; les deux jeunes gens furent fiancés dès qu'ils osèrent s'avouer leurs sentiments réciproques ; les parents des deux côtés s'applaudirent d'un si heureux résultat, dont l'espoir était par eux depuis longtemps caressé.

Pour consacrer cette union, on attendait seulement qu'une ou deux années de plus eussent un peu mûri les fiancés et que John fût assez expert en matière de banque pour fonder une maison ; de là l'ardeur fébrile avec laquelle travaillait le jeune homme.

Tout était donc pour le mieux. Les deux fiancés, assurés de leur bonheur, attendaient avec cette patience philosophique qui caractérise les Américains, l'heure fortunée où ils seraient unis, lorsque le coup de canon tiré par les Caroliniens, sur le vapeur fédéral *Star of the West* vint brutalement les éveiller de leur rêve et briser le pot au lait de leur félicité.

John Charlton s'était très peu ému d'abord des débuts de cette formidable guerre civile; malgré les connaissances militaires que lui avait données Tristan de Saint-Pierre, son horreur innée de la discipline lui faisait envisager avec une répulsion instinctive cet état militaire vers lequel toute la jeunesse de Cincinnati se ruait avec enthousiasme.

De plus, démocrate comme son père, il se souciait médiocrement d'aller batailler contre ses concitoyens du Sud, lesquels ne tarderaient point, pensait-il, à rentrer d'eux-mêmes dans l'Union, lorsque le Nord se serait enfin décidé à faire des concessions reconnues nécessaires ; c'est-à-dire à affirmer pour toujours l'esclavage.

C'était en vain que son ami Tristan avait essayé à plusieurs reprises de lui faire voir les choses à leur point de vue véritable.

John était resté sourd à tous les raisonnements ; il n'avait pas même pris la peine de les réfuter ; son opinion était d'autant plus forte qu'elle ne lui appartenait pas en propre : il l'avait reçue toute faite de son père.

Tristan enrageait devant cet entêtement absurde de son ami. Il était sur le point de l'abandonner à lui-même et de se rendre à l'armée, où il avait été nommé par le gouvernement fédéral chef d'escadron de cavalerie.

Il était probable que la guerre se terminerait sans que John consentît à y prendre part, soit d'un côté, soit de l'autre, lorsque le hasard, qui se plait à renverser les projets les plus sérieusement conçus et arrêtés, vint tout à coup faire pencher la balance et donner gain de cause à Tristan de Saint-Pierre, grâce à un événement imprévu.

Cet événement n'était autre que la capture, par la marine des Etats-Unis, sur un navire anglais, de MM. Masson et Slidell, les deux ambassadeurs envoyés par M. Jefferson Davis, le nouveau président de la confédération des Etats du Sud, aux deux plus puissantes monarchies de l'Europe, pour y plaider la cause des sécessionnistes et implorer leur secours en faveur des Etats du Sud.

Tristan joua un peu, en cette circonstance, le rôle de Méphistophélès vis-à-vis de ce nouveau Faust, qu'il fallait à tout prix rappeler à la raison et faire rentrer, bon gré mal gré, dans le bon chemin.

Il fit entrevoir à John Charlton comme une suite inévitable de l'enlèvement des deux commissaires confédérés, sur un bâtiment neutre, au mépris des lois maritimes, non-seulement un conflit, mais une déclaration de guerre immédiate de l'Angleterre, cette vieille et implacable ennemie de l'Union, avec les Etats-Unis; il ajouta que non-seulement la guerre était inévitable avec l'Angleterre, mais encore avec la France et les autres Etats européens auprès desquels les deux commissaires de la Confédération du Sud étaient accrédités.

John Charlton ne savait pas un mot de politique, mais il aimait son pays en fervent patriote ; c'en fut assez pour que cette fois Tristan obtînt gain de cause.

Cette pensée d'une guerre avec l'Angleterre monta au cerveau de John ; il pria son ami Tristan de le conduire dans un bureau d'enrôlement quelconque et séance tenante il s'engagea.

Mais, quelques semaines plus tard, la nouvelle de l'arrangement pacifique du conflit soulevé à propos de l'enlèvement de MM. Masson et Slidell, entre les Etats Unis et l'Angleterre, de la mise en liberté et de la reddition des deux commissaires du Sud arriva à Cincinnati ; ce fut une douche d'eau glacée jetée sur l'enthousiasme patriotique de John Charlton, tout en redoublant l'ardeur du Nord contre le Sud et l'acharnement des deux partis à continuer la guerre.

John comprit alors la faute qu'il avait commise, lui, démocrate, c'est-à-dire esclavagiste, en s'enchaînant ainsi lui-même et se voyant contraint de combattre contre ses principes.

Ce fut en vain que Tristan essaya de le rappeler aux devoirs que l'honneur lui imposait ; comme la délaissée Calypso, le jeune homme ne pouvait se consoler de la perte de sa liberté.

Les quelques semaines écoulées depuis son enrôlement lui avaient semblé bien dures, en dehors même de ses opinions politiques.

Ce rude métier de soldat, émaillé d'ennuis et de déboires de toutes sortes, cette discipline implacable sous laquelle il lui fallait se courber, s'alliait difficilement avec son amour profond de l'indépendance.

Dès que son enthousiasme patriotique ne le soutint plus, John en eut assez ; malgré les prières et les exhortations de Tristan, le jeune homme résolut de se tirer n'importe comment du guêpier dans lequel il s'était jeté ; il s'empressa d'avoir recours à son père et de le faire agir en sa faveur.

Le vieux démocrate se fit longtemps tirer l'oreille ; il ne pouvait pardonner à son fils ce qu'il nommait un stupide coup de tête.

— Aller se battre contre nos parents du Sud! répétait-il sans cesse lorsque sa femme l'implorait en faveur de son fils; ce drôle compromet l'honneur de la famille!

Cependant, comme en somme il n'avait que ce fils et qu'il l'adorait, il céda aux instances de sa femme, tout en grommelant et en envoyant John aux cinq cents diables d'enfer.

M. Charlton se décida donc de fort mauvaise grâce à employer l'influence considérable dont il jouissait près du gouvernement de l'Ohio, pour que John fût rappelé et chargé de l'organisation d'un nouveau régiment de cavalerie en formation à Cincinnati.

Malheureusement, à peine cette organisation terminée, le régiment reçut l'ordre de rejoindre l'armée, et John, contraint de le suivre, fit de nouveau campagne avec le grade de capitaine. Ses capacités réelles avaient été appréciées à leur juste valeur : on avait tenu à le lui prouver en lui conférant ce grade relativement élevé.

John Charlton possédait une bravoure froide et raisonnée que rien ne pouvait abattre. En plusieurs circonstances, il fit preuve d'une connaissance approfondie du métier militaire; deux ou trois fois, il se conduisit avec une telle audace devant l'ennemi, qu'il fixa l'attention de ses chefs et fut nommé aide de camp du général Cluseret, commandant l'avant-garde du corps d'armée du général Fremont. Cette faveur équivalait à une promotion.

Le capitaine accepta tout en enrageant; il voyait avec terreur l'armée fédérale se rapprocher non-seulement des Etats du sud, mais encore se diriger sur Rockhingham, cette ville dans laquelle était renfermé tout son bonheur à venir.

A l'état-major du général Cluseret, John avait retrouvé son ami Tristan de Saint-Pierre, ce qui lui avait causé une vive joie, d'abord à cause de son amitié pour Tristan, et ensuite parce qu'au moment où il était le plus désespéré, le hasard lui rendait un ami sûr auquel il pourrait faire ses confidences et parler de son amour pour sa chère Jenny, dont il était amoureux plus que jamais, mais qu'il redoutait fort de rencontrer, ne sachant pas l'accueil qu'elle lui ferait en le voyant revêtu de l'uniforme fédéral.

On s'expliquera maintenant le coup terrible reçu par le capitaine à la façon dont il avait été traité par sa fiancée, lui qui arrivait la joie au cœur et impatient d'avouer les douloureuses angoisses qu'il avait éprouvées pendant une si longue séparation.

Miss Jane Cobden aimait sincèrement son cousin; son amour était au moins aussi grand que celui qu'il éprouvait pour elle. Aussi sa douleur fut-elle profonde; elle faillit s'évanouir en voyant son cher cousin John, son fiancé, portant l'uniforme abhorré des soldats de l'Union.

Mister Cobden détestait autant que sa fille les Yankees, mais il se garda de laisser voir sa haine.

Le politique et rusé planteur, ainsi que nous l'avons constaté précédemment, était, au contraire, fort satisfait d'avoir quelques-uns des siens dans la place ennemie.

Pour lui la question d'intérêt primait toutes les autres.

En véritable diplomate, et tous les Yankees le sont peu ou prou, après avoir vertement rappelé sa fille et sa femme à la prudence et surtout aux lois de l'hospitalité, semblant ne partager ni de près ni de loin les sentiments exprimés un peu à la légère par les deux dames, M. Cobden s'arma du plus mielleux de ses sourires pour faire fête à son neveu et à ses amis; il avait hâte de voir se dissiper les nuages amoncelés sur cette réunion de famille.

Sur son ordre, un déjeuner se trouva prêt en un tour de main, et sur ses instances obséquieuses et réitérées on passa dans la salle à manger, où chacun prit place autour d'une immense table.

Plusieurs officiers nordistes, voyant la porte ouverte, s'étaient hasardés à pénétrer dans la maison, très poliment à la vérité. Mais M. Cobden tenait à frapper un grand coup et voulait d'une seule fois établir son loyalisme d'une façon incontestable, quitte à s'expliquer plus tard avec ses amis sudistes; en conséquence il retint ces officiers et insista pour qu'ils acceptassent à déjeuner.

Les officiers, naturellement, ne se firent prier que tout juste ce que la politesse exigeait, et acceptèrent avec une joie secrète; il est rare en campagne de faire un bon repas; c'est toujours autant de pris sur l'ennemi, comme disent les soldats lorsque cette occasion se présente.

Les convives étaient au nombre de vingt-cinq, au grand scandale, nous devons l'avouer, des habitants de Rockingham; ils voyaient avec une véritable horreur la conduite inqualifiable de M. Cobden.

Quant au planteur, il riait dans sa barbe, avec un cynisme vraiment révoltant chez un aussi bon esclavagiste.

Au-dessus de la table autour de laquelle s'asseyaient les convives, un système très ingénieux d'écrans, mis en mouvement par un jeune négrillon, rafraîchissait l'air et chassait les mouches, qui dans ces contrées humides pullulent, assaillent les habitants et surtout les étrangers avec une incroyable furie.

Malgré les ordres de M. Cobden, les plats étaient peu nombreux et d'une qualité assez misérable, Mme Cobden ayant commandé un repas en harmonie avec l'antipathie invincible qu'elle éprouvait pour ses convives.

Du lard rôti, du pain de maïs, du miel, un thé des plus légers, du lait et du beurre, tel était le menu que chacun se mit à dévorer silencieusement et d'assez mauvaise humeur.

Mais le planteur n'était pas homme à se laisser vaincre par sa femme.

Sur un geste qu'il fit, tous ces plats auxquels on avait à peine touché furent enlevés d'un seul coup et remplacés avec une prestesse tenant du prodige, par d'autres qui firent aussitôt oublier les premiers par leur choix et leur abondance; le bœuf saignant, le gibier, le poisson, les pièces de pâtisserie s'épanouirent sur la table en compagnie de vins de choix.

Mme Cobden enrageait, mais il lui fallut en prendre son parti.

Le planteur se crut alors obligé de faire à ses convives un léger *speech* pour leur exprimer ses regrets de ne pouvoir mieux les recevoir à cause de la pénurie où se trouvait son pays, ravagé par la guerre.

M. Cobden, bien qu'il eût rendu des points à Harpagon en fait d'avarice, savait se résigner à de grands sacrifices quand les circonstances l'y obligeaient impérieusement.

Le speech fut joyeusement accueilli et chaudement applaudi.

A la vue de ces plats appétissants, les convives s'étaient sentis tout regaillardis. Ils avaient trouvé excellente la plaisanterie du premier service mis sur la table pour leur causer, croyaient-ils, une si agréable surprise.

Tout en faisant avec le plus charmant laisser-aller les honneurs de la table, le planteur se répétait mentalement :

« Jetons-leur de la poudre aux yeux, témoignons-leur de la confiance; mais de la prudence, mister Cobden, de la prudence, beaucoup de prudence, même avec un parent! »

Malgré tous les efforts du maître de la maison, ce déjeuner était loin d'être gai.

John jetait souvent des regards anxieux du côté de sa cousine; mais celle-ci affectait de ne pas s'apercevoir de sa présence.

Le pauvre amoureux s'agitait furieusement sur sa chaise, n'osant adresser la parole à celle qu'il adorait, craignant de s'attirer un nouvel affront devant tous ses amis.

Quant à Tristan, il mangeait silencieusement, observait et semblait peu disposé à devenir communicatif.

Miss Lilias souriait, toute heureuse de revoir son cousin.

La gracieuse enfant grillait d'envie de l'accabler de questions; mais chaque fois qu'une de ces questions était sur le point de s'échapper de ses lèvres roses, le regard impitoyable de Mme Cobden lui ordonnait le silence.

Cette situation gênante menaçait de se perpétuer, lorsqu'un nègre, après avoir échangé quelques mots à voix basse avec le planteur, annonça d'une voix de stentor :

— Mister Jason Betraydle!

— Un de mes bons amis, ponctua M. Cobden.

Tristan et John tressaillirent de surprise, en échangeant un regard d'intelligence.

La veille du jour où le premier coup de canon avait été tiré par les esclavagistes contre le fort Sumter, M. Jason Betraydle avait subitement disparu de Cincinnati. Ses amis n'en avaient plus entendu parler depuis; tous ignoraient ce qu'il était devenu.

VII

DANS LEQUEL ON RACONTE L'HISTOIRE ÉDIFIANTE DU CAPITAINE WOLF

Nous conduirons maintenant le lecteur dans une maison destinée à la fabrication et à l'élevage des esclaves.

Cette maison, c'est-à-dire cet établissement industriel, ou plutôt ce haras, était située à l'entrée du village —pardon— de la ville de Rockingham.

La construction principale était en briques brunies par le temps; son toit fait de briques rouges se voyait seul du dehors; la construction entière était entourée de hautes murailles noirâtres, sombres, sinistres : maison et murailles avaient l'aspect abandonné d'un couvent ou d'une prison.

On pénétrait dans cette espèce d'enceinte fortifiée par une grille en fer, soigneusement doublée de planches épaisses empêchant les regards indiscrets de se glisser à l'intérieur.

Ces savantes précautions contre la curiosité publique dénotaient de la part du propriétaire un grand désir qu'on n'entrât point, ou plutôt qu'on ne sortît pas de son triste domaine sans sa permission.

Lorsqu'on avait franchi la grille, on se trouvait dans une vaste cour carrée, au milieu de laquelle se dressait la maison, isolée de tous les côtés et dont les fenêtres étaient hermétiquement fermées par d'épais volets en chêne, percés à leur partie supérieure de trous en forme de trèfle.

Dans la cour, étendus devant le perron, dormaient deux énormes molosses, leurs museaux carrés reposés entre leurs pattes de devant.

Cette singulière habitation appartenait au capitaine Wolf, le chef des Bushwackers; seulement à Rockingham, le chef débraillé des coureurs de bois disparaissait pour céder la place au savant docteur Jerry Wolf.

C'était du reste un singulier personnage que ce Jerry, une individualité étrange, comme seulement il en peut exister, dans les pays à esclaves; partout ailleurs, en Europe surtout, ces types excentriques seraient impossibles.

D'où venait Jerry Wolf? Personne ne le savait; lui-même pas plus que les autres.

Lorsque le docteur, dans ses rares moments de mélancolie, quand il avait ses *blues* ou ses noirs, lorsque le docteur enfin essayait de pénétrer dans les brumes de son passé, il voyait confusément s'agiter autour de son enfance des personnages extraordinaires, évidemment des marins, aux traits farouches, au teint cuivré par le hâle de la mer.

Il se voyait lui-même un faubert à la main, pieds nus dans l'eau glacée, bien avant l'aube, faisant la toilette du navire, en compagnie de pauvres petits diables de son espèce, non moins maltraités que lui.

Un pont de navire, la mer et son éternel balancement, les cris et les jurons de l'équipage, des pluies diluviennes, de coups de garcette, et même certaines scènes sanglantes, inexplicables, telles étaient ses premières impressions d'enfance.

Mais ce qu'il se rappelait parfaitement, c'est qu'après avoir longtemps navigué, tantôt d'un côté, tantôt d'un autre, il se trouva un beau jour, après maintes traverses et péripéties, commandant un fin trois-mâts armé d'une façon toute spéciale.

C'était un bel et bon navire, chargé d'un magnifique stock de nègres, achetés un peu pour rien, sur la côte d'Afrique, aux environs du Rio-Pongo, pour être vendus sur le marché de Cuba.

A son troisième voyage, malgré toute sa hardiesse et son habileté maritime, pour échapper à la chasse enragée que lui appuyait un croiseur américain, étant allé jusqu'à alléger son navire de la moitié de sa cargaison humaine, qu'il avait fait sauter par-dessus bord, dans l'espoir d'accélérer sa marche, il se vit amariné, malgré ses glorieux efforts, par le maudit croiseur yankee, et conduit, bien malgré lui, à New-York.

Le procédé un peu léger employé par Jerry Wolf pour se débarrasser d'une partie de sa cargaison humaine afin de sauver l'autre moitié valut au digne capitaine une condamnation à mort.

Mais, grâce à l'influence du parti démocrate, alors au pouvoir, l'honorable capitaine réussit assez facilement à s'enfuir et à sauver ainsi son cou de la corde qu'il avait si bien gagnée.

Malgré son dernier désastre, Jerry Wolf n'était pas sans ressources. Il avait réalisé d'assez beaux bénéfices dans ses deux premiers voyages.

Dégoûté du métier de négrier maritime, il résolut de ne plus naviguer et d'utiliser ses talents sur le plancher des vaches, ainsi que le dit si agréablement le joyeux curé de Meudon.

Wolf possédait au plus haut degré la *science du nègre*.

Nul mieux que lui n'était capable d'évaluer la valeur d'un esclave mâle ou femelle. Un coup d'œil lui suffisait pour classer, à coup sûr les sujets les plus difficiles : purs sang, demis-sang, quarterons, métis, cholos, chonos, mulâtres, mamalucos, il déchiffrait tout cela par la forme ou la grosseur des cheveux, la couleur du blanc de l'œil ou la teinte des ongles. Il ne se trompait jamais sur l'âge du sujet. A l'inspection des dents, il devinait à quelle sorte de métier un nègre ou une négresse étaient aptes. Lorsqu'il avait analysé la paume des mains, la plante des pieds et les reins de l'individu qu'on lui présentait, on était certain de l'excellence ou de la médiocrité de la marchandise. Les planteurs n'achetaient jamais un noir sans le consulter. On le voyait à toutes les ventes ; son expérience faisait loi.

A cette industrie d'expert fort lucrative, il en joignait une autre, non moins fructueuse : la chasse aux nègres *marrons*. Il courait l'homme comme on court le lièvre, suivi de molosses féroces dressés à cette chasse atroce ; il n'était réellement heureux que lorsque ses chiens tenaient sous leurs crocs impitoyables quelque pauvre diable de nègre fugitif, affamé, en guenilles, sanglant, écumant de rage et de douleur.

Après avoir longtemps parcouru tous les Etats du Sud, Jerry Wolf, séduit par le climat de la Virginie et enthousiasmé par les paysages splendides de la vallée de la Shennandohah, se décida à terminer sa carrière aventureuse à Rockingham et à planter sa tente dans ce riant pays pour y faire une fin, ainsi que l'on dit communément.

Wolf était assez riche pour vivre de ses rentes, mais il était encore jeune, son tempérament avait besoin d'activité ; ce fut alors qu'il construisit la singulière maison que nous avons à peu près décrite plus haut ; il acheta alors quelques belles négresses et se trouva bientôt à même de vendre quelques beaux négrillons ou négrillonnes, qu'il confectionnait lui-même dans le harem qu'il s'était ainsi improvisé, charmant métier, au moyen duquel il arrondissait de plus en plus sa fortune.

Grâce aux services nombreux qu'il rendait aux planteurs ses voisins, Wolf, excellent compagnon malgré ses légers défauts, et qui n'a pas les siens ! devint bientôt l'homme important du pays et fort estimé de tous les blancs.

Jamais on ne manquait de l'appeler le docteur Wolf ; du reste, ce titre lui était dû, car il s'était décerné à lui-même un diplôme de la faculté, pour sauver les apparences et se créer une position honorable.

Médecin ou homme de loi, tels étaient les deux masques derrière lesquels se cachaient généralement, dans les Etats du Sud, ceux qui ne craignaient pas d'exploiter le sang de leurs semblables et parfois leur propre sang. En est-il encore ainsi en

Amérique ? Nous penchons pour l'affirmative.

Il est vrai d'ajouter que jamais les voisins ne se trompaient aux titres pompeux dont s'affublaient ces sortes de trafiquants; ils se seraient passés d'ordonnance ou de plaidoyers plutôt que de s'adresser à de tels docteurs, ou à de semblables avocats qui, en dehors de leur science des nègres, étaient les plus ignares des hommes.

Jerry Wolf vivait donc satisfait, en homme dont la conscience est pure et calme.

Il avait réalisé son idéal; paresseux au-delà de toute expression, il n'avait rien à faire que vendre ses négrillons; amateur effréné du beau sexe, il vivait en pleine civilisation puritaine, formaliste et rigoriste à l'excès, au milieu d'un sérail de jolies femmes, qu'il augmentait ou renouvelait à sa guise. Un saint mormon ou un pacha mahométan eussent envié son sort.

Cette existence excentrique ne scandalisait personne; elle semblait même toute naturelle : il ne s'agissait que de négresses!

Mais Wolf, malgré son insensibilité professionnelle, fut puni par où il péchait, et fut un jour piqué au vif par un amour profond et désespéré; et, qui pis est, cet amour brûlant avait pour objet une négresse! Il est vrai qu'elle était blanche!

Cette malheureuse n'était autre qu'Amy, l'infortunée créature que la cupidité de son maître avait dépouillée de la liberté octroyée par sa maîtresse mourante. L'acte d'émancipation avait été détruit sans doute à la mort de la maîtresse, et le maître, qui probablement savait très bien à quoi s'en tenir à cet égard, se hâtait de vendre la pauvre enfant afin de ne pas avoir sans cesse sous les yeux la preuve vivante de son crime.

Wolf essaya alors par tous les moyens de devenir légalement propriétaire de la belle esclave que depuis si longtemps il convoitait en secret, et dont son amour pour elle atteignait les limites de la folie; mais soit pour un motif soit pour un autre, jusque-là ses offres avaient toujours été repoussées.

C'était à en perdre la raison. Le docteur tournait rapidement à la rage, n'écoutant que l'emportement de sa passion; il était sur le point de commettre quelque irréparable sottise, lorsque sur ces entrefaites éclata la guerre de la sécession. Tout naturellement, le docteur Wolf se jeta à corps perdu dans la mêlée.

Trop vieux pour être soldat, trop ignorant pour espérer un commandement important, trop orgueilleux pour en accepter un secondaire, le docteur se décida à prendre le rôle plus obscur, mais beaucoup plus dangereux, de bushwacker ou d'espion; il raccola une vingtaine de bandits dont il se servait souvent dans ses expéditions contre les nègres, et il se mit aussitôt en campagne avec toute l'ardeur que son caractère batailleur et sa haine pour les abolitionnistes lui inspiraient.

Connaissant les bois et les sentiers détournés mieux que personne, entreprenant et rusé comme un véritable Peau-Rouge, le capitaine Wolf rendit de très grands services à l'armée sudiste, dans laquelle son activité était très appréciée; mais par contre il fut bientôt en exécration dans l'armée fédérale et sa tête fut mise à prix.

Peu lui importait. Ainsi qu'il le disait lui-même, il en avait vu bien d'autres; aussi sa réputation devint-elle énorme, et ses hardis coups de main formèrent une espèce de légende où ses traits d'audace, parfois incroyables de témérité, étaient singulièrement exagérés par les soldats qui se les racontaient au bivac.

Il s'était depuis quelques jours embusqué sur un des pics des montagnes bleues, d'où il surveillait et espionnait la marche de l'armée fédérale, lorsqu'un matin il vit avec un vif sentiment de plaisir arriver Dick Cobden à son campement.

Nous avons raconté dans un précédent chapitre ce qui se passa entre eux, et le marché conclu dans cette entrevue singulière.

Ce fut à grand'peine que le capitaine réussit à dissimuler la joie folle que lui causa cette proposition.

Bien résolu, dans son for intérieur, à manquer à tous ses engagements, le capitaine promit à son ami Dick Cobden tout ce que celui-ci voulut, et il se hâta de rentrer à Rockingham.

Il ne voulait pas s'exposer à perdre cette occasion unique que le diable, son ami particulier, lui offrait enfin de satisfaire sa monstrueuse passion pour la malheureuse jeune fille.

Quant à Dick Cobden, le docteur ne s'en préoccupa qu'à ce seul point de vue de lui céder la belle esclave dès qu'il aurait obtenu d'elle ce que depuis si longtemps il voulait avoir et qu'il s'en serait fatigué, comme il l'avait fait de toutes ses autres victimes.

Les affaires sont les affaires; le docteur était avant tout un homme pratique; il n'hésitait jamais à se passer un caprice ou une fantaisie, mais c'était toujours avec l'arrière-pensée de rentrer un jour ou l'autre dans son argent, avec intérêt bien entendu.

Le capitaine Jerry et le docteur Wolf ne se ressemblaient en aucune façon.

Autant les allures du capitaine étaient

brusques et vulgaires, lorsqu'il se trouvait en expédition dans les montagnes, autant à la ville le docteur était *true gentleman* et paraissait inoffensif.

A le voir dans son costume officiel, on n'eût certes jamais reconnu le bandit qui, le riffle à la main, le *bownie Kiff* à la ceinture, sale hideux, dépenaillé, campait sur un mamelon escarpé et commandait à une poignée de chenapans prêts à tout faire, excepté le bien.

Majestueusement vêtu d'habits très confortables, d'une nuance sévère, ainsi qu'il convient à un membre du corps médical, son cou puissant était emprisonné jusqu'aux oreilles dans un énorme faux-col bien empesé qui lui donnait une apparence véritablement débonnaire.

Le docteur Wolf, rasé de frais, une paire de besicles à verres bleuâtres sur le nez, un chapeau bas à larges bords pareil à celui des quakers sur la tête, des escarpins à boucles d'argent aux pieds, une chaîne d'or d'une grosseur fort respectable se balançant sur son large abdomen, semblait être le plus pacifique bourgeois, le plus honnête gobe-mouche de tout le pays à la ronde.

Il reconduisait mister Warding en grande cérémonie, et souriait en pétrissant avec bonhomie une forte pincée de tabac en poudre, dans une tabatière en argent niellé du meilleur goût.

— Halloh, Watt ! cria le docteur, tout en caressant les énormes molosses qui s'étaient joyeusement lancés à sa rencontre.

Une sorte de grognement sortit des entrailles d'un des logements intérieurs appuyés contre le mur d'enceinte, et l'on vit apparaître un grand diable efflanqué, à mine patibulaire, longue et blême, sur laquelle le mot *Potence* était écrit en toutes lettres.

Du reste, c'était celui-là même que le docteur avait si prestement décroché quelques heures auparavant; ce hideux bandit était l'homme de confiance du docteur, son maître Jacques; dans ses moments de joyeuse humeur, il l'appelait son chapelain.

En ce moment, les chiens se mirent à hurler de cette façon lamentable que l'on appelle vulgairement « hurler la mort ».

Ces bêtes levaient en l'air leurs museaux rouges comme du sang et soufflaient bruyamment.

— Ne vous dérangez pas davantage, docteur, dit M. Warding après avoir serré la main du capitaine et en descendant les marches du perron. Au revoir !

— Adieu, en tous cas ! répondit Wolf, qui sait maintenant quand et comment nous nous reverrons ?

— Comptons sur la Providence ! articula pieusement M. Warding en levant les yeux au ciel.

— Et aussi sur nous-mêmes, répondit nettement le docteur en lançant un éclair à travers le bleu de ses lunettes.

Watt accompagna M. Warding, repoussa soigneusement les lourds verroux dès qu'il fut sorti et revint vers le docteur, occupé à examiner attentivement les chiens.

— Ils flairent quelque chose d'extraordinaire, n'est-ce pas, Watt ? dit-il.

— Les Yankees, sans doute! répondit Watt en se dirigeant vers son domicile en haussant les épaules.

— Dès que vous saurez ces fils de chiennes entrés en ville, vous me préviendrez ; vous entendez, Watt ?

— Oui, capitaine.

Le docteur rentra alors dans la maison et referma la porte derrière lui.

M. Warding, après avoir quitté M. Cobden, assez contrarié de n'avoir pas réussi à lui vendre son esclave et ayant le sentiment de la mauvaise action qu'il allait commettre, mais poussé par son insatiable avarice, était rentré chez lui; la pauvre Amy s'était laissé persuader par son maître que la famille partait pour le Sud et qu'esclaves et maîtres devaient se réunir dans la maison du docteur, afin de voyager en caravane.

La jeune fille avait naïvement donné dans ce piège grossier ; elle avait accompagné son odieux tyran sans concevoir aucune crainte.

Mais lorsque la grille se fut refermée derrière elle, un douloureux pressentiment lui serra le cœur ; la vue de cette vaste cour, froide et humide, la navra le regard terne de Watt la fit frissonner.

Elle chercha du regard les nombreux voyageurs dont son maître lui avait parlé; elle ne vit personne que quelques négresses qui la regardaient d'un air abruti en ricanant entre elles.

M. Warding ne lui laissa pas le temps de se reconnaître; il lui fit gravir rapidement le perron et la poussa sans lui laisser reprendre haleine dans une vaste salle obscure, espèce de pandémonium infect, remplie des objets les plus disparates, que le docteur nommait sa bibliothèque ; peut-être à cause des nombreux flacons de liqueurs épars çà et là sur tous les meubles ; les volets de toutes les fenêtres étaient poussés; une faible lueur, pénétrant par les trèfles de ces volets, entretenait dans cette pièce une obscurité presque complète, surtout quand on arrivait du dehors et les yeux n'étaient pas encore habitués à ce jour crépusculaire.

Alors la malheureuse Amy comprit dans quel horrible guet-apens elle était tombée.

Son misérable petit paquet de hardes s'échappa de ses mains, et elle s'affaissa sur un siège, saisie par une torpeur voisine de la mort.

Amy dans cette espèce de léthargie, avait bien vu les deux hommes, trafiquant de sa personne, causer à voix basse, puis compter et recompter des pièces d'or.

Une d'entre elles, s'échappant des mains d'un de ses bourreaux, avait même roulé jusqu'à ses pieds.

Elle comprenait que c'était sa vie, son sang, sa jeunesse, sa beauté, que l'on vendait, et que l'on achetait ainsi devant elle! Et pourtant son affaissement était si grand qu'elle était sans forces pour essayer une protestation, hélas ! inutile.

Sa poitrine était pleine de sanglots ; elle ne pouvait pas crier ; ses paupières étaient gonflées de larmes, et il lui était impossible de pleurer.

Elle voyait, elle entendait, elle vivait, enfin mais comme on voit, comme on entend, comme on vit en rêve, d'une façon étrange, inexplicable, surnaturelle, qui fait éprouver en un instant le plus haut degré de la douleur, surtout lorsque l'hallucination dont on est obsédé est un effroyable cauchemar.

Le docteur Wolf était arrivé depuis une heure à Rockingham, lorsque M. Warding se présenta avec son esclave, résolu, moyennant espèces sonnantes, à la livrer à sa discrétion.

Malgré ses graves préoccupations, le docteur dissimula habilement l'émotion qui l'étouffait.

Amy était assise près de la porte, appuyée au mur, immobile, muette, la lèvre inférieure pendante, l'œil fiévreux et fixe ; coiffée d'un grand foulard rouge à dessins jaune-orange, et abandonnée à son insu dans une pose voluptueuse des plus provocantes, elle était plus belle que jamais elle ne l'avait été.

Le docteur la dévorait littéralement des yeux, de grosses gouttes de sueur perlaient à ses tempes. Il frissonnait...

Il solda au plus vite et sans sourciller en bons et beaux dollars d'or M. Warding, qui ne voulait pas entendre parler de papier-monnaie, puis il reconduisit le planteur avec la plus exquise courtoisie jusqu'à la porte de la maison. Il revint en toute hâte vers sa nouvelle acquisition, qui était son bien maintenant qu'il l'avait payée, et même très cher.

Lorsqu'il rentra dans sa bibliothèque, Wolf lança son chapeau sur la table, referma la porte et jeta un regard à Amy, tout en vidant, d'un trait, un énorme verre de wiskey, plein jusqu'aux bords.

La jeune fille était toujours immobile, pétrifiée d'horreur!

Après avoir vidé son verre, le docteur l'avait rempli de nouveau, mais sans le boire.

Il s'était assis sur son canapé, avait arraché sa cravate d'une main convulsive, et avait en une seconde repris cette désinvolture débraillée qui lui était si agréable.

Wolf contempla sa victime pendant quelques instants.

Ainsi fait le jaguar avant de bondir sur sa proie.

Il y eut deux ou trois minutes d'un silence lugubre, pendant lequel on entendit siffler la respiration haletante de l'ancien négrier, dont tous les instincts brutaux semblaient s'être tout à coup réveillés, prêts à faire explosion.

Le docteur allongea le bras, saisit le verre, le porta à ses lèvres, et, après l'avoir reposé sur la table :

— Amy ! dit-il d'une voix dont la douceur et le tremblement le surprirent lui-même ! Amy ! reprit-il, venez ici, ma fille ?

Amy ne parut pas avoir entendu ; elle demeura immobile et froide, comme une statue de marbre.

— Amy ! mon enfant ? répéta-t-il après un instant ; venez donc !

Mais voyant que la jeune fille ne lui répondait point, le docteur fut inquiet de ce silence obstiné qu'il ne savait à quoi attribuer, car il était de bonne foi dans son odieuse conduite et n'en comprenait pas l'ignominie.

Si blanche que fût la jeune fille, c'était pour lui une esclave, une négresse, un animal tenant le milieu entre l'homme et la brute, un être qu'il avait acheté, auquel il ne supposait aucun sentiment humain, et chez lequel il n'admettait aucune velléité possible de résistance à ses volontés, quelles qu'elles fussent.

Il supposait donc de la meilleure foi du monde que sa nouvelle esclave avait été maltraitée par son ancien maître, que peut-être elle était indisposée des suites d'une correction trop forte qu'elle avait reçue.

Le docteur se leva, s'approcha d'elle et lui prit doucement le bras.

Mais à cet attouchement, si léger qu'il fût, la jeune fille tressaillit comme si un fer rouge l'eût brûlée, elle poussa un cri d'épouvante, et, se jetant vivement de côté, elle tendit ses mains suppliantes vers le docteur et lui cria, à travers les sanglots qui lui déchiraient la gorge :

— Maître ! maître ! laissez-moi partir !

Wolf, surpris par cette incroyable requête et naturellement ignorant ce qui se passait dans le cœur de la jeune fille, il lui répondit :

— Partir ? Mais pour aller où, Amy ? Ne savez-vous pas que vous êtes à moi, que je vous ai achetée, que je suis votre maître ?

Amy se tordit les bras avec désespoir.

— Oh ! laissez-moi, maître ! s'écria-t-elle d'une voix déchirante ; laissez-moi, je vous en supplie ! Dieu vous bénira !

Le docteur n'y comprenait plus rien ; jamais il n'avait assisté à pareille scène. Il crut un instant que sa nouvelle esclave était folle, tant cette douleur était incompréhensible pour lui ; il reprit alors, en redoublant de douceur, pour essayer de la faire rentrer en elle-même :

— Voyons, ma fille ; voyons, mon enfant. Où serez-vous mieux que dans cette maison ? Ici, non-seulement vous ne manquerez de rien, mais encore vous serez libre ; vous agirez comme bon vous semblera, vous serez heureuse, Amy ; je vous aime, et j'entends que vous soyez non mon esclave, mais ma femme !

Et Wolf plaida sa cause avec une éloquence sauvage que lui donnait, sans qu'il y songeât, l'excès même du sentiment qui lui brûlait le cœur.

La pauvre fille, devant ce débordement de passion, se sentit prise d'une terreur folle ; elle vit alors dans quel gouffre son premier maître l'avait jetée ; un instant elle désespéra ; mais elle était femme : une idée lumineuse comme un éclair dans un ciel serein traversa subitement son cerveau. Une arme lui restait, la ruse, cette arme terrible des faibles, c'est-à-dire des esclaves. Elle résolut de s'en servir, en enlevant à cet homme qui la pressait ainsi l'attrait qui sans doute avait allumé en lui cette étrange passion.

Au dernier mot du docteur elle se laissa tomber à ses genoux, et elle s'écria d'une voix lamentable en fondant en larmes :

— Oh ! mon Dieu ! maître, je ne puis être votre femme, puisque je suis celle de Jock, que je l'aime et qu'il m'aime !

Ce Jock n'existait que dans l'imagination de la jeune fille ; elle l'avait inventé pour les besoins de sa cause ; mais, si elle avait voulu produire un grand effet sur l'esprit du docteur, le résultat dépassa son espérance.

— Jock ? qu'est-ce que c'est que ça, Jock ? Vous la femme de Jock, Amy ? Et ce vieux drôle de Warding qui m'affirmait que vous !.. Vrai Dieu ! il me le paiera, le misérable coquin ! La femme de Jock ? Vraiment, voyez la belle histoire ! Etes-vous folle, Amy ?

Et le docteur, au comble de la fureur, s'é-lança sur la jeune fille et la saisit dans ses bras.

Mais, plus rapide que l'étincelle électrique, Amy s'était échappée, avait bondi au milieu de la bibliothèque et s'était armée d'un large poignard posé sur la table et qu'elle tira de sa gaine.

— Vous me faites horreur ! s'écria-t-elle avec une véritable frénésie, en agitant la lame bleuâtre qui lançait de sinistres reflets ; vous me faites horreur ! répéta-t-elle ; si vous approchez, je vous tue !

Le capitaine, stupéfait de tant d'audace, et peut-être intérieurement satisfait de cette résistance imprévue qui donnait du sel à cette aventure, se croisa les bras sur la poitrine et contempla, sans prononcer une parole, cette adorable fille que la passion, croyait-il, changeait subitement en furie !

Amy était effectivement admirable, dans la joie hautaine et fière que son indignation lui avait fait prendre.

Elle, la douce enfant, timide craintive, la bête du bon Dieu, ainsi qu'on la nommait chez les Warding, elle était tout à coup devenue une lionne !

Hardiment campée au milieu de la pièce, le corps cambré, le buste rejeté en arrière, la main gauche appuyée sur une table, brandissant le poignard de la main droite, son châle défait tombant en larges plis autour d'elle et la drapant comme un vêtement antique, ses cheveux dénoués tombant en désordre et lui formant comme une sombre auréole, sa tête haute et fière, ses yeux brillant de colère et de pudeur offensée, tout en un mot lui composait une attitude admirable. Lucrèce, certes, était moins belle et surtout moins puissante d'indignation.

Wolf, lui-même, le farouche négrier, le sauvage féroce, subissait malgré lui l'influence de cette beauté surhumaine.

Mais ce ne fut qu'un éclair ; bientôt les instincts brutaux reprirent le dessus dans cette nature atrophiée et privée de sens moral ; cette vue raviva sa passion dans des conditions extrêmes, et des mots entrecoupés d'expressions rageuses et triviales révélèrent presque aussitôt ce qui se passait dans cette âme de boue, où tous sentiments nobles, si jamais il y en avait existé, étaient éteints sans retour.

— Jock ! un sale nègre ! Elle s'est donnée à un ignoble noir ! grommelait-il en fixant sur son esclave un regard de fauve aux abois. Ah ! mister Warding, vous m'avez indignement trompé ! Ah ! canaille ! vous m'aviez assuré pourtant !... Vous m'avez volé ! Ah ! vous avez dupé Jerry Wolf ! il vous en cuira, mon maître ! Vous entendrez parler de moi, mille démons d'enfer !

Tout à coup il éclata d'un rire furieux et railleur.

— Ainsi, s'écria-t-il en grinçant des dents, vous êtes la femme de cet ignoble master Jock.

— Oui ! oui ! répondit résolument Amy.

— Et vous l'aimez ?

— Oui, je l'aime de toute mon âme !

— Et lui, il vous aime, n'est-ce pas ?

— Il m'aime plus que la vie !

— Ah ! ah ! fit-il ; et vous croyez que je vous ai achetée pour ce misérable Jock et non pour moi ? Attendez ! attendez !

Tout en parlant ainsi il se rua, en poussant un cri rauque, sur la pauvre Amy, surprise à l'improviste, et, malgré son poignard, sa résolution de mourir et ses cris de désespoir, elle se trouva en une seconde au pouvoir de son bourreau.

Wolf, avec un ricanement de triomphe, enleva Amy comme il eût fait d'un enfant ; et, après lui avoir arraché son poignard, qu'il lança à l'autre extrémité de la pièce, il la porta à demi évanouie sur le canapé, la serrant à l'étouffer entre ses bras puissants.

— Ah ! ma belle, ma douce tourterelle ! vous êtes une dame mariée ! s'écria-t-il avec un ricanement de démon ; et moi, stupide, qui vous prenais pour une innocente jeune fille et vous parlais avec douceur ! et mariée à un nègre, à un esclave, pouah !

— Grâce, grâce, maître ! laissez-moi ! criait désespérément Amy en se débattant.

Le monstre, à demi fou de rage, n'écoutait pas. Il disait :

— Oui, je t'aime ! je t'aime ! vois-tu, non pas seulement parce que tu es jeune et que tu es belle, mais parce que tu me braves et que tu me résistes ! et que je ne pourrais vivre sans toi !

Et il froissait à pleines mains les cheveux longs et soyeux de la malheureuse esclave, qui se tordait avec désespoir entre ses bras.

— Grâce, maître ! s'écria-t-elle au paroxysme de la douleur et de l'angoisse ; grâce ! je vous ai menti ! Je ne suis pas mariée ! je n'ai jamais été mariée !

La malheureuse délirait. Elle espérait attendrir ce fauve ; elle ne faisait que l'exciter encore davantage.

Mais, lui, poursuivait obstinément sa pensée sans écouter la pauvre enfant palpitant dans ses bras.

— Oui, je t'aime ! répétait-il d'une voix haletante ; je t'aime plus que toutes les blanches ! Tu es plus belle et plus blanche qu'elles toutes ! Rien maintenant ne te soustraira à mon amour !

Et, malgré les efforts désespérés d'Amy et sa résistance acharnée, il couvrit son visage et son cou de baisers brûlants.

— Au secours ! râlait Amy à demi folle, épuisée par cette lutte affreuse ; au secours ! à moi !

Tout à coup un feu de mousqueterie éclata subitement au dehors, si rapprochée de la maison que le docteur, rappelé soudain à lui-même, se dressa avec épouvante, et laissa échapper la jeune fille, qui roula évanouie sur le sol.

Des coups violents frappés contre les volets de la bibliothèque firent bondir le docteur à une fenêtre.

— Capitaine ! capitaine ! criait Watt avec terreur, prenez garde ! les Yankees entrent dans la ville.

— Maudits soient-ils ! répondit le misérable en frappant du pied avec colère.

Il se hâta de rajuster ses vêtements, de remettre ses lunettes et de reprendre son chapeau.

En un tour de main le bandit redevint le citadin paisible et bonhomme qu'il affectait si bien d'être à Rockingham.

Il s'arrêta un instant devant Amy râlant haletante et brisée sur le parquet.

— Je te retrouverai, ma fille ! Tu ne perdras rien pour attendre ! grommela-t-il en lui lançant un regard d'une méchanceté diabolique.

Il sortit alors, referma soigneusement la porte derrière lui, mit la clef dans sa poche et descendit dans la cour, où l'attendait son sinistre majordome.

VIII

OÙ LE CAPITAINE JOE BETRAYDLE ÉTABLIT MODESTEMENT QU'IL EST UN GRAND PATRIOTE, ET CE QUI S'ENSUIT.

Mister Cobden, le riche mais avare planteur de Rockingham, fêtait bien à contre cœur les officiers de l'armée fédérale, avec lesquels son intérêt exigeait impérieusement qu'il établit des relations amicales.

Malheureusement, jusque-là ses efforts n'avaient obtenu qu'un résultat assez négatif ; la réception faite d'abord à son neveu John Charlton, avait jeté un froid glacial entre les membres de la famille, froid qui s'était répandu jusque sur les convives étrangers eux-mêmes, et plaçait ceux-ci dans une position des plus embarrassantes, dont le planteur commençait à ne plus savoir comment sortir, lorsqu'un nègre annonça à l'improviste M. le capitaine Joe Betraydle.

A ce nom, si bien connu de John et de Tristan, ceux-ci firent un mouvement de surprise, aussitôt réprimé, et échangèrent entre eux un regard d'intelligence.

Le capitaine Betrayde pénétra presque aussitôt dans la salle à manger.

Il portait l'uniforme d'officier d'ordonnance du ministre de la guerre du gouvernement Fédéral.

Cependant, à part l'uniforme, c'était toujours le même homme, béat, obséquieux, timide, de Cincinnati ; ayant les mêmes lunettes, les mêmes cheveux frisés en caniche, la voix aussi fluette et la parole aussi mielleuse.

Il paraissait surtout très embarrassé du grand sabre à fourreau d'acier attaché à son flanc gauche et retenu par le porte-mousqueton accroché de travers.

Il entra en s'inclinant et saluant à droite et à gauche.

Après avoir échangé à la dérobée un regard d'une expression singulière avec le planteur, il salua respectueusement les dames, mais d'une manière indiquant une certaine intimité, s'excusant d'être un trouble-fête en venant mal à propos déranger une aussi aimable réunion.

Tout à coup il poussa un cri de surprise, parfaitement naturel, s'élança au-devant de ses deux amis, qui s'étaient levés, et fit éclater la joie la plus vive en les apercevant.

— Prenez place, cher capitaine, dit cordialement M. Cobden ; nous nous serrerons un peu, pour vous avoir au milieu de nous.

— Venez ici, entre ma sœur et moi, capitaine Joe, dit miss Jane avec un charmant sourire et une douce familiarité.

John se sentit pâlir ; il fronça le sourcil, mais il se contint et détourna son regard avec dédain, en haussant légèrement les épaules.

Miss Jane aperçut ce mouvement et se mordit les lèvres jusqu'au sang.

— Je suis à la fois surpris et charmé de vous voir, mon cher Joe, dit Tristan au nouveau venu.

— Pourquoi donc cela, mon cher Tristan? répondit Joe la bouche pleine, en souriant à miss Jane, dont la jolie main lui servait du thé.

— Dame ! sans reproche, cher ami, vous avez un peu pris congé de John et de moi à la française, à Cincinnati, lorsque les hostilités ont commencé contre le Sud.

— Et depuis nous n'avons plus entendu parler de vous, cher ami ; ajouta John un peu sèchement.

— C'est vrai, c'est malheureusement vrai ; j'ai un million de pardons à vous demander pour cette conduite que vous avez dû, en effet, trouver singulière ; mais les circonstances étaient très graves.

— Pas plus qu'aujourd'hui, il me semble, dit Tristan toujours souriant.

— Je ne sais trop ; le fait est que je fus contraint de quitter la ville à l'improviste pour me rendre...

— A Washington? interrompit John avec un léger accent de raillerie.

— Non, répondit froidement le capitaine Joe, à Atlanta et à Macon, en Géorgie.

A ces mots, toutes les conversations particulières s'interrompirent subitement ; les officiers relevèrent la tête et écoutèrent.

Un silence de plomb régna alors dans la salle à manger.

L'officier d'ordonnance sourit et but paisiblement une tasse de thé.

— Oui, je me rappelle, reprit John ; vous possédez beaucoup de nègres par-là, m'a-t-on dit.

— Ce qui ne vous empêchait pas, si j'ai bonne mémoire, dit Tristan en souriant, d'être abolitionniste à cette époque, cher ami.

— Exact, très exact, dit paisiblement Joe ; vous pouvez même ajouter, cher ami, que je suis aujourd'hui plus abolitionniste que jamais !

— Bon ! Et vos nègres ? Comment arrangez-vous cela ? fit John en lançant un regard railleur à miss Jane, qui souriait agréablement au capitaine Joe.

— Oh ! mon Dieu ! bien facilement, répondit il avec bonhomie ; c'est précisément à cause de cela que je suis allé en Géorgie.

— Bon ! voilà que je ne vous comprends plus du tout ! dit John en riant.

— Oh, cher ami, pour peu que vous y teniez, je vous raconterai cette histoire, bien simple, je vous jure, quoiqu'il soit assez désagréable, de faire soi-même son éloge.

— Hein? fit John tout interloqué de l'aplomb avec lequel son ex-ami avait prononcé ces paroles.

— Ma foi ! puisque vous nous faites cette proposition, cher ami, je ne vois pas pourquoi je la refuserais, dit d'un ton charmant le commandant Tristan. Nous sommes au dessert, c'est le moment de conter des histoires, si nos camarades ne s'y opposent pas...

— Au contraire, dit un officier ; nous sommes curieux de connaître cette anecdote.

— Oui, oui, l'histoire ! s'écrièrent tous les officiers.

— Racontez, je vous prie, capitaine Joe, dit la coquette miss Jane en lui décochant une œillade qui faillit faire damner John ; racontez ; vous parlez si bien.

Le capitaine s'inclina en souriant vers la jeune fille, et se penchant sur la table en saluant à la ronde :

— Messieurs et chers camarades, dit-il de sa voix la plus mielleusement flûtée, puisque vous le désirez, je vais vous satisfaire; du reste l'anecdote est courte et fort peu intéressante, je vous en avertis.

— Nous en jugerons, dit John avec raideur.

— C'est juste. Donc, sans plus de préambule, voici la chose en deux mots : j'ai toujours pensé qu'un honnête homme doit, en toutes circonstances, mettre sans hésiter ses actes en rapport avec ses principes, sous peine de passer pour un hypocrite ou un tartuffe.

— Très bien ! ponctua Tristan avec intention.

Joe continua imperturbablement, après avoir souri avec malice à son ami :

— Ma famille, prussienne d'origine, fixée depuis soixante ans en Géorgie, est fort riche ; mon père, que j'ai eu le malheur de perdre trop tôt, me laissa en mourant une fortune considérable en terres, en argent, en propriétés, à Mâcon et à Atlanta, et en trois plantations très importantes sur lesquelles travaillaient cinq ou six cents nègres. Vous savez, mes chers camarades, qu'en Géorgie la moitié de la population se compose de noirs esclaves, et que le travail servile existe presque à l'exclusion de tout autre.

— Exact, très exact! dit Tristan comme un écho.

— Or, j'étais et je suis abolitionniste; ce travail servile me répugnait. Voir traiter des hommes comme des bêtes de somme, sous prétexte qu'ils sont noirs, me semblait injuste et cruel. Malheureusement, j'étais seul de mon avis alors en Géorgie; je n'osais protester; le sort de John Brown à Harper's Ferry m'effrayait. Je me souvenais que les planteurs de la Caroline du Sud avaient envoyé aux autorités virginiennes une corde tressée tout exprès avec le coton de leur État pour pendre le glorieux martyr. Je redoutais que mes confrères de la Géorgie me fissent la même gracieuseté, dans des circonstances semblables; je résolus de dissimuler et d'attendre une occasion que tout faisait prévoir prochaine.

— C'était prudent, dit railleusement Tristan.

— N'est-ce pas? dit-il avec bonhomie; j'attendis donc, mais en dessous main je vendis peu à peu mes propriétés; si bien que bientôt il ne me resta plus que mes trois plantations. Le bruit courait à Atlanta et à Mâcon que j'étais à peu près ruiné : je laissai ce bruit d'autant plus s'accréditer, que c'était moi-même qui l'avais mis en circulation. Bientôt je me défis de la plus grande de mes plantations, dont je reversai les noirs dans les deux autres ; puis vint le tour de la seconde.

Bref, un mois avant le commencement des hostilités, il ne me restait plus que la moins importante de mes plantations. Lorsque la guerre éclata, je me rendis en toute hâte à Mâcon, afin de vendre ma dernière plantation. Je n'avais pas un instant à perdre si je voulais, sans coup férir, tirer mon épingle du jeu. Voilà pourquoi, chers amis, ajouta-t-il en se tournant vers les deux officiers, je partis sans avoir même le temps de vous faire mes adieux.

Les deux hommes s'inclinèrent courtoisement.

— Vous aviez conservé tous vos nègres ? dit Tristan.

— Tous, sans exception, reprit-il ; j'arrivai à Mâcon, où je trouvai à me défaire de ma dernière plantation dans des conditions fort avantageuses ; mais restaient mes noirs. On me fit des offres d'achat de plusieurs côtés; je les rejetai toutes, protestant que les prix qu'on me proposait étaient trop faibles.

— Alors, que fîtes-vous ? demanda curieusement Tristan.

— Oh! mes précautions étaient bien prises, répondit-il en souriant; je reçus plusieurs lettres datées de Charlestown, dans lesquelles on me priait de conduire mes noirs, dans la Caroline du sud, où ils me seraient achetés quinze cents dollars pièce l'un dans l'autre ; c'était par nègre trois cents piastres de plus que l'on ne m'offrait à Mâcon, ce qui, sur la totalité de mes noirs, me donnait, par conséquent, un bénéfice énorme.

Je me fis un peu tirer l'oreille pour la forme, bien que mes amis m'engageassent à profiter de cette bonne aubaine, puis je me rangeai à leur opinion. J'organisai un train de chemin de fer, j'y plaçai mes noirs, et je me rendis à Savannah, où je frétai un grand vapeur pour Charlestown. Mais je pris avec le capitaine certains arrangements secrets, de sorte que, tous mes noirs embarqués et enchaînés, car il fallait jouer le jeu jusqu'au bout, le navire mit sous vapeur et sortit du port.

Lorsque nous fûmes à dix lieues en mer, le bâtiment changea sa direction et mit le cap sur New-York. Deux jours avant d'arriver, je remis à chacun de mes noirs son acte de libération parfaitement libellé, et, pour que les pauvres diables pussent se retourner en débarquant, en sus de leurs effets, que naturellement je leur laissai, je fis à chacun d'eux cadeau de dix dollars. Voilà comment, messieurs et chers camarades, je trouvai le moyen d'accorder mes actes avec mes principes.

— Vous avez fait cela ? s'écria John abasourdi.

— Mon Dieu, oui, répondit-il avec bonhomie.

—C'est trop beau, murmura Tristan à part lui. Si cela est vrai, cet homme est très fort et d'autant plus redoutable, ajouta-t-il tout bas.

— J'ai entendu parler de cette affaire, dit un officier ; elle a fait grand bruit à New-York.

— Moi aussi, moi aussi, dirent plusieurs autres.

Le doute n'était plus possible. La défiance de Tristan redoubla. Il lui semblait, avec raison, que M. Cobden, esclavagiste convaincu, et sa famille dont l'accueil plus qu'acerbe fait à lui et à John, lui était resté sur le cœur, était bien intimement lié avec cet abolitioniste enragé pour que toute cette affaire ne recouvrit pas un mystère quelconque. Cependant il se tut et continua d'observer.

Joë lui lançait à la dérobée des sourires railleurs.

— Mais ce n'est pas tout, s'écria un officier, notre collègue le capitaine Joe ne dit pas tout ; il y a, si je me souviens bien, une offrande faite au gouvernement fédéral.

— Oh ! mon cher commandant, répondit le capitaine en rougissant, n'insistez pas, je vous prie ?

— Au contraire, dit un autre officier ; dans les circonstances où nous sommes, il nous importe de bien connaître nos amis...

— Afin que nous sachions bien sur qui compter ! termina Tristan ; les esclavagistes sont si traîtres et si rusés ! Parlez donc, cher ami.

— Mon Dieu, puisque vous l'exigez, je vous dirai donc tout simplement qu'en arrivant à Washington j'offris au congrès une somme de deux cent mille dollars, ce qui est à peine le vingtième de ma fortune, qui, je vous l'ai dit, est considérable, pour aider le gouvernement dans la guerre contre le Sud.

— C'est fort beau ! s'écria Tristan avec un feint enthousiasme ; et le gouvernement ne vous proposa rien en retour ?

— J'ai honte de vous avouer que si, et que j'acceptai.

— Bon ! quoi donc ? demanda Tristan avec une bonhomie parfaite.

— Le président de la République daigna m'attacher à un général, comme aide de camp ou officier d'ordonnance.

— Il me semble que c'était justice, et qu'il ne pouvait faire moins.

— Mon cher Tristan, répondit-il avec une simplicité charmante, je ne me fais aucune illusion sur mon compte ; je sais que je ne serai jamais qu'un piètre officier, mais je suis Américain et j'aime mon pays plus que tout au monde. Je brûlais de le servir et de ne pas rester inutile pendant cette guerre où tous les bons citoyens doivent se grouper autour du gouvernement pour le soutenir et le faire triompher des rebelles qui prétendent lui imposer des lois.

Ce que Tristan admirait surtout dans son for intérieur, c'était la désinvolture avec laquelle Joe traitait les esclavagistes, dans la propre maison de l'un d'eux et assis à sa table, et la placidité philosophique avec laquelle le maître de la maison et sa famille, si chatouilleuse cependant sur cet article, écoutaient tout cela sans souffler mot et sans même songer à protester.

— Que demandâtes vous, alors ? reprit-il.

— Je déclinai l'offre du président, dit Joe, ne me reconnaissant pas les capacités nécessaires pour faire un bon officier. Je suis, vous le savez, assez habile en fait d'écritures et de comptes. Je priai donc le président de me faire l'honneur de m'attacher aux bureaux du ministère de la guerre ; le président ne voulut pas entendre parler de cela. Après m'avoir présenté au ministre, présent à notre entretien, il m'attacha à sa personne en la double qualité de secrétaire particulier et d'officier d'ordonnance. C'était une grande preuve de confiance que me donnait le président, un poste de dévouement qu'il m'assignait ! tout refus était impossible. Je me résignai donc et j'acceptai. J'espérais ne jamais sortir du ministère, cela me consolait ; malheureusement pour moi, il en fut autrement.

— Comment donc cela ? demanda Tristan.

— Oui, je reconnus, à mes dépens, que je m'étais lourdement trompé. Voici comment : il arrive souvent que, lorsque le ministre m'a dicté un ordre confidentiel de la plus haute importance, qui ne peut être confié qu'à un homme sûr, le ministre me le remet à moi-même, et me charge de le porter au général auquel il est adressé, sous prétexte qu'il ne connait personne d'aussi sûr que moi ; de sorte, cher ami, que je suis toujours galopant par voies et par chemins, et, à peine revenu, contraint de repartir. Comme c'est agréable pour moi, qui suis paresseux avec délices, que tant de dérangement incommode, pour moi qui me figurais passer une existence si heureuse dans les bureaux du ministère !

Ces derniers mots furent prononcés avec un tel accent de bonhomie piteuse et résignée, que tous les officiers éclatèrent d'un rire homérique.

— Ah ! c'est ainsi que vous me plaignez, dit-il en s'associant à la gaieté générale, et que vous avez pitié de mes fatigues ? Je voudrais bien vous voir faire ce métier de cheval de course sans trêve et sans merci, par tous les temps ! Vous le trouveriez très dur, je vous en réponds.

— Certes, cher ami, reprit Tristan, votre position ne laisse pas d'être parfois très désagréable. Ainsi, c'est un ordre à remettre qui vous a conduit dans ces parages perdus ?

— Hélas, oui ; je suis chargé d'un ordre très important pour le général Fremont ; je comptais le rencontrer ici. Eh bien ! pas du tout ! Il paraît qu'il a établi son quartier général à deux lieues de la ville. Et voyez mon guignon, mes chers camarades, ajouta-t-il d'un ton de bonne humeur, je suis passé, sans y prendre garde, à portée de fusil de ses piquets : c'est le général Cluseret qui m'en a informé.

— C'est ne pas avoir de chance ! dit John avec un gros rire.

— Enfin, il me faut en prendre mon parti ! Quand je me suis vu si près de Rockingham, je me suis souvenu que j'étais à jeun depuis vingt-quatre heures et que je mourais à peu près de faim. J'ai pensé que j'avais ici, un excellent ami, que je n'avais pas vu depuis très longtemps : votre oncle, mon cher John, et, mettant toute fausse honte de côté, je suis venu tout droit chez lui.

— Ce dont je vous remercie sincèrement, mon cher capitaine, se hâta de répondre M. Cobden, vous ne pouviez me faire plus d'honneur et de plaisir.

— A présent, messieurs, je vous demanderai la permission de me retirer ; voilà déjà longtemps que je suis avec vous, et j'ai une dépêche à remettre au général Frémont.

— Elle est donc importante ? demanda Tristan.

— Très importante, oui, mon ami.

— Alors, je crois que vous ferez mieux d'attendre ici le général au lieu de vous rendre au quartier-général !

— Bah ! pourquoi cela ?

— Parce que, mon bon Joe, vous risqueriez une fois encore de croiser le général sans le voir.

— Oh ! oh !

— Oui ; il doit se rendre à Rockingham : je suis même surpris qu'il ne soit pas encore arrivé.

— Vous en êtes certain ?

— Très certain.

— En effet, dit un officier, le général Fremont est attendu ici.

— Savez-vous pour quel motif ? demanda Joe.

— Certes ! Il s'agit de composer un conseil de guerre dont le commandant en chef, comme c'est son devoir, doit nommer les membres, dit nonchalamment Tristan.

— Un conseil de guerre ? Diable ! ceci est grave. De quoi s'agit-il donc ?

— Tout simplement de juger un espion sudiste, répondit Tristan en le regardant fixement.

Joe ne broncha pas. Seulement Tristan crut voir passer une crispation étrange sur son visage.

— Est-on certain que cet homme soit un espion ?

— Parfaitement certain. Il a été surpris en flagrant délit d'espionnage.

— Alors, s'il en est ainsi, s'écria Joe avec une énergie qui sembla un peu forcée à Tristan, il faut être sans pitié pour lui ! Vous ne vous imaginez pas, messieurs, la quantité d'espions que nos ennemis entretiennent parmi nous. On les trouve partout, sous toutes les formes, sous tous les déguisements, sur tous les échelons de l'échelle sociale. C'est une véritable calamité.

— Vous avez raison, Joe, dit Tristan devenant pensif. L'espionnage est pour moi le crime le plus odieux, le plus vil et le plus bassement ignoble qu'un homme puisse commettre. J'admets le fanatisme politique, comme le fanatisme religieux. Que sommes-nous, nous tous réunis ici ? Des fanatiques, pas autre chose ; seulement, ce fanatisme est noble et grand : c'est celui qu'on nomme l'amour de la patrie et qui fait accomplir de grandes choses ; comme, par exemple, ce que vous avez fait, vous, ami Joe, en émancipant vos esclaves et en offrant 200,000 dollars au gouvernement. En agissant ainsi, vous avez fait une belle action et donné un bon exemple que d'autres ont suivi.

— Cher ami, je vous en supplie, ménagez ma modestie, s'écria le capitaine Joe, qui, en effet, paraissait fort embarrassé et surtout très gêné de cet éloge que son ami lui adressait.

— Soit ! reprit Tristan ; je me tairai, puisque vous le désirez ; je reviendrai donc aux espions. J'admets que l'on défende son pays, menacé par un ennemi puissant, par tous les moyens les plus audacieux, les plus fous ; à outrance ! C'est plus qu'une obligation, c'est un devoir auquel aucun citoyen ne saurait manquer, s'il aime son pays ; mais les moyens employés doivent être loyaux, honnêtes et surtout irréprochables.

Mais l'homme qui, sous prétexte de défendre une cause souvent mauvaise, change de vêtements et de visage, se glisse comme un serpent dans les familles, abuse de l'amitié et de la confiance que lui témoignent ses amis pour surprendre leurs secrets, les trahir, les livrer à l'ennemi, et causer ainsi la ruine et souvent la mort de ceux qui lui ont tendu la main, dont il a mangé le pain et partagé la vie intérieure, faisant presque partie de la famille, je dis que cet homme, quel qu'il soit, est le dernier des misérables, un infâme !... cent fois plus ignoble que Judas qui a vendu le Christ.

Que le gouvernement qui autorise de tels moyens, les paye, les récompense, et ainsi les justifie, n'importe les raisons sociales qu'il fait valoir en leur faveur, est plus infâme encore, puisque c'est lui qui crée les espions, les pousse et les encourage en élevant l'espionnage à la hauteur d'une institution, détruisant ainsi la sûreté des familles et des relations en introduisant la délation au milieu d'elles ; le sens moral s'oblitère, l'honnêteté disparait, la confiance meurt, pour être remplacée par la méfiance générale. Le père n'ose plus parler devant son fils, la mère devant son mari, et ainsi pour tous !

Et, se tournant brusquement vers Joe Betraydle :

— Que pensez-vous de cela, ami Joe ? lui dit-il.

Celui-ci était livide ; un tic nerveux agitait les muscles de sa face ; une sueur froide perlait à ses tempes.

Son malaise était tellement visible que chacun le remarqua avec surprise.

Il fut un instant avant de répondre ; puis, soudain, il passa la main sur son front et éclata de rire.

— Que le diable vous emporte ! mon cher Tristan, lui dit-il d'un ton qui sonnait faux. Vous avez fait un tableau si horrible de l'espionnage que vous m'avez épouvanté, tant vous avez été vrai en déduisant avec cette éloquence que vous possédez à un degré surprenant les effroyables conséquences de cet espionnage hideux qui nous enveloppe en ce moment dans ses mailles honteuses !

— Pardonnez-moi, mon ami, répondit Tristan, sur le même ton. Il n'y a pas, grâce à Dieu, d'espions parmi nous ; nous pouvons causer en toute confiance ; mais je vous avoue que lorsque mon esprit se fixe sur ce sujet, je perds complètement mon sang-froid, tant je me sens de haine, de mépris et de dégoût dans le cœur pour les drôles qui se livrent à cet ignoble métier. Si je me trouvais face à face un jour avec un de ces odieux gredins, ou je l'écraserais sous le talon de ma botte comme un serpent, ou je le tuerais sans pitié comme un chien enragé. Et remarquez que le serpent et le chien enragé, pauvres bêtes, ne sont pas responsables de leurs actes, tandis que l'autre calcule froidement son infamie et n'agit jamais qu'avec préméditation.

— C'est hideux ! s'écria John. On pend les espions, on a tort ; on devrait adopter pour eux la coutume des Peaux-Rouges, les attacher au poteau de torture, les scalper et leur faire souffrir mille morts dans d'effroyables supplices avant de les tuer.

— A la bonne heure ! s'écria un officier en riant.

— Messieurs, permettez-moi de vous offrir d'excellents cigares ! dit M. Cobden en faisant circuler des boites de regalias.

Déjà, depuis quelque temps, les dames avaient quitté la table ; miss Jane ne s'était pas retirée sans échanger des compliments et de gracieux sourires avec le capitaine Joe, au grand crève-cœur de John Charlton, qui commençait à redouter l'avarice de son oncle, étant bien établie la rivalité formidable de l'officier d'ordonnance dix fois millionnaire auprès de sa charmante et colérique fiancée.

— Qu'as-tu donc ? demanda John à son ami ; je te trouve singulier aujourd'hui.

— Moi ? Je n'ai rien, je te le jure.

— Tu as fait un discours sur l'espionnage qui m'a paru un hors-d'œuvre un peu épicé ?

— Tu crois ? répondit le jeune homme avec intention. Eh bien ! je ne suis pas de cet avis ; je pense au contraire qu'il était très opportun.

— Bon ! supposerais-tu qu'il y a un espion parmi nous ?

— Je ne suppose rien, cher ami ; j'écoute, j'entends, j'observe, et je fais mon profit de ce que je découvre.

— Ce qui veut dire...

— Rien, quant à présent ; plus tard, nous causerons. A propos, tu sais qu'à Cincinnati nous avions l'habitude de ne jamais rien dire devant Joe et de ne rien lui confier ?

— Oui, je m'en souviens ; pourquoi me rappelles-tu cela ?

— Pour rien ; nous avons retrouvé Joe, j'en suis enchanté ; c'est un charmant garçon que j'aime beaucoup, mais tu sais comme il est bavard et curieux

— En effet.

— Eh bien ! je crois que nous aurons raison d'agir de tous points aujourd'hui avec lui comme nous agissions jadis. Est-ce dit ?

— Je t'en donne ma parole.

— Merci, j'y compte.

— Bon ! Crains-tu donc quelque chose de sa part ?

— Mon Dieu ! une indiscrétion peut-être et encore tout au plus. Mais, dans les circonstances où nous sommes, une indiscrétion peut parfois être mortelle ; ainsi, pour éviter tout désagrément, je compte sur ta parole.

— Je te l'ai donnée.

Tandis que les deux amis échangeaient entre eux ces quelques phrases, M. Cobden s'était rapproché sans affectation du capitaine Joe ; tout en l'aidant à choisir un cigare dans une boite de regalias, il lui dit à voix basse

— Connaissez-vous ce chef d'escadron, Tristan de Saint-Pierre?

— Beaucoup, répondit le capitaine Joe en riant; nous sommes très liés; c'est un de mes meilleurs amis.

— Je crois que vous ferez bien de vous défier de lui; il semble avoir flairé quelque chose?

— Je le crois comme vous; il est très fin et d'une discrétion à toute épreuve; il est impossible de rien apprendre par lui.

— Que comptez-vous faire?

— Me tenir sur mes gardes et le surveiller attentivement.

— Vous aurez raison; s'il venait à savoir jamais...

— Ce jour-là, cher mister Cobden, répondit Joe avec un accent glacé, je le tuerais sans remords. La partie que je joue est terrible. Tout obstacle qui se dressera devant moi sera impitoyablement brisé!

Remarquant que Tristan s'approchait de lui, il choisit un cigare dans la boîte, et le lui présentant avec un sourire:

— Cher ami, lui dit-il, si vous et John vous ignoriez ce que j'étais devenu, moi je savais parfaitement où vous étiez; c'est même en partie pour avoir le plaisir de vous serrer la main que j'ai accepté une mission près du général Fremont.

— Voilà qui est charmant, mon cher Joe, et me réconcilie complètement avec vous, répondit le commandant d'un ton de bonne humeur, en acceptant le cigare et l'allumant aussitôt.

— Mais ce n'est pas tout! reprit Joe en riant.

— Bon! qu'y a-t-il donc encore? demanda Tristan sur le même ton.

— Si je ne puis rien vous révéler sur la dépêche dont je suis porteur, je puis du moins vous annoncer une bonne nouvelle, ainsi qu'à notre ami John.

— Bah! de quoi s'agit-il donc, cher ami? demanda celui-ci qui s'approchait en ce moment.

— Ne nous faites pas languir, cher ami; les bonnes nouvelles sont tellement rares chez nous, dit Tristan en lâchant une énorme bouffée de fumée, qu'en apprendre une est un véritable miracle!

— Oh! celle-ci vous est toute personnelle.

— Raison de plus pour nous la dire bien vite.

— Nous écoutons, ajouta John.

— Eh bien! chers amis, je suis heureux de vous annoncer à tous deux que vous, mon cher Tristan, vous êtes colonel de cavalerie, et vous, mon cher John, vous êtes chef d'escadron.

— Voilà, en effet, d'excellentes nouvelles! s'écria John.

— Et la chose est certaine? demanda Tristan.

— Les deux brevets ont été mis par moi dans la même enveloppe que la dépêche, dit Joe en souriant.

— Alors, il n'y a pas à conserver le plus léger doute, dit Tristan. C'est bien aimable à vous, cher ami, et nous avoir annoncé ces promotions, auxquelles, j'en suis convaincu, votre vieille amitié pour nous n'a pas été étrangère.

— Chers amis, vos services parlaient trop haut en votre faveur pour qu'il fût nécessaire d'insister beaucoup près du ministre.

— Pardieu! cher ami, je vous suis bien reconnaissant! s'écria John. Croyez bien que je vous revaudrai cela, si l'occasion s'en présente.

— Oui, c'est à charge de revanche, ajouta Tristan. D'ailleurs, nous sommes de trop vieux amis pour nous faire banqueroute.

— Ce n'est pas toujours une raison, dit M. Cobden en se mêlant gaiement à la conversation; comptez-vous rester longtemps à Rockingham, mon cher John?

— Je ne pourrais rien vous dire à ce sujet, mon oncle; nous autres, nous ne sommes pas dans le secret des dieux. Le général Fremont, notre commandant en chef, pourrait seul répondre à cette question.

— C'est juste. Dans tous les cas, souvenez-vous que votre chambre est toujours prête à vous recevoir. Si votre ami le colonel Tristan de Saint-Pierre y consent, je serai heureux de lui offrir la même hospitalité qu'à vous.

— Je suis réellement confus, mon cher oncle, répondit John tandis que mon ami s'inclinait silencieusement; je serais heureux d'accepter votre invitation si cordiale; malheureusement, cela m'est impossible, ainsi qu'à mon ami : nous sommes attachés à l'état-major du général Cluseret et contraints, en cette qualité, de rester près de lui.

— Je regrette vivement ce contre-temps, messieurs, mais mon invitation reste faite; j'espère que vous voudrez bien vous en souvenir à la première occasion, dit M. Cobden avec un salut.

— Trop de miel, murmura Tristan à part; il y a quelque chose, ces deux hommes s'entendent comme larrons en foire; Joe est plus fort que je ne le croyais; nous verrons!

— Maintenant je le tiens! glissa Joe à l'oreille du planteur; son nouveau grade me débarrasse de lui; je l'ai lié malgré lui, à moi.

L'entrée d'un nouveau personnage rompit subitement l'entretien.

— Gentlemen, je vous salue, dit l'arrivant en pénétrant dans la salle à manger.

— Bonjour, docteur, s'écria joyeusement M Cobden ; vous arrivez à propos pour voir mon neveu.

Celui que le planteur recevait ainsi à son arrivée n'était autre que le docteur Jerry Wolf.

Le docteur salua toutes les personnes présentes, puis, se tournant tout d'une pièce devant John, il le salua avec une politesse trop exquise pour ne pas être affectée.

En même temps les lèvres du docteur se crispèrent méchamment, puis ce fut tout ; le visage reprit sur-le-champ une sorte de sérénité qui donna à cet obséquieux visiteur l'apparence d'une bonhomie niaise des mieux réussie.

« Voilà un gaillard beaucoup trop naïf pour ne pas être très madré », murmura Tristan, l'éternel douteur, après avoir attentivement examiné le capitaine Wolf.

IX

COMMENT BOB PÉNÉTRA DE FORCE DANS LA MAISON DU DOCTEUR ET CE QUI EN ADVINT

Mais, avant que d'aller plus loin, il nous faut revenir dans la maison du docteur Wolf, où se passaient certains événements importants pendant son absence.

A peine avait-il quitté la bibliothèque, qu'Amy, se soulevant à demi du parquet ou elle gisait étendue, avait jeté un regard anxieux autour d'elle.

La jeune fille ne s'était pas d'abord rendu compte des motifs pour lesquels son bourreau s'était si brusquement éloigné.

Mais la fusillade que l'on entendait au dehors crépiter, saccadée et sans relâche lui révéla aussitôt ce qui se passait et lui fit entrevoir sa situation sous son véritable jour.

Elle ne conserva plus de doutes lorsque la voix du terrible docteur, dominant le bruit de l'escarmouche, cria impérieusement à Watt :

— Faites rentrer toutes ces chiennes de négresses et leurs petits ; déchaînez les chiens, et feu sur le premier « ventre bleu » qui tentera de pénétrer chez moi !

— All' rigth, capitaine ! répondit Watt avec son flegme habituel.

Les chiens, rendus à la liberté, aboyaient avec frénésie, allant et venant autour de la cour comme des loups à jeun.

Le docteur avait quitté la maison ; la fusillade s'éloignait ; on entendait les joyeuses fanfares des bataillons fédéraux prenant définitivement possession de la ville.

Amy, malgré la terreur que les vainqueurs lui inspiraient, — car elle ne se doutait nullement des causes de la guerre, et ainsi que la plupart des esclaves, elle avait la conviction que la paix serait faite aux dépens de la race noire — Amy, disons-nous se traîna péniblement jusqu'à l'une des fenêtres et prêta anxieusement l'oreille aux bruits de la rue.

Elle entendit les piétinements de la cavalerie ; puis elle sentit le sol frémir sous les lourdes roues des canons ; l'instinct de la conservation lui soufflait à l'oreille que si elle réussissait à se faire entendre de ces hommes qui arivaient, elle serait sauvée, qu'ils étaient non des ennemis, mais des protecteurs pour elle.

Mais comment se faire entendre ? Comment appeler à son secours ?

La pauvre enfant réussit, après bien des tentatives infructueuses, à faire basculer la barre intérieure retenant les volets d'une des fenêtres ; elle entr'ouvrit les volets et se pencha légèrement en dehors ; mais elle se rejeta aussitôt, toute tremblante, en arrière.

Outre les deux féroces molosses se démenant furieux dans la cour, elle avait aperçu Watt assis sur la dernière marche du perron, sa carabine entre les jambes, se taillant philosophiquement une *chique* de proportions plus que respectables dans une carotte de tabac.

Amy était formidablement gardée à vue ; elle n'avait aucune chance de fuite.

La pauvre jeune fille se tordait les bras avec désespoir ; les larmes ruisselaient de ses yeux.

Elle comprenait que si, à son retour, le docteur la retrouvait dans la maison, la lutte horrible si providentiellement interrompue, recommencerait, et que, cette fois, elle serait perdue sans rémission ; il ne lui restait plus qu'un refuge : la mort !

Soudain, des coups violents ébranlèrent la grille ; les chiens se précipitèrent en flairant brusquement sous la porte, soufflant et poussant des aboiements retentissants, empêchant d'entendre ceux qui parlaient et criaient au dehors tout en continuant à frapper à coups redoublés.

— Ouvrez, ou nous enfonçons ! criait-on.

— Que voulez-vous ? demanda enfin Watt commençant à sortir de son calme habituel.

— Entrer, goddam !

— Pourquoi faire ?

— C'est ici la maison du docteur Jerry Wolf ?

— Oui. Après ?

— Ouvrirez-vous, enfin ?
— Non ! répondit Watt d'un ton résolu en armant sa carabine.
— Allons, camarades ! jetons à bas cette satanée grille ! cria une voix avec colère ; mort ou vif, il nous faut l'espion. Feu à qui résistera, hommes ou bêtes !
— Mort à l'espion ! hurlait la foule en secouant la grille avec fureur.
Watt reconnut tout de suite qu'il avait affaire à forte partie.

Le factotum du docteur était seul avec les chiens, excellents auxiliaires à la vérité, mais impuissants contre la foule toujours plus nombreuse ; la grille, secouée avec rage par les assaillants, pliait d'une façon inquiétante et ne tarderait pas à tomber ; d'un autre côté, Watt ne se souciait que très médiocrement d'avoir une nouvelle rencontre avec les fédéraux ; son cou lui faisait encore mal des suites de la première.

Watt, reconnaissant que toute résistance était non-seulement inutile, mais encore ne faisait qu'empirer la situation, s'élança vers les grilles, saisit vigoureusement les molosses par la peau du cou, les coupla, et, malgré leurs cris et leur résistance, il les entraîna vers une porte secrète par laquelle il disparut avec eux et qu'il referma solidement au moment même où les assaillants, après avoir renversé la grille, faisaient enfin irruption dans la cour.

Amy, blottie derrière un volet de la bibliothèque, plus morte que vive, ne sachant si elle devait craindre ou espérer, avait assisté aux diverses péripéties de cet assaut, terminé par la prise de la maison du docteur, attendant avec une fiévreuse anxiété les résultats de ce conflit.

Lorsqu'elle vit les fédéraux pénétrer finalement dans la cour, ses craintes la reprirent, son premier mouvement fut de se réfugier dans le coin le plus obscur de la bibliothèque ; mais elle se rassura presque aussitôt et s'élança de nouveau vers la fenêtre, le cœur palpitant d'espoir.

Dans la cour on criait son nom à tue-tête :
— Amy ! Amy ! où êtes-vous ?
C'était Bob, qui, courant de droite et de gauche, appelait la jeune femme.
La voix bien connue du nègre produisit sur Amy un effet immense, une joie folle.
Elle ouvrit brusquement les deux volets, et, tendant les bras au dehors, elle s'écria d'une voix vibrante :
— Me voici ! me voici ! sauvez-moi !
Bob poussa un cri de joie, bondit vers la maison, et, aidé par les soldats fédéraux, ses camarades, il eut bientôt défoncé les portes de la bibliothèque et délivré Amy ; celle-ci, à demi folle de joie, se laissa entraîner au dehors par son jeune libérateur.

— Viens, Amy ! répétait Bob riant et pleurant à la fois, tant il était joyeux d'avoir si bien réussi ; viens, viens, Amy ! tu es libre, comme moi et comme Will !
— Libre ! moi ! s'écria-t-elle avec ravissement ; et toi ! et Will aussi ! oh ! ce n'est pas possible ! un tel bonheur n'est pas fait pour nous !
Et les forces lui manquant tout à coup, elle s'affaissa sur elle-même en murmurant :
— Libre ! libre, moi ! cela ne peut-être !
— Cela est, Amy ! les Yankees nous ont fait libres ! nous sommes soldats ! tu vas voir Will sur son grand cheval, avec son sabre et sa carabine !, il est fièrement brave, va, Will ! Qui aurait dit cela quand nous étions esclaves ?
— C'est vrai, murmura-t-elle ; tout est bien changé à présent !

Bob entraîna Amy hors de la maison à laquelle les soldats avaient mis le feu, faute de trouver l'espion, et qui brûlait déjà tout entière ; seulement ils avaient eu la précaution de chasser dans la rue les pauvres malheureuses négresses du docteur, qui poussaient des cris lamentables, croyant qu'on allait les tuer.

Bientôt Bob et Amy, séparés des soldats, se trouvèrent marchant un peu à l'aventure à travers les rues et les ruelles de la ville, au milieu de la foule des fédéraux dont elle était encombrée.

Mais tant d'émotions subies depuis le matin avaient brisé les forces de la jeune fille ; après quelques instants, incapable de se soutenir, elle fut contrainte de s'asseoir sur les marches d'un temple méthodiste.

La réaction s'était opérée chez Amy ; le danger passé, le calme était peu à peu rentré dans son âme ; mais les forces factices par lesquelles, jusque-là, elle avait été soutenue, l'avaient subitement abandonnée, pour faire place à une prostration presque générale.

Bob s'était paisiblement assis près d'Amy, attendant qu'elle fût suffisamment reposée ; il regardait en riant à la manière des nègres, c'est-à-dire en se fendant la bouche d'une oreille à l'autre, passer les soldats, tout en sifflant, avec plus de bonne volonté et d'enthousiasme que de justesse, le fameux *Yankee doodle*, l'air patriotique des enfants de l'*Oncle Sam* et de *Frère Jonathan*.

Un laps de temps assez long s'écoula sans que Bob et Amy échangeassent une parole.
Bob sifflait, heureux du présent et insoucieux de l'avenir.
Amy réfléchissait, essayant de remettre un peu d'ordre dans son cerveau si brutalement secoué depuis quelques heures.

Enfin Amy, presque entièrement remise, toucha le bras du jeune homme pour attirer son attention.

— Comment se fait-il que vous vous soyez trouvé là si à propos, au milieu des soldats qui voulaient arrêter le docteur, pour me sauver? lui dit-elle; cela a été un bien heureux hasard pour moi, cher Bob.

— Il n'y a pas le moindre hasard dans cette affaire, Amy, ma chère, répondit le jeune noir avec une certaine importance.

— Bon! Comment cela, Bob? demanda-t-elle curieusement.

— Pardi! j'étais bien venu tout exprès dans cette satanée maison!

— Je ne vous comprends pas du tout, Bob. Vous saviez donc que j'étais chez le docteur?

— Certainement, je le savais.

— Comment donc cela se pouvait-il, puisque je n'y étais que depuis une heure tout au plus?

— Voilà! fit-il en se rengorgeant.

— Mais cela ne m'apprend rien, Bob. Vous feriez bien mieux de me raconter comment cela a arrivé; au moins, ainsi, j'apprendrais quelque chose.

— Au fait, moi je ne demande pas mieux, Amy; si cela vous fait plaisir.

— Certainement; je suis curieuse de connaître cette histoire!

— Ce n'est pas une histoire, Amy; mais c'est égal, je vais vous le dire.

— Je vous remercie d'avance, Bob.

— Il n'y a pas de quoi, Amy. Ecoutez donc, ce ne sera pas long. Pour lors, il faut que vous sachiez que ce matin, un peu avant le lever du soleil, nous avons reçu l'ordre de lever le camp et de marcher en avant, en colonnes, en nous dirigeant sur Rockingham, que notre brigade avait ordre d'occuper militairement.

— Comme vous dites bien toutes ces choses, mon cher Bob! Vous parlez comme un véritable soldat.

— C'est que j'en suis un, à présent, Amy, ma chère. Voyez mon uniforme; il ne faut pas s'y tromper!

— Oh! je le vois bien, Bob! fit-elle en souriant d'un air de bonne humeur.. Vous disiez donc?...

— Pour lors, avant de partir, mon commandant, qui m'aime beaucoup, me fit signe de venir à lui; je me hâtai naturellement de lui obéir, parce que l'on ne plaisante pas avec la discipline, sous les armes.

Pour lors, mon commandant me dit comme ça de but en blanc:

— Tu connais bien M. Warding, n'est-ce pas?

— Je crois bien, que je réponds; j'étais son esclave quand je me suis sauvé; c'est un vieux diable, mauvais comme un alligator.

— C'est bien ça, qu'il reprit; dès que nous serons entrés à Rockingham, tu prendras avec toi quelques-uns de tes camarades, et tu te rendras tout droit à la maison de M. Warding; tu sais où elle est située?

— Oh! oui, commandant, que je réponds; il y a longtemps que je le sais, pour mon malheur.

— Bon! qu'il reprit, fais bien attention à ce que je vais te dire: arrivé à la maison, tu obligeras M. Warding à ouvrir tous ses meubles, et tu prendras devant lui tous les papiers que tu trouveras, tu m'entends bien? tous sans exception.

— Oui, mon commandant, que je lui dis; c'est-y tout?

— Non, me dit-il; tu réuniras alors tous les esclaves, hommes et femmes, dans la cour de la maison; tu leur diras que l'Union les fait libres et que tous ceux qui te suivront seront immédiatement placés sous la protection de l'armée fédérale; tous ceux qui consentiront à aller avec toi de bonn volonté, tu me les amèneras; mais pas de violence surtout! N'oublie pas les papiers, que je tiens à avoir.

— Faudra-t-y emmener les femmes aussi? que je demandai.

— Oui, les femmes surtout, me dit le commandant; elles sont les plus malheureuses, parce qu'elles sont faibles, tandis que les hommes peuvent se sauver; ils sont forts et hardis: s'ils restent, c'est qu'ils sont lâches, et alors ils ne méritent pas d'être libres; les femmes surtout, tu m'entends, Bob? »

— Ah! s'écria Amy enthousiasmée, voilà un grand et noble cœur, un véritable homme, quoiqu'il soit Yankee!

— Tu ne sais ce que tu dis ma fille! Tous les Yankees sont bons, puisqu'ils veulent tous que les noirs soient libres. Ce sont les Secesh qui disent du mal d'eux, afin d'empêcher leurs esclaves de se sauver. Nous savons cela, maintenant, nous autres; les Yankees ne font la guerre que pour nous rendre libres.

— Oh! c'est bien beau, ce que tu dis-là Bob!

— Je dis la vérité, Amy; toutes les fois qu'ils en trouvent l'occasion, ils émancipent les noirs, qui se sauvent près d'eux; aussi tout le monde les aime.

— Et ils le méritent, s'ils se conduisent ainsi; et cela doit être, car les maîtres les détestent trop pour qu'il en soit autrement. Mais finis donc ton histoire.

— C'est juste, m'y voici. Pour lors, je dis au commandant: «Je ne sais pas s'il va rager, massa Warding! Avec ça que depuis le commencement de la guerre il ne décolère plus! Mais s'il s'oppose à ce que nous ferons?»Le commandant haussa les épaules: «Tu es soldat et tu as des armes,» qu'il me répondit; «C'est entendu, commandant, que e répondis, je m'en servirai s'il le faut;» «C'est cela, qu'il fit|en riant.»

Pour lors, l'armée se mit en marche; voilà qu'à peu près à une lieue de la ville, un cavalier arrive sur nous à toute bride; qui est-ce que je reconnais? Jack, l'esclave de M. Cobden, qui vient se rendre libre. Après avoir été longtemps interrogé par le général, on lui donna un képi et des armes, et on le fit filer avec la cavalerie.

Jack m'apprit alors, car il était près de moi, que les sudistes avaient évacué la ville pendant la nuit, qu'il n'en restait pas un seul dans Rockingham, armés bien entendu, car tous les planteurs sont des esclavagistes enragés. Je lui demandai des nouvelles; il ne put me dire rien de positif sur le compte de M. Warding; il savait seulement qu'il voulait conduire tous ses esclaves dans le Sud, excepté toi qu'il avait l'intention de vendre a cet ignoble gredin d'espion, le docteur Wolf.

— Massa Warding m'a en effet vendue à ce méchant homme, il y a deux heures, continue Bob.

— Oh! le reste sera bientôt dit: en arrivant à la ville, je pris quelques camarades avec moi et je me rendis tout de suite à la maison de massa Warding, ainsi que j'en avais reçu l'ordre de mon commandant; mais je trouvai visage de bois: la maison était déserte.

Un peu avant le lever du soleil, M. Warding avait expédié tous ses noirs en avant, dans la direction du Sud, sous l'escorte d'un officier et de quelques soldats sudistes; toi seule étais restée dans la ville avec ton maître. Mais voilà le bon de l'affaire: le vieux Jup, tu sais, qui rognonne toujours on ne sait quoi entre ses dents?...

— Oui, oui, je le connais; c'est un poltron et un espion; il nous a fait bien du mal à tous.

— C'est possible; mais, dans tous les cas, il s'entend avec le Charmeur de serpents.

— Ton père?

— Lui-même; un rude homme, va, Amy!

— Et bon et brave, et qui vous aime bien, toi et Will!

— Tout cela est la vérité pure, Amy. Pour lors, le vieux Jup s'entendait avec lui. Il avait fait le mot à trois ou quatre camarades les plus résolus. Arrivé au bac de l'Etoile, à une lieue d'ici, l'officier appela le passeur.

Il fit d'abord embarquer tous les noirs, une centaine environ, dans le bac, et puis voilà qu'au moment où il allait s'embarquer avec les soldats, le passeur lui donne une poussée qui le renverse. Pendant ce temps-là, les esclaves, le vieux Jup en tête, s'étaient mis à haler sur la corde, et cela si bien que le bac était presque au milieu de la rivière quand les sudistes, revenus de leur surprise, s'avisèrent de tirer sur lui et de couper la corde du bac. Mon père était le passeur.

Il arma plusieurs noirs de longues perches, ce qui empêcha le bac de s'en aller à la dérive. Arrivés de l'autre côté de l'eau, les esclaves se renseignèrent sur les postes occupés par les Yankees, et ils se mirent en route pour les rejoindre, ce qu'ils firent en laissant les sudistes jurer et maugréer de l'autre côté de la rivière, le Charmeur ayant eu le soin de couler le bac afin d'empêcher les *Secesh* de l'aller chercher à la nage.

— Comment as-tu appris tout cela?

— Par les esclaves de M. Warding, qui nous ont rejoints un peu avant notre entrée dans la ville. Le matin M. Warding, ne se doutant guère de la désertion de ses esclaves, prépara tout pour son voyage, puis il se rendit chez M. Cobden et lui proposa de t'acheter; mais M. Cobden refusa; M. Warding retourna alors chez lui; il ordonna à Peters, son esclave favori, qu'il avait gardé près de lui, d'aller aux renseignements par la ville, et, s'il apprenait une nouvelle inquiétante, d'aller tout de suite le prévenir chez le docteur.

— Oui, je me souviens de tout cela; tous les ballots étaient prêts à être chargés sur des wagons; Massa Warding a donné ses ordres devant moi, puis il m'a mené chez cet horrible homme.

— C'est cela même. Peters est un vieux poltron aussitôt qu'il apprit l'approche de notre armée, il perdit la tête; il sella le cheval de M. Warding et le sien, attacha les valises et tout ce qu'il put emporter, sans choisir, en prenant au hasard ce qui lui semblait le plus précieux. Après avoir bien fermé la porte de la maison, il se rendit chez le docteur; précisément, M. Warding en sortait en se frottant joyeusement les mains: sans doute il t'avait vendue pour un bon prix?

— Je l'ignore, Bob, dit-elle en frémissant; bien que présente à cette vente odieuse, j'étais plongée dans un tel état de prostration que je ne vis et n'entendis rien de ce qui se fit devant moi.

— Pauvre Amy, tu as dû bien souffrir!

La jeune fille soupira et rougit jusqu'aux yeux, en songeant à l'horrible et honteuse lutte qu'elle avait soutenue.

— Continue, dit-elle d'une voix tremblante.

— Massa Warding est encore, s'il est possible, plus poltron que Peters. Apprenant l'arrivée prochaine de notre armée, il fut pris d'épouvante, et après s'être sommairement assuré que presque tout ce qu'il possédait de plus précieux était attaché sur la croupe des chevaux, il se mit en selle, et, suivi de Peters, il s'enfuit sans vouloir rentrer chez lui, craignant d'être fait prisonnier par les Yankees; de sorte que, lorsque je me rendis à la maison, je n'eus qu'à briser la serrure pour entrer; tout était dans un désordre indiquant un départ précipité; les clefs avaient été laissées sur les meubles.

Quant aux papiers, je n'en trouvai pas un : tous avaient été brûlés, les cendres étaient dans les cheminées ; beaucoup d'objets, que sans doute M. Warding se proposait d'emporter, étaient là abandonnés ; j'en passai une revue et une inspection minutieuse, mais inutilement. Je ne trouvais rien de ce que je cherchais. J'allais donc me retirer, lorsque, par hasard, mon regard tomba sur une grande valise que je n'avais pas aperçue d'abord, parce que, soit avec intention soit par mégarde, on l'avait poussée sous un fauteuil. Je pris cette valise et je l'ouvris.

Je découvris alors, soigneusement enveloppée dans deux ou trois serviettes, une cassette de fer, de grandeur moyenne, bien fermée, et dans laquelle j'avais vu plusieurs fois M. Warding renfermer des papiers importants. J'avais même vu une fois cette cassette ouverte et à demi-pleine de papiers de toutes sortes. Il est vrai qu'il y avait six ou sept ans de cela ; que j'étais alors un enfant auquel on ne prenait pas garde ; peut-être, depuis ce temps-là, la destination de la cassette avait-elle changé; je la soulevai et la secouai avec force; elle était très légère; ce qu'elle renfermait ne rendit aucun son; je l'enveloppai dans une serviette, et, comme j'étais très pressé de sauver, je me rendis en toute hâte chez le docteur, après avoir envoyé la cassette à mon commandant par un vieux sergent yankee qui avait voulu m'aider dans mon expédition.

Le brave homme, après s'être acquitté de ma commission, me rejoignit devant la maison du docteur, dans laquelle je ne savais sous quel prétexte m'introduire. Le sergent avait deviné les difficultés de la position dans laquelle je me trouvais; je lui avais raconté que le docteur était un Bushwaker; le sergent le redit à mon commandant, en ajoutant que cet homme était un espion *secesh* dont il était important de s'emparer au plus vite.

Le commandant avait compris; il avait remis un ordre d'arrestation en blanc au sergent, si bien que celui-ci m'arriva à la tête d'un piquet de douze hommes ; c'était plus qu'il n'en fallait pour avoir raison du docteur ; rien ne nous retenait plus ; aussi, tu as vu, Amy, de quelle façon preste nous avons mené l'affaire !

— Oh! oui, Bob ; je vous dois une grande reconnaissance pour l'immense service que vous m'avez rendu.

— Vous ne me devez rien, Amy ; dans toute cette affaire, je n'ai fait qu'obéir aux ordres de mon commandant.

— Pouvez-vous parler ainsi, quand c'est à vous que je dois d'être libre enfin ! et...

— Nullement, Amy ! s'écrie vivement le jeune noir; vous vous trompez; il importe que vous sachiez bien la vérité, afin de ne pas être ingrate, à votre insu, envers votre véritable sauveur ; réfléchissez bien à cela, Amy !

— C'est vrai, répondit-elle en devenant subitement pensive; mais ce sauveur dont vous me parlez avec tant d'insistance, quel est-il donc, enfin ? Je brûle de le connaître et de lui adresser tous mes remerciements. C'est un devoir qui me sera bien doux à remplir, croyez-le, Bob ; mais d'abord quel est-il ? Parlez, je vous en supplie ?

— Qui serait-ce, sinon mon commandant Amy ? N'avez-vous donc écouté mon récit que d'une oreille distraite ?

— Moi ! s'écria-t-elle; vous ne pensez pas cela ?

— Dame! vous conviendrez aussi que j'ai lieu d'être surpris que vous n'ayez pas compris tout de suite que je n'ai fait qu'obéir à ses ordres!

— C'est vrai! je ne sais à quoi je pensais; ma tête est si faible, et j'ai tant souffert !

— A présent, comment vous sentez-vous, Amy ?

— Aussi bien que je puisse l'être, après de si horribles émotions, Bob ! Mes forces reviennent : je crois être en état de marcher.

— A la bonne heure!

— Oui, d'autant plus que nous ne pouvons rester ainsi assis sur les marches de ce temple, exposés aux regards des passants. Ils doivent trouver singulier une aussi longue station à cette place, surtout un jour comme celui-ci.

— Je suis sûr que les passants ne se soucient guère de ce que nous faisons ou ne faisons pas; mais le temps se passe, depuis longtemps déjà nous aurions dû nous éloigner.

— En effet, je dois songer au plus vite à trouver un gîte : ce qui sera assez difficile. Je réclamerai même votre concours pour cela, Bob ; seule, je ne sais vraiment pas comment je ferais dans cette ville où je ne connais personne.

— Oh! vous n'avez pas à vous préoccuper de ces détails, Amy; mon commandant y a songé pour vous : votre logement est tout trouvé; il est bon et convenable pour une femme honnête comme vous l'êtes, Amy, je vous en réponds.

— Je ne vous comprends pas, Bob?

— C'est que sans doute je m'explique mal. Venez, nous n'avons que trop tardé déjà; mon commandant vous attend; il vous expliquera tout cela lui-même.

— Votre commandant? fit-elle d'une voix hésitante.

— Oui, ne m'avez-vous pas entendu?

— Si, fort bien; mais, dites-moi, je vous prie, Bob, quel est donc ce commandant qui s'intéresse tant à moi, et que je ne connais pas?

— Comment, que vous ne connaissez pas, Amy! Vous le connaissez très bien, au contraire! Ne vous souvenez-vous donc plus de ces deux officiers yankees qui, pendant l'orage se sont réfugiés dans la case du vieux Jup et se sont montrés si bons pour nous?

— Ah! oui! fit-elle en pâlissant légèrement! je me souviens : l'un d'eux se nommait John, je crois?

— Et l'autre Tristan.

— Oui, c'est cela! Ainsi, le capitaine John a daigné se souvenir de moi! fit-elle avec émotion.

— Le capitaine John n'a jamais songé à vous, Amy; je ne sais même pas s'il se souvient de vous avoir jamais rencontrée; je vous parle du commandant Tristan, celui qui avait promis de s'intéresser à vous, fit Bob en haussant les épaules.

— Oh! je l'avais deviné!... murmura-t-elle si bas que son compagnon ne l'entendit pas.

Il y eut un assez long silence.

Amy était triste; elle songeait.

— Venez-vous? lui dit enfin Bob surpris de ce subit mutisme.

— Où cela? demanda-t-elle machinalement.

— Dans la maison où se trouve mon commandant; j'ai l'ordre de vous conduire à lui dès que je vous aurai délivrée.

— Oh! je ne saurais faire cela, murmura-t-elle en pâlissant et mettant la main sur son cœur comme pour en contenir les battements; je ne ferai pas cela!

— Pourquoi donc ne le ferez-vous pas, Amy? demanda Bob étonné à bon droit de l'hésitation de la jeune fille. Voulez-vous donc être ingrate?

— Ingrate, moi! s'écria-t-elle avec énergie; oh! non, je ne le suis pas.

Et elle ajouta à voix basse :

— Je crains au contraire de me montrer trop reconnaissante.

— Voyons, Amy, il faut venir, ma chère,

que répondrai-je à mon commandant, lorsqu'il me demandera pourquoi je ne vous ai pas amené? Lui dirai-je donc que vous n'avez pas voulu venir?

— Mon Dieu!... murmura tristement la jeune fille.

— Réfléchissez-y, Amy; ce refus est fort grave; rien ne le justifie.

— C'est vrai, dit-elle avec amertume.

— Voulez-vous que le commandant, dont la bonté est si grande pour nous, pense que nous autres nègres nous sommes moins que les brutes, qui savent se montrer reconnaissantes du bien qu'on leur fait, que les nègres sont ingrats et méritent leur sort?

— Oh! ne parlez pas ainsi, Bob! le commandant Tristan est un cœur d'élite, un grand et beau caractère; il ne pensera pas ce que vous prétendez; il croira que quelque raison plus forte que ma volonté, la honte peut-être de me présenter ainsi devant lui à l'improviste, m'ont empêché de lui obéir, mais que je ne lui en suis pas moins reconnaissante.

— Je n'entends rien à toutes ces paroles, Amy; je vois seulement, et cela me fait beaucoup de peine, que vous êtes ingrate envers votre bienfaiteur.

— Bob, que dites-vous là? Vous allez trop loin; moi, me montrer ingrate envers mon sauveur, vous ne le croyez pas?

— Que faites-vous donc en ce moment, Amy?

— Bob, je vous prie!...

— Non; vous avez été élevée comme une blanche, par Mme Warding. L'éducation que vous avez reçue et vous met au-dessus de nous a-t-elle donc desséché votre cœur? Je suis une brute, moi, un ignorant; mais si je hais ceux qui me font du mal, j'aime ceux qui me font du bien. Est-ce donc à moi à vous apprendre ce que vous devez faire? Eh bien! soit; agissez à votre guise!

— Oui, vous avez raison, Bob; j'ai été folle. Pardonnez-moi; je me suis effrayée à tort. L'homme qui m'a sauvée ne saurait me vouloir que du bien, en effet... Oh! mon Dieu! mon Dieu! défendez-moi de moi-même! ajouta-t-elle d'une voix basse et entrecoupée de spasmes douloureux.

— Oui, vous avez été folle, Amy. A défaut de cette reconnaissance, que peut-être vous n'éprouvez pas, reprit Bob, qui n'avait pas entendu les dernières paroles de la jeune fille, vous...

— Oh! je vous le jure! s'écria-t-elle.

— Tout au moins, interrompit le noir qui était lancé, votre égoïsme aurait dû vous inspirer le désir d'être conduite...

— Ici, je vous arrête, Bob! s'écria-t-elle avec énergie. Du blâme vous passez à l'insuite; je ne saurais le souffrir. Puisque vous ne comprenez pas le sentiment de délicatesse auquel j'obéissais, non pas en refusant, mais en différant cette visite de quelques jours seulement, c'est bien ; n'en parlons plus ; j'obéis. Je verrai le commandant Tristan aujourd'hui même, à l'instant si cela est possible. Conduisez-moi près de lui, Bob. Vous avez raison, nous n'avons que trop tardé déjà.

— Croyez bien, Amy, que si j'ai parlé…

— Ah! pas un mot de plus je vous prie; nous n'avons plus rien à nous dire ; le commandant Tristan m'entendra ; il me comprendra, je l'espère !

— Venez donc, alors, Amy.

— Soit ! Allons !

Ils se levèrent alors et se mirent en marche, se dirigeant vers le haut de la grande rue de Rockingham.

X

QUELLE ÉTAIT L'OPINION DES PLANTEURS SUR L'ÉGALITÉ DES RACES HUMAINES

De tous les officiers yankees ayant assisté au déjeuner offert si à contre-cœur par M. Cobden, la plupart s'étaient retirés ; trois ou quatre seulement, plus tenaces que les autres, étaient demeurés. On avait quitté la salle à manger.

En passant au salon, le docteur Wolf et le capitaine Joe s'étaient, pendant quelques secondes, trouvés côte à côte ; ils avaient alors échangé rapidement deux signes étranges d'une franc-maçonnerie inconnue, sans être remarqués de personne.

Aussitôt entré, le docteur était allé saluer les dames avec une certaine affectation de politesse raffinée ; puis il s'était assis sur un divan, assez loin du capitaine Joe, auquel il feignait de ne pas faire la moindre attention et qui, de son côté, ne s'occupait nullement de lui.

Au moment où l'on se levait de table, le commandant de Saint-Pierre avait fait une franche déclaration abolitionniste, froissait si violemment les passions malsaines du docteur que celui-ci, emporté par la rage intérieure grondant sourdement en lui, faillit éclater et montrer soudainement aux yeux de tous son caractère brutal et farouche. Cependant, grâce à un suprême effort de volonté, il réussit à se contenir.

Depuis le matin, M. Cobden s'était imposé le rôle de pacificateur ; il s'était hâté de faire passer ses convives au salon, dans le but de faire ainsi tomber une conversation compromettante ; mais M. Cobden comptait sans le docteur Wolf.

A peine celui-ci se fut-il confortablement installé sur le divan, qu'il reprit du ton le plus agressif :

— Ainsi, mon jeune ami, dit-il, vous croyez l'esclavage bel et bien mort?

Tristan causait en ce moment avec un officier de ses amis ; il tressaillit comme frappé d'une étincelle électrique, se retourna, et, toisant de l'air le plus dédaigneux l'homme qui parlait ainsi, il lui dit avec un accent glacé :

— Est-ce à moi, monsieur, que vous faites l'honneur de vous adresser sur ce ton ? Je suis jeune, il est vrai ; mais c'est un défaut dont je me corrige un peu tous les jours. Quant à être votre ami, c'est autre chose ; je vous vois aujourd'hui pour la première fois ; j'ignore qui vous êtes, et je ne sache pas que nous ayons trafiqué de nègres ensemble sur aucun marché du Sud ; je vous serai donc obligé, monsieur, ne serait-ce que par respect pour la maison très honorable dans laquelle vous vous trouvez sans doute par hasard, de mettre un peu plus de courtoisie dans vos interpellations.

Malgré son incroyable effronterie et son audace sans seconde, le docteur resta positivement coi et tout *déferré*, ainsi qu'aurait dit le bonhomme Tallemand des Réaux, à cette verte riposte ; ce ne fut qu'après quelques instants que lui revint sa présence d'esprit, et dévorant sa rage et sa honte.

— Pardonnez-moi, monsieur, dit-il d'une voix mielleuse, du ton le plus conciliant et avec un salut obséquieux ; pardonnez-moi cette interpellation, peut-être un peu familière dans la forme, mais dont l'intention, croyez-le bien, n'était en aucune façon insultante.

— Cela suffit, monsieur ; j'accepte vos excuses, répondit Tristan avec raideur. Maintenant, que désirez-vous de moi?

— Je désire savoir si vous croyez véritablement l'esclavage mort en Amérique?

— Mort et enterré, mon cher monsieur.

— Vous allez vite en besogne, monsieur?

— Ce n'est pas moi, monsieur ; c'est l'esclavage lui-même qui se suicide. Il a voulu se séparer de l'union américaine, afin de ne pas voir discuter son odieuse domination sur la race noire ; il s'est de ses propres mains passé la corde au cou. Bien fou serait l'*oncle Sam* de ne pas tirer cette corde qu'on laisse si imprudemment traîner sous sa main.

— Nous verrons qui cette corde étranglera!… gronda sourdement Wolf.

— Vous dites, monsieur? reprit Tristan avec nonchalance.

— Je dis que vous aurez peut-être à attendre encore un peu avant de voir la confédération du Sud accrochée au gibet. Du train dont vont les choses, vous êtes encore loin, je le crains du moins, de voir se réaliser vos espérances.

— Le temps ne fait rien à l'affaire, monsieur, je vous le répète; les morts vont vite; l'esclavage est déjà mort.

— Ils vous ont donc fait beaucoup de mal, les propriétaires du Sud, pour que vous les haïssiez avec tant de fureur! s'écria mistress Cobden au comble de l'impatience.

M. Cobden bondit sur son siège en entendant la sortie imprudente de sa chère moitié.

— Peut-être M. le commandant ressent-il une passion violente pour quelqu'une du peuple noir? insinua miss Jane d'un bec effilé et plein d'aigreur.

— Je n'ai jamais été en relation avec des propriétaires de noirs ; donc, personnellement, je n'ai pas de haine contre eux, répondit froidement Tristan sans être le moins du monde déconcerté par l'explosion d'indignation causée par sa profession de foi égalitaire. Quant aux négresses, si la fantaisie me prenait d'en aimer une, quel est le propriétaire d'esclaves qui oserait me jeter la première pierre?

— Oh! honte! exclama miss Jane, parler ainsi d'êtres grossiers et ignorants! se permettre de les comparer aux blanches! Peut-on entendre sans colère prononcer de semblables paroles?

Et l'orgueilleuse miss lança sur Tristan un regard chargé de dédain.

— Ignorants grossiers, pardieu! A qui la faute? Ne les tenez-vous pas vous-mêmes, soigneusement dans cette ignorance et cette grossièreté?

— Nous faisons le possible pour les élever jusqu'à nous; ils trouvent dans nos familles des exemples de moralité dont ils refusent de profiter, dit sentencieusement M. Cobden.

— Dès leur bas-âge, nous leur inculquons les divins préceptes de Notre-Seigneur Jésus-Christ, et pourtant l'esprit malin finit toujours par s'emparer d'eux; il les rendrait féroces si l'on n'y mettait ordre, ajouta Mme Cobden avec onction.

— Oui, dit Tristan en riant à gorge déployée; on leur enseigne la morale à coups de fouet, on met ordre à leurs égarements à coups de fouet, toujours et sans cesse le fouet. *Cat-of-nine tails*, le chat à neuf queues; voilà votre argument, votre *ultima ratio*, et vous trouvez étonnant que ce régime leur déplaise? Vous avez raison, ces nègres ont vraiment le caractère très mal fait!

L'hilarité du commandant agaça outre mesure les nerfs du docteur; il ne put résister à répondre vivement :

— Eh bien! après tout, est-ce qu'en Europe vous ne fouettez pas vos soldats récalcitrants? Qu'y a-t-il d'extraordinaire à ce que nous autres, gens du Sud, nous suivions l'exemple donné par des philanthropes, des humanitaires, des philosophes, des abolitionnistes tels que vous?

— Pardon, monsieur; ni vous ni moi ne sommes anglais, que je sache ; trois pays en Europe ont conservé cette déshonorante coutume des châtiments corporels ; ces trois pays sont : l'Angleterre, la Prusse et la Russie. Le chat à neuf queues, le caporal-schlague et le knout sont en honneur dans ces trois contrées, qui n'appliquent chez elles qu'une fausse et trompeuse démocratie, où la noblesse féodale est toute-puissante et le peuple compté pour rien.

Vous autres, *messieurs* du Sud, vous vous prétendez issus de race latine, pour la plupart descendant des Français, c'est-à-dire du peuple qui a produit Voltaire, a transformé le monde et créé une ère nouvelle, par cette Révolution de 1789 d'où sont sortis les droits de l'homme et du citoyen. En France, depuis 89, les châtiments corporels sont abolis; il suffit qu'un esclave pose le bout du pied seulement sur cette terre *franche* entre toutes pour qu'il soit libre. Et vous, petits-fils de Voltaire, de Diderot et de tant d'autres philosophes honneur de l'humanité, vous ne craignez pas de vous donner à vous-mêmes le plus horrible soufflet en plein visage, en vous faisant au milieu du dix-neuvième siècle les coryphées et les promoteurs d'une guerre servile, la plus honteuse de toutes, contre nous autres gens du Nord, Anglo-Saxons réfugiés en Amérique pour fuir la tyrannie européenne de nos maîtres, Anglais, Russes ou Prussiens, qui avons trouvé l'esclavage établi en ce pays en y arrivant, et contre lequel nous n'avons jamais cessé de protester jusqu'à ce jour! Mais ces vieux vestiges de la barbarie tendent à disparaître en Europe : l'Angleterre, la Prusse et la Russie auront leur tour, comme la France, la première, a eu le sien, et comme aujourd'hui vous avez le vôtre.

Wolf avait eu le temps de se remettre pendant cette chaude réplique ; mais comprenant qu'il n'était pas de taille à se mesurer avec un aussi rude jouteur, il voulut essayer de tourner la question et reprit avec une certaine courtoisie :

— Il est malheureux, monsieur, qu'un homme jeune, de votre valeur,— le docteur s'inclina poliment, le commandant lui rendit son salut avec un sourire un peu hautain,— il est malheureux, dis-je, qu'un homme jeune et de votre valeur ne connaisse pas à fond notre pays; il reconnaîtrait bientôt que l'esclavage est loin d'être aussi détestable qu'on le prétend; que les nègres sont traités par nous avec une grande douceur lorsqu'ils se conduisent convenablement.

— On les nourrit fort bien, dit mistress Cobden.

— On les loge et on les habille confortablement, ajouta M. Cobden.

— On les soigne lorsqu'ils sont malades, conclut miss Jane.

— En somme, lorsqu'ils sont bons sujets, nous les considérons comme des membres de notre famille, reprit le docteur de son ton le plus mielleusement emphatique; bien des pauvres gens, soi-disant libres, de l'autre côté de l'Océan, n'ont pas une vie aussi paisible, une existence aussi solidement assurée, aussi exempte de soucis.

— Vous les nourrissez, pardieu! la belle affaire! répondit Tristan. Mais quel est donc le fermier, je vous prie, assez ennemi de ses intérêts pour laisser crever son bétail de faim? Vous les logez et vous les soignez quand ils sont malades, soit, mais pourquoi? Parce qu'ils sont comme vos chevaux, vos bœufs et vos mulets, votre propriété, que vous avez le droit de vendre et d'exploiter à merci, et que, si vous la laissiez dépérir, votre bourse en souffrirait.

— Permettez, monsieur; des lois régissent cette propriété, interrompit M. Cobden, et par ce fait le nègre est bien au-dessus du bétail dont vous parlez; il a des devoirs à remplir envers son maître, mais il possède des droits que nul ne peut violer.

— Ah! elles sont belles, vos lois faites pour la protection des nègres! Et, tenez, puisque vous me mettez sur ce chapitre, laissez-moi vous prouver que je ne suis pas aussi étranger aux choses de ce pays que monsieur semble le supposer.

Tristan retira alors une liasse de papiers d'une poche de son uniforme.

— Tenez, voici précisément le code de Virginie concernant les noirs, que j'ai trouvé chez un planteur, à quelques lieues d'ici à peine; il est bien entendu que je ne veux pas vous lire tout ce monstrueux assemblage de lois draconiennes, se terminant toutes invariablement par ces mots : « Mort ou coups de fouet. » Mais écoutez un peu ce qui concerne la religion, dont madame a parlé si à propos...

Tristan salua Mme Cobden, qui ne sembla pas s'en apercevoir.

— Voici l'art. 31 du Code noir, § 717, reprit le jeune officier : « Toute assemblée de nègres, sous prétexte d'exercices religieux, quand ledit exercice est conduit par un nègre, et toute assemblée de nègres ayant pour objet l'enseignement de la lecture et de l'écriture, ou la nuit, sous n'importe quel prétexte, est une assemblée illégale; tout homme de justice peut autoriser n'importe quel officier ou toute autre personne à entrer dans le lieu où semblable assemblée est tenue, y saisir tous les nègres qui s'y trouvent; lui, ou n'importe quel homme de justice, peut donner l'ordre de punir les nègres de coups de fouet. » Voilà pour la religion et l'instruction, ajouta Tristan.

Les auditeurs esclavagistes, assez mal à l'aise détournèrent la tête.

— Passons maintenant, reprit l'officier à l'art. 32 du même Code, § 718; nous allons voir comment ceux qui ont édicté ces lois entendent que les propriétaires d'esclaves élèvent jusqu'à eux leurs nègres, ainsi que le disait si bien, il y a un instant, notre estimable hôte.

Tristan salua alors M. Cobden; celui-ci, plus prudent que sa sèche et revêche moitié, rendit sa politesse au jeune abolitionniste.

— Ecoutez bien, dit l'officier : «Si une personne blanche s'assemble avec des nègres, afin de leur apprendre à lire ou à écrire, ou si elle s'associe avec eux pour tenir une assemblée illégale, elle sera mise en prison pour un temps qui ne dépassera pas six mois et paiera une amende qui n'excédera pas cent dollars. » Maintenant, pour confirmer les paroles que monsieur prononçait tout à l'heure, ajouta le jeune officier, voici la fin de l'article 17 : « Aucune punition par le fouet ne dépassera en aucun cas le nombre de trente-neuf coups... dans un seul jour. »

Tristan regarda les assistants.

« Ceux-ci détournaient la tête avec confusion; évidemment, ils ne s'étaient pas douté que l'officier nordiste fût aussi au courant de leur code noir, l'œuvre la plus monstrueuse qui jamais ait existé et que les planteurs du Sud appliquaient avec une cruauté et une barbarie véritablement révoltantes.

Tristan jouit un instant de son triomphe, puis il reprit avec une ironie empreinte d'amertume :

— On voit, par cet article, dit-il, éclater l'humanité du législateur; évidemment, cet homme a étudié *in anima vili* ce qu'une épine dorsale humaine peut endurer de morsures de lanières sans se briser! Admirable prévoyance! Vous avez raison, monsieur; les esclaves ne sont pas aussi malheureux que ces maudits abolitionnistes s'évertuent, par pure malice, à le persuader au vulgaire; du reste, vous êtes d'accord avec le fameux proverbe : « Qui aime bien châtie bien. »

Un profond silence accueillit ces paroles. Enfin, M. Cobden se hasarda à répondre :

— Quoi que l'on puisse dire de l'esclavage,

monsieur, et en dépit de vos critiques, il n'en est pas moins vrai que la condition des nègres chez nous est de beaucoup préférable aux traitements affreux qu'ils s'infligeaient mutuellement dans leur propre pays.

Aussi, avant que la traite des noirs fut interdite, des milliers de malheureux, réservés par leurs féroces vainqueurs au dernier supplice, étaient arrachés à la mort. Aujourd'hui, que deviennent ces pauvres diables? Je gage que grand nombre d'entre eux changeraient avec joie leur sort contre celui de nos esclaves.

— D'abord, monsieur, il ne m'est pas prouvé que l'esclavage soit préférable à la mort, répondit vivement Tristan. Pour moi, je n'hésite pas à vous dire que je préfère voir tuer un être humain que de le voir avilir et abrutir de parti pris, comme vous le faites; en outre, je crois que les négriers, dans le but de se donner un vernis de philanthropie, ont exagéré extraordinairement les choses. Ce que j'en ai entendu dire avait pour résultat de donner de la valeur au noir; de sorte que les chefs de tribu africaines couraient l'homme, au lieu de courir l'éléphant ou l'autruche. Si les chefs de tribu n'avaient pas été certains, en se faisant chasseurs d'hommes, de trouver, les attendant sur la côte, des traficants avides, prêts à payer comptant leur marchandise humaine, tous les pauvres gens, dont le travail a enrichi les propriétaires de ce pays, fussent probablement restés bien tranquilles chez eux.

— Mais vous croyez donc que nos nègres, les bien pensants du moins, car il en est beaucoup, ne nous savent pas gré de les avoir tirés de leur barbarie pour les faire jouir des bienfaits de notre civilisation?

— Et de notre divine religion? ajouta madame Cobden en complétant ainsi la phrase de son mari.

— Certainement nos négresses nous sont toutes dévouées; je gage qu'aucune d'elles ne voudrait suivre les Yankees, dit miss Jane avec un fier dédain.

— Je compte parmi mes noirs des modèles de soumission et de dévouement, continua M. Cobden; les malheureux enfants, que deviendraient-ils sans nous?

— Oui, cela est possible dit Tristan en riant; vous avez des esclaves fidèles; vous êtes d'excellents maîtres, je n'en doute pas. Mais qui me prouve que s'ils pouvaient faire autrement, ces misérables resteraient si volontiers à la chaîne?

Vous croyez, par vos lois draconiennes, empêcher l'espoir de la liberté de faire son incessant travail? Quelle erreur est la vôtre? Sachez-le bien, chaque coup de lanière qui a rayé l'échine d'un de vos noirs, chaque cri d'un de vos vendeurs à l'encan, chaque contorsion de ceux attachés au gibet, sont profondément gravés au fond du cœur de cette race asservie, qui attend avec une fiévreuse impatience l'heure de son affranchissement, bien prochain maintenant, quoi que vous fassiez, quoique vous disiez.

— Oh! oh! monsieur, vous effrayez ces dames! dit M. Cobden avec un geste significatif.

— Allons donc! s'écria tout à coup John, qui jusque-là n'avait semblé prendre qu'un très médiocre intérêt à la discussion. Vous exagérez singulièrement, mon cher Tristan! Nous n'en sommes pas là. Dieu merci! Vous mettez les choses au pis; nous autres démocrates, nous ne laisserons jamais les noirs massacrer leurs maîtres, qui sont blancs comme nous! A l'heure actuelle, les gens du Sud sont nos ennemis, mais cela empêche-t-il que nous ayons parmi eux non-seulement des amis sincères, mais encore des parents que nous chérissons tendrement?

Miss Jane, pour la première fois depuis l'arrivée de John, eut un charmant sourire; elle regarda même son cousin d'un air presque tendre.

John, heureux de voir sa cousine un peu se dérider, continua avec feu:

— Nous ne nous battons pas pour abolir l'esclavage, mais pour reconstituer l'union de notre grande République. Que les sudistes reconnaissent cette union, nous ne leur demanderons rien de plus. Nous verrons alors quand la paix sera signée entre le nord et le sud, si les démagogues noirs ou blancs, qui rêvent de livrer nos frères aux horreurs de la guerre civile, oseront lever la tête!

— Excellents sentiments, mon neveu! excellents! dit gravement M. Cobden.

— Allons! allons! j'entrevois qu'avant peu il y aura une Sécession dans l'armée des Yankees, dit le docteur avec un ricanement dont l'âpreté n'échappa pas à Tristan.

Néanmoins le jeune officier se contenta de hausser dédaigneusement les épaules, et il reprit comme si de rien n'était:

— Il existe pourtant un moyen d'éviter que les masses aveugles ne se ruent frénétiquement sur la civilisation; c'est tout simplement d'instruire ces masses au lieu de les abêtir; c'est de ne pas les courber sous un joug d'airain insupportable; c'est de les moraliser, de les élever et enfin de les conduire insensiblement vers leur complet affranchissement.

Mais l'humanité est ainsi faite: elle ne consent à voir les choses les plus simples pénétrer dans le domaine de la pratique qu'après avoir perdu un temps précieux à patauger jusqu'au cou dans le compliqué, l'insoluble utopie; cependant, le jour n'est pas loin, pour ce pays du moins, où nous verrons enfin la logique entrer en scène.

— La logique, dans votre pensée, c'est le massacre des blancs, n'est-ce pas, monsieur? demanda le docteur d'un ton plein de sarcasme.

— Au point où en sont les affaires, je ne le crois pas, monsieur, répondit franchement Tristan, car je suis convaincu que les armées de l'Union, si elles ont fort à faire pour mettre le Sud à la raison, tiennent en ce moment le bon bout; mais si l'Union était poussée *ad extremis*, s'il lui fallait opter entre la mort ou...

— Le déchaînement de la brute! souffla le docteur.

— Oui, le déchaînement de la brute, j'en suis certain, l'Union n'hésiterait pas; elle la déchaînerait; tant pis pour ceux-là qui ont si aveuglement aiguisé les griffes et les crocs de la brute et l'ont affamée pendant tant d'années.

— Horrible! horrible! s'écria miss Jane d'un air tragique.

— Ceci est abominable, miséricorde de Dieu! s'écria Mme Cobden avec conviction.

— Je ne le lui fais pas dire! s'écria Wolf avec exaltation. Heureusement, monsieur le Yankee enragé, heureusement que nos enfants du Sud ont de bons mousquets entre les mains, et que des hommes de la valeur du vieux Stonwal les commandent. Lincoln peut déchaîner aujourd'hui toutes les brutes qu'il voudra, nous l'attendons!

— Puisque je vous dis qu'il n'en est pas besoin, reprit Tristan en riant; que l'esclavage est mort, bien mort! Pour toutes les tyrannies, il arrive un moment où l'on n'a même pas besoin de les pousser; elles tombent toutes seules, cela se comprend; la pourriture fait toujours des ravages à l'intérieur, de telle sorte que ce qui en est atteint a souvent un aspect vigoureux et sain et semble éternel; mais, par aventure, survient une légère brise, et, patatras, voilà l'éternel tombé dans la boue! Il en est de même de l'esclavage, mon cher monsieur; vous vous en apercevrez bientôt à vos dépens.

Et le commandant Tristan salua le docteur avec le sourire le plus diaboliquement railleur qui se puisse imaginer.

En ce moment, un cri étrange, prolongé, retentit d'une façon lugubre auprès de la maison.

— Qu'est-ce que cela! s'écria miss Jane avec un geste d'effroi.

— On dirait le cri d'une chouette ou d'un corbeau, dit Mme Cobden.

— Cela ressemblerait plutôt au hurlement d'un fauve, autant du moins qu'il est possible de s'en rendre compte à une distance aussi éloignée, dit le commandant John.

En somme, tous les assistants avaient tressailli, le docteur plus que personne; seulement, il n'avait pas émis d'opinion, mais son regard s'était, par hasard sans doute, croisé avec la rapidité de l'éclair avec celui du capitaine Joe.

Bientôt l'émotion causée par ce cri singulier se calma, et l'on se remit à causer de choses indifférentes.

Seul, le docteur, tout en paraissant écouter le commandant Tristan, prêtait anxieusement l'oreille pour saisir les moindres bruits extérieurs.

Tout à coup, un second cri, non moins lamentable que le premier, traversa l'espace.

— Pardieu! s'écria Tristan, il y a quelque chose! Il faut voir ce que c'est.

Chacun alors se leva.

— Est-ce que vous nous quittez, docteur? demanda M. Cobden, en voyant son ami prendre son chapeau et sa canne.

— Vous nous quittez déjà? ajouta Mme Cobden en lui faisant des yeux de colombe amoureuse.

— Oui, mon cher M. Cobden; madame, je vous supplie de m'excuser; j'aurais désiré, croyez-le bien, demeurer longtemps encore, mais je ne me doutais pas qu'il fût si tard; voilà ce qui arrive quand on est en si bonne compagnie!

Le docteur salua à la ronde et sourit en débitant cette fadeur.

— Adieu donc, et à bientôt! ajouta-t-il.

Mais, au lieu de tourner vers la porte de sortie donnant sur la grande rue, il se dirigea du côté de la cuisine.

— Mais où allez-vous donc, par là? lui demanda en souriant M. Cobden.

— N'est-ce pas de ce côté que se trouve la cuisine? dit le docteur en s'arrêtant.

— Oui. Est-ce que vous désirez la visiter?

— Non pas, cher monsieur; mais derrière la cuisine, n'avez-vous pas une sortie sur les champs?

— Oui, docteur.

— Eh bien! c'est cela; je me suis très attardé en votre aimable compagnie; j'ai à visiter un malade aux environs; en sortant de ce côté je gagnerai au moins vingt minutes.

— Ceci est en effet à considérer.

— Vous permettez donc?

— Comment! mais avec le plus grand plaisir.

— Merci mille fois, et au revoir!

Evidemment, le docteur, pour une raison ou pour une autre, éprouvait le besoin de quitter au plus vite la maison de son ami le planteur.

Après avoir pris définitivement congé de la famille Cobden, le docteur ouvrit brusquement la porte, traversa la cuisine et sortit si précipitamment, qu'il bouscula, sans même le voir, Bob, qui, en ce moment, entrait dans la maison.

Le docteur s'éloigna à grands pas, et bientôt il disparut dans le massif d'arbres, auquel la maison de M. Cobden était adossée.

Le commandant Tristan, peu confiant de sa nature et très agacé par les sorties presque insolentes du docteur pendant la longue discussion qu'ils avaient eue; la façon plus que bizarre dont cet homme s'était levé au premier cri mystérieux poussé au dehors; l'inquiétude qu'il avait laissé lire sur son visage, sa parole embarrassée; les prétextes frivoles qu'il avait donnés pour justifier son départ; avaient éveillé la méfiance du jeune homme; il se préparait à le suivre, afin de savoir à quoi s'en tenir sur son compte, lorsqu'il sentit qu'on lui touchait doucement le bras; il se retourna vivement et aperçut Bob debout, le képi à la main.

— Comment es-tu ici? d'où viens-tu? lui demanda-t-il.

— D'exécuter vos ordres, mon commandant.

— Ah! ah!... As-tu donc arrêté l'espion?

— Moi? Vous savez bien que non! mon commandant.

— Comment le saurais-je? Est-ce que je connais cet homme, moi?

— Dam! il est resté assez longtemps dans cette maison. D'ailleurs, il est sorti il y a cinq minutes.

— Qui cela?

— L'espion que j'avais ordre d'arrêter, et qui déjeunait bien tranquillement avec vous, ainsi qu'on me l'a dit à la cuisine.

— Allons, tu es fou, Bob: tu ne sais ce que tu dis. Il n'est sorti qu'un gentleman, déjà âgé, que tout le monde connaît et estime dans cette maison, dont il paraît être l'ami intime.

— Le docteur?

— C'est cela même, le docteur.

— Eh bien! mon commandant, Jerry Wolf, le docteur, le marchand de nègres, le Bushwacker, etc., etc., etc., tout cela réuni ne fait qu'un seul espion.

— Mille diables! ce drôle s'est moqué de moi.

— Il s'est moqué de bien d'autres, allez, mon commandant! C'est un fin matois, un coquin sans préjugés. A présent, il est trop tard pour se mettre à sa poursuite; il est dans la montagne; n'empêche que je suis arrivé à temps dans sa maison pour sauver cette pauvre Amy.

Le nègre raconta alors dans tous ses détails ce qui s'était passé et ce qu'il avait cru comprendre, malgré les réticences de la jeune fille, des dangers terribles qu'elle avait courus.

Tristan était furieux; cet homme si froid, si calme, si mesuré d'ordinaire, était en proie à une colère dont les éclats terribles effrayaient le nègre; cependant, par un effort de volonté, il reprit un calme apparent.

— Où est-elle? demanda-t-il.

— A quelques pas d'ici seulement, répondit Bob.

— Je veux la voir; j'ai besoin de causer avec elle.

— Elle vous attend.

— Bien. Reste ici un instant.

— Oui, mon commandant.

Tristan rentra au salon sans remarquer miss Jane, assise dans l'embrasure d'une fenêtre; il s'approcha de John, plongé dans de tristes et amères réflexions.

— Une affaire importante, lui dit-il en lui frappant sur l'épaule pour attirer son attention, m'oblige à sortir pendant quelques minutes; excuse-moi, je te prie, auprès des dames et de ton oncle.

— C'est bien! répondit John nonchalamment; ne sois pas longtemps.

— Dix minutes, un quart d'heure au plus.

Et, sans plus attendre, il rejoignit Bob.

— Viens, lui dit-il; conduis-moi près d'elle.

— Oui, mon commandant; mais laissez votre cheval ici: vous n'en avez pas besoin.

— C'est bon, marche devant.

Ils quittèrent alors la maison en toute hâte.

Tristan semblait en proie à une vive surexcitation; il marchait si vite que Bob avait peine à se tenir sur la même ligne que lui.

Pendant ce temps, M. Cobden, s'apercevant que tous ses convives s'étaient éloignés, s'était rendu dans son jardin.

Là, sous un bosquet, il avait aperçu le capitaine Joe.

— Je vous attendais, dit le capitaine.

— Et moi je vous cherchais, répondit le planteur.

Les deux hommes s'assirent alors côte à côte sur un banc, mais en se tournant le dos, afin sans doute de voir dans toutes les directions et de ne pas être surpris.

Puis, ces précautions prises, ils eurent une assez longue conversation à voix basse, en apparence fort intéressante ; puis ils se serrèrent énergiquement la main à plusieurs reprises ; ils se séparèrent finalement après une foule de compliments, enchantés l'un de l'autre toujours en apparence.

Le capitaine se mit en selle, et s'éloigna au galop de chasse.

Quant à M. Cobden, après avoir jeté un coup d'œil dans le salon, où ne restaient plus que John Charlton et miss Jane, laissant les deux fiancés s'arranger comme bon leur semblerait, il se retira dans son appartement particulier, où il fut presque aussitôt rejoint par sa douce moitié.

XI

DANS LEQUEL TRISTAN DE SAINT-PIERRE ARRACHE LE MASQUE DE MISTER WARDING

A leur entrée à Rockingham, les fédéraux avaient établi une ambulance dans la maison de justice, sorte de grand bâtiment en briques, d'une construction simple et sévère.

Devant la porte de cette ambulance, un groupe considérable de soldats, de nègres et de négresses, obstruaient le passage.

On achevait d'y transporter les victimes, fédéraux et confédérés, tués ou blessés pendant l'escarmouche.

Bob était assez embarrassé ; il n'osait abandonner Amy en pleine rue, pendant qu'il irait à la recherche du commandant Tristan ; il craignait de la laisser exposée aux insultes des soldats, ivres pour la plupart, et qui allaient battant les murailles, en quête d'aventures ; d'un autre côté, pour rien au monde, il ne se serait hasardé à conduire la jeune femme chez M. Cobden où il osait à peine se risquer lui-même, malgré la toute-puissante protection de l'officier nordiste.

Mais heureusement Bob était un garçon d'imagination, rusé comme un opossum et délié comme un fil de soie.

Son parti fut pris en une seconde ; il conduirait Amy à l'ambulance, où elle attendrait son retour sous la sauvegarde des chirurgiens de l'armée fédérale. Amy serait ainsi à l'abri de tout danger.

Il se dirigea donc, suivi par la jeune fille, vers la maison de justice, préparant dans sa tête, tout en marchant, le speech qu'en bon Yankee il se proposait d'adresser aux chirurgiens en faveur de sa protégée.

Ces chirurgiens étaient deux drôles de corps, deux types excentriques.

Ils méritent d'être connus du lecteur.

Le docteur Mathew et le docteur Stanton, son second, bien que très liés, et estimant, à un haut degré, le savoir réel l'un de l'autre, ne réussissaient jamais à s'entendre sur la question des noirs.

Le docteur Mathew, le plus âgé des deux médecins, était un apôtre fervent de l'abolition ; au contraire le docteur Stanton, était un esclavagiste scientifique, s'il est permis d'employer cette expression.

Le docteur Stanton avait beaucoup étudié le nègre ; il avait écrit nombre de rapports dans lesquels il prouvait que la race noire n'avait pas d'âme et qu'elle tenait plus du singe que de l'homme ; il appuyait ces singulières conclusions d'une quantité d'arguments absurdes à la vérité, mais présentés avec infiniment de talent.

Le docteur Stanton était même en train de mettre la dernière main à un énorme volume in-4° devant, disait-il, anéantir une fois pour toutes les sophismes des ignorants négrophiles, assez sots pour prêcher l'égalité des races.

Les docteurs Mathew et Stanton avaient à chaque occasion des controverses passionnées sur ce sujet palpitant.

Les hasards de la guerre les ayant attachés au même corps d'armée, chaque jour amenait des sujets nouveaux de discussions intéressantes, interminables, mais nous le constatons avec joie, toujours courtoises et amicales.

Ce jour-là, pour la première fois depuis le commencement des hostilités, un mulâtre avait été tué et un autre, Will, blessé ; un nègre se rencontrait donc enfin sous la main des deux praticiens.

Quelle magnifique occasion de monter son *dada*, comme aurait dit mon oncle Toby!

Ils se gardèrent bien de la laisser échapper.

Au moment, où Bob, toujours suivi d'Amy, après s'être brusquement ouvert passage à travers la foule, entrait dans la grande salle de la maison de justice, convertie en amphithéâtre, quatre blessés, déjà aux mains des docteurs, gémissaient et geignaient douloureusement ; le confédéré, blessé au ventre, se tordait nerveusement en poussant des cris déchirants.

— Il n'en a pas pour une heure, dit froidement le docteur Stanton en se redressant après avoir examiné la blessure. A un autre !

Sur la grande table en chêne autour de laquelle les juges prenaient place lors des sessions judiciaires, on avait déposé le cadavre d'un magnifique nègre tué aux côtés de Will. Celui-ci avait même été blessé en le défendant.

Le jour vif et clair frappait en plein sur le visage du mort et dessinait sèchement sa silhouette sur le fond obscur de la muraille.

Tout à coup, une mulâtresse fort belle, jeune encore, les vêtements en désordre, les cheveux dénoués et épars, le visage inondé de larmes, pénétra si brusquement dans la salle qu'elle faillit renverser Amy en la heurtant au passage.

A la vue du cadavre, elle poussa un cri rauque, un véritable rugissement de lionne aux abois, et se précipita sur le mort en s'écriant :

— Harry ! est-ce toi ? que fais-tu là ?

Et, le secouant avec une incroyable énergie, dis-moi Harry ? réponds-moi !

Elle aperçut alors, sur la poitrine du mort, le trou sanglant fait par la balle.

— Oh ! ils l'ont tué ! mon Harry ! mon époux ! mon adoré Harry ! ils l'ont assassiné ! s'écria-t-elle avec des sanglots déchirants.

Et la malheureuse, embrassant étroitement le cadavre, couvrait d'ardents baisers sa face rigide et glacée.

La douleur violente, passionnée, farouche de cette femme, se traduisait d'abord par une explosion bruyante de cris, d'exclamations tendres, d'imprécations contre les meurtriers, puis un frisson nerveux secoua tout son corps en le cambrant; soudain elle battit l'air de ses bras, et tomba à la renverse, dans les bras d'Amy, en s'écriant à plusieurs reprises :

— Harry ! Harry ! attends-moi ! me voici !

Le docteur Mathew avait suivi avec intérêt les péripéties déchirantes de cette scène douloureuse ; il s'empressa de venir en aide à la jeune fille, trop faible pour soutenir seule la malheureuse femme ; il prit celle-ci dans ses bras et l'étendit auprès du cadavre du nègre en secouant tristement la tête.

Et comme Amy, douce et affectueuse, essayait de donner des soins à la malheureuse femme, le docteur l'arrêta en lui disant, avec un accent d'indicible pitié :

— C'est inutile, elle ne souffre plus ! La pauvre créature a rejoint au ciel celui qu'elle aimait d'un amour si vrai !

Amy courba tristement la tête, s'affaissa sur son siège, joignit les mains et pria avec ferveur pour les deux victimes.

Le docteur Mathew se tourna vers son second en lui disant avec amertume :

— Eh bien ! docteur Stanton, qu'en pensez-vous ? Est-ce que ces brutes auraient autant de cœur que nous autres blancs, par hasard ? Eh ! eh ! cher confrère, voilà qui me semble déranger un peu certaines théories de ma connaissance.

Le docteur Stanton, muet et pensif, semblait ne rien entendre.

— Un front large, intelligent, l'angle facial superbe, un crâne bien établi, une main fine, élégante, nerveuse, adroite, une véritable main d'artiste, conclua implacablement le docteur Mathew comme se parlant à lui-même.

Le docteur Stanton méditait toujours.

— Du sang rouge, aussi rouge que celui des blancs, continua le docteur Mathew, en regardant son confrère comme pour le prendre à témoin ; un cœur aussi bien placé que celui du plus brave de nos Yankees, car cet homme s'est fait tuer en combattant comme un lion, et mettant en fuite presque seul une compagnie sudiste. N'est-ce pas que tout est exact ? Vous dont la sonde a fouillé ce cœur de nègre, répondez, cela n'est-il pas vrai, indéniable ?

Interrogé ainsi, presque brutalement, le docteur Stanton se redressa en étouffant un profond soupir et répondit froidement, en apparence, mais intérieurement il était en proie à une violente émotion :

— Une exception, vous le savez, confirme la règle, cher docteur Mathew, rien de plus.

— Allons, allons, exception ou non, quoique vous en disiez, Stanton, mon ami, ce nègre fera l'objet d'un chapitre supplémentaire au fameux traité : *Pourquoi le noir n'est-il pas un homme ?*

— Un chapitre ? Un post-scriptum tout au plus, docteur Mathew ; quelques mots suffiront pour signaler au public intelligent cette singulière anomalie.

— Encore deux ou trois anomalies semblables à celle-ci, cher Stanton, reprit le docteur Mathew en frappant amicalement sur l'épaule de son confrère, et, j'en suis certain, votre loyauté, rendra entièrement justice à cette race calomniée, dont vous n'êtes l'implacable ennemi que parce que vous la connaissez mal, ou plutôt ne la connaissez pas du tout.

— Nous verrons plus tard, docteur Mathew. En attendant voyons nos blessés, répondit le docteur Stanton, non sans une moue d'impatience.

Le docteur Mathew sourit, et le retenant doucement.

— Laissez-moi vous signaler une seconde anomalie au moins aussi singulière que la première, lui dit-il avec une fine ironie en lui montrant le cadavre de la mulâtresse. De quoi, à votre avis, cette femme est-elle morte ?

Le docteur Stanton était trop loyal pour mentir.

— De douleur d'avoir perdu son mari, répondit le docteur en rougissant légèrement.

— Cette mulâtresse avait donc un cœur, elle aussi ? Elle aimait donc tout autant que peut aimer une femme blanche ? Voilà qui est bien extraordinaire. Qu'en pensez-vous, cher Stanton?

Celui-ci baissa la tête sous cette preuve convaincante.

Le docteur Mathew ne voulut pas abuser de son triomphe. Il se détourna et s'empressa de se remettre à sa besogne en prodiguant ses soins aux blessés étendus à terre sur des bottes de paille.

Lorsqu'il arriva à Will, et qu'après l'avoir pansé, il l'eût assuré que, dans une dizaine de jours, il serait en état de reprendre son service et de se faire administrer une nouvelle estafilade si cela lui plaisait, annonce dont le brave mulâtre se montre grandement satisfait, le docteur sourit à Amy et lui adressa quelques mots affectueux.

Bob se hâta de profiter de l'occasion pour présenter sa requête au docteur, requête naturellement bien accueillie.

Bob recommanda à la jeune fille de rester là, et, sortant de l'hôpital improvisé, il se dirigea au pas de course vers la maison de M. Cobden.

Nous savons comment il s'acquitta de son message; une demi-heure après, Bob revint à l'ambulance, en compagnie du commandant Tristan de Saint-Pierre.

Les deux cadavres avaient été enlevés; excepté le blessé sudiste frappé au ventre qui venait d'expirer dans une effroyable agonie, et qu'on emportait, les autres reposaient paisiblement.

Le docteur Matthew causait avec Amy, pour laquelle il s'était senti tout de suite une vive sympathie.

Le docteur fit un mouvement pour s'éloigner; du chef d'escadron, mais l'officier le pria amicalement de rester, ce qu'il avait à dire à la jeune fille n'ayant rien de confidentiel.

Amy avait tressailli en apercevant Tristan; une rougeur fébrile avait aussitôt envahi son visage, mais cette rougeur avait disparu subitement pour faire place à une pâleur livide; et cependant ses lèvres s'entr'ouvraient dans un délicieux sourire, tout en chancelant comme si elle allait s'évanouir; ses yeux brillaient d'un éclat inaccoutumé, tous ses traits exprimaient le bonheur le plus vif, joint à la reconnaissance la plus sincère et la plus profonde.

— Oh! monsieur! s'écria-t-elle en faisant quelques pas à la rencontre de l'officier, comme vous avez noblement tenu votre promesse! Comment m'acquitterai-je jamais envers vous? à qui je dois l'honneur et cette vie nouvelle dans laquelle j'entre après tant de déboires et d'horribles tortures?

— Ne vous ai-je pas promis d'être votre frère, miss Amy, répondit l'officier du ton le plus affectueux; un frère doit protéger sa sœur; je n'ai donc fait que mon devoir; vous ne me devez rien; vous avoir sauvé porte avec soi sa récompense.

— Ah! vous êtes bon! Hélas! je suis seule, sans famille, sans amis; malheureusement un jour viendra où, éloignée de vous, privée de votre protection toute puissante, incapable de me défendre seule, je retomberai aux mains de mes tyrans. Alors, par d'affreuses tortures, ils me feront expier mon bonheur d'aujourd'hui, dont je suis, malgré moi, épouvantée! Hélas! il est trop grand et trop complet! pardonnez-moi ces sombres pressentiments, vous mon protecteur et mon seul ami; je n'ai pas l'habitude du bonheur; jusqu'à présent son nom même ne représentait, pour moi, qu'un mot vague, dont le sens échappait à mon cœur meurtri par la souffrance!

— Rassurez-vous, miss Amy, ma bien-aimée sœur; vous n'avez rien à redouter de personne. Si puissants que vous supposiez vos ennemis, ils ne pourront désormais rien contre vous. Laissez-vous donc aller franchement, et sans arrière-pensée, à la joie d'être libre.

— Libre! Oh! mon Dieu! il serait vrai? C'est un bonheur auquel je n'ose croire!... Je suis libre sous votre protection!... Mais quand vous ne serez plus là, hélas!...

— Je vous répète, chère sœur, que vous êtes libre et que, quoi qu'il arrive, cette liberté ne saurait vous être ravie.

— Oh! si cela était! murmura-t-elle en hochant tristement la tête.

— C'est, incrédule enfant, que le passé vous rend défiante!

— Hélas! cette liberté vers laquelle j'aspire par toutes les forces de mon âme m'a été si souvent promise! toujours j'ai été si indignement trompée!

— Cette fois, chère Amy, vous ne le serez plus; vous êtes libre, et personne, je vous le répète, ne pourra vous ravir cette liberté. Je n'avance rien que je ne sois en mesure de prouver.

— Que voulez-vous dire? mon ami, mon fr...

— Frère, oui votre frère, Amy! votre frère qui vous aime et ne voudrait pas vous tromper; écoutez-moi donc.

— Parlez, oh! parlez vite, mon frère; j'ai hâte d'apprendre ce que vous avez à me dire.

— Pauvre chère enfant! Votre maître, M. Warding, est un misérable; il vous a trompé, et s'est odieusement conduit avec vous en vous vendant au scélérat des mains duquel j'ai été assez heureux pour vous enlever.

Au souvenir que lui rappelait Tristan, la

jeune fille rougit et cacha sa tête charmante dans ses mains.

Tristan continua avec affection :

— M. Warding n'avait pas le droit de vous vendre, Amy ; vous n'étiez pas son esclave, vous ne l'avez jamais été ; sa mère lui en avait remis la preuve.

— Oh ! ma chère bienfaitrice ! C'était donc vrai ! Elle me l'avait dit ! Malgré tou-ce que l'on me faisait souffrir, jamais la pensée ne m'est venue de l'accuser ; mon cœur s'élançait vers elle dans mes plus grandes douleurs !

— Votre cœur vous disait vrai, Amy ; mais M. Warding vous aimait beaucoup, lui aussi.

— Oui, je me souviens avec reconnaissance de M. Warding père ; il me choyait et m'aimait presque autant que Mme Warding, qui pour moi était véritablement une mère. Mes généreux maîtres me firent donner une éducation aussi soignée que si j'eusse été libre ; par leurs soins, je fus élevée dans une pension française de Cincinnati, où l'on ne recevait que des filles de riches négociants étrangers, français et anglais particulièrement. J'appris à parler le français et l'espagnol, on m'enseigna la musique et tous les travaux d'aiguille que les jeunes filles riches doivent savoir.

Tant que vécurent mon maître et ma maîtresse, je fus heureuse, oh ! bien heureuse, je vous le jure, mon frère : Puisque vous me le permettez, je vous donnerai ce nom si doux à mon cœur. J'avais ma chambre communiquant avec celle de Mme Warding. J'étais habillée comme une miss ; mes bienfaiteurs me comblaient de bijoux de prix, ils semblaient s'appliquer à faire tout ce qui pouvait me plaire et amener le sourire sur mes lèvres.

M. Warding mourut ; ce fut ma première douleur, douleur bien vive, je vous le jure, mon frère, il était si bon pour moi ! Puis vint la mort de ma bienfaitrice.

A peine avait-elle cessé de vivre, je pleurais agenouillée au chevet de son lit, à demi folle de douleur, lorsque son fils entra dans la chambre à coucher de sa mère. Jusque-là il avait toujours été assez froid pour moi ; cependant je n'avais jamais eu à me plaindre de lui. Cette fois, sans même me regarder, il s'approcha de moi, et me poussant dédaigneusement du pied :

— Que fait là cette négresse ? dit-il froidement ; au chenil avec les autres chiennes de son espèce ; elle n'a que trop longtemps profité de la faiblesse de mon père et de ma mère ; je suis le maître aujourd'hui ; les choses vont changer. C'est une esclave ; elle ne doit pas être traitée autrement que ses pareilles !

Je fus aussitôt dépouillée de tout ce que m'avaient donné mes bienfaiteurs ; on m'enleva mes vêtements et on me relégua dans une case à nègres au milieu d'autres esclaves. Ceux-ci, loin de me plaindre, me raillaient et se réjouissaient de mon abaissement et de ma douleur, bien que jamais je ne leur eusse fait que du bien ; mais M. Warding avait ordonné que je fusse traitée avec la dernière rigueur ; on obéissait.

— C'est horrible ! s'écria le docteur avec indignation.

— Oui, horrible ! reprit l'officier, et bien plus encore que vous ne le supopsez. Chère Amy, ajouta-t-il en s'adressant à la jeune fille, sachez donc la vérité : Vous n'étiez pas esclave, vous ne l'avez jamais été. Votre mère était une mulâtresse presque blanche, d'une incomparable beauté. Elle obtint de M. Warding, votre père, qui était éperdûment amoureux d'elle, que sa fille, vous, Amy, fût émancipée dès sa naissance pour que le stigmate flétrissant de l'esclavage ne pesât jamais sur elle.

On fit appeler un magistrat ; l'acte d'émancipation fut rédigé séance tenante et signé, vous allez frémir, non-seulement par M. et Mme Warding, qui la dotaient de cent mille dollars à sa majorité. — Mme Warding, aimante et dévouée, avait généreusement pardonné à son mari son amour pour votre mère — l'acte fut encore signé, dis-je, par M. Warding fils, majeur depuis deux ans, reconnaissant Amy pour sa sœur, et s'engageant formellement, par toutes les formules judiciaires, à lui faire toucher, à sa majorité ou à son mariage, si elle se mariait avant cette époque, cette somme de cent mille dollars déposée à New-York, chez MM. Wolfrang Spencer and Son, banquiers anglais, ainsi que les intérêts cumulés et capitalisés de cette somme, qui devaient rester entre les mains des susdits banquiers jusqu'aux époques fixées. Que pensez-vous de cela ?

— C'est effroyable ! Et cet homme marche tête haute ? il est honoré et passe, sans doute, pour un honnête homme ?

— Mon Dieu ! s'écria la jeune fille en fondant en larmes.

— Vous comprenez maintenant, n'est-ce pas, la machination véritablement machiavélique de ce misérable ? N'osant assassiner lui-même sa sœur, il voulait la faire disparaître, déshonorer et tuer peut-être par le scélérat auquel il la livrait ! Puis, son acte de décès à la main, il se serait présenté, aussitôt la guerre terminée, chez les banquiers de New-York, et aurait touché, comme seul héritier de sa sœur décédée, la somme plus que doublée, déposée entre leurs mains.

— Oh ! de tels crimes sont-ils donc possibles ! murmura la jeune fille en sanglotant.

— Comment, vous avez découvert ce tissu d'infamies, mon cher commandant?... demanda le docteur.

— De la façon la plus simple, docteur ; le hasard, — je me trompe, — la Providence, a tout fait. Ce matin même, après avoir vendu sa sœur à un bandit de la pire espèce, ce misérable Warding a quitté Rockingham; en apprenant notre arrivée, sans doute atterré par le crime qu'il avait commis, et redoutant de tomber entre nos mains, il n'est pas rentré chez lui, où il avait préparé et embelli ce qu'il possédait de plus précieux pour l'emporter, et s'est enfui au plus vite pour se mettre sous la protection de l'armée sudiste. J'avais résolu de sauver à tout prix cette chère enfant, que cependant je connaissais à peine, et à laquelle je n'avais adressé devant sa bienfaitrice que quelques mots à une soirée à laquelle j'assistais à Cincinnati, mais vers laquelle je me sentais irrésistiblement entraîné par un sentiment inexplicable, et qu'hier j'avais retrouvée esclave dans une case à nègres.

— J'ai précisément éprouvé le même sentiment il y a une heure, moi vieille tête grise, en apercevant cette chère enfant dit le docteur avec bonhomie; je l'aime déjà de tout mon cœur; mais continuez, mon cher commandant, et pardonnez-moi cette interruption.

— J'ai donné l'ordre à un de mes soldats, un nègre que j'ai fait libre et qui m'est dévoué, de découvrir miss Amy, que je voulais voir absolument, et de s'emparer de tous les papiers qu'il trouverait chez Warding dont il avait été esclave et que, par conséquent, il connaissait bien.

J'avais je ne sais quel pressentiment qui me poussait à agir ainsi; bien m'en a pris : mon soldat a découvrit une petite cassette en fer qu'il connaissait de longue date, et il me l'envoya aussitôt; je fis sauter la serrure devant témoins; la cassette renfermait des papiers fort compromettants pour M. Warding; or, au milieu de ces papiers j'ai découvert l'acte d'émancipation d'Amy, il était indispensable pour toucher la somme déposée, voilà probablement pourquoi il n'avait pas été anéanti; je l'ai mis dans mon portefeuille, après avoir fait dresser procès-verbal des papiers contenus dans la cassette, j'ai envoyé le tout au général en chef, qui décidera et prendra sans doute les mesures nécessaires. Quant à l'acte d'émancipation, le voici :

Tout en parlant, l'officier avait ouvert son portefeuille, et en avait retiré un papier jaune, plié en quatre, qu'il présenta à la jeune fille.

Celle-ci s'en saisit avidement, le lut d'un regard rapide, le baisa deux ou trois fois, puis elle le passa au docteur, et, s'emparant des deux mains du jeune officier, elle les couvrit de baisers brûlants, sans pouvoir prononcer un mot. Puis trop faible pour une aussi poignante émotion, elle tomba dans les bras de Tristan et s'évanouit.

— Docteur, voyez donc! s'écria le jeune homme ; elle perd connaissance !

— Rassurez-vous : une joie trop vive ou une trop grande douleur produisent cet effet ; ce n'est rien. Avant cinq minutes elle rouvrira ses yeux charmants ; le diable m'emporte s'ils ne brillent pas comme des étoiles !

— Docteur !...

— Ma foi ! cher commandant, si j'avais vingt ans de moins, répondit en riant le docteur, je crois que j'en deviendrais amoureux fou, et que je l'épouserais ! C'est une adorable créature, au physique comme au moral. Bon! elle ouvre déjà les yeux, la crise est finie.

— Oh ! pardonnez-moi ! murmura-t-elle.

— Que voulez-vous que je vous pardonne, chère sœur ? d'être heureuse ? répondit l'officier en souriant.

— Grâce à vous, je suis bien heureuse en effet, mon bienfaiteur, mon frère bien aimé !

— A la bonne heure, donnez-moi toujours ce dernier nom, ma chère Amy.

— C'est une effroyable histoire, dit le docteur en rendant l'acte à l'officier. Que comptez-vous faire ?

— D'abord, faire prendre une copie de cet acte par un homme de loi honnête, s'il s'en trouve dans ce maudit pays ; faire dresser procès-verbal au quartier général, et envoyer les copies de ces deux pièces au ministre de la justice qui avisera en temps opportun, nommera un tuteur et un conseil de famille à notre chère enfant, et formera opposition entre les mains des banquiers, à l'enlèvement des sommes déposées chez eux pour le compte de miss Amy; tout cela partira ce soir même par un exprès sûr pour Washington, où se trouve mon père en ce moment; grâce à lui et aux hautes influences dont il dispose ; toute cette affaire sera réglée en moins de huit jours.

— Parfait ! mais l'original de l'acte ?

— Je l'enverrai, en même temps, à mon père ; cet acte est trop important pour le laisser exposé aux péripéties et aux événements imprévus de la guerre. Il ne nous reste plus à présent qu'à nous occuper du sort de ma charmante petite sœur, ajouta l'officier en souriant ; je serais d'avis de l'envoyer au plus vite à Washington, à mon père ; elle serait là en famille, entre ma mère et ma jeune sœur ; elles la chériraient et l'aimeraient pour elle d'abord, et pour moi ensuite : la protection toute-puissante de mon père la mettrait à l'abri de tout danger.

La jeune fille secoua deux ou trois fois son adorable tête brune.

— Est-ce que ce projet vous déplait, Amy? lui demanda Tristan.

— Rien ne saurait m'être plus agréable, au contraire.

— Eh bien ?

— Me permettez-vous de parler ?

— Parlez, chère enfant ; ce que vous voulez nous dire ne peut que nous plaire.

— Il ne saurait y avoir que de bonnes pensées dans cette gentille tête, j'en réponds, dit le docteur d'un ton de bonne humeur.

Amy sourit doucement.

— Cher frère, dit-elle, je serais heureuse de vivre dans votre famille, au milieu de personnes que j'aimerais et qui m'aimeraient elles aussi ; malheureusement, quant à présent du moins, je dois renoncer à ce bonheur.

— Pourquoi donc cela ? demanda l'officier avec surprise.

— Parce que je ne veux pas me séparer de vous, mon frère.

— Eh quoi?

— Le devoir me retient ici ?

— Le devoir? je ne vous comprends pas, Amy?

— Mon frère, la guerre que vous faites est une guerre comme peut-être jamais jusqu'à ce jour on n'en a fait; ce n'est ni une guerre de conquête, ni une guerre d'ambition ou d'orgueil; non ; vous combattez pour la défense d'un droit sacré: celui de la liberté ! pour l'émancipation d'une race trop longtemps méprisée et méconnue Si blanche que je sois, mon frère, j'appartiens à cette race, quelques gouttes de son sang coulent dans mes veines; je ne suis qu'une négresse pour les marchands d'esclaves ; je n'en ai que trop la preuve. Vous le savez, n'est-ce pas ?

— C'est vrai, pauvre chère enfant, dit l'officier avec affection.

— La cause pour laquelle vous combattez est donc la mienne.

A côté du soldat présentant bravement sa poitrine à l'ennemi, n'y a-t-il pas une mission de dévouement et de consolation à remplir pour les femmes? Les médecins pansent les blessures, soignent le corps ; mais les femmes raffermissent les cœurs, consolent les douleurs et aident à vivre les malheureux que le désespoir tuerait loin de leurs familles et de leurs amis.

Cette place est toute marquée aux ambulances pour les âmes dévouées et reconnaissantes. Je réclame la mienne; je veux, si une balle frappait un de ceux que j'aime, pouvoir, à mon tour, si non lui rendre ce qu'il m'a fait, du moins lui prouver que je suis digne du bienfait que j'ai accepté.

Laissez-moi près de vous mon frère, confiez-moi au bon docteur Mathew : il ne refusera pas, j'en suis certaine, de m'associer à sa tâche si véritablement philanthropique. Laissez-moi me rendre digne de cette liberté que je possède maintenant en me consacrant jusqu'à la fin de la guerre à la consolation des victimes du champ de bataille tombées pour la défense de la race à laquelle j'appartiens.

— Amy! s'écria le docteur avec attendrissement, vous êtes un ange! Embrassez-moi, ma fille! Cordieu! je ne me suis jamais senti aussi ému depuis trente ans que je suis médecin! Oh! femmes! que vous êtes bien une émanation de la divinité, quand vous consentez à puiser dans ces trésors de bonté et de pitié que Dieu a jetés à profusion dans le fond de votre cœur !

Et il ouvrit ses bras à la jeune fille, qui s'y jeta et l'embrassa avec effusion.

Puis, se tournant vers Tristan avec une grâce pudique, elle lui tendit son front si pur en lui disant de sa voix harmonieuse :

— Et vous, mon frère, ne me donnerez-vous pas un baiser pour sceller le consentement qui, j'en suis sûre, vous ne me refuserez pas?

— Qui pourrait vous résister? dit Tristan en effleurant son front d'un chaste baiser sous lequel elle frissonna toute rougissante.

— Il doit y avoir un moyen de lui résister, dit gaiement le docteur, mais on ne l'a pas encore trouvé : je le chercherai.

— A présent que toutes choses sont réglées selon votre désir, ma sœur, reprit Tristan, laissez-moi mettre à votre disposition la somme nécessaire à vous procurer tout ce dont vous avez besoin pour votre entrée en campagne. Pas de fausse honte, ma sœur ; vous êtes riche, vous le savez ; ce n'est donc qu'un prêt ou plutôt une avance que je vous fais. J'espère, de plus, que vous n'hésiterez pas, à l'avenir, à avoir recours à ma bourse quand besoin sera.

— N'en doutez pas, mon frère; je ne suis ni orgueilleuse ni oublieuse ; j'accepte ce que vous m'offrez, comme vous accepteriez si vous étiez dans ma position et moi dans la vôtre.

— Je vous aiderai à faire vos emplettes, miss Amy, dit le docteur; il faut que dans une heure nous soyons au quartier général.

— Moi, je me retire, en vous annonçant ma visite prochaine.

Et, tendant à Amy un petit portefeuille :

—Voilà ce dont vous avez besoin, lui dit-il. Au revoir, ma sœur, à bientôt !

Et il lui pressa doucement la main.

— Soyez heureux, mon frère, dit-elle à Tristan en portant à ses lèvres la main du jeune homme, malgré ses efforts pour la retirer.

L'officier quitta alors l'ambulance et retourna chez M. Cobden.

Le trajet dura à peine dix minutes.

Le jeune homme monta l'escalier, franchit l'antichambre et posa la main sur le bouton de la porte.

Soudain il s'arrêta et recula d'un pas en se frappant le front.

Mais il se ravisa aussitôt, et se rapprochant vivement de la porte, au lieu de l'ouvrir, il se pencha en avant et écouta ce qui se disait au salon, tout en veillant à ne pas être surpris dans cette étrange occupation pour un homme bien né.

« Ce que je fais là n'est pas bien délicat au point de vue des convenances, murmura-t-il ; ma foi ! plus tard je m'en confesserai à John, s'il le faut ! Mais à la guerre comme à la guerre ! Il importe de ne jamais négliger de prendre ses avantages ! Ce serait une duperie énorme et faire follement le jeu de l'ennemi !

Rassuré sans doute par cette espèce de capitulation de conscience, tout en rougissant malgré lui, le jeune homme redoubla d'attention, après avoir ordonné d'un geste à Bob de veiller au dehors.

XII

OU MISS JANE COBDEN CROIT AVOIR GAGNÉ LA PARTIE

Ainsi que nous l'avons dit dans un chapitre précédent, les deux cousins miss Jane Cobden et le capitaine John Charlton étaient demeurés seuls dans le salon.

L'usage et l'éducation donnée aux jeunes filles aux Etats-Unis, rendant toute surveillance superflue, personne ne s'était inquiété d'eux.

On comprend que les débuts de ce tête-à-tête ne devaient être que très embarrassants ; aussi, la conversation des deux amoureux fut-elle d'abord des plus banales ; mais peu à peu elle s'échauffa, devint intéressante et finalement très animée.

— Avouez que vous avez étrangement changé, mon cousin ? dit miss Jane en affectant une grande indifférence, tout en laissant follement courir ses jolis doigts sur l'ivoire de son piano.

En Amérique comme en Europe, le piano est un complice complaisant, et surtout des plus traîtres.

— Moi ! changé ? O ciel ! s'écria John avec une stupéfaction douloureuse ; que dites-vous là, Jenny ? Je ne vous ai jamais autant aimée, je vous le jure !

— Oh ! oh ! monsieur le... Yankee !

La malicieuse miss accentua ce mot d'une façon particulièrement cruelle.

John secoua tristement la tête.

— L'habit ne change rien au cœur, Jenny ! dit-il doucement.

— Ah ! vous croyez cela, vous ?

— Je ne crois qu'une chose, Jenny. C'est que je vous aime comme par le passé, peut-être plus encore, si cela est possible !

— Si vous étiez le même John, c'est-à-dire si vous m'aviez aimée véritablement, vous porteriez un autre uniforme.

— Le sort ne l'a pas voulu.

— Dites que c'est vous qui ne l'avez pas voulu ; ce sera franc, au moins !

— Ah ! comme vous ignorez ce qui s'est passé dans le Nord au commencement de cette fatale guerre, ma chère cousine, et comme vous me pardonneriez cet uniforme si je vous le disais !

— En vérité, vous m'intriguez. Dites-le donc un peu, ce passé que j'ignore. Voyons votre excuse et ce qui peut me faire oublier cet uniforme.

John profita de cette permission pour raconter à sa cousine les déplorables événements à la suite desquels il s'était jeté, malgré lui, dans l'armée fédérale.

Elle l'écouta sans l'interrompre et semblant lui prêter une sérieuse attention.

— Et c'est là tout ? demanda-t-elle lorsque John eut terminé son récit, qu'il avait allongé le plus possible. Mais je connais tout cela aussi bien que vous ! Toute ignorante que je sois de ces choses, mon cousin, vous avez été dupé, et rien de plus.

— Comment cela ?

— Comment ?... Eh ! par le vieux Seward. Faut-il que vous soyez simple pour donner ainsi, tête baissée, dans ce piège tendu aux niais par ce Lincoln maudit ! On saisit deux envoyés du Sud sur un navire anglais ; John Bull se fâche ; tout le monde, dans le Nord, croit à la guerre avec une puissance européenne, venant prendre parti pour nous autres gens du Sud. On bat la grosse caisse patriotique ; une foule de pauvres niais s'enrôlent à outrance ; quand ils sont bel et bien enrôlés, quand il n'y a plus à s'en dédire, on rend les deux envoyés confédérés, tout s'arrange et la farce est jouée. Mais l'armée de Lincoln, la troupe de ces abolitionnistes infernaux, est augmentée d'une quantité de gens comme vous, qui, sans ce coup à la Barnum, n'auraient jamais consenti à en faire partie.

— Eh bien, ma cousine, vous voyez donc que ce n'est pas de ma faute?

— Certes, mais pour un homme d'esprit, monsieur, se laisser ainsi escamoter ses sentiments, vous conviendrez que ce n'est pas spirituel?

— Mais qu'y faire?

— Et, pour un amoureux aussi passionné que vous prétendez l'être, n'est-ce pas faire preuve d'un bien grande indifférence?

— Vous êtes cruelle, Jenny! s'écria-t-il en se levant vivement.

— Cruelle, moi, grand Dieu! fit miss Jane d'un air parfaitement étonné.

— Oh! oui, cruelle! car vous savez que je vous adore, et vous me brisez le cœur!

John, s'approchant alors de sa cousine, s'agenouilla devant elle et essaya de lui prendre la main.

— Et vous, est-ce que vous ne me brisez pas aussi le cœur? est-ce que vous ne faites pas campagne avec une armée qui dévaste mon pays, vient ruiner ma famille et cherche à tuer mes amis, mon frère, tous ceux enfin qui combattent pour notre sainte cause? Croyez-vous qu'il me soit encore possible d'aimer un homme déterminé à verser le sang de ceux que j'aime? Vous m'appelez cruelle? Dites donc si vous ne l'êtes pas cent fois, mille fois plus que moi? Vous me parlez de patrie, d'Union? Est-ce que nous aussi, nous n'avons pas une patrie? Est-ce que notre confédération n'est pas une union? Je vous conseille en vérité de parler de cruauté!

John, un genou en terre, contemplait avec l'ivresse d'une passion sans bornes cette belle jeune créature, dont la voix rendue âpre par la colère, caressait délicieusement pourtant son oreille; il la préférait voir ainsi, fiévreuse, irritée, les yeux brillants d'un feu sombre, que froide et méprisante, telle qu'elle était quelques heures auparavant.

Lorsque miss Jane eut terminé sa tirade, trop mélodramatique pour ne pas avoir été préparée à l'avance, l'amoureux jeune homme lui répondit avec passion:

— Soit, Jenny, mon amour, je suis bien coupable, je suis un grand criminel; mais êtes-vous à ce point impitoyable, qu'il ne reste plus dans votre cœur place pour la clémence? Vous voyez combien je souffre de vous avoir déplu, combien je me repens de m'être fourvoyé ainsi; mais n'y a-t-il pour moi aucune espérance de pardon? Cet uniforme, je le quitterai dès que cette guerre maudite sera terminée.

Miss Jane éclata d'un rire méprisant dont l'écho retentit douloureusement dans le cœur du jeune homme.

— Oui, c'est cela, n'est-ce pas? s'écria-t-elle d'une voix hachée; lorsque vous aurez tenu votre serment à cette Union que j'abhorre; lorsque vous aurez foulé, vous et les vôtres, aux pieds de vos chevaux nos droits les plus sacrés, écrasé sous le poids de vos boulets nos libertés, vous daignerez tendre à la fille et à la sœur des vaincus votre main chaude encore du sang des nôtres? Et vous me supposez assez méprisable, assez peu soucieuse de l'indépendance de ma patrie pour accepter cette main? Oh! vraiment, il faut que vous me connaissiez bien peu pour nourrir pareille espérance!

La jeune fille se leva vivement à son tour, repoussant d'un geste brusque les bras suppliants que John, éperdu d'amour et de douleur, tendait vers elle.

— Non, non! reprit-elle avec véhémence; accomplissez jusqu'au bout votre sinistre mission, sir Yankee, vous êtes en si beau chemin! mais n'espérez pas me voir votre femme!

— Que dites-vous, ma cousine? Comment pourriez-vous ainsi oublier vos serments, les doux rêves de notre enfance, reprendre un cœur que vous m'avez librement donné et est mien depuis si longtemps?

— Oui, John, je puis oublier mes serments, les rêves si beaux de notre enfance, je veux les effacer de ma mémoire; mon cœur, je le reprends, vous n'êtes plus digne d'un amour comme celui que j'éprouvais pour vous!

— Mon Dieu! que faire? murmura douloureusement le malheureux jeune homme.

Et il se laissa tomber sur un canapé en couvrant avec désespoir son visage de ses mains.

Miss Jane haussa les épaules avec dédain.

— Que faire? Vous me le demandez? dit-elle d'une voix incisive.

— Quitter l'armée de l'Union, donner ma démission, retourner à Cincinnati attendre la fin de la guerre, est-ce là ce que vous exigez de moi, Jenny?

La jeune fille secoua négativement la tête sans quitter son air dédaigneux.

— Non, dit-elle d'un ton sec.

— Que demandez-vous donc encore, Dieu du ciel? s'écria le désespéré John en la regardant avec anxiété.

— Non, dit l'astucieuse jeune fille comme se parlant à elle-même; non, je déteste les lâches. Lorsque le sang coule à flots sur le sol de la patrie bouleversée par la guerre civile, ils sont bien méprisables ceux qui, n'embrassant aucun parti, attendent à l'abri du danger que leurs frères se soient suffisamment égorgés et que la victoire se soit nettement dessinée pour se mettre du côté du plus fort. Non, jamais je n'aimera un homme qui, d'un œil indifférent, contemplerait les misères et les ruines de son pays.

— Eh bien, alors? demanda-t-il haletant.

— Je n'ai rien à vous dire de plus, répondit-elle avec un accent glacé.

— Vous m'épouvantez, Jenny; quel démon vous souffle ces affreuses paroles?

— Moi?

— Oui, vous! s'écria-t-il en se dressant, en proie à une vive agitation; Jinny, continua-t-il, après un instant de lugubre silence, d'une voix sourde et presque menaçante, en se croisant les bras sur la poitrine; oh! Jenny, dites-moi que je me suis trompée, que ce n'est pas vrai, que vous ne me proposez pas de commettre une infamie?

— Une infamie! se récria-t-elle.

— Oui, une infamie! non-seulement vous m'ordonnez d'abandonner l'armée fédérale, mais encore de la trahir, en servant contre elle!

— Moi, monsieur, je ne veux rien! vous êtes fou! dit-elle avec dédain.

Et, tournant le dos à son cousin et s'approchant d'une glace, elle arrangea sa coiffure avec un mouvement de chatte coquette, pleine de grâce provocante.

— Ce que vous faites-là est mal, Jenny! s'écria le malheureux John tout en dévorant des yeux le séduisant démon qui le fascinait; c'est mal de me mettre à une si rude épreuve. Vous ne songez pas à la portée de vos paroles, enfant, sans cela vous ne m'auriez pas fait cette mortelle injure!

— Je connais très bien la portée de mes paroles, monsieur, je ne suis pas une enfant; et puisque vous m'avez compris, je n'ai plus à hésiter avec vous. Je n'ai pas souci des grands mots que, sans doute, vous a enseignés votre ami Tristan. Je ne vois qu'une chose : le salut de la confédération du Sud. Afin que vous n'en ignoriez, sachez que j'ai juré de n'avoir pour époux qu'un loyal et brave défenseur de notre cause!

— Vous n'avez pas juré cela, Jenny, c'est impossible!

— Aussi vrai que j'existe, je l'ai juré, John. Vous me savez femme à tenir ma parole!

— C'est à en devenir fou! s'écria-t-il avec désespoir.

Et cependant, il lui était impossible de ne pas admirer la beauté de celle qui le torturait si cruellement.

— Au fait, que vous importe? reprit-elle. Vous voulez tenir scrupuleusement votre serment aux Yankees, moi je prétends tenir aussi scrupuleusement le mien aux Sudistes, voilà tout. N'êtes-vous pas libre, si vous m'aimez, d'être le Sudiste vaillant auquel je donnerai ma main! Oh! ce serait avec bonheur, John, que je vous verrais être celui-là, car je vous ai tendrement aimé, moi!

En prononçant ces dernier mots avec une émotion admirablement jouée, la rusée miss feignit d'essuyer ses yeux.

Après cette petite comédie, elle continua tristement ;

— Mais à nous, pauvres femmes, on ne sacrifie même pas un peu d'orgueil ; nous devons être sans cesse victimes de l'amour-propre et de la vanité de ceux qui prétendent nous aimer!

John, séduit et fasciné, sentait son cœur se fondre, ses résolutions héroïques s'envoler.

La dangereuse sirène épiait, sans en avoir l'air, les impressions qui tour à tour se reflétaient comme sur un miroir sur le visage si franc et si expressif de son fiancé. Elle éclata en sanglots et se laissa tomber dans un fauteuil en cachant sa tête dans ses mains.

John s'élança vers elle et saisit une de ses mains fines et si admirablement modelées.

L'enchanteresse se garda bien de la retirer; elle se la laissa, au contraire, presser avec passion: mais elle dit au jeune homme, d'une voix tremblante, en continuant à pleurer :

— Ah! vous êtes bien méchant de me faire tant de peine!

— Pardonnez-moi, Jenny, je vous en conjure! s'écria John en couvrant de baisers brûlants la main ravissante si perfidement abandonnée.

— Que voulez-vous, John? reprit la dolente miss; il faut nous dire un adieu éternel, puisque, hélas! tout nous sépare!

— Ne dites pas cela, au nom du ciel, Jenny! s'écria le jeune homme avec désespoir.

— Il le faut, John! Allez accomplir ce que vous nommez votre devoir; laissez-moi brisée, désolée, malheureuse pour toute ma vie! Car, pauvre folle que je suis, je vous aime plus que je n'ose me l'avouer à moi-même.

— Et moi! s'écria-t-il avec passion, croyez-vous donc que je ne vous adore pas?

— Vous, m'adorer? vous qui me refusez un si léger sacrifice!

— Un léger sacrifice, Jenny, celui de mon honneur? fit-il en secouant tristement la tête.

— Votre honneur? Mais dites-moi donc si les habitants du Sud ne sont pas vos frères mille fois plus que ceux du Nord! Est-ce que Lee, Bauregard, Stonwal Jackson et tant d'autres illustres officiers qui étaient il y a quelques jours à peine dans l'armée de l'Union, ne sont pas aujourd'hui les principaux chefs de ceux qui la combattent? En quoi sont-ils déshonorés, je vous prie? Ils se sont rangés du côté de leurs affections, de leurs intérêts légitimes? Et vos affections à vous, John, où sont-elles, si ce n'est dans la confédération du Sud, si vous m'aimez autant que vous me le dites?

— C'est vrai, Jenny.

— Avez-vous donc des intérêts dans le Nord?

— Aucun, assurément.

— Eh bien, alors, qui donc, ou quoi donc vous ratiaz avec les abolitionnistes?

John fronça le sourcil et demeura muet.

— Peut-être est-ce M. de Saint-Pierre, avec ses serments et ses songes creux, qu'il prend pour des réalités. Je le hais, cet homme! Il nous portera malheur, j'en ai le pressentiment, John!

— Oh! Jenny! pouvez-vous avoir une telle pensée?

Mais le charmant démon, voyant l'officier au point où il avait voulu l'amener, c'est-à-dire plein d'hésitation en présence de son amour prêt à lui échapper, se hâte de porter le coup décisif.

La bataille était gagnée pour la jeune fille; il ne s'agissait plus que de rendre impossible tout retour offensif de l'ennemi.

Alors, prenant son air le plus calme, elle plongea son regard fascinateur dans les yeux de sa victime et lui dit avec autorité, car elle se savait, dès ce moment, maîtresse absolue de cet homme si éperdument épris :

— Tenez, John, Stonwal Jackson, lorsque nos troupes occupaient Rockingham, logeait dans cette maison ici, à la place même où vous êtes assis, il traçait ses plans de bataille; moi, je les lui copiais, car il m'aimait comme si j'eusse été sa fille. En moi seule il avait confiance, tant il connaissait mon ardent patriotisme. Si je présente à cet excellent homme mon fiancé, c'est-à-dire l'être que je chéris plus que moi-même, il l'accueillera comme un fils. Voulez-vous que je vous présente à lui, John?

— Nous verrons cela plus tard, Jenny, car je ne...

— Non, tout de suite, John, à l'instant!

— Comment, à l'instant!... vous plaisantez, ma chère cousine!

— Pas le moins du monde; je mets mon costume de voyage, nous partons tous deux sans qu'on nous voie, car la nuit approche; grâce à vous, nous franchissons les avant-postes yankees, et, grâce à moi, nous serons dans quelques heures au quartier-général de Jackson.

— Comment! fuir dans l'ombre comme un traître! Et demain, quand le jour paraîtra, je défendrai le drapeau que je combats aujourd'hui! est-ce possible cela, Jenny?

— Oui, c'est possible et c'est bien, mon cher John, mon fiancé adoré!

Et la séduisante sirène se jeta dans les bras du jeune homme et l'enlaça de ses bras charmants en le regardant de ses yeux brillants pour lui faire perdre la tête.

Cependant, il résistait encore.

— Oh! mes amis! s'écria-t-il avec amertume, que penserez-vous de...

Le dernier mot fut coupé par un baiser brûlant, avec lequel miss Jane crut devoir lui fermer la bouche afin de s'assurer la victoire.

— Je reviens dans quelques minutes, mon John bien-aimé! reprit-elle en lui donnant un second baiser plus âcre et plus brûlant encore que le premier; cinq minutes pour me permettre d'entrer en campagne, et en avant!

Elle s'élança alors vers la porte, mais avant de disparaître elle se retourna coquettement, et, du bout de ses doigts mignons, elle envoya un dernier baiser à son fiancé éperdu et fou d'amour.

John, resté seul, se laissa de nouveau tomber sur le canapé en s'écriant d'une voix sourde et étranglée par le désespoir :

— Mon Dieu! mon Dieu! est-ce que tout cela est vrai?

Au moment d'entrer dans le salon, Tristan, ainsi que nous l'avons dit, avait entendu un bruit de voix; le nom de Stonwal Jackson, prononcé par miss Jane, lui avait fait prêter l'oreille; un pressentiment douloureux l'avertissant que son ami était en danger le retint au moment où il allait faire retraite. Il écouta presque malgré lui, et les derniers mots de l'entretien des deux jeunes gens lui prouvèrent que ce pressentiment n'était pas menteur et le mirent aussitôt au courant du machiavélique complot tramé par la belle secessionniste.

Après quelques instants, il vit miss Jane, s'envoler, légère comme un oiseau, par une porte intérieure, après un adieu séduisant lancé à son fiancé, fou d'amour et prêt à lui sacrifier son honneur.

« Ah! miss démon! se dit Tristan à lui-même. vous recrutez pour l'armée esclavagiste jusque dans nos états-majors! Nous allons voir cela. A nous deux, ma belle enchanteresse! »

Et, sans plus de cérémonies, il entra gaiement dans le salon.

— Eh bien! cher John, dit-il avec enjouement, vos affaires ne vont pas mal, à ce qu'il paraît! vous êtes parvenu à dompter la charmante rebelle!

John pâlit en entendant la voix franche et amicale de son ami; à peine osa-t-il lever les yeux sur lui; il lui semblait que déjà on pouvait lire sa trahison projetée sur son visage.

— Oui, répondit-il d'un air morne qui voulait être plaisant, ces petites filles, dès qu'elles se sont mises à nous aimer, quoi qu'elles fassent, elles ne réussissent pas à nous oublier.

— Tant mieux! je suis fort heureux de voir de nouveau régner la bonne harmonie dans votre ménage, cher ami. Je crois que nous avons consacré, aujourd'hui, assez de temps aux affaires du cœur; d'autres devoirs plus sérieux nous réclament; ainsi, bel amoureux, en route. Vous reprendrez un autre jour votre idylle au point où vous la laissez aujourd'hui; allons, la patrie nous appelle!

— Déjà?... fit John embarrassé.

— Comment, déjà? La nuit tombe. Le temps paraît court aux adeptes du *flirtage*, mais il n'en passe pas moins. Allons, arrachons-nous aux enivrements de Vénus, pour parler votre langage musqué, et courons reprendre le lourd harnais de Mars.

— Mon cher Tristan, se décida à répondre enfin John poussé dans ses derniers retranchements, rendez-moi un service : retournez sans moi au quartier général, je vous y rejoindrai; certaines raisons, que vous connaîtrez bientôt, m'obligent à rester ici encore pendant quelque temps.

« Nous y voilà, mon gaillard, je te vois venir! » murmura Tristan entre ses dents, tout en se félicitant d'avoir eu l'oreille aussi fine.

Et, s'asseyant d'un air délibéré :

— N'est-ce que cela? continua-t-il à voix haute; je vous attendrai, cher ami.

— Mais...

— Non, non, finissez vos affaires; nous avons le temps.

— Je crois cependant que vous feriez mieux, vous, Tristan, de retourner auprès du général ; peut-être trouverait-il mauvais que notre absence se fût ainsi prolongée; vous le prévenant, vous comprenez...

« Cause toujours, mon garçon; va, patauge; tu peux continuer longtemps ainsi, » pensait Tristan tout en s'installant carrément dans son fauteuil, en homme résolu à ne pas quitter la place.

— Vous le prévenant, continua John anxieux, car il avait une frayeur mortelle de voir paraître miss Jane, vous le prévenant, vous comprenez, tout serait pour le mieux.

— Est-ce que par hasard je vous gênerais, John?

— Nullement, mais...

— Alors n'en parlons plus, je reste; je vous attends, répondit nettement Tristan.

John fit un geste d'impatience.

— En vérité, mon cher, vous êtes un ami bien...

— Ennuyeux, ne vous gênez pas, dites le mot.

— Non... mais bien tenace.

Et John se leva vivement.

— Vous trouvez? Eh bien savez-vous pourquoi je désire ne pas rentrer sans vous à l'état-major, cher ami dit Tristan en posant nonchalamment sa jambe gauche sur la droite.

— Certes!... je suis curieux de connaître les motifs de cette obstination.

— Eh bien! c'est tout simplement parce que seul vous ne reviendriez jamais à l'état-major.

— Comment? Que voulez-vous dire? s'écria John avec stupeur.

— C'est cependant bien clair, il me semble; oui, cher ami, sans moi le capitaine ou plutôt le commandant John Charlton, enlevé par une délicieuse jeune fille, comme jadis Vénus enleva Adonis, je crois, car je suis brouillé avec la mythologie, serait, malgré lui, livré pieds et poings liés à Stonwal Jackson, cette nuit même

— Vous êtes fou! s'écria John en se remettant peu à peu de sa première surprise. Vous rêvez!

— Je dis : « Malgré lui, » reprit froidement Tristan, parce que je connais trop bien mon ami pour supposer une seconde qu'il puisse jamais devenir un traître.

— Vous êtes fou, vous dis-je! Vous abusez étrangement de ma patience...

— Je suis fou, je rêve, prétendez-vous? Oh! John, regardez-moi bien en face, et osez me soutenir que ce que je vous ai dit n'est pas l'exacte vérité!

— Comment! s'écria John au comble de la honte et essayant par une feinte colère de donner le change à son ami; comment vous prétendez savoir mieux que moi ce qui se passe au fond de ma conscience? Sur quoi basez-vous cette dénonciation incroyable? qui donc ou quoi donc peut vous autoriser à avoir une pareille opinion de moi et des miens?

— Parce que je sais tout, dit-il nettement; j'étais là, j'ai tout entendu, ajouta-t-il en désignant la porte d'un geste.

— Ceci est le dernier coup! s'écria John en s'affaissant sur le canapé, brisé de confusion et cachant son visage dans ses mains; ceci est le dernier coup! je suis perdu! Oh! Jenny, qu'avez-vous fait?

— Non, John, rien n'est perdu, au contraire, dit Tristan avec affection. Je suis heureux de m'être trouvé là pour vous sauver, mon ami, vous que j'aime comme un frère!

— Oh! si vous saviez ce que je souffre!

s'écria le malheureux officier en éclatant en sanglots.

Tristan s'assit auprès de lui, et prenant ses deux mains dans les siennes :

— Courage, ami, lui dit-il ; soyez homme !...

— Comme vous devez me mépriser, vous si fort et si grand ! murmura le pauvre amoureux avec une navrante expression de douleur.

— Vous mépriser, moi, mon ami ! Allons donc ! Je vous connais mieux que vous ne vous connaissez vous-même ! Je sais qu'il n'y a pas en vous l'étoffe d'un traître ; votre caractère est trop franc et trop loyal pour cela.

— Merci ! s'écria John avec une joie indicible ; vous me rendez à moi-même !

XIII

COMME QUOI MISS JANE COBDEN FUT DÉFINITIVEMENT MISE EN PLEINE DÉROUTE

Il y eut un court silence.

— Ainsi, reprit John après un instant, vous me rendez votre estime, Tristan ?

— Vous ne l'avez jamais perdue, mon ami ; votre amour a causé votre faiblesse, n'en parlons plus. Avec tout autre que vous, dans les mêmes circonstances, j'aurais cassé la tête à l'amoureux d'un coup de revolver, voilà tout ; mais vous, mon vieil ami, mon frère d'armes, mon compagnon du champ de bataille, je vous aurais abandonné aux séductions de cette dangereuse sirène ?...Allons donc ! ce serait presque un crime, quand il n'y a pour vous rappeler au devoir qu'à faire appel à votre cœur.

— Vous ne savez pas combien je l'aime !

— Si, mon ami, je le sais ; mais ce que je sais aussi, c'est qu'il faut la fuir, cette trop séduisante fille, et cela sans perdre un instant, une minute ; nous avons trop longtemps respiré cette atmosphère empoisonnée de la trahison ; oui, je le comprends, votre cœur va se déchirer encore ! Hélas ! je connais par expérience ces horribles déchirements de l'âme.

Tristan accentua avec amertume ces paroles.

— Mais, ajouta-t-il, il y va de votre honneur de ne pas demeurer une heure de plus sous ce toit.

— Hélas ! murmura John.

— Partons, mon ami, partons sans regarder derrière nous !

— Sans la revoir ?

— Sans la revoir, oui !

— Mais c'est impossible ! C'est plus que ma vie que vous exigez !

— Oui, j'exige plus que votre vie, vous avez raison ; mais croyez-vous donc que la patrie ne vaille pas un tel sacrifice ? Tous les jours, combien de pauvres diables, ayant des affections aussi vives et aussi pures que les vôtres, tombent sanglants pour ne jamais se relever, sur la route que nous suivons ! Ceux-là ne donnent-ils pas plus que leur vie ? Lorsque la patrie est en danger, il n'y a plus, pour l'homme de cœur, qu'un objectif : courir à l'ennemi pour le repousser. L'amour, l'amitié, ces sentiments si doux et si nobles, dans les circonstances ordinaires, deviennent secondaires quand les intérêts généraux d'où dépend le salut d'une nation entière, sont en péril.

— Mais, mon cher Tristan, le Sud est ma patrie tout autant que le Nord, plus même que le nord.

— Il n'y a ni Sud ni Nord : il y a la République des Etats-Unis, rien de plus. Tous ceux qui veulent la division sont des traîtres ; dans leur aveugle haine pour conserver d'odieux privilèges en complet désaccord avec notre temps, ceux qui ne craignent pas de déchirer en deux le pacte social de notre grande nation sont des insensés ; ils ne s'aperçoivent pas qu'à la faveur de cette œuvre de désorganisation les monarchies européennes se préparent à porter un coup mortel au système républicain, négation vivante et éclatante du principe monarchique, au milieu de la corruption où pourrit le vieux monde. Et vous, mon ami, vous, patriote, vous, républicain, une fois enrôlé dans l'armée de la secession, qui sait si avant peu vous ne seriez pas exposé par la force seule des choses à servir d'avant-garde aux armées impériales et royales de France et d'Espagne, en train, au moment où je vous parle, de traverser l'Atlantique pour envahir les côtes républicaines du Mexique.

— Non, jamais ! s'écria John avec énergie ; non, jamais ! L'armée sudiste elle-même serait la première à repousser l'étranger !

Tristan secoua négativement la tête et reprit :

— Une fois que l'on est sur la route de la trahison, la fatalité oblige à la parcourir jusqu'au bout. On hésite d'abord à mettre le pied dans le mauvais chemin ; mais, peu à peu, on s'habitue à la fange, et, insensiblement, on en arrive à patauger jusqu'au cou dans le bourbier. Aujourd'hui, les chefs sudistes sont encore maîtres d'eux-mêmes ; demain le seront-ils ? Tout fait prévoir, au contraire, que, pour soutenir leur cause, il leur faudra implorer des secours étrangers ; alors ils deviendront les esclaves de leurs implacables alliés ; alors ils ne seront plus que de vils mercenaires, livrant à l'étranger, pour satisfaire leur ambition criminelle et leurs intérêts égoïstes, la route même conduisant au cœur de leur pays.

Tout homme spéculant sur le concours de l'étranger pour faire quand même triompher ses idées est un misérable ! Supposez que Lincoln aille demander à Victoria, à Isabelle, à Bonaparte ou à tout autre souverain, une armée pour réduire le Sud, croyez-vous qu'il ne serait pas aussi méprisable que si, par incapacité, ignorance ou lâcheté, il faisait massacrer ou rendait à l'ennemi les meilleures troupes de l'Union ?

— Il mériterait d'être fusillé comme un chien ! s'écria John avec une généreuse animation.

— Certes, il le mériterait ! Donc, appeler l'étranger, chose abominable même pour servir une cause d'intérêt général, comment la caractériser quand le seul prétexte à la trahison est celui des gens du Sud, c'est-à-dire inavouable, en un mot lorsqu'il n'est autre que le maintien de l'esclavage ?

— Oui, vous avez raison, Tristan ! s'écria John en se levant vivement.

— Eh bien donc, alors ?

— Partons !

— Bien, mon ami, je vous reconnais enfin ! Partons !

Et, saisissant la main de John, Tristan se dirigea à grands pas vers la porte de sortie.

Mais, au moment d'en franchir le seuil, une apparition charmante, mais qui leur fit positivement l'effet de la tête de Méduse, leur barra résolument le passage à tous deux.

L'adorable sirène, coquettement et frileusement emmitouflée dans un manteau de fourrures dans lequel elle s'enveloppait jusqu'aux yeux, venait, ainsi que cela était convenu, rejoindre son cousin, pour l'accompagner au camp sudiste.

Malheureusement la jeune fille, au lieu de ne rester que cinq minutes absente, s'était — ainsi que cela arrive trop souvent aux jolies femmes — oubliée devant son miroir, à combiner tous les attraits d'une toilette provocante ; de sorte que trois quarts d'heure s'étaient écoulés, pendant lesquels le commandant Tristan avait eu tout le temps nécessaire pour sermoner son ami, le remettre dans son bon sens, lui faire oublier les séductions de l'enchanteresse et le rappeler ainsi à son devoir de soldat et d'honnête homme.

La jeune fille entra légère et gracieuse comme un oiseau.

D'abord, elle n'aperçut pas le commandant ; Tristan s'était vivement jeté de côté et s'était fait ainsi presque invisible, grâce à la demi-obscurité régnant déjà dans le salon. Miss Jane s'approcha vivement de son fiancé et lui dit d'un ton allègre :

— Me voici, mon cher John ; allons, êtes-vous prêt ? Nous avons loin à aller, et il se fait tard.

Ce fut alors seulement que la jeune fille aperçut Tristan, courbé devant elle et la saluant avec la plus exquise courtoisie ; miss Jane fronça son charmant sourcil, tendu comme un arc, et, saisie à l'improviste par cette présence inopportune à laquelle elle était si loin de s'attendre, elle poussa malgré elle un cri encore plus de colère que de désappointement.

En effet, miss Jane, au milieu des graves préoccupations causées par le grand projet qu'elle méditait et brûlait de mettre à exécution, avait complètement oublié l'ami de John, son fidèle Achate, celui dont la seule vue crispait horriblement les nerfs de la jolie Américaine, car, avec cet instinct infaillible que possèdent les femmes, dès le premier moment elle avait deviné en lui un adversaire, pour ne pas dire un ennemi redoutable.

Ce malencontreux ami, apparaissant ainsi tout à coup au moment où elle y songeait le moins, devait lui être fort désagréable, surtout dans une circonstance où elle craignait sa toute-puissante intervention.

— Comment l'éloigner ? se dit miss Jane, en faisant quelques pas dans le salon.

Les deux amis avaient été naturellement contraints de reculer pour laisser passer la jeune fille.

— Ah ! s'était-elle écriée avec un délicieux mouvement de gazelle effarouchée.

— Vous seriez-vous blessée, miss Cobden ? demanda le colonel d'un ton de vif intérêt.

— Non ! mais... murmura-t-elle avec embarras.

— L'obscurité de cette pièce peut-être ? reprit l'officier ; les nerfs des jeunes filles sont si délicats ! Me permettez-vous, miss Cobden, de vous offrir ce flacon ? il renferme d'excellents sels anglais.

— Mille grâces, monsieur, répondit-elle en repoussant le flacon d'un geste charmant ; je suis complètement remise maintenant.

— Cependant, insista courtoisement le jeune homme, si...

— Non, interrompit-elle vivement ; je me sens tout à fait bien. Je croyais trouver dans ce salon John seul ; et...

— Je vous ai fait peur ! s'écria-t-il d'un air fâché. Oh ! je ne me pardonnerai jamais une telle maladresse !

— Les Yankees ne me font pas peur, monsieur le colonel, répondit miss Jane d'un ton sec indiquant qu'elle n'était pas d'humeur à plaisanter, surtout avec l'officier nordiste.

— Je vous sais trop brave, miss Cobden, pour avoir eu cette pensée, répondit-il avec un sourire légèrement railleur.

Pendant cette escarmouche d'avant-garde entre les deux adversaires se devinant si bien l'un l'autre, John se sentait très mal à l'aise ; il ne savait quelle contenance tenir ; il faisait les plus grands efforts pour éviter les regards interrogateurs de sa jolie fiancée.

Le timbre enchanteur de cette voix harmonieuse, bien que frémissant d'impatience, lui causait un frisson général et lui donnait la fièvre ; sa passion le maîtrisait tout entier, sa poitrine haletait, ses tempes battaient, il éprouvait un désir insensé de tomber aux genoux de son adorable fiancée et d'implorer son pardon, tant l'influence de cette charmante créature était puissante sur lui.

— Est-ce que vous nous feriez l'honneur de nous accompagner au quartier général, miss Cobden? demanda Tristan de l'air le plus sérieux.

— Moi? non certes pas, répondit-elle avec hauteur ; pourquoi irais-je là-bas? Non, monsieur le colonel ; je vais seulement dans le voisinage faire à une amie une visite où John a promis de m'accompagner, et...

— Nous serons trop heureux, miss Cobden, de vous servir d'escorte jusqu'à la porte de votre amie, répondit l'officier avec empressement ; de là, John et moi nous nous rendrons au quartier général, où nous sommes attendus.

— Merci, monsieur, je suis accoutumée à toujours sortir seule, dit-elle sèchement ; que penserait-on de moi dans la ville, si l'on me voyait marcher ainsi, entre deux officiers yankees? On me croirait prisonnière de guerre !

Et miss Jane, bien qu'elle enrageât intérieurement, éclata d'un rire nerveux plein d'ironie, mais sonnant faux, malgré son indiscutable puissance sur elle-même.

— Ce serait pourtant le contraire, miss Cobden, répondit Tristan en souriant. Peut-on vous voir une seconde sans se rendre à votre merci !

Le commandant se félicita dans son for intérieur d'avoir débité cette fadeur inepte longtemps préparée tout exprès par lui ; car la belle sécessioniste déchira de colère un de ses gants, le jeta à terre et le piétina avec rage, et regardant le jeune homme bien en face et prête à éclater :

— Vous voulez rire, monsieur le commandant yankee? dit-elle d'une voix stridente. Vous mes prisonniers? alors que vos soldats occupent ma ville natale, où ils règnent en maîtres ! Mais soit ; puisque vous acceptez ce rôle, vous êtes mes prisonniers. Courtoisie pour courtoisie : je vous rends votre liberté, à vous, commandant Tristan de Saint-Pierre, mais à vous seul, monsieur.

— Et lui? dit Tristan avec un sourire énigmatique en désignant son ami.

— Lui? dit-elle nettement, je le garde.

— Oh! oh! cela n'est pas possible, miss Cobden, dit Tristan en hochant la tête à plusieurs reprises.

— Pourquoi donc cela, monsieur ? répondit-elle avec ironie. Je fais de mes prisonniers ce que bon me semble.

— Ah ! pardon, miss Cobden, reprit Tristan toujours souriant, à condition toutefois qu'ils y consentent.

— Mon cousin ne proteste pas, j'imagine ! dit-elle en se pinçant les lèvres.

Et miss Jane lança un regard impérieux à John, de plus en plus embarrassé.

— Non, certainement, miss Cobden, reprit Tristan. Mon ami vous aime trop, il vous aime beaucoup trop pour cela ; moi seul, je refuse la liberté que vous m'offrez si gracieusement, ou plutôt, dirai-je, que vous m'octroyez avec tant de générosité, s'il me faut laisser mon ami dans les fers, fers charmants j'en conviens, mais d'autant plus dangereux qu'ils sont plus doux à porter, et feraient, par conséquent, adorer la servitude.

Ce marivaudage, auquel semblait se complaire le jeune officier, avait le privilège d'agacer terriblement la jeune fille, d'autant plus que, tout en en comprenant l'ironie, elle était malgré elle contrainte de suivre ce persifflage à deux sans paraître y attacher d'importance.

— Que vous importe donc à vous, monsieur l'ami inséparable de John?...

John prit en ce moment un parti héroïque.

Voyant la conversation tourner à l'aigre, il se leva, s'approcha de sa cousine, et coupant sa phrase en deux, l'obligeant ainsi à laisser la seconde partie inédite, il dit d'une voix grave et résolue :

— Cessons de plaisanter, ma cousine. Tristan a raison ; malgré toute la joie que j'éprouve à rester auprès de vous, il faut nous séparer ; croyez à mes regrets bien sincères.

Miss Jane sembla tomber des nues.

Cette brusque intervention de l'homme qu'elle croyait avoir si bien enlacé dans ses filets, surtout le ton calme et ferme dont cette intervention avait eu lieu, lui révélèrent la perte de cette partie que quelques instants auparavant elle se flattait follement d'avoir gagnée.

Livrer une seconde bataille serait inutile et ne ferait qu'accentuer davantage sa défaite.

Elle se redressa hautaine et sombre, foudroya d'un regard brûlant l'homme qui lui échappait si brusquement ; puis elle fit quelques pas en arrière pour laisser le passage libre, et d'une voix rendue frémissante par sa rage intérieure, car l'orgueil lui ordonnait de la cacher, elle répondit :

— Ah ! c'est ainsi ? Eh bien ! allez !

Tristan s'inclina profondément devant la jeune femme; celle-ci ne daigna pas s'en apercevoir.

John voulut prendre la main de sa fiancée, mais cette main demeura froide, inerte et indifférente.

Le jeune homme étouffa un soupir, courba la tête et suivit son ami.

Miss Jane, les yeux fixes et sans regard, semblait subitement changée en une statue de marbre.

Seulement, deux larmes, deux perles, coulant lentement de ses yeux rougis, rayèrent de leur ligne argentée la pâleur marmoréenne de ses joues.

John, bouleversé à la vue de ces deux larmes, sortit en chancelant comme un homme ivre, s'accrochant à tous les meubles et murmurant d'une voix sourde et presque inarticulée :

— Mon Dieu ! mon Dieu ! quelle horrible torture.

Tristan, après avoir une seconde fois salué miss Jane, toujours sombre et muette, se prépara à suivre son ami.

Soudain, la jeune fille bondit comme une panthère, se redressa fièrement en s'encadrant dans l'huisserie de la porte, et, repoussant brusquement le jeune homme :

— Un mot encore, monsieur ! s'écria-t-elle d'une voix vibrante.

— A vos ordres, miss Cobden, répondit froidement le colonel toujours maître de soi.

La jeune fille riva pendant un instant son regard sur celui du jeune homme, avec une fixité étrange ; puis, éblouie peut-être par le rayonnement clair et calme de celui de l'officier, elle baissa les yeux en poussant un profond soupir.

— Vous me haïssez donc bien ? dit-elle enfin avec une douleur poignante.

— Moi, vous haïr, miss Cobden ! moi, le plus respectueux de vos admirateurs ! fit-il en s'inclinant.

— Oh ! trêve de marivaudage, monsieur. Je vous en supplie, commandant, reprit-elle avec un accent fébrile, répondez franchement à mes questions.

—. Parlez, madame, je vous obéirai.

— Eh bien ! je vous le demande encore : vous me haïssez donc bien ?

— Rien, dans ma conduite, miss Cobden, ne vous autorise à me supposer votre ennemi ?

— Au contraire, monsieur ; tout m'engage à le croire, reprit-elle avec violence : votre conduite, pendant toute cette journée, a été celle d'un ennemi.

— D'un adversaire respectueux, miss Cobden, pas autre chose.

— Soit ! je veux l'admettre pour un instant ; alors, pourquoi cet antagonisme entre nous ?

— Cela tient à bien des choses, miss Cobden.

— Parlez ! je veux tout savoir, dit-elle avec une impatience contenue.

— Vous le voulez, miss Cobden, vous êtes belle, trop belle peut-être ; votre puissance sur mon ami, dont l'amour pour vous...

— Que vous importe cet amour, s'il existe ! interrompit-elle avec violence ; seriez-vous jaloux de lui par hasard ? ajouta-t-elle avec un rire nerveux ressemblant à un sanglot.

— Miss Cobden, j'aime John, non pas comme un ami, mais comme un frère; son amour pour vous m'épouvante !

— Oh ! fit-elle avec ironie.

— Oui ! madame, cet amour m'épouvante parce qu'il le rend plus faible qu'un enfant, qu'il n'a la force de résister à aucune de vos exigences, et que vous abusez de cet amour pour vous jouer de lui parce que vous ne l'aimez pas !

— Je n'aime pas John, moi ! s'écria-t-elle d'une voix frémissante ; oh ! monsieur, quel blasphème !

— Je m'explique, miss Cobden; vous ne l'aimez pas d'un amour semblable au sien ; vous l'aimez d'un amour égoïste, c'est-à-dire froidement, avec calcul, pour vous enfin et non pour lui, pour en faire un jouet ! — plus même, un instrument politique — on le contraignant, à force de séductions et de coquetteries, à adopter vos haines et vos désirs de vengeance.

— Monsieur, que dites-vous là ? murmura-t-elle avec douleur.

— La vérité, miss Cobden. Cette vérité vous m'avez ordonné de vous la dire, ayez le courage de l'entendre.

— Oui, oui, parlez ! Quand je devrais tomber morte à cette place, j'écouterai tout ! s'écria-t-elle en frappant du pied avec violence.

— Je n'ajouterai que quelques mots : vous prétendez aimer John ?

— Je prétends aimer John, dites-vous ? Je l'aime, monsieur ! je n'ai jamais aimé et je n'aimerai jamais que lui !

— Bien, je vous crois, souvenez-vous seulement, miss Cobden, que lorsqu'une femme prétend aimer un homme, comme vous dites aimer John, cette femme n'essaie jamais de déshonorer cet homme en abusant de sa puissance sur lui, en le poussant à être criminel et à trahir lâchement la cause qu'il sert !

La jeune fille, écrasée par ce coup de foudre, courba la tête avec confusion.

Mais, se redressant presque aussitôt :

— Quelle horrible accusation osez-vous porter contre moi, monsieur ? dit-elle avec hauteur tandis que la rougeur de la honte empourprait son front.

— Je ne vous accuse pas, miss Cobden, Dieu m'en garde ; je constate, voilà tout, dit froidement l'officier.

— Songez y, monsieur ! s'écria-t-elle les dents serrées ; vous, officier, vous, homme du monde, vous insultez lâchement une femme !

— J'ai le plus profond respect pour vous, miss Cobden, reprit-il toujours impassible ; mais, malgré ce respect, je ne puis faire que ce qui est ne soit pas.

— Monsieur, s'écria-t-elle, prenez garde !

— Miss Cobden, pendant votre entretien avec John, j'étais là, derrière cette porte j'ai tout entendu, pas une de vos paroles ne m'a échappé.

— Oh ! monsieur ! s'écria-t-elle en cachant dans ses mains tremblantes son visage bouleversé par la rage et la terreur ; oh ! monsieur ! espionner une femme ! quelle honte !... oh ! je vous hais ! je vous hais ! Sortez ! sortez !

Et, reculant comme devant un spectre horrible, elle alla tomber sur un Sopha où elle éclata en sanglots.

— Et moi, miss Cobden, répondit l'officier avec une tristesse respectueuse, je vous plains du plus profond de mon cœur !

Il salua respectueusement, et sortit.

Mais à peine la jeune fille fut-elle seule, que, retrouvant subitement son énergie, ses haines et ses douleurs, elle s'élança vers la porte, et, debout sous la verandah, au moment où les deux amis montaient à cheval, elle cria d'une voix vibrante :

— John ! souvenez-vous de mes dernières paroles : j'épouserai plutôt un nègre qu'un abolitionniste.

Et, succombant enfin aux émotions terribles qui lui tordaient le cœur, elle poussa un cri rauque et tomba à la renverse sur le sable du jardin.

Elle avait perdu connaissance.

John tressaillit douloureusement.

Cette voix aimée venant dans l'ombre lui jeter cette malédiction et briser ses plus chères espérances lui arracha un profond soupir.

Il se tourna vers Tristan, et avec une navrante tristesse il lui dit :

— Eh bien ! êtes-vous satisfait ?

Tristan lui serra affectueusement la main, éperonna vigoureusement son cheval, et les deux cavaliers s'élancèrent dans la nuit, semblables aux spectres de la ballade de Burger !

— Allons au sacrifice ! murmura John avec amertume.

— Non, ami, au devoir ! répondit son compagnon comme un écho consolateur

XIV

CE QUE C'ÉTAIT QUE LA ROCHE-NOIRE, OU SE RENDAIT LE DOCTEUR WOLF

Nous reviendrons maintenant au docteur Jerry Wolf, auquel nous avons vu faire une si singulière sortie de la maison de M. Cobden.

Wolf, une fois dans le bois bordant par derrière la maison Cobden, prit un sentier perdu, à peine frayé, mais permettant d'avancer au milieu d'épaisses broussailles sans craindre d'être vu.

De même que tous les hommes habitués à vivre seuls, ou du moins entouré d'individus avec lesquels il ne causait jamais, le docteur était sujet aux monologues, surtout lorsqu'il était sous le coup de grandes préoccupations.

Cette fois, dès qu'il se fut enfoncé sous bois, il commença ses réflexions à voix haute :

« Comment Lizzeth est-elle dehors à cette heure ? murmura-t-il avec anxiété ; elle ne peut s'être échappée ? ce *rascal* de Watt aura un compte sérieux à me rendre dès que nous nous rencontrerons. C'est bien la voix de Lizzeth que j'ai entendue ; Watt l'aura fait chanter pour me prévenir, mais où s'est-il fourré, maintenant que j'aurais si grand besoin de le voir ? Le diable est dans l'homme ! Pourquoi me fait-il courir les halliers dans un tel costume ? Patience ! il faudra bien que je le sache, à la fin ! »

Tout en causant ainsi avec lui-même, Wolf se glissait rapidement et sans bruit à travers les arbres.

De temps en temps il sifflait d'une façon particulière ; un sifflet semblable lui répondit presque aussitôt, lui indiquant ainsi la direction qu'il devait suivre.

Bientôt les broussailles s'agitèrent brusquement devant lui et s'écartèrent tout à coup pour livrer passage à l'un des énormes molosses blancs que nous avons vus enchaînés dans la cour du docteur.

— Lizzeth ! s'écria Wolf en contenant avec peine les caresses joyeuses de sa chienne favorite ; Lizzeth ! c'est bien elle ! Mais pourquoi et comment est-elle ici ?

Alors, guidé par la chienne qu'il retenait par le collier, Wolf fut bientôt en présence de Watt, mâchant philosophiquement une immense chique de tabac, tout en maintenant Fellow, le digne compagnon de Lizzeth, qui, lui aussi, voulait fêter l'arrivée de son maître.

— Eh bien! Watt, s'écria Wolf tout essoufflé en s'approchant de son homme de confiance, pour Dieu! pourquoi êtes-vous ici au lieu d'être resté là-bas à la maison à m'attendre, ainsi que je vous l'avais ordonné?

— Yankees venus; enfoncé grille; pris d'assaut et brûlé maison, criant : « Mort à l'espion! mort au Bushwacker! » Alors, filé avec chiens ; appris vous chez Cobden ; ai fait parler Lizzeth ; vaus ici ; *all' right!*

— Les Yankees ont brûlé ma maison, dis-tu?

— Dénoncé sans doute, ajouta Watt dans son langage si étrangement laconique.

Watt avait été pendant plusieurs années employé, dans un bureau télégraphique, à l'expédition des télégrammes; il avait fini par s'habituer si bien au style baroque des dépêches qu'il transmettait qu'il en avait adopté la phraséologie et en était arrivé à ne plus pouvoir parler autrement.

— Et les négresses? et Amy, ma nouvelle esclave? demanda Wolf d'une voix étranglée.

— Enlevées, certainement.

— Malédiction! enlevées mes négresses! s'écria Wolf avec rage.

— Toutes, sans exception! reprit Watt de son air le plus placide.

— Ah! damnés Yankees, voleurs et incendiaires! vous me le paierez cher!

— Avant-postes yankees tout près. Nous pincés sûrement, reprit Watt avec son flegme extraordinaire.

— Oui! tu as raison, grommela Wolf. A l'œuvre, à la vengeance, dans le silence et l'ombre!

— Calme fait bonne besogne; bon chien mord sans aboyer; vrai serpent rampe sans siffler, dit sentencieusement Watt.

— Ne perdons pas un instant; la nuit tombe; dans une heure, il faut que nous ayons franchi les avant-postes de ces maudits.

— Enfants prévenus déjà à la Roche-Noire; suis sûr, prendront carabines et rifles.

— Allons à la Roche-Noire.

Et Wolf, la poitrine gonflée de sanglots furieux et qu'il maîtrisait avec une indomptable énergie, au risque d'étouffer, se leva et fit mine de continuer à suivre le sentier. Watt l'arrêta.

— Yankees à la rivière, dit-il.

— Et par la ville?

— Reconnus certainement, pendus sans doute.

— Alors, par le bois, dans la montagne?

— Postes partout!

— Alors, où veux-tu que nous allions? s'écria Wolf impatienté.

— Moi sais; suivre yeux fermés.

Wolf haussa les épaules sans dire mot et suivit son factotum en se laissant traîner par Lizzeth.

« Oh! se disait-il à demi-voix tout en marchant ; oh! comme je vais en tuer de ces ignobles Yankees! Oh! voleurs de femmes! et Amy? Scélérats! je saurai bien vous la reprendre! »

Les deux hommes marchaient comme des gens accoutumés de longue date à parcourir les bois; leurs pas s'entendaient à peine sur le lit de feuilles sèches qu'ils foulaient.

Par intervalles le bruit d'une branche sèche rompue révélait seul le passage de ces quatre êtres, hommes et chiens, tantôt rampant sur les genoux, tantôt s'accroupissant derrière une broussaille, un tronc d'arbre ou le creux d'un rocher, lorsque quelque bruit inconnu leur devenait suspect.

La nuit était complètement venue.

La lune commençait déjà à éclairer la plaine de sa lumière livide et froide; sous bois l'obscurité était profonde.

Tant que les deux sinistres rôdeurs de nuit s'étaient tenus sous le couvert, ils avaient eu peu de chose à redouter; mais, aussitôt à découvert, il leur fallut faire appel à toute leur astuce et à toute leur audace pour ne pas tomber sur la triple ligne de postes dont les Nordistes avaient enveloppée la ville de Rockingham.

Grâce au secours des molosses, Wolf et Watt évitèrent maints dangers.

En effet, Lizzeth et Fellow, admirablement dressés pour la chasse aux nègres, n'aboyaient jamais sur une piste, ce n'était guère que par une sorte de grondement caverneux qu'ils révélaient la présence du gibier humain à la poursuite duquel ils étaient lancés.

En cette circonstance, ils signalaient de cette façon les troupes yankees, campées çà et là dans la plaine, et que les bushwackers étaient contraints de traverser pour réussir à franchir le cercle fatal au milieu duquel ils se trouvaient enserrés comme dans les mailles d'un filet gigantesque où certes leur peau aurait été singulièrement compromise s'ils avaient été découverts.

Enfin, à force de patience, et surtout grâce à la connaissance exacte du pays qu'ils parcouraient, les deux bushwackers atteignirent la dernière ligne des postes fédéraux ; quelques pas encore, et tous les obstacles que jusque-là ils avaient vus se dresser devant eux seraient franchis.

Mais cette fois le danger apparaissait véritablement menaçant.

Pendant longtemps, les deux rôdeurs de nuit hésitèrent à émerger de derrière un épais buisson dans l'ombre duquel ils se trouvaient couchés à plat ventre, tant cette manœuvre dont dépendait leur liberté leur semblait difficile à exécuter ; ils auraient dit impossible si ce mot eût fait partie du vocabulaire de ces audacieux partisans.

Longtemps tout bas, de bouche à oreille, ils se communiquèrent leurs observations et les ruses plus ou moins praticables que leur suggérait leur longue expérience.

En effet, plus que jamais la situation était difficile et menaçait de se dénouer d'une façon tragique pour les deux rôdeurs.

Tous autres que ces hommes, dont rien ne surprenait le courage féroce, eussent renoncé à jouer cette partie perdue d'avance.

La lune montait à l'horizon ; l'ombre dans laquelle les bushwackers étaient blottis comme lièvres au gîte, ou, ce qui est beaucoup plus juste, comme jaguars à l'affût, diminuait à proportion ; quelques minutes encore, et, sans avoir bougé de leur embuscade, hommes et chiens se trouveraient en pleine lumière.

Ce n'eût été que d'une importance médiocre pour eux si un officier fédéral de ronde, en passant en cet endroit un peu trop isolé, n'eût reconnu la nécessité d'établir un nouveau poste précisément à quelques mètres à peine des fugitifs et justement dans la direction qu'il leur fallait suivre pour atteindre le refuge où leurs amis devaient les attendre.

Il n'y avait plus à reculer ; il importait d'agir, et d'agir vite.

— Si j'avais ma carabine, dit Wolf à son compagnon, je mettrais une balle dans la tête de ce maudit factionnaire, et avant qu'on eût le temps de nous poursuivre, nous serions déjà loin.

— Obligé cacher carabine pour traverser ligne ; couteau seulement, dit laconiquement Watt.

— Tu as ton couteau ?
— Parbleu !
— Tout prêt ?
— Couteau fermé fait ventre ouvert.
— Bon ! écoute alors !

Et Wolf communiqua rapidement à Watt le plan qu'en une seconde il avait conçu.

La sentinelle, couvée par les regards ardents des Bushwackers, allait et venait lentement et de l'air le plus insouciant sur une route à demi éclairée par les rayons de la lune.

Les autres soldats fédéraux composant ce petit poste avancé étaient dissimulés derrière un pli de terrain.

Wolf, remarquant que les faisceaux n'étaient pas formés en conclut que les soldats avaient l'ordre de se tenir les armes sous la main, prêts à tout.

Passer devant le factionnaire sans être vu, il n'y avait pas à y songer, d'autant plus que mis sans doute sur ses gardes par quelque froissement insolite dans les broussailles, le factionnaire s'était arrêté immobile comme une statue, les regards précisément sur le buisson derrière lequel se cachaient les bushwackers.

Un second poste à quelques pas à droite, un autre tout aussi près à gauche, de plus une ligne de sentinelles sur toute la route, telle était la position, et, pour comble, l'ombre protectrice se rétrécissait rapidement.

— Attention ! dit Wolf après avoir minutieusement expliqué son plan à son acolyte ; es-tu prêt ?
— Oui.
— Je lâche Lizzeth ?
— All' right !

Wolf, d'un regard expressif, indiqua son ennemi à l'animal, puis il le lâcha et le livra à son instinct.

Lizzeth rampa dans l'herbe, bondit sur la route et passa comme un fantôme devant le factionnaire qui la suivit machinalement des yeux.

Tout à coup la chienne revint sur ses pas et se mit à tourner rapidement autour du soldat, en rétrécissant de plus en plus son cercle.

Le soldat, surpris par cette manœuvre, fit naturellement volte-face pour ne point perdre de vue ce singulier agresseur.

Watt, profitant alors de l'inattention de la sentinelle, s'élança si rapidement en avant que le pauvre soldat, occupé par Lizzeth, n'entendit qu'un bruit de pas pressés, mais cela suffit pour lui donner l'éveil.

Il se retourna vivement et se trouva face à face avec Watt brandissant son terrible coutelas.

Le malheureux soldat poussa un cri désespéré, un seul, la lame du couteau avait disparu tout entière dans sa poitrine, en même temps que les redoutables crocs de Lizzeth s'enfonçaient dans sa nuque.

Il s'affaissa lourdement sur le sol : il était mort !

Watt, abandonnant le couteau dans la plaie, s'était emparé du fusil, de la cartouchière et du sac du pauvre soldat, avec une rapidité et un sang-froid témoignant d'une longue habitude.

Avant que les postes eussent pris l'alarme, Watt, Wolf et leurs chiens avaient franchi la route en courant et s'étaient perdus dans l'immensité de la plaine.

Les tirailleurs fédéraux se déployèrent à droite et a gauche et firent feu au hasard, dans l'obscurité; mais, comprenant bientôt l'inutilité de cette fusillade sans but, les officiers la firent cesser.

Les deux bushwackers s'étaient éloignés en toute hâte.

Ainsi qu'ils s'y attendaient, ils virent bientôt briller au loin derrière eux les feux des bivouacs nordistes.

Plusieurs balles avaient sifflé à leurs oreilles; mais, grâce à cette chance qui généralement favorise les scélérats, aucune de ces balles ne les atteignit. D'ailleurs, dans un laps de temps comparativement très court, ils se trouvèrent parfaitement en sûreté.

Alors, ils ralentirent le pas et reprirent haleine.

— B'en touché l'homme, plein cœur! dit Watt avec un ricanement sinistre.

— Oui, mais il a crié; le cœur est un mauvais endroit pour la circonstance, mon garçon! répondit Wolf.

—Pas résistance; homme frappé, homme tombé, homme mort!

— Si tu l'avais blessé à la gorge, il serait tombé tout aussi rapidement, mais sans crier; comprends-tu?

Watt hocha la tête de façon à montrer qu'en cette matière il ne partageait pas l'opinion de son chef. Il se permit même une moue dédaigneuse.

— Touché si juste, si ferme, pas pouvoir retirer couteau; continua-t-il avec insistance, désirant sans doute prouver l'excellence de son coup, la vigueur de sa main et la sûreté de son œil.

— Tu lui a laissé ton couteau dans le corps? demanda Wolf.

— Laissé, non; n'a pas voulu rendre, voilà tout ; a volé.

Et le bandit rit silencieusement, comme un fauve à la curée.

— Voilà ! si tu avais, comme je te l'ai dit, frappé à la gorge, le mort ne t'aurait pas volé ton couteau. Enfin ! en voilà toujours un de moins ; ne parlons plus de celui-là ; maintenant il ne vaut plus une vieille chique ; passons aux autres.

— Lizzeth voulait pas lâcher prise, prenait goût au sang ; jamais ainsi reçu nègres ; obligé arracher de force à Yankee, ajouta Watt.

— C'est que la bonne bête est fière; le sang noir la dégoûte, répondit Wolf. Va, petite, ajouta-t-il en flattant doucement sa féroce favorite; va, ma chérie, puisque tu aimes le sang blanc, tu t'en régaleras, je te le promets !

Après avoir marché à travers les champs de maïs et les plantations de tabac, en évitant avec soin les routes continuellement explorées par la cavalerie fédérale, les deux bushwackers, connaissant admirablement le terrain, arrivèrent au pied d'une colline boisée s'avançant dans la plaine comme une espèce d'accore.

Au sommet de cet observatoire naturel se trouvait la Roche-Noire.

Wolf s'arrêta.

— N'allons pas plus loin, dit-il; Lizzeth signale un poste là-haut; qui sait si ces Yankees infernaux n'ont pas établi un poste sur la roche ?

— Nos hommes, certainement! dit Watt, avec son laconisme ordinaire.

— Qu'en sais-tu ?

— Le crois.

— Hum ! cette raison ne me paraît pas péremptoire.

— *Jaser* Lizzeth, alors.

— Soit, c'est le plus simple; de cette façon, nous saurons à quoi nous en tenir.

Faire jaser Lizzeth, dans le langage brutal de Watt, n'était pas du tout une métaphore ; en effet, cette bête parlait admirablement clairement quand, bien entendu, on comprenait son langage; seulement il était difficile de lui délier la langue ; un chien dressé à rester muet en expédition ne devient pas facilement bavard.

Mais Watt était homme de ressources ; il avait inventé un moyen infaillible pour faire briller l'éloquence de sa bête.

Maintenant solidement Lizzeth entre ses genoux malgré des grondements de mauvais augure, il lui saisit la queue entre ses dents et lui en mordit vigoureusement le bout.

La bête poussa un hurlement de douleur, semblable aux cris horribles et sinistres entendus dans la maison Cobden, et à la suite desquels Wolf s'était hâté de partir de chez le planteur.

A peine les échos des mornes eurent-ils achevé de répéter le *discours* effrayant de la chienne, qu'au sommet de la roche on vit apparaître une lumière, puis une seconde et enfin une troisième.

Ces trois lumières, disposées en triangle, brillèrent à peine pendant une minute, puis elles s'éteignirent toutes trois à la fois.

— Ce sont nos hommes! s'écria Wolf dès qu'il eut reconnu le signal.

— Brûlé beaucoup de bois, a du nouveau, pressé, fit observer Watt.

Sans plus de paroles, les deux compagnons s'engagèrent d'un pas rapide dans l'étroit et abrupte sentier conduisant, après mille détours, à la Roche-Noire.

Cette Roche-Noire, n'était autre qu'un bloc de rochers, sorte d'aiguille de pierre de dimensions immenses, sortie subitement de terre à la suite de quelque erruption volcanique; elle s'élevait au milieu des bois et des fourrés presque impraticables et dépassait de très haut la cime feuillue des plus grands arbres.

Du sommet de cette roche, auquel on parvenait par une espèce d'escalier naturel rendu praticable par la main de l'homme, on dominait la plaine dans toutes les directions jusqu'aux extrêmes limites de l'horizon.

Avant la guerre, un nègre marron était constamment embusqué sur cette étroite terrasse, afin d'avertir ses congénères lorsqu'une expédition de chasseurs d'hommes se dirigeait vers la forêt où ils s'étaient réfugiés.

Au signal de la sentinelle, tous les marrons détalaient comme un troupeau de daims effarés et s'enfonçaient résolûment dans les profondeurs inexplorées et par conséquent inconnues de la forêt, où il était non-seulement presque impossible, mais surtout très dangereux de les relancer.

Depuis le commencement des hostilités, cette roche était devenue le quartier général des bushwackers et des espions sudistes de cette contrée.

Wolf et Watt ne tardèrent pas à atteindre le sommet de la colline; ils trouvèrent, en même temps que leurs compagnons, convoqués par Watt, au nombre d'une trentaine au moins, une troupe assez nombreuse de soldats sudistes.

Tous ces hommes étaient groupés sur une espèce de plate-forme assez large, formée par l'humus accumulé pendant des siècles; cette plate-forme, entièrement boisée, s'élevait d'une trentaine de mètres au-dessus du sol et servait pour ainsi dire de piédestal au monolithe au pied duquel, abrités sous une excavation naturelle, les rôdeurs des bois avaient établi leur campement, en ne laissant qu'une sentinelle au sommet de la roche pour veiller à la sûreté générale.

Les soldats sudistes, dont les mines patibulaires et les haillons sordides étaient en parfaite harmonie, avec les visages cyniques et les accoutrements plus que fantaisistes des compagnons de Wolf, étaient commandés par le capitaine Mac-Morlan.

Nous avons déjà vu passer ce capitaine Mac-Morlan dans notre récit; le moment est venu de le faire connaître :

C'était un colosse haut de six pieds quatre pouces anglais, charpenté et musclé à l'avenant; sa force était prodigieuse, son adresse incomparable; il avait été élevé dans les établissements, c'est-à-dire sur la frontière indienne. Son premier métier avait été celui de coureur des bois et de chasseur de bisons; brave comme un lion, rusé comme un opossum, très large de la *manche*, n'ayant que peu ou point de préjugés, bon vivant, gai et jovial à l'occasion, insouciant et même sceptique en politique, il servait le Sud avec autant de dévouement qu'il aurait servi le Nord si le hasard l'avait amené du côté de Washington au lieu de le conduire de celui de Richmond.

En un mot, c'était un philosophe pratique, profondément égoïste, ni bon ni méchant, n'aimant rien et ne haïssant rien, hommes ou choses, se préoccupant fort médiocrement de la question de l'esclavage, ayant toujours porté toute sa fortune dans sa ceinture, mais prêt à tout pour de l'argent, à la condition toutefois que certaines idées bizarres, logées on ne sait pourquoi dans sa cervelle à propos de l'honnêteté, ne fussent pas froissées; car il était honnête, autant du moins, avouait-il dans ses moments de franchise, que le lui permettaient les faiblesses inhérentes à la nature humaine; au demeurant le meilleur compagnon du monde.

Il aurait tué son meilleur ami dans un moment de vivacité; mais, le dos tourné, il n'y aurait plus songé et ne lui aurait pas gardé rancune, l'aurait fait enterrer ou l'aurait enterré lui-même au besoin, sans soustraire le moindre objet lui appartenant.

Tel était l'homme, instrument précieux dans des mains habiles, et le meilleur batteur d'estrade qu'il fût possible de rencontrer pour une guerre toute de surprises et d'embuscades comme celle que se faisaient le Nord et le Sud.

Aussi le général Jackson, dont la prétention bien justifiée était de se connaître en hommes, avait-il mis sous les ordres du capitaine Mac-Morlan tous les enfants perdus auxquels leur nature exubérante ne permettait pas de se plier aux exigences automatiques de la discipline, soldats excellents pour les coups de main et les expéditions dangereuses, mais incapables de se courber sous le joug pesant si lourdement sur les soldats.

Le capitaine Mac-Morlan avait la haute main sur sa troupe; il la gouvernait à sa guise, lui laissant une espèce de liberté relative, fermant les yeux sur certains méfaits.

D'une grande impartialité, ne connaissant pour toutes les fautes qu'un châtiment : la mort, et se chargeant au besoin d'exécuter lui-même la sentence prononcée.

Ses soldats l'adoraient.

Tous ces bandits effroyables se seraient jetés au feu ou se seraient fait tuer pour lui.

Il avait trente-cinq ans; ses traits étaient beaux, fins, délicats, expressifs; il avait l'air excessivement distingué; sa physionomie était douce, avenante et essentiellement sympathique; ses admirables cheveux blonds tombaient en nombreuses boucles sur ses épaules; sa barbe, fauve comme une crinière de lion, était molle, soyeuse, avec des reflets d'airain.

Le capitaine était très soigné de sa personne; malgré le métier qu'il faisait, ses vêtements, d'une coupe pittoresque, étaient très bien et très élégamment portés; il était très fier de ses pieds et de ses mains, lesquels étaient d'une pureté de formes remarquables.

Tel était le capitaine renommé des batteurs d'estrade et des enfants perdus de l'armée de Jackson, si redouté des fédéraux à cause des tours terribles qu'il leur jouait chaque jour avec une désinvolture sans pareille.

Le capitaine brillait au milieu des hideux bandits dont il était entouré comme un diamant au milieu d'un tas d'immondices.

Il salua cordialement Wolf et fit même quelques pas à sa rencontre. Après lui avoir souhaité la bienvenue, il le fit asseoir à son côté, sur un amas de feuilles et d'herbes odorantes, coupées et arrachées par les soldats pour lui faire un siège.

— Eh bien! docteur, lui dit-il en lui tendant un excellent regalia qu'il choisit dans un étui en paille de goyaquil, très précieux et d'un grand prix; vous venez un peu tard au rendez-vous. Quoi de nouveau?

— Je n'espérais pas vous voir cette nuit, mon cher capitaine, répondit Wolf en allumant le cigare qu'il avait accepté; moi-même je ne comptais pas venir cette nuit à la Roche-Noire.

— En effet, docteur, vos hommes me l'ont appris.

— Des circonstances exceptionnelles, des événements imprévus m'ont contraint à quitter Rockingham en toute hâte.

— Arrivez-vous donc de Rockingham?

— Directement, en passant à travers les lignes ennemies, et je vous affirme que ce n'était pas chose facile; enfin, j'ai réussi et me voilà! accablé de fatigue et à demi mort de faim!

— Qu'à cela ne tienne, docteur, nous vous nourrirons, grâce à Dieu! notre cantine n'est jamais à sec de provisions. Eh! là-bas! Lingot, où es-tu?

— Présent, capitaine, répondit aussitôt un soldat en s'approchant.

Ce soldat était français, le capitaine avait en lui la plus grande confiance; c'était un de ses meilleurs soldats.

Lingot était le nom de fantaisie sous lequel il était connu; il avait environ quarante ans; c'était un gaillard de taille moyenne, trapu, alerte, malin comme un singe, mauvais comme un âne rouge et délié comme un fil de soie, bavard, vantard, riailleur, un véritable champignon vénéneux poussé au hasard sur le pavé parisien.

Son courage et son audace dépassaient toutes les limites du possible. Plusieurs fois déjà, le grade de lieutenant lui avait été offert, mais il avait toujours refusé, préférant, disait-il, le grade de sergent, qui lui laissait plus de liberté dans ses allures.

D'ailleurs, pillard à l'excès et doué de cette singulière faculté de trouver constamment quelque chose à sa convenance partout où les autres ne découvraient rien. Pour une troupe comme celle à laquelle il appartenait, c'était en somme un très précieux auxiliaire.

— As-tu quelque chose dans ton sac? lui demanda le capitaine.

— Peu de choses, capitaine; nous n'avons encore rien glané cette nuit.

— C'est vrai! Cependant je voudrais offrir à dîner au docteur.

— Bon, ne vous inquiétez pas, capitaine; je puis vous offrir un canard rôti, froid; un morceau de lard, quelques galettes de biscuit, une gourde de vin de Bordeaux et du wiskey.

— Hum! tout cela va nous coûter les yeux de la tête!

— Bon! répondit-il en riant, est-ce que je fais jamais de prix avec vous, capitaine? Alors, c'est moi qui payerai, dit Wolf en riant.

— J'aime mieux cela, docteur, répondit l'effronté sergent; je suis sûr au moins d'avoir un bénéfice honnête. C'est cinq dollars, ajouta-t-il.

— Va pour cinq dollars, répondit le docteur en fouillant dans sa poche.

— Eh bien! puisque vous êtes raisonnable, reprit le sergent en faisant disparaître l'argent avec une prestesse de prestidigitateur, je joindrai en l'honneur de mon capitaine trois tranches d'un jambon de Cincinnati dont vous me donnerez de bonnes nouvelles, une poignée de plus je me charge de vous servir de cuisinier et de maître d'hôtel.

— Bravo! fit le capitaine Mac-Morlan; ami Lingot, voilà un regalia que tu fumeras à ma santé.

— Avec une goutte de wiskey! merci, capitaine!

Alors l'ancien zouave, nous avons oublié de constater cela, l'ancien zouave, disons-nous, avec une prestesse inimaginable, tout en plaçant une bouilloire devant le feu et mettant le couvert, ainsi qu'il le disait, fit voir le jour à ses provisions et les étala, dans l'ordre le plus appétissant, devant les convives.

Tout y était : verres, assiettes, tasses, fourchettes et couteaux ; il ne manquait que la nappe et les serviettes ; mais, à la guerre comme à la guerre : on ne peut pas tout avoir, ainsi que le fit judicieusement observer Lingot.

Tout cela fut mené si rondement, que l'eau pour le thé se trouva chaude en même temps que le couvert fut mis.

— Vous êtes servis ; à table, messieurs, dit Lingot.

Il jeta le thé dans la bouilloire, et, après quelques instants, il le versa dans les tasses. Le thé embaumait !

— Diable ! dit le docteur, fort gourmand en sa qualité de médecin, il nous manque du sucre.

Lingot sourit d'un air goguenard, sans répondre.

Le capitaine le regarda d'un air significatif.

— Le sucre est un objet de luxe, dit le zouave en riant.

— Compris, dit le capitaine sur le même ton.

— Il se paie à part, n'est-ce pas ? dit Wolf d'un ton de bonne humeur.

— Dam ! fit le zouave en gouaillant, le sucre est en hausse sur la place.

— Voilà un dollar pour le sucre, dit le capitaine.

— Et un autre pour la plaisanterie du généreux cadeau du thé, ajouta le docteur.

Le zouave empocha lestement les deux dollars et plaça presque aussitôt une soucoupe remplie de morceaux de sucre entre les deux convives, et ajouta deux petites cuillers en argent pour le thé.

Le docteur et le capitaine attaquèrent alors leur souper avec un entrain tel que les spectateurs de ce brillant festin conclurent aussitôt que les miettes du repas ne seraient point suffisantes pour le déjeuner des fouines, sans doute embusquées aux environs, sous quelques brins d'herbe.

Tout en mangeant et buvant à proportion, les deux hommes causaient.

Le capitaine apprit au docteur que ce n'était pas par hasard et pour le seul plaisir de lui serrer la main et de souper avec lui qu'il s'était rendu à la Roche-Noire.

Le général Jackson l'avait chargé d'une mission importante, et lui avait remis une lettre pour le docteur, chargé de lui faciliter l'exécution de sa mission.

— Les piquets des Yankees sont-ils éloignés de l'endroit où nous sommes ? demanda le capitaine.

— Deux lieues et demie au plus, répondit Wolf, la bouche pleine ; quelle est donc cette mission dont vous me parlez ?

— Elle est très importante et doit être exécutée cette nuit-même.

— C'est donc une expédition ?

— Oui, dans toutes les règles et des plus graves ; mais soupez tranquillement, rien ne nous presse ; dès que nous aurons terminé notre repas, je vous remettrai la lettre du général ; vous saurez alors de quoi il s'agit.

— A la bonne heure, dit le docteur ; je vous avoue que je tombais presque d'inanition.

— Alors, dépêchez-vous de reprendre des forces, vous en aurez besoin bientôt, dit-il en riant et en lui versant à boire.

Le repas se continua en causant de choses indifférentes ; enfin il se termina, et le docteur avoua, avec un soupir de satisfaction, en vidant un dernier verre de bordeaux, qu'il se sentait un tout autre homme.

Il reprit alors son cigare qu'il avait éteint pour souper ; mais, au moment où, après l'avoir allumé, il le portait à ses lèvres, le cri de l'épervier d'eau se fit entendre à deux reprises à une distance assez rapprochée.

Le docteur s'arrêta net.

— C'est un signal ?... dit le capitaine.

— Ne bougez pas, dit vivement le docteur, ce signal me regarde seul ; laissez-moi répondre.

— Faites ! répondit le capitaine.

Le docteur imita aussitôt le cri de l'épervier d'eau avec une rare perfection ; la réponse fut presque immédiate.

— On m'attend, dit Wolf ; sur votre tête, ne quittez pas cette place jusqu'à mon retour.

Il se pencha alors à l'oreille du capitaine et ajouta quelques mots que celui-ci seul entendit.

Les deux hommes se serrèrent la main, puis le docteur s'éloigna presque en courant et ne tarda pas à disparaître dans les ténèbres.

XV.

DANS LEQUEL UN PERSONNAGE PLUS QUE SUSPECT COMMENCE A SE DESSINER CARRÉMENT.

Le même jour, vers sept heures et demie du soir, la tente du général Frémont, dans laquelle le général était resté enfermé depuis plusieurs heures en conférence secrète avec un officier arrivé au camp le jour même, s'ouvrit tout à coup pour livrer passage au général reconduisant son visiteur, avec lequel il continuait à causer à voix basse.

Cet officier était de haute taille ; un manteau militaire, jeté sur ses épaules et soigneusement drapé, empêchait complètement de voir ses traits, cachés de plus sous les larges ailes de son feutre.

Il fit un signe à un soldat tenant en bride un superbe cheval de guerre, richement harnaché, ayant le porte-manteau à la croupe et les revolvers aux fontes ; le soldat se rapprocha de la tente et arrêta le cheval devant l'officier.

— Recommandez-moi au président et au ministre de la guerre, mon cher capitaine, dit le général, et assurez-les que les ordres que vous m'avez transmis seront ponctuellement exécutés.

— Le président et le ministre ont la plus entière confiance en vous, mon général, répondit courtoisement le capitaine ; ils vous savent dévoué à l'Union ; mais je suis honteux de vous retenir si longtemps mon général ; permettez-moi de prendre congé de vous, j'ai une longue traite à faire.

— Allez donc, capitaine, puisqu'il le faut dit le général en lui tendant la main ; que Dieu vous soit en aide et vous ramène sain et sauf là-bas !

— Mille fois merci, mon général, répondit le capitaine en serrant respectueusement la main du général ; je connais mon chemin, j'espère échapper aux batteurs d'estrade *secesbs*.

En parlant ainsi il prit les brides, les rassembla et se mit en selle.

— Encore une fois, adieu et bon voyage, capitaine, dit affectueusement le général.

— Et vous, bonne chance, mon général, répondit-il en s'inclinant sur le cou de son cheval.

Puis, sur un dernier geste de la main du général, il piqua des deux et partit au galop à travers le camp.

Le général rentra dans sa tente, après avoir suivi pendant quelques minutes la course rapide du cavalier dans les ténèbres.

— C'est singulier, murmura-t-il d'un air pensif; cet homme, malgré sa loyauté bien connue et sa conduite irréprochable, m'est antipathique; quoi que je fasse, je ne puis m'accoutumer à sa voix doucereuse et à son air béat ; il me semble toujours qu'il joue un rôle.

Il secoua la tête à plusieurs reprises et laissa retomber derrière lui le rideau de la tente.

Cependant le capitaine continuait sa route sans ralentir l'allure de son cheval.

Bientôt il eut franchi les derniers avant-postes du quartier général, et il se trouva en pleine campagne, perdu dans les ténèbres.

Alors il s'arrêta et regarda autour de lui, comme pour s'orienter.

La nuit était splendide, le ciel d'un bleu profond, couvert d'un semis d'étoiles étincelantes ; la lune nageait dans l'éther, les lucioles et les mouches à feu se jouaient dans l'atmosphère, d'une limpidité presque transparente.

Une brise folle courait à travers les cîmes feuillues des arbres avec de mystérieux murmures; un calme solennel planait sur cette nature grandiose qui s'endormait.

D'un côté brillaient dans le lointain les feux de l'armée fédérale ; de l'autre, on apercevait comme des points rouges à l'horizon les lumières de Rockingham.

Un galop rapide se fit entendre du côté de la ville, se rapprochant de plus en plus.

Le capitaine quitta la chaussée et s'arrêta sur le revers de la route, derrière un rideau d'arbres.

Deux cavaliers, galopant côte à côte, passèrent rapidement, suivis à distance respectueuse par un troisième cavalier.

« Ah ! ah ! murmura le capitaine, — car si vite qu'eussent passé les deux cavaliers, il les avait reconnus ; — ah ! ah ! mes deux bons amis John Charlton et Tristan de Saint-Pierre ! Ils sont restés bien longtemps à Rockingham ; ils se décident enfin à rentrer au quartier-général. »

Il ajouta après un instant avec un accent singulier :

— Allez ! allez ! messieurs; nous nous reverrons plutôt que vous ne le pensez !

Les deux cavaliers avaient depuis longtemps disparu dans la nuit ; le bruit des pas de leurs chevaux avait même cessé de se faire entendre. Le capitaine revint sur la chaussée et repartit, mais d'une allure assez modérée, dans la direction de Rockingham.

Seulement, arrivé à une cinquantaine de mètres de la ville, le capitaine fit faire un crochet à son cheval, appuya sur la droite, et au lieu d'entrer dans la ville il la tourna.

Il continua à avancer ainsi pendant une vingtaine de minutes ; puis arrivé à un endroit plus fourré que les autres, il s'arrêta, mit pied à terre, attacha son cheval à une branche et continua à pieds, jusqu'à ce qu'il eût atteint une espèce d'enclos attenant à une maison dont les fenêtres de derrière étaient éclairées.

Il s'arrêta alors et imita à deux reprises le cri du hibou.

Une des fenêtres de la maison s'ouvrit aussitôt; une silhouette noire se pencha au dehors et dit d'une voix claire et que le capitaine entendit parfaitement :

— Il faut que je m'assure si ce misérable Jack m'a véritablement volé mon cheval?

— Vous ne reverrez plus ni l'esclave ni la bête, vous pouvez en faire votre deuil, répendit une voix de femme sèche et hargneuse.

— C'est possible ; mais je ne suis pas fâché, en même temps, de faire un tour dans la maison pour voir si tout est en ordre.

— Quant à cela, je vous y engage fortement : les nègres m'inquiètent.

— Bah ! je vais voir cela.

La fenêtre se referma et le capitaine vit disparaître la silhouette de l'homme.

Un instant après un individu ouvrait doucement une porte de jardin, se glissait sans bruit au dehors, refermait la porte et s'engageait sous le couvert.

— Il fait plus sombre que je ne le croyais, murmura cet individu en avançant à tâtons.

— Eh ! dit le capitaine, arrivez donc, cher M. Cobden. Depuis près d'un quart d'heure, je me morfonds à vous attendre.

— Eh ! c'est donc vous, capitaine Jo...

— Pas de noms propres, je vous prie, interrompit vivement l'officier.

— Soit ! capitaine, je ne demande pas mieux ; j'ai cru reconnaître votre signal et je me suis hâté d'accourir. Qu'y a-t-il de nouveau ?

— Pas grand'chose, si ce n'est que nos affaires marchent le mieux du monde.

— Le ciel vous entende !

— Laissez le ciel, je vous prie ; il n'a rien à voir dans tout ceci ; répondez, s'il est possible, à une question que je désire vous adresser ?

— C'est donc pour cela que vous êtes venu ici, à cette heure de nuit ?

— Pour cela et pour autre chose, mon maître ; donnez-moi d'abord un renseignement.

— Lequel ?

— Jerry Wolf est-il toujours en relations suivies avec Stonwal...vous comprenez ?

— Parfaitement ; Jerry Wolf est plus que jamais dans les bonnes grâces du général.

— Bon ! Mais je n'ose me présenter chez lui ; la ville est remplie de ces maudits Yankees ; je craindrais de me compromettre ; pouvez-vous vous charger de me l'amener ici? J'ai absolument besoin de la voir.

— Je ne puis faire cela, capitaine.

— Pourquoi donc ?

— Pour beaucoup de raisons, dont la première est que les Yankees ont voulu l'arrêter aujourd'hui, et que, prévenu à temps, il a réussi à quitter la ville.

— Que le diable emporte ce maudit loup de nom et de caractère ! Comment faire maintenant pour le trouver !

— Bah ! ce n'est peut-être pas aussi difficile que vous le croyez ?

— Que voulez-vous dire, mister Cobden ?

— Je vous rappelerai vos paroles, capitaine : pas de noms propres, s'il vous plaît ?

— C'est juste ; j'ai tort, excusez-moi.

— Avez-vous sérieusement besoin de voir Jerry Wolf ?

— Oui.

— Cette nuit même ?

— Le plus tôt possible.

— Très bien ; connaissez-vous à quelques lieues d'ici un endroit nommé la Roche-Noire ?

— Certes, qui ne connaît pas la Roche-Noire ?

— Etes-vous décidé à vous y rendre ?

— Pourquoi non, si cela est nécessaire ?

— C'est que la Roche-Noire aujourd'hui est gardée d'une façon formidable: n'y arrive pas qui veut.

— Est-ce donc là que je rencontrerai Jerry Wolf ?

— C'est là.

— Vous en êtes certain ?

— Puisque je vous l'affirme, capitaine, ne pouvez-vous me croire ?

— Je ne dis pas cela.

— Bien, bien, il est inutile d'insister là-dessus : la Roche-Noire est le quartier général de Wolf ; si vous ne le rencontrez pas là, on vous dira certainement où il se trouve ; mais non, il est impossible qu'il ne se soit pas rendu tout droit à la Roche-Noire dès qu'il est sorti de la ville.

— En vous quittant, je m'y rendrai.

— Vous oserez ?

— Tout pour le voir ; donc, n'en parlons plus. Revenons maintenant à nos affaires particulières : je n'ai pas un instant à perdre ; je devrais déjà être parti. Avez-vous parlé à votre divine Jenny ?

— Oui, capitaine.

— Elle vous a répondu ?

— Sans doute, en riant comme une folle qu'elle est.

— Comment, en riant ?

— Comme une folle, oui : elle est coiffée de son John.

— Je les croyais brouillés ?

— Querelles d'amoureux ; ils se disputent, se fâchent et ne s'en aiment que mieux.

— Peut-être n'avez-vous pas appuyé assez fortement ?

— Je lui ai dit tout ce qu'il était possible de dire ; j'ai appuyé sur votre immense fortune, les 200,000 dollars que vous lui reconnaîtrez en l'épousant et les 50,000 dollars que vous lui donnerez avant la cérémonie, sans reçu, comme cadeau de noce.

— Eh bien ?

— Elle a haussé les épaules et m'a répondu qu'en épousant John, qu'elle aime, elle se trouvera heureuse, que si John était ruiné elle l'épouserait quand même, parce qu'elle le préfère à tout, même à la fortune. Elle a la tête montée; je la connais, c'est ma fille, elle n'en démordra pas.

— Diable de petite folle, avec ses idées absurdes!

— C'est comme cela; pourquoi ne vous adressez-vous pas à Lilias. Elle est...

— Je n'aime pas les blondes, interrompit sèchement le capitaine. Ecoutez, monsieur Cobden.

— Capitaine, je vous...

— Ne m'interrompez pas; vous aimez l'argent, n'est-ce pas ?

— C'est bien naturel; sans argent, on.....

— Moi j'aime votre fille Jane, je veux l'épouser.

— Mais...

— Je veux l'épouser. Vous êtes son père; arrangez-vous comme vous voudrez, cela vous regarde; il faut que cela soit.

— Cependant...

— Ecoutez ceci : John peut mourir, la guerre n'est pas finie, les balles ne connaissent personne dans une bataille. Quoi qu'il arrive, je m'engage à vous remettre à vous, dès que vous aurez obtenu le consentement de votre fille à cette union, une somme ronde de 60,000 dollars en or, et à vous donner quittance de la dot que je consens à ne pas toucher.

— Comment dites-vous, capitaine? s'écria le planteur avec un tressaillement nerveux.

— Il est inutile de répéter, vous m'avez parfaitement entendu.

— Ainsi, vous vous engagez ?...

— Par devant notaire, si vous le désirez?

— Oui, cela sera plus régulier.

— Soit, c'est convenu ainsi?

— Il me faut du temps.

— Je vous laisserai tout le temps nécessaire; je ne veux pas me marier avant la fin de la guerre.

— Oh! s'il en est ainsi, nous réussirons !

— Ainsi, c'est convenu ?

— Vous vous engagez de votre côté ?

— Avant huit jours, vous recevrez cet engagement signé et paraphé.

— Voici ma main, capitaine.

— Voici la mienne.

Ils échangèrent une chaleureuse étreinte

— Bouche cousue! reprit le capitaine.

— Je serai muet; une indiscrétion perdrait tout.

— Très bien; et maintenant au revoir, monsieur Cobden.

— Au revoir, capitaine. Allez-vous toujours à la Roche-Noire ?

— Plus que jamais.

— Bonne chance, alors.

— Merci et au revoir.

— Au revoir.

Là-dessus, ces deux honnêtes gens, si bien faits pour se comprendre, se séparèrent; l'un rentra dans son jardin, l'autre remonta à cheval.

Tous deux, en se quittant, firent mentalement la même réflexion, presque dans les mêmes termes :

« Il tuera mon neveu, le pauvre garçon ! » pensa le planteur en se frottant les mains.

« Tout ce qui me fait obstacle doit disparaître », murmura de son côté le capitaine. « Tant pis pour John ! A tout prix, la charmante Jane m'appartiendra. S'il me gêne, je le tuerai ! »

Là-dessus, il fit sentir l'éperon à son cheval et partit au galop.

Il traversa sans difficulté les lignes fédérales en donnant le mot d'ordre.

Le hasard le conduisit à la dernière ligne, au poste même dont Watt avait si lestement assassiné la sentinelle.

L'émoi causé par ce meurtre odieux n'était pas encore calmé. Le chef du poste, avec force malédictions, raconta ce sinistre évènement au capitaine :

« Bon, murmura celui-ci tout en galopant à travers la plaine; Wolf a fait le coup! Je reconnais un de ses tours, je suis sur la bonne piste. »

Arrivé à une centaine de pas de la Roche-Noire, le capitaine fit halte, mit pied à terre, attacha son cheval, prit dans ses fontes un revolver qu'il arma, et donna le signal convenu, de longue date, entre le Bushwackers et lui, puis il s'embusqua dans un fourré.

Bientôt il entendit le bruit de la marche précipitée d'un homme s'avançant du côté où il se tenait.

A une trentaine de pas de l'officier, Wolf, car c'était lui, s'arrêta, et, après avoir attentivement examiné les environs pour essayer de découvrir celui qui l'avait appelé; ne l'apercevant pas, il dit à voix haute et comme s'il se fût parlé à lui-même :

— La nuit est sombre sous le couvert; j'aurais dû prendre une lanterne.

— On n'a pas besoin de lumière quand on va à la rencontre d'un ami, répondit aussitôt le capitaine.

— Hum ! il y a des amis de jour que la nuit on ne reconnaît pas! fit Wolf.

— C'est juste, dit le capitaine; mais les amis des ténèbres sont les plus précieux, parce qu'on peut leur parler à découvert.

On entendit alors le double bruit de deux revolvers que l'on désarmait.

— Heureux de vous rencontrer ici, capitaine, après vous avoir vu il y a quelques heures, dit Wolf en s'avançant en pleine lumière et sans aucune précaution.

— Oui, mais cette première rencontre

n'était pas propice à une conversation intime, répondit le capitaine en imitant la conduite du docteur.

— Bonne nuit, capitaine; je vous attendais.

— Bon; comment cela?

— Un pressentiment.

— Il ne vous a pas trompé; j'avais en effet un pressant besoin de vous voir.

— Eh bien! me voici, capitaine, tout à vos ordres.

— C'est au mieux; l'affaire dont il s'agit est de la plus haute importance.

— Voilà qui me plaît; parlez, capitaine!

— Je suis arrivé ce matin de Washington avec des dépêches du président Lincoln et de Seward, le ministre de la guerre...

— Je le sais, M. Coblen me l'a dit.

— C'est un buvard; mais ce qu'il ne vous a pas dit, c'est que ces dépêches renferment tout un plan de campagne adressé au général Frémont, et auquel il lui est enjoint de se conformer strictement.

— Oh! oh! voilà qui est sérieux, fit le bushwacker en fronçant le sourcil.

— N'est-ce pas? Il est donc important que Jackson soit averti le plus tôt possible.

— C'est cet infernal plan qu'il aurait fallu avoir! dit Wolf en frappant du pied avec dépit; sans lui, le reste n'est rien.

— C'est vrai; aussi je vous l'apporte.

— Le plan de Lincoln?

— Et de Seward; oui, mon cher docteur.

— Oh! oh! ceci est excellent, sur ma foi! s'écria-t-il en se frottant les mains à s'enlever l'épiderme; mais comment avez-vous réussi à vous procurer...

— Un double du plan?

— Oui.

— Mon cher Wolf, vous êtes l'homme le plus oublieux que je connaisse.

— Moi? par exemple!

— Eh! oui; vous oubliez toujours que je suis secrétaire particulier et aide de camp du ministre de la guerre; que j'assiste à tous les conseils; que les dépêches sont écrites tout entières par moi, que le ministre les signe seulement, et que souvent, comme aujourd'hui par exemple, on me charge de porter ces dépêches aux généraux.

— Quand le ministre croit avoir besoin d'un homme sûr et dans lequel il puisse avoir toute confiance? dit Wolf en ricanant.

— C'est cela même, dit le capitaine en riant.

— En effet, je me souviens maintenant. Excusez-moi, capitaine; j'ai tant d'affaires dans la tête, que souvent je ne sais plus ce que je fais.

— Diable! il faut prendre garde à cela, mon ami Wolf.

— Oh! rassurez-vous; cela me passe promptement.

— A la bonne heure! Vous comprenez donc que lorsque j'ai écrit une dépêche, rien ne m'est plus facile que d'en prendre le double.

— Ce que vous faites?

— Toujours.

— Ainsi, cette fois?...

— Je vous apporte le double textuel, mot pour mot, et sans qu'il y manque une virgule, de la dépêche que j'ai eu l'honneur de remettre moi-même au général Frémont.

— Bravo! quand je donnerai ce plan au général Jackson il se frottera les mains et citera la Bible plus que jamais!...

— Il n'a donc pas perdu cette habitude de citer des versets de la Bible, notre digne général?

— Lui? allons donc! il l'a plus que jamais; c'est un vieux puritain.

— Grand bien lui fasse!

Il choisit alors dans son portefeuille un grand pli cacheté, assez lourd, et le remettant à Wolf, qui le prit et le fit disparaître aussitôt dans la poche la plus secrète de ses vêtements:

— Vous donnerez ce pli au général Jackson, continua le capitaine; et afin qu'il ne doute pas des nouvelles graves qu'il renferme et qu'il y ajoute au contraire une foi absolue, vous lui direz que l'intérieur de l'enveloppe renferme un signe particulier connu de lui et de moi seulement; au besoin même vous lui direz mon nom, que je l'espère, il se rappellera.

— Je n'oublierai aucune de vos recommandations, capitaine; soyez tranquille: est-ce tout?

— Un mot encore: vous annoncerez au général que le commandant Stewens, des milices géorgiennes, arrivera au camp sous quarante-huit heures.

— Vous dites le commandant Stewens? Très bien, je m'en souviendrai; quand le général doit-il avoir ce pli?

— Cette nuit même, s'il est possible; au plus tard au lever du soleil. Pourquoi cette question, ami Wolf?

— Tout simplement parce que le général m'a envoyé le capitaine Mac Morlan à la Roche-Noire et que nous devons, cette nuit, faire une expédition importante ensemble.

— Quelle expédition?

— Je l'ignore; le capitaine allait me l'apprendre quand j'ai entendu votre signal. Je me suis empressé de me rendre près de vous, de sorte que je ne sais rien encore.

— Peu importe! les fédéraux ne commenceront pas leur mouvement avant huit heures du matin; réglez-vous là-dessus.

— Très bien! Au lever du soleil, au plus tard, le général aura la dépêche.
— C'est tout ce qu'il faut. A présent, adieu, ami Wolf.
— Adieu, capitaine.
— N'oubliez pas le commandant...
— Stewens... soyez tranquille.

Les deux hommes se serrèrent la main, après avoir encore échangé quelques paroles, et ils se séparèrent.

Dès qu'ils eurent quitté la place, il se fit un bruit dans les broussailles, les branches d'un buisson de plantes épineuses s'écartèrent, et un homme parut, sortant en rampant du milieu du buisson où il s'était tenu caché, il jeta un regard inquisiteur autour de lui et se releva.

« Quel peut être cet habile espion des Sudistes? murmura-t-il d'un air pensif. J'étais trop loin pour bien entendre, mais les lambeaux de phrases que j'ai surpris m'ont suffisamment renseigné ; je saurai quel est ce misérable espion ou je périrai à la tâche! »

Après quelques secondes de profonde réflexion, cet homme se lança sur la piste du cavalier et disparut bientôt au milieu des halliers.

Cet homme était le Charmeur de serpents.

Depuis quelques heures, il s'était embusqué à cette place, dans le but de surprendre et de tuer son implacable ennemi Wolf, si l'occasion s'en présentait.

Cependant celui-ci avait regagné au plus vite la Roche-Noire.

Le capitaine Mac-Morlan lui remit alors la lettre du général et lui expliqua le plan de l'expédition qu'il s'agissait d'exécuter et de mener à bien.

Le général Jackson voulant évacuer cette contrée après avoir fait passer tous les bestiaux sur l'autre rive de la Shennandohah, se proposait de battre en retraite très lentement, afin de laisser aux bushwackers le temps de faire leur opération.

Ordre était donc donné au docteur Wolf de mettre le feu aux forêts s'étendant devant les Fédéraux, afin de les empêcher d'y pénétrer et de venir ainsi à couvert essayer de surprendre le camp sudiste.

Grâce à Wolf, à ses acolytes, au capitaine Mac-Morlan et à ses sacripants sans foi ni loi, l'ordre de Jackson fut bientôt exécuté.

En moins de deux heures, les Bushwakers eurent livré une grande étendue de forêts aux flammes.

Au milieu de la nuit, tout à coup et comme par enchantement, de gigantesques colonnes de flammes s'élevèrent çà et là.

Ces gerbes étincelantes tordues par la brise nocturne se rapprochèrent les unes des autres, puis se confondirent en une seule et immense nappe de feu.

La plaine se trouva subitement illuminée d'une façon étrange par les lueurs rougeâtres de l'incendie dévorant des forêts entières.

Au milieu de cette catastrophe dont ils étaient les auteurs, les Sudistes, lançant sans cesse dans les fourrés des branches de sapin trempées dans la résine, se hâtaient de regagner leur camp, poussant devant eux des bœufs, des chevaux, des mulets, pêle-mêle avec des nègres et des négresses.

Les terribles rugissements de l'incendie, les cris des animaux affolés de terreur, mêlés aux lamentations des nègres, lamentations plus affreuses encore des négresses et aux vociférations des incendiaires, formaient un effroyable concert dont rien ne saurait rendre l'expression douloureuse et lamentable.

Cette troupe de démons aveuglés par la fumée, éblouis par l'éclat des flammes, harassés de fatigue, réussit cependant à arriver sans encombre avec son butin aux avant-postes de l'armée sudiste.

Là, après avoir mis ses hommes convenablement à l'abri, Wolf se dirigea en toute hâte vers le quartier général de Stonewal Jackson.

Le soleil n'allait pas tarder à se lever et à dissiper les ténèbres ; il était donc de la plus haute importance que le pli remis à Wolf par l'espion fût présenté au général.

XVI

DANS LEQUEL LE PROFIL DU GÉNÉRAL STONEWAL JACKSON SE FAIT ENTREVOIR

Dans une hutte de nègres à demi-ruinée, située sur un mamelon au pied et sur les pentes duquel on apercevait de nombreux groupes de soldats se chauffant à de grands feux alimentés par des arbres entiers, deux officiers causaient avec une certaine animation, tandis qu'un troisième, enveloppé dans un large manteau, dormait étendu sur une botte de paille.

L'un des deux interlocuteurs, dont l'œil bleu clair et fixe indiquait la résolution, était accoudé sur une table boîteuse mal équarrie, et dont un des pieds, trop court, était calé avec un tesson de marmite, et semblait absorbé par l'examen de plusieurs cartes étendues devant lui sur la table.

Cet officier était Stonewal Jackson.

Misérablement vêtu d'étoffe grise, comme le plus humble de ses soldats, Jackson avait les traits fins, distingués, le visage pâle par les fatigues d'une longue et pénible campagne; d'une nature délicate, maladive même, malgré cet extérieur qui ne laissait nullement deviner son audace extraordinaire et son incroyable énergie, cet homme de guerre était l'un des meilleurs généraux du gouvernement sudiste, s'il n'en était pas le meilleur.

Il avait la voix douce et mélodieuse comme celle d'une femme ; son attitude toujours modeste le rendait naturellement sympathique à tous ceux avec lesquels le hasard le mettait en rapports; sa physionomie changeait peu, même au milieu des plus grands dangers; elle se transformait, mais alors la métamorphose était complète, que lorsqu'il traitait de religion.

Alors Jackson semblait grandir encore; sa timidité disparaissait, son œil s'animait, les paroles se pressaient sur ses lèvres, ses cheveux blonds se hérissaient autour de son front et lui formaient une espèce d'auréole.

Subitement changé en prophète, Jackson se livrait aux prédications les plus passionnées; ce mysticisme impitoyable mis par lui tout entier au service de la cause du Sud, uni à des talents militaires de premier ordre, en faisait un des plus redoutables adversaires de l'Union.

Aussi le gouvernement du Sud confiait-il toujours les missions les plus périlleuses au sombre fanatique, qui ne reculait jamais, et dont l'indomptable bravoure se communiquait à tous ses soldats, les électrisait et en faisait des héros.

Parlant peu, triste, rêveur, d'une politesse exquise et d'une éducation supérieure, Jackson était adoré de ses soldats, qui lui obéissaient aveuglement; il possédait, en outre, un prestige considérable, étant jusqu'alors toujours sorti vainqueur des luttes qu'il avait engagées.

L'officier avec lequel causait le général Jackson formait avec lui un contraste complet.

Grand, fort, brun de visage, les cheveux et la barbe noirs, la parole haute et sonore, le geste impatient et brusque, tel était cet officier, le colonel Ashby.

C'était un rude soldat, ce colonel Ashby, mais d'une autre façon que son chef.

Il aimait les aventures tapageuses, les jolies femmes, le bon wiskey et le plaisir à fortes doses.

Il respectait fort les allures d'ascète de son général qu'il adorait; mais bien souvent il se rongeait les poings lorsque celui-ci entamait un sermon, et il bâillait à se démettre la mâchoire, quand il le voyait entrer dans une de ses crises habituelles de surnaturalisme.

Aussi, le colonel Ashby, commandant la cavalerie de l'armée de Jackson, se plaisait-il médiocrement au quartier général, et n'était-il vraiment heureux qu'en expédition. Alors il se livrait à ses instincts de batailleur et à ses penchants irrésistibles pour le beau sexe, avec toute l'ardeur de son tempéramment de feu.

Il agissait en homme convaincu que sa carrière serait courte; par conséquent il ne laissait échapper aucune occasion de bien vivre.

Le troisième officier, celui qui dormait, était un capitaine d'état-major, aide de camp du général; celui-ci l'estimait beaucoup à cause de sa bravoure d'abord, et ensuite parce que, bien que très jeune encore — il avait à peine vingt-deux ans — il était un grand cœur, un caractère ferme et droit et un homme d'une intelligence hors ligne et d'une probité proverbiale.

Nous l'avons déjà vu passer dans ce récit, d'une façon assez effacée, dans une circonstance grave; en un mot, cet officier était Richard ou Dick Cobden, le fils du planteur et le frère de cette charmante, mais un peu trop coléreuse miss Jane Cobden, dont les caprices endiablés faisaient le désespoir de ce pauvre John Charlton.

Dick était revenu au camp une heure auparavant, harassé de fatigue, après avoir fait, à la tête d'un petit détachement de cavalerie, une reconnaissance fort importante, dont il s'était acquitté de la façon la plus intelligente et la plus honorable.

Le général Jackson, qui le traitait comme un fils, l'avait obligé à prendre quelques instants d'un repos indispensable après d'aussi grandes fatigues.

Tandis que le général étudiait courbé sur les cartes, calculant les distances un compas à la main, le colonel Ashby marchait à grands pas à travers la case en fredonnant une marche entre ses dents et parfois s'arrêtant pour dissimuler un bâillement.

— Ah ! dit tout à coup le général en se redressant, tout me manque; notre service d'espionnage est organisé d'une façon déplorable ; il est impossible de rien savoir sur les mouvements de l'ennemi. Comment faire la guerre dans de semblables conditions ?

— Il y a quelques jours, permettez-moi de vous le rappeler, général, vous vous exprimiez d'une façon toute différente.

— C'est vrai, colonel.

— Eh bien ?

— Eh bien ! j'avais raison alors; et je n'ai pas tort aujourd'hui. Je comptais recevoir cette nuit-même des renseignements précieux ; rien n'est venu.

— Bon ! ces renseignements arriveront

un jour ou l'autre, général, dit le colonel en riant.

— Vous riez toujours et de tout, Ashby ; c'est un grand tort. Notre situation n'est pas des plus agréables en ce moment.

— Ce dont j'enrage, général ; mais que faire ?

— Ah ! voilà !... Si je me doutais seulement des intentions de Fremont !

— Oui, tout est là. Mais puisque vous êtes si mal servi par vos espions, il faut en prendre votre parti et vous passer d'eux.

— Il le faudra bien.

— La victoire que vous remporterez alors n'en sera que plus belle.

— Je le sais bien, mais...

Et, s'interrompant tout à coup :

— Ici, voyez-vous, Ashby, nous les attendrons, reprit-il en désignant un point sur la carte.

Le colonel Ashby s'approcha de la table, se pencha et suivit de l'œil les indications du général.

— Je doute qu'ils viennent jusque-là, général, si nous recevons nos renforts.

— Nous ne les recevrons pas, colonel.

— Comment ! s'écria celui-ci avec désappointement.

— C'est ainsi, reprit le général en haussant légèrement les épaules ; ils ne veulent rien m'envoyer de Richemond ; ils sont trop inquiétés, en ce moment, par notre ancien ami et camarade Mac-Clelan.

— Alors, il nous faut absolument repasser la Shennandoah ! s'écria le colonel Ashby en étouffant un soupir et faisant un geste de colère.

— Oui, et le plus tôt possible ; du reste, colonel, c'est sur vous que je compte pour occuper les Yankees pendant le temps nécessaire pour faire filer nos bestiaux.

— Je ne les laisserai pas respirer, soyez tranquille, général ; chaque pouce de terrain qu'ils prendront leur coûtera cher !

— A la bonne heure !

En ce moment, on frappa discrètement à la porte.

— Entrez, dit le général.

Le colonel Ashby alla lui-même ouvrir.

— Le capitaine Jerry Wolf, arrivant de l'ennemi, dit le colonel, demande à vous parler, mon général.

— Qu'il entre.

Le docteur pénétra alors dans la case.

Après avoir serré la main aux deux officiers comme à de vieilles connaissances, il s'assit sans cérémonie devant le feu et, jetant sa chique, il en prit une neuve ; qu'il se mit à mâcher avec une satisfaction évidente.

— Quoi de nouveau, mon ami Wolf ? demanda le général ; vous faites une rude guerre aux yankees, m'a-t-on assuré ? si chacun agissait comme vous, la question serait promptement réglée avec le Nord.

— Je les hais, mon général ; je leur prouve cette haine par tous les moyens en mon pouvoir, dit le docteur d'une voix sourde en fronçant les sourcils.

— Il n'y a pas de mal à cela, mon camarade ; on ne fait pas la guerre en s'adressant des douceurs ; le capitaine Mac-Morlan vous a-t-il communiqué mes ordres ?

— Oui, mon général, deux heures après ils étaient exécutés ; mais, avant de vous donner des détails sur cette expédition, permettez-moi, mon général, de vous entretenir d'une affaire bien autrement grave.

— Oh ! oh ! il y a donc du nouveau ?

— Beaucoup, mon général. Si la mission dont je suis chargé n'avait pas été aussi importante, je ne me serais pas permis de venir vous ennuyer de ma présence à votre quartier général.

— Où vous êtes toujours le bien venu, ami Wolf.

— Je vous remercie, mon général. Aussi, sachant combien votre temps est précieux, je ne viens jamais que lorsqu'il y a nécessité absolue.

— Parlez ; de quoi s'agit-il ?

— Quelqu'un s'est approché cette nuit de la Roche-Noire et m'a fait le signal connu seulement de nos partisans. Je suis descendu ; après avoir échangé les signes de reconnaissance, je me suis approché et je me suis trouvé face à face avec un homme portant l'uniforme de l'armée fédérale, avec lequel je m'étais déjà rencontré dans la journée, sans avoir échangé un mot avec lui. Cette fois, il me cherchait.

— Avez-vous vu son visage ? demanda le général.

— Non ; je sais seulement qu'il est de haute taille : c'est tout. Nous étions sous le couvert, au plus épais de la forêt.

— C'est bien ; continuez.

— Il me déclara être officier d'ordonnance de Seward, avoir été chargé par le ministre de remettre une dépêche importante au général Fremont.

— Oh ! oh ! cette dépêche a-t-elle été remise ?

— Oui, mon général.

— Hum ! fit le général Jackson en frappant du pied avec colère.

— Mais, continua Wolf avec bonhomie, cet homme a ajouté, comme correctif, que, lui-même ayant écrit cette dépêche, rien ne lui avait été plus facile que d'en faire une double expédition qu'il était heureux de vous offrir.

— Parbleu ! voilà un brave homme ! s'écria joyeusement le général. Où est cette dépêche, ami Wolf ?

— La voici, mon général, répondit-il en

la retirant d'une poche intérieure de son vêtement et la présentant au général.

Celui-ci s'en empara avec un vif mouvement de joie

— Qui nous prouve que cet homme n'est pas un traître et sa dépêche un piège? dit vivement le colonel. Prenez garde, général.

— Hum! fit Jackson en laissant errer son regard de l'un à l'autre de ses interlocuteurs; les Yankees sont bien fins !

— Mon général, reprit Wolf, je connais cet homme; vous devez le connaître aussi, car il m'a autorisé à vous révéler son nom si cela était indispensable; de plus, il m'a averti qu'à l'intérieur de l'enveloppe de cette dépêche vous trouverez un signe connu de vous seul, vous apprenant d'où vous viennent ces renseignements.

— Ceci est autre chose, dit le colonel; si c'est ainsi, je retire mes paroles.

— C'est juste, dit le général; voyons donc.

Il décacheta la dépêche, et, avant de la déplier et de la lire, il examina l'enveloppe avec la plus sérieuse attention.

Soudain ses traits se détendirent, le soupçon disparut de son visage pour faire place à la plus entière confiance.

— Messieurs, dit-il, j'ai en effet l'honneur de connaître particulièrement ce gentleman; il a rendu d'immenses services à notre cause et lui en rendra encore d'autres; c'est un de nos amis les plus dévoués, dont l'honneur est au-dessus de tous les soupçons.

Les deux hommes s'inclinèrent.

— Bravo ! Ainsi, tout s'explique, dit le colonel.

— Je savais qu'il en serait ainsi, ajouta Wolf.

Le général lisait la dépêche avec attention.

— Eh bien ! demanda le colonel quand il eut terminé, êtes-vous satisfait, général ?

— Complètement, colonel; bientôt, avec l'aide de Dieu, nous taillerons des croupières aux Yankees. Continuez, ami Wolf.

— Mon général, cet homme m'a chargé de vous annoncer, en outre, l'arrivée sous quarante-huit heures, du commandant Stewens à votre quartier général.

— Il y sera bien reçu, dit Jackson en riant.

— C'est un charmant garçon que ce Stewens, dit le colonel; haut la main gai, bon vivant !

— Mais un peu mystérieux, dit le capitaine Dick, en s'éveillant et rétablissant l'harmonie de son uniforme.

— Ce grain de mystère ne laisse pas que de donner un certain relief au commandant.

— En effet, il joue parmi nous un rôle de météore errant, arrivant et partant à l'improviste en prenant congé à la française, ce qui ne laisse pas que d'être assez singulier, pour ne pas dire plus, répondit le capitaine Dick.

Les trois officiers, Wolf y compris, éclatèrent d'un franc éclat de rire à cette boutade du jeune homme.

Nous avons oublié de constater qu'en s'éveillant Dick Cobden avait fait une grimace de mécontentement en apercevant Wolff; il l'avait salué très froidement et ne lui avait plus adressé la parole.

— Ami Wolf, reprit le général, vous n'avez pas terminé votre rapport; ce gentleman vous a-t-il fait d'autres communications ?

— Une seule, mon général; il m'a assuré que les Yankees ne commenceraient pas leurs mouvements ce matin avant huit heures.

— Bon ! il est cinq heures et demie à peine. Continuez, je vous prie.

— Ce cavalier prit alors congé de moi, et je retournai à la Roche-Noire, où je dressai avec le capitaine Mac-Morlan le plan de l'expédition ordonnée par vous.

— Vous l'avez exécuté ?

— A la lettre, mon général ; vous en aurez bientôt la preuve.

— Je connais votre dévouement. Où sont les fédéraux ? Occupent-ils Rockingham ?

— Oui, mon général, mais faiblement. Ces démons, ajouta-t-il en frappant la table du poing, m'ont donné la chasse comme à un fauve ; ils ont pris, pillé et brûlé ma maison ; je ne me suis échappé que par miracle !

— Bon ! vous prendrez votre revanche !

— J'y compte bien ! fit-il avec colère.

— Où est Frémont ?

— Un peu en avant sur la droite de Rockingham à River-Creeck ; j'ai traversé toutes les lignes cette nuit.

— A-t-il beaucoup de troupes avec lui ?

— Assez, mon général ; au moins autant que vous en avez ; j'ai pu m'en assurer.

— Ah ! ah !

— De plus, les Yankees ont deux forts régiments de cavalerie et des batteries de montagnes. Ils disent tout haut qu'ils nous acculeront à la Shennandoah et nous y jetteront.

— Hum ! nous verrons cela, dit froidement le général Jackson.

— En attendant, ils volent les nègres, leur prêchent la révolte et les déchaînent contre nous, dit Wolf avec ressentiment ; ils m'ont enlevé tous les miens !

— Cela est plus sérieux, dit le colonel en hochant la tête.

— Je n'ai rien à ajouter de plus, mon général, dit Wolf en saluant.

— Très bien! je vous remercie de ce que vous avez fait et de ce que vous m'avez appris. Ecoutez-moi maintenant avec attention, gentlemen.

Les trois hommes se levèrent; ils se tinrent respectueusement debout devant le général dont le bras gauche, sur lequel reposait le poids de son corps, était appuyé sur la table. Jackson redressa la tête et, d'une voix mâle, dit :

— Tout ce qui se passe est très grave ; il nous faut agir promptement et vigoureusement. Vous partirez immédiatement, colonel Ashby et exécuter mes ordres. Quant à vous, Jerry Wolf, vous resterez avec vos braves compagnons dans ces parages que vous connaissez admirablement. Vous surveillerez les Yankees de telle sorte que pas un de leurs mouvements ne nous échappe.

— Bien! mon général, répondit Wolf.

— Allons, à l'œuvre! et gare dessous! messieurs les abolitionnistes! s'écria le colonel en se frottant joyeusement les mains.

— Oui, gare dessous! Que je sois damné dix ans plus tôt si j'épargne un seul de ces démons! s'écria Wolf avec une joie farouche.

— Bah! vous ne les courrez pas comme des nègres marrons, je suppose? dit en riant le capitaine Dick.

— C'est ce qui vous trompe, mon ami; il faut qu'ils me rendent ce qu'ils m'ont volé : ma maison brûlée et mes nègres enlevés.

— Vous voulez dire vos négresses, reprit le jeune homme avec un sourire railleur. Quant à moi, je ne vous ai jamais connu un seul nègre.

Wolf fronça le sourcil, haussa les épaules et ne répondit pas.

— J'ai à causer avec vous avant que nous ne nous séparions, maître Wolf! reprit le capitaine Dick.

— Comme il vous plaira, répondit Wolf d'un air bourru ; pourvu que vous ne me reteniez pas longtemps, capitaine Dick! Je suis pressé.

— Cinq minutes à peine.

— C'est entendu.

Il se rapprocha du général, qui reprenait la parole.

— Du calme, messieurs, dit Jackson d'une voix sévère; du calme, du sang-froid, de la ruse, de l'audace et du cœur, voilà tout ce que je vous demande pour le moment. Surtout, n'engagez pas la lutte sans mon ordre.

— Est-ce que nous continuons la retraite? demanda le colonel.

— Il le faut, à présent plus que jamais, mon cher colonel.

— Vous le voulez, c'est bien, mon général ; mais il est dur pour de braves soldats comme les nôtres de toujours reculer ainsi.

Et le colonel fouetta l'air avec sa cravache, faute d'autre moyen de passer la colère qui l'étouffait.

— Il faut en prendre son parti! murmura Dick.

— C'est, Dieu me damne! à se manger les poings de rage! grommela Wolf en mâchant sa chique avec fureur.

— Patience! mes enfants! rapportez-vous-en à moi; le jour viendra où nous leur feront face. Allez! soyez tranquilles; souvenez-vous de la parole divine. « Alors Josué et tout Israël, feignant d'être vaincus, s'enfuirent par le chemin du désert. »

— Oui, oui, le retour du sanglier! se hâta de dire le colonel, voyant poindre avec terreur un de ces sermons qu'il redoutait si fort.

— Justement! répondit le général, un peu interloqué de la désinvolture avec laquelle le colonel lui avait coupé la parole.

Les quatre officiers sudistes sortirent alors de la case.

Nous disons les quatre officiers, parce que Wolf avait véritablement le grade et le rang de capitaine dans l'armée du Sud.

Le spectacle qui s'offrit à leurs regards était véritablement splendide.

L'incendie était dans toute sa force et éclairait le ciel de ses lueurs sinistres.

Le jour commençait à poindre.

L'Orient se teignait de lueurs indécises, vagues encore, zébrant l'horizon de leurs tons tendres et calmes, constrastant d'une façon sublime avec les rougeurs violentes, fauves et tourmentées qui s'élevaient au milieu d'un chaos de fumée au-dessus des forêts en combustion.

Ce spectacle d'une horreur surhumaine, plein d'épouvantements et de sinistres péripéties, était d'une effroyable et grandiose splendeur.

Jackson, dont l'esprit essentiellement mystique était plus que tout autre accessible aux émotions profondes, fut frappé par l'aspect splendide du monstrueux désastre, dont seul il était l'auteur.

Ses compagnons, les soldats eux-mêmes, malgré leurs sauvages aptitudes, ne restèrent pas insensibles devant ce tableau empreint d'une si farouche grandeur.

Le général, surexcité sans doute par ce qu'il voyait, leva les mains au ciel et s'écria avec la foi inconsciente et féroce d'un sectaire exalté :

— « Tu détruiras donc tous les peuples que l'Eternel te livre! ton œil ne les épargnera point ! »

Le colonel, peu soucieux d'en entendre davantage, prit brusquement congé de son chef et descendit la colline en toute hâte, laissant le général rentrer dans sa case en murmurant :

— « Et Dieu dit : Vas car je suis avec toi ; et tu auras un signe que c'est moi qui t'ai envoyé quand tu auras retiré mon peuple de l'Egypte ! »

Puis il s'affaissa sur une chaise, laissa tomber sa tête sur sa poitrine et s'abîma dans de profondes réflexions sans remarquer la présence de Dick et du docteur assis à l'autre extrémité de la pièce et causant à voix basse avec animation.

Wolf n'avait d'abord accepté qu'avec répugnance l'entretien à lui proposé par le jeune capitaine, mais comme il savait ne pouvoir éviter l'explication demandée, il fit à mauvais jeu bon visage, et résolut d'en finir tout de suite, certain de ne pas s'en tirer à son désavantage.

— A nous deux, maître Wolf ! lui avait dit le capitaine au moment où, en compagnie du général ils sortaient de la case, et le ramenant tout doucement en arrière : vous souvenez-vous de certaine conversation que nous avons eue sur le Blue Ridge ?

— Oui, en effet, je crois me souvenir.

— Ah ! vous croyez seulement ?

— Non, pardon, je n'y étais pas ; je m'en souviens parfaitement.

Soudain le docteur se frappa le front, un sourire sardonique glissa sur ses lèvres ; que ses yeux lancèrent un éclair ; il était évident qu'une idée bizarre venait à l'improviste de traverser sa cervelle.

Il reprit, mais cette fois d'un ton assuré et d'un accent bref et cassant, dont le jeune homme qui ne s'attendait pas à ce changement soudain fut très surpris, mais sur lequel il ne tarda pas à être édifié.

— Tenez, maître Dick, dit Wolf, c'était avec peine que je consentais à entamer cet entretien.

— Oui-dà ! fit le jeune homme.

— Mon Dieu, oui ! Je vous aime beaucoup, ainsi que votre famille, vous le savez, il me répugnait de revenir avec vous sur une affaire désastreuse.

— De quelle affaire désastreuse parlez-vous donc, maître Wolf ?

— Ah ! vous l'avez oublié ? eh bien ! restons en là, qu'il n'en soit plus question ; j'ai fait de plus grandes pertes dans ma vie. Celle-là passera avec les autres, voilà tout.

— Hein ? que dites-vous ?

— Rien ; n'en parlons plus ; à vous revoir. Quittons-nous bons amis.

Et il fit un mouvement comme pour se lever.

— Vous ne m'échapperez pas ainsi, dit le jeune homme en le retenant ; que parlez-vous de pertes causées par moi ?

— Bah ! j'ai eu la langue trop longue.

— Puisque vous vous obstinez à ne rien dire et feignez de ne pas me comprendre, je parlerai moi, maître Wolf !

— Comme il vous plaira, capitaine.

— Je vous ai proposé un marché que vous avez accepté. Est-ce vrai ?

— C'est vrai ; je l'ai accepté, mais contre ma volonté, vous le savez !

— Soit, je l'admets.

— Ah ! fit Wolf avec un soupir de soulagement.

— Avez-vous rempli les clauses de notre marché ?

— Précisez, maître Dick.

— Avez-vous acheté la jeune fille ?

— Hélas ! oui, je l'ai achetée, très cher même, à cet usurier de M. Warding.

— Ainsi, vous convenez l'avoir achetée ?

— Pourquoi n'en conviendrais-je pas ? J'ai l'acte de vente dans ma poche ; j'ai même payé comptant, en beaux dollars tout neufs. Le bourreau a refusé d'accepter du papier.

— Donc, vous avez acheté la jeune fille ?

— Amy !... Oui, cent fois, mille fois, oui ! ce dont j'enrage ! Combien de fois faudra-t-il vous le répéter, maître Dick.

— Bien ! c'est entendu. Pourquoi, aussitôt le marché conclu, ne m'avez-vous pas, selon nos conventions, cédé immédiatement la jeune fille contre un bénéfice de quatre cents dollars ?

— D'abord, vous n'étiez pas à Rockingham.

— Pas de faux fuyants ; vous saviez où me trouver ?

— C'est vrai.

— Alors, pourquoi n'êtes-vous pas parti aussitôt ?

— Parce que je ne le pouvais pas.

— Hein ?

— Je ne le pouvais pas, je le répète.

— J'en doute.

— Ecoutez-moi à votre tour, maître Dick ; j'ai fait l'impossible pour éviter cette explication, me résignant même à une perte considérable, plutôt que de vous causer un chagrin, car je sais que vous aimez cette petite.

— Maître Wolf !

— Bah ! allez-vous jouer au fin avec moi, à présent ? Propose-t-on un marché comme celui que m'avez proposé si...

— Je vous arrête là ; pas un mot de plus sur ce sujet.

— Comme vous voudrez ; cela m'est égal, après tout.

— Pourquoi ne m'avez-vous pas revendu cette jeune fille ?

— Comment, vous ne comprenez pas que cela m'a été impossible ?

— Impossible !

— Eh ! mon Dieu, oui ! malheureusement pour moi !

— Comment pour vous ?

— Eh bien ! puisqu'il faut vous le dire, je perds deux mille deux cents dollars dans cette affaire ; voilà la vérité. Ce juif de Warding me l'a vendue ce prix-là. C'est cher pour une enfant de cet âge ; mais je vous avais donné ma parole ; je voulais la tenir.

— Vous savez que je ne vous comprends pas du tout, maître Wolf ?

— Sachez donc, entêté que vous êtes, que j'avais à peine reconduit M. Warding jusqu'à la porte ; je retournais à ma bibliothèque, où la jeune fille m'attendait, lorsque tout à coup ma maison fut envahie par les Yankees ; je n'eus que le temps de me sauver par une porte de derrière et de me réfugier chez votre père.

— Chez mon père ?

— Il vous le dira ; les Yankees me cherchaient pour me pendre ; je m'échappai à la tombée de la nuit de Rockingham, et après avoir rencontré Watt, vous savez... ?

— Je sais.

— Je me rendis à la Roche-Noire. Watt m'apprit en route que les Yankees, furieux de ne m'avoir pas trouvé, avaient pillé et brûlé ma maison et enlevé toutes mes négresses, Amy comprise, bien entendu.

— Ah ça ! c'est donc vrai ?

— Regardez-moi : ai-je l'habitude de courir la campagne ainsi vêtu !

— En effet. Donc vous m'affirmez que les choses se sont passées absolument comme vous me l'avez rapporté ?

— Vous savez bien que je ne me souciais pas de cette affaire, que c'est seulement pour vous être agréable que j'ai consenti ? Interrogez Watt, votre père même, si vous le désirez ; je vous assure ma parole que je n'ai pas menti d'un mot, foi d'honnête homme !

— Hum ! je préférerais un autre serment. Nous nous connaissons, maître Wolf.

— Foi de coquin, alors !

— J'aime mieux cela. Ainsi Amy vous a coûté ?

— Deux mille deux cents dollars. C'est une perte considérable par le temps qui court !

— C'est vrai. Aussi n'est-il pas juste, n'ayant été que mon chargé de pouvoirs en cette affaire, que vous supportiez cette perte.

— Que voulez-vous dire ?

— Tout simplement que je vais vous rembourser la somme avancée par vous.

— Plaisantez-vous, maître Dick ?

— Je ne plaisante jamais en affaires.

— Vous l'aimez donc bien ?

— Ceci ne vous regarde pas.

— C'est juste, mais peut-être ne la retrouverez-vous jamais.

— C'est mon affaire.

— Je vous aiderai à la chercher, et à nous deux...

— Je vous le défends ; elle est à moi ; seul, j'ai le droit de m'occuper d'elle, comme cela me conviendra.

— Hum !

— Refusez-vous de me la céder ?

— Non, pas.

— Alors, vous avez sur vous le contrat de vente bien en règle fait entre M. Warding et vous ?

— Le voici.

Et il le retira de son portefeuille.

— Très bien. Ecrivez là, à cette place, la cession que vous me faites de votre esclave, moyennant 2,600 dollars. C'est le prix convenu entre nous, n'est-ce pas ?

— En effet, c'est le prix convenu.

«Bah ! ajouta-t-il à part lui, Amy est perdue pour lui comme pour moi, à présent ; autant accepter.»

— Ecrivez donc !

— Reçu comptant ?

— Voici un chèque sur mon banquier de Cincinnati ; l'acceptez-vous ?

— Je le crois bien ! c'est de l'or en barre !

— Alors, écrivez.

Wolf écrivit sans se faire prier davantage, tout heureux d'être sorti d'un aussi mauvais pas et d'avoir fait en même temps une bonne affaire.

— Voilà, dit-il.

Le capitaine Dick Cobden lut attentivement la cession écrite par Wolf, plia le papier et le mit dans sa poche.

— C'est bien, dit-il.

— C'est égal, reprit le docteur, il faut que vous en soyez bien amoureux pour aventurer une aussi grosse somme dans de mauvaises conditions ?

Le jeune homme haussa les épaules.

— Vous êtes un niais, lui dit-il.

— Bon ! bon ! qui vivra verra ! dit l'obstiné docteur.

En ce moment, le général Jackson releva la tête.

— Ah ! dit-il, vous êtes encore là, capitaine Wolf ?

— Oui, mon général, je n'ai pas voulu partir avant de savoir si vous aviez d'autres ordres à me donner ?

— Non, aucun ; vous pouvez vous retirer.

— Mon général, j'ai l'honneur de vous saluer, dit Wolf en passant près de Dick.

Il ajouta avec un sourire railleur :

— Au revoir, mon gentil amoureux.

Le jeune capitaine lui tourna le dos avec dédain.

— Capitaine, dit le général dès qu'il fut

seul avec son aide de camp, nous nous remettons en marche ; prévenez les chefs de corps.

Le jeune officier salua et sortit.

Vingt minutes plus tard, l'armée sudiste quittait ses bivouacs et se remettait en retraite sur la Shennandoah.

XVII

DANS LEQUEL LE LECTEUR A LE PLAISIR DE REVOIR L'HONNÊTE M. WARDING

Quelques jours s'étaient écoulés : l'armée fédérale était en marche.

Le général Frémont s'était enfin décidé à pousser vigoureusement l'ennemi devant lui.

Les jours de pluies continuelles survenues depuis l'occupation de Rockingham avaient rendu tout mouvement en avant sinon impossible, du moins fort difficile.

En effet, ce n'était pas une petite affaire pour un général en chef que de s'avancer aussi loin de sa base d'opérations en pays ennemi, surtout dans une contrée si favorable aux embuscades; d'autant plus que les routes, défoncées par les eaux, avaient été mises déjà en fort mauvais état par les mouvements de l'armée de Jackson.

L'armée nordiste marchait lentement, ce qui s'expliquait non-seulement par les difficultés des voies de communication, mais surtout par l'état de délabrement dans lequel se trouvait l'équipement des soldats.

Depuis le départ de Wheeling, où le général Frémont avait formé son armée, les troupes avaient constamment campé en plein air, dans des champs se métamorphosant toujours en marais dès qu'on y restait quelques heures.

Il avait fallu passer nombre de rivières à gué, les ponts ayant été coupés par les esclavagistes; les voitures, les fourgons, l'artillerie, mettaient parfois des journées entières à franchir de véritables gouffres de boue; de telle sorte que l'on était arrivé exténué à Rockingham et avec beaucoup de fiévreux et d'éclopés.

On fut contraint de laisser respirer l'armée avant de songer à attaquer l'ennemi.

Les Sudistes s'étaient retirés à leur aise; ils attendaient les fédéraux, bien nourris, bien vêtus, et solidement établis dans une contrée qu'ils connaissaient admirablement.

L'armée de Frémont sortit enfin de Rockingham, reposée et parfaitement disposée; Mais, après deux jours de marche, une pluie torrentielle aidant, tous les corps se trouvrent dans le même état qu'auparavant.

L'armée présentait l'aspect le plus désolant.

Les visages blêmes, les yeux caves et fiévreux de ces soldats mourant de faim étaient navrants.

Et cependant ces braves gens faisaient des efforts surhumains pour marcher en bon ordre; à peine vêtus de guenilles, sans souliers dans la boue jusqu'aux genoux, ils gravissaient avec une peine inouïe, mais sans se plaindre, les routes abruptes serpentant aux flanc des montagnes.

Parfois un homme tombait sur le revers de la route.

Quand on l'interrogeait, il montrait ses pieds sanglants ou montrait sa poitrine amaigrie.

Cela voulait dire : J'ai faim !

Derrière chaque régiment venait une troupe de nègres encore plus misérables que les soldats, c'étaient des pauvres esclaves réfugiés dans les rangs de l'armée de l'Union.

Puis venaient l'artillerie de réserve et les équipages.

Les conducteurs hurlaient, fouettaient, juraient; les soldats et les nègres poussaient aux roues, aidant les chevaux et les mulets, malheureux animaux dont la maigreur était affreuse.

Souvent un cheval tombait épuisé, à bout de forces ; on enlevait les harnais, un coup de revolver retentissait : on avait, par pitié, cassé la tête a la bête inutile.

— All' right ! go a head ! — Tout va bien ! En avant !

Dans les charrettes, sur les caisses, les ballots ou les munitions, les négresses fugitives s'étaient installées avec leurs négrillons.

Lorsque le passage devenait trop difficile, le véhicule vomissait sa cargaison.

Toutes les femmes s'en allaient alors jambes nues, pataugeant dans la boue, s'enfonçant jusqu'au ventre dans les fondrières, traînant, poussant, portant, allaitant de petits négrillons frisés, lippus, la bouche souriante.

Puis, la charrette tirée de la boue, ses habitants en reprenaient possession jusqu'à nouvelle mésaventure.

Sur les flancs des colonnes, galopaient, montées sur d'excellents chevaux et suivies de mules chargées de médicaments, de linge et de cordiaux de toutes sortes : cinq femmes, jeunes, belles, souriantes, qu'à leur passage les soldats saluaient avec des cris de joie et des bénédictions.

Ces cinq femmes étaient les ambulancières de l'armée.

Par le froid, le chaud, la pluie ou le

soleil, de jour comme de nuit, dans la marche et pendant le combat, ces cinq femmes étaient toujours là, allant de l'un à l'autre, prodiguant les secours et les consolations aux malades et aux éclopés.

On les nommait les anges de l'armée ; le général Fremont reconnaissait qu'elles avaient empêché la démoralisation de se mettre dans les rangs des soldats accablés de misères ; que par leurs douces paroles, leurs soins affectueux elles avaient sauvé un très grand nombre d'hommes.

C'était un cri universel de reconnaissance.

— Miss Amy ! disaient les soldats, rien qu'en la voyant, nous sommes guéris !

Et cela était vrai.

Miss Amy, chaudement appuyée par le colonel Tristan, le commandant John et les docteurs Mathew et Stanton, avait profité du séjour prolongé de l'armée à Rockingham pour installer les ambulances avec une perfection telle que plus tard l'organisation créée par elle servit de type et de modèle pour toutes les autres ambulances.

Quatre jeunes femmes de couleur, aussi dévouées et aussi nobles de cœur que la jeune fille, s'étaient jointes à elle ; ces cinq femmes rivalisaient de soins et d'attentions pour les malheureux soldats.

Les ambulances fonctionnaient même pendant les marches ; des charrettes recueillaient les éclopés étendus sur le revers des routes ; quelques heures plus tard, ces braves gens, soignés et réconfortés, rejoignaient gaiement leurs corps.

Ce fut ainsi qu'au milieu de ces horribles misères, miss Amy, l'ange de l'armée, et ses compagnes rendirent de précieux services à l'armée ; leur présence seule remontait le moral des soldats.

Les deux chirurgiens en chef les admiraient ; ils étaient les premiers à se soumettre à leurs prescriptions.

Ces cinq femmes prouvèrent alors victorieusement que la couleur de la peau n'a aucune influence sur l'intelligence et le cœur, et que les anges comme les grands génies n'ont ni patries ni races privilégiées.

L'avant-garde fédérale, sachant les Sudistes à proximité, marchait avec une grande précaution.

Depuis le matin, on avait aperçu au loin, sur les flancs de la colonne, des cavaliers qui, après avoir déchargé leurs carabines sur les éclaireurs Nordistes, s'enfonçaient à toute bride dans les bois.

Le général C......, commandant l'avant-garde, suivait la grande route, à la tête d'un escadron commandé par le commandant John Charlton.

Ses *scouts*, ou éclaireurs à cheval, battaient les buissons et les bois environnants.

En arrière, à plusieurs centaines de mètres, venait l'avant-garde de l'infanterie.

La petite troupe de cavalerie grimpait une colline aux pentes assez abruptes, lorsque venant d'un bois qui le couronnait, trois coups de feu éclatèrent.

Les balles sifflèrent aigrement au-dessus des têtes ; les causeries cessèrent subitement, les chevaux dressèrent l'oreille : on continua à monter.

Bientôt d'autres coups de feu se succédèrent, toujours tirés par des ennemis invisibles.

Enfin, arrivés sur le sommet de la colline, les cavaliers se trouvèrent en présence d'un escadron ennemi s'avançant contre eux par le versant opposé.

— Chargeons ! cria le général C....., en dégainant son sabre et poussant son cheval en avant.

De toutes les poitrines s'échappa une sorte de grondement rauque ; les chevaux bondirent sous l'éperon.

A cette vue, les Sudistes s'arrêtèrent subitement, examinant les Fédéraux d'un air indécis.

Ces hommes bronzés, barbus, le visage à demi caché sous des feutres gris à larges bords relevés, formait une masse rougeâtre du milieu de laquelle jaillissaient des étincelles lancées par l'acier des sabres et des mousquetons, avaient un aspect formidable ; mais, loin d'être étonnés, les Fédéraux redoublèrent d'efforts pour les atteindre.

L'indécision des Sudistes dura quelques secondes à peine. Voyant venir sur eux l'ennemi avec une si grande rapidité, ils poussèrent des cris insultants, déchargèrent quelques mousquetons, mais presque aussitôt ils tournèrent bride et se replièrent au galop.

Les pieds des chevaux sonnaient bruyamment sur le pavé de la route ; les fédéraux poussaient des hurrahs furieux, leurs revolvers commençaient à parler ; ils gagnaient du terrain sur les sudistes.

Ils débouchèrent sur une vaste plaine où la route, par un brusque crochet, tournait presque à angle droit sur la gauche ; les Sudistes s'y étaient engagés, et les fédéraux les suivaient.

Sur ces entrefaites, derrière un rideau de bois s'étendant devant les fédéraux un nuage épais se leva, une détonation retentit et un sifflement sinistre traversa la plaine.

Les fédéraux s'arrêtèrent court.

Le général C... examina d'un œil calme la batterie si brusquement démasquée, et tirant sur sa troupe avec plus de célérité que de précision.

Cela, du reste, était facile à comprendre. Les fédéraux se trouvant trop rapprochés de la batterie et massés dans un fond, presque tous les boulets passaient par-dessus leurs têtes et les autres se perdaient inoffensifs, à droite ou à gauche.

— En retraite, gentlemen! dit enfin el général; en retraite! et au pas!

Mais, voyant quelques cavaliers presser leurs montures, il ajouta avec ce flegme impassible qu'il possédait et que rien ne pouvait émouvoir:

— Je casserai la tête à celui qui marchera plus vite que moi!

Comme on le savait homme à le faire, chacun chercha à calmer son cheval, chose assez difficile: ces animaux, devenus furieux, étaient impatients et refusaient d'obéir, surtout lorsque quelque boulet ou éclat d'obus s'égarait entre leurs jambes.

Los cavaliers esclavagistes s'étaient retournés, après s'être reformés sous le feu de leur batterie; ils s'élancèrent de nouveau.

Le canon se tut pour les laisser charger.

Quant aux Fédéraux, ils prenaient le pas pour regagner le Bois; mais, sentant les Sudistes venir comme un ouragan sur leurs talons, ils se retournèrent pour leur faire face, se massant pour soutenir le choc devenu imminent.

Le général Cluseret fit un geste muet.

Le commandant Charlton leva son sabre.

— En avant! cria-t-il.

Les fédéraux s'élancèrent, moins l'escorte particulière du général.

Le choc fut terrible; les coups de revolvers crépitaient comme la grêle sur un toit; on se battait corps à corps.

Le commandant Charlton avait enlevé un Sudiste de selle et l'avait couché en travers sur le cou de son cheval. Les Sudistes pliaient, atterrés par la vigueur de la charge.

Tout à coup, de droite et de gauche, un feu de mousqueterie bien nourri éclata dans les profondeurs du bois et bientôt fit disparaître les assaillants.

La batterie esclavagiste recommença à tirer.

L'infanterie fédérale entrait en ligne.

Les cavaliers nordistes avaient alors tourné bride et avaient été se reformer derrière leurs tirailleurs, déployés à droite et à gauche à travers la plaine, pendant que le reste de la brigade d'avant-garde prenait position dans les bois.

Les boulets fauchaient les arbres et couvraient les soldats embusqués d'une pluie de branchages et de feuilles.

Les obus éclataient de tous les côtés, lançant dans les airs leurs anneaux de fumée;

la mitraille fouettait le sol, éraillant les arbres et hachant les broussailles.

Les tirailleurs fédéraux ouvrirent un feu serré tout en se dirigeant vers l'ennemi, en rampant dans les herbes.

Une ligne d'infanterie esclavagiste se décida à répondre : une raie de fumée blanche vint rapidement au-devant des assaillants.

Une batterie d'artillerie fédérale fut alors amenée. Six pièces commencèrent à tirer avec une indicible activité.

Le tapage devint infernal; les commandements étaient impuissants à se faire entendre, un nuage immense de fumée recouvrait tout le champ de bataille; la plaine était voilée sous un crêpe d'un gris sombre.

Les troupes fédérales s'élancèrent en poussant des hurrahs formidables.

Plusieurs charges, précipitamment faites par les Sudistes, ouvrirent de larges brèches dans les rangs des Fédéraux; mais tout à coup leur furie se calma comme par enchantement.

L'élan des Fédéraux redoubla; leurs tirailleurs s'élancèrent en courant vers le bois, sous lequel les canons ennemis avaient été postés; mais, arrivés derrière le rideau d'arbres ils ne virent rien, ni hommes ni canons!

Cette fois encore, l'armée sudiste s'était retirée et avait continué sa retraite.

Le soir de ce même jour, aussitôt les bivacs installés pour la nuit, après un chétif repas pris à la hâte, John et Tristan se promenaient le cigare aux lèvres.

John, selon l'habitude des amoureux de tous les temps et de tous les pays, extravaguait à propos de son amour, élevant aux nues la charmante miss Jenny et s'adressant force reproches à lui-même sur sa conduite barbare envers une aussi *sweet creature* et se demandant, de la meilleure foi du monde comment il pourrait jamais obtenir son pardon.

Tristan n'écoutait que d'une oreille distraite, ne répondant que par des monosyllabes brefs et courts aux interpellations répétées de son amoureux ami, tout en l'entraînant, sans paraître en avoir l'intention, du côté des ambulances.

Mais soudain les deux officiers entendirent un grand bruit de cris, de menaces, de vociférations, mêlés de prières et de supplications; la voix du docteur Matthew dominait difficilement ce tumulte, croissant d'instant en instant et prenant bientôt des proportions formidables.

— Allons donc un peu voir ce qui se passe par là! dit Tristan en coupant brusquement la parole à son ami.

— En effet, répondit John, que diable

font-ils?! Est-ce que les blessés et les morts de notre ami le docteur se révoltent?

— C'est peu probable, dit Tristan en riant; cependant, peut-être ferons-nous bien de voir ce qui se passe.

— Allons donc peut-être notre amie miss Amy a-t-elle besoin de notre aide; dans tous les cas, notre présence produira un bon effet.

Ils pénétrèrent alors dans l'ambulance, où un spectacle singulier s'offrit soudain à leurs regards.

Un homme que John reconnut aussitôt pour le prisonnier sudiste si rudement jeté sur le cou de son cheval, lors de la première escarmouche, renversé sur le sol, pâle et sanglant, implorait la pitié du docteur Matthew avec les plus basses et les plus viles protestations que la peur puisse inspirer à un lâche, tandis que miss Amy, fièrement campée devant lui, en proie à une vive émotion, et dont la beauté était presque surhumaine, s'efforçait de maintenir une foule tumultueuse de soldats et de nègres, plus ou moins blessés, criant, hurlant et réclamant avec fureur le misérable Sudiste pour en faire bonne et prompte justice.

L'arrivée des deux officiers, très aimés et très respectés dans l'armée, contribua beaucoup à calmer la tempête et à amener une trêve entre les deux partis : bien qu'une vingtaine de nègres, hommes et femmes, plus exaspérés que les autres, continuassent à proférer des menaces de mort contre le Sudiste, tremblant et à demi mort de peur.

Ces nègres étaient d'anciens esclaves de cet homme ; voyant l'occasion propice, ils n'auraient pas été fâchés d'en profiter pour rendre en gros à leur maître tout le mal qu'il leur avait fait en détail.

Miss Amy avait reçu les deux officiers avec son séduisant sourire; le docteur leur avait fortement serré la main.

— Hum! dit-il en s'épongeant le front avec son mouchoir, l'alerte a été chaude.

— Vous avez donc été menacé? demanda Tristan avec surprise.

— Nous? Bien au contraire! dit-il en riant, cette grande émeute n'a été soulevée que pour venger notre chère et bien-aimée Amy des insultes...

— Hein? s'écria Tristan en pâlissant et fronçant les sourcils, quelqu'un aurait osé manquer de respect à miss Amy?

— Allons, bon! à l'autre, maintenant! s'écria le docteur; miss Amy, vous nous rendez fous tous tant que nous sommes! Il est heureux que le colonel ne soit pas arrivé plus tôt!

— Que s'est-il donc passé, au nom du ciel ! s'écria Tristan.

— Rien, mon frère, dit la charmante jeune femme en lui tendant son front ; ces braves gens m'aiment beaucoup, ils m'ont crue insultée par cet homme...

— Eh, mais... c'est mon prisonnier esclavagiste de ce matin? dit John en fronçant le sourcil.

— Ne voulez-vous pas m'embrasser, mon frère? dit Amy avec un doux sourire.

— Oh! vous ne le pensez pas, chère aimée Amy; répondit le jeune homme en posant ses lèvres sur le front si pur, dont les muscles tressaillirent sous cette bien légère pression.

— Je vais vous raconter ce qui s'est passé, reprit la jeune fille.

— Non pas, je m'y oppose, dit vivement le docteur vous atténueriez les faits il importe que le colonel sache la vérité.

— Afin que justice soit faite! répondit Tristan avec un accent qui fit courir un frémissement électrique parmi les soldats.

Non-seulement, la foule ne s'était pas dispersée, mais encore elle s'était recrutée d'autres soldats et de nègres; cette foule demeurait silencieuse, mais compacte et serrée, comme si elle eût redouté que sa victime lui échappât.

Le docteur Matthew raconta alors les faits, que nous allons résumer le plus brièvement possible.

Mister Warding, lorsqu'il avait été enlevé de selle par le commandant John, avait été rudement secoué: son vainqueur, qui d'ailleurs ne le connaissait pas, lui avait appliqué quelques solides horions ; de sorte que, sans être blessé, dans la véritable acception du mot, le planteur avait reçu plusieurs contusions assez graves.

Le sergent Will, Bob et Jack avaient été chargés par le commandant de conduire le prisonnier à l'ambulance.

Or, ces trois hommes étaient précisément d'anciens esclaves du planteur ; ils avaient conservé de cuisants souvenirs des procédés de leur ex-maître ; ils se gardèrent bien de laisser échapper l'occasion si bénévolement offerte par le hasard de se venger de lui ; mais, ne voulant pas désobéir au commandeur, ils conduisirent le planteur à l'ambulance, à coups de plats de sabres et de cravaches vigoureusement appliqués sur ses épaules, faisant cette réflexion très judicieuse que, puisqu'on allait le panser, un peu plus ou un peu moins de contusions sur le corps de leur ex-maître ne signifiait pas grand chose ; de sorte que le planteur arriva littéralement moulu à l'ambulance, rongeant son frein et n'osant demander grâce.

Pour comble de malheur, lorsqu'il se plaignit au docteur Matthew des actes peu respectueux de ses anciens esclaves, celui-ci lui rit au nez, en lui disant pour toute consolation que c'était bien fait pour lui et qu'il n'avait que ce qu'il méritait.

On se figure facilement dans quelle rage était le planteur et les projets de vengeance qu'il roulait dans sa tête endolorie, lorsqu'après avoir été pansé il fut abandonné à lui-même sur quelques bottes de paille, en guise de lit, enveloppé tant bien que mal dans une couverture sale et trouée.

Sur ces entrefaites, miss Amy, que nul n'avait averti de sa présence à l'ambulance, s'était approchée de lui, une tasse de bouillon à la main, dans l'intention charitable de le réconforter un peu avec cet excellent breuvage.

— Buvez, pauvre malheureux! lui dit-elle en se penchant vers lui avec un engageant sourire et en lui présentant la tasse.

Le blessé tenait les yeux fermés, sans doute pour mieux se livrer à ses réflexions; son visage était à demi caché sous la couverture. Miss Amy n'avait donc pu le reconnaître; mais lui, au son de cette voix, il avait tressailli de tous ses membres, il avait ouvert les yeux, s'était dressé sur son séant, et, saisissant brutalement la jeune femme par les cheveux, en même temps qu'il essayait de la renverser, il lui lançait des coups de poings qu'elle évitait heureusement.

— Ah! chienne, s'écria-t-il avec fureur, toi aussi, tu viens me narguer! Attends! attends! tu paieras pour les autres, coquine!

— A moi! Au secours! s'écria la jeune fille avec épouvante.

— Oui, oui, appelle! hurlait le misérable; je t'aurai tordu le cou, abjecte guenon! avant que l'on vienne à ton secours.

Et il redoubla d'efforts pour la renverser.

Mais les cris de miss Amy avaient été entendus. Elle était adorée de tous; les blessés étendus sur les grabats voisins s'étaient empressés d'accourir, en appelant les autres à leur aide.

En moins d'une seconde, miss Amy avait été arrachée, à demi évanouie, des mains de son bourreau; tous les blessés, furieux de l'inqualifiable attentat commis sur la personne respectée de leur ange gardien, s'étaient rués à bras raccourcis sur le misérable; mais alors miss Amy, à peine remise, ses vêtements encore en désordre, oubliant l'affront horrible qu'elle avait reçu, pour ne songer qu'au danger affreux de cet homme, s'était résolument élancée à son secours, en compagnie des deux chirurgiens et de quelques soldats attachés à l'ambulance, qui lui étaient particulièrement dévoués.

Mais l'exaspération des blessés était à son comble; ils ne parlaient de rien moins que de faire un exemple en *lynchant* séance tenante le *rascal* Sudiste.

Il y eut presque lutte quand on essaya de sauver le planteur; le respect seul professé par les soldats pour la jeune fille empêcha la rixe et surtout l'exécution du misérable. Déjà une corde lui avait été jeté autour du cou; le docteur réussit à la couper au moment où il commençait à tirer la langue et à rouler des yeux égarés, se sentant entre des mains impitoyables et presque fou d'épouvante.

Enfin, moitié par ruse, moitié par persuasion, la jeune fille avait réussi à le sauver provisoirement. Il était venu en chancelant, effaré et aveuglé par le sang de plusieurs blessures là la tête, tomber aux pieds du docteur, tandis que miss Amy s'élançait bravement en avant pour faire face aux plus exaltés qui, honteux de lui avoir cédé, essayaient de ressaisir leur proie.

C'était à ce moment que John et Tristan avaient pénétré dans l'ambulance.

— C'est affreux! s'écria le colonel avec indignation, lorsque le docteur eut terminé son récit. Cet homme est un monstre; il mérite un châtiment exemplaire. Cette jeune fille n'a jamais été son esclave; elle a été émancipée en naissant. Ce misérable le sait, et pourtant il l'a traitée comme une esclave: il l'a vendue à un autre gredin comme lui, il y a quelques jours, à Rockingham. Savez-vous quel est ce scélérat, qui, devant vous, a si indignement traité la pauvre enfant, que seul j'ai sauvé? Le savez-vous? s'écria-t-il d'une voix vibrante. C'est son frère! qu'il ose me démentir!

Un cri de réprobation et d'horreur s'éleva de la foule prête à s'élancer.

— Arrêtez! s'écria le colonel d'une voix forte; nous sommes des soldats, des hommes libres! Le monde à les yeux fixés sur nous! Conduisons-nous en gens de cœur, ne souillons pas par des vengeances déshonorantes la grande œuvre de régénération sociale pour laquelle nous combattons; elles nuiraient à notre sainte cause; soyons des justiciers, ne soyons jamais des bourreaux! Justice sera faite.

Aucun peuple, plus que le peuple américain, n'est accessible aux bons sentiments et ne possède aussi complètement le sens du droit; un appel loyal et chaleureux, au droit et à la justice est aussitôt compris par lui. De plus, il a un faible particulier pour le *speach*; une parole claire, brève et incisive produit toujours un grand effet sur son organisation essentiellement vive et enthousiaste.

Les paroles chaleureuses prononcées par le colonel produisirent un immense effet sur la foule.

— Justice ! justice ! s'écrièrent toutes les voix.

— Justice sera faite, je vous le promets !
— Et moi, je vous l'affirme, mes enfants ! dit le général C., en écartant d'un bras vigoureux la foule au milieu de laquelle, depuis quelques instants, il était resté confondu.

Et, s'approchant du colonel :

Dispersez-vous, mes enfants, ne troublez pas davantage le calme qui doit régner dans ce refuge de la souffrance, bientôt vous saurez quelles mesures auront été prises.

La foule s'écarta docilement, les blessés regagnant leurs grabats et les hommes valides se retirant dans leurs quartiers.

— Sergent Will, reprit le général, je vous confie ce prisonnier; prenez quatre cavaliers avec vous. Vous me répondez de lui. Traitez-le avec douceur, mais s'il essaie de s'échapper, tuez-le raide.

Le sergent salua respectueusement le général et se mit aussitôt en mesure d'exécuter ses ordres.

Le général C., le colonel Tristan et le commandant John se retirèrent dans une espèce de cabinet, pour y conférer.

Le général entama l'entretien par cette phrase :

— Avez-vous les preuves de ce que tout à l'heure vous avez avancé, colonel ?

— Je les ai toutes, mon général : preuves authentiques, signées de la main même de ce misérable.

— Oh ! on ! voilà qui simplifie singulièrement la question ! Ainsi ce drôle est véritablement le frère de cette jeune femme ?

— De père ; oui, mon général.

— Ce procès nous fera un bien énorme ; il importe que les agissements barbares des esclavagistes éclatent à tous les yeux. Le monde doit être jugé dans notre cause ; avec deux ou trois procès comme celui-ci, elle sera gagnée devant l'opinion ; ceux qui s'obstinent à nier la réalité des faits seront contraints de s'incliner ; dites-moi ce que vous savez de cette odieuse histoire, colonel.

Tristan obéit; il rapporta tout avec la plus entière franchise, sans rien cacher ni exagérer.

Le général écouta ce récit avec la plus sérieuse attention ; lorsque le colonel se tut, il dit laconiquement, selon sa coutume.

— Les preuves, maintenant ?

— Les voici, mon général, heureusement je n'ai pas encore eu l'occasion de les envoyer à mon père, comme je l'avais résolu.

— Elles sont toutes là ? demanda le général C.

— Oui, mon général.

Pendant que le général lisait, miss Amy entra dans le cabinet.

— Tristan, mon ami, mon protecteur, mon frère, dit-elle les larmes aux yeux en lui prenant les mains et les lui baisant, je vous en supplie, sauvez cet homme ! Songez que c'est le fils de mon père et de ma bienfaitrice !

— Amy, cet homme est un monstre.
— Tristan, c'est mon frère.
— Il vous a indignement traitée.
— Hélas ! c'est mon frère ! Oh ! je vous en supplie, Tristan, sauvez-le !
— Le sauver ?... s'écria-t-il.
— Hélas ! murmura-t-elle le sein palpitant, les yeux pleins de larmes, que deviendrais-je, moi, si vous aviez sur votre main du sang de mon frère ?

Le jeune homme comprit le sens de ces paroles ; il frémit malgré lui et cacha sa tête dans ses mains, sans avoir la force de répondre.

— Miss Amy, dit le général, qui avait entendu et tout compris lui aussi, cet homme ne mourra pas.

— Vous me le promettez, général ? s'écria-t-elle avec émotion.

— Je vous en donne ma parole ; mais si j'épargne sa vie, ajouta-t-il lentement en la regardant avec une indicible bonté, c'est autant pour Tristan que pour vous. Cet homme sera châtié, rudement châtié même, dans ses biens et dans son honneur, mais sa vie sera épargnée ; je ne veux pas que son sang soit entre Tristan et vous !

— Oh ! merci ! s'écria-t-elle avec effusion, en tendant sa main au général et cachant son visage radieux sur la poitrine du colonel.

— Il est heureux, lui ! s'écria John en contemplant ce charmant tableau, si pudiquement passionné. Ah ! si ce lutin endiablé de Jenny voulait, moi aussi je serais heureux !

Le soir même, M. Warding quitta le camp sous bonne escorte ; on le conduisait à Washington.

Hâtons-nous de constater qu'il y arriva sans encombre, après un long et très pénible voyage.

D'ailleurs, nous ne tarderons pas à revoir cet intéressant personnage.

XVIII

COMMENT, A FORCE DE SE CHERCHER, LES FÉDÉRAUX ET LES ESCLAVAGISTES SE RENCONTRÈRENT ENFIN, ET COMMENT ILS S'EXPLIQUÈRENT.

L'armée esclavagiste continua pendant plusieurs jours à battre en retraite, mais très lentement ; elle ne cédait le terrain que pas à pas, et à la suite de combats d'avant-garde de jour et de nuit.

Les pluies ne cessaient point ; plus on avançait, plus les bourbiers devenaient profonds, plus la fièvre faisait de ravages.

Pas de journées où le canon et la mousqueterie ne couchassent des deux côtés un nombre considérable de victimes dans un linceul de boue.

Mais, bientôt, ces combats commencèrent à devenir plus sérieux ; on approchait de la Shennandoah ; c'était dans ces parages que Jackson avait résolu de livrer bataille.

Le général sudiste n'ignorait pas que s'il était battu dans cette région inhospitalière de la Virginie, s'en était fait de son armée ; car alors une déroute désastreuse était la conséquence presque inévitable de sa défaite.

Au sortir de la ville d'Harrisombourg, se trouve une plaine assez étendue, dont Fremont voulut profiter pour faire manœuvrer sa cavalerie, sur un plus large échiquier.

Il lança donc en avant un régiment de cavalerie, avec ordre de pousser au loin une reconnaissance ; mais, à une faible distance de l'avant-garde, qu'il venait de dépasser au détour d'une route, ce régiment se trouva inopinément en présence de la cavalerie du colonel Ashby, par lequel il fut vigoureusement chargé.

Les Fédéraux, surpris à l'improviste, se replièrent en désordre, poursuivis par les Sudistes et sabrés sans pitié.

Heureusement pour les fuyards, une compagnie d'éclaireurs, celle des *Bucks Tails*, ainsi nommée parce que, recrutés parmi les chasseurs de la Haute-Virginie, ils portaient une queue de chevreuil à leurs képis comme signe de ralliement, se trouva là bien à propos pour soutenir la retraite.

Mais les braves *Bucks Tails*, enveloppés par les cavaliers Sudistes, ne réussirent que difficilement, et grâce à une énergique résistance, à se dégager.

Pendant cette lutte, le colonel Ashby rappela ses hommes, les forma en colonne, et toujours en tête, agitant son grand sabre et poussant son hurrah de bataille, il s'élança au devant de l'infanterie fédérale ; celle-ci, rapidement mise en ligne, débouchait sur le haut du plateau.

Le colonel Ashby s'imaginait sans doute enfoncer facilement sous le poids de sa cavalerie cette première ligne ennemie, dont la présence ne lui était révélée, sur la courbe du terrain, par la pointe des baïonnettes ; le colonel Sudiste gravit la colline au galop, entraînant à sa suite le gros de ses escadrons dont il supposait l'élan irrésistible.

Quelques minutes suffirent pour mettre les adversaires en présence.

Un cavalier de haute mine, aux cheveux blonds et à la figure martiale, de grande taille et de manières élégantes, galopait botte à botte, avec le colonel Ashby ; cet officier se nommait, ou on le nommait dans l'armée sudiste le commandant Stewens ; il passait pour avoir de grands talents militaires, et être d'une bravoure et d'une audace extraordinaires.

— Que pensez-vous de cela, commandant? lui dit le colonel Ashby.

Et il lui montra de la pointe de son sabre la ligne fédérale, sombre et muette, se détachant en vigueur, sur le fond lumineux du ciel, impassible devant l'ouragan du feu et du fer prêt à fondre sur elle.

— Je pense, dit le commandant en ôtant paisiblement de ses lèvres le regalia qu'il fumait, que, puisque nous y sommes, il faut commencer la danse au plus vite.

Et il remit son cigare entre ses lèvres.

— A la bonne heure ! voilà parler ! dit le colonel en riant.

Et levant son sabre, en se tournant à demi sur sa selle vers ses cavaliers frémissant d'impatience.

— Chargez ! cria-t-il d'une voix vibrante.

La cavalerie sudiste, lancée à toute bride, se rua en avant, faisant trembler le sol sous le poids de ses lourds chevaux.

Soudain un nuage épais voila les Fédéraux, une détonation effrayante déchira l'air, suivie presque instantanément d'une seconde décharge peut-être plus terrible encore que la première.

Au même instant, un régiment de cavalerie nordiste, commandé par le colonel Tristan, dissimulé jusque-là derrière un pli de terrain, chargea en écharpe les débris de la colonne sudiste.

— En avant ! en avant ! criait le colonel Ashby en brandissant son épée.

— Rends-toi ! lui cria Tristan en se ruant sur lui le sabre haut.

— Tiens ! voilà ma réponse, chien de Yankee ! hurla le colonel Ashby en lui portant un coup de pointe.

— Vive l'Union ! cria le colonel Tristan en parant le coup et plongeant jusqu'à la garde son sabre dans la poitrine du colonel sudiste.

Celui-ci chancela sur sa selle comme un homme ivre, battit l'air de ses bras, perdit les étriers et tomba comme une masse sur le sol, en criant pour la dernière fois d'une voix stridente :

— Hurrah ! hurrah pour le Sud !

Un flot de sang monta à ses lèvres, une

dernière convulsion secoua son corps, et il ne bougea plus.

Il était mort !

Le Sud avait perdu l'un de ses plus brillants officiers.

Le colonel Tristan avait saisi par la bride le magnifique cheval noir d'Ashby; il le confiait à un de ses soldats, lorsque soudain une balle lui siffla aux oreilles.

Il se retourna : le commandant Stewens s'élançait sur lui.

Le colonel Tristan fit bondir son cheval de côté, et, levant son sabre, il en asséna un coup formidable au commandant; l'arme tourna dans sa main et tomba avec la force d'une massue sur le crane de l'officier sudiste ; le coup fut si vigoureusement appliqué, que celui-ci s'affaissa sur le cou de son cheval, auquel ses deux bras s'accrochèrent instinctivement, et, plus qu'à moitié assommé, il se laissa emporter par sa monture loin du champ de de bataille.

Le colonel se lança d'abord à sa poursuite ; mais, bientôt rappelé à la prudence, il tourna bride, et, tout pensif, il se rejeta dans la mêlée.

Les deux feux de bataillon de l'infanterie, complétés par la charge furieuse de la cavalerie, avaient suffi pour mettre les Sudistes en complète déroute.

On voyait hommes et chevaux sans cavaliers fuir affolés de terreur dans toutes les directions à travers la plaine, laissant derrière eux le sol jonché de leurs morts et de leurs blessés.

Quelques soldats du colonel Ashby s'étaient dévoués pour emporter son corps, ne voulant pas le laisser aux mains des Fédéraux; ils avaient réussi à le lier sur un cheval et à l'emmener ainsi.

Le général Frémont félicita le colonel sur sa belle conduite pendant le combat, et son brillant duel avec le colonel Ashby, dont l'audace et la folle bravoure étaient si bien connus des Nordistes.

Le général admira surtout le magnifique cheval de bataille dont le colonel s'était fait une dépouille opime.

Mais Tristan ne répondit que d'une façon distraite aux compliments et aux félicitations du général et de ses amis.

Le jeune homme était profondément préoccupé; il lui avait semblé trouver une ressemblance étrange entre l'officier sudiste qu'il avait si vigoureusement assommé, et son ami Joe Betraydle, l'officier d'ordonnance du ministre de la guerre, et pourtant tout était différent entre les deux hommes, l'un était brun, avait le front bas, portait des lunettes et avait le visage complètement rasé, tandis que l'autre était blond,

avait le front haut, le regard étincelant, et portait un collier de barbe fauve.

Malgré tous ces points de dissemblance, le colonel avait reconnu chez cet homme un tic singulier qu'il est impossible de dissimuler, des gestes familiers, indépendants de la volonté, et d'autres signes encore!

Bref, de graves soupçons avaient germé dans son esprit, et cela d'autant plus facilement que certaines particularités de la vie de son mystérieux ami ne lui avaient jamais été bien expliquées, et qu'un de ces incompréhensibles pressentiments, qui viennent on ne sait d'où, lui disait qu'il ne se trompait pas, et que cet homme était bien Joe Betraydle.

« Mort diable! j'en aurai le cœur net à notre première rencontre!» grommelait-il en hochant la tête et se frappant le front.

Dès lors il n'eut plus qu'une pensée : chercher son adversaire dans la mêlée, et le retrouver coûte que coûte.

Le lendemain de la mort tragique du colonel Ashby, une action non moins vive que celle du jour précédent s'engagea entre l'arrière-garde de Jackson et l'avant-garde du général Fremont

Pendant toute l'après-dîner, l'ennemi avait défendu ses positions avec acharnement.

Aussi, lorsque la nuit devint les deux armées se trouvèrent-elles au même point que la veille.

Entre les deux lignes d'avant-postes sudistes et nordistes, gisaient bon nombre de morts, auxquels personne ne songeait, tant la fatigue, la faim et la fièvre avaient anéanti tout autre sentiment que celui de la conservation personnelle.

Seules les ambulancières, armées de lanternes, guidées par miss Amy et accompagnées de quelques hommes sûrs, accomplissaient leur œuvre de dévouement, en parcourant le champ de bataille, relevant les blessés et les transportant à l'ambulance.

Quand la fusillade se fut à peu près éteinte, les feux de bivac furent allumés, et l'on se groupa autour sans distinction de corps, comme les hasards de la bataille avaient réuni les soldats.

Ces hommes, aux visages noircis par la poudre, aux cheveux et barbes hérissés, aux habits déchirés, maculés de sang et de boue, avaient un aspect étrange, aux reflets rougeâtres, des flammes se tordant capricieusement sous le souffle glacé de la brise nocturne, qu'elles éclairaient de leurs lueurs fauves; les spirales de fumée les enveloppaient parfois et allaient se perdre dans le feuillage touffu des jeunes chênes.

Beaucoup de soldats se roulèrent dans leurs manteaux, s'étendirent dans la boue et s'endormirent profondément, bien qu'on fût sous le canon de l'ennemi ; d'autres s'accroupirent pour réparer les désordres de leurs vêtements ou faire rôtir au bout de leurs baïonnettes quelques bribes de lard.

On causait, mais sans entrain ; la fatigue était trop grande ; chacun raconta ses prouesses, les dangers auxquels il avait échappé ; mais, cette fois, les raconteurs de ces histoires étranges et impossibles, qui ont les délices des bivacs, eurent tort : on était harassé.

Bientôt les voix s'éteignirent, le silence se fit, tous les soldats dormaient de sommeil lourd, agité, fébrile, que connaissent si bien les gens de guerre.

Seules, les sentinelles veillaient, l'œil et l'oreille au guet, au salut général de l'armée.

Le lendemain, on se remit en route de bon matin.

Cette fois encore l'ennemi avait décampé pendant la nuit.

Bientôt les éclaireurs fédéraux, au moment de sortir d'un bois, pour s'engager dans une plaine assez large, aperçurent des cavaliers sudistes, s'avançant avec les plus extrêmes précautions ; ces cavaliers ayant découvert les Fédéraux se replièrent en toute hâte sur le gros de leur cavalerie, campée à peu de distance.

Sans perdre un instant, aussitôt que les premiers fantassins de l'avant-garde parurent, le général C... les déploya en tirailleurs et les poussa droit sur les piquets de l'ennemi ; celui-ci, solidement retranché derrière des accidents de terrain, ouvrit un feu nourri sur les assaillants ; en présence de cette résistance sérieuse, ceux-ci se replièrent en bon ordre.

Au bruit de la fusillade, les premiers bataillons de l'armée fédérale arrivèrent au pas de course, et se mirent en bataille à l'orée des bois dont la plaine était fermée.

Quelques coups de canon, tirés précipitamment et au hasard par les sudistes comme pour défier les Fédéraux, révélèrent à ceux-ci que cette fois le général Jackson entendait livrer définitivement bataille.

Ces premiers boulets s'enfoncèrent en sifflant dans la profondeur des bois où ils furent accueillis par les hurrahs des Fédéraux, immobiles l'arme au pied en attendant que leurs masses fussent toutes concentrées.

Il fallait du temps pour faire arriver l'artillerie sur le terrain.

Il y eut un moment de trêve forcée.

Tout était calme, de ce calme étrange qui toujours précède les tempêtes.

Chacun se préparait à la lutte. Le général Fremont n'était pas encore arrivé.

Le pays, partout vallonné, couvert en partie de bois de chênes et de sapins, offrait un échiquier des plus accidentés, très favorable à la défense.

Le général Jackson en avait habilement profité pour mettre ses soldats à couvert derrière de solides retranchements en terre.

Au milieu de la plaine séparant les deux armées se voyaient plusieurs fermes que leurs habitants se hâtaient d'abandonner en emportant sur des charrettes ou à dos d'animaux toutes leurs pauvres richesses.

Les troupes fédérales occupaient les parties ouest et sud de la plaine ; les Sudistes étaient maîtres des autres parties.

Au loin, au nord, se dressait un pic escarpé, sorte de sentinelle avancée des Alleghanys, ayant son sommet encore enfoui dans les brumes du matin, tandis que ses flancs abruptes étaient déjà éclairés par les rayons du soleil levant.

Bien loin en arrière s'estompaient vaguement les montagnes Bleues, dont la chaîne immense se déroulait capricieusement dans les derniers lointains de l'horizon.

Le soleil apparut soudain dans toute sa pureté.

Peu après, le canon commença à tonner.

Les artilleurs fédéraux fouillèrent le bois devant eux avec les obus et la mitraille.

Les Sudistes ne répondirent pas, le moment de démasquer leurs batteries n'était pas encore venu.

Les masses fédérales s'ébranlèrent, serpentant dans les dépressions de terrain.

Les Sudistes se taisaient toujours.

Les Fédéraux gravissaient les dernières pentes les séparant de l'ennemi, quand du fond des bois une grêle de boulets vint fouiller et labourer la plaine.

Les batteries fédérales établies sur les mamelons ouvrirent un feu sur les sudistes encore invisibles.

La bataille était engagée sur toute la ligne ; on se battait partout.

Une immense fumée ne tarda pas à envelopper d'un voile funèbre les combattants.

Sur une colline, au centre de la plaine, se tenait le général Fremont ; il avait mis pied à terre et examinait avec sa jumelle les scènes qui se déroulaient devant lui.

Une foule d'officiers d'état-major se groupaient à ses côtés.

Un officier dont le cheval ruisselant de sueur était couvert de boue lui désignait de la main un petit bois dans lequel une fumée épaisse s'élevait au-dessus des arbres à une grande hauteur.

Les troupes fédérales s'étaient résolument enfoncées sous bois et attaquaient vigoureusement les Sudistes.

On vit bientôt émerger des bois de nombreux blessés; ils augmentaient d'instants en instants.

D'abord les fédéraux avaient gagné du terrain; l'impétuosité de leur attaque avait été telle, que les premières lignes sudistes avaient été contraintes de se replier; nous l'avons dit, le champ de bataille choisi par le général Jackson était des plus favorables pour la défense; ses troupes étaient massées sur un vaste plateau adossé à la Shennandoah.

Derrière lui, Jackson avait le dernier et le seul pont resté intact sur la Shennandoah, celui de Fort-Republic. Grâce à ce pont, il pouvait opérer sa retraite en toute sécurité, si l'issue de la bataille ne lui était pas favorable.

La situation du général Fremont était bien plus désavantageuse.

En effet, s'il était battu, il était forcé de reprendre avec des hommes démoralisés, sans vivres et sans munitions, la route longue, pénible et périlleuse déjà parcourue pour arriver là où il était.

Le général Fremont devait donc vaincre, coûte que coûte.

Ce qui donnait au général une grande confiance dans le succès de sa difficile opération, c'était que le général fédéral Shields avait quitté Winchester à la tête d'un corps d'armée considérable pour attaquer Fort-Republic. afin de couper la retraite à Jackson, pendant que Fremont attaquerait celui-ci sur l'autre rive de la Shennandoah.

Aussi le général Fremont attendait-il avec anxiété l'apparition du général Shields.

La bataille durait depuis dix heures du matin, il était deux heures de l'après-diner, et le général Shields ne paraissait pas.

La canonnade et la fusillade continuaient sans interruption dans les bois, dont les fédéraux avaient pris possession. Plusieurs batteries volantes faisaient rage, mais les Sudistes ne reculaient pas d'une semelle.

Retranchés derrière quelques ouvrages en terre et des *fences rails*, leur feu devenait terrible pour les Fédéraux, dès qu'ils s'aventuraient à quitter les bois pour s'avancer en plaine à découvert.

Aussi les tirailleurs fédéraux, abrités de leur mieux derrière des arbres, des broussailles, des quartiers de roche, soutenaient la lutte avec désavantage; à chaque instant les boulets et la mitraille faisaient de nombreuses victimes parmi eux.

Bientôt, au centre, le général Milroy, un des lieutenants les plus hardis du général Fremont, réussit à déloger l'ennemi d'une espèce de grange et à y poster une partie de ses hommes, au même instant les sudistes tentaient de tourner l'aile gauche de l'armée fédérale, composée de troupes allemandes, l'attaque fut si soudaine et si vive que les fédéraux plièrent.

Au centre aussi, les troupes du général Jackson, semblèrent vouloir sortir de la défensive elles franchirent leurs retranchements et en masses serrées, faisant toujours un feu d'enfer, elles s'avancèrent lentement mais résolûment.

Le centre fédéral plia; le général Milroy contraint de battre en retraite à la hâte pour ne pas être coupé de l'armée fédérale.

Le général Fremont, toujours sur son mamelon maintes fois labouré par les boulets ennemis, vit bientôt émerger des bois ses troupes se retirant en bon ordre sous un véritable ouragan de boulets et de balles.

La situation devenait critique !

Sur la gauche, le combat n'était pas moins enragé.

Les soldats du général Jackson étaient là aussi, postés sur les hauteurs, derrière les *fences rails* qui leur servaient admirablement de retranchements; comme au centre et sur la gauche, les Fédéraux occupaient les bois; mais, pour aborder l'ennemi, il fallait opérer à découvert.

Le canon ne cessait de gronder d'un bout à l'autre du champ de bataille, sur une étendue de plus de deux milles.

Près de Fremont, la cavalerie était massée, prête à charger; le centre était en bataille, attendant qu'à son tour l'ennemi sortit des bois; les canons allongeaient leurs gueules noires de poudre; les officiers se tenaient silencieux, la jumelle aux yeux; la gauche, plus maltraitée que le centre, se reformait plus lentement, et ce fut sur elle que les sudistes s'élancèrent.

Soudain une masse roussâtre, poussant des clameurs aigues d'un effet sinistre, sortit précipitamment des bois.

Alors le général Fremont fit un signe; un de ses aides de camp partit au galop.

— En avant ! cria-t-il au colonel Tristan, commandant la cavalerie fédérale.

— Chargeons ! ordonna celui-ci en se dressant debout sur ses étriers et levant son sabre.

Les colonnes s'ébranlèrent, franchirent le mamelon qui les masquait et, comme une avalanche, tombèrent sur les Sudistes, surpris et stupéfiés, cherchant à fuir la tombe dont ils étaient menacés.

Cette colonne de cavalerie, lancée à fond de train, laissa derrière elle une trace horrible; tout ce qui essaya de lui barrer le passage fut sabré. La cavalerie décrivit un cercle, chargea en revenant avec une vigueur aussi irrésistible, et vint se reformer derrière l'infanterie, dont les feux, joints à ceux des canons, ne tardèrent pas à contraindre l'ennemi à se réfugier sous bois.

La nuit approchait; dans le lointain des grondements formidables se firent entendre.

Le général Frémont tressaillit.

— C'est le canon de Shields! s'écria-t-il. Mais, ses regards se fixant sur le ciel, il vit de lourds nuages noirs chargés d'électricité, élever au-dessus des arbres leurs silhouettes tourmentées.

— Ce n'est qu'un orage! murmura le général avec dépit; allons, il faut y renoncer pour aujourd'hui!

Il donna à son chef d'état-major les ordres nécessaires. On devait camper sur place.

Le canon tonnait toujours sur la droite, où les Fédéraux tenaient à conserver le terrain conquis par eux pendant la journée.

L'armée fédérale était sur les dents; les vivres étaient rares, on ne pouvait songer aux distributions, les convois restés en arrière ne devant arriver que tard dans la nuit.

Pourtant, bientôt de nombreux filets bleuâtres, s'élevant au-dessus du sol, prouvèrent que des cuisines improvisées fonctionnaient d'une façon quelconque derrière les faisceaux d'armes.

Des tentes-abris se dressèrent çà et là; de droite et de gauche, les bivacs s'installèrent.

On se préparait à passer une nuit que chacun prévoyait devoir être des plus désagréables.

Il était évident que l'ennemi, lui aussi, faisait d'énormes sacrifices pour repousser les sudistes, dont les attaques étaient menaçantes.

XIX

COMMENT WOLF PROUVA SON HABILETÉ A LANCER LE LASSO MEXICAIN

La veille du jour où devait se livrer entre les Fédéraux et les Sudistes la bataille dont nous avons raconté les sanglantes péripéties, dans notre précédent chapitre, vers cinq heures du matin, deux cavaliers bien montés et enveloppés jusqu'aux yeux dans les plis épais de manteaux militaires, sortirent de Fort-Republic, ville située sur la rive gauche de la Shennandoah: et en ce moment occupée par les esclavagistes.

Ces deux cavaliers, en quittant la ville, prirent au galop la route de Winchester, par laquelle devait arriver le corps d'armée fédéral, commandé par le général Shields sur lequel le général Frémont faisait en ce moment reposer un si grand espoir pour le succès de la bataille, qu'il se préparait à livrer.

Les deux cavaliers galopaient botte à botte, sans prononcer une parole; cependant lorsqu'ils se virent en rase campagne, que la ville eut au loin disparu dans les méandres de la route, le plus grand des deux se décida enfin à adresser la parole à son compagnon.

— Ah çà! maître Wolf, lui dit-il, vous ne m'avez pas bien clairement expliqué comment vous avez réussi à me retrouver à Fort-République, où je cachais ma présence avec un si grand soin!

— Je suis un Bushwacker, un rôdeur de bois, un batteur d'estrade, un espion, répondit notre vieille connaissance le docteur avec un sourire plein de fiel; les bois, les forêts, les plaines m'appartiennent; rien de ce qui s'y passe ne saurait me rester inconnu, sous peine de passer pour un niais.

— Hum! vous avez la vue longue! fit l'autre sèchement.

— Allons, ne vous fâchez pas, capitaine Joe, ou commandant Stewens, comme il vous plaira de vous nommer; si vous vous étiez donné la peine de réfléchir, vous auriez tout de suite compris comment j'étais ainsi arrivé directement et sans demander d'informations à personne, à la maison que vous habitez à Fort-République. C'est bien simple; en quittant Rockingham, vous avez dit à M. Cobden...

— C'est vrai! vous avez pardieu raison! s'écria le capitaine Joe, ou commandant Stewens, dont le visage s'éclaircit aussitôt; je n'y songeais plus; j'ai tant de choses en tête que je suis pardonnable d'avoir oublié ce détail. Excusez-moi, maître Wolf; j'avais, en effet, averti M. Cobden que je devais me trouver à cette époque à Fort-République.

— Ah çà! vous avez donc eu maille à partir avec ce démon de colonel Tristan!

— Oui, répondit le commandant avec ressentiment; il m'a assommé comme un chien enragé.

— Oh! oh! voilà un procédé un peu vif, de la part d'un ancien ami.

— J'espère qu'il ne m'a pas reconnu, quoique je n'en sois pas bien certain. Le fait est que si son sabre n'avait pas tourné dans sa main, il m'aurait fendu le crâne jusqu'à la mâchoire.

— Bigre! C'est donc un gaillard bien vigoureux?

— Vous le voyez. Moi-même, si solide que je sois, je ne me soucierais que très médiocrement de lutter de vigueur avec lui. Malgré son apparence un peu frêle, c'est un véritable athlète.

— Est-ce que vous ne lui revaudrez pas ce coup de sabre, un jour ou l'autre ?

— Je paierai cette dette avec les autres, fit l'officier sudiste en fronçant le sourcil; mais expliquez-moi donc ce qui se passe à Rockingham; la lettre de M. Cobden est assez embrouillée : je n'y ai rien compris, si ce n'est que mes affaires vont mal là-bas.

— Au plus mal, oui, commandant; il paraît que miss Jane a essayé d'enlever son fiancé et de le faire passer aux Sudistes; mais ce démon de colonel Tristan a fait échouer ce plan je ne sais comment. Ce qui est certain, c'est que la colère de la jeune fille contre son fiancé fut terrible; elle jetait feu et flammes contre lui; elle lui donnait les noms les plus odieux, ne voulait plus entendre parler de lui; pendant quelques jours, son père espéra que, par dépit, elle consentirait à vous accepter comme prétendant.

— Par dépit, n'est pas aimable pour moi, maître Wolf.

— Dame! que voulez-vous, capitaine? La vérité est nue; je ne sais pas la farder. D'ailleurs, vous voulez que je vous dise les choses franchement.

— En effet, vous avez raison. Donc, elle paraissait bien disposée pour moi?

— Admirablement. Mais ce n'était qu'un feu de paille. Au fond du cœur, voyez-vous, elle adore son cousin. Quoi qu'il fasse, elle n'aimera jamais que lui. Il y a longtemps que je sais cela, moi. Je connais son caractère; rien ne la fera changer. Il y a quelques jours, son père, la voyant disposée en apparence, essaya de lui parler de vous. Alors il y eut une scène terrible entre elle et lui. Miss Jenny devint furieuse; elle protesta de son amour pour son cousin, vanta son honneur, sa loyauté, que sais-je? Puis elle établit une comparaison entre vous et son fiancé. J'étais là par hasard. J'ai tout entendu. Je n'oserais jamais répéter ce qu'elle a dit de vous. C'est horrible !

Et, en parlant ainsi, Wolf ricanait dans son for intérieur; il était charmé de l'échec de son ami.

— Ne pouvez-vous rien me dire ? Voyons, essayez ! dit Joe avec un sourire faux.

— Je m'en garderai bien, capitaine Joe; qu'il vous suffise de savoir que les épithètes de traître, espion, Judas et lâche, sont les plus douces qui sortaient comme un tourbillon de ces lèvres charmantes.

— Hum ! et ensuite ?

— Bon! quel diable de plaisir trouverez-vous à ce que je vous répète ces choses déplaisantes?

— Je désire savoir ce qui s'est passé ensuite, vous ne me comprenez pas ?

— C'est possible, au fait. Eh bien! il s'est passé que la jeune fille semble avoir tout à fait perdu la tête.

— Oh! oh!

— Oui, commandant; si bien que finalement elle a disparu depuis plusieurs jours de Rockingham et que nul ne sait où elle a passé.

— Oh! ceci est grave ! Son père ne me marque rien de tout cela dans sa lettre.

— Il n'aura pas osé vous en instruire, espérant sans doute la découvrir et la faire rentrer au bercail avant que rien de son escapade ne transpire dans le public.

— Tout cela n'est pas clair, dit le commandant en hochant la tête; nos jeunes Américaines ne sont pas élevées comme les jeunes filles d'Europe; elles peuvent aller et venir comme il leur plaît, sans que personne y trouve à redire, miss Cobden est parfaitement libre même de faire un voyage, si telle est son idée, sans que cette fantaisie lui soit imputée à mal. Il doit y avoir quelque chose là-dessous; je ne vois, dans ce que vous me dites, rien de ressemblant à une escapade et qui puisse la compromettre. Vous me cachez quelque chose, maître Wolf; vous ne me rapportez pas toute la vérité.

— Eh bien ! c'est vrai il y a autre chose.

— Voyons, qu'y a-t-il encore ?

— Et bien ! M. Stewens, on prétend que notre amoureuse, ne pouvant plus longtemps supporter l'absence de son fiancé, et désespérée, d'autre part, de la façon dont elle l'a traité dans leur dernière entrevue, a tout simplement quitté Rockingham pour rejoindre son cousin au camp des Yankees, ce qui constitue tout simplement une trahison. Miss Jane a toujours été considérée comme une excellente Esclavagiste; comprenez-vous, maintenant ? On ne se gênait pas devant elle; lors de son dernier passage à Rockingham, Jackson habitait chez M. Cobden ; c'est là qu'il a dressé ses plans de la campagne qu'il exécute en ce moment ; miss Jane, que le général aimait beaucoup, était chargée, par lui, de mettre ces plans au net.

— Mort-diable ! que me dites-vous là ?

— Je vous dis la vérité, mister. Vous connaissez les femmes ; les jeunes filles amoureuses n'ont au cœur qu'un seul intérêt, celui de leur amour ; elles lui sacrifient tout sans hésiter. Qui nous dit que miss Jane, après avoir essayé de faire de son amant un Sudiste, et ayant échoué dans cette entreprise, ne trahira pas aujourd'hui le Sud, en révélant les secrets importants qu'on lui a confiés, ou qu'elle a surpris, au profit du Nord, tout simplement pour faire sa paix avec son fiancé et lui prouver ainsi combien elle l'aime ? Les femmes n'ont pas d'autre politique que leur amour; pour elles, le mot « Patrie ! » est vide de sens!

quand elles n'y rattachent pas la pensée d'un homme aimé.

— Tout cela n'est que trop vrai; mais comment faire?

— Ah! voilà où le bât vous blesse. Vous comprenez que son père ne pouvait vous écrire de telles choses. J'avais été chargé par lui de vous expliquer ce que sa lettre vous semblerait avoir de trop obscur. J'ai rempli ma mission, c'est à vous d'aviser.

— Ce n'est pas chose facile.

— Malheureusement.

— Voyons, maître Wolf, vous êtes homme de bon conseil: que feriez-vous en pareil cas?

— Hum! je ne sais trop. Remarquez bien que l'on ignore ce que la jeune fille est devenue; on ne raisonne donc que sur des probabilités?

— C'est-à-dire?

— C'est-à-dire qu'il faut avant tout acquérir la certitude que miss Jane, s'est véritablement rendue à l'armée de ces démons de Yankees.

— Où serait-elle allée, sinon là?

— Nul ne sait jamais quelles pensées saugrenues peut souffler à une femme, et miss Jane est un vrai démon!

— Un adorable démon dont je suis fou! ponctua l'espion avec un soupir à faire tourner les ailes d'un moulin à vent; il faut absolument qu'elle soit à moi! quand je devrais l'obtenir au prix de ma fortune entière!

— D'accord; je ne vois pas d'objections à cela, mais avant tout, il faut la retrouver?

— Mais comment! si elle s'obstine à se cacher au milieu de l'armée fédérale?

— Pas autant que vous le supposez; il ne s'agit que de surveiller avec soin le commandant Charlton; elle viendra tout de suite, tourner autour de lui et, pauvre joli papillon brûler ses ailes aux regards de feu de son fiancé. Quand nous serons assurés qu'elle est près de lui, nous dresserons nos batteries en conséquence. Je veux perdre mon nom de Wolf si, en quarante-huit heures, je ne réussis pas à l'enlever.

— Vrai? Vous me le promettez? il y a cinquante mille dollars pour vous, si vous réussissez! s'écria-t-il vivement.

— Tope, commandant; marché conclu!

— C'est dit.

— Vous me verrez à l'œuvre, bien que je me demande à quoi vous servira d'enlever cette fière jeune fille. Elle ne se laissera pas tromper par vous; son amour sera pour elle une cuirasse contre tout ce que vous pourrez lui dire.

— Bon! il y a mille manières de réussir près des femmes; qu'elle reste seulement vingt-quatre heures en mon pouvoir, dit-il avec une expression singulière, et ce sera elle qui me suppliera à genoux de l'épouser.

— Ah! très bien! en effet, je n'y avais pas songé; mais ce sont vos affaires; cela ne me regarde pas. Je vous la livrerai, voilà tout.

— Je me charge du reste, dit Joe d'une voix dure, avec un froncement de sourcils significatif.

— Mais, reprit Wolf, découvrons sa retraite d'abord.

— Ne vous inquiétez pas de cela; seulement notre plan doit être modifié.

— Lequel?

— Celui qui nous a fait sortir de Fort-Republic.

— Ah! très-bien; je n'y suis plus du tout.

— Pourquoi sommes-nous à galoper sur cette route, au lieu d'être tranquillement à la ville?

— Dame! pour arrêter au passage un aide de camp de Fremont qui, après avoir traversé cette nuit la Shennandoah, sur un cuir de bœuf maintenu par des baguettes, à la mode des Peaux-Rouges, et son cheval le suivant à la nage, porte au général Shields une dépêche importante et avant deux heures, passera sur cette route.

— C'est cela même; mais vous ignorez, maître Wolf, que cet aide de camp n'est autre que le commandant John Charlton!

— Tiens! tiens! tiens! s'écria le docteur sur trois tons différents; mais alors il faut bien nous garder de le tuer; aujourd'hui du moins; il nous servira de morceau de lard pour attirer la gentille souris que vous convoitez si fort!

— Tout juste, maître Wolf.

— C'est égal, c'est un rude soldat que cet homme. Comment ferons-nous pour ne pas trop l'endommager en le prenant?

— Ma foi! je ne sais trop. Je m'en rapporte à vous pour cela.

— Attendez? oui, je tiens le moyen; j'ai longtemps fait la chasse aux nègres dans le Texas; il y a beaucoup de Mexicains là-bas; ils se servent d'un filet qu'ils nomment *lasso*.

— Oui, je sais.

— Cela m'a paru curieux; je me suis exercé à lancer ce filet, et je puis, sans me vanter, vous affirmer que je m'en sers avec une adresse remarquable. Cette adresse nous servira aujourd'hui, soyez tranquille, ni me charge de votre homme.

— J'étais sûr que vous trouveriez un moyen, dit l'espion en riant.

Ils continuèrent à galoper pendant une heure encore, en causant à bâtons rompus de choses et d'autres. Arrivés à un endroit où la route faisait un coude assez brusque, ils firent entrer leurs chevaux sous le couvert, les cachèrent au milieu des fourrés et leur attachèrent les naseaux afin de les empêcher de hennir; puis ils s'embusquèrent derrière un quartier de roche, à l'angle même de la route.

Le docteur était homme de précaution; ses poches, sa valise et ses fontes étaient toujours remplies d'une foule d'objets sans nom, mais qui, à un moment donné, une occasion se présentant, avaient tout de suite leur utilité; il lui fut donc très facile de confectionner, en moins d'une heure, un lasso solide et d'une longueur suffisante.

La veille, c'est-à-dire l'avant-veille de la bataille, vers dix heures du soir, le général Fremont, en prenant congé de ses officiers, avait d'un geste, retenu le commandant Charlton près de lui.

Un long et intime entretien avait eu lieu alors entre le général et son aide de camp.

Entretien à la suite duquel le commandant, après avoir serré cordialement la main que lui tendait le général, était monté sur un magnifique cheval tenu en bride par un soldat devant la tente. Sur la croupe de ce cheval étaient attachés solidement un cuir de bœuf plié en quatre et un paquet de baguettes solides, mais pliantes.

Le commandant, guidé par Will, auquel le pays était parfaitement connu, avait atteint, vers trois heures du matin, le bord de la Shennandoah, un peu au-dessus de Fort-Republic. Là il s'était arrêté.

Will, avec une adresse remarquable avait froncé le cuir du bœuf en forme de sac; puis, au moyen de baguettes disposées comme des côtes, il l'avait maintenu solidement tendu. Il n'avait pas fallu plus de dix minutes pour opérer cette transformation et construire au moyen de ces étranges embarcations au moyen desquelles les Peaux-Rouges traversent facilement et sans danger les rivières les plus rapides. Cela fait, le cuir de bœuf avait été mis à l'eau; les harnais du cheval, les vêtements du sergent Will, ses armes et celles du commandant avaient été disposés au fond pour servir de lest; puis le commandant, debout au centre de cette étrange pirogue et armé d'une longue gaule pour se diriger, avait commencé la traversée de la rivière, suivi à distance par Will qui, nageant comme un alligator, conduisait le cheval du commandant au moyen d'une longe passée autour du cou de l'animal; le cheval, débarrassé du mors et des harnais, nageait facilement et sans efforts.

La Shennandoah, aux environs de Fort-Republic, est assez large; son courant est rapide, sa profondeur varie entre huit et douze pieds.

En dehors de son amour pour miss Jane, qui avait le privilège de le rendre faible comme un enfant, le commandant John Charlton était d'une bravoure à toute épreuve, d'une volonté de fer, d'une résolution et d'une audace sans égales; très vigoureux et très adroit, maintes fois, étant bambin, il s'était diverti à traverser ainsi, sur des cuirs de bœuf, des rivières plus rapides et plus larges que ne l'était en ce moment la Shennandoah; grâce à la longue perche dont il s'était armé, ce n'était donc qu'un jeu pour lui.

Le général Fremont connaissait ses officiers; il avait une estime particulière pour le commandant John. Il l'avait choisi tout exprès pour lui confier cette importante et périlleuse mission; il savait à l'avance que personne ne s'en acquitterait mieux que lui.

Il s'agissait de rejoindre le général Shields, soit à Winchester, soit à Strasburg, et de lui annoncer quel jour le général Fremont se proposait de livrer bataille aux Sudistes, afin que le général Shields, tout en attaquant vigoureusement Fort-Republic, coupât la retraite aux troupes de Jackson, au cas où elles essaieraient de traverser la rivière sur le seul pont conservé on ne savait par quel oubli.

La traversée fut plus difficile que le commandant ne l'avait supposé d'abord; les pluies diluviennes des jours précédents avaient gonflé la rivière dans des proportions énormes; le courant était très fort, il charriait des masses considérables de débris de toute sortes et jusqu'à des arbres entiers; souvent ces débris venaient heurter le cuir de bœuf et le faisaient tourner sur lui même avec une rapidité menaçant de l'engloutir.

Mais la légèreté même et le peu de résistance apparente de cette singulière embarcation en assuraient la solidité; elle tournait au choc qu'elle recevait, mais elle ne laissait pas entrer une seule goutte d'eau et ne souffrait pas d'avaries.

Le commandant, avec un inaltérable sang-froid et un poignet de fer, plantait sa gaule dans la vase et maintenait solidement le cuir de bœuf, qu'il dirigeait avec une grande prudence et une remarquable sûreté de coup d'œil.

Cependant il fallut près de vingt minutes pour atteindre l'autre rive de la Shennandoah, laps de temps considérable par une température au-dessous de zéro et une nuit sombre et pluvieuse.

Le cuir de bœuf, le cheval et le sergent Will touchèrent la terre ensemble.

Le premier soin du mulâtre fut de bouchonner vigoureusement le cheval, que ce bain prolongé exposait, sans cette précaution, à une maladie; puis le sergent jeta la couverture sur le dos de l'animal, ensuite, il remit ses vêtements avec un certain plaisir; le brave garçon était littéralement gelé.

Le commandant et le sergent se hâtèrent de seller le cheval. Cela fait, Will enleva les baguettes, défonça le cuir de bœuf, le plia en quatre et le cacha dans une excavation naturelle qu'il découvrit par hasard sur le bord même de la rivière.

— Je vous attendrai là, mon commandant, dit Will en désignant de la main l'excavation; j'y serai parfaitement en sûreté.

— Parfait, répondit John; l'endroit est bien choisi; mais ne vous hasardez pas au dehors.

— Je m'en garderai bien; il y a trop d'espions aux environs. Aussitôt après votre départ, mon commandant, je me barricaderai dans mon trou et je dormirai; peut-être serez-vous obligé de me réveiller.

— Bon! je vous éveillerai, sergent; ne vous préoccupez pas de cela.

Après avoir examiné ses armes avec soin, le commandant se mit en selle.

— Vous connaissez le chemin, commandant? reprit Will.

— Oui, mon brave; j'ai habité Harpers-Ferry pendant quelque temps.

— Oh! alors, vous ne risquez pas de vous égarer; surtout, coupez à travers terres; ne suivez les routes que lorsque vous ne pourrez pas faire autrement.

— Merci de l'avis, sergent; je m'en souviendrai; au revoir; ne m'attendez pas avant la nuit close.

— Entendu, commandant; bonne chance et à cette nuit.

— Merci, et au revoir.

Le commandant lâcha la bride; le cheval partit grand train.

John connaissait ce pays à fond; il coupait à travers champs, prenait des sentiers détournés et ne se risquait sur les grandes routes que lorsqu'il y était contraint.

Enveloppé jusqu'aux yeux dans les plis de son manteau militaire, John se laissait emporter par une course rapide, songeant en ce moment bien plus à ses amours et aux moyens de revoir sa fiancée et de faire sa paix avec elle, qu'à la mission dont il était chargé.

Le brave officier ne se doutait nullement que sa mission fût connue de l'ennemi, et que deux bandits, embusqués sur son passage, le guettaient pour lui voler sa dépêche, et peut-être lui faire pis.

En effet, comment cette mission secrète avait-elle été si rapidement dénoncée aux Sudistes?

Cela semblait tenir du prodige; et pourtant le fait en lui-même était très simple; les espions esclavagistes, sous toutes les formes, pullulaient dans les armées du Nord; les secrets les mieux gardés étaient trahis avec une rapidité singulière.

Tandis que le général Fremont, renfermé dans sa tente, s'entretenait presque de bouche à oreille avec le commandant John Charlton, un espion, aplati dans l'herbe, avait passé sa tête sous la toile de la tente, à deux pas à peine du général, sans que celui-ci le soupçonnât, et n'avait pas perdu un mot des instructions données par le général à son aide de camp.

Puis, cet homme s'était retiré sans bruit, il avait franchi les lignes fédérales, s'était rendu tout droit au quartier général de Jackson et avait rapporté, mot pour mot, ce qui s'était dit dans la tente du général Fremont.

Le général Jackson avait précisément sous la main le docteur Wolf; il l'expédia aussitôt à Fort Republic avec une dépêche pour le commandant Stewens, lui ordonnant d'arrêter le courrier du général Fremont.

Wolf monta à cheval, traversa le pont et depuis plusieurs heures il avait rejoint le commandant Stewens avant que l'officier fédéral eût seulement atteint le bord de la Shennandoah.

Voilà comment avait été connue la mission du commandant, et pourquoi deux bandits se préparaient à lui voler sa dépêche.

Après avoir galopé pendant près de deux heures, ne s'arrêtant à de longs intervalles que pour laisser souffler son cheval, John était arrivé à un endroit où il lui fallait forcément suivre la route pendant une ou deux lieues.

Il s'avançait donc, sans ralentir sa course, mais veillant avec soin et fouillant les fourrés du regard, lorsque soudain, au moment où il tournait rapidement un angle de la route, son cheval manqua des quatre pieds et le renversa si rudement que l'officier resta évanoui sur le coup.

Deux hommes s'élancèrent alors de l'intérieur du bois; le premier fouilla l'officier, lui enleva la dépêche avec une prestesse remarquable et disparut avec elle dans le fourré, tandis que l'autre, dont le visage était caché sous un voile noir, enveloppait la tête de l'officier nordiste dans une couverture, l'enlevait sur ses épaules, le transportait dans le bois et le couchait sur l'herbe; le laissant là, Wolf, car c'était lui, rattrapa le cheval échappé et le conduisit près des deux autres chevaux.

Toutes traces de guet-apens avaient ainsi disparu avec une rapidité extrême.

Après une vingtaine de minutes d'absence, l'espion reparut.

— C'est fait, dit-il ; j'ai modifié la date de telle sorte, que le plus fin y serait pris, et, grâce à Dieu, ce digne général Shields ne passe pas pour un aigle !

— Vous comptez donc remettre cette dépêche ? demanda Wolf.

— Pardieu ! s'écria-t-il ; où serait le piège, sans cela ? Shields arrivera trop tard ; s'il ose attaquer Jackson, il sera battu parce que celui-ci sera sur ses gardes ; double avantage pour nous.

— C'est juste ; je n'avais pas songé à cela ! mais si le général Shields vous reconnaît ?

— Il ne m'a jamais vu ; je me présenterai à lui comme étant le commandant John Charlton.

— Bien joué ! fit le docteur en riant ; il n'y a rien à vous apprendre, commandant ; vous les connaissez toutes !

— N'est-ce pas mon métier ? répondit-il avec un sourire ironique plein d'amertume.

— Quand partez-vous ?

— Tout de suite.

— Serez-vous longtemps absent ?

— Deux heures au plus : le temps d'aller et de revenir.

— Très bien. Que ferai-je de notre prisonnier ?

— Rien, quant à présent.

— Comment, rien ? s'écria Wolf ; songez donc que vous me laissez seul ici !

— Parbleu ! auriez-vous peur ?

— Nullement ; je sais fort bien que nul ne passera.

— Eh bien, alors ?

— Je voudrais être fixé sur ce que nous ferons de cet homme.

— Ne vous inquiétez pas de cela ; nous réglerons cette affaire à mon retour.

— Enfin, s'il le faut !…

— Il le faut certainement.

— Alors, je me résigne.

Le capitaine se mit en selle.

— A bientôt ! Ne laissez pas étouffer le prisonnier !

— Au revoir le plus tôt possible !

Le capitaine fit sentir l'éperon à son cheval et partit comme emporté par un tourbillon.

« Hum ! dit mélancoliquement Wolf, comme il détale. Si je dormais un peu. »

Et il s'étendit tout de son long sur l'herbe, après s'être assuré toutefois que l'officier nordiste ne courait pas le risque d'être asphyxié.

XX

OÙ L'ON VOIT LA SOURIS MANGER LES CHATS

Ainsi que nous l'avons dit, le capitaine Joe Betraydle, auquel nous rendons son véritable nom de Joe Stewens était allègrement parti pour porter au général Shields la dépêche corrigée et si odieusement volée au commandant John Charlton.

Le misérable riait tout seul du bon tour qu'il allait jouer au pauvre commandant, en prenant son nom devant le général Shields, perfidie dont les conséquences ne manqueraient pas, plus tard, d'avoir des conséquences fort réjouissantes.

Le terrain disparaissait rapidement sous les sabots de son cheval ; il avait hâte de s'acquitter de cette mission, afin de rejoindre son complice et de régler avec lui, ainsi qu'il le disait, l'affaire du commandant.

Depuis le commencement de la guerre, ce caméléon humain, à double visage et à triple et quadruple personnalité, avait manœuvré avec une si grande audace et une si perfide habileté, ses mesures avaient toujours été si adroitement prises et si savamment exécutées qu'une réussite constante avait couronné toutes ses odieuses machinations.

Son orgueil et sa vanité s'étaient gonflés de ces succès continuels ; il en était arrivé à croire de la meilleure foi du monde que rien ne lui était plus impossible.

Il avait pris goût à cet ignoble métier ; il s'était passionné pour lui, sans plus se soucier du mépris général qu'il inspirait même à ceux qu'il servait, tant le sens moral était oblitéré en lui.

Il était espion par goût, par vocation, par plaisir ; il s'imaginait tenir les fils de toutes les marionnettes politiques, qu'il croyait diriger à sa guise ; et il riait et se délectait dans son for intérieur du mal qu'il faisait ou qu'il s'imaginait faire.

Donc, depuis plus d'une heure, le commandant Joe Stewens galopait ruminant je ne sais quelles pensées absurdes dans son cerveau, et ne songeant guère à ce qui se passait autour de lui, lorsque tout à coup il fut réveillé comme en sursaut, par un écart de son cheval, qui faillit le désarçonner.

Le commandant releva brusquement la tête.

A une dizaine de pas, devant lui, un grand nègre aux cheveux et à la barbe grisonnants, était campé au milieu de la route un fusil à la main.

— Arrête, ou tu es mort ! cria le nègre d'une voix rauque, en épaulant son fusil.

— Qu'est-ce à dire misérable chien ? répartit le capitaine en sortant un revolver de ses fontes et l'armant.

— Arrête ! où tu es mort ! reprit le nègre impassible.

— Attends, chien ! s'écria le Sudiste en enfonçant les éperons aux flancs de son cheval et lâchant la détente de son revolver.

Le coup mal dirigé se perdit dans l'espace.

— Pour la dernière fois, arrête ! reprit le nègre toujours froid et calme.

— Mille démons ! chien d'esclave ! je ne te manquerai point cette fois ! s'écria Stewens furieux en déchargeant plusieurs fois de suite son revolver.

Le nègre resta ferme sur la route qu'il barrait. Les décharges faites avec trop de précipitation n'avaient pas atteint le but.

— A moi maintenant ! dit le nègre avec un rire railleur.

Il épaula et lâcha la détente.

Le cheval, frappé en pleine course se dressa sur ses pieds de derrière et fit panache en lançant son cavalier par-dessus sa tête à dix pas de lui.

Le commandant était resté sur le coup étendu sur la route.

En tombant, il s'était fait au front une blessure par laquelle il perdait beaucoup de sang.

Le vieux nègre s'approcha, tout en rechargeant son fusil ; il se pencha sur l'espion et l'examina attentivement pendant une minute ou deux.

« Bien, dit-il, il n'est qu'évanoui ; ce n'est rien, il en reviendra bientôt : les blessures à la tête, quand elles ne tuent pas tout de suite, se guérissent en trois ou quatre jours. Ce scélérat peut se flatter d'avoir le crâne dur ! Il me serait facile de le tuer si je le voulais ; mais à quoi bon ! Sa mort me serait inutile, au lieu que sa vie peut me servir ; d'ailleurs, je serai toujour à même de le tuer quand cela sera nécessaire. »

Tout en philosophant ainsi, le vieux nègre regardait sa victime avec une expression singulière.

« On dit qu'il faut écraser les serpents partout où on les rencontre, continua-t-il. Bah ! je les aime, moi, les serpents ; ils peuvent rendre de grands services à l'occasion, ajouta-t-il avec un accent étrange ; il ne s'agit que de savoir s'y prendre. Celui-ci est de la pire espèce, c'est vrai. Eh bien ! pourtant, comme les autres, il me sert malgré lui. »

Et il éclata d'un rire métallique ayant quelque chose d'effrayant.

« A l'œuvre ! dit-il ; le temps presse. Je ne dois pas oublier l'autre. »

Il s'agenouilla alors près du Sudiste toujours évanoui, déboutonna son uniforme, prit dans une poche secrète un volumineux portefeuille et l'entr'ouvrit pour jeter un regard sur ce qu'il contenait.

« Elle est là, dit-il ; c'est tout ce dont j'ai besoin. Partons ! »

Il referma le portefeuille, l'enfouit dans une immense poche intérieure de sa souquenille et se releva.

« Pauvre bête ! dit-il en jetant un regard de pitié sur le cheval, étendu à quelques pas de son maître ; il n'était pas coupable, lui ! Allons, en route. »

Il jeta son fusil en bandoulière, s'élança dans les halliers et presque aussitôt il disparut.

Un peu plus d'un quart d'heure s'était écoulé depuis le départ du vieux nègre ; la route continuait à être déserte. Tout à coup l'espion fit un mouvement, puis un autre ; finalement il ouvrit les yeux et se dressa sur son séant ; alors il regarda autour de lui avec étonnement et murmura cette phrase, que quoi qu'en disent les romanciers, prononcent presque toujours les gens en sortant d'un évanouissement :

« Où suis-je ? »

La mémoire est, de tous nos sens, celui par lequel nous sommes abandonnés le plus vite et le plus complètement, mais c'est aussi celui en possession duquel nous rentrons le plus promptement.

« Sacrebleu ! reprit Joe, que j'ai donc la tête lourde ! »

Il porta la main à son front et la retira ensanglantée ; quelques gouttes de sang coulaient encore de la blessure ; la nature, cette mère excellente, avait profité de l'évanouissement du Sudiste pour faire un caillot et arrêter l'hémorragie.

« Je suis blessé ! reprit-il ; ah ! *God bless me !* s'écria-t-il tout à coup, je me souviens ! pourquoi ce démon de nègre ne m'a-t-il pas tué ? Que me voulait-il donc ? Je ne le connais pas ce drôle-là ; je ne l'ai jamais vu ! Voilà, sur ma foi, une bien singulière et bien désagréable aventure ! »

Il se releva difficilement.

« Je suis rompu, reprit-il ; mes jambes flageolent sous moi ; la tête me tourne, je dois avoir perdu beaucoup de sang ! J'ai l'air d'un boucher. Que faire ? Pardieu ! je ne suis plus qu'à deux lieues du quartier-général de Shields ; pourquoi ne m'y rendrais-je pas à pied ? Je raconterai mon aventure en l'enjolivant, cela me posera. C'est une idée ! C'est égal, j'aurai de la peine à arriver. Bah ! les forces me reviendront en marchant ! »

Il se rapprocha de son cheval pour retirer les revolvers des fontes. En se penchant sur le cadavre de l'animal, il s'aperçut que son uniforme était ouvert.

« Pourquoi mon uniforme est-il déboutonné ? » se demanda-t-il avec inquiétude.

Machinalement il posa la main sur la poche secrète.

« Mille démons ! s'écria-t-il avec colère, on m'a volé mon portefeuille ! *Goddam* ! je suis perdu ! Aussi, quelle rage ai-je toujours de porter sur moi des papiers compromettants, au lieu de les mettre en lieu sûr ? Voilà, sur ma foi ! une belle affaire ! Si je tombe entre les mains des Fédéraux, mon compte sera bon ! La dépêche, cela m'est égal, mais les autres papiers ! Triple et quadruple niais que je suis ! âne bâté ! Bah ! ce nègre ne sait pas lire ; il ne m'a volé, j'en suis sûr, pour me faire lui payer une bonne rançon ; ce ne peut être que cela. A quoi lui serviraient ces papiers, à ce misérable coquin ? *by God* ! c'est égal, il m'a joué là un bien vilain tour ? Que faire à présent ? Si j'avais un cheval encore ! Enfin, je vais toujours essayer de rejoindre ce drôle de Wolf ; nous verrons après ! »

Tout en parlant ainsi, il avait, avec son sabre, coupé un bâton pour lui servir de canne, et, après s'être attaché un mouchoir roulé autour de la tête, en guise de pansement, il se jeta sous bois, car il ne se souciait nullement de faire une rencontre quelconque, et clopin-clopant il se mit en marche pour retourner vers Wolf ; mais la route était longue, et la journée tout entière s'écoulerait probablement avant qu'il eût rejoint son complice.

Celui-ci ne songeait guère à lui, il était loin de se douter de sa triste aventure.

Wolf avait d'abord essayé de dormir, mais le sommeil n'était pas venu. Malgré lui, une inquiétude secrète, et dont il ne s'expliquait pas la cause, le tenait éveillé. Alors il se releva et se promena de long en large dans l'espèce de petite clairière où il avait établi son campement provisoire.

Mais, après avoir marché ainsi longtemps comme un ours en cage, et avoir fumé plusieurs cigares, sans pour cela ôter sa chique — nous tenons à constater le fait — le docteur commença à trouver le temps long et à s'ennuyer considérablement.

« Si je mangeais ? » se dit-il.

Il prit ses provisions, contenues dans un sac attaché sur la croupe de son cheval, en même temps, la bonne pensée lui vient de donner à manger aux chevaux ; ce qu'il fit, partageant généreusement la provende, également entre son cheval et celui du commandant.

Nous ne voulons pas rechercher si cette générosité envers le cheval du commandant qu'il s'était adjugé, ne cachait pas une arrière-pensée égoïste ; mais le digne docteur n'avait pas assez souvent de bons mouvements pour que nous ne nous hâtions pas de constater celui-ci.

Les chevaux servis, Wolf s'assit sur l'herbe, plaça le sac entre ses jambes et mangea de très bon appétit.

Ce repas, qu'il prolongea le plus possible, l'occupa pendant une heure et demie au moins ; c'était autant de gagné.

Il s'aperçut alors que le commandant Stewens tardait beaucoup à revenir.

Il ne savait plus que faire. Il aurait bien essayé de causer avec son prisonnier, mais celui-ci aurait sans doute reconnu sa voix, ce dont il ne se souciait pas ; d'ailleurs le commandant Charlton avait pris le parti de s'endormir, et il dormait à poings fermés.

Wolf recommença sa promenade.

Tout à coup il entendit un pas pressé sous le couvert.

» Enfin ! le voilà ! » s'écria-t-il joyeusement.

Et il s'élança à la rencontre du commandant Stewens.

Mais il s'arrêta soudain, comme s'il avait vu se dresser devant lui quelque spectre effrayant. A dix pas devant lui se tenait un homme, un nègre, ainsi que le prouvaient la couleur de ses bras, le visage couvert d'un mouchoir rouge et un fusil à la main.

« Qu'est-ce que c'est que ça ? » murmura Wolf avec une surprise inquiète.

— Rends-toi, ou tu es mort ! cria l'apparition.

— Allons donc ! me rendre à un nègre, répondit-il avec mépris ; va-t-en au diable !

— Rends-toi ou tu es mort ! reprit l'inconnu.

— Encore ! s'écria le bandit avec colère. Attends, attends, chien !

Ses revolvers étaient restés dans les fontes. Il saisit son bowie-knife et s'élança bravement sur le nègre. Celui-ci para le coup de Wolf avec son fusil, et, le prenant aussitôt par le canon, il en porta un coup à toute volée à son ennemi.

Celui-ci leva machinalement le bras pour éviter le coup dont sa tête était menacée. La crosse tomba d'aplomb sur le poignet, rebondit aussitôt et frappa le haut du bras avec une force inouïe.

Wolf roula sur le sol en poussant un horrible cri de douleur et de colère.

Ce coup double lui avait fracassé le poignet droit et le haut du même bras.

— Mille démons ! s'écria-t-il, je ne devrais jamais sortir sans Lizzeth et Fellow !

Son ennemi ne lui laissa pas le temps d'en dire davantage ; il le roula dans une couverture de cheval, le ficela comme une carotte de tabac, puis il le bâillonna et lui enveloppa la tête dans une seconde couverture.

Le rôdeur de bois avait fait une résistance désespérée; mais la douleur atroce de sa double blessure paralysait ses efforts; d'ailleurs, il reconnut bientôt qu'il avait affaire à un gaillard plus vigoureux que lui. Il se résigna donc, en grommelant entre ses dents :

« Si jamais je retrouve ce rascal-là, il peut être certain que je lui prouverai ma reconnaissance! »

Une fois le bandit solidement ficelé, le nègre ne s'était plus occupé de lui. Il l'avait laissé là et s'était hâté de pénétrer dans la clairière.

Le commandant ne dormait que d'un œil. Réveillé par l'horrible cri de Wolf et comprenant qu'un libérateur lui arrivait, il faisait de prodigieux efforts pour se délivrer de ses liens sans pouvoir y réussir.

En apercevant le nègre débarrassé du mouchoir rouge dont il s'était couvert le visage, il le reconnut aussitôt et poussa un cri de joie.

— A moi, Charmeur! à moi, lui cria-t-il!

— Me voici, commandant John, répondit le charmeur, car en effet c'était lui; un peu de patience, me voici!

— C'est le ciel qui vous envoie! s'écria le commandant au comble de la joie.

— Je vous suivais depuis Fort-Republic, répondit le nègre tout en coupant les liens de l'officier; j'avais vu passer avant vous ces deux oiseaux de nuit; j'ai été témoin du guet-apens dont vous avez été victime!

— Et vous n'êtes pas venu à mon secours?... s'écria l'officier avec reproche; ce n'est pas bien, Charmeur.

— Commandant, j'avais affaire à trop forte partie; je me serais fait tuer sans vous délivrer; d'ailleurs, j'avais vu le complice du chasseur de nègres vous voler un pli; je voulais le lui reprendre.

— Avez-vous réussi? s'écria vivement le commandant.

— Là! levez-vous. Maintenant, vous êtes libre.

Le commandant bondit sur ses pieds.

— Ah! qu'ils viennent maintenant! s'écria-t-il en s'emparant de son sabre et l'agrafant à son côté.

— Ils n'auront garde, commandant; soyez tranquille. L'un a un trou à la tête et l'autre le bras droit brisé. Les voilà éclopés et hors de combat pour quelque temps.

— Mais ce pli, ce pli, au nom du ciel?

— Le voici, commandant, avec le portefeuille dans lequel votre voleur l'avait renfermé. Peut-être trouverez-vous là-dedans quelques papiers qui plus tard vous seront utiles.

— Merci, merci, mon ami; pardonnez-moi mes paroles de tout à l'heure; je ne savais ce que je disais.

— Allons donc, commandant! Est-ce que je les ai seulement entendues, ces paroles? du reste, ajouta-t-il avec bonhomie, vous aviez bien le droit d'être de mauvaise humeur dans la position où vous étiez.

— Voici ma main, Charmeur; serrez-la sans crainte; c'est celle d'un blanc auquel vous avez fait aimer et estimer les noirs comme ils le méritent.

— Oh! commandant! c'est trop, mille fois trop!

— Ecoutez-moi: je me rends auprès du général Shields, avec ce pli que, grâce à vous, j'ai retrouvé; vous, si rien ne vous retient plus ici, allez en toute hâte sur les bords de la Shennandoah, un peu au-dessus de Fort-Republic, dans une excavation naturelle; sur la rive même vous trouverez votre fils Will; il m'a suivi dans mon expédition et m'attend là-bas.

— Commandant, ce que vous me proposez-là me paie amplement du peu que j'ai été assez heureux de faire pour vous; vous et le colonel Tristan de Saint-Pierre, vous m'avez réconcilié avec les blancs.

— Prenez le cheval de ce misérable Wolf; vous irez plus vite.

— Je le prendrai non pour aller plus vite, car je marche plus rapidement à pied, mais afin de ne pas le laisser au coquin.

— Savez-vous si le quartier-général de Shields est éloigné de l'endroit où nous sommes?

— Connaissez-vous le brûlis de la Sorcière?

— Oui, très-bien.

— Coupez à travers terres; à une demi-lieue du brûlis de la Sorcière, vous verrez les piquets des Fédéraux. Avant une heure, vous y serez.

— Merci, je pars; à bientôt.

— A bientôt, et cette fois bonne chance, commandant.

Les deux hommes se mirent en selle; ils quittèrent le couvert, sans plus se préoccuper de Wolf, en train de se tordre comme un serpent sur le sol en poussant des hurlements étouffés que son bâillon refoulait dans sa gorge.

Le commandant connaissait le pays; cette course était pour lui une promenade, d'autant plus que son cheval reposé et repu était plein de vigueur, son maître ne se fit donc aucun scrupule de le presser.

Stewens, ignorant la position exacte de l'armée fédérale, avait, sans le savoir, pris le chemin le plus long, John, bien renseigné par le Charmeur, ne commit pas cette faute.

Au bout de trois quarts d'heure à peine, sans avoir rencontré personne, il se trouva devant les avant-postes fédéraux.

Le commandant fit halte, attendant qu'on le vînt reconnaître.

En effet, un détachement d'une vingtaine de soldats, commandé par un officier, vint presque aussitôt à sa rencontre.

Le commandant mit pied à terre, passa la bride de son cheval dans son bras gauche, et, tenant un revolver armé de la main droite, il s'avança vers le détachement.

Les mots d'ordre et de ralliement échangés, le commandant se nomma et demanda à être conduit en présence du général en chef, auquel il avait à remettre une dépêche importante.

Cette demande lui fut aussitôt accordée avec la plus grande courtoisie.

Le général Shields occupait un moulin abandonné par son propriétaire. Dès que l'aide-de-camp de service lui eut annoncé l'arrivée d'un officier supérieur de l'armée de Fremont, il vint lui-même le recevoir jusqu'à la porte.

Après l'échange des premiers compliments, le commandant remit sa dépêche au général; celui-ci la lut avec la plus sévère attention.

Le général fit offrir des rafraîchissements au commandant, puis il lui demanda des nouvelles de l'armée de Fremont; nouvelles que le commandant lui donna avec les plus grands détails.

—Une rude campagne, dit le général; ce Jackson est un démon incarné, les Sudistes n'ont pas de meilleur général. Il sait admirablement prendre ses avantages; mais le voici acculé à la Shenandoah : j'espère que nous aurons raison de lui.

— Nous l'espérons aussi, mon général, avec votre concours; car sans vous nous ne pourrions rien faire.

— Comptez sur moi ; dites-le bien à Fremont. Après-demain, au lever du soleil, vous me verrez avec toutes mes forces devant Fort-Republic.

— Comment cela? Ce n'est pas après-demain, mais demain, que nous livrons bataille.

— Demain?

— Oui, mon général; le général Frémont m'a bien recommandé de vous le répéter, afin d'éviter toute erreur...

— Qui serait mortelle en pareille circonstance; voyons donc la dépêche.

Il la reprit et la parcourut des yeux.

— J'en étais sûr, c'est après-demain. Lisez vous-même, mon cher commandant.

Le commandant prit la dépêche et la lut; il pâlit en voyant la date.

— Eh bien? lui demanda le général.

— La dépêche porte en effet la date que vous dites, mon général, répondit le commandant ; mais c'est une erreur.

— C'est écrit.

Soudain, le commandant se frappa le front.

— J'ai trouvé, dit-il.

Et il raconta alors au général comment il était tombé dans un guet apens et comment la dépêche était sortie de ses mains.

Le général hocha la tête.

— Mon cher commandant, dit-il, tout cela est très bien. J'ajoute foi entière en vos paroles; mais voyez? la dépêche n'a pas été décachetée; il n'y a pas de surcharge sur la date; il est possible, il est probable même que l'erreur, si erreur il y a, est du fait de Fremont ; car il est impossible qu'en pleine campagne un faussaire, si habile qu'il soit, puisse ainsi, en quelques minutes, falsifier une dépêche. Je vous le demande à vous-même, commandant : qu'en pensez-vous?

— Je ne sais que répondre, mon général, si ce n'est que les espions sudistes sont bien habiles.

— C'est sorcier qu'il faudrait dire, s'ils avaient accompli un tel tour de force. Je suis contraint, vous le comprenez, de m'en tenir à la teneur de la dépêche.

— C'est vrai, mon général, répondit-il avec accablement.

— Retournez donc au plus vite vers Fremont ; dites-lui ce qui arrive, et tâchez d'obtenir de lui qu'il ne livre pas bataille avant après-demain.

— Je lui dirai tout, mon général; mais peut-être sera-t-il malgré lui contraint de combattre.

— C'est possible! Ce Jackson est endiablé. Au revoir, et bon courage!

Le commandant prit congé du général et partit en toute hâte.

Voilà pourquoi, pendant toute la bataille, qu'il avait en effet été contraint de livrer à Jackson, lequel savait à quoi s'en tenir, le général Fremont attendit vainement l'arrivée du corps d'armée du général Shields.

Le commandant retourna à fond de train à Fort-Républic. Il retrouva Will et son père le Charmeur; celui-ci avait su se procurer sans vouloir expliquer comment une espèce de grande barque à fond plat, servant au transport des bestiaux. On n'eut pas besoin de recourir au cuir de bœuf, que cependant on emporta. Les chevaux furent embarqués tout sellés; le cheval de Wolf était très beau : le commandant refusa de l'abandonner ; le Charmeur, désirant voir son fils Bob, voulut accompagner les deux hommes.

Grâce aux forces réunies des trois hommes, le passage fut vivement exécuté, puis on laissa la barque aller en dérive ; Will retrouva son cheval dans le fourré où il l'avait caché avec une copieuse provende ; on se mit en selle, et on partit bon train.

Vers deux heures du matin, le commandant atteignit le quartier-général.

Il eut avec le général Fremont une longue conversation qui n'éclaircit rien. Le général convint que, préoccupé de mille choses, il pouvait avoir écrit une date pour une autre. Cependant, il promit de ne pas livrer bataille à moins d'y être contraint.

Nous avons vu ce qui s'était passé.

Le commandant ne souffla pas mot du portefeuille enlevé à l'espion par le Charmeur. Il se proposait de l'examiner en compagnie de son ami Tristan et d'agir ensuite selon ce qu'ils découvriraient dans ces papiers.

Ce ne fut que très avant dans la nuit que Joe, à demi mort de fatigue, réussit à rejoindre Wolf.

Sa surprise fut grande lorsqu'il vit l'état déplorable auquel celui-ci était réduit.

Joe, moins blessé et plus ingambe, réussit dans la journée du lendemain à se procurer deux chevaux, sur lesquels lui et Wolf, à demi fous de rage et de douleur, réussirent enfin à rentrer avant le coucher du soleil à Fort-République.

Malgré sa blessure, et la perte de son portefeuille, Stewens se frotta joyeusement les mains en voyant que la falsification de la dépêche avait obtenu le résultat désiré, et que le général Shields, si impatiemment attendu par les fédéraux, n'avait pas paru devant Fort-République.

XXI

QUELS SONT LES ENVERS DE LA GLOIRE ; COMBIEN DE SANG ET DE LARMES COUTE UNE VICTOIRE.

Nous reviendrons maintenant au camp fédéral, le soir même de la bataille.

L'orage, annoncé au général Fremont par les roulements du tonnerre n'avait pas tardé à éclater.

De larges gouttes de pluie commençaient à fouetter le sol la foudre grondait d'une extrémité à l'autre de l'horizon ; le ciel semblait une immense nappe de feu ; les arbres se tordaient sous le souffle impétueux de la tempête et emplissaient les forêts de sinistres rumeurs.

Les ruisseaux s'enflaient et débordaient sur les routes ; des bruits sourds et mystérieux s'échappaient des profondeurs inconnues des mornes et ajoutaient à l'horreur de cet effroyable cataclysme, menaçant, s'il se prolongeait, de changer en quelques heures l'aspect du paysage, ainsi que du reste cela arrive souvent dans ces contrées.

Sur une éminence où pendant toute la journée avait manœuvré une batterie fédérale, dans une situation à la fois riante et pittoresque d'où l'on apercevait le plus magnifique panorama, s'élevait une ferme assez importante. Tous les habitants, hommes, femmes, enfants, vieillards, animaux et bestiaux, avaient fui à la hâte dans les bois, sans avoir le temps de rien emporter, glacés de terreur par l'approche de la bataille ; les chirurgiens de l'armée fédérale, séduits par la situation favorable de cette ferme, y avaient installé leur principale ambulance.

Cette habitation, la veille encore si calme et si tranquille, où la vie s'écoulait si douce et si heureuse, pleine de santé, de jeunesse, de joies intimes et d'espoirs de toutes sortes, dont les habitants reposaient leurs regards avec une si grande satisfaction sur leurs champs, dont la luxuriante végétation leur promettait une magnifique récolte, n'offrait plus qu'une scène de désolation affreuse. Aussi loin que la vue pouvait s'étendre, on ne découvrait plus que ruines fumantes, champs et prairies hâchées et piétinés sous les sabots des chevaux et les pas des soldats qui, pendant de longues heures, avaient lutté là, corps à corps, avec un acharnement féroce.

Devant la ferme, dont les bâtiments étaient à demi ruinés et troués par les boulets, se voyaient des débris de canons, des chevaux morts, étendus dans des mares de sang, sur un terrain profondément fouillé par les projectiles.

Plusieurs formes rigides étendues sous des couvertures grises, le suaire ordinaire du soldat sur le champ de bataille, indiquaient que cette batterie avait largement payé son tribut à la mort.

L'aspect de ces lieux, si riants la veille, faisait frissonner.

Dans la grande salle du rez-de-chaussée de la ferme on apportait les blessés à amputer.

On les couchait sur une grande table en chêne sur laquelle le fermier, sa famille, ses ouvriers avaient l'habitude de prendre leurs repas. Les chirurgiens, les bras nus jusqu'au coude, les tabliers et les mains rouges de sang, jouant de la scie, du scalpel et du bistouri, taillaient et coupaient les membres et sondaient les plaies béantes.

Partout du sang, des cris, des imprécations, des râles remplaçaient les gais refrains, les chants joyeux que les échos de cette salle, si lugubrement sinistre en ce moment, avaient si longtemps répétés.

Les voix impérieuses des opérateurs retentissaient bruyamment, dominées par le brutal accent du canon et le déchirement strident de la fusillade.

Là s'agitaient avec une fiévreuse ardeur le docteur Matthew et son compagnon, le docteur Stanton.

Ils se multipliaient pour soulager les blessés affluants de toutes parts.

— Il est impossible de travailler si l'on n'établit pas un peu d'ordre ! s'écria le docteur Matthew en posant la main sur la poitrine fracassée d'un pauvre diable qu'on venait de coucher devant lui sur la table.

— Faites évacuer la salle, je vous prie, ajouta le docteur Stanton.

Les blessés se retirèrent en gémissant.

— On m'a volé ma place! cria lamentablement un soldat tenant avec la main droite son bras gauche brisé par un obus.

— Chacun à son tour, mon ami, dit doucement le docteur; à toi, maintenant.

Et il ajoute en se redressant :

— Il est inutile de m'apporter des morts, cela fait du tort aux vivants! entendez-vous, vous autres?

Les aides prirent le malheureux trépassé entre les mains du docteur, et laissèrent tomber par la fenêtre le cadavre qui, en touchant le sol, rendit un son mat ; c'était par cette fenêtre laissée ouverte exprès que l'on débarrassait la salle d'opérations des morts encombrants.

Nous ne faisons pas de l'horrible à plaisir; nous disons les choses, et non pas encore telles qu'elles sont; nous adoucissons et nous laissons de parti pris dans l'ombre les détails trop répugnants.

D'ailleurs, il faut bien que l'on connaisse l'envers de la gloire et ce qu'elle coûte à l'humanité, malgré les bulletins menteurs des conquérants!

A la porte de cet enfer, la foule faisait queue comme au théâtre.

Mais que de douleurs, que de sanglots!

A chaque instant, des blessés se traînaient avec peine, ou portés par leurs camarades, venaient s'ajouter aux premiers.

Des voitures d'ambulance se remplissait de blessés, déjà pansés et disparaissaient lentement avec leurs dolentes cargaisons.

Dans la maison, toutes les chambres étaient occupées; dans tous les lits étaient couchés de misérables mutilés, se tordant comme des damnés du Dante, avec des hurlements de douleur.

Les escaliers étaient encombrés, même les cuisines: partout des morts, partout des mourants!

Au milieu de cette effroyable cohue de victimes, une femme allait, venait, se multipliait, donnant à boire à celui-ci, pansant la blessure de celui-là, encourageant un autre, souriant à tous avec une ineffable bonté.

Cette femme était miss Amy, la charmante et dévouée créature, remplissant avec une énergie surhumaine et une tendresse sans bornes la douloureuse mission qu'elle s'était imposée. Le sacrifice et le dévouement illuminaient son ravissant visage d'une étincelle divine. Les moribonds sanglants, à demi plongés déjà dans les mystères de l'autre vie, étaient frappés eux-mêmes de cette beauté surnaturelle, et ils éprouvaient pour cette sainte enfant un superstitieux respect.

En effet, au milieu de ces amas de morts et de mourants, parmi ces visages crispés, ces têtes hérissées, ces corps souillés de fange, la gracieuse jeune fille, circulant légère comme un Elfe et faisant résonner les mélodies cristallines de sa voix attendrie, semblait véritablement une apparition céleste à toutes ces victimes de l'implacable fatalité de la bataille.

Inconsciente de sa beauté, que le devoir accompli rendait plus saisissante encore; l'adorable jeune fille planait au-dessus de toutes ces atroces misères, de toutes ces répugnantes souffrances, sous l'égide de la charité, cette fille du ciel, sans même y salir une plume de ses ailes d'ange !

Près de la ferme, la foule attendait avec une résignation douloureuse le moment d'entrer. Ces malheureux se réfugiaient contre la pluie battante sous une sorte de toit en bois s'avançant au-dessus de la porte. A chaque minute de nouveaux blessés venaient grossir les rangs de ces martyrs, dont plusieurs, couchés pêle-mêle avec les morts, ne s'apercevaient même pas que les nuages déversaient sur eux leurs eaux glacées. Une crispation, un juron, un cri de douleur, indiquaient seuls de temps en temps que la vie n'était pas partout éteinte dans ce cimetière anticipé.

Le tout était éclairé par d'immenses brasiers dont les flammes rougeâtres, fouettées par le vent, éclairaient d'une façon fantastiquement sinistre ce paysage lugubre et lui donnaient une ressemblance fatique avec l'entrée hideusement accidentée de l'Enfer du Dante !

Cependant peu à peu l'orage s'était calmé; quelques étoiles s'allumaient dans le ciel; la lune effarée promenait ses rayons mélancoliques sur toutes ces horreurs, piquant une étincelle étrange dans les prunelles ternies des trépassés; les nuages filaient rapides sous l'effort de la brise nocturne et disparaissaient les unes après les autres dans les profondeurs de l'horizon.

Des lumières couraient çà et là sur le champ de bataille les ambulanciers, armés de falots, erraient de côté et d'autre, cherchant les blessés, au milieu des morts.

Toutes les fenêtres illuminées de l'ambulance attiraient de ce côté les pauvres que l'orage avait jusque-là contraints de se blottir dans les bois, sous le feuillage épais des grands chênes, dans le creux des roches ou des troncs d'arbres.

Un homme, galopant péniblement dans les terres détrempées et se dirigeant vers l'ambulance, atteignit le jardin par une large brèche faite à la haie. Il sauta à terre, attacha son cheval à un arbre et s'engagea dans le jardin, trébuchant sur des morts ou des blessés dont les gémissements lui révélaient l'existence. Il arriva enfin à la maison, dans laquelle il ne réussit à pénétrer qu'en constatant qu'il n'avait aucun besoin de secours : tous les blessés faisaient strictement respecter leur droit de premiers arrivants. Aussi, malgré son grade supérieur, le nouveau venu fut resté dehors pour attendre son tour, s'il eût été même gravement blessé : c'était l'égalité devant la souffrance !

L'officier traversa plusieurs salles, se penchant sur les blessés qu'il examinait attentivement, et s'arrêtant lorsque parfois il en reconnaissait un pour lui adresser quelques bonnes paroles et lui remettre un petit secours, argent et tabac.

Cet officier était le colonel Albert Tristan de Saint-Pierre. Après chaque engagement le colonel n'oubliait jamais d'accomplir ce devoir d'humanité envers les soldats blessés ; ceux-ci savaient que leur chef ne les abandonnerait jamais sur le champ de bataille : aussi l'aimaient-ils et ils le lui prouvaient à chaque combat en se battant comme des lions. La lutte terminée ils étaient toujours les premiers transportés à l'ambulance : le colonel y veillait lui-même avec ses officiers.

Après avoir passé son inspection philanthropique, le colonel pénétra enfin dans une salle où miss Amy remplissait avec son ardeur accoutumée ses nobles fonctions d'ambulancière.

La charmante fille, en entendant entrer quelqu'un, leva sa lanterne pour reconnaître l'arrivant. Elle jeta un cri de joie en apercevant le colonel.

— Vous, Tristan, mon frère ! s'écria-t-elle avec une vive émotion.

Et, pâlissant subitement :

— Seriez-vous blessé?

La voix de la pauvre enfant trahissait une poignante angoisse.

Le colonel se hâta de la calmer.

— Non, chère sœur, lui dit-il avec affection; non, rassurez-vous, je ne suis pas blessé.

— Oh ! tant mieux ! s'écria-t-elle toute tremblante encore d'émotion ; mais comme vous êtes pâle, mon frère !

— C'est vrai, dit-il en essayant de sourire. Moquez-vous bien fort de moi, Amy ; je suis une véritable femmelette.

— Vous, dont chacun vante la bravoure, mon frère ? Oh ! comment pouvez-vous parler ainsi ?

— Parce que c'est la vérité, chère Amy. Je suis, je le sais, un assez passable soldat sur le champ de bataille. Le pétillement de la fusillade, le bruit grave du canon, l'éclat de l'acier brillant au soleil, tout cela m'enivre, me rend fou et me pousse en avant, sans même que j'en aie conscience; mais la lutte terminée l'enthousiasme s'éteint, la raison reprend son empire ; je regarde autour de moi ; mon cœur se brise et mes yeux s'emplissent de larmes en voyant au prix de quels torrents de sang et de quelles douleurs nous achetons une victoire souvent stérile. Et lorsque je fais ma visite à l'ambulance, je frissonne malgré moi devant ces douleurs que malgré mes efforts je ne réussis jamais à consoler comme je le voudrais.

— Hélas ! les conséquences de la guerre sont affreuses, il est vrai ; j'en gémis plus que personne ; mais, hélas ! vous et moi, mon frère, nous sommes impuissants à les arrêter. Nous faisons notre devoir ; Dieu nous voit, il nous juge. Vous, Tristan, vous faites plus encore que moi ; quand vous cessez d'être soldat, vous devenez le consolateur et souvent le bienfaiteur de vos pauvres cavaliers. Ne dites pas non, n'essayez pas de nier ; j'ai de vos nouvelles, monsieur ; je connais votre conduite depuis longtemps. Oh ! Tristan, ajouta-t-elle avec un accent d'exquise sensibilité, que vous êtes bon, que votre cœur est grand et généreux ! Comme vous méritez bien d'être aimé !

— Hélas ! murmura-t-il tristement, je ne désire l'être que d'une seule personne, et celle-là !.....

— Tristan, mon frère ! interrompit-elle vivement, pas un mot de plus en ce moment, je vous en supplie; en présence de telles souffrances, tous autres sentiments que la pitié et la compassion doivent se taire !

Et une rougeur fébrile envahit son visage.

— J'ai tort. Pardonnez-moi, Amy, dit le colonel en lui prenant la main et la baisant avec ardeur, j'ai malgré moi laissé déborder le sentiment qui me gonfle le cœur, mais je me tairai à l'avenir : ne me gardez pas rancune d'une parole irréfléchie.

— Vous garder rancune, mon frère ? Oh ! ne redoutez pas cela de moi.

Et elle ajouta avec un sourire enchanteur:
— Vous avez vu vos pauvres soldats ?

— Oui, je leur ai parlé à tous : ils vous nomment leur ange gardien ; ils sont bien heureux de vous avoir pour consolatrice!

— Chut! fit-elle en mettant par un geste charmant son doigt mignon sur ses lèvres carminées, ce sont mes préférés ; moi seule je prends soin d'eux. N'est-ce pas un moyen de vous prouver ma reconnaissance, mon frère?

— Amy! chère et bien-aimée sœur, vous avez toutes les délicatesses de l'âme! Jamais je ne m'acquitterai envers vous du bien que vous faites à mes braves soldats.

— Bien! fit-elle en souriant, nous règlerons ce compte plus tard. Comment se fait-il que le commandant Charlton ne vous ait pas accompagné dans votre visite?

— John est de service; il a fort à faire cette nuit.

— Il ne lui est rien arrivé de fâcheux ?

— Non, grâce au ciel, chère Amy. A présent que j'ai visité mes soldats et que j'ai causé quelques instants avec vous, ma sœur, je vais me retirer.

— Ne voulez-vous pas souhaiter le bonsoir au docteur Matthew ?

— C'est ce que je comptais faire en sortant, chère Amy.

— Alors, je vous accompagne ; j'ai à parler à quelqu'un.

Tous deux se dirigèrent vers la salle d'opération.

Le docteur Matthew et ses aides travaillaient avec acharnement ; les patients se succédaient entre leurs mains avec une rapidité vertigineuse.

Le vieux praticien, infatigable comme s'il n'eût eu que trente ans, explorait les plaies d'une main ferme et sûre et indiquait ce qu'il y avait à faire.

Lui seul et le docteur Stauton pratiquaient les opérations importantes et difficiles.

— Nous serons encore là demain matin, disait le vieux docteur ; plus j'expédie plus j'en vois arriver ! et demain il nous faudra opérer ceux incapables de venir eux-mêmes et qu'au jour il nous faudra aller chercher dans les broussailles où ils gisent.

— Mauvaise nuit, Matthew! répondit le docteur Stauton ; je n'ai jamais vu chose pareille !

— Allons, mon ami, une goutte de wiskey pour nous remettre le cœur !

En effet, le docteur Stauton, malgré son énergie, se sentait défaillir au milieu de cette affreuse boucherie; et pourtant ce n'était pas la première fois qu'il voyait les suites d'une bataille ; mais cette fois l'acharnement du combat avait été tel que l'abattage, pour nous servir de l'horrible formule consacrée, avait dépassé toutes les limites accoutumées. Il fallait qu'il en fût ainsi pour entamer la dose, assez respectable cependant, de son insensibilité professionnelle.

— C'est à moi, major, à moi! cria d'une voix gutturale un être à moitié nu, montrant son épaule écrasée et repoussant brutalement un autre blessé se pressant à son tour contre la table.

— Qu'est-ce que c'est? dit sévèrement le docteur Matthew indigné de cette conduite. Pourquoi agir ainsi envers votre camarade?

— Mon camarade, lui? s'écria le brutal avec un accent plein de haine et de mépris. Allons donc! c'est un rebelle !

La victime de cette inqualifiable agression regardait le docteur avec une expression d'indicible anxiété. C'était en effet un des soldats du général Jackson ; son uniforme gris de fer le révélait.

— Il n'y a ici ni Fédéraux ni Sudistes ! cria de sa voix puissante le digne docteur Matthew ; il n'y a que des hommes blessés ; tous ont également droit aux secours que nos devoirs de médecins, autant que notre humanité, nous font une loi de leur donner. Couchez-vous là, mon enfant, ajouta le vieux docteur.

Il fit étendre devant lui le pauvre diable d'esclavagiste, auquel il donna les soins les plus consciencieux. Celui-ci, dans un élan bien naturel de reconnaissance, posa ses lèvres sur la main sanglante de l'homme qui comprenait si bien la charité chrétienne.

Le blessé fédéral, blâmé par ses camarades eux-mêmes, rentra en grommelant dans les rangs.

— Je parie que cette brute est irlandaise, dit en souriant le docteur Matthew à son aide. Il n'y a qu'un être ne sachant ni lire ni écrire pour être aussi stupide et aussi féroce.

En ce moment, le colonel Tristan de Saint-Pierre, précédé par miss Amy, entra dans la salle.

Les exhalaisons méphitiques dont l'atmosphère de ce charnier, car ce n'était pas autre chose, étaient imprégnées, donnèrent des nausées au jeune officier. Ce fut avec une visible répugnance qu'il s'avança vers le docteur Matthew.

Le docteur l'aperçut.

— Holà! mon jeune batailleur, lui dit-il

gaiement, vous ne venez pas pour votre propre compte, j'imagine?

— Non, non, docteur, s'écria vivement le colonel grâce à Dieu, je n'ai même pas reçu la plus légère égratignure.

— Bravo! mon cher colonel, quand je vois entrer un ami chez nous, ce soir, je sens un frisson me courir par tout le corps, n'est-ce pas, Stauton ?

— Le fait est que, en ce moment, je préférerais recevoir la visite d'un ennemi mortel si j'en avais un, répondit celui-ci avec un sourire de bonne humeur.

— Excusez-moi de ne pas vous tendre la main, mon ami ; mais vous le voyez, elle n'est guère présentable, reprit le docteur.

En effet, le docteur Matthew, les bras nus jusqu'au-dessus du coude, semblait les avoirs trempés dans un bain de sang; son tablier blanc parsemé de larges taches rouges ressemblait à celui d'un boucher.

— Vous venez donc nous voir ? dit en riant le docteur Stauton, dont l'état était de tout point semblable à celui de son supérieur.

— Ma foi! oui, répondit le colonel en riant; je suis venu visiter les blessés de mon régiment.

— Pieuse coutume à laquelle vous ne manquez jamais, ponctua gracieusement le docteur Matthew.

— Que voulez-vous, cher docteur ? répondit le jeune officier avec bonhomie; un régiment est une grande famille ; j'aime mes cavaliers comme s'ils étaient mes enfants.

— Du reste, dit le docteur Stauton, ils vous le rendent bien, colonel, je dois en convenir.

— Je n'ai pas voulu quitter l'ambulance sans vous faire une visite.

— Dont nous vous sommes très reconnaissants, répondit le docteur Matthew tout en coupant philosophiquement le bras gauche, au-dessus du coude, à un canonnier solidement maintenu par les aides et qui hurlait de douleur sous les grincements horribles de la scie.

— Voilà qui est fait, braillard! ajouta-t-il en nouant l'artère avec toute la science d'un vieux praticien.

Et, se tournant vers le colonel, que ce sang-froid extraordinaire stupéfiait :

— Nous manquons de cigares. A un autre ! ajouta-t-il.

Le blessé fut emporté évanoui. Un autre prit aussitôt sa place.

— Vous voyez qu'elle effroyable besogne nous faisons ? continua le docteur.

— Et nous en avons ainsi pour toute la nuit, ajouta le docteur Stauton en remettant l'épaule démise d'un fantassin; et plus de cigares !

— Rassurez-vous, dit le colonel; je vous apporte deux paquets de regalias ; je me suis douté de votre détresse ; j'ai voulu y porter remède, pour parler comme vous, ajouta-t-il en souriant.

Et il posa deux paquets de cigares sur la table.

— Voilà un beau trait ! s'écria le docteur Matthew, et dont je m'acquitterai à la première blessure grave que vous recevrez.

— Ce qui ne saurait durer longtemps au train dont vont les choses, ajouta le docteur Stauton avec un sourire de bienveillante conviction.

— Messieurs, dit le colonel en frissonnant et pâlissant légèrement malgré son courage de lion, si vous espérez vous acquitter ainsi envers moi, je préfère vous avoir toujours pour débiteurs.

Les deux médecins se mirent à rire.

— Je vous laisse à vos travaux, messieurs, reprit le colonel ; je retourne au quartier-général, où m'attend le général Fremont.

— Il doit être content du résultat de la bataille? dit le docteur Matthew; c'est une belle victoire.

— Couci, couça! répondit le colonel en hochant la tête. La journée a été glorieuse, il est vrai, mais nous avons perdu beaucoup de monde, sans autre profit que de coucher sur le champ de bataille.

Sur ces entrefaites, miss Amy, absente depuis quelque temps, reparut.

— A demain, colonel, dit le docteur Matthew.

— Et merci pour les cigares, ajouta le docteur Stauton.

Il en avait déjà un aux lèvres, sans que cela le gênât pour ses opérations.

— Au revoir, messieurs, et à demain, reprit le colonel.

Et, s'adressant à miss Amy :

— Je vous quitte, chère sœur, ajouta-t-il, heureux de vous laisser si vaillante et si active auprès de nos amis.

— Oh! je ne vous quitterai pas encore, mon frère, répondit-elle en souriant.

— Bon! Comment cela? dit-il sur le même ton. Voulez-vous donc m'accompagner au quartier-général.

— Non pas; mais vous resterez ici pendant quelques instants encore.

— Cela m'est bien difficile, chère Amy depuis longtemps je devrais être parti ; le général en chef m'attend.

— Le général en chef vous attendra dix minutes de plus, voilà tout, dit-elle en souriant.

— Comme vous arrangez cela, petite sœur ! Vous avez donc quelque chose de bien grave à me confier ?

— Ce n'est pas moi, mon frère.

— J'en suis fâché ; mais qui donc, alors?

— Une dame.
— Une dame?
— Oui, mon frère.
— Exceptez vous, chère sœur, je ne connais aucune dame dans l'armée fédérale qui puisse avoir quelque chose à me dire.
— Cette dame est étrangère; elle est arrivée il y a une heure au plus.
— Et elle désire me voir?
— Elle a dit qu'elle avait à causer avec vous?
— C'est étrange! Elle me connaît donc?
— Beaucoup.
— Vous savez ce qu'elle veut me dire?
— A peu près, mon frère.
— Est-ce grave?
— Très grave.
— Elle vous a dit son nom?
— Je le sais depuis longtemps.
— Quel est ce nom?
— Je ne suis pas autorisée à vous le dire, mon frère.
— Très bien! c'est un logogriphe.
— Que vous devinerez en la voyant. Voulez-vous que je vous conduise près d'elle?
— Il le faut bien, puisque vous l'exigez.
— Oh! mon frère, quel mot vous employez là!
— C'est vrai, j'ai tort, chère petite sœur.
— Venez donc, alors! reprit-elle en souriant.
— Allons! fit-il du ton d'un homme qui n'est pas certain de ne pas commettre une sottise, mais enfin qui se risque.
Ils quittèrent alors la salle.
Le colonel suivait miss Amy avec une certaine curiosité; ce mystère l'intriguait.

XXII

COMMENT MISS JANE COBDEN PROUVE LA VÉRITÉ DU VIEIL ADAGE : « MAUVAISE TÊTE ET BON CŒUR, »

Après avoir rapidement traversé plusieurs corridors et deux ou trois appartements encombrés de blessés et de cadavres, miss Amy s'arrêta enfin devant une porte fermée.
— C'est ici, dit-elle en se tournant à demi vers le colonel.
Et, retirant une clé de la poche de sa robe, elle l'introduisit dans la serrure.
— Cette dame est enfermée? dit le colonel avec surprise.
— Elle-même l'a exigé, répondit la jeune fille. Tout est si bouleversé, si sens-dessus-dessous dans cette malheureuse ferme depuis qu'on en a fait une ambulance, que j'ai été obligée d'enfermer cette dame pour qu'elle fût au moins libre dans la pièce que je lui avais réservée. Sans cette précaution, elle aurait été envahie en moins de cinq minutes.
— C'est vrai; je n'avais pas songé à cela! dit-il en souriant.
Miss Amy ouvrit la porte.
— Entrons, dit-elle.
Le colonel pénétra dans la chambre sur les pas de son charmant guide.
Cette pièce, fort grande, était à peine meublée d'un lit très propre, d'une table et de deux ou trois chaises.
Quelques plats à peine entamés étaient posés sur la table, auprès d'une lanterne dont la lumière fumeuse n'éclairait qu'une faible partie de cette pièce et laissait les plus éloignées plongées dans une obscurité profonde.
Devant la table, assise sur une chaise, le haut du corps penché en avant, les coudes sur la table et la tête dans les mains, se trouvait une femme, vêtue avec une élégance de bon goût dénonçant au premier coup d'œil la femme appartenant aux hautes classes de la société.
Cette dame était si profondément absorbée en elle-même qu'elle n'entendit pas ouvrir la porte.
Miss Amy fit signe au colonel de se tenir un peu en arrière, puis elle s'approcha de la dame toujours immobile.
— Eh quoi! lui dit-elle avec un affectueux reproche, vous avez à peine touché à ces plats, que je me suis procurés avec tant de peine! C'est mal, d'autant plus que vous devez avoir besoin de prendre quelque chose, après votre longue course d'aujourd'hui?
— Pardonnez-moi, chère Amy, répondit l'étrangère d'une voix douce, en relevant la tête. J'ai essayé de manger quelques bouchées, cela m'a été impossible; j'ai bu un doigt de vin, c'est tout ce que j'ai pu faire. L'inquiétude me tue!
— Pauvre chère dame! murmura miss Amy avec une douce compassion.
— Ne me plaignez pas, chère belle, reprit l'étrangère avec une énergie douloureuse; je suis justement punie; je porte la peine de ma conduite inconsidérée. J'ai oublié mon âge, mon sexe; j'ai répudié tous les doux sentiments qui conviennent seuls à une jeune fille, pour devenir une espèce de virago pour me lancer dans la politique, adopter un parti, au préjudice de tous mes intérêts de cœur, discuter et trancher des questions dont je ne comprends pas le premier mot, et cela par orgueil, par vanité, pour briller et me faire applaudir par ceux-là même qui, en arrière, me traitaient de folle et de sotte, et peut-être me méprisaient.
— Oh! madame!

— Vous le voyez, chère Amy, je ne me fais pas illusion : je vois les choses comme elles sont. Ma résolution est prise de faire amende honorable, et cela, depuis longtemps, déjà. J'ai trop souffert !... J'ai brisé le cœur d'un honnête homme qui m'aimait à l'adoration !...

— Et qui vous aime encore, madame ! s'écria vivement miss Amy.

— Peut-être! qui le sait ? je lui ai assez torturé le cœur pour avoir tué son amour. J'ai résolu de le voir, de lui demander pardon, à genoux s'il l'exige. Nous nous sommes aimés, Amy, quand nous étions enfants, vous et moi. Vous étiez bonne, déjà; je vous ai tout avoué; avec vous, toute réticence était inutile. Avez-vous, comme je vous en ai si ardemment priée, vu le colonel Tristan de Saint-Pierre ?

— Oui, madame.

— Et il refuse de me voir ? fit-elle avec tristesse.

— Bien loin de là, madame. D'ailleurs, il ignore quelle personne désire l'entretenir.

— C'est vrai; vous ne lui avez rien dit ?

— Pas un mot, madame.

— Oh! vous êtes aussi bonne que vous êtes belle, Amy !

— Non, madame, mais j'ai souffert, et le malheur ouvre le cœur à la pitié.

— C'est vrai, pauvre chère enfant; vous avez bien souffert, et bien injustement; mais à présent au moins vous êtes heureuse ?

— Personne ne m'entend me plaindre, madame.

— Chère Amy !

— Il n'est pas accordé à tout le monde d'être heureux.

— C'est vrai ! je commence à m'en apercevoir.

— Oh! madame, dit la jeune fille avec un sourire triste, votre douleur n'est qu'une pluie d'orage entre deux soleils, qui fait le temps plus beau !

— Vous aimez, pauvre chère enfant ?

— Madame, madame ! s'écria-t-elle avec angoisse en jetant un regard troublé vers l'endroit où le colonel se tenait toujours invisible; ne dites pas de telles paroles. Je ne suis qu'une misérable esclave affranchie, une négresse; m'est il permis d'avoir un cœur de le sentir battre dans ma poitrine? Hélas! quel homme voudrait m'aimer et répondre à mon amour, si j'osais aimer ?

Le colonel fit un brusque mouvement, comme pour s'élancer, en entendant les paroles navrantes de la jeune fille; un sourire d'une expression étrange crispa ses lèvres à la réplique cependant si naturelle de l'étrangère.

— C'est vrai, pauvre enfant, dit-elle en lui prenant affectueusement la main; que blanc consentirait à subir cet amour ?

Miss Amy soupira, essuya une larme à la dérobée, baissa la tête, et ne répondit rien.

Il y eut un court silence.

Tels étaient à cette époque et tels sont encore aujourd'hui, dans le Nord aussi bien que dans le Sud, les préjugés des Américains contre la race noire. Les nègres sont libres maintenant, on a détruit l'abus; le préjugé est resté, aussi vivace qu'avant l'abolition de l'esclavage.

Cela est ridicule, odieux même, mais cela est. Tout commentaire serait inutile.

La dame étrangère reprit la parole :

— Le colonel Tristan de Saint-Pierre consent donc à m'accorder un entretien ? dit-elle.

— Oui, madame, répondit miss Amy.

— Je désirerai partir au plus tôt.

— Cette nuit, c'est impossible.

— En effet. Mais demain, au lever du soleil, rien ne s'opposera, je l'espère, à mon départ?

— Rien que votre volonté, madame.

— Le colonel viendra donc bientôt ? demanda-t-elle vivement.

— Il est arrivé, madame; il attend votre bon plaisir.

— Il est là ? s'écria-t-elle avec émotion.

— Oui, madame.

— Oh! qu'il vienne! qu'il vienne! s'écria-t-elle en se levant avec agitation.

— Le voici, madame.

Le colonel était sorti de l'ombre; il avait fait quelques pas en avant et s'était rapproché de l'étrangère, qu'il salua respectueusement, en lui disant avec une exquise politesse :

— Je suis à vos ordres, madame.

— Oh! soyez le bienvenu, monsieur, dit l'étrangère en se tournant vers lui et mettant ainsi son visage en pleine lumière.

Le colonel poussa un cri de surprise.

Il avait reconnu miss Jane Cobden.

— Madame, dit alors miss Amy, je me retire; je ne dois pas entendre ce que vous allez dire au colonel; il serait indiscret de ma part d'assister à votre entretien. Je reviendrai dans une demi-heure.

— Allez donc, puisque vous le voulez, chère Amy, répondit affectueusement miss Jane; mais soyez assurée de ma vive reconnaissance.

La jeune fille salua et sortit en refermant la porte derrière elle, mais sans tourner la clef dans la serrure.

Cependant le colonel examinait attentivement la jeune femme dont plusieurs fois il avait cru reconnaître la voix, sans cependant réussir à se rappeler où et comment il avait précédemment entendu cette voix que la jeune fille savait rendre si douce, et si harmonieuse quand il lui plaisait d'oublier qu'elle était un des coryphées du parti esclavagiste pour se souvenir qu'elle était femme et qu'elle aimait.

C'était bien toujours la charmante créature que le colonel avait vue à Rockingham un mois auparavant; mais sa beauté avait pris une nuance de douceur et de mélancolie qui lui seyait assurément beaucoup mieux que la hardiesse et la fierté un peu exagérée dont sa physionomie si mobile et si expressive était jadis sans cesse empreinte.

Miss Jane avait pâli, son visage s'était amaigri, ses yeux avaient pleuré.

La pauvre enfant avait souffert et bien souffert, cela était incontestable.

Le colonel Tristan, en faisant ces découvertes, dont il était surpris au-delà de toute expression, ne put s'empêcher de murmurer, à part lui bien entendu :

« Est-ce que par hasard elle aurait véritablement un cœur? »

Il fit un ou deux pas de plus en avant, et saluant de nouveau la jeune femme :

— Est-il bien possible que ce soit vous, miss Cobden? dit-il en souriant; vous, une si bonne esclavagiste, au camp des Yankees? Cela me semble si extraordinaire, miss Cobden, que je ne sais si je veille ou si je dors.

— Vous êtes bien éveillé, monsieur le colonel, répondit la jeune fille avec un sourire triste; c'est bien moi, Jane Cobden, votre ennemie, que vous voyez devant vous, moi qui suis venue tout exprès dans ce camp, en bravant mille dangers, pour avoir avec vous un entretien dont dépendra le bonheur de toute sa vie.

— Parlez, miss Cobden; si vous m'avez menacé de votre haine, je me suis toujours considéré comme un de vos plus dévoués admirateurs; vous pouvez donc disposer de moi en toute assurance, miss Cobden; Dieu veuille qu'il me soit possible de vous servir comme vous semblez le désirer : ce sera pour moi une grande joie et un grand honneur!

— Vous êtes un noble cœur, monsieur, je le sais depuis longtemps; c'est précisément pourquoi j'avais si grand'peur de vous, lorsque j'étais folle! je faisais tout ce que je pouvais pour vous haïr, et, malgré moi, j'étais forcée de vous admirer.

— Madame?...

— Oh! tant pis, monsieur; il faut enfin que vous me connaissiez telle que je suis et non telle que vous m'avez connue. Asseyez-vous là, en face de moi. Je veux tout vous dire.

— Oh! miss Cobden, répondit-il en s'asseyant, pourquoi me prendre ainsi pour confident?

— Précisément, monsieur, parce que étant le seul homme n'ayant pour moi ni haine ni amitié, vous serez impartial et me donnerez le conseil dont j'ai besoin et que je viens vous demander jusqu'ici.

— J'essaierai du moins, miss Cobden.

— Merci, monsieur. Vous devez me trouver singulière, me croire bien capricieuse; mais j'ai beaucoup réfléchi depuis cette malheureuse affaire de Rockingham; le désespoir de mon pauvre cousin m'est allé au cœur, et j'ai beaucoup pleuré. Vous m'avez sans doute jugée sévèrement, lors de notre première rencontre? Mais c'est qu'alors la passion politique m'entraînait trop loin... pour une jeune fille... beaucoup plus loin même que je ne croyais moi-même aller.

Miss Jane rougit avec confusion; des larmes, larmes bien réelles cette fois, perlèrent au coin de ses paupières et coulèrent lentement sur ses joues de pêche, sans qu'elle songeât à les essuyer.

— Le passé est oublié, miss Cobden, répondit affectueusement Tristan. En présence de votre profonde douleur je n'ai plus un seul souvenir de ce que peut-être vous m'avez dit de trop... vif.

— Merci mille fois, monsieur; mais John, mon pauvre John, comme il a dû souffrir de mes folies et de mes cruautés!

— S'il voyait les précieuses larmes que vous versez, miss Cobden, il serait bien heureux, le brave cœur qu'il est!

— Bien vrai? vous ne me trompez pas? s'écria-t-elle en levant vers lui son charmant visage inondé de larmes. Il m'aime encore?

— Lui, s'il vous aime encore, oh! miss Cobden! il vous adore plus que jamais!

— C'est que je l'aime tendrement, lui aussi; je puis vous avouer cela à vous, monsieur le colonel, son confident, presque son frère. Depuis quelque temps je ne sais quel changement s'est fait en moi : je me sens toute autre; je ne savais pas que je l'aimais autant! s'écria naïvement la pauvre enfant en donnant un libre cours à sa douleur.

Le colonel s'était jusque-là tenu sur la réserve; ce désespoir si vrai le remua profondément.

— Je vous avoue, miss Cobden, dit-il, que ce que je vois et ce que j'entends me plonge dans un étonnement profond et me comble de joie. Je vous connais enfin; vous me laissez voir votre cœur et tous les trésors de tendresse qu'il renferme; je retrouve la femme, où je désespérais de voir autre chose qu'une créature hybride, n'ayant au cœur qu'une passion, celle de la politique, la plus laide et la plus hideuse pour une femme après la coquetterie, car elle tue en elle tous ces sentiments sans lesquels la femme n'est plus rien.

Je veux faire amende honorable de mes fautes et de mes folies ; je ne serai rassurée que lorsque j'aurai vu John, que je lui aurai parlé, que je lui aurai tout avoué et que je lui aurai répété mille fois que je l'aime et que je n'aimerai jamais que lui.

Et miss Jane regarda fixement le colonel. Son visage bouleversé par la douleur, pâle et inondé de pleurs, avait une telle expression de repentir et d'amour, que jamais elle n'avait été aussi belle !

— Bien, miss Cobden, voilà de bonnes et loyales paroles, répondit vivement le colonel ; il dépend de vous de voir John et de lui répéter ce que vous m'avez dit si bien.

— Il consentirait à me voir ?

— Lui ? mais ce sera un bonheur inouï pour lui de vous voir, d'entendre le timbre harmonieux de votre voix.

— Oh! alors !... s'écria-t-elle d'un bond. Mais se rasseyant aussitôt. Non, dit-elle, pas encore, il me reste à vous confier, monsieur le colonel, certaines choses qu'il importe que vous sachiez, parce que jamais je n'oserai les avouer à John, mais que vous saurez lui expliquer et lui faire comprendre.

— Bon, fit-il en souriant, nous conspirons, je suis votre complice ?

— Oui, pour le bonheur de John et le mien ; refusez-vous ?

— Dieu m'en garde, miss Cobden ! parlez, confessez-vous à moi ; bien que protestant, je me montrerai peu sévère et je ne vous refuserai pas l'absolution.

— Vous avez dit le mot, monsieur le colonel, c'est une véritable confession que je vais faire ; mais rassurez-vous, mes fautes sont plutôt des actes de légèreté et de folie que des fautes graves.

— J'en jugerai, dit le colonel gaiement.

— C'est cela, dit-elle en souriant à travers ses larmes ; écoutez bien, je commence.

— Je ne perds pas un mot, miss Cobden.

— Il faut d'abord que vous sachiez que la guerre a fait perdre à mon père des sommes considérables ; pour tout autre possédant la même fortune ce ne serait rien, ou du moins peu de chose ; mais, si riche qu'il soit, mon père tient beaucoup à son argent. Donc il est fort triste et fort chagrin, et tout individu qui lui propose une combinaison quelconque pour combler le vide fait dans sa caisse est tout de suite le bien venu par lui.

— Je comprends cela, dit le jeune officier en souriant.

— Or, continua-t-elle, John et vous, monsieur le colonel, vous êtes intimement liés avec un homme qu'il m'est défendu de vous nommer, dont vous ne vous méfiez pas et qui, sous le masque de l'amitié la plus chaude, vous a constamment trompés et trahis.

— Il est inutile de nommer ce drôle : je le connais depuis longtemps, miss Cobden ; je l'ai percé à jour, et si je feins d'être son ami, c'est que je veux le surveiller de près ; je me suis toujours méfié de lui. John, c'est autre chose ; hier encore, il le croyait son ami dévoué.

— Vous avez donc appris quelque chose sur le compte de cet homme ? demanda-t-elle curieusement.

— C'est vous qui vous confessez, miss Cobden, dit-il en riant.

— C'est vrai, vous avez raison, colonel ; je n'insiste donc pas. Cet homme m'a vue une fois à Cincinnati, il y a quelques années ; j'avais alors treize ou quatorze ans, mon père m'avait menée avec lui à Cincinnati John nous invita à dîner.

— Je me rappelle ce dîner, dit Tristan ; j'y assistais aussi.

— C'est juste. Dès cette époque, bien que cet homme sût que John et moi nous étions fiancés, il dressa ses batteries pour m'enlever à mon cousin et m'épouser.

— Oh ! oh ! ceci est bon à savoir.

— Depuis la guerre, cet homme joue un rôle important.

— Je le sais.

— De plus il possède une fortune colossale, quinze ou vingt millions de dollars au moins ; mon père l'aime beaucoup à cause de sa fortune ; ils se sont expliqués ensemble. Il a été convenu qu'on essaierait par tous les moyens de me détacher de mon fiancé et de me faire consentir à agréer les soins de cet homme. Je suis ou plutôt je ne suis plus coquette, car je me suis corrigée de ce vilain travers ; mais alors je l'étais beaucoup plus qu'il ne convenait à une jeune fille de mon âge, fiancée à un homme qu'elle aime. Je ne voyais plus John ; on vantait et on exaltait mon patriotisme, on m'insinuait qu'il serait honteux à moi d'épouser un abolitionniste ; enfin, on me circonvenait de toutes les manières pour m'indisposer contre le pauvre John. Moi, je me laissais courtiser par mon nouveau prétendant ; j'étais fière de l'influence qu'il possédait, de son immense fortune qui me permettrait d'écraser mes rivales, que sais-je ? Je me laissai aller peu à peu ; un mot encore, et j'aurais été engagée. La scène à laquelle vous avez assisté, monsieur le colonel, lors de votre passage à Rockingham, cette scène m'avait été soufflée d'un bout à l'autre ; elle devait me perdre à jamais en me jetant dans les bras de cet homme. Mais elle me sauva, au contraire. Voici comment. Dès que je fus seule, je pleurai, de dépit d'abord, de chagrin ensuite ; en voyant John, j'avais repris mon amour et je l'avais senti plus vif que jamais. Je ne jouai donc pas la scène que l'on avait préparée avec cette fermeté et cette conviction qui assurent le succès ; mon amour pour John combattait contre moi dans mon cœur ; tout en pleurant, je réfléchissais ; vous galopiez tous deux vers votre quartier général ; moi j'enrageais d'autant plus que je ne me cachais pas combien était odieux le rôle que j'avais joué dans toute cette affaire ; je comparais ma conduite avec la vôtre ; ma conduite si fausse et si perfide, la vôtre si franche et si noble ; puis, de nous deux, je passai à John et à cet homme ; la comparaison fut encore peu favorable pour moi. En effet, comment établir un parallèle entre cet homme à la conduite si... suspecte, au rôle... plus qu'équivoque, et le beau et loyal caractère de John ? Je reconnus enfin que j'avais essayé de déshonorer mon fiancé. J'eus honte d'une si honteuse conduite. Aussi, lorsque mon père me parla de cet homme, et que celui-ci osa se présenter à moi, j'entrai dans une colère affreuse. Je déclarai à mon père que je n'aurais jamais d'autre époux que John, si, après ma perfidie et ma trahison, il consentait à me pardonner. Quant à cet homme, je le chassai honteusement de ma présence, en lui déclarant qu'il était un misérable et que je ne voulais plus entendre parler de lui ! Puis, n'y tenant plus, je suis revenue seule jusqu'ici pour vous dire : « Prenez garde, cet homme que vous croyez votre ami est un lâche, un scélérat. Il ne reculera pas même devant un crime pour se défaire d'un rival qu'il redoute. »

— Vous dites vrai, miss Cobden ; cet homme ne reculera devant rien pour se venger de vos dédains ; mais nous sommes sur nos gardes ; nos précautions sont prises ; nous ne le redoutons pas ; vous seule restez exposée à sa haine.

— Je ne le crains pas, il n'oserait s'attaquer à moi, dit elle avec une hauteur suprême ; j'ai surpris certaines confidences que si je les rapportais... Mais je vous le répète, il y regardera à deux fois avant de s'attaquer à moi.

— Et le conseil que vous désiriez me demander, miss Cobden ?

— Le voici, monsieur le colonel, quel rôle, à votre avis, doit jouer une jeune fille dans les circonstances présentes pour être utile à son pays, tout en ne se compromettant avec aucun des partis belligérants ?

— Ce que vous me demandez est très délicat, miss Cobden ; je ne saurais que vous signaler l'exemple admirable que vous avez en ce moment sous les yeux.

— Lequel ? je ne comprends pas.
— Miss Amy !
— En effet, ce rôle est véritablement admirable. Oui, monsieur le colonel, je veux...
— N'arrêtez rien encore, miss Cobden, attendez l'avis de John ; demandez-lui, comme vous me l'avez demandé à moi, ce que vous devez faire.
— Vous avez raison, comme toujours ; nous allons donc le voir ?
— Tout de suite, si vous le voulez ?
— Certes, je le veux ! s'écria-t-elle vivement.

La porte s'ouvrit, et miss Amy entra.
— Tout est prêt, dit-elle ; allez avec le colonel, chère dame ; vous trouverez à votre retour cette chambre prête à vous recevoir.
— Merci, chère Amy ; vous avez donc entendu ?
— Vos dernières paroles seulement, au moment où j'ouvrais la porte.
— Oh ! je ne songeais pas à vous adresser l'ombre d'un reproche ; j'aurais été heureuse de vous voir assister à cet entretien.
— Je le sais, madame, et je vous remercie de cette gracieuse sympathie pour une pauvre fille comme moi.

Miss Jane s'emmitoufla dans ses fourrures et quitta la chambre en compagnie du colonel et de miss Amy ; celle-ci marchait en avant, une lanterne à la main.

Le commandant John Charlton était dans sa tente, assis devant une table, occupé, à la lueur d'un fanal ne répandant qu'une lueur assez faible, à lire les papiers renfermés dans le portefeuille capturé la veille par le Charmeur au commandant Stewens.

Cette lecture, sans doute très intéressante, absorbait si bien l'attention du commandant, qu'il n'entendit point les pas de plusieurs personnes pénétrant sous sa tente.

Soudain, une main se posa sur son épaule et une voix bien connue lui dit gaiement :
— Allons, assez lu, quant à présent, cher ami ; j'ai à vous présenter une dame qui désire causer avec vous.
— Au diable les dames ! s'écria John d'un air bourru, sans se retourner ; il n'y en a qu'une pour moi, et celle-là se gardera bien de venir.
— Bon ! Qu'en savez-vous ? répondit en riant le colonel.
— Hein ?... s'écria John en tressaillant. Quelle mauvaise plaisanterie me faites-vous là, Tristan ?
— Ah ça ! allez-vous longtemps me parler ainsi, en me tournant le dos ? Savez-vous que vous n'êtes guère aimable ?

— Voyons, qu'y a-t-il encore? s'écria-t-il en se retournant brusquement.

Mais tout à coup un frisson général secoua tout son corps, une pâleur livide envahit son visage, ses yeux s'ouvrirent démesurément, et il s'écria d'une voix étranglée par l'émotion :

— Jenny ! Jenny ! ici, près de moi ! C'est un rêve ! Je suis fou !

— John ! John ! reconnais-moi mon bien-aimé ! s'écria la jeune fille en se jetant dans ses bras.

— C'est elle, sur ma foi ! C'est bien elle ! ma Jenny ! ma fiancée ! Ah ! c'est trop de bonheur ! J'ai failli en mourir ! Oh ! Jenny ! comment êtes-vous ici, mon amour ? Ne pleurez pas, je vous en supplie, car je pleurerais aussi, et je suis si heureux de vous voir, de sentir votre cher cœur battre sur le mien !

Tristan était tout doucement passé dans le second compartiment de la tente, afin de laisser les deux fiancés s'expliquer librement.

Lorsque la première émotion fut un peu calmée, on s'expliqua.

Miss Jane s'assit sur une chaise, près de son fiancé, et, la main dans la main, ils causèrent.

Oh ! les belles causeries du premier amour ! qu'elles sont douces et naïves ! Comme c'est bien le cœur qui parle, l'amour qui s'exhale par tous les pores, le sentiment vrai, frais et sans arrière-pensées, débordant du cœur sur les lèvres et dans les yeux.

Miss Jane fut admirable de sentiment vrai et de franchise; elle avoua loyalement ses torts, se fit peut-être plus coupable qu'elle ne l'était en réalité; elle demanda si gentiment pardon, jura de si bonne foi que jamais elle ne retomberait en faute, que John ravi, émerveillé, ne sachant plus que faire, ni que dire, tomba à ses genoux et pleura avec elle.

Tristan rentra alors, lui, l'éternel sermonneur, pour la première fois peut-être il ne trouva rien à reprendre et approuva tout ce qui se disait.

Lorsque la jeune fille parla de son désir de se mettre dans les ambulances, John la félicita chaleureusement.

— A la bonne heure ! dit-il ; c'est en voyant de près les misères que la guerre entraîne avec elle que l'on devient meilleur et que l'on comprend le besoin de la concorde. Faites, Jenny, dans le Sud comme dans le Nord, bien des douleurs, bien des souffrances sont à soulager. Le rôle de la femme est tout tracé dans une calamité publique comme celle qui nous accable en ce moment : se dévouer au soulagement des malheureux.

— C'est la seule politique permise aux femmes, dit le colonel, parce qu'elle est toute de tendresse et de bonté.

— C'est aussi la seule que je ferai désormais, mon bien-aimé John, dit la jeune fille ; plus tard, quand la paix sera revenue, vous serez fière de votre femme.

— Comme je suis dès à présent fier de ma fiancée, ma chère Jenny. Oh ! je vous connais, ma bien-aimée ! Aussi n'ai-je jamais désespéré, même lorsque vous vous montriez si cruelle pour moi ! C'étaient la passion politique, les mauvais conseils surtout qui vous poussaient; mais votre cœur n'y était pour rien.

— C'est vrai, John. Aussi ai-je douloureusement expié le mal que j'essayais de vous faire. Je n'avais pas conscience des perfidies auxquelles on me poussait. Je souffrais ; mon cœur se révoltait ; l'orgueil et la coquetterie m'emportaient malgré moi. Heureusement, j'ai aperçu à temps le gouffre dans lequel j'allais tomber, et je suis venue à vous, cher John, car votre amour est ma sauvegarde, et seul il était assez puissant pour me sauver.

— Ne revenons plus sur ce triste sujet, ma bien-aimée. Nous nous comprenons; maintenant un malentendu entre nous n'est plus à craindre. Cette explication était nécessaire; elle nous a prouvé la force de notre amour ; nous n'avons plus rien à redouter dans l'avenir.

Les amoureux continuèrent à raisonner et à déraisonner ainsi jusqu'à près de onze heures du soir; ils auraient continué pendant la nuit tout entière, si le colonel ne leur avait pas, à plusieurs reprises, rappelé que miss Jane devait être harassée de fatigue.

— C'est vrai, dit-elle naïvement ; mais je suis si heureuse que je ne m'en aperçois pas !

Les deux officiers voulurent accompagner la jeune fille jusqu'à la ferme, où miss Amy lui avait si gracieusement offert l'hospitalité.

Le temps s'était remis au beau; mais le froid était assez vif.

Le trajet dura à peine un quart d'heure et s'effectua dans d'excellentes conditions.

Miss Amy attendait à la porte de la ferme le retour de miss Jane.

Les adieux furent longs ; on ignorait quand on se reverrait. Miss Jane comptait repartir au lever du soleil pour Rockingham.

Lorsque la jeune fille eut enfin terminé ses adieux à son fiancé, elle s'approcha souriante de Tristan.

— Monsieur le colonel, lui dit-elle gentiment, j'ai bien des torts à réparer envers vous, mais vous êtes si généreux que déjà vous m'avez pardonné. Embrassez-moi, afin de bien me prouver que vous avez oublié mes méchancetés ; John le permet, et moi je vous en prie.

Tristan aurait eu mauvaise grâce à refuser une aussi charmante requête ; il accepta gaîment, sans remarquer que la pauvre Amy détournait la tête en pâlissant.

XXIII

DANS LEQUEL SE PASSENT CERTAINS ÉVÉNEMENTS AUXQUELS LE LECTEUR EST LOIN DE S'ATTENDRE.

Le jour venait lentement ; un brouillard épais couvrait la terre ; au milieu de ces vapeurs matinales s'agitaient confusément les soldats de l'armée du général Fremont. De grands feux avaient été allumés en maints endroits ; les uns préparaient le déjeuner, les autres faisaient sécher les habits traversés par l'orage du soir précédent.

Les visages étaient pâles et fatigués ; la nuit avait été rude ; la journée s'annonçait comme devant être aussi terrible que celle de la veille.

Tout à coup le brouhaha qui toujours succède au réveil d'un camp cessa comme par enchantement.

Un coup de canon lointain fit dresser toutes les oreilles.

Puis un second coup et enfin des détonations bruyantes se succédèrent rapidement.

Une bataille s'engageait de l'autre côté de la Shennandoah.

En un instant les troupes furent massées, et presque aussitôt elles reçurent l'ordre de se mettre en marche.

Cette fois, elles gravirent sans difficulté les pentes sur lesquelles la veille campait l'ennemi.

L'armée sudiste avait disparu.

Le général Jackson avait profité de la nuit pour mettre la Shennandoah entre son armée et celle de son adversaire.

Bientôt, sur le plateau, les lignes sombres des Fédéraux s'avancèrent en bataille vers le pont de Fort-Republic, par lequel les Sudistes avaient opéré leur retraite.

Mais presque aussitôt chacun comprit qu'il fallait renoncer à l'espoir de poursuivre l'ennemi.

Au-dessus de la plaine, un immense nuage noir planait sur un large espace ; le pont venait d'être livré aux flammes.

La canonnade, ardente, saccadée, continuait toujours.

Le corps d'armée du général Shields, si ardemment attendu la veille par le général Fremont, retardé par le mauvais état des routes et trompé par la date de la dépêche, prenait inutilement part à l'action.

La veille, le général Shields eût trouvé la ville de Fort-Republic défendue seulement par trois régiments. En ce moment, il se heurtait contre toutes les forces réunies du général Jackson.

La lutte fut de courte durée.

Les Fédéraux arrivèrent sur la rive du fleuve dominant la ville et la plaine juste à temps pour avoir la mortification de voir, sans pouvoir leur porter secours, les troupes du général Shields, faisant bonne contenance il est vrai, mais en pleine retraite.

En effet, toute l'armée du général Jackson, rangée comme à la parade, faisait étinceler ses milliers de baïonnettes, au soleil levant dont les rayons pâles commençaient enfin à percer la brume.

Bientôt ces troupes disparurent dans les bois, saluées par les nombreuses mais inutiles salves d'artillerie que leur adressaient les Fédéraux avec une précipitation furieuse, suffisamment expliquée par leur dépit de voir l'ennemi éviter ainsi leur étreinte.

Pendant ce temps, les traînards sudistes, dont le Fort-Republic était encore rempli, se hâtaient de se soustraire au feu ouvert contre eux par les Fédéraux, de l'autre côté de la rivière, d'où l'on plongeait dans toutes les rues de la ville.

Le pont construit en bois et enduit de pétrole brûlait lentement ; les flammes que la brise avivait léchaient les poutres ; il semblait pouvoir être franchi.

Plusieurs officiers et soldats osèrent s'y hasarder ; mais, à peine engagés entre ces deux murailles de flammes, ils se rejetèrent en toute hâte en arrière, à demi suffoqués, tant la chaleur était intense.

Il fallut assister impassibles à l'effondrement de ce pont qui, sauvé, rendait plus que probable l'écrasement complet de l'armée esclavagiste du général Jackson.

L'agonie de cette construction se prolongea pendant assez longtemps ; puis tout à coup un craquement se fit entendre, et avec un fracas épouvantable il s'abîma tout entier et disparut dans le gouffre béant.

La ville était déserte ; dans les rues, quelques cadavres d'hommes et d'animaux jonchaient çà et là le sol.

La journée se passa sans encombre ; il importait de jeter un nouveau pont ; la hache et la scie étaient déjà à l'œuvre dans les bois.

Vers le soir, le vent se leva : il commença à souffler avec violence et à rouler dans le ciel un chaos de nuages lourds et chargés d'électricité.

La pluie recommença à tomber fine et froide.

La nuit, la tempête se déchaîna furieuse, arrachant les tentes des soldats et les éparpillant au loin comme des flocons de neige.

Les ruisseaux, changés en torrents, bondissaient en écumant vers la rivière, mêlant leurs eaux bourbeuses au courant tortueux et encaissé de la Shennandoah, grossissant à vue d'œil.

Pendant la nuit, la pluie n'ayant pas cessé de tomber, le charriage de la rivière devint effrayant.

Les derniers vestiges du pont brûlé le matin furent emportés ainsi que les premiers travaux exécutés par les Fédéraux pour en construire un autre.

Il fallait attendre que la Shennandoah, dont la crue augmentait à chaque instant et dont le courant devenait de plus en plus furieux, reprît ses allures si pacifiques d'ordinaire.

Les vivres manquaient; plus de fourrages. Le nombre des blessés, des fiévreux, devenait immense.

Sur les routes, derrière les fédéraux, les bushwackers pullulaient, se ruant sur les convois et attaquant en plein jour les détachements isolés.

Les chemins étaient presque impraticables.

La situation était critique.

Sur ces entrefaites, le général Fremont apprit que son flanc droit était fortement menacé par un corps considérable d'esclavagistes, remontant la vallée de la Shennandoah pour opérer sa jonction avec le général Jackson et lui permettre ainsi de reprendre l'offensive.

Le général Fremont comprit qu'il était temps de regagner sa base d'opérations et donna l'ordre de la retraite.

On se replia donc en bon ordre, mais lentement, péniblement, sans toutefois rencontrer d'obstacles sérieux.

Ce pays, naguère si riche et si prospère, était bien changé depuis quelques semaines. Partout les armées amies et ennemies y avaient laissé de terribles empreintes et entassé des monceaux de ruines.

Un soir, vers dix heures, le général Fremont, seul dans sa tente, étudiait et pointait des cartes et des plans étalés devant lui, lorsque l'aide de camp de service lui annonça le colonel de Saint-Pierre et le commandant Charlton.

— Faites entrer, mon cher capitaine, répondit le général, et dites à ces messieurs qu'ils sont les bienvenus.

L'aide de camp se hâta d'obéir.

Les deux officiers supérieurs furent introduits.

Après avoir échangé avec eux les premiers compliments et leur avoir offert d'excellents cigares dont il avait toujours une provision, le général, en les invitant à s'asseoir demanda aux deux officiers en quoi il pouvait leur être agréable.

Le commandant Charlton prit alors la parole :

— Vous vous souvenez sans doute, mon général, dit-il, du guet-apens dont je fus victime, lorsque vous me fîtes l'honneur de me charger d'une dépêche pour le général Shields ?

— Parfaitement, mon cher commandant. Le général Jackson, averti je ne sais comment, vous fit attendre au passage, *lasser* à l'improviste par des Bushwackers, et enlever votre dépêche que vous avez réussi, à la vérité, à reprendre quelques heures plus tard.

— C'est cela même, mon général.

— Eh bien! mon cher commandant, puisque nous revenons sur cette affaire, je vous dirai maintenant qu'après mûres réflexions, e suis certain d'avoir mis la date exacte et que je crois, comme vous, que la dépêche a été falsifiée, ce que, dans le premier moment, je n'avais pas admis, vous vous en souvenez.

— Très bien, oui, mon général.

— Vive Dieu ! cette trahison a seule sauvé Jackson ! Je le tenais acculé entre mon armée et celle de Shields, dont il n'aurait jamais réussi à se dépêtrer ! J'en aurais pleuré de rage ! Tant de fatigues, de combats, et tout cela en pure perte, par l'infamie d'un misérable espion ! Ah ! si jamais celui-là me tombe entre les mains, son procès sera vite fait, je vous le jure ! une bonne corde et un arbre en feront justice. C'est singulier ce misérable Joe Betrayde, ainsi qu'il se nomme, je crois, un nom prédestiné, sur ma foi ! ne m'a jamais inspiré la plus légère confiance; c'était plus fort que moi; il avait une face de Judas pour laquelle j'éprouvais une invincible répulsion.

— Mon général, la dépêche n'a pas été reprise par moi.

— Oui, je sais, un nègre, un charmeur de serpents, je crois ?

— C'est cela même, mon général ; or, ce brave homme ne s'est pas borné à reprendre la dépêche; il s'est emparé aussi d'un portefeuille gonflé de papiers.

— Oh ! oh ! ceci devient sérieux !

— Très sérieux, mon général, vous allez en juger : le colonel de Saint-Pierre mon ami, et moi nous avons lu tous ces papiers que nous avons triés ensuite avec le plus grand soin et classés selon leur importance.

— Il y a dans ces papiers, dit alors le colonel, des faits d'une importance énorme : les noms d'une foule de gens que le gouvernement croit fidèle, et qui le trahissent sans pudeur ; les preuves abondent, et, ce qui est plus grave, c'est que la plupart de ces individus, à commencer par Joe Stewens, car Betraydle n'est qu'un nom de guerre, occupent de hauts emplois dans l'administration, et des postes de confiance dans les ministères.

— Il faut aviser au plus vite : ceci prend une gravité exceptionnelle, messieurs !

— C'est précisément pour cette raison que nous avons demandé à vous entretenir, mon général.

— Afin de vous donner un avant-goût des pièces dont nous parlons, mon général, reprit le colonel, je vous prie d'en lire deux seulement, que nous avons prises au hasard dans une liasse de plus de cent pièces pareilles, et même plus importantes.

— Vous avez ces deux pièces sur vous, colonel ?

— Oui, général, répondit Tristan en les remettant au général Fremont.

Le général déplia la première dépêche et la lut avec une émotion croissante. Bientôt il pâlit, et sa main trembla visiblement.

— C'est horrible, dit-il en rendant les pièces après les avoir lues ; ces gens nous font une guerre de Peaux-Rouges et de cannibales !

— Remarquez, mon général, que ces pièces sont prises au hasard ; il y en a beaucoup de chiffrées que nous n'avons pu lire.

— Oh ! à Washington, on a les clés de tous les chiffres secrets que comptez-vous faire, messieurs ?

— Il n'y a pas de temps à perdre, dit John.

— Une heure perdue peut causer un désastre, dit Tristan.

— C'est précisément pour cela qu'il faut aviser au plus vite.

— Mon général, avec votre autorisation bien entendu, dit le colonel Tristan, je céderai pendant quelque temps le commandement de mes cavaliers à mon ami Charlton, et je me rendrai par le plus court chemin à Washington, auprès du président de la République, à qui je remettrai tous ces papiers entre les mains, en lui disant d'où ils proviennent et comment ils se trouvent en mon pouvoir.

— Votre plan est excellent, colonel ; nous n'avons plus grand'chose à faire ici ; nous nous arrêterons pendant quelque temps à Rockingham, vous nous rejoindrez là.

— Oui, mon général. Ainsi vous consentez ?

— Des deux mains, mon cher colonel. Je manquerais à mes devoirs de général en chef si, après les preuves que vous m'avez montrées, j'hésitais un instant à vous accorder le congé que vous me demandez.

— Je vous remercie, mon général.

— Ainsi, c'est convenu, colonel ; je vais à l'instant vous signer un congé d'un mois ; pendant votre absence, votre ami le commandant Charlton, commandera votre régiment de cavalerie ; quant à vous, colonel, vous partirez aussitôt qu'il vous plaira.

Tout en parlant ainsi, le général avait écrit et signé le congé ; puis, après l'avoir enregistré et timbré au chiffre de l'armée, il le plia en deux et le présenta au colonel, en lui disant :

— Mon cher colonel, voici votre affaire, mais, si pressé que vous soyez, je ne vous engage pas à partir de nuit.

— Merci, mon général, répondit le colonel en serrant le papier dans son portefeuille ; je ne compte pas quitter l'armée avant le lever du soleil

— Vous ferez bien, c'est prudent ; surtout prenez garde de ne pas vous laisser voler.

— Je prendrai mes précautions en conséquence, mon général.

— Tant mieux ; mais je vous le répète, prenez garde, méfiez-vous même de votre ombre ; maintenant au revoir et bonne chance, colonel ! ; quant à vous, commandant, vous savez que je serai toujours heureux de vous recevoir ? ajouta-t-il en souriant.

Après avoir échangé les derniers compliments avec le général, les deux officiers se retirèrent.

A peine franchissaient-ils le seuil de la tente, qu'un homme se leva brusquement à quatre ou cinq pas d'eux, bondit comme un daim et se perdit dans les ténèbres ; mais au même instant, un second individu, embusqué derrière un arbre s'élança à sa poursuite avec une rapidité sans égale.

— Qu'est cela ? s'écria le colonel.

— Ma foi ! dit le général Frémont, l'affaire est singulière ; il faudrait s'informer.

Au même instant, on entendit un coup de révolver tiré à une courte distance, un cri de douleur, et enfin le bruit d'une lutte acharnée.

— Pardieu ! la chose se complique, dit le général ; voyons donc un peu.

Mais déjà la garde avait pris l'alarme et se dirigeait en toute hâte vers le lieu de la lutte.

— Nous allons bientôt savoir à quoi nous en tenir, dit le commandant John.

— En effet, ajouta le colonel, des torches se rapprochent de ce côté.

— Eh! fit le général, ils sont au moins vingt-cinq! Qu'est-ce que cela signifie?

En ce moment, parut une troupe de soldats escortant un homme que le sergent Will tenait de la main gauche au collet, tandis que de la main droite il brandissait un revolver dont à chaque pas il menaçait son prisonnier récalcitrant, car celui-ci résistait de toutes ses forces.

Bientôt la petite troupe se trouva en présence du général et des deux officiers.

— Qu'y a-t-il, mes enfants? demanda le général. Pourquoi troublez-vous ainsi la tranquillité du camp?

Les soldats chuchotaient entre eux à voix basse, mais personne ne se hasardait à répondre.

— Voyons, dit le général, parlez, vous, sergent; vous devez savoir pourquoi vous avez arrêté cet homme?

— Oui, vraiment, je le sais, mon général, répondit respectueusement Will.

— Alors, approchez.

— Oui, mon général.

Et, donnant une forte secousse à son prisonnier :

— Allons, marche, toi, espèce de *rascal*! lui dit-il d'un air bourru.

Le prisonnier jeta un cri de douleur, mais il obéit.

— Eh! ne le brutalisez pas tant! Vous lui avez fait mal.

— Parce que c'est un espion esclavagiste, mon général.

— Un espion esclavagiste?

— Oui, mon général.

— C'est rien, mon général; en le poursuivant je lui ai tant soit peu écorné l'épaule, une écorchure de rien du tout, quoi! c'est ce qui le fait geindre.

— Mais, au fait, pourquoi avez-vous tiré sur cet homme et l'avez-vous arrêté?

— Voyons, expliquez-vous; l'accusation que vous portez contre cet homme est très grave; il s'agit de vie et de mort.

— Je le sais bien, mon général.

— Bien, expliquez-vous, je vous écoute.

— Faut-il tout dire, mon général?

— Certes, cela est indispensable.

— Très bien, mon général; je dirai tout, cela m'est égal. Pour lors, mon général, il faut que vous sachiez que j'accompagne toujours soit le commandant John, soit le colonel Tristan, n'importe où ils vont, avec ou sans leur permission; alors, voilà que ce soir ils sont sortis ensemble; moi, je n'ai fait ni une ni deux, je les ai suivis de loin. Après les avoir vus entrer dans votre tente, mon général, je suis allé m'étendre au beau milieu de ce buisson que vous voyez là-bas, au pied de ce grand chêne.

— Fort bien. Après? dit le général en souriant.

— Tout en ne pouvant être vu de personne, je ne perdais pas votre tente de l'œil, mon général. Voilà que j'étais à peine embusqué depuis quatre ou cinq minutes, que ce particulier arrive en rampant sur l'herbe comme un serpent. Pour lors, tout près de la tente, il s'arrêta et dégaina son bowie-knife. Je me préparais à sauter dessus, ne sachant pas quelle scélératesse il ruminait dans sa cervelle, quand, s'étant rapproché tout contre la tente, je le vis faire une fente dans la toile avec son coutelas et passer sa tête par l'ouverture. Pour lors, je savais à quoi m'en tenir sur son compte.

— Eh bien, après? dit le prisonnier avec hauteur; je suis un espion, soit; j'ai été assez maladroit pour me laisser prendre; pendez-moi, mais ne m'insultez pas; je sers mon pays à ma manière; le patriotisme revêt toutes les formes. Vous voulez la ruine du Sud où je suis né; je vous hais! le seul regret que j'éprouverais en mourant, sera de ne pas vous avoir fait plus de mal. Sachez que c'est moi qui ai averti le général Jackson, quand vous avez envoyé le commandant Charlton porter une dépêche au général Shields; c'est moi qui, après avoir surpris votre secret de la même manière que je l'ai fait aujourd'hui, c'est moi, dis-je, qui suis allé par l'ordre de mon général, me concerter avec le commandant Stewens pour enlever la dépêche, la falsifier, car elle l'a été par moi; maintenant, faites ce que vous voudrez, mes amis me vengeront; je ne dirai plus un mot.

Le général était demeuré pensif; ce farouche dévouement de sectaire lui donnait fort à réfléchir; ce sombre fanatisme, tout en ne manquant pas d'une certaine grandeur sinistre, avait quelque chose d'effrayant.

Le grand prévôt de l'armée, prévenu par un soldat, s'était hâté d'accourir.

— Mon général, dit-il en saluant respectueusement : le coupable a avoué son crime avec un cynisme odieux; non-seulement il se glorifie du crime qu'il a voulu commettre, mais encore de ceux que précédemment il a commis; la loi est précise, mon général.

— Qu'elle ait son cours! dit le général en détournant la tête.

Et, après avoir serré la main aux deux officiers il se retira.

Cependant, le grand prévôt avait fait entourer le condamné par ses soldats; on l'avait conduit aux avant-postes, et après l'avoir soigneusement fouillé on l'avait pendu à la maîtresse branche d'un magnifique chêne, en présence de plusieurs centaines de soldats accourus pour assister à l'exécution.

—Ainsi que lui-même l'avait annoncé, il refusa de répondre à aucune question et mourut avec une sombre résolution, sans prononcer une parole.

Les papiers trouvés sur cet espion furent remis par le grand prévôt au général en chef.

Pendant que ces événements se passaient, John et Tristan, que Will était venu rejoindre, avaient regagné leurs quartiers.

— Je vous remercie, sergent, dit le colonel en mettant pied à terre devant sa tente; grâce à votre vigilance et à votre dévouement, le secret important surpris par ce misérable espion ne sera pas vendu aux Esclavagistes.

— J'ai fait mon devoir, mon colonel, répondit le sergent avec un éclair de fierté.

— Vous en serez récompensé. Je quitte l'armée pour quelque temps, vous m'accompagnerez. Le commandant Charlton vous signera un congé d'un mois.

— Merci, mon colonel, répondit Will avec un vif mouvement de joie.

— Vous préviendrez votre frère Bob que je le mets aux ordres de miss Amy, à laquelle, pendant mon absence, je veux qu'il obéisse comme à moi-même; vous entendez, sergent, comme à moi-même

— Soyez tranquille, mon colonel; votre ordre sera strictement exécuté; nous sommes tous dévoués à miss Amy !

— Vous vous occuperez ensuite de ma valise, de mon porte-manteau; enfin vous préparerez tout pour notre départ.

— Oui, mon colonel.

Les deux officiers entrèrent alors dans la tente, où ils eurent une conversation intime qui se prolongea pendant près d'une heure, et à la suite de laquelle le colonel, après avoir chaleureusement serré la main de son ami, s'enveloppa dans son manteau, quitta la tente et se rendit à l'ambulance, établie à une courte distance.

Miss Amy, assise sur une chaise dans une salle où plusieurs blessés étaient couchés et dormaient, lisait la Bible à la lueur d'une lanterne assez terne, posée sur une table, lorsque le colonel pénétra près d'elle.

La jeune fille tressaillit en entendant ce pas qu'elle connaissait si bien elle leva les yeux et fixa un regard doux et clair sur le jeune officier debout devant elle.

— Vous voici bien tard, mon frère, lui dit-elle avec une nuance d'inquiétude; y aurait-il quelque nouvelle fâcheuse.

— Rien que je sache, chère sœur, répondit Tristan; j'aurais voulu venir plus tôt, mais cela m'a été impossible; et comme je quitte l'armée au lever du soleil, malgré l'heure avancée j'ai cru devoir me présenter.

— Vous quittez l'armée ? s'écria-t-elle avec un frisson nerveux et en pâlissant légèrement.

— Une affaire importante exige ma présence à Washington; le général en chef m'a accordé un congé d'un mois.

— Un mois ? murmura-t-elle doucement avec une indicible tristesse.

— Peut-être même ne reviendrai-je plus ; cela dépendra de la façon dont je serai reçu à Washington.

— Mon Dieu ! murmura-t-elle les yeux gonflés de larmes.

— Vous pleurez, Amy ? Pourquoi ce chagrin ?

— Hélas ! murmura-t-elle en étouffant un soupir, que deviendrai-je, moi, seule ici ?

— Mais vous n'êtes pas seule, Amy ! John, le docteur Matthew, enfin tous nos amis vous restent.

— Oui, mais vous partez, vous, Tristan !...

— Vous m'aimez donc un peu, Amy ? dit-il d'une voix douce.

— Oh ! mon Dieu ! il demande si je l'aime ! s'écria-t-elle douloureusement en fondant en larmes.

Tristan lui prit les mains, qu'il serra affectueusement dans les siennes.

— Moi aussi je vous aime, Amy ! lui dit-il avec émotion, plus sans doute que vous ne m'aimez vous-même.

— Oh ! c'est impossible ! s'écria-t-elle avec élan.

Mais, se reprenant aussitôt :

— Oh ! pardonnez-moi, mon frère ! murmura-t-elle.

— Vous pardonner de m'aimer, Amy ! Jamais vous ne m'aimerez assez, chère enfant, pour tout l'amour que j'ai pour vous !

— Tristan !

— Eh bien, pourquoi ne pas être franche ? Vous m'aimez, ma chérie; ce secret, que vous cachiez si soigneusement au fond de votre cœur, vous est échappé malgré vous : ne le reprenez pas, je vous en supplie, car vous me rendriez bien malheureux !

— Eh bien ! oui, je vous aime, Tristan ! je vous aime de toutes les forces de mon âme ! C'est en vain que j'ai voulu m'en défendre. Cette passion m'entraine, m'envahit, me torture, car, hélas ! cet amour fera mon malheur.

— Amy, que dites-vous donc là, bien-aimée de mon cœur ? Est-ce que je ne vous aime pas, moi aussi ? Est-ce que je ne vous ai pas aimée dès le premier jour que je vous ai vue ?

— Alors, dit-elle avec tristesse, nous serons deux à souffrir, hélas ! J'avais espéré que cette douleur serait pour moi seule !

— Comment pouvons-nous être jamais

malheureux, enfant, puisque nous nous aimons, que nous nous aimerons toujours? s'écria-t-il avec passion en couvrant de baisers brûlants les deux mains qu'il n'avait pas quittées.

— Tristan, mon ami, mon frère, revenez à vous, ne vous laissez pas emporter ainsi par la passion; réfléchissez que nous sommes en Amérique, où existe un cruel préjugé devant lequel il vous faut, malgré vous, courber la tête. Tristan, vous êtes blanc, vous êtes gentilhomme, et moi je suis une esclave affranchie, une négresse.

Et elle cacha son visage dans ses mains.

— Vous êtes cruelle, Amy! dit-il avec tristesse.

— Cruelle, moi! moi qui sacrifierais tout, même le seul bien que je possède : mon honneur, ma chasteté de jeune fille, pour que vous soyez heureux! s'écria-t-elle avec exaltation.

— Amy, dit Tristan en relevant la tête avec une généreuse indignation, m'avez-vous donc si mal jugé, que vous me parliez ainsi? Retirez ces odieuses paroles que vous avez prononcées dans un moment d'égarement. Je vous aime, Amy, et de toute la puissance de mon être. Cet amour ne finira qu'avec ma vie! Mais je vous aime pour vous, ma chérie, pour cette pureté d'ange, cette chasteté immaculée qui vous forment une radieuse auréole! Je me maudirais et je me mépriserais si, abusant de cet amour qui vous enlève toute force contre moi, j'étais assez lâche pour vous séduire et vous faire perdre ce respect inné que vous avez de vous-même et vous relève aux yeux de tous.

— Oh! oui, vous m'aimez, Tristan! Je le vois, je le sens. Oh! cette conviction double mon bonheur!

— Amy, jamais vous ne serez ma maîtresse; vous serez ma sœur ou ma femme.

— Moi, votre femme? Oh! c'est impossible, Tristan!

— Rien n'est impossible quand on aime, Amy.

Il se leva, ouvrit la Bible, et posant la main droite sur le livre saint :

— Amy, reprit-il, je ne sais ce que l'avenir nous réserve; mais, sur ce saint livre, que vous lisiez pieusement quand je suis entré, je vous jure qu'un jour vous serez ma femme. Dès cet instant considérez-vous comme ma fiancée!

— Tristan! Tristan! vous vous préparez d'horribles malheurs.

— J'ai juré; Dieu a reçu mon serment, il m'aidera à le tenir!

— Hélas! et vous partez demain!...

— Il le faut, chère bien-aimée; soyez prête à me suivre, car je ne reviendrai, et ce sera bientôt, que pour vous emmener avec moi.

— Je serai prête, mon ami; la certitude de ne pas être séparée de vous me donnera le courage d'attendre votre retour.

— J'ai mis Bob à vos ordres pour tout le temps de mon absence; il est intelligent et dévoué : vous pouvez compter sur lui.

— Il se mettrait au feu pour vous, Tristan; il sera aux petits soins pour moi. Quand partez-vous?

— Demain, au lever du soleil.

— Seul?

— Non, Will m'accompagne.

— Tant mieux; je craignais que vous ne partissiez seul.

— Qu'ai-je à redouter pendant un aussi court voyage?

— Vous avez fait tant de bien et rendu de si nombreux services, Tristan, que vous devez compter de nombreux ennemis.

— Tant pis pour eux, ma bien-aimée; maintenant nous devons nous séparer, chère Amy.

— Déjà, murmura-t-elle tristement.

— Enfant! il est une heure du matin, et j'ai encore beaucoup de choses à faire; à notre première rencontre, je vous ai donné une bague : cet anneau me venait de ma mère; gardez-le précieusement, chère Amy; c'est notre anneau de fiançailles.

— Merci, Tristan, répondit-elle en souriant à travers ses larmes; je l'ai depuis longtemps placé sur mon cœur.

Elle se leva alors, prit des ciseaux, et, enlevant le peigne qui retenait son opulente chevelure, par un mouvement gracieux elle la fit tomber et s'en enveloppa comme d'un manteau, puis, présentant les ciseaux au jeune homme ébloui :

— Coupez-en une tresse, mon bien-aimé Tristan, lui dit-elle avec une indicible tendresse.

— Ah! s'écria-t-il en se reculant; je n'oserai jamais!

La jeune fille sourit.

Elle se cambra gracieusement en arrière, donna un coup de ciseaux au milieu de son épaisse et soyeuse chevelure, et roulant une magnifique mèche de cheveux autour de sa main gauche, elle en fit une longue tresse qu'elle présenta au jeune homme; celui-ci la couvrit aussitôt de baisers passionnés.

— Maintenant, adieu, Tristan, mon bien-aimé ; revenez bientôt, si vous m'aimez autant que je vous aime.

Ils échangèrent un baiser chaste comme leur amour, et ils se séparèrent après de longs et tristes adieux cent fois recommencés.

FIN DE LA PREMIÈRE PARTIE

DEUXIÈME PARTIE

LE CHARMEUR DE SERPENTS

I

COMMENT, PENDANT LA GUERRE CIVILE, ON VOYAGEAIT SUR LE POTOMAC

La vapeur, s'échappant avec force des tuyaux, fait entendre des beuglements lamentables ; la cloche sonne à toute volée ; déjà les passerelles sont retirées, ce qui n'empêche pas une foule de retardataires de s'embarquer d'une manière ou d'une autre sur le *United-States*, grand steamer faisant le service de l'armée du Potomac entre *Aquia Creeck* et Washington.

Bientôt un frémissement du colosse indique que l'on fait route.

Plusieurs coups de marteau, frappés sur un timbre sonore, ordonnent d'accélérer la marche ; les roues immenses tournent aux flancs du navire, frappent bruyamment l'eau verdâtre du Potomac, dont l'écume bouillonnante blanchit la ouache du bâtiment.

On est parti.

Puisque l'occasion nous est offerte, décrivons un de ces steamers américains dont les Parisiens, accoutumés aux *Mouches* et aux *Hirondelles*, sont loin de se faire une idée, lorsqu'ils descendent la Seine du Pont national à Saint-Cloud et *vice-vesa*.

Au ras de l'eau les machines, le charbon, les bagages ; au second étage les cabines, les salons ; au troisième étage, une immense terrasse.

Là se dressent deux cheminées entre lesquelles deux puissantes colonnes de fer supportent le balancier gigantesque de la machine, tandis qu'une de ses extrémités s'abaisse jusque dans les profondeurs de la cale ; l'autre menace le ciel à une hauteur inouïe.

Devant ce balancier se trouve une petite tourelle vitrée d'où le pilote voit ce qui se passe autour de lui sur le navire et sur le fleuve.

D'une main, il manœuvre la roue du gouvernail ; de l'autre, il lâche la vapeur des signaux, met en mouvement le timbre ou l'aiguille du cadran et commande aux mécaniciens la marche du bâtiment.

Une foule grouillante s'entasse au rez-de-chaussée ; au milieu de ballots de toutes sortes, soldats, marins, nègres, vont, viennent, s'agitent, parlent, gesticulent, remuent des sacs et des tonneaux, pèsent sur es amarres, virent les cabestans, enroulent les câbles. Dans ce tohu-bohu tout le monde heurte, bouscule, presse, piétine tout le monde : gare à celui qui s'y laisse prendre !

Parmi les balles de coton, les tonnes de lard salé, les piles de jambons, l'œil découvre des caisses longues, soigneusement étiquetées, renfermant des cadavres de soldats morts de mitraille ou de fièvre, sur le Rappahannock et que leurs camarades renvoient aux familles en forme de consolation.

Aux Etats-Unis, à l'époque où se passait notre histoire, il fallait qu'un champ de bataille fût de bien médiocre importance pour que, dans quelque pli de terrain à peine à l'abri des balles et des boulets, on ne vît pas s'établir deux échoppes.

Dans la première, on sciait, rabotait, etc. C'était le fabricant et le débitant de cercueils.

Dans la seconde, on opérait l'embaumement des trépassés.

Ces deux réjouissants laboratoires flanquaient, presque toujours, les ambulances d'ordre supérieur, et signalaient ordinairement leur présence par des affiches aussi alléchantes que celle-ci, collées sur les arbres des environs :

A la Consolation des Familles.

FAITES-VOUS EMBAUMER.

Prix réduits. — On paye d'avance.
Pas de crédit.

Tout officier ou soldat, avant de marcher au feu, était libre, si le cœur et la bourse lui en disaient, de se faire prendre mesure, dans les prix doux, de son dernier uniforme, et de traiter de son embaumement prochain.

On voyait aussi des colis non moins singuliers entre tous les autres.

C'étaient des cadavres tout simplement roulés dans des couvertures de laine ou de coton, sans doute selon l'occurrence, — la qualité n'y faisait rien, — et ficelés comme des saucissons.

Le marchand de cercueils avait probablement chômé le jour où ces malheureux avaient été tués et l'embaumeur aussi ; et certes on s'en apercevait.

Le premier étage est divisé en deux parties : l'avant pour les hommes, l'arrière pour les dames ; mais, comme cette fois il n'y pas de dames, les hommes se sont mis à l'aise.

Au milieu de chaque salon, un énorme poêle chauffé au rouge est entouré d'une foule de frileux assis, debout, couchés ou accroupis, lisant, chiquant ou faisant de la politique.

Aux alentours de ce groupe central beaucoup de passagers, pêle-mêle, sont vautrés sur les canapés ou étendus sur le plancher. Les uns mangent ou boivent, d'autres dorment ou rêvent.

Des Allemands ici, des Irlandais là, partout des Yankees.

On parle, on crie, on dispute, on chante, chacun dans sa langue.

Plus loin, des malades se rendant à l'hôpital ou des valides allant en permission.

Tout à coup, un homme, vêtu de noir de la tête aux pieds et tenant un gros livre, monte sur une table :

— Silence ! crie-t-il. Au lieu de perdre notre temps à bavarder, nous ferons mieux de louer le Seigneur. Voici une belle occasion de faire notre salut !

Sans tenir compte de l'explosion de murmures soulevés par son allocution, le prédicant entonne un cantique.

— Malédiction ! hurlent les Irlandais, ce païen va nous porter malheur !

— A la porte les perturbateurs ! répondent les fervents, qui entourent le prophète et unissent leur voix à la sienne.

— Liberté pour tous ! disent en riant les Yankees. Ces gens-là sont libres de chanter, comme nous de ne pas les entendre.

La foule impie cède la place aux pieux chanteurs, dont les voix peu mélodieuses font aboyer les chiens et s'entendent jusque sur le pont.

De là, on jouit d'un spectacle splendide.

Nous retrouvons sur le pont, assis et rêvant, tout en admirant le magnifique panorama dont les divers aspects se déroulent devant lui, le colonel Tristan de Saint-Pierre, et à quelques pas plus loin le sergent Will.

Cette nature grandiose si pleine de lumière éblouissait les deux hommes ; mais la pensée du colonel errait loin du Potomac; elle plongeait au milieu de ce massif de montagnes qu'il venait de quitter, et le nom chéri d'Amy montait sans cesse de son cœur à ses lèvres.

Le *United-States* faisait bonne route.

On aperçut bientôt un navire suivant la même direction, mais très lentement.

Il fut bientôt rattrapé.

Le pont, les cabines, les galeries, les tambours même de cet étrange bâtiment étaient encombrés de passagers.

Il n'y avait pas une ouverture qui ne regorgeât d'êtres humains, couverts de guenilles d'un gris roussâtre, sordides, infectant la misère.

Leurs visages étaient tournés vers le *United-States*, et regardant d'un air hébété.

Ce navire était chargé de prisonniers sudistes expédiés dans le nord.

Le *United-States* passa presque à ranger ce transport; aucun cri ne fut poussé, ni d'un côté ni de l'autre.

Un bâtiment est rarement seul sur le Potomac; peu après le *United-States* rejoignit un autre steamer, portant sur son étambot ces deux mots : *Uncle-Sam*.

Ce nouveau bâtiment avait ralenti sa marche, afin sans doute de donner au *United States* la facilité de le prendre.

En effet, dès qu'il vit le *United States* à sa hauteur, l'*Uncle-Sam* précipita sa marche ses deux cheminées commencèrent à vomir des torrents de fumée.

— Plus vite ! crièrent quelques passagers du premier, impatientés de voir l'*Uncle-Sam*, gagner d'une longueur.

— Chauffez ! chauffez ! cria-t-on de l'*Uncle-Sam* comme un écho railleur.

Les cheminées du *United-States* s'ornèrent à leur tour d'un panache dont les spirales noirâtres se tordirent comme un boa au loin sur le Potomac.

L'*Uncle-Sam* ne cédait pas d'une ligne, bien au contraire.

— Plus vite, pardieu! plus vite! chauffez à rouge!

Ces cris étaient unanimes sur le *United-States*.

— Plus vite! plus vite encore! plus vite, toujours! sautons! plutôt que de rester derrière, répondaient les passagers de l'*Uncle-Sam*.

Alors les deux monstres, bord à bord, commencèrent une course échevelée, endiablée.

Les mécaniciens, les chauffeurs, les passagers s'animèrent à tel point qu'ils semblèrent en démence.

— Cent dollars pour le *United-States*! s'écria un parieur.

— Hurrah pour lui! s'écrièrent des centaines de voix.

— Deux cents! cinq cents dollars pour l'*Uncle Sam*!... Hip! hip! hip! hurrah! répétèrent d'autres acharnés en agitant leurs chapeaux.

Les cris, les hurrahs, les jurons s'entrechoquaient dans les airs.

Dans les entreponts des deux navires, c'était un bruit infernal de fourneaux, de pelles, de fourgons, de ringards, de ferrailles de toutes sortes.

Les cornets à vapeur beuglaient, les cloches sonnaient à toute volée!

On se passait de mains en mains les sacs de charbon, que l'on engloutissait tout entiers dans les foyers.

Les deux adversaires volaient sur l'eau.

Bientôt les combustibles devinrent rares; on commença à jeter par les panneaux des caisses et des ballots; on fut même sur le point de jeter dans la fournaise *les consolations des familles*: le fait est que ces corps, embaumés ou non, auraient admirablement brûlé.

Après, on eût démoli pièce à pièce le navire pour alimenter le feu, lorsque tout à coup cette furie se calma comme par enchantement.

Sur les deux steamers, les passagers se portèrent du même côté, et toutes les mains se tendirent dans la direction d'une villa d'apparence fort simple, située à mi-côte d'une colline, à moitié enfouie dans un groupe d'arbres.

— C'est là! c'est là! disait-on.

Et toutes les lorgnettes se braquèrent obstinément sur ce point.

Presque aussitôt toutes les têtes se découvrirent respectueusement, et sur les deux steamers lancés à toute vapeur le plus profond silence succéda au tapage assourdissant qui, un instant auparavant, régnait sur leurs bords.

— Qu'est-ce donc? qu'y a-t-il? demanda tout intrigué un homme d'un certain âge et à l'air distingué au colonel.

— Vous êtes donc étranger? lui répondit Tristan.

— Oui, monsieur, répondit l'étranger, je suis Français; j'arrive à peine en Amérique.

— Oh! alors, cela se comprend, monsieur : chapeau bas!

— Chapeau bas! et pourquoi?

— Saluez, c'est le mont Virnon! c'est la tombe de Washington!

Le vieillard se découvrit aussitôt et s'inclina respectueusement devant la tombe sacrée du libérateur de l'Amérique du nord.

A peine débarqué, Tristan, certain que sa famille, ignorant son arrivée, ne l'attendait pas, se mit à parcourir les rues de la capitale de la grande République, qu'il n'avait point visitées depuis sa première enfance et dont, par conséquent, il n'avait conservé qu'un très vague souvenir.

Il est bien entendu que Will suivait son colonel, à quelques pas en arrière, comme le chien fidèle suit son maitre; ceci soit dit sans blesser le brave et digne garçon.

Partout des soldats manœuvraient, campaient ou patrouillaient.

A chaque coin de rue, des cavaliers, la carabine sur la cuisse, montaient jour et nuit la garde.

C'est que Washington était un véritable foyer d'esclavagistes.

Cette ville politique, élevée sur un territoire pris par moitié sur la Virginie et le Maryland, lorsque fut créé l'Etat de Colombie, c'est-à-dire le territoire neutralisé appartenant au congrès, possédait une population fanatique de Sécession.

Le gouvernement n'usait donc que d'un droit strict en se tenant prêt à tout événement. Les approvisionnements accumulés pour l'armée étaient considérables; de plus, on fabriquait dans l'arsenal des quantités prodigieuses de munitions pour les armées de terre et de mer; un incendie eût causé d'irréparables désastres. Il importait donc de prendre des précautions, car, à plusieurs reprises, des tentatives, heureusement déjouées, avaient été faites pour allumer des incendies dans certains quartiers.

Washington est une ville assez peu pittoresque. Pensylvania-Avenue, une immense rue, allant du Capitole à la maison du secrétaire d'Etat, traverse dans toute sa longueur parallèlement au Potomac; des rues transversales, larges et propres, coupent à angle droit Pensylvania-Avenue, conduisant d'un côté au Potomac, et de l'autre s'étendant à perte de vue dans la campagne.

Les maisons sont en briques et lui donnent une apparence anglaise. Quant aux monuments de cette ville, le Capitole, la Banque, la poste, le palais du secrétaire d'Etat, la Maison-Blanche, tous sont en marbre blanc : des touffes d'arbres rompent çà et là la monotonie de la vue.

De tous côtés se croisent des voitures, roulant sur des rails, traînées soit par des chevaux, soit par des locomotives, que leurs beuglements sinistres signalent heureusement de loin aux passants.

Après avoir erré ainsi pendant plusieurs heures à travers les rues, le colonel Tristan se dirigea enfin vers l'habitation de sa famille. Il était satisfait de cette longue promenade, pendant laquelle il avait renouvelé connaissance avec sa ville natale.

En ce moment, malheureusement, Washington avait la fièvre ; les rugissements du canon s'entendaient sourdement de l'autre côté du Potomac; en effet, les Esclavagistes étaient presque aux portes de la capitale de l'Union.

Le colonel fut admirablement reçu par sa famille; mais sa mère et sa sœur le grondèrent très fort, lorsqu'elles apprirent que depuis quelques heures déjà il était à Washington et qu'il avait été flâner à travers la ville au lieu de se rendre tout droit chez lui.

Mme de Saint-Pierre avait été fort belle; elle l'était même beaucoup encore, malgré ses quarante-huit ans, qu'elle se plaisait, avec une certaine coquetterie à arborer franchement.

Sa fille, miss Claudia, était une brune piquante de dix-huit ans, admirablement belle, ressemblant à sa mère, et dont le caractère sérieux avait de grands rapports avec celui de son frère.

Quant à M. de Saint-Pierre, il avait cinquante-six ans, mais paraissait dix ans de moins, tant il était vert et jeune encore. Ses traits étaient beaux et très expressifs ; c'était un homme d'une haute valeur intellectuelle, profond homme d'Etat, très dévoué à son pays et fort écouté du président de la République, par lequel il était souvent consulté.

L'arrivée du colonel fut une véritable fête pour sa famille, dont il était adoré. Aussi la tristesse fut-elle grande lorsqu'il déclara ne pouvoir rester que quelques jours.

Au dîner, il y eut un convive : un jeune homme à peu près de l'âge de Tristan, aux traits sympathiques et intelligents. Il appartenait à une famille fort riche du Kentucky, avec laquelle les de Saint-Pierre avaient quelques liens éloignés de parenté.

Il fut présenté au colonel par M. de Saint-Pierre sous le nom de Lionnel Taylor. Il avait pris du service dès le commencement de la guerre, et venait, à la suite d'une action d'éclat, d'être nommé chef d'escadron.

Le commandant Lionnel, plut tout de suite au colonel par sa franchise, sa rondeur, et surtout par sa conversation plaisante et spirituelle sans causticité; de son côté, le commandant se sentit pris d'une vive sympathie pour le colonel.

Ce double élan d'amitié sembla faire grand plaisir à miss Claudia; la jeune fille, sans en avoir l'air, examinait attentivement les deux officiers; elle saisissait, sans en passer une seule, toutes ces nuances, imperceptibles pour les indifférents, qui révèlent un commencement de liaison, entre deux personnes causant entre elles pour la première fois.

Le commandant se mit gracieusement à la disposition du colonel pour lui faciliter une entrevue avec le président de la République, offre que le colonel accepta avec empressement.

Lorsque les dames se furent retirées, Tristan expliqua à son père et au commandant Taylor les motifs de son voyage ; puis il toucha quelques mots des projets qu'il avait conçus et se préparait à soumettre au président de la République.

— Figurez-vous, colonel, dit le jeune homme.

— Pardon, mon cher Lyonnel, dit Tristan en l'interrompant. Nous sommes parents, à peu près du même âge; notre liaison, commencée aujourd'hui, deviendra bientôt intime, je l'espère. Donc, je vous en prie, pas d'étiquette entre nous. Hors du service, bien entendu, fit-il en souriant, appelez-moi Tristan, comme moi je vous nommerai Lionnel ; cela vous convient-il ? ajouta le colonel en lui tendant la main.

— De grand cœur, Tristan, répondit franchement le jeune homme; je suis certain que nous deviendrons bientôt amis intimes; d'ailleurs je ferai tout pour cela, dit-il en riant.

— Et moi de même, répondit le colonel sur le même ton; maintenant allez, je vous écoute.

— Figurez-vous, disais-je, que ce Joe Betrayde était un épouvantail pour tout le monde, ici ; on l'accusait de fréquenter en secret les plus enragés Esclavagistes de la ville. Quant à moi, je ne lui ai jamais parlé sans éprouver une répugnance secrète, invincible.

— Il produit généralement cet effet.

— Je m'explique à présent sa longue absence.

— Comment cela

— Depuis son départ pour la Shennandoah, nous ne l'avons plus revu à Washington : il aura craint d'être arrêté.

— C'est probable, la perte de son portefeuille a dû l'engager à la prudence.

Le jour suivant, vers midi, Lionnet vint prendre le colonel, et tous deux se dirigèrent vers les bureaux de la guerre, où, disait-on, le président de la République devait se rendre dans la journée.

On introduisit les deux officiers dans une vaste salle où une foule nombreuse attendait paisiblement.

Le ministre parut.

C'était à cette époque l'avocat Stanton, homme de petite taille, barbe rousse épaisse, visage apoplectique, yeux étincelants, parole énergique et concise, gestes un peu brusques; tout en lui respirait la décision et l'intelligence.

Chaque visiteur approchait à son tour de la cheminée, devant laquelle l'homme d'Etat se tenait debout.

Le ministre se penchait vers son secrétaire assis à une table près de lui, dictait quelques notes, donnait une brève réponse au solliciteur, puis faisait un signe de tête pour le congédier.

De cette manière il expédiait en quelques minutes une foule de gens; tous au courant de cette façon de procéder, ils se gardaient bien de perdre leur temps en verbiages.

Après avoir vu défiler ainsi une multitude d'officiers, de fournisseurs, d'intendants et d'inventeurs, le ministre appela Tristan du regard, mais le commandant Taylor fit quelques pas, s'approcha du ministre et lui dit deux ou trois mots à voix basse.

— C'est bien, répondit celui-ci en souriant; à tout à l'heure, alors.

En ce moment une porte s'ouvrit derrière M. Stanton, et un homme de haute taille, maigre, au visage osseux, enveloppé dans un plaid écossais gris, pénétra dans la salle.

Ce personnage alla s'asseoir modestement, timidement même, près d'une fenêtre, à côté d'un employé du télégraphe dont la manivelle fonctionnait avec une fiévreuse activité.

Les tic-tacs précipités de l'aiguille se multipliaient avec une sorte de frénésie.

A la vue de ce personnage en apparence si timide, un murmure sympathique et curieux courut dans la foule en même temps que tous les regards se tournèrent vers lui.

La personne à laquelle le ministre donnait audience lui fit remarquer l'inconnu.

M. Stanton se retourna brusquement.

— Le président! s'écria-t-il.

— Abraham Lincoln! murmura la foule.

Le colonel Tristan contempla avec une émotion respectueuse ce personnage, chargé d'une si lourde responsabilité.

Sur ce visage, assurément ordinaire, se peignait une douceur pleine de charme.

Lincoln sourit avec mélancolie en prenant la main de son ministre. D'un geste amical il lui désigna les solliciteurs et le renvoya aux affaires de l'Etat.

Abraham Lincoln suivait machinalement d'un regard soucieux l'aiguille du télégraphe tournant sur le cadran.

On eût dit qu'il essayait de deviner ce qu'elle disait.

Bientôt l'opérateur lui passa une feuille; Lincoln la lut avec calme, mais la suivante semble vivement l'intéresser; plus les feuilles se succédaient, plus son attention grandissait.

Enfin, ne pouvant plus maîtriser son impatience, il rapprocha sa chaise, et, penché sur l'épaule de l'opérateur, il déchiffra les mots au fur et à mesure que celui-ci les transcrivait.

C'est qu'en ce moment la situation était des plus critiques, peut-être décidait-on la destinée des Etats-Unis.

Jusques alors, les armées fédérales avaient presque toujours été battues; il fallait, par un coup de foudre, remonter le moral de la nation.

Ce coup de foudre c'était, le déblocument du haut Mississipi; une île presque ignorée jusqu'alors et nommée « île n° 10 », merveilleusement située, permettait aux esclavagistes de fortifier et de rendre presque inexpugnables les deux rives du fleuve.

Les esclavagistes opposaient sur ce point une résistance acharnée; plusieurs assauts, déjà, avaient été tentés et avaient échoué, en coûtant très cher aux Fédéraux; enfin les généraux nordistes avaient réussi à tourner cette position formidable et à prendre les esclavagistes à revers.

Une grande bataille se livrait en ce moment; si les esclavagistes étaient vainqueurs, c'en était fait pour longtemps de l'influence des Fédéraux dans le Sud, et les prodigieux et pénibles efforts qu'ils tentaient le seraient en pure perte.

Aussi, assistant pour ainsi dire, grâce aux merveilles de l'électricité, à ce douloureux conflit, dont le télégraphe lui révélait toutes les poignantes péripéties, Lincoln était en proie à une surexcitation extrême; bientôt on vit sur le visage du président percer une anxiété qu'il tentait en vain de maîtriser.

Puis tout à coup son visage rayonna subitement; il se leva, redressa sa haute taille, et, les yeux pleins d'éclairs, la voix frémissante, il s'écria en étendant le bras vers la foule attentive et anxieuse :

— Messieurs, victoire ! Le n° 10 est à nous.

— Hip ! hip ! hip ! hurrah ! répondit la foule avec enthousiasme.

Stanton courut à Lincoln, le serra dans ses bras et l'embrassa.

— Hurrah pour la vieille Union ! criait la foule.

— Hurrah pour la grande République, criaient les plus ravis.

— Hurrah pour le vieil Abraham Lincoln ! crièrent-ils tous d'une seule voix.

Abraham Lincoln, après avoir échangé un regard avec son ministre, disparut avec aussi peu de bruit qu'il était venu.

La nouvelle donnée par le président était trop grave pour que chacun ne se hâtât point de la propager au plus vite. En une seconde, la salle d'audience se trouva vide ; tous les solliciteurs s'étaient élancés au dehors ; seuls les deux officiers étaient restés ; le ministre se tourna vers eux :

— Venez, messieurs, leur dit-il avec un geste d'une exquise courtoisie.

Et, passant le premier, il leur fit traverser plusieurs pièces et les introduisit dans un salon où ils retrouvèrent le président de la République, assis la plume à la main, devant une immense table encombrée de papiers de toutes sortes.

— Messieurs, veuillez vous asseoir, je vous prie, dit le président en leur indiquant des sièges d'un geste courtois.

Les deux officiers obéirent.

— Vous avez, colonel, des papiers importants à me remettre, m'écrit M. de Saint-Pierre, votre père Quels sont ces papiers ? Comment sont-ils tombés entre vos mains ?

Le colonel fit alors le récit rapide et imagé des faits que plus haut nous avons rapportés au lecteur.

Pendant ce récit, que le colonel termina en remettant au président le portefeuille de l'espion, Lincoln et son ministre avaient à plusieurs reprises échangé des regards significatifs.

Les deux hommes d'Etat firent aussitôt un examen rapide de ces graves et nombreux documents. A un moment donné, le président se fit apporter plusieurs grilles pour traduire quelques pièces chiffrées qu'il passa ensuite au ministre.

Malgré leur grande puissance sur eux-mêmes, les deux hommes d'Etat étaient livides, la sueur ruisselait sur leur front, leurs doigts crispés faisaient crier le papier.

— Ces pièces doivent être soumises à un examen minutieux et reposé, dit le président ; vous seul et moi, Stanton, nous ferons cet examen ; il importe que ces papiers ne sortent pas de nos mains ; avais-je raison, Stanton ?

— Je m'incline, dit le ministre ; mais qui pouvait supposer un tel raffinement de perfidie et un si horrible machiavélisme ?

— C'est épouvantable ! murmura le président.

Et se penchant vers le colonel :

— Quelqu'un a-t-il eu communication de ces pièces ? lui demanda-t-il.

— Le commandant Charlton, auquel on les a remises, monsieur le président ; moi qui les ai examinées et mises en ordre avec lui, et enfin le général Fremont, auquel, pour justifier le congé dont j'avais besoin, j'ai communiqué deux pièces seulement, prises au hasard dans la masse entière.

— Vous m'affirmez qu'il en est ainsi, colonel ?

— Sur mon honneur de citoyen et de soldat ! monsieur le président.

— Je vous crois et je vous remercie, monsieur.

Le président échangea quelques mots à voix très basse avec le ministre ; puis il reprit :

— Vous venez de rendre à notre pays, dit-il, un service immense, dont les conséquences sur les suites de la guerre sont incalculables ; je n'hésite pas à vous le dire en toute franchise, M. Stanton m'annonce que vous désirez m'adresser une demande. Parlez sans crainte, colonel ; que puis-je faire pour vous ?

— Me faciliter les moyens de servir efficacement la cause sainte que nous soutenons, monsieur le président, et peut-être d'en hâter le succès.

— Voilà une réponse qui me plaît, colonel, dans la bouche du fils de mon ami, M. de Saint-Pierre ; parlez.

— Je désire deux choses.

— La première ?

— L'autorisation d'organiser comme je l'entendrai, un corps de partisans, dont les mouvements seront indépendants de ceux des armées de l'Union. Avec ces partisans dont je choisirai moi-même les soldats et les officiers, je m'enfoncerai comme un coin dans les Etats du Sud en les prenant à revers, et je ferai à mes risques et périls la guerre de guérillas contre les rebelles.

— Le second ? reprit le président d'un air pensif.

— La seconde découle de la première, monsieur le président ; je veux révolutionner le Sud en appelant tous les noirs à la révolte et à la liberté. Tant que les Sudistes ne seront pas inquiétés chez eux par l'insurrection de leurs noirs, nous ne réussirons que très difficilement à les vaincre.

— C'est bien hardi ce que vous proposez-là, colonel !

— Oui, mais si je réussis ?...

— Sans doute !... Que vous faut-il ?

— Trois choses, monsieur le président : autorisation, argent, liberté de manœuvre.

— Est-ce tout ?

— Une chose encore : le secret le plus absolu ; la réussite est à ce prix. Je tomberai comme la foudre sur les esclavagistes ; ils ne connaîtront l'existence de ma guerilla que lorsqu'elle fondra sur eux.

— Vous êtes un brillant officier, colonel ; votre loyauté est au-dessus de tout éloge. Vous avez rendu un service signalé à notre pays. Je vous ai donné ma parole ; cette question n'est donc pas en jeu entre nous ; mais je suis l'ami de votre famille. A ce titre, laissez-moi vous dire ceci : si vous échouez, c'est la mort ! Les esclavagistes seront sans pitié pour vous. Soulever les nègres !... Ce crime, ils ne le pardonneront jamais !

— Je serai mort en faisant mon devoir ! monsieur le président.

— Revenez demain, colonel ; tout sera prêt.

Et il tendit au jeune homme sa main, que celui-ci serra respectueusement.

— Réfléchissez encore cette nuit. C'est grave, très grave ! reprit Lincoln avec son mélancolique sourire.

— Toutes mes réflexions sont faites, monsieur le président, répondit le jeune officier.

— Soit, à demain.

Les deux jeunes gens prirent alors congé et se retirèrent.

— C'est un homme ! murmura Lincoln en suivant un instant le colonel d'un regard presque paternel ; mais il se jette dans une aventure où il périra misérablement !

— Qui sait ? répondit le ministre de la guerre ; l'idée est généreuse et vaillante ; l'impossibilité même d'une telle entreprise en assurera peut-être le succès !

— Dieu le veuille ! reprit le président.

Et les deux hommes d'État reprirent l'examen des papiers étalés devant eux.

II

COMMENT LE COLONEL TRISTAN EUT UNE AUDIENCE DU PRÉSIDENT LINCOLN ET CE QUI EN ADVINT.

Le lendemain, vers huit heures du matin, le colonel Tristan, après avoir écrit et cacheté plusieurs lettres, donnait quelques ordres à Will, son sergent, lorsqu'un domestique de son père ouvrit la porte de son cabinet de travail et lui annonça que le commandant Taylor demandait à le voir.

— Faites entrer, dit le colonel. A propos, Patrick, je déjeunerai chez moi ; vous ajouterez un couvert pour le commandant, vous m'excuserez près de mon père et de ma mère de ne pas déjeuner en famille ; j'ai fort à faire.

— Oui, monsieur, répondit Patrick, vieux serviteur de la famille, qui avait vu naître Tristan et l'aimait beaucoup.

Il sortit, et le commandant parut presque aussitôt.

— Quel bon vent vous amène ? lui demanda Tristan en lui tendant la main.

— D'abord le plaisir de vous voir...

— Et de déjeuner avec moi, répondit Tristan.

— Croyez-vous ?

— Pardieu ! j'ai donné l'ordre de mettre votre couvert.

— Alors c'est autre chose : j'accepte.

— Très bien ! maintenant vous disiez ?... A propos, prenez donc un de ces cigares : ils sont excellents, et puis en fumant, on cause mieux, ne le trouvez-vous pas ?

— C'est exact ; le cigare donne un air réfléchi. A ce sujet, je dois vous informer que j'ai fait de graves réflexions pendant toute cette nuit ; et vous ?

— Moi, j'étais éreinté de mon voyage ; j'ai dormi comme un opossum.

— Homme heureux, que rien n'inquiète, ni dans le cœur ni dans la tête !

— Bon ! Qu'en savez-vous ?

— Dame ! puisque vous pouvez dormir la nuit tout entière !

— Oh ! oh ! Cela veut dire, si je ne me trompe, que vous avez, vous, quelque chose dans la tête et peut-être aussi dans le cœur ?

— Eh ! eh ! je ne dirai pas non.

— Bon ! je vois poindre une confidence.

— Vous vous trompez, cher ami : il y en a deux.

— Miséricorde ! une pour la tête et l'autre pour le cœur ?

— Précisément.

— Par laquelle commencez-vous ?

— Par la plus difficile.

— Naturellement ; celle du cœur alors ?

— Hélas !

— Tenez, mon cher Lionnel, vous êtes un charmant compagnon, que bientôt, j'en suis convaincu, j'aimerai beaucoup. Je veux donc faire quelque chose pour vous.

— Quoi donc !

— Vous éviter cette difficile confidence.

— Hein ? fit-il tout déferré.

— Oui ; je vais la faire pour vous ; je commence par la phrase consacrée : « Je sais tout ! »

— Oh ! oh ! tant que cela ?

— Mon Dieu, oui. Mon père m'a tout raconté hier soir ; ma mère a appuyé. Ma sœur a baissé les yeux en faisant une gentille grimace que je connais bien ; de sorte que je conclus que vous plaisez à mon père et à ma mère, personnages très respectables, mais peu susceptibles d'entraînement, et que vous ne déplaisez pas à miss Claudia, ma sœur.

— Mais vous, Tristan, vous ?
— Cela vous inquiète ?
— Je le crois bien ! Lorsque, sur ma prière, mon père a fait une démarche officielle, M. de Saint-Pierre a répondu textuellement ceci : « Lionnel est un excellent garçon, il nous plaît beaucoup ; mais nous ne déciderons rien en l'absence de notre fils, le colonel Tristan, dont le consentement est indispensable. »

— Mon cher Lionnel, mon père est le plus excellent homme que je connaisse ; mais il est diplomate et traite un peu trop les affaires d'amour comme les affaires de chancellerie ; il n'y a qu'un consentement indispensable à votre mariage.

— Oui, celui de miss Claudia, n'est-ce pas ?
— Tout juste.
— Eh bien ! cher Tristan, je serai franc avec vous ; j'aime sincèrement et profondément votre charmante sœur ; je vous avoue que j'aurais, quoi qu'il m'en eut coûté attendu encore, si elle-même ne m'avait autorisé à demander sa main.

— Voyez-vous, la petite sournoise ! Oh ! les jeunes filles, elles sont toutes les mêmes, avec leurs airs de sainte nitouches. Eh bien ! puisqu'il en est ainsi, je ne vous ferai pas attendre ma réponse; mon cher Lionnel, voici ma main, je serai heureux de vous avoir pour beau-frère ; quand le mariage doit-il avoir lieu ?

— Après la guerre, mon ami ; avant de songer à notre bonheur, nous devons nous dévouer à celui de notre patrie.

— A la bonne heure ! voilà parler en homme de cœur !

— Monsieur est servi dit alors Patrick en entr'ouvrant la porte.

— Venez, Lionnel, nous boirons à votre prochain mariage un verre de vieux vin de France.

— Bon ! je suis déjà ivre de joie ; qu'est-ce que ce sera après ?

Ils passèrent alors dans une petite salle à manger faisant partie de l'appartement du colonel, et ils se mirent à table en face l'un de l'autre.

Patrick servait seul ; c'était un serviteur de confiance, on pouvait tout dire devant lui sans redouter les indiscrétions.

— Ah çà ! s'écria tout à coup Tristan en reposant son verre vide sur la table ; vous m'avez, il me semble, parlé de deux confidences ?

— C'est vrai.
— J'attends la seconde.

— Je m'aperçois à présent que j'aurais mieux fait de commencer par celle-là.

— Bon ! est-ce que le mauvais succès de votre première confidence vous décourage ?

— Je ne dis pas cela.
— Que dites-vous, alors ? Voyons, je vous attends.

— Je le sais bien ; voilà ce qui me taquine ; répondez-moi « oui » tout de suite, je vous ferai ma confidence après...

— Allons donc ! vos hésitations elles-mêmes me font deviner ce que vous redoutez tant de me dire.

— Ah ! Quant à cela, Tristan...
— Voulez-vous que je vous la fasse comme l'autre cette fameuse confidence ?

— Je vous mets bien au défi de cela, par exemple !

— Ah ! eh bien ! que parions-nous ?
— Rien ; je perdrais.
— Poltron ! fit-il en riant.
— Je ne m'en cache pas. Que voulez-vous ? on ne se refait pas ; c'est plus fort que moi répondit-il sur le même ton.

— Vous ruminez, depuis hier, à notre sortie du ministère, comment vous vous y prendrez pour me demander à servir sous mes ordres pendant la campagne que je vais entreprendre.

— Mon Dieu ! quel malheur ! mon beau-frère futur est sorcier ! Si jeune encore, hélas !

— Eh ! c'est donc cela ?
— Pardieu ! puisqu'on ne peut rien vous cacher...

— Mon cher Lionnel, voulez-vous être sérieux un instant ?

— Je m'en garderai bien.
— Pourquoi cela ?
— Parce que vous voulez me faire un sermon ; je le vois poindre. Or, commet je sais d'avance tout ce que vous me direz et même davantage, nous pouvons, si vous y consentez, gagner beaucoup de temps.

— Comment cela ?
— Si vous me laissez réfuter, sans l'avoir entendu, votre sermon, que je déclare dès à présent une homélie digne en tous points de ce fameux archevêque de Grenade...

— Eh bien! soit, j'y consens, ne serait-ce que pour la rareté du fait.

— Donc, je commence. Je ne vous dirai pas que maintes fois votre sœur a regretté devant moi que je ne servisse pas sous vos ordres, ceci serait trop personnel.

— Très bien ! continuez.
— M'y voici ; cette fois j'entre en plein dans mon sujet. Mon cher Tristan, vous le savez aussi bien que moi, la guerre est une loterie, les balles ont leur but fixé par le destin; si l'on doit être tué, on l'est toujours, quelques précautions que l'on prenne pour

éviter ce malheur. Vous allez entreprendre une expédition excessivement périlleuse; soit! Supposez-vous que je risque plus, moi soldat dans cette expédition, que dans les batailles livrées sur le Potomac ou la Shennandoah? Ceci n'est pas discutable; donc vous n'avez aucune raison plausible pour me refuser d'être des vôtres.

— Cependant…

— Permettez, je n'ai pas terminé mon plaidoyer.

— Terminez donc, mon ami; vous parlez très bien.

— Vous êtes bien bon! Si j'étais un citadin, un marchand, enfin un homme dont le métier paisible le met ou doit le mettre à l'abri de tous les hasards, je commettrais une grave imprudence en allant de gaieté de cœur braver des dangers que je ne connaîtrais pas et dont je ne saurais me préserver; mais il n'en est pas ainsi. Je suis soldat. J'ai souvent vu le feu, même de très près. Que je fasse la guerre d'un côté ou d'un autre, cela ne signifie absolument rien. J'ajouterai que dans cette existence mouvementée, accidentée, pleine d'incidents et de péripéties étranges, terribles, ce sera une joie pour vous de sentir à votre côté un ami véritable auquel vous pourrez tout dire, vos joies comme vos tristesses, confier vos secrets de jeune homme, secrets d'amour qui tiennent une si grande place dans l'existence. Cela vous aidera à tromper le temps, à ne pas vous laisser aller au découragement et à la nostalgie. Tenez, Tristan, vous en penserez ce que vous voudrez, que vous consentiez ou non, je vous suivrai coûte que coûte; je ne veux pas vous laisser aller seul au milieu de ces sauvages; vous voilà averti.

— Je voudrais vous refuser, mon ami, dit Tristan, mais je ne m'en sens pas le courage. Vous êtes un foudre d'éloquence; vous m'avez vaincu. Venez donc, puisque vous le voulez; nous vaincrons ou nous périrons ensemble, car l'affaire sera rude.

— J'en suis convaincu, mon cher Tristan; aussi vous suis-je profondément reconnaissant. Vous serez content de moi, je vous le jure!

— Pardieu! ne le sais-je pas aussi bien que vous?

— Où comptez-vous lever votre corps franc?

— Nulle part et partout, mon cher Lionel.

— Hum! ceci n'est pas clair!

— Vous vous trompez. Si je me mets à la tête d'une troupe quelconque et que j'essaie de pénétrer dans le Sud, qu'arrivera-t-il?

— Dame! on enverra des troupes contre vous et on essaiera de vous arrêter.

— On y réussira, et ma troupe sera massacrée jusqu'au dernier soldat.

— C'est vrai.

— Et alors?

— Alors, rien, puisque votre troupe sera détruite.

— Très bien. Je n'aurai donc réussi qu'à faire égorger sans profit les hommes que j'aurai enrôlés. Vous admettez, n'est-ce pas, que ce n'est point ce que je veux?

— Parbleu! Seulement, je me demande comment vous ferez pour éviter de désastre?

— Oh! j'ai trouvé un moyen bien simple, allez.

— Voyons; je ne demande pas mieux, vous comprenez.

— Parfaitement. J'enrôle mes soldats un peu partout, en ayant bien soin de n'engager que des hommes sûrs; je leur fournis l'argent nécessaire pour s'acheter armes, munitions, etc.; puis je leur assigne un rendez-vous où ils doivent aller isolément; je choisis particulièrement mes hommes sur la frontière indienne, dans cette population honnête et dévouée de chasseurs et de coureurs des bois, aguerris à toutes les exigences de leur rude métier, très adroits tireurs, excellents cavaliers et marcheurs infatigables; j'enrôle aussi des Canadiens *bois brûlés*, enfin tous ces rôdeurs des prairies, prêts à tout pour de l'argent; ces hommes pénètrent sans être remarqués sur le territoire du Texas et de la Louisiane; ils se groupent d'abord par petites troupes, à une légère distance les unes des autres, de manière à ce que la réunion générale puisse s'opérer en moins de deux heures; nous nous trouvons ainsi, à un moment donné et sans coup férir, au cœur des Etats du Sud, sans que les Esclavagistes l'aient seulement soupçonné.

— Cette combinaison est admirable, surtout à cause de sa simplicité; elle ne peut manquer de réussir.

— Je le crois.

— A quel chiffre s'élèvera votre effectif?

— D'abord, il ne dépassera pas quinze cents hommes.

— C'est peu pour faire une pareille guerre.

— Vous auriez raison, si nous faisions la guerre,

— Comment? que faisons-nous donc?

— Nous ne procéderons pas selon les principes admis. Je m'explique: nous ferons des expéditions, des surprises; nous enlèverons les convois, nous détruirons les magasins de l'ennemi, nous ravagerons et nous incendierons les plantations; enfin, nous ferons tout le mal possible à l'ennemi, en nous disséminant par petites troupes sur un grand espace, tout en nous ralliant sur un centre convenu si besoin est, mais opérant en apparence isolément et disparaissant aussitôt sans laisser de traces. Par la rapidité de nos mouvements et la multiplicité des attaques, faites sur plusieurs points à la fois, nous déjouerons toutes les précautions de l'ennemi ; en un mot, nous ferons la guerre de partisans, la plus redoutable de toutes ; surtout nous soulèverons les noirs et nous les armerons, les laissant ensuite libres de combattre à leur guise, sans nous préoccuper autrement d'eux que pour leur fournir les munitions nécessaires.

— C'est une guerre atroce !

— Vous l'avez dit, c'est la guerre sans merci, la guerre des Peaux-Rouges ; les Sudistes auront à combattre un ennemi invisible, attaquant d'un côté quand ils l'attendront de l'autre. Nous harcèlerons sans cesse l'ennemi, nous le lasserons, nous le frapperons de terreur et nous le démoraliserons en le contraignant à être sans cesse sur le qui-vive et la baïonnette constamment croisée dans le vide !

— Mais c'est la guerre que les Chouans firent en Vendée lors de la grande Révolution française, cela !

— Précisément ! Pendant dix ans, ces Chouans résistèrent à toutes les forces de la République française, à laquelle ils tuèrent près de deux cent mille hommes et coûtèrent près d'un milliard ; et remarquez que ces Chouans n'étaient que de pauvres paysans, mal armés de mauvais fusils dont ils savaient à peine se servir, tandis que nos soldats à nous seront tous des hommes aguerris, munis d'armes de précision, disciplinés et résolus. La guerre des buissons faite dans ces conditions terribles est irrésistible !

— C'est ma conviction, mon cher Tristan ; mais il vous faut de bons officiers ?

— Excepté trois ou quatre officiers supérieurs, les autres seront des chasseurs choisis à l'élection par leurs camarades eux-mêmes ; ces hommes, se connaissant depuis longtemps, feront de bons choix et obéiront mieux à des officiers nommés par eux-mêmes.

— Mais la solde ? cette question est sérieuse !

— Nous vivrons sur la guerre ; nous suivrons les maximes du maréchal de Saxe, en vivant sur l'ennemi et le contraignant à nous fournir la solde de nos hommes.

— L'armement ?

— Il sera très simple : un fusil, un bowie-kniff, deux revolvers, et un couteau à scalper quand nous nous déguiserons en Indiens. D'ailleurs, j'espère réussir à enrôler une cinquantaine de Peaux-Rouges pour nous servir d'éclaireurs et donner le change aux Esclavagistes quand besoin sera.

— C'est charmant, sur ma foi ! Nous allons avoir l'existence la plus accidentée qui se puisse imaginer ! s'écria Lionnel en se frottant joyeusement les mains. Vive la guerre faite ainsi ! c'est une véritable partie de plaisir ! Je ne céderais pas ma place pour cent mille dollars.

— Et vous auriez raison, répondit gaiement le colonel ; car si nous en revenons, ce dont je ne suis pas bien sûr, nous aurons d'étranges choses et de singulières aventures à raconter plus tard.

— Quand nous mettrons-nous à l'œuvre ?

— Bientôt, je l'espère ; nous aurons aujourd'hui l'autorisation et les premiers fonds ; nous irons ensemble les chercher. Demain, je partirai pour un voyage de quelques jours, afin de préparer le soulèvement général des noirs, de manière à ce que, dès que nous paraîtrons là-bas, tout soit prêt pour la révolte ; puis je reviendrai ici, et nous commencerons nos opérations tout aussitôt. Pas un mot à personne de ce que nous voulons faire !

— Je vous donne ma parole.

— Pour tous, vous et moi nous sommes chargés par le ministre de la guerre d'une mission près le gouvernement anglais du Canada, pour lui faire des remontrances sur les enrôlements des Canadiens dans les bandes rebelles du Sud ; est-ce compris ?

— Parfaitement.

— Quoi qu'on vous demande, ne sortez pas de là ; recommander le secret, c'est le moyen que le jour même les Esclavagistes dont Washington pullule en soient informés et croient à la réalité de cette mission fantaisiste.

— Rapportez-vous en à moi pour cela.

— Très bien, c'est entendu.

— Est-ce que véritablement le gouvernement anglais autorise ces enrôlements ?

— Sur ma foi, cher Lionnel, je n'en sais pas le premier mot ; mais je serais très étonné que les Anglais ne le fissent pas.

— Très bien. C'est probable, donc cela est.

— Voilà.

Les deux jeunes gens se mirent à rire.

En ce moment Will entra.

— Eh bien ? lui demanda Tristan.

— C'est fait, mon colonel.

— Les lettres ont été remises ?

— A un ambulancier venu à Washington pour faire des emplètes, et qui repart ce soir.

— Est-ce un homme sûr ?

— Je le connais ; je vous réponds de lui, mon colonel.

— Vous êtes venus à cheval, Lionnel ?

— Oui. Mon ordonnance promène l'animal dans la rue.

— Bon!

Et, s'adressant au sergent :

— Faites seller mon cheval et le vôtre, dit-il ; je sors, vous m'accompagnerez.

— Oui, mon colonel.

Il salua et sortit.

— Voilà un beau et brave soldat, dit Lionnel.

— Brave surtout, et dévoué ; c'est un ancien esclave. Je l'ai enlevé aux environs de Rockingham, et je l'ai fait libre.

— Comment! Mais il est presque blanc.

— J'ai connu dans le Sud des esclaves plus blancs que lui.

— Oh! c'est odieux!

— Quand vous verrez le Sud de près, vous trouverez l'esclavage horrible, et vous serez révolté de la cruauté des planteurs.

— Vous savez qu'il est midi passé, colonel.

— Comment, déjà ?

— Mais oui, voyez.

— C'est vrai, dit-il en jetant un regard sur la pendule; nous allons partir ; dès que le ministre m'aura remis mon autorisation, je vous enrôlerai afin d'établir légalement votre situation vis-à-vis de vos chefs.

— Vous n'oubliez rien : je n'y songeais pas.

— Voyons, quel grade vous donnerai-je, Lionnel ?

— Celui qu'il vous plaira, Tristan, pourvu qu'il ne m'éloigne pas de vous.

— Vous serez mon second ; vous m'aiderez ainsi à organiser notre troupe.

— J'accepte de grand cœur, colonel.

— Donc, vous êtes le commandant, le lieutenant-colonel de notre troupe.

— Qui se nomme !

— Pardieu ! c'est vrai ; je n'ai pas pensé à lui donner un nom.

— C'est indispensable, d'autant plus qu'il sera inscrit au ministère et écrit sur l'autorisation que vous recevrez.

— C'est juste. Quel nom choisir ? Il nous faut quelque chose de saillant, de caractéristique. Ah ! j'y suis ! j'ai trouvé !

— Ah ! Voyons comment nous nommerons-nous ?

— Les Chasseurs de la Liberté !

— Vrai Dieu ! voilà un nom admirable. C'est une véritable trouvaille, Tristan. C'est bien le non convenable pour un corps comme le nôtre !

— N'est-ce pas ? il dit bien ce que nous voulons faire.

— Oui, il le dit même brutalement. Ce n'est plus un nom pour l'ennemi, c'est une menace.

— C'est précisément ce qu'il faut.

— Pardieu! partons-nous ?

— Tout de suite.

Les deux officiers se levèrent de table, prirent les armes, mirent leurs képis et descendirent dans la cour, leurs cigares aux lèvres.

Les chevaux attendaient, tenus en bride par les soldats.

On se mit en selle, et la petite cavalcade s'éloigna au grand trot.

Une certaine animation régnait dans les rues et sur les places ; il y avait foule dehors ; les estafettes se succédaient avec rapidité ; de nombreuses patrouilles de cavalerie sillonnaient les rues et faisaient circuler les piétons.

— Le gouvernement vient de recevoir une bonne nouvelle, dit Lionnel en riant.

— Bon ! Comment le savez-vous ? demanda Tristan.

— C'est bien facile à voir, reprit le jeune homme ; regardez les mines allongées de ces dignes bourgeois ?

— En effet ; mais que prouve cela ?

— Il faut que vous sachiez, mon cher Tristan, que presque toute la population de Washington est esclavagiste.

— Comment ! la population de la capitale de la République ?

— Mon Dieu, oui. C'est bizarre, n'est-ce pas ? Cependant, c'est comme cela.

— C'est bizarre, en effet. De sorte...

— De sorte que si le gouvernement avait reçu de mauvaises nouvelles, au lieu de ces mines allongées, vous auriez vu des visages joyeux.

— Que le diable emporte les bourgeois de Washington ! dit en riant le colonel.

— Amen, de tout mon cœur ! cher ami.

Lionnel ne s'était pas trompé, ainsi que les deux jeunes gens en eurent bientôt la preuve ; l'armée Esclavagiste, après avoir fait un mouvement en arrière, se mettait définitivement en retraite, serrée de près par l'armée Fédérale.

Tout en causant gaiement entre eux, les deux officiers arrivèrent au ministère de la guerre.

Ils mirent pied à terre et montèrent dans les bureaux.

Des ordres avaient été donnés ; aussitôt qu'ils parurent, ils furent introduits près du ministre et gracieusement accueillis par lui.

— Eh bien ! avez-vous réfléchi ? demanda M. Stanton au colonel après l'échange des premiers compliments.

— Toutes mes réflexions étaient faites depuis hier, monsieur le ministre, répondit le jeune officier en souriant.

— Ainsi vous persistez ?

— Plus que jamais.

— Oh! jeunes têtes! têtes folles! Enfin, cela vous regarde; quel est le nom de votre corps franc?

— *Les Chasseurs de la Liberté*, monsieur le ministre!

— Vive Dieu! le titre promet, reprit le ministre en souriant.

— Il tiendra plus encore qu'il ne promet, monsieur le ministre; je l'espère.

— Dieu le veuille; quel sera l'effectif?

— Quinze cents hommes.

— Tout compris?

— Excepté les officiers et les ambulanciers; en tout quinze cent cinquante-deux hommes.

— C'est bien.

— J'ai l'honneur de vous présenter mon commandant en second, monsieur le ministre.

— Je m'en doutais. Folle jeunesse! folle jeunesse! Je vais vous signer un congé d'un an, renouvelable, commandant Taylor.

— Je vous en serai très reconnaissant, monsieur le ministre.

M. Stanton, toujours grommelant, écrivit pendant quelques instants.

— Voilà qui est fait, dit-il enfin; colonel de Saint-Pierre, voici, signée par le président de la République, l'autorisation de lever un corps franc dont l'effectif sera de 1,552 hommes tout compris; ce bataillon prendra le nom de *Chasseurs de la liberté*; vous le commanderez et en nommerez les officiers dont les grades seront reconnus par le gouvernement. Voici les brevets en blanc, signés par moi et contresignés par le président; vous aurez entière liberté de manœuvre et ne serez tenu d'obéir à aucun chef d'armée fédéral; vous opérerez où et comme bon vous semblera, et vous correspondrez directement avec le président ou avec moi. Êtes-vous satisfait? est-ce bien cela que vous désiriez?

Le colonel s'inclina.

— Le président de la République me charge, en outre, de vous annoncer que, voulant récompenser d'une façon éclatante l'immense service rendu par vous et votre ami le commandant Charlton à la cause de l'Union, il a jugé devoir vous élever au grade de général et nommer le commandant Charlton colonel. Voici votre brevet; celui de votre ami est parti il y a quelques heures déjà pour Rockingham.

— Je ne sais véritablement comment prouver ma reconnaissance au président de la République et à vous, monsieur le ministre, répondit Tristan avec une émotion à peine contenue.

— Cela vous sera facile, général, dit le ministre avec un sourire affectueux; vous n'avez qu'à continuer à servir le pays comme vous l'avez fait jusqu'à présent.

— Tout mon sang appartient à la noble cause que nous défendons.

— Voici un bon de 100,000 dollars sur le Trésor; s'il vous faut davantage...

— Oh! cela est plus que suffisant, monsieur le ministre. Merci mille fois.

— Vous pouvez envoyer toucher aujourd'hui même; le bon est à vue. Voici, en sus, un bon de mille fusils de précision, d'autant de revolvers et de sabres.

— Serait-il possible, monsieur le ministre, de changer les sabres pour des bowie-kneffs et d'ajouter des couteaux à scalper?

— Très facile.

Il biffa et fit le changement demandé.

— En outre, trois mille cartouchières et autant de couvertures de laine. Quant aux vêtements?...

— Cela est suffisant, monsieur le ministre; nous ne porterons pas d'uniformes.

— A la bonne heure! Cela vaut mieux: vous serez moins facilement reconnus. On vous délivrera aussi de la poudre, ou plutôt des cartouches en quantité suffisante pour une campagne d'un an. Tous ces objets, armes, couvertures, etc., sont parfaitement emballés et prêts à être emportés.

— Mille grâces, monsieur le ministre! Veuillez, je vous prie, assurer M. le président de la République de ma vive reconnaissance et de mon profond dévouement.

— Je le ferai. Maintenant, messieurs, adieu et bonne chance!

Le ministre leur tendit la main; ils prirent congé et sortirent.

Un quart d'heure plus tard, ils étaient de retour dans l'appartement du général. Nous donnerons dorénavant à Tristan ce titre qui lui appartient.

— Mon cher Lionnel, dit gaiement le général, vous recevrez naturellement le contre-coup de l'avancement que j'ai obtenu; mais votre service commencera plus tôt que vous et moi ne l'avions supposé. Pendant mon absence vous recevrez tous ces colis et vous les mettrez en sûreté; procédez surtout avec la plus grande prudence. Vous expédierez le tout à New-York.

— J'escorterai moi-même les colis, répondit le jeune homme.

— J'allais vous en prier. Arrivé à New-York, vous frèterez un navire pour le Mexique, la Vera-Cruz par exemple; et vous ferez embarquer et arrimer le tout dans la cale; seulement, vous avertirez le capitaine que vous avez de la poudre et des cartouches. Lorsque tout aura été mis en place devant vous, le navire ira mouiller en grande rade avec ordre de ne plus communiquer avec la terre; puis vous reviendrez ici, où vous attendrez mon retour, qui ne tardera pas.

— Tout cela sera fait à votre satisfaction, mon général ; partez tranquille.

Tristan prit alors un des brevets, le remplit, le contre-signa, puis il le présenta à Lionnel en lui disant avec un sourire :

— Il n'y a plus à vous en dédire, mon ami ; voici votre nomination de colonel, commandant en second les Francs-Chasseurs de la Liberté.

— Merci, Tristan, dit le jeune homme en lui serrant la main avec une profonde émotion.

— A présent, allons voir nos chers parents ; ils ne doivent pas comprendre notre étrange conduite depuis ce matin ?

Le lendemain, de bonne heure, après avoir longtemps causé avec le colonel Taylor, le général mangea un morceau à la hâte ; puis, suivi de Will, il quitta la maison de son père, à qui la veille au soir il avait fait ses adieux, et les deux hommes s'embarquèrent sur *l'Oncle Sam*, sous vapeur, pour descendre le Potomac jusqu'à la mer.

Dix minutes plus tard, *l'Oncle Sam* descendait rapidement le courant, en lançant d'épais nuages de fumée par ses deux cheminées.

III

D'UNE VISITE QUE LE GÉNÉRAL DE SAINT-PIERRE FIT AU CHARMEUR DE SERPENTS ET CE QUI S'EN SUIVIT.

C'était à la fin d'une chaude journée de la première quinzaine du mois d'août ; les derniers rayons du soleil couchant caressaient encore les hauts sommets des Alleghanys.

Sur un des pics les plus escarpés de cette chaîne de montagnes, un vieux nègre était accroupi, les coudes sur les genoux, la tête dans ses mains et semblait absorbé dans de profondes réflexions.

Une foule de serpents de toutes sortes se jouaient autour de lui un grand nombre parmi les plus dangereux s'enroulaient autour des jambes, des bras et même du corps de cet homme, tordant voluptueusement leurs monstrueuses spirales sans qu'il fît un mouvement pour les éloigner, impassible comme un bloc de granit ou une idole indienne.

Des sifflements affreux s'élevaient de cet amas hideux de reptiles, et remplissaient les airs de bruits sinistres.

Un cri lointain, ressemblant au râle d'un fauve à l'agonie, retentit tout à coup et, pour une seconde, domina l'horrible concert des ophidiens.

Le nègre tressaillit.

Sortant brusquement de sa léthargie mystique, le sombre vieillard se redressa, et, se débarrassant doucement de l'étreinte de ses froids compagnons, il se leva et, promenant lentement son regard magnétique autour de lui, il sembla pendant un instant chercher la cause de ce bruit étrange ; puis, saisissant un énorme crotale, qui s'enroula rapide comme la foudre autour de son bras gauche, le nègre s'élança sur un rocher.

S'accrochant alors avec une adresse simiesque aux aspérités du roc et aux lianes pendant çà et là à sa portée, il fut bientôt en bas de la montagne.

Là, après s'être orienté d'un regard infaillible, il s'enfonça sous le couvert d'une forêt sombre et épaisse et marcha rapidement et d'un pas sûr, sans dévier de sa route, à travers tous les obstacles épars sur son passage.

Arrivé au centre d'une vaste clairière, il s'embusqua derrière le tronc d'un chêne mort de vieillesse étendu sur le sol, et il attendit.

Quelques minutes s'écoulèrent, mais soudain le crotale, jusque-là immobile au bras du nègre, se déroula subitement en dressant sa tête menaçante et ouvrit, en sifflant, sa gueule formidable, armée de crochets mortels.

— Assez, Jack ! dit le nègre à voix basse.

Le reptile, obéissant, reprit lentement sa place.

Les branches mortes craquèrent sous les pas rapides de plusieurs personnes ; les buissons s'écartèrent violemment ; deux hommes émergèrent du couvert et pénétrèrent dans la clairière.

L'un d'eux, celui qui marchait en avant s'arrêta et cria d'une voix stridente :

— Père, où es-tu ? C'est moi, Will, ton fils !

Le nègre, après avoir examiné les arrivants, se décida à se lever et à s'approcher lentement d'eux.

Will s'élança vers lui.

— Prends garde à Jack, enfant ! s'écria le vieux nègre en écartant le bras sur lequel était enroulé le serpent.

Cet avertissement était très utile ; cette fois, l'ophidien s'était complètement déroulé et témoignait, par une attitude des moins rassurantes, que la présence des étrangers ne lui plaisait que très médiocrement.

Le nègre se débarrassa du crotale en le plaçant sur un arbre voisin, où il s'enroula rapidement, et, pendant que Will embrassait son père, le reptile fixait ses yeux glauques sur le compagnon du mulâtre.

Celui-ci, enveloppé dans les plis d'un large manteau militaire, regardait avec une certaine inquiétude cette scène singulière.

— Père, dit Will en désignant l'étranger, voici le général Tristan de Saint-Pierre, celui qui a donné la liberté à vos enfants et en a fait des hommes.

Le vieux nègre s'approcha de Tristan, s'inclina devant lui, prit sa main et la posa sur son cœur en disant, avec une profonde émotion :

— C'est vrai, enfant, mais tu oublies d'ajouter qu'il a sauvé ton père des crocs du molosse et du fusil du Bushwacker Jerry Wolf.

— Bah! rien de plus naturel que ce que j'ai fait, mon brave homme, répondit l'officier; mais je vous avoue que le gaillard enroulé à cette branche, nous voyant et nous écoutant, m'agace singulièrement les nerfs.

Le nègre sourit.

— C'est vrai, dit-il; vous n'êtes pas accoutumé à semblable compagnie, sous cette forme du moins.

Il siffla alors d'une façon particulière; le serpent se laissa glisser docilement de son observatoire et ne tarda pas a se perdre dans les fourrés; le raclement sinistre de son appendice caudal, espèce de râteau traînant à terre en dénonçant la retraite du terrible ophidien, révéla que celui-ci regagnait son repaire en toute hâte.

— Excusez-moi, général, reprit le noir en souriant de l'étonnement de l'officier, mais jamais je ne m'aventure sous bois sans avoir Jack avec moi, c'est une vieille habitude de marron; il m'avertit avec une sûreté extraordinaire de tout ce qui se passe autour de moi; son ouïe est infaillible; il vous avait signalé avant qu'il fût matériellement possible d'entendre le bruit de vos pas ou le son de votre voix.

— C'est merveilleux! dit l'officier; j'ai remarqué qu'il vous obéit mieux et plus promptement que ne le ferait un chien.

— Le serpent est beaucoup plus intelligent que le chien, répondit le Charmeur; il l'est, certes, autant que certains hommes, et, ajouta-t-il comme se parlant à lui-même, il est moins méchant que la plupart d'entre eux, quelle que soit leur couleur.

— Moins méchant! se récria l'officier.

— Oui, le serpent ne devient méchant que lorsqu'il se croit attaqué, et puis il a raison, puisqu'il combat pour se défendre.

Le général hocha la tête d'un air incrédule.

Il y eut un court silence.

— Vous savez quels motifs graves m'ont fait désirer vous voir? reprit l'officier après un instant.

— Oui, Will me l'a dit.

— Vous connaissez mes projets et ce que je compte faire avec votre aide?

— Oui, général, je sais tout cela; je sais, de plus, que moi-même je vous ai engagé à vous rendre ici, si quelque jour vous pensiez avoir besoin de moi.

— Aussi suis-je venu. Votre influence sur les hommes de couleur de ce pays est énorme; vous seul pouvez les décider à prendre part à la lutte que nous soutenons contre leurs oppresseurs. Il s'agit de prononcer le mot fatidique par lequel nous serons unis dans une cause commune. Ce mot, voulez-vous le prononcer?

— Peut-être, quand je vous connaîtrai mieux, général.

— Comment! ne me connaissez-vous point?

— Je sais que vous êtes loyal et généreux, que vous nous avez sauvés, mes enfants et moi; je sais aussi que vous êtes brave et que vous ne faites pas de différence entre les blancs et les noirs; mais....

— Mais?

— Mais j'ai été si souvent trompé par les blancs — et le vieux nègre hocha tristement la tête — qu'avant de me confier à un d'entre eux, même à vous, à qui je dois tant de reconnaissance, je veux savoir si vous êtes homme à ne pas vous laisser duper par les vôtres. Ne vous fâchez pas, général, dit-il vivement, en voyant les lèvres de l'officier s'entrouvrir; ne vous fâchez pas. Si vous saviez ce que j'ai souffert, vous comprendriez combien j'ai de raisons pour me montrer défiant.

— Peut-être avez-vous, en effet, de sérieuses raisons d'agir ainsi, dit l'officier pensif.

— Pensez-vous donc que ce soit chose de peu d'importance que lancer, au milieu de cette lutte entre blancs, le peuple noir tout entier? dit le vieux nègre. Qui nous garantit que, lorsque nous aurons versé pour les Fédéraux le plus pur de notre sang, quand nous aurons jonché leurs champs de bataille de nos cadavres, le lendemain de la victoire, ceux que nous aurons aidés, sauvés, ne seront pas les premiers à nous remettre à la chaîne? Je crois à votre parole; mais, si élevé que soit votre grade, vous n'êtes qu'un officier blanc. Vous seul, pourrez-vous obliger les Nordistes vainqueurs à se souvenir que le sang des noirs a fraternellement coulé avec le sang des blancs sous la mitraille sur la route conduisant de Washington à Richmond?

— Charmeur, répondit le général d'une voix profonde, si vous ne me connaissez pas, je vous connais, moi, beaucoup plus que vous ne le supposez peut-être. Vous avez été le fidèle, le seide de John Brown; vous étiez près de lui à Harpers-Ferry; vous êtes tombé blessé à ses pieds dans sa dernière lutte.

— C'est vrai, murmura le vieux nègre d'une voix sourde..

— Sauvé malgré vous, car vous vouliez mourir, vous avez assisté à l'assassinat juridique du héros auquel vous vous étiez dévoué, et au risque d'être lâchement massacré par ses indignes bourreaux, au moment où John Brown montait d'un pas ferme, avec le visage souriant des martyrs, les marches de l'échafaud qui, pour lui, étaient un piédestal grandiose, vous vous êtes élancé vers lui et, renversant tous les obstacles, vous vous êtes jeté à ses genoux, avez baisé ses mains enchaînées et avez devant tous fait un serment terrible.

— Oui, murmura le Charmeur d'une voix sombre; j'ai crié à la foule atterrée par tant d'audace : « John Brown, ce que tu n'as pu faire, je le ferai, moi ! je te vengerai ! »

— Oui, ce sont vos propres paroles, reprit l'officier avec exaltation ; ce serment que vous semblez oublier, je viens vous sommer de le tenir !

— Je n'ai rien oublié ! s'écria le vieux nègre avec énergie.

— Alors, pourquoi donc hésitez-vous ? Parce que vous redoutez une trahison ? Je n'en crois rien; John Brown était un blanc comme moi; comme moi il était du Nord et aimait les noirs puisqu'il est mort pour eux ! Ce n'est donc pas dans le Nord, mais dans le Sud que vous devez chercher des traîtres !

— C'est vrai, dit le Charmeur, ébranlé par ces chaleureuses paroles.

— Je ne suis, dites-vous, qu'un simple officier blanc ; John Brown n'était pas autre chose. Mais ce que John Brown ne pouvait vous accorder, car il agissait par sa seule initiative, sans appui; par conséquent impuissant à faire autre chose qu'une protestation héroïque en votre faveur; moi, je vous donne, la garantie écrite et signée d'Abraham Lincoln, président de la République des Etats-Unis. Je suis autorisé par lui à lever un corps franc dont je serai le chef, à soulever les esclaves contre leurs bourreaux, à leur donner des armes et à les soutenir Croyez-vous que le président des Etats-Unis, à la face du monde, dont les yeux sont fixés sur lui, oserait jamais renier sa signature ?

— Vous avez cette garantie ! s'écria le Charmeur avec agitation.

— Je l'ai là ! répondit le général en frappant sur sa poitrine ; et maintenant répondez : que dirait John Brown s'il assistait à notre entretien ?

Le Charmeur tressaillit.

Il porta les mains à son front, comme un homme prêt à prendre une résolution suprême ; il poussa une espèce de râle farouche, puis, saisissant tout à coup la main du général, il répondit d'une voix sourde mais ferme :

— John Brown me dirait : « En avant, mon enfant ! sois libre ou meurs ! »

— Eh bien ?

— Eh bien ! en avant, général ! Je suis à vous corps et âme !

— Ah ! s'écria Tristan avec joie, je vous reconnais enfin ! Je le savais bien, que votre cœur n'était pas mort aux généreux sentiments !

— Bravo, père ! dit Will, qui jusque-là avait écouté muet et anxieux ; oui, en avant !

— Nous ne devons pas demeurer ici plus longtemps, reprit le Charmeur ; la nuit est sombre déjà; suivez-moi et prenez garde.

Sur les pas du Charmeur, le général et son sergent s'enfoncèrent de nouveau dans la forêt. Bientôt ils s'engagèrent dans une sente étroite, rocailleuse, assez difficile et formant des méandres infinis sur les flancs abruptes et s'escarpant de plus en plus de la montagne.

Tout en cheminant à quelques pas en avant, le vieux nègre faisait entendre des sifflements bizarres et d'une harmonie, d'une douceur extrêmes.

Comme le général s'étonnait de cette mélodie singulière et un peu monotone, le Charmeur lui expliqua qu'il ne s'éloignait jamais de sa retraite sans être accompagné d'une garde invisible de serpents prêts à lui venir en aide au premier signal, et que, pour sauvegarder ses visiteurs contre tout danger, il les congédiait et les renvoyait dans leurs repaires.

— Avec moi il n'y a rien à craindre, ajouta-t-il avec bonhomie ; mais un homme seul, si brave qu'il fût, ne sortirait pas vivant d'ici; il n'y a pas une seule de ces pierres sur lesquelles vous posez le pied qui ne serve de retraite à l'un de mes amis rampants.

Tristan était d'une bravoure folle; cependant, à cette étrange déclaration, il sentit un frisson courir par tous ses membres.

— Et ils vous connaissent tous ? demanda-t-il avec une certaine émotion.

— Tous m'aiment ; je vis plus en sûreté au milieu d'eux que parmi les blancs—et le vieillard sourit avec amertume—ils m'aiment et je les aime. D'ailleurs, si par impossible l'un d'eux me mordait, son venin n'aurait pas prise sur moi.

— Comment ? véritablement ?

— Oui ; c'est là mon secret ! Après moi, Will le possèdera seul.

— Si l'un de nous était mordu, pourriez-vous nous guérir ?

— Cela dépendrait par quel serpent vous auriez été mordu. Tenez, voyez-vous cet ophidien qui rampe le long de cette liane, là, un peu sur votre gauche? Voyez-vous luire aux rayons de la lune cette masse grise mêlée de jaune, avec ces rangées longitudinales de taches brunes bordées de blanc?

— Oui, je le vois, il est fort beau; ses yeux étincèlent dans l'ombre comme des escarboucles.

— En effet. Eh bien! je ne puis rien contre son venin. C'est un boïquira, le plus redoutable des serpents à sonnettes. Quand il est pris, il se mord la queue avec rage et se suicide; en huit minutes, montre en main, c'est fait: il est mort. Ses victimes ne durent pas davantage. On enfle, la langue grossit d'une façon si démesurée que la bouche ne peut plus la contenir. On éprouve une soif dévorante; plus on boit, plus les souffrances augmentent. Les chairs, autour de la blessure, se décomposent et tombent en morceaux; tout cela dans l'espace d'un demi-quart d'heure. C'est fort curieux.

Le digne Charmeur donnait ces horribles détails de l'air placide et avec l'accent de bonhomie d'un propriétaire racontant les prouesses d'un chien de chasse ou d'un cheval favori.

Le général avait froid dans toutes les articulations. Il sentit un indicible frisson, et ce fut avec une véritable satisfaction qu'il vit le magnifique boïquira en question s'insinuer doucement et disparaître entre deux pierres.

Après des difficultés sans nombre, les trois voyageurs atteignirent enfin le sommet de la montagne.

Quelques minutes plus tard, ils pénétrèrent dans une immense grotte dont l'entrée, dissimulée par des quartiers de roches et un inextricable fouillis de lianes, était impossible à découvrir à moins qu'on ne fût certain de son existence.

Après avoir fait une vingtaine de pas, on était arrêté subitement par une fissure d'une profondeur insondable, au fond de laquelle on entendait gronder sourdement des eaux invisibles et dont la largeur dépassait quinze mètres.

On traversait cette fissure au moyen d'un énorme tronc de mohaghany jeté à travers d'un bord à l'autre, et que, en le poussant du pied, le Charmeur pouvait précipiter dans le gouffre.

Ce ne fut pas sans une certaine appréhension que le général franchit ce pont improvisé.

Le Charmeur avait allumé une torche; les trois hommes marchèrent encore pendant une dizaine de minutes dans une espèce de couloir étroit; le Charmeur introduisit ses hôtes dans une grotte assez spacieuse, où une vingtaine de personnes auraient tenu à l'aise.

C'était là le repaire du Charmeur.

Le vieux nègre planta sa torche dans le roc; puis, avec l'aide de Will, il alluma un feu pétillant de broussailles dans un large trou servant de cheminée.

Bientôt un large quartier de venaison, coupé à un daim suspendu par un croc de bois à la muraille, fut savamment embroché et placé devant la flamme, en compagnie d'une tranche respectable de jambon que Will tira de son bissac.

Le Charmeur ajouta de magnifiques pommes de terre qu'il glissa sous la cendre, près d'une bouilloire en fer battu dont l'eau ne tarda pas à chanter.

Cela fait, le vieux nègre disposa le couvert sur une table faite par lui, ainsi que les bancs et les chaises ornant ce singulier retrait.

Le général choisit dans son étui un excellent havane, et, confortablement assis sur une espèce de fauteuil en cannes, il se mit, tout en fumant pour attendre que le repas improvisé fût prêt, à songer à son aise, tout en examinant à la dérobée son étrange compagnon.

Le repas, véritable repas de chasseur, fut vite terminé; une énorme courge pleine d'eau fournit seule de quoi l'arroser. Mais, heureusement, le sergent Will possédait une gourde contenant d'excellent wiskey; il la passa à son père; celui-ci la prit d'un air de bonne humeur et y fit largement fête.

La conversation devint bientôt très animée; Tristan étudiait le vieux nègre, il voulait le bien connaître afin de savoir jusqu'à quel point il pouvait avoir confiance en lui. En conséquence, il le pressa vivement de lui raconter son histoire. Le Charmeur, après s'être fait longtemps prier, finit la gourde aidant, par devenir bavard et satisfit amplement la curiosité de son hôte.

Ce récit fort curieux, et que nous regrettons de ne pouvoir mettre ici, affermit le général dans l'opinion que déjà il avait du Charmeur, et le convainquit que l'ancien ami de John Brown était un homme dans la plus large acception du mot et sur lequel on pouvait compter en tout et pour tout.

Après avoir écouté la longue histoire du vieux nègre, l'officier cédant enfin à la fatigue, s'étendit sur un lit de feuilles; mais à peine dormit-il quatre ou cinq heures. Il fut au meilleur de son sommeil éveillé par le Charmeur, qui lui annonça le lever du soleil.

Les deux hommes eurent alors une longue et secrète conversation, dans laquelle toutes les mesures nécessaires au succès de l'expédition furent prises entre eux. En finissant, à la grande surprise du nègre, Tristan lui recommanda de veiller attentivement sur miss Jane Cobden et au besoin de la protéger, comme étant la fiancée du colonel Charlton. Le Charmeur le promit.

Tout bien convenu entre les deux hommes, le vieux nègre fit sortir ses hôtes de la grotte par un chemin différent de celui par lequel ils étaient venus, et en moins de vingt minutes ils se retrouvèrent dans la forêt.

Arrivé sur la lisière des bois, le général prit définitivement congé du charmeur.

— Je compte sur vous comme sur moi-même, lui dit-il; n'oubliez pas notre rendez-vous.

— Vous avez ma parole, mon général, répondit le vieux nègre.

Là-dessus, ils se séparèrent, les deux voyageurs retrouvèrent leurs chevaux au fond du fourré épais, où ils les avaient cachés le soir précédent. Ils se mirent en selle et s'éloignèrent au grand trot.

Tristan était ravi; son expédition débutait par un succès; c'était d'un bon augure pour l'avenir !

IV

COMMENT LE COLONEL JOHN CHARLTON ALLA A UN RENDEZ-VOUS D'AMOUR, TUA SEPT HOMMES ET RECONNUT QU'IL AVAIT EU TORT DE VENIR.

Il était trois heures de l'après-midi, la chaleur était accablante.

Depuis le lever du soleil, le général Tristan et son ordonnance marchaient à travers des sentiers à peine frayés dans les hautes herbes, encombrés d'obstacles de toutes sortes, qui rendaient leur voyage non-seulement très pénible, mais souvent fort dangereux.

Depuis qu'ils s'étaient séparés du Charmeur, les deux hommes ne s'étaient arrêtés ni pour se reposer ni pour manger; depuis la veille ils étaient à jeun; la faim et la fatigue commençaient à se faire impérieusement sentir.

Les chevaux trottaient la tête basse; ce n'était que sous l'éperon qu'ils avançaient péniblement, trébuchant à chaque pas contre les pierres ou les troncs d'arbres, comme s'il leur eût été impossible de continuer plus longtemps à marcher.

Le général laissa tomber la bride sur le cou de sa monture et s'arrêta découragé.

— Nos chevaux n'en peuvent plus, dit-il à Will qui le suivait à quelques pas en arrière; nous mêmes, nous avons besoin de prendre un peu de repos et de nourriture.

— Nous n'avons rien mangé depuis notre repas d'hier soir, mon général, répondit le sergent; nos chevaux, pauvres bêtes! n'ont eu qu'une très maigre provende; ils son encore plus harassés que nous; si nous continuons, avant deux heures ils tomberont.

— Ce n'est que trop vrai, reprit l'officier; mais que faire ? Ce pays paraît bouleversé et ruiné par la guerre; nous sommes sans doute très éloignés d'une habitation où nous aurions la facilité de nous arrêter pendant quelques heures.

— Comment, mon général ? dit Will avec surprise; vous ne reconnaissez pas la contrée où nous sommes ?

— Ma foi, non; je crois même être certain de ne l'avoir jamais vue.

— Il est vrai que tout est bien changé ! Cependant, moi qui l'ai longtemps habitée je la reconnais parfaitement.

— Bon! Vous connaissez ce pays, Will ?

— Oui, mon général.

— Pensez-vous que nous trouvions aux environs ce que nous cherchons et dont nous avons si grand besoin ?

— Je l'espère tout au moins, mon général.

— Où sommes-nous donc, ici ?

— Regardez, mon général, reprit le sergent en étendant le bras gauche vers une clairière au centre de laquelle on apercevait vaguement les ruines d'une cabane. Voyez-vous cette case presque démolie ?

— Certes, elle est bien visible. Mais quel rapport a-t-elle avec ce que je vous demande, Will ?

— Un très grand, mon général, reprit le sergent avec émotion. C'est à la porte de cette case, aujourd'hui ruinée, que, par un orage terrible, vous et le colonel Charlton vous êtes venus frapper au milieu de la nuit après avoir sauvé mon père, et pour nous faire libres, mon frère Bob et moi.

— Vous en êtes certain, Will ?

— Oh! mon général, à défaut de mes yeux, mon cœur en aurait conservé la mémoire.

— Mais alors nous sommes tout près de Rockingham ?

— Oui, mon général; à moins d'une lieue Là, sans doute, nous trouverons l'hospitalité dont nous avons un si pressant besoin. Vous plaît-il de vous y rendre ?

— Certes, et par le plus court chemin, sergent. Passez donc en avant pour me servir de guide. En route !

— Ce n'est pas nécessaire, mon général; laissez la bride sur le cou de votre cheval; son instinct lui dira quelle route il doit suivre. Il est aussi pressé que vous de gagner une habitation.

— C'est juste, dit Tristan; essayons.

Allons, cherche ton chemin, Roland, ajouta-t-il en flattant doucement l'animal avec la main.

L'intelligent animal sembla comprendre les paroles de son maître; il allongea le cou, respira fortement l'air à plusieurs reprises, et, poussant un hennissement joyeux, il dressa les oreilles, tourna sur lui-même et partit délibérément d'un pas relevé que son maître était loin de s'attendre à lui voir prendre.

La même manœuvre avait été exécutée par le cheval du sergent, de sorte que les deux animaux trottaient gaiement de compagnie.

Le motif de cette manœuvre des intelligents animaux ne tarda pas à être expliqué à leurs cavaliers; ceux-ci aperçurent bientôt à une courte distance en avant les maisons coquettement groupées de Rockingham.

C'était avec raison que le général n'avait pas reconnu ce pays, que cependant il connaissait si bien.

La guerre s'était fait rudement sentir dans ces parages si riants, si calmes, si heureux quelques semaines auparavant.

L'Eden était devenu un hideux pandémonium où les démons semblaient avoir pris avec rage leurs sacrilèges ébats.

Dans la campagne, on voyait çà et là des monceaux de ruines noircies, tristes restes d'habitations charmantes.

Dans la ville, plus de haies, plus de fleurs; les chevaux et les mulets affamés avaient tout dévoré.

Dans les rues, des meubles brisés gisaient en tas; la ville semblait morte. De temps à autre, un habitant paraissait sur le pas de sa porte, jetait autour de lui un regard désolé et rentrait aussitôt.

Quelques soldats fédéraux erraient comme des ombres au milieu des décombres; la ville était militairement occupée par une brigade nordiste: le reste du corps d'armée campait au dehors, dans une position solidement fortifiée.

Le général cheminait tristement, laissant aller son cheval qu'il se contentait de maintenir.

Lorsqu'il pénétra dans la ville, sa tristesse s'accrut encore; ce ne fut pas sans hésitation qu'il se décida à ne pas faire un détour afin d'éviter la maison de M. Cobden.

Il maîtrisa cependant son émotion; avec un douloureux serrement de cœur il aperçut le planteur lui-même perché sur son balcon.

Fidèle à sa politique, M. Cobden, d'aussi loin qu'il reconnut l'officier, lui fit un geste amical et l'invita en souriant à venir de son côté.

Tristan obéit machinalement; il descendit lentement de cheval, jeta la bride à Will et pénétra dans le jardin ravagé.

— Permettez-moi de vous féliciter de votre nouveau grade, mon cher général, et soyez le bienvenu, lui dit M. Cobden en lui tendant affectueusement la main. Vous êtes mon hôte, je ne vous laisserai pas aller ailleurs; votre chambre est prête; c'est celle de ce pauvre John. Entrez, je vous prie; ma femme et mes filles seront heureuses de vous voir; nous parlons bien souvent de vous; entrez donc; mais d'abord, ajouta-t-il en appelant: Nab! Jup! Sil! venez ici! hâtez-vous!

Trois nègres parurent aussitôt.

— Conduisez ces chevaux à l'écurie, reprit le planteur, et ayez grand soin de ce brave soldat; vous m'entendez?

Les trois nègres obéirent avec un empressement de bon augure.

— Venez, général, reprit M. Cobden; vous avez peut-être besoin de prendre quelque chose? Précisément nous allions nous mettre à table au moment où vous êtes arrivé, de sorte que vous êtes doublement le bienvenu.

M. Cobden introduisit alors l'officier tout droit dans la salle à manger.

Il fut accueilli par un cri de joie et de surprise: les dames s'empressèrent autour de lui, en lui adressant de si chaleureux compliments, que Tristan, ne sachant à quoi attribuer la vive amitié qu'on lui témoignait, et tout interloqué par cette bienveillante réception à laquelle il était si loin de s'attendre, fut sur le point de perdre contenance.

Miss Jane surtout se montrait pour lui remplie d'attentions et de gracieux sourires.

Le général nota, avec une vive satisfaction, que ses hôtes fidèles, à l'étiquette puritaine en fait d'hospitalité, ne lui adressèrent aucune question et évitèrent, avec le plus grand soin, de prononcer devant lui aucune parole ayant de près ou de loin trait à la politique.

Le jeune homme apprécia cette délicatesse: elle le mit promptement à son aise, et, de son côté, il s'étudia à ne choquer en rien les opinions de ses hôtes.

Pendant tout le repas, on ne causa donc que de choses indifférentes. Tristan demanda quel était le nom du général commandant les troupes fédérales, et auquel il se proposait de faire une visite, et il se chargea gracieusement de lui adresser, de la part de son hôte, quelques plaintes fort justes du reste, et dont il s'engagea à obtenir satisfaction; ce qui causa un vif plaisir à M. Cobden, dont les sentiments esclavagistes paraissaient singulièrement modifiés.

Le général reconnut dans ce changement notable l'influence toute-puissante de miss Jane sur son père. Il s'en félicita dans son for intérieur, d'autant plus que, depuis la démarche faite près de lui par la jeune fille, il lui portait un vif intérêt, bien près de se changer en une sincère amitié.

Seule, Mme Cobden n'était changée ni en bien ni en mal : c'était toujours la même femme sèche, dévote et impérieuse, avec un grain d'irritabilité de plus dans le caractère, voilà tout.

Après le repas, on passa au salon ; mais bientôt, Mme Cobden se retira, en compagnie de sa fille cadette. M. Cobden ne tarda pas à l'imiter, sous prétexte de s'assurer que tout était en ordre dans la chambre destinée au général. Tristan resta donc seul au salon, en compagnie de miss Jane.

— Vous venez sans doute me demander des nouvelles de John, dit vivement la jeune fille aussitôt que son père eut quitté le salon.

— Moi ? fit-il avec surprise ; pas le moins du monde, madame. Je me proposais, au contraire, de vous en donner.

— Vous en avez donc reçu ? s'écria-t-elle avec émotion. Va-t-il mieux ? Où l'a-t-on conduit ?

— Je ne vous comprends pas, madame ; j'ai, il y a un mois, quitté John, pour me rendre à Washington, laissant l'armée opérer sa retraite de ce côté ; depuis, je n'ai pas eu de nouvelles.

— Alors, vous ne savez rien ? demanda-t-elle anxieuse.

— Rien ? non, madame ; y a-t-il donc quelque chose ? fit-il avec un mouvement d'inquiétude.

— Avez-vous remarqué, général, que depuis votre arrivée ni mon père, ni moi, ni personne, enfin, n'a devant vous prononcé le nom de John ?

— En effet, miss Cobden, et je vous avoue que cet oubli....

— Hélas ! ce n'est pas de l'oubli, général : c'est de la crainte.

— De la crainte ? fit-il en tressaillant.

— Vous ne devinez point pourquoi l'on m'a laissée seule avec vous ?

— Madame...

— C'est que tous nous avons la même inquiétude au cœur ; on a espéré que peut-être vous me diriez à moi ce que vous croyez devoir taire aux autres membres de ma famille.

— Madame, au nom du ciel ! cessons ces propos interrompus. Si c'est un badinage, il est cruel ; j'aime John comme un frère, vos paroles me causent une inquiétude mortelle. Je vous affirme que je ne sais rien ; je vous jure sur mon honneur de soldat que, depuis mon départ de l'armée, je n'ai reçu directement ou indirectement aucune nouvelle de mon ami. Si je me suis détourné de ma route pour venir à Rockingham, c'était surtout pour vous parler de lui et vous dire combien votre visite l'a rendu heureux.

— Eh bien ! général, puisque vous ignorez tout, sachez donc dans quel odieux guet-apens il est tombé et a failli périr ! s'écria-t-elle en éclatant en larmes.

— Périr ! s'écria Tristan en fronçant le sourcil.

— Oui, sous les coups de lâches assassins, général, et comment il est maintenant prisonnier des Sudistes !

— John prisonnier !... Et vous, madame, vous, sa fiancée, vous ne l'avez pas sauvé ? Oh !...

— Ne m'accusez pas, et surtout ne me condamnez pas sans m'entendre, général, dit-elle avec une dignité triste. J'ai été bien coupable envers John ; mais lui et vous, son ami, presque son frère, vous m'avez pardonné. Depuis, je vous le jure, je suis restée fidèle à mon amour, digne de lui et digne de vous. Écoutez-moi donc, je vous prie, car je vous dirai tout.

— Oui, vous avez raison, madame ; je veux et je dois vous écouter, répondit-il d'une voix sourde ; il faut que je connaisse les coupables pour en faire justice ! Quels qu'ils soient, leur châtiment sera terrible, je vous le jure !

— Merci ! s'écria la jeune fille avec effusion ; vous et moi, nous suffirons à la vengeance !

— Parlez, madame, je vous écoute, répondit-il en lui pressant affectueusement la main qu'elle lui abandonnait.

— Écoutez-moi donc, Tristan, mon ami, mon frère ! s'écria-t-elle avec une énergie fébrile, et, lorsque vous m'aurez entendue, vous me direz si j'ai eu de coupables défaillances et si j'ai trahi l'homme pour lequel je donnerai avec joie ma vie.

Alors la jeune fille, sous le poids de son indignation et de sa douleur, raconta dans tous ses détails le guet-apens tendu au colonel Charlton et l'odieuse machination dont il avait été victime et dans laquelle il avait failli succomber.

Nous substituerons notre récit à celui de miss Jane Cobden, en supprimant tout ce qui nous semblera inutile à la clarté des faits, qu'il importe de bien faire connaître au lecteur.

Le commandant John Charlton avait suivi la retraite de l'armée fédérale et était revenu avec elle à Rockingham ; une partie de l'armée avait occupé la ville ; le reste avait campé en plaine sous la tente.

Le général Frémont, avant de reprendre l'offensive, voulait solidement organiser son armée et la mettre sur un pied respectable. Il y réussit en peu de temps, grâce aux mesures qu'il adopta et aux ressources que lui fournissait, malgré son épuisement, la riche contrée où il campait.

John, dont la nomination de colonel était arrivée, battait constamment la campagne, pourchassant les Buschwakers devenus très nombreux et les détachements isolés qui parcouraient la campagne dans tous les sens, attaquant et brûlant les convois, assassinant les soldats et même des patrouilles entières, enfin commettant toutes les horreurs inspirées par leur haine pour les libéraux.

Le colonel John, toujours en selle, les poursuivait sans relâche et leur infligeait de rudes châtiments, pendant sans miséricorde tous les Bushwakers qui tombaient entre ses mains. Grâce à ces mesures expéditives, le colonel leur inspirait une si grande terreur, que les misérables étaient réduits aux abois. L'armée fédérale était à peu près débarrassée des attaques de ces bandits et des détachements sudistes contraints de se tenir à distance respectueuse des lignes nordistes.

John avait été le plus heureux des hommes de revenir à Rockingham, où il savait retrouver sa fiancée; dès son arrivée, sa première visite avait été pour elle; chaque jour les deux amoureux se voyaient, tantôt dans un endroit, tantôt dans un autre, mais rarement dans la ville, à cause des opinions esclavagistes outrées de la population.

Les fiancés, réconciliés pour toujours, se donnaient rendez-vous le plus souvent à l'ambulance, où miss Amy les recevait avec son doux et charmant sourire; parfois aussi ils se voyaient au *meeting-house*.

Ce meeting-house, c'est-à-dire la maison de réunion, servant d'école et de temple, se trouvait en plein bois, à une lieue environ des lignes fédérales.

C'était un bâtiment assez vaste, construit en troncs d'arbres, à la manière américaine, dont on avait retiré les bancs, les pupitres, les chaises, enfin tout ce qui aurait gêné l'installation d'une ambulance; mais cette ambulance, trop éloignée du camp, avait été abandonnée presque aussitôt. La maison était donc restée déserte, à moitié en ruine et ouverte à tous les vents.

C'était dans ce meeting-house que John et les deux charmantes filles de M. Cobden se rendaient, étant enfants, pour écouter les leçons d'un digne ministre, chargé d'instruire toute la génération enfantine des environs. Les deux fiancés avaient donc conservé un doux souvenir de cette vieille masure; c'était avec joie qu'ils s'y rencontraient pour parler de leur amour et faire ces féeriques châteaux en Espagne que les amoureux excellent à édifier, mais que plus tard la froide raison renverse d'un souffle.

La maison de M. Cobden continuait à être, plus que jamais, le centre commun où se réunissaient les Esclavagistes les plus exaltés, pour y maudire les Yankees et conspirer contre eux.

Naturellement, on ne se méfiait pas de miss Jane, dont on connaissait de longue date les opinions avancées; l'on ne se gênait pas pour parler devant elle et discuter les plans les plus monstrueux que l'on exécutait dès que l'occasion s'en présentait.

Mais, par un hasard singulier, tous ces plans et ces expéditions plus que douteuses échouaient misérablement malgré les mesures les plus prudentes et les mieux prises, sans qu'il fût possible de découvrir par quels moyens les Fédéraux étaient toujours mis sur leurs gardes. Quand on espérait les surprendre, on les trouvait en nombre et prêts à la lutte; parfois même, les Yankees prenaient l'offensive, surprenaient leurs ennemis et les faisaient tomber dans leurs propres pièges, dont ils ne se tiraient jamais les braies nettes.

Il était évident que les Sudistes avaient un faux frère parmi eux; mais quel était ce faux frère? Voilà ce que l'on ignorait, et que l'on ne réussissait pas à découvrir; tous les habitants de Rockingham se connaissaient depuis trop longtemps et trop intimement, pour que les soupçons pussent tomber plutôt sur les uns que sur les autres.

Il y avait là un mystère terrible, il importait de l'éclaircir au plus vite: aussi les gros bonnets de la ville, beaucoup plus exposés que les autres, employaient-ils tous les moyens pour contraindre l'espion à se dénoncer lui-même.

Mais c'était peine perdue; on n'aboutissait à rien.

Au nombre des individus qui se réunissaient chez M. Cobden, trois surtout, avaient, plus que personne intérêt à la découverte de l'espion.

Ces trois hommes étaient: Jearry Wolf, Joe Stewens et M. Warding.

Jearry Wolf souffrait beaucoup d'une double blessure au bras droit, reçue on ne savait en quelle circonstance; il dressait des plans, mais bien malgré lui il était contraint de les laisser exécuter par d'autres.

Joe Stewens se cachait sous un faux nom et un déguisement; il en était de même de M. Warding. Le premier, depuis la perte de son portefeuille, se sentant perdu s'il retournait à Washington, attendait impatiemment une occasion de passer à la Louisiane, où, pensait-il, il serait en sûreté; Le second, grâce à certains amis, avait réussi à s'échapper des prisons de Washington; comme le lièvre qui toujours retourne à son terrier, il était revenu à Rockingham, aux trois quarts ruiné et n'ayant plus grand'chose à perdre; il s'était franchement fait Bushwacker sous les ordres de Wolf, en attendant mieux, c'est-à-dire l'occasion de se venger d'Amy, à laquelle il attribuait tous ses malheurs.

Mais ces faux noms et ces déguisements ne trompaient personne à Rockingham: ces trois hommes y étaient trop connus. Mais on leur gardait religieusement le secret. Quant à eux, ils étaient trop fins et ils se savaient trop compromis pour ne pas se méfier de tout le monde. Ils savaient par expérience que l'on doit surtout se méfier des gens qui crient le plus haut et font un grand étalage de leurs opinions.

Ils surveillaient surtout miss Jane Cobden, dont ils savaient la visite au camp fédéral et l'entrevue avec John Charlton. Ils n'ignoraient pas davantage les rendez-vous journaliers des deux fiancés et leur longues conversations. Ces conversations ne devaient pas constamment traiter d'amour et de projets d'avenir. Certains faits insignifiants en apparence, mais réunis et commentés, avaient éveillé leurs soupçons, car ils devenaient presque des preuves. Cependant ils n'osaient rien dire; le patriotisme esclavagiste de miss Jane était trop bien établi pour qu'ils osassent l'attaquer en face et la dénoncer. De plus, elle appartenait à une famille puissante, avec laquelle, dans leur position équivoque, il leur aurait été très dangereux de se brouiller. Ils feignirent donc d'être complètement dupes de la comédie jouée par la jeune fille au profit de son amour, tout en préparant tout dans l'ombre, non pas pour la faire tomber dans un piège — elle était hors de leur atteinte — mais pour tendre, en se servant de son nom, un guet-apens au colonel Charlton, guet-à-pens dans lequel celui-ci périrait.

En attendant, ils redoublaient de prévenances et de galanterie auprès de miss Jane.

Un jour, les trois hommes sortirent vers huit heures du soir de la maison de M. Cobden, où ils avaient copieusement dîné; ce soir-là, miss Jane s'était surpassée; elle avait été pétillante d'esprit et de gentillesse, elle avait joué et chanté au piano, avec un entrain véritablement endiablé, la fameuse chanson de Dixy, devenue le cri de guerre des esclavagistes et leur Marseillaise contre les ventres bleus, ces damnés abolitionnistes; à chaque couplet, le refrain avait été répété en chœur avec frénésie par tous les assistants.

Après avoir traversé d'un bon pas la ville sans s'arrêter et en se tenant le plus possible dans l'ombre, les trois Sudistes gagnèrent la campagne.

Ils marchaient côte à côte sans échanger un mot; seul Wolf, que ses blessures faisaient sans doute souffrir, geignait, maugréait et blasphémait entre ses dents; le digne docteur, incapable de se soigner, payait très cher un médecin sudiste, lequel tous les matins et tous les soirs venait le panser, preuve de la confiance de Wolf en ses propres connaissances médicales.

Arrivés à un endroit à peu près découvert, où le regard s'étendait presque sans obstacles dans toutes les directions et d'où il était facile de signaler de loin l'approche des curieux ou des espions, ce qui souvent est la même chose, les trois hommes firent halte après avoir soigneusement examiné les environs. Rassurés par la clarté de la nuit et la solitude dont ils semblaient être environnés, ils s'assirent au pied d'un chêne séculaire gigantesque dont la puissante ramure dominait au loin la plaine.

Les trois Sudistes affectionnaient particulièrement cet endroit, où ils s'arrêtaient chaque jour en quittant la ville pour causer de leurs affaires sans craindre d'être espionnés par ces misérables Yankees.

— Eh bien! demanda Wolf, est-ce fait?

— Oui, répondit Joe; depuis longtemps déjà chacun d'eux a reçu sa lettre; miss Jane a reçu la sienne devant moi.

— Mais le colonel?

— La sienne lui a été portée par un Yankee blessé; je la lui ai confiée en lui disant: «Au colonel Charlton de la part de miss Jane Cobden.» Je lui ai donné un dollar en or. « Bien, cela ne me dérangera pas; je vais à l'ambulance,» a dit le Yankee. Et il est parti tout joyeux de cette bonne aubaine.

— A la bonne heure, reprit Bob.

— Mais ne reconnaîtront-ils pas que les lettres sont fausses? demanda M. Warding.

— Certes, dit en riant Wolf, ils reconnaîtront l'écriture.

— Alors, ils ne tiendront pas compte des lettres?

Joe se mit à rire.

— Vous ne comprenez pas, dit-il; les deux écritures ont été imitées par moi...

— Ce qui veut dire...? reprit M. Warding.

— Qu'ils s'y tromperont.

— Le diable lui-même n'y verrait goutte! Ah! vous avez là un joli talent, commandant! Que contiennent ces lettres? demanda Wolf?

— Le colonel annonce à sa fiancée qu'un service extraordinaire, une expédition secrête l'empêche, à son grand regret, de la voir ce soir; protestation d'amour éternel, etc., etc., et remise du rendez-vous à demain.

— Parfait! s'écria Wolf; et la lettre de miss Jane?

— Elle dit à son fiancé que des nouvelles reçues dans la journée, et dont l'importance est extrême, l'obligent à le prier de se rendre ce soir au meeting-house, de dix heures et demie à onze heures au plus tard; elle ira, toutes affaires cessantes, lui communiquer ces nouvelles; joie de se revoir, protestation d'amour éternel, etc., etc.

— Au mieux! le rendez-vous est admirablement choisi, dit Wolf; ah! sacredieu! que je souffre!

— Vous sentez-vous donc plus mal? demanda Joe.

— Non, j'ai besoin d'être pansé voilà tout.

— Bon. Retournez tranquillement à la Roche-Noire; M. Warding et moi, nous nous rendons à notre affût.

— Ne vous occupez pas de moi. Allez à vos affaires. Je rumine quelque chose, dit-il avec un sourire cynique. Le coup est supérieurement monté, je le reconnais; mais un accident quelconque le peut faire manquer. Il n'est jamais bon de mettre tous ses œufs dans le même panier. Je veillerai. Séparons-nous; il est près de neuf heures.

— Faites à votre guise, maître Wolf, dit Joe. Vous êtes un homme prudent. Un surcroît de précautions ne saurait nuire.

— Au revoir, gentlemen, au revoir. Nous nous rencontrerons avant le lever du soleil.

Ils se levèrent alors, se serrèrent les mains et s'éloignèrent à grands pas dans deux directions différentes, c'est-à-dire Jearry Wolf d'un côté, Joe et M. Warding d'un autre.

A peine les trois misérables eurent-ils disparu dans le lointain, qu'un grand bruit se fit entendre dans les branches du chêne et un homme roula sur le sol bien plutôt qu'il ne descendit de l'arbre.

Cet homme était Bob.

— God bless me! s'écria-t-il en se relevant et se secouant comme un chien mouillé; j'ai eu là une fameuse idée de me cacher dans ce chêne. Je me défiais de ces démons. Je me doutais que s'ils s'arrêtaient toujours là pour causer, ils avaient une raison. By God! je la connais maintenant, leur raison. Quels rascals! Que faire? Bah! que je suis bête! miss Amy me le dira.

Et, sans plus réfléchir, le brave garçon s'élança vers le camp avec une rapidité telle qu'un cheval lancé au galop aurait eu peine à le suivre.

Miss Amy, assise près d'une table dans sa petite chambre, sa Bible ouverte devant elle, pensait à Tristan. En voyant entrer Bob tout effaré, elle se leva et lui demanda avec inquiétude ce qu'il avait.

Le temps pressait; Bob raconta son histoire en quelques mots.

— Les misérables lâches! s'écria-t-elle avec indignation; Dieu ne permettra pas la réussite de cet horrible guet-apens!

La jeune fille écrivit aussitôt un billet; elle le cacheta, et le remettant à Bob:

— Cette lettre à miss Jane Cobden, tout de suite lui dit-elle.

— Mais le colonel? demanda Bob.

— Je me charge de le prévenir, dit miss Amy; allez, ne perdez pas un instant.

— Dans une demi-heure miss Jane aura la lettre, répondit le noir.

Et il partit comme il était venu; c'est-à-dire en courant.

Miss Amy s'enveloppa dans sa cape, prit une lanterne et se rendit à la tente du colonel.

Un soldat l'escortait.

Le jeune officier relisait pour la dixième fois peut-être la fausse lettre de miss Jane.

Bien que fort surpris de voir miss Amy aussi tard, elle qui la nuit ne quittait jamais l'ambulance, John la reçut avec une exquise courtoisie, lui approcha un siège et lui demanda en quoi il pouvait la servir.

Sa jeune femme lui montra, en souriant, la lettre qu'il tenait encore à la main, et elle lui raconta, dans les plus minutieux détails, ce que Bob lui avait rapporté à elle-même; enfin, elle termina en l'informant qu'elle avait écrit à miss Jane Cobden pour la mettre sur ses gardes.

Le colonel demeura un instant pensif, es yeux fixés sur la lettre; puis il ouvrit son portefeuille, en retira plusieurs lettres, et, après les avoir comparées avec celle reçue une heure auparavant:

— Voyez vous-même, dit-il.

— Oh! monsieur, je sais et vous savez aussi combien cet homme est un habile faussaire?

Il y eut un nouveau silence.

— Je vous remercie, madame, reprit enfin l'officier; cette lettre est fausse, je le sens, j'en ai la conviction; j'ai la plus grande foi en vos paroles, et pourtant j'irai à ce rendez-vous.

— C'est une folie!

— Peut-être, madame; mais j'irai!

— Oh! colonel, un homme de votre valeur céderait-il à un point d'honneur mal compris? consentirait-il à jouer sa vie, si précieuse contre...

— Vous vous trompez, madame, répondit-il avec un sourire triste; je ne cède à aucun point d'honneur; il n'y a ni gloire ni honneur à acquérir en combattant des assassins.

— Mais alors, colonel, pourquoi voulez-vous aller à ce rendez-vous?

— Tout simplement, madame, parce que Jane y sera.

— Mais, je vous l'ai dit, je lui ai écrit pour la prévenir, et...

— C'est précisément, madame, à cause de cette lettre qu'elle viendra, je connais Jane, elle m'aime comme je l'aime ; nos deux cœurs n'en font qu'un : me sachant en danger, elle acccourra : rien ne pourra la retenir.

— Oh! malheureuse! qu'ai-je fait ? s'écria miss Amy, en cachant sa tête dans ses mains et fondant en larmes.

— Vous avez comme toujours suivi l'inspiration de votre excellent cœur, madame, et vous avez eu raison. Si comme moi, vous aviez connue Jane, vous l'auriez laissée dans son ignorance ; demain je lui aurais tout dit ; à présent il est trop tard, j'irai donc à ce rendez-vous.

— Mais, bien accompagné, sans doute ?

— Non pas, madame ; l'honneur de Jane doit être sauf, quoi qu'il advienne. J'irai seul, mais armé ; fussent-ils dix, je me défendrai de telle sorte qu'ils se repentiront de m'avoir tendu ce piège.

Toutes les prières, toutes les instances de miss Amy se brisèrent contre l'immuable volonté du colonel. Elle se retira désespérée.

A dix heures et demie du soir, le colonel Charlton, armé jusqu'aux dents, descendit de cheval à une vingtaine de pas du meeting-house, confia sa monture à son ordonnance en le renvoyant au camp, et, tenant un revolver de la main gauche et son sabre de la main droite, il s'avança résolûment vers la vieille masure, dont les portes avaient depuis longtemps disparu.

Au moment où il franchissait le seuil de la maison, John entendit un craquement sec suivi aussitôt d'une lueur sinistre, et une balle s'aplatit sur la muraille, à la hauteur de sa poitrine.

— Ah! bandit! s'écria le colonel en faisant feu à son tour et s'élançant sur son invisible ennemi.

Il y eut alors dans l'ombre un échange rapide de coups de revolvers, suivis d'un furieux cliquetis d'acier froissant l'acier.

Un combat acharné se livrait dans les ténèbres.

— Mais c'est un démon! dit une voix haletante.

— Courage! reprit une autre, nous le tenons !

— Pas encore! dit le colonel.

Un cri de désespoir retentit au dehors.

— John! courage! me voici ! s'écriait miss Jane accourant éperdue, suivie d'un homme qui essayait en vain de la dépasser.

— Ah! je le savais bien qu'elle viendrait! s'écria le colonel avec joie ; à moi Jenny ! à moi ma bien aimée !... ah!

Ce ah! désespéré, ressemblant à un râle d'agonie, glaça d'épouvante la jeune fille.

— John! s'écria-t-elle, où es-tu ? réponds-moi, au nom de notre amour! Réponds-moi où je meurs!

En ce moment plusieurs hommes s'élancèrent en courant hors du meeting-house, l'un de ces individus heurta brutalement la jeune fille au passage, et la renversa sur le sol.

— Mille diables! ont-ils tué ma sœur, aussi! s'écria le capitaine Dick Cobden, car c'était lui qui accompagnait miss Jane.

Et de quatre coups de revolvers, il tua raide deux des fuyards et en blessa deux autres ; ceux-ci se sauvèrent en hurlant.

Miss Jane s'était relevée ; elle avait allumée une petite lanterne dont elle s'était munie, et, aidée par son frère, elle se mit à la recherche de son fiancé, quelle appelait avec désespoir.

Enfin, après bien des recherches infructueuses, elle découvrit le colonel. Il gisait dans une mare de sang. Sept individus, des Bushwakers tués par lui, étaient entassés pêle-mêle, formant avec leurs corps une espèce de rempart humain au brave officier.

La jeune fille se précipita sur lui en poussant un cri d'agonie.

Le colonel perdait son sang par trois blessures.

— Il vit, dit Dick avec compassion. Pauvre cousin! il s'est bien défendu tout de même! Bah! nous le sauverons.

Tout en parlant ainsi, la capitaine ne perdait pas son temps ; il aidait sa sœur à panser le blessé.

— Tu crois que nous le sauverons? demanda miss Jane avec anxiété.

— J'en suis certain.

— Pauvre John.

— Nous ne pouvons le laisser ainsi.

— C'est vrai ; portons le à l'ambulance des Fédéraux.

— Oh! oh! que dis-tu donc là, petite sœur ?

— Dame! c'est la plus rapprochée.

Sur ces entrefaites, un grand bruit se fit entendre à la porte du meeting-house.

— Est-ce que par hasard les ennemis reviendraient ? grommela Dick en apprêtant ses revolvers.

Mais il fut presque aussitôt détrompé ; une troupe de soldats sudistes, commandée par un capitaine, pénétra dans la masure en s'éclairant de deux ou trois torches de pin trempées dans la résine.

— Eh! que se passe-t-il donc ici? demanda le capitaine. Voilà un bien joli carnage!

Dick lui raconta la chose en quelques mots.

— Mille diables! voilà, sur ma parole, un rude soldat! s'écria le capitaine avec admiration. Que comptez-vous faire?

— Avec votre permission, monsieur le capitaine, on va transporter mon fiancé chez moi, à Rockingham, où il sera soigné dans ma famille.

— Malheureusement, miss Cobden, répondit l'officier avec tristesse, je ne puis autoriser ce transport.

— Comment, Mac-Morlan! que dites-vous donc là? s'écria vivement Dick, cet officier est mon cousin, le fiancé de ma sœur; je réponds de lui sur mon honneur, et...

— Mon cher Dick, reprit le capitaine, vous êtes mon ami; vous savez combien je serais heureux d'être agréable à votre charmante sœur et à vous; ce que vous me demandez est impossible: ce chacal de Wolf s'est présenté au général lui même. J'ai des ordres supérieurs, j'ai été envoyé tout exprès pour faire prisonnier le colonel Charlton et l'amener, mort ou vif, au quartier général; vous ne voudriez pas me faire manquer à mon devoir?

Il n'y avait rien à répondre; les deux jeunes gens s'inclinèrent; miss Jane était désespérée.

Le colonel, toujours évanoui, fut placé sur un brancard et transporté au camp sudiste; le frère et la sœur l'accompagnèrent sans que le capitaine Mac-Morlan semblât le remarquer.

Ce rude soldat se sentait attendri malgré lui devant la douleur si vraie de la jeune fille.

Neuf cadavres de Bushwakers furent enterrés séance tenante; Joe et Warding, gravement blessés, avaient réussi à s'échapper.

Ce fut en vain que miss Cobden supplia le général sudiste de lui rendre son fiancé: il la refusa brutalement.

La jeune fille ne se découragea pas; elle se rendit à Richmond. Bien qu'elle fût appuyée par de très hautes influences, la pauvre enfant n'obtint rien pour le pauvre prisonnier. Un mot d'ordre semblait avoir été donné.

Sur ces entrefaites étaient survenues des difficultés pour l'échange des prisonniers entre le Sud et le Nord.

A la suite de fusillades suivies de représailles, la guerre prit tout à coup un caractère de férocité inquiétant. Un acte du Congrès sudiste décida qu'aucun prisonnier, même blessé, ne pourrait sortir des prisons s'il ne prêtait serment à la confédération du Sud.

John refusa sans hésiter de commettre cette lâcheté; miss Jane l'approuva, bien que désespérée.

Le colonel eut donc le sort de ses compagnons; il dut subir les malsaines agglomérations de l'hôpital et, une fois guéri tant bien que mal, la dégoûtante promiscuité de prisons épouvantables.

Miss Jane revint désolée à Rockingham, âme ulcérée, le cœur brisé; elle savait maintenant ce que c'était que la guerre, dont elle était si enthousiaste naguère; mais elle ne désespéra pas d'arracher son fiancé à ses bourreaux.

— Vous savez tout, général, dit-elle à Tristan en terminant son récit; maintenant, jugez-moi!

— Miss Cobden, répondit Tristan, vous avez noblement réparé les fautes bien vénielles que vous avez pu commettre; jadis, je vous ai enlevé John, cette fois je vous le rendrai, ou tout au moins à nous deux nous le sauverons!

— Vous me promettez de m'y aider?

— De tout mon pouvoir, je vous le jure.

— Quel rôle me donnez-vous?

— Il ressort pour moi de ce long récit que vous et John avez des ennemis puissants et implacables qui, dans un intérêt que je soupçonne, veulent vous séparer, afin d'avoir plus facilement raison de vous et atteindre ainsi le but vers lequel ils tendent.

— Je crois vous comprendre, général, dit-elle en rougissant légèrement.

— Je n'insisterai donc pas: vous devez, sous peine d'échouer, lutter de ruse avec ces ennemis, vous tenir sans cesse sur vos gardes, ne confier vos pensées à personne, pas même à votre mère ou à votre sœur. Restez donc maîtresse de vos projets; seulement soyez prête à tout, car vos ennemis ne reculeront devant rien; au besoin adressez-vous au Charmeur de serpents, le père de Bob: cet homme m'est dévoué, il m'a promis de vous servir. Miss Amy, avec laquelle je m'entendrai et près de laquelle est Bob, vous l'enverra, ou lui donnera les ordres nécessaires, ce qui vaudra mieux.

— Merci, général; mais John?

— Attendez: aux yeux de tous, soyez toujours Esclavagiste, ne perdez jamais John de vue; lorsque vous saurez dans quelle prison il se trouve, installez-vous près de lui, et veillez sur lui sans cesse; surtout prévenez-moi de ce que vous aurez découvert et de ce que vous projetez. Je vous donnerai une adresse à laquelle vous m'écrirez.

— Je n'y manquerai pas; ensuite?
— Il vous faudrait près de vous un homme brave et dévoué, sur lequel vous pourriez absolument compter.
— J'ai mon frère.
— Croyez-vous qu'il consentirait à...
— Général, mon frère fera toujours ce que je voudrai.
— Très bien; entendez-vous donc avec lui à ce sujet, quand le moment sera venu de vous servir de lui.
— Je n'aurai qu'à lui écrire: «Viens», et il viendra.
— A la bonne heure; vous savez, pardonnez-moi cette question, que l'argent est la clé ouvrant toutes les portes; sans argent on ne fait rien; j'en ai beaucoup, moi; en avez-vous?
— Mon père est très riche.
— Cela ne suffit point; il passe pour tenir beaucoup à son argent, il faut tout prévoir. Je vous remettrai un chèque à vue de 50,000 dollars, sur mon banquier de Cincinnati; vous le toucherez si votre père refuse de délier les cordons de sa bourse; je compterai plus tard avec John.
— J'accepte, général.
— A présent, miss Cobden je vais vous prouver quelle est mon opinion sur vous en vous confiant un secret que je n'oserais même pas confier à mon père.
— Cela profitera-t-il à John, que je sache ce secret, général?
— Oui certes, et beaucoup.
— Oh! alors, général, dites-le moi vite, et ne craignez pas que je le trahisse; je mourrais plutôt!
Tristan lui confia alors sans hésiter, car il connaissait les femmes, autant du moins qu'il est possible de les connaître, et il savait que l'intérêt de leur amour prime tout chez la plupart d'entre elles,—il confia donc sans hésiter à la jeune fille ce qu'il lui importait de connaître de ses projets et de la guerre qu'il allait porter au cœur des Etats du Sud.
La jeune fille fut émerveillée de l'audace de l'entreprise; elle comprit aussitôt de quel secours serait pour elle le voisinage de la redoutable guérilla; elle se promit de ne négliger aucun des renseignements que lui fournissait Tristan pour établir avec lui des relations permanentes.
Le général passa huit jours à Rockingham pour mettre ordre à toutes ses affaires.
Pendant ces huit jours, il eut plusieurs entretiens confidentiels avec miss Cobden.
Grâce à l'influence du général, certaines injustices faites à la famille Cobden, furent réparées: ce qui le fit adorer de M. Cobden, celui-ci ne jurait plus que par lui.

Enfin, un matin, il fit les préparatifs de départ.
— Je pars dans une heure pour Washington, dit-il à miss Jane.
— Moi, je pars ce soir pour Richmond, répondit-elle en souriant.
— Souvenez-vous!
— N'oubliez pas!
Tels furent leurs adieux.
En effet, deux heures plus tard, le colonel et son sergent, après avoir pris très cordialement congé de la famille Cobden, quittèrent Rockingham et se dirigèrent vers le Potomac.
Leurs chevaux, complétement refaits, avaient repris toute leur ardeur. Will emportait une provision respectable de vivres; il était donc plus que probable qu'ils arriveraient à bon port.

V

DANS LEQUEL ON FAIT CONNAISSANCE AVEC LE SOUFFLEUR DE FEU

Plusieurs mois s'étaient écoulés depuis les événements rapportés dans notre précédent chapitre.
La guerre avait changé de face; d'abord elle s'était généralisée; de plus, les esprits surexcités et les haines longtemps contenues ayant, pendant la lutte, débordé de toutes parts, la guerre était devenue plus cruelle et plus acharnée que jamais entre le Nord et le Sud.
Toutes les considérations secondaires s'étaient définitivement effacées devant la grande question humanitaire dont le Nord, dans les commencements du conflit, n'avait que timidement demandé la solution: L'abolition de l'esclavage!
Le maintien du code noir était devenu par conséquent une question de vie ou de mort pour les Etats du Sud.
Ils avaient alors audacieusement levé le masque; un duel grandiose avait commencé à la face du monde, entre l'esprit de routine, la barbarie séculaire et l'obscurantisme de parti-pris d'un côté, et le progrès, c'est-à-dire la diffusion et l'application des idées généreuses de l'autre.
Du succès de la lutte dépendait l'avenir de la civilisation en Amérique, compliqué d'une guerre de race entre les Latins et les Anglo-Saxons, ces éternels ennemis qui, dans le vieux monde comme dans le nouveau, aspirent chacun à la domination générale ou, pour mieux dire, universelle.
Dans le Nouveau-Mexique, un peu au-dessus de Santa-Fé, au centre de la Sierra del Moro, descend, en bondissant du haut des montagnes en cascades furieuses, un

magnifique cours d'eau, nommé par les Espagnols El Rio Rojo, à cause de la couleur rouge de ses eaux, que les premiers explorateurs français de la Louisiane appelèrent la rivière Rouge, et auquel finalement les Américains imposèrent le nom de Red river, mais à qui, par patriotisme, nous conserverons son nom français.

Cette rivière traverse une partie du Nouveau-Mexique, le Llano del Estacado, le territoire indien, l'Arkansas, et vient se jeter dans le Mississipi un peu au-dessus de Bâton-Rouge, dans la Louisiane, après un parcours de plusieurs centaines de lieues à travers les contrées les plus pittoresques et les plus admirablement accidentées du monde entier.

La rivière Rouge, dans les hautes régions, conserve encore aujourd'hui toute la beauté sauvage, grandiose et farouche des premiers jours de la découverte, alors que la main de l'homme ne l'avait pas encore déformée pour en faire un agent de commerce et de civilisation.

Au fur et à mesure que la rivière Rouge se rapproche de la mer et descend vers elle, elle se transforme : ses passages s'amoindrissent, ses eaux ne reflètent plus les forêts vierges, l'ombre mystérieuse des grands bois a fait place à des villes, à des villages, à des usines, — toutes choses fort belles en réalité, et surtout indispensables au progrès, mais ne charmant que très médiocrement les rêveurs et les penseurs. Ses rives sont toujours pittoresques, mais le grandiose a disparu.

Lorsqu'elle entre dans l'Arkansas, la rivière Rouge n'est plus qu'une honnête rivière comme n'importe quelle autre de notre vieille Europe; le pittoresque même n'existe plus.

Mais heureusement pour nous, et nous nous en félicitons, ce n'est pas dans ces parages privés de poésie que nous allons la rencontrer.

Vers quatre heures du soir, un dimanche de la fin du mois de mai, trois cavaliers, après avoir traversé à gué un affluent sans nom du Rio Trinidad, se dirigeaient au galop de chasse vers la rivière Rouge, dont on voyait, aux derniers rayons du soleil couchant, étinceler les eaux tant soit peu bourbeuses, au milieu d'une immense plaine de sable semée çà et là de quelques bouquets d'arbres rachitiques et à demi calcinés par le soleil; le cours de la rivière était parfaitement visible, grâce aux nombreux cotonniers sauvages, aux cactus-cierges et aux buissons épineux bordant ses rives et en dessinant tous les capricieux contours.

A part les trois cavaliers dont nous avons parlé et auxquels nous reviendrons bientôt, un calme profond régnait sur l'immense *llano*; au loin, un troupeau de daims, poursuivi par des coyotes qui le chassaient en aboyant, traversait à gué un affluent du Rio Colorado; sur la rive gauche de la rivière Rouge, on apercevait une agglomération assez considérable de *toldos* et de *jacales*, groupés sans ordre apparent auprès les uns des autres et semblant dénoncer la présence d'êtres humains, bien que nul mouvement n'y révélât la vie.

Un peu sur la droite, on distinguait une goëlette d'une trentaine de tonneaux arrêtée contre la rive gauche du rio Guadalupe au moyen d'un long câble amarré à une ancre à jet dont les pattes étaient profondément enfoncées dans le sable.

A portée de fusil de ce léger bâtiment, arborant fièrement les couleurs de l'Union, se trouvait une espèce de camp retranché fait en croix de Saint-André au moyen d'énormes fourgons recouverts de toiles cirées et solidement enchaînés les uns aux autres. L'espace laissé forcément libre entre chaque fourgon était rempli par d'énormes ballots empilés, sur deux rangs, les uns sur les autres, en ménageant des meurtrières pour laisser passer, en cas d'attaque, les canons des redoutables riffles de l'Ouest. Mais ce camp, silencieux et morne, semblait être abandonné : on ne voyait personne, ni hommes ni animaux.

Au plus haut des airs, de nombreuses troupes d'oies sauvages volaient à tire d'ailes dans la direction des montagnes dont les flancs, garnis de forêts séculaires de pins et de cèdres et les cimes couvertes de neiges éternelles fermaient l'horizon de tous les côtés.

Les trois cavaliers étaient donc les seuls êtres humains jetant un peu d'animation dans ce paysage sévère et presque farouche par son étrangeté et sa simplicité bizarre.

Au premier coup d'œil, on reconnaissait ces cavaliers pour des guerriers comanches.

Leurs chevelures fort longues, nattées avec soin, relevées en forme de casque et entremêlées de plumes; leurs longues robes de bison, toutes constellées de dessins singuliers représentant les « coups » ou blessures qu'ils avaient reçus; leurs nombreux colliers de wampus, mêlés de médailles d'argent et d'or à l'effigie du président des États-Unis, agrémentés de longues griffes d'ours gris, tombant sur leur poitrine; leurs « mitasses » en deux parties, cousus, avec des cheveux et tombant sur les genoux où ils se reliaient aux guêtres ou *mockseers*, aux talons desquels étaient attachées de nombreuses queues de loups; leurs *ichi-*

kotas, ou sifflets de guerre, faits d'un tibia humain ; mais, plus que tout, leurs armes magnifiques, fusils, tomawhocks et couteaux à scalper, ainsi que l'éventail fait d'une aile d'aigle qu'ils tenaient de la main gauche, en laissant pendre à leur poignet le fouet en peau d'hippopotame, les désignaient non-seulement pour de grands braves mais encore pour des sachems renommés.

Ils étaient de haute taille, admirablement proportionnés ; leur teint foncé était celui du cuivre rouge ; sans les affreuses couleurs dont ils avaient jugé à propos de se peindre de la manière la plus bizarre, ils eussent été beaux, à cause de leurs traits aquilins, de leur physionomie martiale, intelligente, empreinte d'une rare finesse.

Bien qu'il soit presque impossible de déterminer positivement l'âge d'un Indien, nous ne croyons pas nous tromper en assurant qu'ils ne dépassaient point la quarantaine et flottaient entre trente-cinq et trente-neuf ans.

Ces guerriers étaient les chefs d'une confédération composée de huit tribus comanches, nommée confédération des Comanches des prairies, en opposition à la confédération des Comanches des lacs, laquelle ne se composait que de cinq tribus très faibles, et dont l'effectif des guerriers ne dépassait pas 1,200 hommes, tandis que les Comanches des prairies peuvent en temps de guerre mettre en ligne 8,000 guerriers d'élite.

Le principal de ces trois sachems, celui auquel les deux autres obéissaient, le *Sagamore* enfin, était le plus jeune des trois ; il avait à peine trente-cinq ans.

Sa renommée était très grande dans les prairies ; il joignait à un courage féroce une finesse merveilleuse et une loyauté sans égale ; nul ne parlait avec plus d'autorité et de sagesse devant le feu du conseil ; nul n'accomplissait de plus incroyables prouesses sur le sentier de la guerre ; plusieurs fois il avait fait face aux troupes des Etats-Unis : toujours elles avaient reculé devant lui en subissant des pertes cruelles ; mais, habile diplomate autant que guerrier redoutable, contrairement aux coutumes des Peaux-Rouges, toujours il avait renvoyé ses prisonniers, sans leur infliger de mauvais traitements, mais en se conduisant envers eux, avec cette courtoisie qui semble innée chez les Indiens indépendants.

Le gouvernement des Etats-Unis avait à plusieurs reprises traité avec lui, et jamais il n'avait eu à se repentir de l'avoir fait ; l'alliance de ce chef renommé était donc fort recherchée.

Les coureurs des bois des hautes savanes américaines lui avaient donné le nom caractéristique de *Souffleur de Feu*, nom qu'il avait accepté avec joie, et dont il se parait avec orgueil.

Les compagnons du Souffleur de Feu étaient sans contredit des guerriers d'élite, des grands braves, des chefs expérimentés et pleins de sagesse, renommés avec raison dans les prairies à cause de leur habileté et de leur courage ; mais leur gloire pâlissait complètement devant celle du *Grand Sagamore*, ainsi qu'on le qualifiait officiellement.

Ils se nommaient l'*Eclair Sombre* et l'*Oiseau de Nuit* : appellations qui, comme toutes celles appliquées par les Indiens, se rapportaient parfaitement au caractère et aux habitudes de ces deux chefs célèbres.

Si les trois sachems voulaient continuer à se diriger vers la rivière Rouge, il leur fallait traverser un bois d'une assez grande étendue, coupé par un ruisseau perdu, allant quelques milles plus loin se perdre dans la rivière Rouge.

Arrivés à portée de fusil du bois, les sachems échangèrent un regard d'intelligence, puis, retenant les magnifiques *mustangs* sur lesquels ils étaient montés, ils formèrent la file indienne : le Souffleur de Feu tenant la tête, l'Oiseau de Nuit allant ensuite, et l'Eclair Sombre fermant la marche ; ils allaient au pas, avec précaution, prêtant l'oreille et sondant du regard les taillis et les fourrés, sans pourtant toucher à leurs armes.

Le sentier qu'ils suivaient, tracé par les fauves se rendant à l'abreuvoir, aurait été impraticable pour tous autres que ces cavaliers centaures ; il formait des méandres sans fin, était coupé çà et là d'autres *sentes* ; mais les sachems ne se laissaient pas tromper ; ils suivaient leur route avec cette sûreté de coup d'œil d'hommes habitués depuis l'enfance à suivre des pistes bien autrement difficiles que celle sur laquelle ils se trouvaient.

Enfin, après un quart d'heure d'une marche semée d'obstacles de toute sorte ils débouchèrent dans une vaste clairière séparée presque en deux parties égales, par un ruisseau assez large fuyant entre deux rives de buissons odorants en babillant sur un lit de cailloux.

A l'orée de la clairière, les sachems s'arrêtèrent de front et s'immobilisèrent comme si les sabots de leurs chevaux se fussent subitement incrustés dans le sol.

En face d'eux, à demi-portée de pistolet, sur le bord même du ruisseau, trois hommes avaient installé un campement provisoire ; un feu brûlait près d'eux. Quelques reliefs d'os et de viande indiquaient qu'ils achevaient à peine de manger. Ils causaient entre eux, en fumant, à demi étendus sur l'herbe; leurs chevaux, entravés à quelques pas, broyaient leur provende.

Nous connaissons deux de ces hommes : l'un était le général de Saint-Pierre ; l'autre, le colonel Lionnel Taylor.

Quant au troisième, c'était un grand et solide gaillard taillé en athlète, aux traits caractérisés, respirant la bravoure, l'intelligence et la bonne humeur ; il ne paraissait pas avoir plus de quarante-cinq ans ; il était vif, alerte, dispos, et portait avec une rare désinvolture et une suprême élégance le costume pittoresque des coureurs de bois.

Son teint brun et couleur de brique cuite le faisait reconnaître tout de suite pour un Canadien *bois brûlé*. Il se nommait Jean-Baptiste Marquais, mais ses compagnons de chasse et les Indiens ne le désignaient que sous le nom de l'Opossum, à cause de sa finesse et de sa prudence. Il était bien connu dans les prairies de l'Ouest : les *Sacks*, les *Crukes* et les *Renards* des montagnes Rocheuses connaissaient son courage indomptable, sa finesse et surtout la justesse infaillible de son riffle.

C'était devant ces trois hommes que les chefs comanches s'étaient subitement arrêtés, mais, hâtons-nous de le constater, sans aucune démonstration hostile.

Aussitôt qu'il aperçut les guerriers, l'Opossum se leva, fit quelques pas à leur rencontre, le bras droit levé, la paume de la main ouverte et dirigée vers eux, les quatre doigts réunis, le pouce fermé, et il leur dit en langue indienne :

— Les sachems comanches sont les bienvenus ; leurs frères pâles les attendent. Les chefs ne fumeront-ils pas le calumet de l'amitié avec leurs amis les *Longs couteaux de l'Ouest* ?

— L'Opossum a bien parlé, répondit le Souffleur de Feu. Les sachems savent qu'il n'a pas la langue fourchue ; les sachems fumeront le calumet avec leurs frères les Longs couteaux de l'Ouest.

Tristan et Lionnel s'étaient levés pour faire honneur aux chefs des Peaux-Rouges. Ils avaient fait, eux aussi, quelques pas à leur rencontre. Pendant que les sachems mettaient pied à terre et entravaient leurs chevaux, les sous-officiers se firent traduire par le coureur des bois les quelques mots que celui-ci avait échangés avec eux.

C'était la première fois que les deux jeunes gens se trouvaient en présence de ces redoutables guerriers du désert, dont ils avaient si souvent entendu parler. Les quelques Indiens que jusque-là ils avaient vus errant à travers les villes des vieux Etats ne leur avaient inspiré que du mépris et du dégoût, à cause de leur abrutissement bestial et de leurs vices crapuleux.

Cette fois, ils se trouvaient en face d'hommes dignes de ce nom. La physionomie fière et intelligente des sachems, la majesté froide et un peu hautaine de leurs manières, l'élégance de leurs moindres gestes, avaient vivement frappé les deux officiers et leur avaient inspiré une espèce de respect admiratif, s'il est permis d'employer une telle expression.

Les officiers américains ne parlaient pas la langue comanche. L'entretien que le général désirait avoir avec les sachems en souffrirait beaucoup, et, malgré tout le talent de l'interprète, peut-être ne réussirait-il pas à rendre la pensée du général, ce qui peut-être ferait échouer le projet que, depuis si longtemps, il caressait, d'une alliance avec les Peaux-Rouges.

De son côté, l'office d'interprète ne souriait que très médiocrement à l'Opossum. Il s'informa auprès du Souffleur de Feu. Celui-ci l'assura que ses compagnons et lui comprenaient assez bien la langue anglaise et qu'ils parlaient avec une grande facilité l'espagnol, que le général et son ami possédaient fort bien.

La difficulté se trouva ainsi tranchée. Il fut convenu que l'entretien aurait lieu en espagnol.

Sur l'invitation du général, les sachems s'étaient accroupis à la manière indienne auprès des officiers, autour du feu ranimé par le coureur des bois.

Le Souffleur de Feu retira alors son calumet de sa ceinture, le bourra avec du « morrichée » ou tabac sacré, puis, prenant une « baguette médecine », il s'en servit pour poser un charbon sur le foyer de sa pipe et l'allumer ; il se leva et aspira quatre bouffées de fumée, qu'il souffla l'une après l'autre vers les quatre coins cardinaux.

— Soleil ! dit-il d'une voix haute et lente, Soleil, représentant visible de l'invisible Wacondah, le créateur et le maître tout-puissant des mondes, reçois avec bienveillance cette fumée que je lance avec respect, à ton intention, dans l'espace ; enlève la peau dont nos cœurs sont couverts, afin qu'ils paraissent rouges et purs ; permets que les paroles soufflées par nos poitrines soient franches, loyales et dignes d'hommes tels que nous sommes !

Après avoir prononcé cette espèce d'invocation, le sagamore reprit sa place et fuma pendant une minute ou deux, puis il le passa au coureur des bois assis à sa droite ; celui-ci, après un instant, le transmit à l'Éclair sombre.

Le calumet fit ainsi trois fois le tour du cercle sans qu'un mot fût prononcé ; lorsque, pour la troisième fois, il revint au sagamore, celui-ci le fuma jusqu'à la fin, puis il jeta la cendre dans le feu et remit le calumet à sa ceinture.

Cette cérémonie étant terminée, chacun étant libre de fumer à sa guise, les calumets furent bourrés et les cigares allumés, sans cependant que les assistants rompissent le silence.

Un quart d'heure s'écoula ainsi ; puis le général, après avoir du regard consulté le chasseur, se décida à prendre la parole.

— Mes frères les sachems comanches sont les bienvenus, dit-il.

Les Peaux-Rouges s'inclinèrent.

— Je les remercie d'avoir consenti à se rendre près de moi, continua le général ; ils ont fait un long voyage pour venir ici, à travers des déserts et des forêts remplis d'ennemis dangereux.

— Les Comanches sont les maîtres du désert, dit fièrement le Souffleur de Feu ; quels dangers ou quelles fatigues seraient assez grands pour les arrêter, lorsqu'ils vont à la rencontre de leurs amis ?

— Nous aussi, nous avons franchi de grandes distances et bravé bien des périls pour visiter nos frères rouges et leur apporter quelques cadeaux, malgré la guerre qui divise notre peuple.

— Les Longs couteaux de l'Ouest ont déterré la hache les uns contre les autres. Mauvaise guerre, celle où le frère est scalpé par son frère ! Le Wacondah des Visages pâles est sans doute en colère contre ses enfants.

— Il n'est que trop vrai, cette guerre est affreuse.

— Les Visages pâles souffrent beaucoup en ce moment, dit l'Eclair Sombre ; les Peaux-Rouges se réjouissent de voir les Peaux-Blanches se battre entre eux.

— Les Comanches des prairies sont les amis des Longs Couteaux de l'Ouest, reprit vivement le général ; pourquoi se réjouissent-ils du malheur de leurs alliés ?

— Plusieurs nations ont déterré la hache pour se venger des Visages pâles et profiter de la guerre pour payer de vieilles dettes de sang, dit le Souffleur de Feu ; les Comanches des prairies réunis dans la *case médecine* ont tenu un grand conseil ; il a été décidé que les guerriers de ma nation resteraient dans leur *atepell* d'hiver et ne déterreraient la hache ni pour les uns, ni pour les autres.

— Pourquoi les Comanches des prairies resteront-ils dans leurs villages d'hiver ? Les Sioux, les Pawnies et les Apaches ne sauraient cependant leur faire peur ! dit le général avec une légère teinte d'ironie Ce sont les grands *braves* et des guerriers renommés ; ils sont sages autour du feu du conseil ; leurs sachems auront entendu chanter une corneille ils se seront laissés tromper par elle ?

— Les Comanches sont sages ; pourquoi et dans quel intérêt déterreraient-ils la hache dans cette guerre pour l'un ou l'autre parti des Visages pâles ? Leur intérêt n'est-il pas de laisser les blancs s'affaiblir en se tuant entre eux ? Allez, les Comanches ne sont pas des enfants ; plus les Visages pâles se feront la guerre, plus les Peaux-Rouges seront en paix.

— Le Sagamore se trompe, dit le général avec un fin sourire ; connaît-il les causes de cette guerre ?

— Non ; mais que nous importe ?

— Beaucoup plus que les chefs ne le supposent : il me serait facile de le leur prouver.

— Nous écoutons le chef pâle, dit le Sagamore ; il n'a pas la langue fourchue, les oreilles des sachems sont ouvertes pour entendre la vérité.

— Vous l'entendrez donc, puisque vous le désirez : sachems comanches, les Faces pâles du Nord et les Faces pâles du Sud forment deux races différentes, toujours ennemies, tout en vivant sous les mêmes lois. Les Faces pâles du Nord prétendent que le Wacondah a fait tous les hommes égaux et libres, quelle que soit la couleur de leur peau ; ils soutiennent qu'un blanc n'a pas le droit de rendre esclaves des hommes parce qu'ils sont noirs ou rouges.

— Les Comanches sont des guerriers justes et sages : ils attachent leurs ennemis au poteau de torture, mais ils ne les font pas esclaves, parce que ce serait méconnaître la volonté du Wacondah qui a créé tous les hommes libres ; les Visages pâles du Nord ont bien parlé.

— Les visages pâles du Sud ont réduit les Peaux Noires en esclavage.

— Des enfants de Maboya, des lâches ! Ils méritent leur sort, puisqu'ils ne savent pas s'y soustraire par la mort ou la révolte ! dit le Souffleur de Feu avec un écrasant mépris.

— Peut-être, reprit le général ; souvent ils se sont révoltés, mais leurs maîtres étaient toujours les plus forts et les ont vaincus ; les Visages pâles du Nord ont eu pitié de ces pauvres esclaves. Ils ont dit aux Visages pâles du Sud : « Rendez la liberté à vos esclaves ; vous les avez achetés, nous vous rendrons l'argent que vous les avez payés. »

— Bon ! fit le Sagamore.

Les autres chefs baissèrent la tête en signe d'assentiment.

— Les Visages pâles du sud, reprit le général, répondirent : « Nous ne voulons pas d'argent ; nous avons besoin de nos esclaves pour cultiver nos terres ; si vous nous obligez à rendre la liberté à nos esclaves noirs, que ferons-nous? Il nous faudra d'autres esclaves; pour ne pas mourir de faim, nous serons contraints de déterrer la hache contre les Peaux Rouges et de les faire esclaves pour remplacer les Peaux Noires et nous nourrir. »

Les trois sachems échangèrent entre eux un regard chargé de colère et de haine.

Le général continua froidement, sans paraître remarquer le vif intérêt avec lequel les Indiens l'écoutaient :

— Votre grand-père blanc, qui réside à Washington, leur répondit : « Les Visages pâles du Nord sont les enfants de Micon; pour eux, tous les hommes sont frères; ils n'ont jamais eu d'esclaves, et cependant leurs terres sont bien cultivées. Je suis le père de tous les Grands Couteaux de l'Ouest; les blancs, les noirs et les rouges sont également mes enfants. Ma justice doit être égale pour tous ; elle ne protégera pas les uns aux dépens des autres. Je vous obligerai à rendre la liberté à vos esclaves noirs, et je saurai vous empêcher de réduire en esclavage mes enfants rouges ; le Vacondah combattra pour moi et me donnera vos chevelures. »

— Notre grand-père blanc a bien parlé, dit le Sagamore ; je sais qu'il est bon et qu'il aime ses enfants rouges.

— Alors, reprit le général, votre grand-père blanc me dit : « Va dans les territoires de chasse de mes enfants rouges, instruis-les de ce qui se passe, et engage-les à se tenir sur leurs gardes, et à ne pas se laisser tromper par les Visages pâles du Sud. Qu'ils s'éloignent le plus qu'ils pourront du voisinage des blancs. Tu te rendras d'abord dans la grande confédération des Comanches des prairies ; tu t'adresseras au Souffleur de Feu, le grand Sagamore des Comanches, et aux deux sachems renommés, l'Oiseau de Nuit et l'Éclair Sombre, et, assis devant le feu du conseil, tu leur diras : Sachems, un grand danger vous menace ; votre grand-père blanc ne peut en ce moment vous protéger comme son cœur le voudrait ; mais il vous envoie des armes pour vous défendre, parce qu'il sait que vous êtes braves et sages. Voici donc cinq cents fusils, autant de couteaux à scalper, trois cents livres de poudre, cent cinquante livres de plomb; cinq cents tomawhawks et autant de couvertures de laine ; tu ajouteras deux cents livres de tabac, et tu les assureras que je veillerai toujours sur eux comme un père sur ses enfants. J'ai dit.

Il y eut un assez long silence.

Le Souffleur de Feu se leva, fit un geste les deux sachems l'imitèrent, et les trois chefs, sans prononcer une parole, quittèrent à pas lents la clairière et disparurent sous le couvert.

— Hum ! dit Lionnel en hochant la tête, ces gaillards-là me font l'effet de vouloir nous fausser compagnie.

— Qu'en pensez-vous, chasseur ? demanda le général.

— Je ne le crois pas, répondit l'Opossum ; les Comanches sont très courtois ; ils ne nous feraient, sous aucun prétexte, une pareille injure. D'ailleurs, vous n'avez pas remarqué, général, qu'ils ont laissé leurs armes sur l'herbe et que leurs chevaux sont toujours entravés auprès des nôtres.

— En effet, dit le général ; ils n'auraient pas agi ainsi s'ils avaient l'intention de nous quitter.

— C'est juste, reprit Lionnel. Mais pourquoi se sont-ils ainsi éloignés sans souffler mot?

— Le fait est que cela est très bizarre.

— Si vous connaissiez les mœurs des Peaux-Rouges, général, vous ne feriez pas cette observation, dit l'Opossum en riant ; vous trouveriez, au contraire, leur conduite toute naturelle.

— Comment cela? demanda vivement Tristan.

— Il est évident que le Souffleur de Feu et ses deux compagnons sont venus tout simplement se renseigner sur ce qui se passe, avec l'autorisation de prendre telle détermination qu'ils jugeront nécessaire, soit pour éviter un conflit, soit, si leur intérêt l'exige, pour traiter avec nous. Je sais de bonne part que certaines tribus indiennes avec lesquelles ils sont ennemis ont pris parti pour les Sudistes ; mais ces chefs sont trop rusés et surtout trop habiles pour discuter, en notre présence, sur ce qu'il leur convient de faire dans la circonstance actuelle. Ils se sont retirés à l'écart pour tenir ce qu'ils nomment *un grand conseil médecine* ; ne vous inquiétez donc pas d'eux, bientôt vous les verrez revenir ; je crois être certain que leur décision sera favorable à vos projets.

— Qui vous porte à supposer cela ?

— Tout simplement, général, que s'ils avaient l'intention de repousser vos avances, un coup d'œil leur aurait suffi pour s'entendre. Le Souffleur de Feu vous aurait aussitôt très courtoisement dit non, pour lui et ses compagnons.

— Attendons, alors; ils ne sauraient tarder fort longtemps.

— Qui sait, général ? L'affaire est pour eux très sérieuse : la décision qu'ils vont prendre est d'une haute importance.

— Enfin, dit Tristan, comme un homme qui se résigne, qu'ils viennent quand ils voudront : je ne bougerai pas d'ici avant d'avoir reçu une réponse claire et catégorique.

Un laps de temps assez long s'écoula ; les Américains, peu patients par nature, commençaient à être en proie à une vive surexcitation nerveuse, lorsque les trois chefs reparurent dans la clairière, marchant lentement et en file indienne.

Le Souffleur de Feu tenait la tête ; ils reprirent leurs places, ils allumèrent leurs calumets et se mirent à fumer sans prononcer un mot.

Quelques minutes s'écoulèrent ; le Souffleur de Feu secoua la cendre de son calumet sur le pouce de la main gauche, le repassa à sa ceinture, et, s'inclinant devant le général, il prit la parole :

— Les paroles de notre grand-père, rapportées par le chef pâle, ont doucement caressé nos oreilles attentives ; elles ont pénétré jusqu'à notre cœur et enlevé subitement la peau dont il était recouvert, pour ne laisser subsister dans notre esprit que le souvenir des bontés de notre grand-père blanc. Vous savez, guerriers et chefs pâles, que les Peaux-Rouges sont des enfants crédules, se laissant facilement tromper par ces Faces pâles qui parcourent les villages et les territoires de chasse de nos jeunes hommes, leur parlant avec deux langues et remplissant de mensonges les oreilles de nos guerriers ? Mais à présent nous connaissons la vérité ; nous ne nous laisserons plus tromper par ces coyotes couverts d'une peau de renard. Vous êtes bons ; vous voyez notre repentir, vous nous pardonnerez cette crédulité ; nous voici prêts à obéir avec joie aux ordres de notre grand-père blanc, comme des fils respectueux. Parlez, jeune chef ; que demandez-vous aux Comanches des prairies ?

Et, se tournant vers ses deux compagnons, il ajouta :

— Ai-je bien parlé, hommes puissants ?

Les deux sachems inclinèrent gravement la tête.

— Votre grand-père blanc, répondit le général avec dignité, dit ceci à ses enfants rouges : Je ne veux pas que les Comanches des prairies déterrent la hache, à moins d'y être contraints par leurs ennemis dont la peau est rouge comme la leur ; je leur envoie des armes, des munitions et des couvertures, pour leur défense et leurs besoins, parce que je les aime. Je fais plus : j'envoie sur leurs frontières mes guerriers blancs pour les protéger contre les Faces pâles qui les attaqueraient par surprise et tenteraient de les rendre esclaves, comme ils ont fait déjà à mes enfants noirs ; je veux que tous mes enfants, sans distinction de couleur, jouissent de la plus entière liberté, aussi bien dans les villages en pierres de ma nation que dans les savanes et sur leurs territoires de chasse. Je leur demande seulement de me prouver leur amitié en servant de guides et d'éclaireurs à mes guerriers, pendant les expéditions faites en exécution de mes ordres, leur déclarant que le butin dont ils s'empareront dans le cours de ces expéditions leur appartiendra ; personne n'aura le droit de le leur reprendre. Je leur recommande en outre d'obéir comme à moi-même au chef que je leur envoie ; ce chef pâle leur montrera le *collier* par lequel je l'investis près d'eux de mon pouvoir.

Le général prit alors dans son portefeuille le parchemin que le ministre de la guerre lui avait remis à Washington ; il le déplia et le remit tout ouvert au Souffleur de Feu.

Il est inutile d'avertir le lecteur que les Indiens ne savent pas lire et n'ont aucune idée de l'écriture dont se servent les nations civilisées, celle dont ils usent n'étant qu'une suite de hiéroglyphes ; mais les chefs ont trop souvent traité avec les blancs soit pour la vente ou l'échange de territoires, soit pour contracter des alliances, pour ne pas se rendre un compte exact des pièces émanant des chancelleries, portant au sommet les armes du Nord et garnies de sceaux de toutes grandeurs et de toutes couleurs ; le parchemin passa de l'un à l'autre, ils l'examinèrent avec la plus sérieuse attention, et ils en reconnurent l'authenticité, bien qu'ils n'en comprissent pas la teneur.

— Bon ! dit le Souffleur de Feu en rendant le parchemin au général ; le jeune chef n'a pas la langue fourchue. A *l'endit* au lever du soleil du quatrième soleil après celui-ci, cinq cents guerriers choisis parmi les *grands braves* de ma nation arriveront au camp du *Jeune Aigle* — tel était le nom sous lequel il désignait le général — et ils obéiront à ses ordres. A présent les sachems prendront congé de leurs frères pâles, et ils retourneront près de leurs enfants.

— Pas les mains vides, Sagamore, dit vivement le général ; accompagnez-moi dans mon camp, les présents promis sont prêts. Demain, au lever du soleil, vous reprendrez le chemin de vos villages, avec vos armes et munitions, votre ami l'Opossum ira avec vous.

— Le jeune aigle a bien parlé ; ce qu'il désire sera fait, les sachems acceptent avec joie son hospitalité, répondit courtoisement le Souffleur de Feu.

Quelques minutes plus tard, les six cavaliers quittaient la clairière, et, faisant un crochet sur la droite à la sortie du bois, au lieu de se rendre au camp dont nous avons parlé plus haut; ils se dirigèrent vers le campement établi à portée de pistolet de la goëlette mouillée sur le rio Guadalupe.

VI

DANS LEQUEL SE PRÉPARENT DE SÉRIEUX ÉVÉNEMENTS

La goëlette appartenait au général de Saint-Pierre; elle se nommait the Frog.

Elle était en fer, construite de façon à se démonter pièce à pièce et se à charger sur un ou deux fourgons, construits, eux aussi, et aménagés de telle sorte que ces diverses pièces, rangées et numérotées, pouvaient en moins d'une journée être rassemblées et remises en place.

Un bâtiment ainsi disposé était de première nécessité dans une contrée comme celle dans laquelle le général s'était proposé de manœuvrer; un ancien capitaine baleinier, aventurier déterminé et trafiquant habile, nommé Bancroft, commandait le Frog — La Grenouille; — vingt marins résolus composaient son équipage.

Le capitaine Tomas ou Tom Bancroff, ainsi qu'on le nommait plus habituellement, était un homme de quarante-cinq ans, de taille moyenne, large d'épaules, aux traits caractérisés, au regard magnétique; complétement indifférent en politique, ne reconnaissant d'autre dieu que le dieu dollar, adorant le wiskey, d'un égoïsme à toute épreuve, dont la conscience, d'une largeur démesurée, se prêtait à toutes les combinaisons quelles qu'elles fussent; brave comme un jaguar, ne connaissant que sa consigne, et pourtant susceptible de fidélité et même de dévouement; le général Tristan en faisait ce qu'il voulait; ce n'était pas un des moindres prodiges opérés par le jeune officier, que d'avoir musclé cette bête féroce et de l'avoir changé en séïde.

La goëlette la Grenouille servait à la fois de magasin d'armes, de munitions, de vêtements, de vivres, et d'hôpital pour les hommes dont les blessures étaient trop graves pour être soignées a l'ambulance. La goëlette servait aussi d'habitation ordinaire à miss Amy, à ses servantes et à deux dames attachées aux ambulances, ainsi qu'au docteur Matthew et à son aide. Le vieux praticien avait pris Amy en si profonde affection que, pour ne pas se séparer d'elle, il avait consenti à faire la campagne, si rude qu'elle dût être, avec le général Tristan. Il y avait encore trois autres aides-chirurgiens, espèces d'infirmiers élèves, étudiant la médecine sur le champ de bataille.

Depuis qu'il avait commencé ses opérations, le général avait accompli de véritables miracles, avec sa petite troupe de quinze cents hommes résolus, dévoués et admirablement disciplinés; bientôt un à un, deux par deux et faisant la boule de neige, de nombreux auxiliaires de couleur étaient venus, ainsi qu'il l'avait prévu tout d'abord, se joindre à lui, de sorte qu'en moins de deux mois sa troupe s'était doublée et augmentait sans cesse.

Le général avait partagé sa troupe en deux parties, dont l'une, sous le commandement du colonel Lionnel, opérait sur la droite de la base d'opération choisie par le général, tandis que l'autre, sous ses ordres immédiats, manœuvrait sur la gauche.

Ces deux troupes, scindées en petits détachements se reliant les uns aux autres et pouvant se concentrer au premier signal sur un point central, se déployaient en éventail sur un très grand espace, attaquant plusieurs points à la fois et infligeant aux Sudistes des pertes cruelles, sans que ceux-ci réussissent à arrêter les ravages et les déprédations de ces insaisissables ennemis, disparaissant aussi rapidement qu'ils étaient apparus, que l'on sentait partout et que l'on ne voyait nulle part.

Le général était si bien servi par ses espions, ses mesures étaient si habilement prises, que malgré toutes leurs précautions les Sudistes étaient sans cesse surpris à l'improviste.

Depuis l'apparition de ces partisans fantômes sur les derrières des Etats du Sud, une fermentation extrême régnait dans les plantations; les nègres devenaient ingouvernables; beaucoup s'échappaient; déjà plusieurs révoltes avaient éclaté, que les planteurs avaient été impuissants à réprimer, ce qui augmentait dans des proportions inquiétantes les embarras de toutes sortes dont les Sudistes étaient accablés.

La chance tournait contre eux; leurs premiers triomphes menaçaient de se changer en défaite.

Les Esclavagistes éprouvaient une terreur superstitieuse pour cette mystérieuse guerilla, apparue subitement dans le Texas, l'Arkansas et d'autres Etats, sans qu'il fût possible de savoir d'où elle venait, quelle était sa force et le but qu'elle se proposait d'atteindre.

Ils prenaient donc les mesures qu'ils supposaient les plus efficaces pour se débarrasser au plus vite de ces aventuriers qui leur faisaient une véritable guerre de sauvages, pillant, brûlant, ravageant tous les lieux qu'ils traversaient. Mais tout était inutile: les Chasseurs de la Liberté, dont le nom avait en quelques semaines acquis une redoutable et sinistre célébrité, continuaient impunément leurs rapines, sans qu'il fût possible, non pas de les atteindre, mais seulement de les apercevoir.

Le général Tristan, afin d'augmenter encore la terreur qu'il inspirait et donner complétement le change aux Esclavagistes sur l'existence même de sa guerilla, avait essayé de contracter une alliance avec les Comanches des prairies dont il désirait faire ses éclaireurs, et les lancer ainsi en avant, afin de dérouter complétement l'ennemi sur son compte. Le général avait réussi, mais ce succès avait été chèrement acheté par un mois de négociations suivies avec les Indiens, négociations pendant lesquelles il avait fallu faire des prodiges de diplomatie. Ces rusés Indiens dans leur for intérieur étaient charmés de voir leurs plus implacables ennemis, les blancs, s'entre-déchirer.

Au désert de même que dans les pays civilisés, l'égoïsme est la loi suprême ; il était donc indispensable de prouver aux Peaux-Rouges que leur intérêt exigeait impérieusement qu'ils s'alliassent aux Fédéraux ; mais pour atteindre ce but, il fallait avant tout les amener à une entrevue dans laquelle toutes les explications nécessaires pourraient être données.

Mais tout est bien qui finit bien, dit un vieux proverbe ; le général avait gagné la partie.

A l'approche des six cavaliers, le campement avait semblé tout à coup s'éveiller.

Un passage avait été ouvert entre deux fourgons, plusieurs individus avaient montré leur tête au-dessus des ballots, et le capitaine Tom Bancroff avait fait quelques pas hors des retranchements au-devant des arrivants :

— Soyez le bienvenu, général, et vous, colonel, et vous aussi, gentlemen ! cria-t-il de sa voix retentissante comme un coup de tam-tam.

— Merci, capitaine. Quoi de nouveau, chez vous ? répondit gaiement le général.

— Plusieurs choses intéressantes, dit le marin en clignant l'œil droit, tic qui lui était particulier.

— Bon ou mauvais ? reprit le général.

— Suis-je donc un oiseau de mauvais augure, général ?

— Alors, tout va bien ?

— Mieux que vous et moi ne pouvions l'espérer, général.

— Dieu soit loué ! Nous causerons de tout cela plus tard ; venons au plus pressé, mon cher capitaine ; il s'agit d'offrir des rafraîchissements à ces chefs comanches et de faire emballer certains objets que je leur offre en cadeau ; le colonel Taylor vous donnera la liste de ces objets.

— All right ! mon général, les ballots seront prêts à l'heure voulue ; quant aux rafraîchissements, ils vous attendent ; du plus loin que je vous ai relevés, naviguant le cap sur mon camp, j'ai donné les ordres nécessaires. Tout est paré.

— Pardieu ! capitaine, c'est affaire à vous de penser à tout ; ce n'est pas chose facile de vous prendre sans vert, dit en riant Tristan.

— Voilà comme je suis, dit le capitaine charmé en faisant la roue.

Les sachems furent reçus de la manière la plus cordiale ; ils acceptèrent courtoisement les rafraîchissements offerts ; ils semblèrent même les manger avec un certain plaisir, mais à la surprise générale ils refusèrent de goûter à aucune des boissons fermentées qu'on leur présenta.

Seul l'Opossum trouva cette cette conduite naturelle, et prenant un énorme bidon d'eau posé sur la table, il en remplit jusque aux bords trois verres qu'il présenta aux sachems. Ceux-ci sourirent et vidèrent leurs verres avec une véritable satisfaction.

— Qu'est-ce que cela signifie ? s'écria le capitaine. La goëlette que j'ai l'honneur de commander se nomme *la Grenouille* ; mais le général, le colonel et moi, nous l'avons baptisée en l'aspergeant de vin de Champagne. Ces braves Indiens seraient-ils malades ? En ce cas, je leur pardonne ; j'ai assez fréquenté les Peaux Rouges pour savoir qu'ils adorent les liqueurs fortes.

— Pas tous, mon cher capitaine, dit en riant l'Opossum ; vous en avez la preuve sous les yeux.

— Comment ! interrompit le colonel, il serait vrai ? Ces chefs ne boiraient pas de liqueurs fortes ?

— Ni rien qui y ressemble, colonel.

— En revanche, dit le général en souriant, leurs compatriotes, c'est-à-dire les autres membres de leur nation, doivent être moins difficiles et ne pas refuser un bon coup de wiskey lorsque l'occasion s'en présente.

— Vous vous trompez, général, reprit l'Opossum ; les Comanches sont sobres : ils ne boivent que de l'eau.

— Voilà qui est extraordinaire ! s'écria le capitaine. Pauvres gens ! ils ne savent pas de quelles jouissances ils se privent !

— Vous m'affirmez que ces Indiens sont véritablement sobres ? reprit le général.

— Je vous l'affirme et je vous en donne ma parole, général ; les Comanches et les Pawnies sont, de toutes les nations indiennes, les seules qui soient sobres et ne boivent que de l'eau.

— Tous les méchants sont buveurs d'eau,

dit le capitaine en haussant mélancoliquement les épaules.

— Ceux-ci font mentir le proverbe, répondit nettement l'Opossum, ami dévoué des Comanches.

— Ce que vous m'apprenez là me fait grand plaisir, dit Tristan ; je redoutais l'ivrognerie bestiale des Peaux Rouges. Me voici rassuré.

— Oh ! général, vous n'aurez jamais de reproches à leur adresser à ce sujet.

Un peu après le coucher du soleil, à la suite d'une assez longue conversation avec ses compagnons, l'Eclair-Sombre prit congé du général, monta à cheval et quitta aussitôt le campement. Il allait chercher les traîneaux nécessaires aux transports des cadeaux promis.

Le général, peu au courant des mœurs indiennes, ne se fiait que très médiocrement aux sachems comanches, dont il redoutait quelque trahison. C'était lui qui, malgré les assurances répétées de l'Opossum qu'il n'avait aucune fourberie à redouter des Indiens, dont la loyauté était proverbiale, avait ordonné au chasseur de suggérer cet expédient à ses amis les Peaux Rouges. Celui-ci obéit en haussant les épaules.

Les Comanches approuvèrent franchement l'idée du chasseur, et, ainsi que nous l'avons dit, l'Eclair Sombre quitta aussitôt le camp.

Lorsque le général eut rempli tous les devoirs de la plus courtoise hospitalité envers les Peaux Rouges et que ceux-ci se furent enfin livrés au sommeil, il emmena à part le capitaine Bancroff, et, s'asseyant près de lui sur un crâne de taureau en guise de siège :

— Là ! nous voilà tranquilles, dit-il sans paraître remarquer que le capitaine avait posé près de lui une bouteille de sherry-brandy et deux verres ; tout dort dans le camp, excepté les sentinelles. Rien ne nous empêche de causer.

— A votre aise, général, je ne demande pas mieux, répondit le capitaine en remplissant son verre ; je suppose qu'une rasade de cet excellent sherry-brandy ne vous fera pas peur.

— Merci, mon cher capitaine ; vous devez vous souvenir que je ne bois jamais.

— C'est vrai ! juste comme les Comanches, fit-il avec un gros rire. Singuliers animaux ! ils attraperont la pépie quelque jour, c'est sûr !

— Vous ne l'attraperez pas, vous, hein, capitaine ? fit le jeune officier en souriant.

— Je fais tout pour cela, général. A votre santé !

— A la vôtre. Vous savez que demain sera une rude journée pour vous, capitaine ?

— Bah ! pas autant que vous le croyez, général, fit-il en clignant l'œil droit.

— Bon ! Comment cela ? Ne savez-vous pas que demain la goëlette doit changer d'ancrage ?

— Dieu me damne ! Qui le saurait mieux que moi, son capitaine ?

— Eh bien ?

— Eh bien ! j'en suis pour ce que j'ai dit ! général.

— Je ne vous comprends pas.

— Je suppose que vous ne tenez pas essentiellement à ce que la goëlette soit démâtée ?

— Non certes.

— Eh bien! voilà, général: je calcule qu'il est possible de faire autrement.

— Oh ! oh ! voyons donc cela ? dit curieusement l'officier.

— C'est une des bonnes nouvelles que je voulais vous annoncer, général. Aujourd'hui, n'ayant pas grand'chose à faire, j'ai ordonné d'armer ma baleinière, et je suis parti à la découverte.

— Très bien ; et alors ?

— Dame ! il est arrivé ce que je soupçonnais, général, c'est que je trouverais un passage.

— Un passage ?

— Parfaitement, général. A cinq ou six lieues d'ici tout au plus, le rio Guadalupe fait un coude, ou, pour mieux dire, se partage en deux branches, dont une, assez large, après mille détours, se jette dans le rio Trinidad, et, quelques lieues plus haut, va se perdre dans Red-River.

— Il serait possible ?

— J'ai accompli tout le trajet dans ma baleinière. Seulement, il faudra alléger un peu la goëlette ; oh ! pas beaucoup, général ; la Grenouille tire à peine un pied et demi d'eau, et partout j'ai trouvé plus de trois pieds ; mais, par prudence, mieux vaut lui faire gagner deux ou trois pouces sur son tirant d'eau.

— C'est juste. Mais il y a une chose importante à considérer.

— Laquelle, général ?

— Combien de temps mettra la goëlette à effectuer ce trajet ?

— Ah ! dame ! fit le capitaine en se grattant la tête, voilà le *hic* !

— Que voulez-vous dire ?

— D'abord, où avez-vous l'intention de mouiller la goëlette ?

— Par le travers de *Indian-Creek*, où elle sera abritée et en sûreté.

— Alors sur le territoire indien, un peu au-dessus du *Washita-Rever* ?

— Précisément.

— Vous savez qu'il y a un fort et un comptoir de traite près du confluent du Red-River et du Washita-River ?

— Pardieu! Ne devinez-vous donc pas que c'est pour cela que j'y amène la goëlette?

— Ah! pardon, général; j'y suis à présent.

— Voici mon plan : démonter la goëlette, établir un camp de traitants au confluent même de la rivière, former un cordon d'éclaireurs, et, au coucher du soleil, remonter la goëlette, de manière à ce qu'elle soit à flot et parée deux heures avant le jour; pénétrer aussitôt dans le Washita-River. Vous comprenez le reste; tout cela peut être exécuté en deux nuits et un jour, cette nuit pour démonter, si, ainsi que nous en sommes convenus, le chargement de la *Grenouille* est débarqué.

— C'est fait, général.

— Très bien! dix heures au plus pour atteindre Indian-Creek et une nuit pour remettre la goëlette à flot.

— C'est parfaitement exact, général.

— Dans le même laps de temps est-il possible d'amener la goëlette par les passes?

— Impossible, général; il faut au moins quatre jours.

— Alors n'en parlons plus; la goëlette pourrait être aperçue pendant ce long trajet; je tiens à surprendre l'ennemi.

— C'est vrai; mais je l'ignorais, général.

— Ne regrettez pas votre découverte, mon cher capitaine; votre peine ne sera pas perdue, elle nous sera utile quand même; si nous ne l'utilisons pas aujourd'hui, peut-être avant peu serons-nous heureux, s'il nous faut battre en retraite, de nous servir de ce fameux passage.

— Je vais à l'instant donner mes ordres pour que demain le camp soit levé.

— C'est cela... Où est miss Amy?

— Installée avec les autres dames et sa femme de chambre, dans son fourgon-appartement; je crois qu'elle repose.

— Très bien! Bonsoir, capitaine.

La nuit était belle, mais froide, comme cela est toujours dans les régions rapprochées de l'Equateur; le ciel, d'un bleu profond, était couvert d'un semis d'étoiles brillantes; la lune, à son deuxième quartier, nageait dans l'éther et déversait à profusion ses rayons d'un blanc bleuâtre sur le paysage, auquel elle imprimait un caractère presque fantastique.

Le général de Saint-Pierre, accoudé sur un des ballots servant aux retranchements, laissait errer son regard dans l'espace avec une inquiétude de plus en plus vive, au fur et à mesure que la nuit s'avançait. Près de lui, son cheval, complètement harnaché, était attaché à un piquet et dormait. A portée de sa main, le général avait sa carabine double à canons tournants, son sabre et se revolvers Lepage à six coups.

« Que peut-il faire? murmurait-il à voix basse; depuis dix-huit jours il ne m'a pas donné de ses nouvelles; ce qu'il a fait jusqu'à présent ne répond pas aux promesses enthousiastes dont il m'avait leurré! M'abandonnerait-il donc, lui aussi? Quel infernal pays? Quelle vie odieuse et misérable! Moi qui rêvais la gloire, les grands coups d'épée, les batailles au gai soleil! »

Il soupira.

« Ah! reprit-il, si mon pauvre John n'était pas aux mains de ces bêtes fauves, je crois que je briserais mon épée, j'abandonnerais l'Amérique, je me réfugierais dans la patrie de mes ancêtres. Hélas! je suis resté Français de cœur; on ne se refait pas une patrie; le berceau de la famille, si éloigné qu'il soit, si oublié qu'on le prétende, attire toujours par des liens invisibles se rattachant à l'âme et que l'on ne saurait briser! Chère France, si grande et si malheureuse, si forte et si faible par moments! belle entre toutes les contrées aimées du soleil, si héroïque toujours, que les autres nations dénigrent en l'admirant, et sans laquelle elles ne sauraient vivre! là où toujours le rire est près des larmes pour les sécher, où l'insouciance, la crânerie et l'amour du beau préparent à chaque minute de si agréables surprises! Oh! oui, je la reverrai cette France bien-aimée, où, quoiqu'il arrive, on sent toujours battre un autre cœur à l'unisson du sien! »

Il laissa tristement tomber la tête dans ses mains et s'abîma dans ses réflexions.

Mais soudain il tressaillit et se redressa brusquement, en passant la main sur son front comme pour en dissiper les derniers nuages.

« J'ai bien entendu, murmura-t-il; c'est lui! Quel autre pourrait donner ce signal, connu de moi seul? »

Sur ces entrefaites, un cri strident, ressemblant à l'horrible plainte poussée, sur un champ de bataille, par un cheval à l'agonie, traversa l'espace, emporté sur l'aile humide de la brise nocturne.

« C'est lui, reprit-il; cette fois, je l'ai reconnu. »

Le général porta les mains à sa bouche et imita à deux reprises, avec une rare perfection, la plainte lugubre de la hulotte bleue.

Pour la troisième fois, le cri sinistre traversa l'espace.

Le général boucla son sabre, passa ses revolvers à sa ceinture, et, détachant son cheval fort désagréablement réveillé, d'un bond il se mit en selle.

Puis, après avoir donné le mot d'ordre au factionnaire le plus rapproché, il se fit ouvrir passage et se lança à toute bride à travers le désert.

Le jeune officier galopa ainsi pendant près d'une demi-heure, sans paraître suivre une direction déterminée; arrivé à la hauteur du bois dans lequel pendant le jour il s'était arrêté, il serra la bride et imita le cri de l'aigle de mer.

Le même cri répondit aussitôt à une courte distance.

Le général lança de nouveau son cheval et pénétra dans le bois par une sente plus large et mieux tracée que celle suivie quelques heures auparavant par les sachems comanches.

Après quelques minutes, il déboucha dans la clairière, et, à la place précédemment occupée par lui, il vit un homme assis sur l'herbe et fumant dans une pipe à court tuyau, devant un grand feu que la fraîcheur de la nuit, à défaut d'autre motif, aurait parfaitement autorisé; mais le froid n'était pour rien dans l'affaire : cet individu avait tout simplement allumé ce feu afin d'éloigner les fauves, dont le ruisseau était un des abreuvoirs préférés. Près de ce personnage, nègre de haute taille et aux traits énergiques, était jeté sur l'herbe, à portée de la main, un fusil dont les doubles canons étaient de Lepage ; il avait deux revolvers à six coups à la ceinture et un bowie-kniff.

— Enfin! vous voilà donc! s'écria le général en sautant à terre et entravant son cheval auprès de celui du nègre.

— Me voilà, oui, mon général, et tout à votre service, répondit le noir avec un accent tout à la fois cordial et respectueux.

— Il y a si longtemps que je n'ai reçu de vos nouvelles, répondit Tristan intérieurement touché de la manière dont le noir lui avait adressé la parole, que si je ne vous avais pas aussi bien connu, Charmeur, j'aurais supposé que vous aviez renoncé à m'aider plus longtemps dans mon entreprise.

— Mon général, répondit le Charmeur, on ne fait pas toujours ce que l'on veut; je suis certain que lorsque je vous aurai rendu compte de mes opérations, vous me pardonnerez, bien que je ne puisse vous dire tout cela comme je le voudrais.

— Je l'ai déjà oublié, mon brave camarade, répondit gaiement le général en s'asseyant à côté du noir; voyons, racontez-moi ce que vous avez fait, et d'abord buvez un coup, la nuit est fraîche en diable ; un coup de wiskey vous fera du bien.

— Il sera, certes, le bien venu, mon général, répondit le Charmeur en souriant; je vous avoue que j'ai grand besoin de me réchauffer à l'intérieur.

— Attendez, ce ne sera pas long mon camarade; voici une gourde apportée à votre intention, vous savez que je ne bois pas, prenez-la.

Et il remit la gourde au Charmeur ; celui-ci la prit et la porta à ses lèvres.

— Merci, mon général ; me voici tout gaillard !

— Tant mieux ; maintenant parlez, je vous écoute.

— M'y voici : depuis que je vous ai vu, douze plantations se sont mises en pleine révolte, les esclaves se sont soulevés, ils ont brûlé et pillé les bâtiments et les ateliers et après avoir massacré leurs maîtres ils se sont enfuis ; aujourd'hui plus de deux mille nègres battent la campagne et font la guerre de guerillas contre les planteurs ; ce qui leur manque ce sont des armes.

— Nous leur en fournirons. Continuez ; ceci est un beau commencement.

— Oui, mais les planteurs s'arment de leur côté. Furieux de voir leurs esclaves s'enfuir, ils ont fait appel aux Bushwackers et aux chasseurs de nègres. Wolf et son lieutenant Watt, Worms, et autres rascals de la même espèce, sont arrivés du fond de la Virginie, appelés par les planteurs. Joe Stewens ou Betraydle a été nommé colonel d'un régiment esclavagiste, et il coupe le nez et les oreilles à tous les nègres dont il s'empare.

— Vous êtes certain de ce que vous m'annoncez-là ? dit le général dont les sourcils s'étaient froncés à se joindre.

— Trop certain, malheureusement, mon général.

— Ces misérables chassent les nègres avec leurs molosses? Continuez, ceci est horrible!

— Vous connaissez les planteurs; pour eux les nègres ne sont pas des hommes.

— C'est vrai; mais ces atrocités finiront bientôt, je vous le prédis.

— Je l'espère. S'il en était autrement, ce serait à douter de la bonté et de la justice de Dieu ! Un riche planteur de la Louisiane, très dur et très cruel pour ses esclaves, a, depuis le commencement de la guerre, redoublé de sévérité, ou plutôt de barbarie Il possède près d'ici une magnifique plantation, où il a parqué huit cents nègres ; tous ceux de ses esclaves qu'il soupçonne, il les envoie là ; tous les jours, il en arrive de nouveaux. Depuis quinze jours, je travaille ces esclaves ; ils n'attendent qu'une occasion favorable pour se soulever.

— Quel est le nom de ce planteur ? Où la plantation est-elle située ?

— Mon général, ce planteur descend d'un Français émigré en 1789; c'était un maltôtier. Aux premiers grondements de la Révolution française, il a pris peur et s'est sauvé à la Louisiane en emportant avec lui toutes ses richesses mal acquises. Son fils est un des planteurs les plus féroces de tout le Sud : il se nomme Rouquette.

— Rouquette? Je connais ce nom, en effet ; j'ai souvent entendu citer de lui des traits odieux. Où se trouve sa plantation?

— C'est une propriété magnifique, elle est située dans l'Arkansas, presque sur la frontière du territoire indien, sur les bords de la rivière Rouge.

— Bien ! je l'enverrai reconnaître dans deux jours ; j'attaquerai à l'improviste et j'enlèverai le fort Washita. L'attaque commencera à dix heures du soir ; une fusée bleue, lancée du fond de ma goëlette, donnera le signal.

— C'est bon, mon général ; je me joindrai à vous avec deux cents noirs, bien armés, dont je réponds.

— Très bien. Toutes les armes trouvées dans le fort et les deux tiers des munitions de guerre vous seront donnés ; vous les distribuerez aux noirs de M. Rouquette, et vous les avertirez de se tenir prêts ; le jour même, au coucher du soleil, j'attaquerai la plantation.

— Oh ! vous vous en emparerez facilement, car vous serez vigoureusement aidé par les esclaves.

— J'y compte ; ainsi tout cela est bien entendu ; vous n'oublierez pas mes instructions ?

— Je les suivrai à la lettre, mon général.

— Il ne suffit point de soulever les nègres ; l'important est de les pousser à la résistance et de les organiser militairement.

— C'est le but que je me propose, mon général ; mais ce n'est pas chose facile avec de pauvres diables laissés de parti pris dans l'abrutissement le plus complet depuis leur naissance.

— C'est vrai ; mais l'ardent désir de la liberté fait accomplir des miracles ! Souvenez-vous qu'il faut que les hommes de couleur s'enrégimentent, qu'ils apprennent à manœuvrer comme des soldats. Alors ils attaqueront bravement leurs anciens maîtres et opéreront une diversion importante d'où dépend leur affranchissement, en immobilisant une partie des forces sudistes. Lorsque les troupes du Nord seront assez rapprochées pour opérer un large espace, je vous enverrai des instructeurs. Ainsi, qu'ils ne se découragent pas, et qu'ils luttent pour leur liberté. Vous m'avez bien compris, n'est-ce pas ?

— Oui, mon général ; j'agirai en conséquence, soyez en certain.

— Un mot encore : avez-vous des nouvelles du colonel Charlton ?

— Non, mon général ; je ne sais rien encore, mais j'espère savoir quelque chose avant huit ou dix jours.

— Dieu veuille que vous me donniez alors de bonnes nouvelles! dit le général en étouffant un soupir. Au revoir! souvenez-vous du fort Washita et de la fusée bleue.

— Je n'oublierai rien, mon général, vous me verrez à l'œuvre !

Sur ces derniers mots, les deux hommes se mirent en selle et s'éloignèrent chacun d'un côté différent.

VII

COMMENT, AU MOMENT OU IL Y SONGEAIT LE MOINS, LE COMMANDANT DU FORT WASHITA FUT TRÈS DÉSAGRÉABLEMENT SURPRIS PAR DES VISITEURS INCOMMODES ET CE QUI S'EN SUIVIT,

Les rives de la rivière Rouge, à son confluent avec le Washita, présentent aux regards l'aspect le plus grandiose et le plus pittoresque. L'art n'y est pour rien, la nature seule a fait tous les frais de ce tableau sublime.

Ces contrées, encore sauvages, couvertes d'impénétrables forêts vierges ou de déserts de sables, coupées de hautes montagnes aux cimes neigeuses, ne sont parcourues que par des coureurs de bois, métis, blancs ou Canadiens *bois brûlés*, par les Comanches, les Chicksaws, les Sioux, les Apaches, les Pawnies et autres nations indiennes moins importantes. Quelques forts bâtis çà et là, tels que le fort Holmero, sur la Grande-Canadienne, et le fort Washita, servent de comptoirs de traite pour l'échange des pelleteries et, en même temps, surveillent les indigènes afin de les empêcher de faire des incursions dans l'Arkansas et surtout de s'allier aux Indiens du Colorado et à ceux bien plus redoutables encore du Texas.

Les garnisons de ces forts se composent généralement de vétérans et de soldats d'élite ; l'effectif de chaque garnison étant peu élevé, le service y est très dur et surtout très ennuyeux. Les pauvres diables de soldats, relégués ainsi sur le territoire indien, sans distraction d'aucune sorte, et contraints de se tenir toujours sur le qui-vive, n'aspirent qu'à être relevés au plus vite, malheureusement on les laissent souvent longtemps sans les remplacer.

Lorsque la guerre éclata, les garnisons des forts situés sur le territoire indien se trouvèrent dans une situation très difficile et très désagréable ; bientôt même cette situation devint excessivement dangereuse. Voici pourquoi :

Le gouvernement de Washington, surpris à l'improviste par la soudaine levée de boucliers des Etats du Sud, dont toutes les précautions étaient prises de longue main, fut contraint, malgré lui, d'abandonner à elles-mêmes ces garnisons et de les laisser se tirer d'affaire comme elles pourraient.

Les commandants des forts, mis par hasard au courant de la situation et ne voulant pas manquer à leur serment et trahir la cause du Nord, s'entendirent entre eux sur les mesures à prendre pour se soustraire aux mesures de rigueur que le gouvernement sudiste se préparait à prendre contre eux s'ils ne consentaient pas à pactiser avec la rébellion; lorsque les commandants furent tombés d'accord sur ce que leur loyauté exigeait d'eux, ils passèrent à l'exécution du plan convenu.

La même nuit, à la même heure, tous les forts situés sur le territoire indien furent évacués après avoir été démantelés. Les garnisons sortirent avec armes et bagages et emportant avec elles tout ce qu'elles purent enlever; le reste des munitions fut détruit, les canons encloués et leurs tourillons brisés.

Les garnisons se réunirent à un rendez-vous choisi à l'avance, et, mettant au milieu d'elles les malades, les fourgons et les bestiaux, la retraite se fit en bon ordre; ces garnisons, au nombre de cinq, comptaient tout au plus huit cents hommes, avec des femmes et des enfants. Cet effectif était bien faible, mais, nous l'avons dit, tous les soldats étaient des vétérans et des hommes d'élite; ils ne désespérèrent pas; ils opérèrent fièrement leur retraite à travers les Etats du Missouri, de l'Illinois, de l'Indiana, de l'Ohio et de la Virginie, sans être entamés, sans même avoir été sérieusement inquiétés. Ils arrivèrent à Washington, où leur entrée causa une surprise et une joie générales; on les croyait tout au moins prisonniers.

Quatre jours après le départ des Fédéraux arrivèrent les garnisons sudistes choisies pour les remplacer. Les chefs de ces garnisons n'avançaient qu'avec la plus extrême prudence et les plus grandes précautions, ignorant comment ils seraient reçus et s'il leur faudrait en venir aux mains; aussi leur colère fut-elle vive lorsqu'ils reconnurent que les forts avaient été évacués et démantelés, toutes les provisions emportées ou détruites, et que les quelques armes laissées par les Fédéraux avaient été mises hors de service, en brisant les tourillons à coups de marteau et en brûlant les affûts.

Ce n'était pas tout; les Indiens voyant les forts abandonnés et croyant tout naturellement que les blancs ne reviendraient plus, s'étaient hâtés de faire des feux de joie de tout ce qui était combustible : hangards, magasins, portes, fenêtres, armoires, meubles; puis, non contents de cela, ils s'étaient attaqués aux énormes troncs d'arbres servant de murailles; mais là, malgré tous leurs efforts, ils n'avaient abouti à rien : force leur avait été de renoncer.

Les Sudistes campèrent donc provisoirement sur les ruines des forts; mais des ouvriers furent expédiés en toute hâte, et en quelques semaines, les forteresses, comme le phénix, sortirent de leurs cendres aussi fières qu'auparavant; de nouvelles pièces de canon avaient remplacé celles mises hors de service, tout avait repris l'ordre accoutumé : seulement ce n'était plus les mêmes soldats, ni le même drapeau, ce qui, entre parenthèses, faisait ouvrir de grands yeux étonnés aux Peaux Rouges; ceux-ci n'y entendaient pas malice et ne comprenaient rien à ce changement de *totem*, comme ils disaient.

Nous introduirons le lecteur dans le fort Washita, quelques jours après les événements rapportés dans notre précédent chapitre.

C'était vers huit heures du soir; plusieurs personnes étaient réunies dans une assez grande salle à manger, causant et fumant tout en buvant des groogs de sherry-brandy très montés en couleur, où l'eau ne figurait que dans des proportions presque imperceptibles.

Parmi ces personnes, toutes revêtues du costume militaire et appartenant sans doute à la garnison du fort, se trouvaient trois individus évidemment étrangers. Le premier, assis au haut bout de la table, était un homme de haute taille; ses traits étaient beaux, énergiques, mais fatigués; sa bouche railleuse et son regard furtif, toujours fuyant, impressionnaient péniblement; il paraissait avoir trente-cinq ans; il portait avec une certaine désinvolture l'uniforme d'officier général. Les deux autres avaient des vêtements se rapprochant de ceux des planteurs; ils étaient armés jusque aux dents.

Ces trois personnes étaient Joe Stewens, récemment nommé général dans les armées sudistes, Jerry Wolf et M. Warding; ce dernier avait considérablement maigri; ses traits s'étaient convulsés, une pâleur d'ivoire jauni avait remplacé la teinte rubiconde de son visage; certes aucun de ses anciens amis ne l'aurait reconnu, tant il était changé.

Les trois hommes étaient en tenue de route; ils vidaient verre sur verre comme pour se précautionner contre la soif à venir.

— Commandant, disait Joe Stewens, je

suis très satisfait de tout ce que j'ai vu : le fort est tenu dans des conditions véritablement militaires ; vos soldats sont gais et bien portants... Quel est l'effectif de votre garnison ?

Le capitaine commandant le fort, grand et gros homme entre deux âges, à l'air suffisant, vida à demi son verre, et le reposant sur la table :

— Soixante-dix hommes, mon général ! répondit-il. Vous voyez que c'est plus qu'il ne faut dans une contrée aussi éloignée du théâtre de la guerre; de plus, mes rapports avec toutes les tribus indiennes sont excellents !

— Ainsi, vous n'avez reçu aucune nouvelle fraîche?

— Aucune, mon général. Quelles nouvelles pouvons-nous recevoir dans ce désert, à soixante lieues au moins d'une ville quelconque ?

— Certains planteurs sont vos voisins sur la rivière Rouge ? reprit Joe.

— C'est vrai, mon général, mais ils restent chez eux ; depuis un an que je commande ce fort, je n'ai reçu la visite d'aucun d'eux ; je vous avoue même que cet isolement me pèse : je préférerais beaucoup charger, à la tête de ma compagnie, ces damnés *ventres bleus*, au lieu de rester ici les bras croisés comme un invalide.

— On me fait la même observation dans tous les forts que le gouvernement m'a chargé d'inspecter. Vous avez tort, capitaine; votre poste est plus dangereux que vous ne le pensez, voilà pourquoi votre garnison est par mon ordre, augmenté de cent hommes d'élite ; peut-être avant peu, à défaut des *ventres bleus*, aurez-vous maille à partir avec les *Chasseurs de la liberté* ! Prenez-garde, capitaine Stengel!

— J'ignore, mon général, ce que peuvent être ces Chasseurs de la liberté? dit le commandant du fort en se confectionnant un nouveau grog.

— Vous n'en avez pas entendu parler ?

— Sur l'honneur, mon général! répondit-il avec insouciance

— Peut-être aurez-vous bientôt de leurs nouvelles, et vous donneront-ils fort à faire dit M. Warding avec un rire railleur.

— Ces chasseurs de la liberté, ainsi que vous les nommez, sont donc bien redoutables ?

— Mais oui, assez, dit Wolf en ricanant.

— Renseignez-moi, je ne demande pas mieux , reprit le capitaine Stengel en riant.

— Cela est assez difficile, dit Wolf ; personne ne les a vus encore face à face ; c'est une légion de démons venus on ne sait d'où ; ils sont partout à la fois, tombent à l'improviste sur les plantations et les postes isolés; ils pillent, massacrent, incendient et disparaissent sans qu'on sache comment.

— Allons donc, gentlemen ceci est de la fantaisie pure, dit le capitaine Stengel en haussant les épaules ; une bande isolée exercerait impunément ses ravages lorsque tout le Sud est en armes? Vous vous moquez de moi!

— Capitaine Stengel, dit sévèrement Joe, supposez-vous que le gouvernement de Richemond m'aurait donné la mission de ravitailler les forts des frontières indiennes, d'augmenter leurs garnisons et de les munir de canons de montagne, si cette troupe de partisans n'existait pas et n'accomplissait pas des déprédations terribles ? J'avais deux mille hommes avec moi et douze canons lorsque j'ai quitté Richemond ; huit forts ont été ravitaillés, il me reste cinq cents hommes et quatre canons. Quand je quitterai cette forteresse, je n'aurai plus que quatre cents hommes et deux canons, et je dois ravitailler encore le fort Holmero. Prenez garde ! Sans en être certain, tout me porte à supposer que cette bande mystérieuse et jusqu'à présent insaisissable a ou doit avoir ses repaires dans ces régions.

— Oh ! oh ! que me dites-vous là, mon général ?

— La vérité, dit sèchement Joe. Je vous engage à en faire votre profit, capitaine Stengel.

— Depuis plus d'un mois, reprit Wolf, par ordre du gouvernement, tous les chasseurs d'hommes essaient de découvrir cette bande et de se lancer sur sa piste.

— Et vous n'avez rien découvert ? Vous avez cependant des chiens d'une rare intelligence.

— Rien absolument. Nos chiens nous ont été inutiles jusqu'à présent ; malgré toutes nos excitations, ils n'ont rien senti.

— Voilà qui est singulier !

La porte s'ouvrit ; un officier parut.

— Ah ! vous voilà, capitaine Mac Morlan ! dit Joe. Eh bien ?

— Mon général, vos ordres sont exécutés, répondit notre vieille connaissance, le capitaine Mac Morlan. Les hommes désignés pour rester au fort sont dans leur chambrée ; deux canons avec les caissons, fourgons et attelages, ont été mis à part. Le capitaine Richard Cobden a quitté le fort, à la tête de deux cents hommes, pour éclairer la route ; les deux cents restant sont prêts à partir ; votre escorte est à cheval.

— Ainsi, mon général, vous voulez toujours partir ce soir ? dit le capitaine Stengel.

— Il le faut, capitaine ; nos heures sont comptées. Il y a loin d'ici à Memphis, et nous sommes contraints de nous arrêter à Litte Roock.

— Bon ! Little-Roock est sur la route de Memphis, mon général.

— Je ne puis rester une heure de plus, répondit nettement Joe en se levant. Mes ordres sont précis.

— Comme il vous plaira, mon général ; je vous remercie des secours que vous nous avez amenés en vivres, munitions et hommes ; mais, malgré tout, j'espère qu'ils me seront inutiles.

— A votre aise, dit sèchement Joe ; songez à votre responsabilité, je n'ai rien de plus à vous dire.

Il sortit alors, et tous les officiers le suivirent.

Dans la cour du fort, les soldats du général Stewens étaient sous les armes, prêts à partir. L'escorte attendait. Sur un signe de Joe, Wolf appela Watt.

— Tu restes ici ! lui dit Wolf.

— Bon, pourquoi ? répondit laconiquement Watt, selon son habitude.

— Parce que c'est ton tour et que j'ai besoin de toi ici. Mon esclave Amy, d'après ce que j'ai appris à Washington, est partie sur une goëlette dont le propriétaire se propose de trafiquer avec les Indiens ; j'ai le pressentiment que cette goëlette est ou sera bientôt dans ces parages.

— Possible ; alors ?

— Alors c'est à toi de découvrir si cette fille de chienne est bien véritablement sur la goëlette ?

— Elle découverte, quoi faire ?

— Tu prendras tous les renseignements nécessaires, puis tu quitteras le fort ; et tu te hâteras de te rendre à litte-Roock ; si tu ne m'y trouvais pas, on te dirait où je serais.

— Tout ?

— Oui ; tu m'as bien compris ?

— Si esclave, pas sur goëlette ?

— Tu viendras tout de suite me rejoindre.

— Entendu.

— Je compte sur toi ?

Watt haussa les épaules sans répondre.

— Soigne bien Lizeth.

— Lizeth, amie, fit-il en passant doucement la main sur l'énorme tête de la chienne.

Cinq minutes plus tard, le général Stewens, ses compagnons et ses soldats avaient quitté le fort.

— Je ne suis pas fâché d'être débarrassé de ce général Stewens et de ses sinistres compagnons, dit le capitaine Stengel en rentrant dans la salle à manger ; ces gaillards là, si dévoués qu'ils soient à notre cause, ont le mot « potence » écrit en trop grosses lettres sur le front ; surtout ce déplorable coquin de Wolf ; quel hideux drôle.

— Ce général Stewens a été, assure-t-on, un espion, répondit le lieutenant ; est-ce que vous ajoutez foi à leurs histoires de Chasseurs de la Liberté, capitaine ?

— Bah ! ce sont des contes à dormir debout, pas autre chose, répondit le capitaine avec dédain ; s'il existait une troupe de partisans yankees semblable à celle dont ils ont parlé, elle se garderait bien de manœuvrer dans des parages comme ceux-ci : d'ailleurs, il est impossible qu'un corps franc se soit organisé ainsi sur cette frontière, loin de tout secours, et presque au centre des Etats du Sud.

— En effet, c'est matériellement impossible, répondit le lieutenant.

— C'est une bourde que Wolf nous a racontée pour se moquer de nous rien de plus, dit un autre.

— C'est mon avis ; dit le capitaine Stengel.

Et il ajouta de son accent le plus railleur.

— En fait de Chasseurs de la Liberté, je n'ai jamais connu qu'un chasseur d'hommes, Wolf lui-même, dont la philanthropique industrie à propos des nègres marrons, n'est un secret pour personne.

Un rire homérique accueillit cette mordante boutade du commandant du fort.

Après avoir vidé encore quelques verres de sherry-brandy et échangé quelques mots, la séance fut définitivement levée et chacun se retira pour la nuit.

Il était environ dix heures et demie du soir, le froid était vif ; les quelques sentinelles placées sur les remparts du fort Washita s'étaient frileusement blotties dans leurs guérites ; se croyant assurées contre toute attaque du dehors, elles dormaient plus ou moins profondément, rêvant sans doute qu'elles veillaient.

Du côté de la rivière surtout, la sécurité était entière ; de ce côté, la rivière elle-même servait de fossé au fort ; ses eaux battaient le pied des remparts ; les pirogues des Indiens ne se seraient jamais hasardées à tenter une attaque sur ce point.

La lune éclairait le paysage comme s'il eût fait jour.

Si quelqu'un par hasard eût veillé dans le fort, ce qui malheureusement n'était pas, ce quelqu'un eût distinctement aperçu une goëlette poussée par une brise assez forte, doublant une pointe derrière laquelle elle était restée cachée pendant le jour, et remontant silencieusement la rivière pour venir finalement s'accrocher aux remparts mêmes du fort.

Cette manœuvre audacieuse fut exécutée

avec une adresse, une rapidité et une dextérité extrêmes, sans que le plus léger bruit eût troublé le silence.

Dès que la goëlette fut solidement accrochée aux remparts, une longue planche fut lancée du bord sur une des embrasures.

Tout aussitôt, un homme s'élança résolument sur ce pont improvisé, le franchit en deux ou trois bonds prodigieux, pénétra dans l'embrasure où il disparut instantanément.

Quelques minutes s'écoulèrent, quatre ou cinq tout au plus; l'homme reparut, se pencha sur le bord de l'embrasure, agita à plusieurs reprises un mouchoir, puis il disparut de nouveau.

Au même instant une longue file de noires silhouettes s'allongea sur la planche, et les unes après les autres entrèrent dans l'embrasure. Ces hommes, tous bien armés, étaient au nombre de deux cents.

Lorsque tous ces individus eurent passé, la planche fut rentrée a bord de la goëlette; celle-ci largua son amarre, vira de bord, descendit la rivière et ne tarda pas à disparaître derrière la pointe où d'abord elle s'était tenue cachée, sans plus se préoccuper des hommes que cependant elle laissait dans une situation assez précaire.

Les ordres avaient sans doute été donnés et les rôles distribués avant de quitter la goëlette, car à peine les hommes se trouvèrent-ils réunis sur le rempart que, sans échanger un seul mot, ils se dispersèrent dans différentes directions.

Toutes les sentinelles furent égorgées sans même jeter un cri.

Le fort se trouva ainsi au pouvoir des assaillants avant même que la garnison, toujours endormie, se doutât de ce qui se passait.

Les canons des remparts avaient été retournés et braqués sur les casernes du fort; les deux pièces de campagne, sorties du hangar où on les avait remisées, furent braquées sur la porte du donjon.

Tous les assaillants s'étaient alors groupés derrière leur chef, sauf une douzaine d'hommes chargés de surveiller la caserne où les soldats étaient enfermés.

Le chef de cette singulière expédition n'était autre que le général de Saint-Pierre; il tenait sa promesse au Charmeur de serpents. Il avait surpris le fort à la tête de deux cents hommes, c'est-à-dire cent cinquante guerriers comanches sous les ordres de l'Eclair Sombre et de l'Oiseau de Nuit, et cinquante partisans commandés par le capitaine Bancroft.

Le général fit un geste.

Les cent-cinquante Comanches poussèrent tous ensemble leur cri de guerre.

Il faut avoir entendu cet effroyable hurlement pour se faire une idée de son horrible mélodie et de la terreur dont il glace le cœur de l'homme le plus brave.

Le commandant du fort et ses officiers réveillés en sursaut, bondirent hors de leurs hamacs en s'écriant avec épouvante :

— Les Peaux Rouges! Les Peaux Rouges!

Au même instant, deux épouvantables détonations éclatèrent, se confondant en une seule; le donjon trembla sur ses bases, et la porte tomba avec un fracas effrayant; au même instant des cris affreux se firent entendre au dehors, et une foule de noirs démons brandissant des bâtons, des barres de fer, des haches, des couteaux, enfin tout ce qu'ils avaient trouvé pour se faire des armes, bondirent par-dessus les remparts, secouant des torches allumées qu'ils lancèrent, avec des hurlements de joie, sur les toits des maisons et des casernes.

La situation devenait mauvaise pour les soldats; les bâtiments dans lesquels ils étaient enfermés, construits assez légèrement et dont les toits étaient en écorce, avaient pris feu; l'incendie, allumé en vingt endroits différents, s'était propagé avec une rapidité extrême; tout flambait.

Les soldats, fous de terreur, imploraient la pitié de leurs ennemis, mais en pure perte; les clameurs du dehors empêchaient d'entendre les cris désespérés des pauvres diables enfermés dans les casernes.

— Eh! s'écria tout à coup Watt en brandissant une énorme hache, ne pas pleurer comme des femmes, se battre comme des hommes! Allez-vous vous laisser brûler vifs, comme porcs de Cincinnati? Prendre armes!

Tout en faisant ce long discours, le lieutenant de Wolf frappait de sa hache la porte à coups redoublés; bientôt elle vola en éclats.

— En avant! cria Watt, en brandissant sa hache.

—En avant! en avant! répétèrent les soldats en s'élançant au dehors la baïonnette croisée.

— Sus, Lizeth! sus, à moi! reprit Watt.

Et il s'élança à son tour, suivi du molosse.

Le premier choc fut terrible.

Les nègres, mal armés, plièrent sous l'élan irrésistible des soldats combattants avec la rage du désespoir et résolus à vendre chèrement leur vie.

Watt, surtout, aidé de Lizeth, faisait un carnage affreux des pauvres diables! Ils commençaient à fuir dans toutes les directions avec des cris d'épouvante, malgré les efforts héroïques du Charmeur pour les rallier.

Ces nègres étaient les esclaves révoltés promis par le Charmeur au général pour aider à la prise du fort.

La victoire du général se serait certainement changée en défaite, si les soldats avaient eu un seul officier à leur tête et eussent ainsi été bien dirigés.

Malheureusement les officiers, surpris à l'improviste, avaient été pris presque sans coup férir, excepté le capitaine Stengel, commandant du fort, qui s'était bravement fait tuer, plutôt que de se rendre.

Le général avait alors lancé ses partisans et les Peaux Rouges contre les soldats.

Ceux-ci s'étaient à la hâte formés en cercle et avaient répondu à coups de fusil et de baïonnettes, aux sommations de se rendre.

Ils savaient, ou du moins ils étaient persuadés qu'on ne leur ferait pas quartier.

Certains de succomber, ils ne voulaient pas tomber sans vengeance.

Alors un horrible carnage avait commencé, sans que les soldats, cernés par des ennemis trois fois plus nombreux, reculassent d'une semelle.

Un homme armé d'une hache pesante et suivi d'un molosse énorme, bondissait comme un jaguar au plus épais des assaillants, frappant de droite et de gauche, à tort et à travers, et abattant un homme à chaque coup ; puis, d'un bond prodigieux en arrière, il retombait dans les rangs des soldats, et après avoir repris haleine pendant une minute ou deux, il attaquait de nouveau avec une rage indicible.

Cet homme était Watt ; Lizeth, elle aussi, faisait des prodiges.

Cependant les noirs avaient trouvé des armes et s'étaient joints aux partisans et aux Peaux Rouges.

La lutte continuait implacable, inouïe, éclairée par les lueurs fantastiques de l'incendie que personne ne songeait à éteindre. On combattait littéralement au milieu d'une fournaise.

Sur ces entrefaites, des clairons résonnèrent au dehors, et le colonel Taylor fit son entrée dans la forteresse à la tête d'une nombreuse troupe de partisans.

Les nouveaux venus conduisaient au milieu d'eux une foule de prisonniers, plusieurs blessés et deux pièces de canon de montagne.

Le colonel, embusqué à une lieue environ du fort avec six cents hommes, avait surpris la troupe du général Stewens ; la lutte avait été rude ; les Sudistes chargés à l'improviste par trois cents Comanches, commandés par le Souffleur de Feu s'étaient d'abord débandés et avaient perdu beaucoup de monde, les Peaux-Rouges scalpant impitoyablement tous les blessés.

Puis, tout à coup, les partisans blottis dans les hautes herbes s'étaient levés à l'improviste et avaient commencé une fusillade terrible presque à bout portant.

Les Sudistes, mis dans le plus grand désordre, enveloppés de toutes parts, s'étaient défendus comme des lions, mais en vain ; la moitié des leurs avaient succombé ; les autres jetaient leurs armes ; des quatre cents hommes partis une heure auparavant du fort Washita, quarante tout au plus réussirent à s'ouvrir passage et à s'échapper, les autres furent pris ou tués ; les canons, les munitions et les bagages tombèrent tous aux mains des vainqueurs.

Stewens, Wolf, Warding, Richard Cobden furent, heureusement pour eux, au nombre de ceux qui s'échappèrent.

Le colonel, sachant ce qui se passait au fort, se hâta de faire relever les blessés, qu'on plaça dans les fourgons, et il revint à marches forcées sur le fort Washita, dont les flammes lui indiquaient la position exacte.

Cette victoire, résultant d'un audacieux coup de main, ouvrait aux Chasseurs de la Liberté, l'Arkansas et les États limitrophes.

Tristan embrassa chaleureusement Lionel en le remerciant de sa victoire.

Mais tout n'était pas encore terminé dans le fort ; le combat continuait plus acharné que jamais.

Le nombre des soldats diminuait rapidement il ne restait plus qu'une poignée d'hommes ; cependant ils continuaient à lutter avec le même courage et la même fureur.

Plusieurs fois le général leur avait proposé quartier ; ils n'avaient répondu que par des insultes et des menaces ; ils voulaient mourir !

Il fallait en finir avec ces malheureux.

A un signal donné, de tous les côtés à la fois les assaillants se ruèrent à l'arme blanche sur les héroïques et infortunés survivants de la garnison du fort.

Alors commença un carnage, une boucherie sans nom, indescriptible.

Pendant quelques minutes, on entendit les cris, les menaces et les hurlements des combattants, mêlés aux coups sourds des crosses brisant les crânes.

Puis, tout à coup, il se fit un lugubre silence.

Les derniers soldats sudistes avaient succombé sous le choc irrésistible de l'avalanche humaine précipité sur eux.

— Arrêtez ! cria le général d'une voix stridente, Sauvons les blessés !

—S'il y en a, dit le Charmeur avec un ricanement de démon.

L'ordre du général avait été exécuté à la lettre.

Partisans, Noirs et Peaux-Rouges avaient reculé de quelques pas en abaissant leurs armes.

Alors apparurent trois jeunes femmes, devant lesquelles, tous ces hommes ivres de sang et de carnage s'inclinèrent respectueusement.

Miss Amy marchait la première, pâle et triste: ses deux compagnes se tenaient un peu en arrière; plusieurs hommes munis de torches les suivaient.

Avec un dévouement admirable, ces trois femmes se penchèrent sur ces malheureux et cherchèrent à surprendre un soupir, un cri, un mouvement leur révélant l'existence dans un de ces corps hachés par d'affreuses blessures.

Vingt et quelques assaillants avaient été tués, un plus grand nombre étaient blessés. On les enleva.

De tous les soldats, vingt-neuf seulement donnaient encore quelques signes de vie. Cent-quarante et un avaient succombé; mais, ainsi qu'ils l'avaient voulu, ils avaient chèrement vendu la vie qu'ils avaient perdu et ils s'étaient faits de glorieuses funérailles !

Watt gisait sur un monceau de cadavres; son terrible molosse râlait étendu à ses pieds. Lorsqu'on voulut enlever le corps du Bushwacker, le chien gronda et fit un mouvement pour le défendre; mais ses forces le trahirent, il retomba en gémissant.

Un partisan arma son revolver.

— Ne tuez pas ce chien ! dit miss Amy en arrêtant vivement le bras de cet homme enlevez-le avec son maître qu'il a vaillamment défendu; nous essaierons de le sauver lui aussi !

Les partisans, le général lui-même, regardèrent la jeune femme avec surprise.

— Je vous en prie, dit-elle de sa voix douce et pénétrante, c'est Dieu, je le crois qui m'inspire cette pensée.

— Merci ! murmura Watt, d'une voix sourde.

Une larme, la première que cet homme eût jamais versée, tomba sur sa joue hâlée et il s'évanouit.

— Obéissez à madame, dit le général.

Le maître et le chien furent emportés avec précautions.

Dans les deux batailles, les prisonniers faits par les Fédéraux s'élevaient à trois cents dix-sept officiers et soldats; ils avaient perdu soixante-cinq tués et quatre-vingt-trois blessés très grièvement.

Les Esclavagistes avaient eu quatre cent quarante-trois hommes tués, tout compris, et soixante-douze blessés.

De plus, ils avaient perdu douze cents fusils, six milliers de poudre, des sabres, des gibernes, des revolvers, quatre pièces de montagne attelées, avec leurs caissons, six fourgons de vivres et d'effets d'équipement, et le fort de Washita ; une quarantaine d'hommes seulement s'étaient échappés.

Au lever du soleil, les Fédéraux avaient disparu, emportant un butin immense.

Ils ne laissaient derrière eux que des ruines fumantes, jonchées de cadavres hideusement mutilés par les Comanches.

Les Peaux-Rouges avaient scalpé les morts et beaucoup de blessés.

L'incendie avait dévoré les bâtiments.

Le donjon avait été brûlé par les Fédéraux.

On avait brisé tous les tourillons des canons que l'on n'avait pu emporter; on avait brûlé les affûts et bouleversé tous les ouvrages en terre.

Une large pancarte, attachée à une longue perche plantée au milieu des ruines, portait ces mots, écrits avec du sang, en lettres de trois pouces de haut:

JUSTICE DES CHASSEURS DE LA LIBERTÉ

Un silence funèbre régnait dans ces ruines affreuses, silence troublé seulement par les cris discordants des vautours, des gypaètes et des urubus, arrivant à tire d'ailes à la curée sinistre et commençant à tourner en longs cercles autour des cadavres sur lesquels ils se préparaient à fondre.

Tel était le degré d'atrocité atteint par cette guerre fratricide, que les barbaries féroces des Esclavagistes devaient rendre bientôt plus horrible encore !

VIII

OU L'ARAIGNÉE ESSAIE DE NOUVEAU DE TENDRE SA TOILE

Il nous faut maintenant abandonner le général de Saint-Pierre et les Chasseurs de la Liberté, et, rétrogradant de quelques semaines, nous reviendrons à quelques-uns de nos personnages que nous avons été, bien malgré nous, contraint de négliger.

Miss Jane s'était rendue à Richmond.

Là, elle avait remué ciel et terre pour obtenir la liberté de son fiancé; elle avait été jusqu'à supplier le général Jackson Stonwal d'intercéder en sa faveur auprès du gouvernement sudiste. Mais le mystique général, loin de lui donner, sinon de l'espoir, du moins quelques consolations, l'avait écoutée d'abord d'un air farouche ; puis il l'avait repoussée avec indignation, en lui disant d'une voix sombre et presque menaçante :

— Pendant plus de quarante années j'ai cherché la vérité; ce temps s'est passé à alimenter mes lampes, de crainte de ressembler aux vierges folles de l'Ecriture. Mais les temps sont venus où la clémence serait un crime ; nous sommes aux jours prédits par le prophète. N'est-il pas écrit dans le livre des Juges : « Et les Enfants d'Israël commirent le mal devant le Seigneur, et le Seigneur les abandonna pendant quatre années entre les mains de Madian. » Retire-toi donc, car cet homme que tu aimes est un Amalécite et un pervers, et c'est pour te châtier que le Seigneur l'a livré entre nos mains !

La jeune fille courba la tête sous cet anathème féroce, s'éloigna la poitrine gonflée de sanglots et le désespoir au cœur; elle comprit alors pour la première fois jusqu'à quel degré de cruauté les passions politiques peuvent entraîner les hommes, même les meilleurs.

Miss Jane Cobden, se voyant ainsi éconduite par tous les amis de sa famille chez lesquels elle se présentait, résolut de quitter Richemond et de retourner à Rockingham auprès de ses parents ; mais avant de partir, elle voulut faire une tentative suprême pour voir son fiancé et lui dire les seuls mots qui, elle le savait, lui donneraient la force et le courage de tout souffrir.

Elle avait appris que, dès que sa blessure avait été presque cicatrisée, son fiancé avait été enfermé à Richmond même, avec plusieurs centaines d'autres prisonniers de guerre, dans la prison de Libby.

Là, renfermés dans de vastes salles d'une malpropreté révoltante ayant autrefois servi de magasins, ces malheureux étaient, pour le moindre délit, mis aux fers dans des souterrains humides où les rats leur disputaient leur maigre nourriture.

Miss Jane croyait encore le colonel Charlton enfermé dans ce cloaque immonde, dont elle ignorait les horreurs.

Lorsqu'elle se présenta à la prison, ce fut à peine si l'on daigna lui répondre. Enfin, un geôlier moins cruel ou plus avide que les autres, après avoir empoché une dizaine de dollars qu'elle lui offrit en pleurant, consentit à lui apprendre que le colonel avait été, déjà depuis quinze jours, transféré à Belle-Isle, sur le James River, au-dessus de Richmond.

La pauvre enfant frissonna à cette nouvelle: la sinistre réputation de cette prison était arrivée jusqu'à elle.

Le geôlier complaisant révéla à la jeune fille que le colonel avait été évacué sur Belle-Isle parce qu'il était compris dans le nombre des prisonniers destinés à être échangés contre des prisonniers sudistes.

La jeune fille se hâta de quitter Richemond et de se rendre à un petit village situé presque en face de Belle-Isle, où elle s'installa tant bien que mal pour y attendre la délivrance de son fiancé, qu'elle voulait être la première à féliciter.

Cependant, malgré elle, un triste pressentiment lui serrait le cœur; elle s'étonnait avec raison que, parmi toutes les personnes qu'elle avait sollicitées, pas une ne lui eût parlé de ce cartel d'échange et n'eût eu pitié de sa douleur.

Depuis un mois, elle attendait ; chaque jour, dès le matin, elle s'installait à une fenêtre, et ses regards se fixaient avec une douloureuse anxiété sur Belle-Isle, espérant à chaque instant apprendre la libération de son fiancé. Et, songeant aux intolérables souffrances de John, parqué en plein air avec d'autres malheureux prisonniers, les tentes dressées par les geôliers, n'étant pas assez nombreuses pour les couvrir tous chaque jour elle voyait emporter les cadavres des infortunés morts de froid et de faim, car on ne donnait chaque jour aux prisonniers qu'un peu de lard rance et du biscuit rongé par les vers.

Un matin, au moment où après avoir ouvert sa fenêtre, elle jetait machinalement un regard au dehors, miss Jane aperçut Jerry Wolf en grande conversation avec un individu de mauvaise mine; la jeune fille se rejeta en arrière, le cœur serré, et sans comprendre pourquoi elle sentit les larmes lui venir aux yeux.

« Que se passe-t-il donc en moi ? murmura-t-elle avec une crainte secrète.

Sur ces entrefaites, une servante de l'hôtel ouvrit la porte de la pièce dans laquelle se tenait miss Jane, et lui annonça que quelqu'un désirait l'entretenir.

La jeune fille se leva ; elle se préparait à répondre qu'elle ne voulait recevoir aucune visite, lorsque la personne annoncée entra ; la servante referma alors la porte et se retira.

Le visiteur était enveloppé dans un manteau militaire ; il s'en débarrassa aussitôt et salua miss Jane avec la plus exquise courtoisie.

La jeune fille reconnut alors Joe Stewens : il portait l'uniforme de général sudiste; elle tressaillit en se trouvant en face de cet homme, ses genoux faiblirent ; mais, se remettant aussitôt, elle répondit par un charmant sourire au salut de l'officier et lui désigna un siège d'un geste gracieux.

Tous deux s'assirent.

— Pardonnez-moi, miss Cobden, dit respectueusement Joe, d'avoir osé me présenter chez vous à une heure si matinale et surtout sans y être invité; mais j'ai appris par hasard, il y a une heure à peine, votre présence ici, et mon désir de vous présenter mes devoirs et de me mettre à votre disposition m'a fait oublier les convenances.

— Je vous remercie, monsieur ; je serai toujours heureuse de vous voir ; d'ailleurs, entre nous, il ne saurait exister d'étiquette. N'êtes-vous pas un des vieux amis de ma famille ? J'étais si loin d'attendre votre visite que, je l'avoue, elle m'a émue. Vous avez donc repris du service dans les armées du Sud, monsieur ?

— Je n'ai jamais cessé de servir le Sud, miss Cobden. Après ma malheureuse affaire de Fort-Republic, le gouvernement, pour reconnaître les quelques services que j'ai été assez heureux pour lui rendre depuis le commencement des hostilités, m'a nommé colonel, et, il y a quelques jours, à la suite de certains événements trop longs à vous rapporter, j'ai reçu mon brevet de général.

— Recevez toutes mes félicitations, monsieur, dit la jeune fille en souriant.

— Mille grâces, miss Cobden. Aussi, vous le voyez, malgré le peu de temps qui m'est laissé, je me suis hâté de me rendre ici, ou j'étais loin de m'attendre au bonheur de vous voir.

— Vous avez reçu un commandement militaire, sans doute?

— Non, pas précisément, miss Cobden. Le gouvernement m'a chargé d'une mission assez délicate dans le Texas et sur le territoire indien, où, dit-on, une troupe de partisans yankees exerce des déprédations horribles.

— Ah ! fit-elle avec indifférence.

— Oui, reprit il en lui lançant un regard à la dérobée. Cette mission accomplie, je dois prendre le commandement des troupes campées à Andersonville.

— Andersonville! Qu'est cela ?

— Vous l'ignorez ?

— Mon Dieu, oui; comment le saurais-je ?

— C'est juste. Andersonville est un grand dépôt de prisonniers yankees.

— Ah ! vous êtes nommé directeur de cette prison ?

— Non pas, Dieu m'en garde! se récria-t-il; le métier de bourreau ne saurait me convenir. Je commanderai les troupes chargées de veiller sur les prisonniers, voilà tout. Ce poste est très désagréable; j'ai été sur le point de le refuser; mais j'ai réfléchi que j'aurais ainsi l'occasion de faire quelque bien, et j'ai accepté.

— Je connais votre cœur, général, dit-elle sérieusement; est-ce bien loin, ce Andersonville ?

— Oui, malheureusement, miss Cobden. Andersonville est situé en Géorgie, entre Mâcon et Savannah.

— Comment, si loin! Mais c'est presque un exil!

— Hélas ! c'est vrai; mais quand le pays ordonne il faut obéir.

— C'est juste. Ah! nous vivons à une époque terrible, général!

— A qui le dites-vous, miss Cobden? Mais heureusement cela finira bientôt; le Nord sera contraint de reconnaître nos droits et de nous demander la paix.

— Dieu le veuille! Mais, jusqu'à présent, nous n'avons pas fait de grands progrès.

— Beaucoup, au contraire, miss Cobden; encore deux ou trois victoires, et la question sera définitivement tranchée entre le Nord et nous.

— Puissiez-vous dire vrai, général! Vous connaissez mes opinions à ce sujet.

— Oui, je sais que vous êtes une excellente esclavagiste et que vous vous réjouissez de nos succès.

— Comment en serait-il autrement? L'abolition de l'esclavage ne serait-elle pas la ruine pour ma famille ?

— En effet; mais rassurez-vous, nous serons vainqueurs.

— C'est le plus cher de mes désirs; mais comment se fait-il que je vous rencontre ici, général? Pardonnez-moi cette question.

— Elle n'a rien d'indiscret, miss Cobden ; j'y ai été conduit probablement par les mêmes motifs qui vous y ont amenée vous-même, miss Cobden.

— Je ne vous comprends pas, général ? dit-elle en rougissant.

— Je serai franc avec vous, miss Cobden; vous n'ignorez pas le respectueux attachement que j'ai pour vous depuis longtemps et combien j'aurais été heureux...

— Général, de grâce!...

— J'ai tort; pardonnez-moi, miss Cobden; je voulais simplement vous dire que cet amour profond que j'éprouve pour vous ne me rend ni égoïste ni oublieux. Je souffre, sachez-le, je souffre presque autant que vous du malheur terrible qui vous frappe, et je donnerais la moitié de ma fortune pour y porter quelque adoucissement. John est mon vieil ami, mon ancien camarade, nous avons vécu pendant plusieurs années à Cincinnati comme des frères, lui, Tristan et moi; les amitiés de jeunesse ne s'oublient pas, ce sont les plus vivaces; la fatalité nous a jetés dans des camps opposés; mais notre amitié est toujours restée aussi vive : je donnerais ma vie pour le sauver, vous le rendre et jouir de votre bonheur.

— Certes, voilà de bonnes paroles et je vous en remercie, général.

— Hélas! miss Cobden, les paroles ne sont rien; les faits seuls ont de la valeur: voilà pourquoi je suis ici. Je dispose de grandes influences auprès des membres de notre gouvernement; je possède un certain crédit personnel; ma première pensée a été de mettre à la disposition de mon ami tous ces moyens d'actions, si je ne réussis pas à lui faire rendre la liberté, c'est que la fatalité sera contre nous.

— Mais ne parle-t-on pas d'un échange de prisonniers?

— En effet, miss Cobden, on en parle; mais mon amitié pour John me rend méfiant: je tiens à voir les choses de près et par moi-même. Arrivé il y a une heure à peine à Richemond, je me dirigeais vers l'embarcadère pour me rendre à Belle-Isle, lorsque je fis la rencontre d'un homme que vous vous rappelez sans doute.

— De qui voulez-vous parler, général?

— D'un certain Jerry Wolf, qui habitait Rockingham, où il prenait, je crois, le titre de docteur, car personnellement je ne le connaissais que très peu.

— En effet, je connais le docteur: il était reçu dans ma famille; il est ici?

— Oui; il paraît que les Fédéraux, lors de leur première entrée à Rockingham, ont à peu près brûlé sa maison; par la protection du général Jackson, auquel paraît-il, il a rendu d'assez grands services, il a obtenu le poste de sous-directeur de la prison de Belle-Isle, où il a retrouvé, installé comme gardien-chef, un de ses vieux amis de Rockingham, un ancien planteur complètement ruiné, celui-là, par les Fédéraux. Vous devez le connaître aussi, il était fort riche, ou du moins il passait pour tel.

— Quel est son nom?

— Josiah Warding.

— Je le connais beaucoup; c'est un grand ami de mon père. Mais je croyais qu'il avait quitté la ville avant l'arrivée des Fédéraux, et qu'il avait expédié à l'avance ses esclaves dans le Sud.

— J'ignore ce qui s'est passé, miss Cobden; je sais seulement qu'il est complètement ruiné.

— C'est par ces deux hommes que vous avez appris ma présence ici?

— Oui, miss Cobden.

— Comment ne sont-ils pas venus me voir? Des amis de ma famille devaient être certains d'être bien accueillis par moi.

— Je leur ai fait la même observation, miss Cobden, mais ils ne m'ont fait que des réponses évasives; je suppose qu'ils sont honteux de se présenter chez vous dans la malheureuse situation où ils sont réduits.

— Ils ont tort; que m'importe leur peu de fortune? Ce sont des amis de mon père, des victimes des abolitionnistes : cela leur suffisait pour être bien reçus par moi.

— Ils le savent, miss Cobden; ils parlent de vous avec le plus profond respect, mais la honte qu'ils éprouvent de leur abaissement les empêche de vous faire visite.

— C'est mal; cela me peine; si vous les revoyez, général, dites-leur bien que j'aurais été charmée de les voir et de leur prouver ainsi que mes sentiments pour eux n'ont pas changé.

— Je m'acquitterai certainement de cette commission, miss Cobden, car je vais les revoir dans quelques minutes; ils m'attendent sur le port, ils doivent me conduire à Belle-Isle.

— Ainsi, vous allez à Belle-Isle?

— A l'instant même, miss Cobden; je prends donc congé de vous, en vous priant de me pardonner cette trop longue visite.

— Dont je vous remercie sincèrement, général; aurai-je le plaisir de vous revoir, à votre retour?

— Je n'ose vous le promettre, miss Cobden, répondit-il en se levant; mes instants sont comptés, le ministre de la guerre m'attend; je dois être rendu le plus tôt possible à Richemond.

— Allez donc, et bonne chance, général.

— Mille fois merci, miss Cobden; quoi qu'il arrive, comptez sur mon dévouement à toute épreuve.

— Redoutez-vous donc quelque difficulté insurmontable?

— J'ai pour principe de ne jamais compter sur rien en fait de bonheur, miss Cobden : c'est un sûr moyen de ne pas avoir la douleur d'une désillusion ou d'une déception; jusqu'à présent j'espère, mais, je vous en supplie, tant que vous ne verrez pas John près de vous, ne vous bercez d'aucun espoir que les faits pourraient malheureusement démentir; croyez d'ailleurs que je tenterai l'impossible pour réussir.

— Que Dieu vous conduise! répondit-elle tristement; je n'oublierai jamais ce que vous faites aujourd'hui pour moi.

— Au revoir donc, miss Cobden, et bon courage!

Joe salua respectueusement la jeune fille, reprit son manteau et sortit.

Dès qu'elle fut seule, miss Jane s'élança vers la fenêtre, et, cachée derrière les persiennes, elle suivit le général Stewens du regard.

Celui-ci se dirigea à grands pas vers le port et s'embarqua aussitôt dans un canot dans lequel la jeune fille aperçut, tenant les avirons, deux hommes qu'elle reconnut pour être Wolf et M. Warding.

Joe s'assit à l'arrière, prit la barre du gouvernail, et le canot poussa au large.

— Eh bien? demanda Wolf lorsque le canot fut à quelque distance de terre.

— Eh bien! elle ne sait rien, répondit Joe; elle espère. Pauvre enfant, elle m'a fait peine!

— Je comprends cela. Vous l'aimez toujours! dit Wolff en ricanant.

— Plus que jamais! répondit Joe en étouffant un soupir.

— Bon! c'est dans l'ordre. Mais comment cela s'est-il passé?

— Mieux que je ne l'espérais. Miss Cobden a été charmante; elle m'a reçu le sourire sur les lèvres et la main tendue.

— Hum! fit Wolf en hochant la tête.

— Quoi? demanda Joe.

— Rien, sinon que je ne me suis pas trompé.

— Qu'entendez-vous par là?

— Tout simplement qu'elle est très fine et qu'elle s'est moquée de vous.

— Je ne le crois pas; elle avait le regard trop clair et la voix trop franche pour cela. Je connais les femmes.

— Tant mieux pour vous. Quant à moi, je n'en dirai pas autant; enfin, comme il vous plaira, c'est votre affaire; avez-vous réussi?

— J'en suis sûr; quand elle apprendra la vérité elle se hâtera de profiter des renseignements que, sans paraître y attacher d'importance, je lui ai donnés.

— Ainsi, vous croyez qu'elle viendra!

— J'en suis convaincu.

— Très bien! c'est le principal.

— Oui. Et une fois là-bas je serai le maître.

— A la bonne heure; tout est bien!

Ils se turent : le canot arrivait à Belle-Isle.

Miss Cobden était restée cachée derrière son volet aussi longtemps qu'il lui avait été possible d'apercevoir le canot. Lorsqu'il se fut perdu enfin au milieu des autres embarcations dont le fleuve était sillonné dans tous les sens, elle quitta la fenêtre et revint toute pensive se replacer dans son fauteuil.

« Cet homme est un misérable, reprit-elle. Croit-il donc que j'ignore comment et par qui a été dressé le guet-apens tendu à John? Quelle audace! quelle fourberie! Je dois m'attendre à un malheur; ses paroles ambigues cachaient quelque chose de sinistre; quoi? bientôt je le saurai, je ne faiblirai pas, je saurai m'armer de courage; je suis contente de moi, j'ai bien joué mon rôle malgré l'invincible dégoût que m'inspire cet homme. Allons, ajouta-t-elle avec une gaieté triste; je suis les conseils de Tristan, je deviens rusée, ce misérable lui-même y a été pris, je l'ai vu. »

Deux ou trois jours après la visite de Joe Stevens, miss Jane, assise comme elle le faisait chaque matin à sa fenêtre, crut apercevoir un mouvement inusité à Belle-Isle. Chose singulière, au lieu de se dilater de joie, son cœur se serra sous l'étreinte d'une douleur mortelle.

La jeune fille se hâta de s'informer.

Bientôt elle apprit l'affreuse vérité.

De longs convois de chemin de fer emmenaient à toute vitesse les prisonniers dans une direction inconnue.

Voici ce qui s'était passé.

Cette fois encore, les Esclavagistes avaient déshonoré leur cause et manqué à toutes les lois de la guerre.

Un cartel d'échange avait été signé en juillet 1862 par les généraux Dix et Hill; ce cartel avait été honteusement violé par les Esclavagistes en ce qui concernait les prisonniers de couleur, qu'ils refusèrent de mettre en liberté.

De là une suspension des échanges.

Cependant les chefs du gouvernement de Richemond n'en déclarèrent pas moins libérés ceux des leurs relâchés sur parole par le gouvernement de Washington, notamment les *trente mille* prisonniers capturés à Wicksburg par le général Grant.

Telle était la foi, véritablement punique, des Sudistes.

Ces actes inqualifiables provoquèrent de justes protestations dans le Nord; mais le gouvernement de Washington refusa avec raison d'avoir recours aux représailles.

Il ne voulait pas donner une sanction indirecte aux cruautés des Sudistes en les imitant.

Les trains aperçus par miss Jane transportaient les prisonniers fédéraux victimes de l'odieuse machination des Sudistes à la prison de Andersonville, en Géorgie.

Toutes les négociations étaient définitivement rompues entre le Nord et le Sud.

« Le misérable savait tout! » s'écria la jeune fille en fondant en larmes.

Ce dernier coup fut terrible pour la malheureuse miss Jane; elle faillit en mourir.

Pendant un mois, son état fut presque désespéré; mais miss Jane Cobden n'était pas une femme ordinaire; abattue un instant, elle s'était presque aussitôt redressée plus forte, plus vaillante et plus résolue, elle voulait sauver son fiancé. Pour obtenir ce résultat si chèrement caressé, il fallait vivre! Elle lutta vaillamment contre la maladie, et grâce à son indomptable énergie, elle réussit à en triompher.

Au bout de six semaines, elle était debout.

Son premier soin fut de s'informer si le colonel John Charlton était toujours détenu à Belle-Isle.

Elle avait, entre ses mains mignonnes, la clé qui ouvre toutes les portes et délie toutes les langues : elle était riche.

Elle apprit presque aussitôt que le colonel Charlton avait été transféré à Andersonville.

C'était tout ce qu'elle voulait savoir.

« Je comprends, murmura-t-elle ; il déteste John, qu'il considère comme son rival ; il a voulu l'avoir sous la main pour le faire souffrir et peut-être le tuer lâchement. Mais le misérable n'en est pas où il pense. Je sauverai John, je le lui enlèverai ! Je comprends maintenant pourquoi il est venu à Belle-Isle ! Oh ! cet homme est un monstre ! Je me vengerai ! »

Le lendemain, elle monta dans un train de chemin de fer et partit pour Rockingham.

IX.

DANS LEQUEL IL EST PROUVÉ, UNE FOIS DE PLUS, QUE CE QUE FEMME VEUT... LE DIABLE LE VEUT.

Miss Jane Cobden avait beaucoup réfléchi depuis quelques mois ; les écailles lui étaient tombées des yeux ; son amour l'avait rendue clairvoyante.

La femme n'est réellement femme que lorsqu'elle aime ; alors, sous le coup de ce sentiment qui, chez elle, prime tous les autres, elle devine et comprend tout ce qu'elle ignorait auparavant ; il s'opère en elle une métamorphose complète.

Tout se résume pour elle en son amour ; pour lui, elle brave tous les dangers et se prête à tous les sacrifices, à tous les dévouements : si faible qu'elle soit, elle se sent la force de renverser tous les obstacles ; rien ne l'arrête, ne la surprend ; l'amour, en un mot, est, pour la jeune fille véritablement éprise par le cœur, une espèce d'initiation mystérieuse par laquelle elle se prépare au rôle sublime que plus tard elle doit jouer, le premier degré enfin qui doit la conduire à la maternité.

C'était ainsi que miss Jane Cobden aimait son fiancé ; aussi était-elle prête à tout sacrifier, sa vie même cent fois, sans hésitation, sans regret pour le sauver et le rendre au bonheur.

Depuis longtemps déjà, l'enthousiasme de la jeune fille pour la cause esclavagiste avait disparu sans retour, depuis qu'elle avait vu de près les moyens employés par le gouvernement du Sud pour amener le triomphe de cette cause, depuis qu'elle avait découvert par quels motifs secrets agissaient ces hommes, oublieux de tous sentiments humains, poussant à la boucherie des populations entières pour la satisfaction de leur hideux égoïsme.

La jeune fille n'éprouvait plus qu'un complet mépris et un profond dégoût pour ces hommes qui se faisaient un droit cynique de la trahison, de la force et de la férocité, contraignaient la civilisation et le progrès à reculer de plusieurs siècles, en se déclarant les séides de l'obscurantisme et de l'abâtardissement de la grande famille humaine sur le terrain sacré de la liberté.

Aujourd'hui, miss Jane était une ennemie implacable du Sud ; elle se proposait de le combattre à outrance pour lui ravir, n'importe à quel prix, n'importe par quels moyens, l'homme aimé d'elle et auquel depuis plusieurs mois les chefs féroces du gouvernement du Sud imposaient de si horribles tortures.

Tels étaient les sentiments de la jeune fille, sentiments qu'elle se gardait bien de laisser voir, qu'elle cachait au contraire avec soin au plus profond de son cœur, le plus fin et le plus habile diplomate n'atteindra jamais à la cheville d'une femme qui aime ; il sera toujours battu par elle, presque sur son propre terrain : cette vérité a trop souvent été prouvée pour qu'il soit nécessaire d'insister davantage.

Miss Jane Cobden avait dressé dans sa charmante tête tout un plan pour réussir à sauver son fiancé.

Ce plan était ardu, compliqué de difficultés de toutes sortes, mais il ne semblait pas impraticable à la jeune fille ; du reste, elle le modifiait peu à peu, l'arrangeait dans sa tête, ajoutait, retranchait sans se décourager, convaincue que, à force de se creuser la cervelle, elle finirait par trouver ce qu'elle cherchait et arriverait à faire disparaître toutes les difficultés, broussailles parasites cachant encore les conditions de succès cachées dans ce plan.

Miss Jane était partie pour Rockingham, parce que c'était là, dans sa famille, qu'elle voulait commencer ses opérations ; elle connaissait toute son influence sur son père et surtout sur sa mère, en réalité la seule maîtresse de la maison, gouvernant tout à sa guise sans en avoir l'air, et principalement son mari, tout en lui laissant, en femme habile, les apparences de l'autorité.

Forte de l'appui de sa mère, dont elle faisait tout ce qu'elle voulait, miss Jane se croyait, avec raison, assurée du succès.

Depuis la guerre, chaque fois que la jeune fille revenait à Rockingham, c'était avec un secret serrement de cœur qu'elle rentrait dans sa ville natale, si charmante, si calme, si riante et si heureuse jadis — maintenant dévastée, privée de la moitié au moins de sa population, où l'on trébuchait à chaque pas sur des ruines, et dont les derniers habitants, renfermés dans leurs maisons, gémissaient sur ces horreurs de la guerre dont ils riaient un an auparavant, persuadés que jamais les armées belligérantes ne pénétreraient dans leur chère vallée et que jamais ils ne connaîtraient que par ouï dire les atrocités qu'elles apportent à leur suite.

Ce fut une grande joie et une immense consolation pour la famille Cobden que le retour de l'enfant prodigue, ainsi que le vieux puritain appelait sa fille aînée, à cause de ses absences si longues et si répétées, dont ni lui ni sa femme ne connaissaient les motifs, bien qu'ils les soupçonnassent dans leur for intérieur; mais ils n'osaient rien dire.

La jeune fille témoigna un vif plaisir de revoir ses parents. Elle se montra douce, affectueuse; elle fut aux petits soins pour son père et surtout pour sa mère; elle s'extasia sur la beauté, véritablement adorable, de sa sœur Lilias. Elle demanda des nouvelles, feignant de tout ignorer et paraissant s'intéresser beaucoup à tout ce qui s'était passé à Rockingham, pendant sa dernière absence, laquelle, entre parenthèses, s'était prolongée pendant plus de quatre mois.

Les nouvelles étaient mauvaises.

Les armées du Sud et du Nord paraissaient avoir choisi leur champ de bataille dans la vallée de la Shennandohah; il ne s'écoulait pas un mois sans qu'un combat ou une escarmouche n'eussent lieu, aux environs de la ville, que les deux partis occupaient tour à tour et rançonnaient à qui mieux mieux.

De plus, il fallait surveiller les esclaves avec un soin extrême; depuis l'acte d'abolition, les noirs étaient devenus ingouvernables; dès que l'on négligeait de veiller sur eux pendant une heure, ils s'échappaient, sans qu'il fût possible de les reprendre. D'ailleurs, comment les poursuivre dans cette campagne sans cesse sillonnée dans tous les sens par les troupes des deux armées?

C'était un grand malheur que le docteur Wolf eût quitté Rockingham; grâce à lui, les nègres fugitifs auraient été bientôt contraints à rentrer dans le devoir; mais à présent il n'y avait plus qu'à courber la tête et à attendre des jours meilleurs qui tôt ou tard, finiraient bien par venir.

Telles étaient les doléances piteuses sans cesse répétées par le vieux planteur.

— Comment? dit la jeune fille feignant de ne rien savoir, le docteur a quitté la ville?

— Mon Dieu, oui! malheureusement! répondit son père.

— Mais, sans doute, il reviendra? reprit miss Jane.

— Non pas: il a vendu les ruines de sa maison pour presque rien, tant il était pressé de partir en emmenant les quelques esclaves qu'il avait réussi à retrouver.

— Comment, lui votre ami, mon père, il est parti comme cela sans vous rien dire?

— Oh! non! pas tout à fait; il est revenu ici il y a quelque temps en compagnie du colonel Joe Stewens, maintenant général, et de M. Warding.

— Bon! et que venaient-ils faire ici?

— Ils ne me l'ont pas dit, mais je l'ai deviné, c'est-à-dire je l'ai appris par d'autres: il paraît que Wolf et Warding, qui sont des finauds, avaient caché en terre du côté de la Roche-Noire, des sommes assez fortes.

— Ils sont venus pour les déterrer.

— Juste, et ils ont bien fait, car les Fédéraux creusent partout pour chercher des trésors enfouis.

— Tiens, tiens, tiens!...

— A propos du général Stewens, tu sais qu'il t'aime plus que jamais? du moins il me l'a dit.

— Ah! ah! et que lui avez-vous répondu?

— Pas grand'chose; tu comprends, je ne voulais pas m'engager avant d'avoir causé avec toi.

— Très bien! De sorte que vous l'avez laissé dans le doute?

— Ma foi oui; ai-je eu raison, fillette?

— Vous avez toujours raison, mon père; tout ce que vous faites est bien. Revenons maintenant au docteur, s'il vous plaît?

— Soit; je ne demande pas mieux. Il paraît que ses deux compagnons et lui ont été chargés d'une mission importante dans le Sud. Ils ont poussé jusque sur le territoire indien. Ils sont allés à Little Roock; puis ils se sont rendus à Memphis, et de là, après avoir passé à Richmond, ils sont venus ici.

— C'est un long voyage. Et ils ne vous ont rien dit de leur mission?

— Pas un mot. Le docteur m'a dit que ses deux compagnons et lui, en récompense de la manière dont ils ont accompli leur mission, ont été nommés à des postes élevés et surtout lucratifs dans le Sud.

— Ah!

— Oui; seulement, la veille de leur départ, pendant qu'ils rôdaient je ne sais où, Warding était resté ici avec moi sous prétexte qu'il souffrait de sa blessure.

— Comment! M. Warding a été blessé? Pauvre homme!

— Tous trois sont plus ou moins éclopés. Stewens a le bras gauche en écharpe; le docteur a un œil de moins, le droit, ce qui ne l'embellit pas, et Warding a perdu une oreille.

— Que me dites-vous là, mon père? fit la

jeune fille en joignant les mains, ils se sont donc battus ?

— Tu vas voir. Warding aime beaucoup le sherry-brandy, et quand il a un peu trop bu il bavarde comme une vieille femme, je connais son faible, j'en ai profité pour le faire causer.

— Et il vous a dit ?...

— Tout. Il paraît qu'il y a là-bas...

— Dans le Sud, toujours ?

— Oui, une troupe de partisans endiablés que personne ne peut découvrir, qui est venue on ne sait d'où, et dont les déprédations sont horribles. Ils pillent, brûlent et ravagent tout ; ce sont des Yankees ; ils font révolter les esclaves, leur donnent des armes ; enfin ce sont des démons : ils se donnent le nom de Chasseurs de la Liberté.

— Ah ! fit la jeune fille en tressaillant et devenant rouge comme une fraise.

— Il paraît, continua le planteur sans rien remarquer, que le général Stewens avait été chargé par le gouvernement de Richemond de mettre ces bandits à la raison. Ah bien oui ! il paraît que ces maudits, aidés par les Peaux Rouges, ont, au milieu de la nuit, enveloppé à l'improviste la troupe de Stewens, l'ont attaquée et l'ont massacrée tout entière, sauf peut-être une vingtaine d'hommes qui, par miracle, ont réussi à s'échapper, tous plus ou moins blessés.

— Voilà une rude campagne ; je comprends que le général ne s'en vante pas, dit la jeune fille en riant. Et c'est pour ce bel exploit que le gouvernement les a récompensés ?

— Il paraîtrait. Warding ne m'en a pas dit davantage, sinon qu'il avait eu une peur bleue d'être scalpé.

— Il y avait de quoi ! Et ils sont partis le lendemain ?

— Oui, pour le Sud, en emportant leur argent bien entendu.

— Le Sud ? Voilà qui est singulier. Ils ne vous ont pas dit pour quel Etat ?

— Ils me l'ont dit, mais je ne m'en souviens pas.

— Peut-être est-ce pour la Géorgie ?

— La Géorgie ? Attends donc... En effet, je crois...

Il se frappa le front et ajouta après un instant :

— Ma foi ! tu as deviné, fillette : c'est en Géorgie.

— Vous en êtes sûr, mon père ?

— Oh ! très sûr.

— D'où vous vient cette certitude ?

— Parce que nous avons, je me le rappelle, parlé de Mâcon et d'Atlanta ; nous nous sommes même étendus sur les agréments du pays. Tu sais que je connais la Géorgie : nous y avons même des parents.

— Nous avons des parents en Géorgie ?

— Mais oui ; où as-tu donc la tête, mon enfant ? Comment ! tu as oublié ton cousin Max Robinson, le grand planteur d'Atlanta ?

— En effet, il me semble me souvenir à présent !

— Je me disais aussi... Cela me fait songer qu'il y a bien longtemps que je ne l'ai vu, notre cousin Max Robinson : c'est un très galant homme, il me plaît beaucoup ; dans ces temps de troubles, on aime à se rapprocher de ses parents et de ses amis.

— C'est bien vrai, mon père ; mais, vous-même, il me semble que vous possédez quelque chose en Géorgie ?

— Oh ! très peu de chose : une maison à Mâcon—entre parenthèse elle est inhabitée depuis la guerre,— et cent cinquante acres de canne à sucre avec deux cents esclaves, voilà tout. C'est même le cousin Max Robinson qui me rend le service de gérer cette plantation en mon absence.

— Oui, dit mistress Cobden, en entrant à l'improviste dans le parloir, où se tenaient son mari et sa fille aînée, c'est très aimable de la part du cousin Robinson ; mais dans les circonstances présentes je crois qu'il doit être fort embarrassé pour gérer ses propres affaires et que vous feriez bien d'aller surveiller un peu les vôtres.

— Hum ! c'est bien loin ! fit-il en hochant la tête.

— Que dites-vous donc là, mon père ? s'écria en riant la jeune fille. Vous comptez donc le chemin de fer pour rien ?

— C'est juste, dit-il avec bonhomie ; je n'y songeais pas.

— Vous ferez ce qu'il vous plaira, mister Cobden, dit sèchement la grondeuse ménagère. Vous êtes le maître. Grâce à Dieu, cela ne me regarde pas ; mais si j'étais, moi, la maîtresse, je sais bien ce que je ferais, voilà tout !

— Et moi aussi, maman, dit miss Jane.

— Bah ! que feriez-vous donc, fortes têtes ? reprit gaiement le planteur.

— La vie n'est plus tenable à Rockengham, reprit mistress Cobden ; tout va de mal en pis.

— Et plus cela ira, plus la situation deviendra mauvaise, avec cette interminable guerre, appuya la jeune fille.

— Tu as cent fois, mille fois raison, mignonne, reprit vivement mistress Cobden ; sans compter que nos esclaves se sauvent à qui mieux mieux ; ils se réfugient tous dans l'armée de ces maudits Yankees, où le diable ne les retrouverait pas.

— Il paraît que nous en avons beaucoup perdu, depuis quelque temps, dit miss Jane de son air le plus innocent.

— Nous en avons perdu quatorze, dit M. Cobden en soupirant.

— Tant que cela ?

— Mon Dieu oui! reprit aigrement mistress Cobden; mais il paraît que cela convient à ton père, mignonne, car, tu le vois, il ne s'en émeut guère.

— Pouvez-vous dire cela, Rédemption, ma chère ? Vous savez, au contraire, combien je suis peiné de ces pertes considérables. Mais qu'y faire ? dit-il avec abattement.

— Ah! je le sais bien, moi, ce que je ferais, si j'étais à votre place! s'écria vivement la jeune fille; mais ce n'est pas à moi de donner des conseils à mon père, ajouta-t-elle avec une petite mine hypocrite à faire damner un saint.

— La vérité sort parfois de la bouche des enfants, dit en riant M. Cobden.

— Allons, parle, mignonne, puisque ton père ne s'y oppose pas, dit mistress Cobden. Voyons, que ferais-tu, toi ?

— Pardonnez-moi, mon père ; j'ai tort.

— Parle, parle ; tu vois bien que ton père y consent.

— C'est que...

— Parle, parle ; tu es d'âge à donner ton avis, fillette.

— Eh bien, mon père, puisque vous me le permettez, car vous me le permettez, n'est-ce pas ? fit-elle avec une feinte hésitation.

— Oui, oui, je te le permets ; parle sans crainte.

— Je parlerai donc, mon père. Ainsi que ma mère vous l'a dit, la situation est mauvaise.

— Elle est exécrable ! ponctua mistress Cobden.

— Chaque jour, continua la jeune fille, elle empire, et elle deviendra bientôt plus mauvaise, s'il est possible ; j'ai appris à Richmond, de source certaine, que le gouvernement veut, coûte que coûte, défendre la ligne de la Shennandoah contre les forces yankees : d'où il résulte que dans quinze jours, peut-être avant, même en la payant au poids de l'or, nous ne trouverons plus de nourriture; nos esclaves s'enfuiront tous, et vous serez ruiné ou à peu près, mon père. Vous avez, dites-vous, perdu quatorze esclaves, c'est-à-dire 21,000 dollars, en les mettant l'un dans l'autre à 1,500 dollars pièce, ce qui est au-dessous de leur valeur réelle, et de ce qu'ils vous ont coûté. Il vous reste encore deux cent dix-sept esclaves; avant un mois, tous se seront enfuis, puisque vous n'avez aucun moyen de les en empêcher et de les retenir; vous perdrez encore par ce fait, en calculant sur la même base et prenant un chiffre minimum, 325,500 dollars : ce qui, avec les 21,000 déjà perdus, vous fera une perte de 346,000 dollars, prenez le chiffre rond de 400,000 dollars et vous serez encore au-dessous de vos pertes.

— C'est-à-dire presque les deux tiers de votre fortune! s'écria mistress Cobden avec explosion.

— Et cela est indiscutable, mon père : ce sont des chiffres.

— Oui, oui, le compte est exact, dit douloureusement le planteur; mais où est le remède ?

— Le remède ? le voici, mon père; il dépend de vous de l'appliquer; reprit vivement la jeune fille. Tous les habitants sensés de Rockingham abandonnent la ville et se retirent dans le Sud avec leurs noirs, parce qu'ils savent bien que jamais les Yankees n'oseront se hasarder à pénétrer dans nos États du Sud, où ils resteraient tous, car ils y trouveraient leur tombeau; pourquoi n'imittez-vous pas la conduite de vos amis et de vos voisins? Et cela vous devriez d'autant plus le faire que vous avez sur eux d'immenses avantages.

— D'immenses avantages, moi, sur eux ? s'écria-t-il au comble de la surprise; je ne te comprends pas, fillette.

— C'est cependant bien simple, mon père, reprit-elle en souriant; les habitants de Rockingham, en se réfugiant dans le Sud, sont contraints de faire d'énormes dépenses, non-seulement pour leur voyage, mais encore pour s'installer dès qu'ils arrivent dans les pays où ils ont résolu de s'établir?

— C'est vrai, murmura M. Cobden.

— Tandis que vous, mon mari, s'écria la ménagère acariâtre en battant des mains, sauf les frais du voyage, vous n'aurez pas un penny à dépenser puisque vous trouverez à Mâcon, prêt à vous recevoir, et sur votre plantation, le logement de vos noirs ; n'est-ce pas cela mignonne ?

— Oui maman, c'est bien en effet ce que je voulais dire.

— Eh bien! que pensez-vous de cela dit la ménagère d'un air triomphant.

— Eh ! eh ! dit le planteur en se frottant les mains, je pense que ce n'est pas mal raisonné du tout pour une jeune fille, mais il me semble que...

— Là! que disais-je ? reprit mistress Cobden en haussant les épaules ; vous verrez qu'il trouvera un moyen pour rester ici!

— Je ne dis pas cela !

— Non, mais vous le pensez, ce qui revient au même. Je vous connais depuis longtemps, mon mari. Vous êtes entêté comme une mule. Quand une fois vous vous mettez une idée dans la cervelle, le diable ne vous ferait pas entendre raison !

— Mistress Cobden ! dit le planteur avec dignité.

— Bon! voilà que vous vous fâchez, maintenant! J'en étais sûr, vous n'en faites jamais d'autres!

— Ma femme!

— Vous ne serez content que lorsque vous nous aurez mis sur la paille! Je vous le dis net comme je le pense; fâchez-vous si cela vous plaît; cela m'est bien égal!

— Ma mère!... dit la jeune fille d'un air conciliant.

— C'est qu'aussi ton père, avec son caractère entier et entêté ferait damner je ne sais qui! Il n'y a pas moyen de lui faire entendre raison!

— Je crois que vous vous trompez, ma mère; mon père voit, j'en suis sûre, parfaitement notre position telle qu'elle est en effet.

— Ta! ta! ta! il ne voit rien du tout, ma fille! Il veut se ruiner et nous avec lui, par son entêtement! Voilà tout.

— Mistress Cobden, dit le planteur avec majesté, vous avez tort de parler comme vous le faites. Si au lieu de vous emporter et de me dire des choses désagréables, comme vous en avez la malheureuse habitude, vous m'aviez laissé m'expliquer, vous ne m'auriez pas fait une scène ridicule, que vous ne tarderez pas à regretter.

— Bon! expliquez-vous? Je ne ne demande pas mieux, moi; qui vous en empêche?

— Vous, mistress Cobden, avec vos emportements.

— Bon! je ne souffle plus mot; allez, je vous écoute.

— Vous ne m'interromprez plus?

— Non, sur ma foi! Je vais m'en aller même si vous le voulez!

— C'est inutile.

— Alors, parlez!

— M'y voici : Je disais donc...

— Ecoute bien, fillette; tu vas voir...

— Encore! s'écria-t-il avec colère.

— Je ne vous interromps pas, je parle à ma fille; là, voilà qui est fait. Je ne dirai plus un mot.

— A la bonne heure.

— Vous êtes content?

— Oui.

— Eh bien! allez.

Miss Jane jeta à la dérobée un regard d'intelligence à sa mère; les deux fines commères s'entendaient comme larrons en foire; maintenant qu'elles avaient amené M. Cobden où elles voulaient, elles étaient sûres de leur fait; aussi le laissèrent-elles enfin s'expliquer tout à son aise.

— Je disais donc, reprit le planteur, que je trouvais très juste le raisonnement de ma fille, et j'ajoutais : mais il me semble que..... voilà où j'ai été interrompu.

— Cette fois, c'est vous qui vous interrompez tout seul, mon mari.

— C'est bon, moquez-vous de moi! fit-il d'un ton rogue.

— Du tout, j'écoute.

— Et moi aussi, papa.

— C'est pour toi seule que je parlerai, fillette. Mais il me semble, ajoutai-je, que mistress Cobden, chargée spécialement des affaires intérieures de la maison, aurait dû me prévenir depuis longtemps déjà, et cela dans l'intérêt commun, de manière à nous laisser le temps de faire nos préparatifs et de quitter la ville à notre loisir, sans être trop pressés; du reste, j'avais songé, moi aussi, à me retirer à Mâcon pendant toute la durée de la guerre, mais ta mère m'a interrompu au moment précis où j'allais dire cela.

— Oh! ma mère, vous avez eu tort!

— C'est possible; mais ton père est un homme terrible : il faut toujours faire ses quatre volontés; il n'entend et n'admet rien autre que ce qu'il veut. Ah! pauvre enfant! Dieu te garde d'avoir jamais un mari entêté, auquel il faut toujours obéir!

— C'est bon! c'est bon, ma femme, ces récriminations sont inutiles; vous feriez mieux de vous hâter de mettre tout en ordre afin que nous puissions d'ici à quarante-huit heures quitter Rockingham!

— Là! quand je le disais! Comment allons-nous faire à présent? Ah! quel homme!

— Vous avez plus de temps qu'il ne vous en faut, mistress Cobden; d'ailleurs je le veux; je suppose que cela suffit! dit-il majestueusement.

Et, après avoir jeté un regard courroucé à sa femme, il quitta le parloir, dont il referma derrière lui la porte avec force.

Lorsque la mère et la fille se trouvèrent seules, elles firent comme les anciens augures de Rome : elles éclatèrent de rire en se regardant. Puis la jeune fille se jeta dans les bras de sa mère et l'embrassa tendrement à plusieurs reprises, en lui disant avec émotion :

— Merci, maman!... Oh! je t'aime bien, va!...

— Oui, câline, répondit la mère en souriant; c'est toi qui, seule ici, fais tes volontés; mais tant mieux, si cela peut te faire heureuse!

— Hélas! murmura tristement la jeune fille.

X

COMMENT MISS COBDEN APPRIT A LA FOIS DE BONNES ET DE MAUVAISES NOUVELLES.

La ville de Mâcon, chef-lieu du comté de *Bilbon*, en Géorgie, qu'il ne faut pas confondre avec un autre Mâcon, situé dans le même État, mais faisant partie du comté de *Lumpkin*, est une charmante ville, toute jeune encore, car elle n'a été fondée qu'en 1823, par quelques exilés français, probablement bourguignons, sur la rive droite de l'*Ockmulgée*, à environ cinquante kilomètres de la ville de *Milledgeville*, capitale de l'État de Géorgie.

Fort modeste à son début et comptant à peine quelques maisons, grâce à cette fiévreuse activité dont sont doués les américains Mâcon se transforma promptement en ville; sa population s'accrut rapidement; lorsqu'en 1845 la Géorgie entra comme État dans la Confédération des États-Unis, Mâcon vit s'augmenter son importance. Aujourd'hui, elle compte de douze à quinze mille âmes; son commerce a pris une grande extension, elle est une des stations importantes du Grand Chemin de fer Central.

Depuis près de quinze jours, la famille Cobden était arrivée à Mâcon; elle s'était installée dans une vaste maison lui appartenant, et dont les fenêtres donnaient sur la rivière; derrière cette maison s'étendait un magnifique jardin ombreux, où la flore tropicale étalait toutes ses splendeurs; ce jardin avait une porte de sortie sur le bord de l'eau.

Mistress Cobden et ses filles s'étaient établies dans cette maison avec les nègres et les négresses attachés à leur service; quant à M. Cobden et à son jeune fils, ils habitaient provisoirement du moins, sur leur plantation même, dans laquelle l'œil du maître était devenu indispensable pour rétablir l'ordre après un trop long abandon.

Malgré toute sa bonne volonté, le cousin Max Robinson avait trop à s'occuper de ses propres affaires pour songer autant qu'il l'aurait fallu à celles de M. Cobden.

Cette plantation, située aux environs d'Atlanta, mais plus rapprochée de Milledgeville, était beaucoup trop éloignée pour que M. Cobden fît de bien fréquentes visites à sa femme et à ses filles; d'ailleurs, le digne planteur, très jaloux de son indépendance et fort curieux de nouvelles politiques, préférait de beaucoup, lorsque par hasard il quittait son exploitation, se rendre à Milledgeville, capitale de l'État, où il était certain d'apprendre des nouvelles plus fraîches et surtout plus importantes.

L'état de Géorgie n'avait jusqu'alors que très peu souffert de la guerre; le bruit sinistre du canon n'avait pas encore éveillé ses habitants de leur nonchalant sommeil de créoles et troublé leur sécurité; les armées fédérales ne s'en étaient pas approchées, la guerre s'étant presque concentrée sur le Potomac et dans la vallée de la Shennandohah, en Virginie.

Les Géorgiens raillaient avec un aplomb superbe les *Ventres-Bleus*, ainsi qu'ils nommaient les Fédéraux, en les mettant hautement au défi de franchir leur frontière, tant ils étaient convaincus que, dans un délai très rapproché, le Sud serait vainqueur et la nouvelle confédération reconnue par toutes les puissances européennes.

L'intervention française au Mexique, dont on parlait déjà comme d'un fait accompli, bien que les escadres françaises n'eussent pas encore touché les côtes américaines, augmentait leur jactance méridionale, convaincus qu'ils trouveraient dans les Français des alliés solides, dont les mains se tendraient aussitôt pour aider le Sud à rejeter définitivement les Fédéraux dans le Nord, dont ils ne sortiraient plus.

Sauf quelques rumeurs sourdes circulant mystérieusement parmi les noirs, la tranquillité était presque complète; d'autant plus que les esclaves, épouvantés par le grand nombre de prisonniers fédéraux amenés en Géorgie, et internés à Andersonville, où, disait-on, ils étaient plus de quarante mille, n'osaient élever la voix; ils se courbaient plus humblement que jamais sous le fouet des régisseurs et autres agents chargés de veiller sur les plantations.

Cependant les esclaves amenés du Nord par leurs maîtres, parlaient à leurs compagnons d'esclavage; ils racontaient ce qu'ils avaient vu; ces récits, commentés, augmentés et dénaturés en passant de bouche en bouche, d'oreille à oreille, étaient avidement écoutés et rapportés; si le calme régnait à la surface, le trouble était au fond des cœurs.

Les noirs, si dociles, si dévoués, si obéissants en apparence, n'attendaient qu'une occasion, qu'un signal pour se lever en masse et faire éclater leur haine séculaire contre leurs oppresseurs.

Seuls, les blancs ne voyaient et ne soupçonnaient rien; depuis trop longtemps ils étaient habitués à considérer les noirs comme des bêtes de somme pour se méfier d'eux; ils les supposaient trop lâches et trop stupides pour tenter de recouvrer une liberté dont, pensaient les blancs, ils ne sauraient que faire.

Cependant on commençait à s'entretenir avec une certaine inquiétude d'un corps franc mystérieux dont les sinistres exploits répandaient la terreur et la désolation dans les États voisins. Ces partisans, qui se donnaient à eux-mêmes le nom de Chasseurs de la Liberté, incendiaient les plantations, brûlaient les villages; partout ils donnaient la liberté aux esclaves, les armaient, les enrégimentaient et les laissaient infliger à leur guise le châtiment terrible du *Juge Lynch* aux blancs et aux planteurs dont ils avaient à se plaindre.

Le corps franc qui causait tant de désastres dans les Etats du Sud n'arborait aucun drapeau ; il semblait combattre en *outlaw* et pour lui-même, en pêchant en eau trouble, dans la boue sanglante de la guerre civile.

On s'était ému des courses de ces mystérieux ennemis ; des troupes avaient été envoyées contre eux ; ou ces troupes avaient été surprises et taillées en pièces, ou, se gardant avec soin, marchant avec une extrême prudence, toutes leurs recherches étaient demeurées vaines ; et, après un certain laps de temps, elles étaient rentrées sans avoir aperçu cet ennemi, qui, à quelques pas d'elles, en avant, en arrière et sur leur flanc, continuait tranquillement le cours de ses déprédations.

On ajoutait, non sans une certaine frayeur, que les Chasseurs de la Liberté se rapprochaient peu à peu de l'Etat de Géorgie, dans lequel, d'un moment à l'autre, on s'attendait à les voir pénétrer.

Miss Jane écoutait, pensive, tous ces bruits et toutes ces rumeurs, dont elle faisait son profit ; elle souriait intérieurement quand devant elle on parlait des Chasseurs de la Liberté et du mystérieux partisan dont la crainte grossissait les exploits et répandait la terreur dans les états du Sud.

Mieux que personne elle aurait pu répondre, car ce partisan elle le connaissait bien ; elle se réjouissait d'apprendre son approche ; c'était un ami, un allié longtemps attendu, qui lui arrivait ; son cœur tressaillait de joie ; elle sentait l'espoir rentrer plus vif dans son âme ; elle l'appelait de tous ses vœux à son aide.

Un matin que, triste et rêveuse, accoudée à une fenêtre, elle laissait son regard errer sans but autour d'elle, soudain, un bruit de chevaux frappa son oreille ; elle releva la tête et regarda.

Un capitaine d'état-major, suivi d'un soldat, s'était arrêté devant la porte de la maison.

Le capitaine, après avoir jeté la bride au soldat, avait franchi le seuil.

La jeune fille tressaillit ; elle avait cru reconnaître son frère Richard Cobden ; depuis plus d'un an elle ne l'avait pas revu.

Lilias entra bondissant comme un jeune chevreau dans la chambre.

— Vite, ma sœur ! s'écria-t-elle ; on t'attend !

— Qui donc ! demanda curieusement miss Jane.

— Dick ! notre frère. Si tu savais comme il est beau. C'est un homme à présent ; il a de grandes moustaches noires ; il m'a fait presque peur quand il m'a embrassé.

— Folle ! dit la sœur aînée en souriant.

— Viens vite ! il t'attend.

— Me voici, dit-elle en posant la main sur son cœur pour en modérer les battements.

Un pressentiment inexplicable semblait l'avertir qu'elle allait apprendre une bonne nouvelle.

Les deux sœurs quittèrent alors la chambre et descendirent au parloir.

Miss Lilias avait dit vrai : Dick Cobden n'était plus reconnaissable ; c'était maintenant un fier et beau jeune homme, à la physionomie ouverte, à laquelle une fine moustache noire imprimait un cachet véritablement martial.

Dick aimait beaucoup ses sœurs, l'aînée surtout. Dès qu'il l'aperçut, il courut à elle, l'enleva dans ses bras et, la serrant sur sa robuste poitrine, il l'embrassa à plusieurs reprises de tout son cœur. Miss Jane lui rendit affectueusement ses caresses.

Puis, lorsque la première émotion fut un peu calmée, on s'assit, et la conversation s'engagea avec cette fougue d'amitié de parents bien unis, depuis longtemps séparés et qui éprouvent du bonheur à se revoir.

— Ah çà ! d'où sors-tu garçon ? dit joyeusement mistress Cobden. Nous ne savions plus ce que tu étais devenu.

— D'autant plus que tu ne nous a pas écrit une seule fois, dit miss Lilias en faisant une moue qui la rendit gentille à croquer.

— Ce qui est fort mal, ajouta la sœur aînée.

— Là ! j'étais sûr que je serais grondé, dit en riant le jeune homme.

— Tu vois, tu te sens coupable ! dit miss Lilias.

— C'est évident, ajouta Mme Cobden.

— Non pas ! se récria-t-il vivement ; pour écrire des lettres, il faut deux choses : d'abord avoir le temps de les écrire.

— On a toujours le temps quand on veut, dit péremptoirement miss Lilias.

— Vous croyez cela, miss *Frolicksome ?* Quand on le bat du matin au soir et du soir au matin, je trouve, moi, quoi que vous en disiez, que c'est assez difficile. D'ailleurs, quand même je vous aurais écrit, vous n'auriez pas reçu ma lettre.

— Pourquoi donc cela, s'il vous plaît, sir ? dit miss Lilias avec un sourire railleur.

— Tout simplement ma gentille petite sœur, parce que personne ne les aurait portées à leur adresse.

— A la bonne heure ! cela c'est une raison, dit miss Lilias, en riant comme une folle.

— Mais comment as-tu appris notre présence à Mâcon ? demanda mistress Cobden.

— Voici : il y a une quinzaine de jours,

en revenant de Fort-Republic, je suis passé à Rockingham ; Pauvre Rockingham! les larmes me sont venues aux yeux en le voyant ; il est complétement désert maintenant; les maisons, à demi ruinées, sont habitées par des maraudeurs de la pire espèce; ils se chauffent avec les meubles oubliés, et la plupart du temps, lorsqu'ils partent, ils lancent une torche dans la toiture pour brûler la maison ; j'ai erré pendant près d'une heure à travers les rues sans rencontrer personne pour me renseigner. Je pénétrai enfin dans notre maison; elle était en ruines et fumait encore ; la veille un bandit quelconque l'avait brûlée sans motif, par désœuvrement, afin de passer le temps en voyant un incendie ; je partis le cœur gonflé, presque en pleurant ; si ce misérable incendiaire m'était tombé sous la main, je crois que je l'aurais tué.

— Il le méritait, dit mistress Cobden avec ressentiment; nous étions partis quelques jours auparavant, malgré ton père qui s'obstinait à rester quand même.

— Je le reconnais bien la.

— Que serions-nous devenues si nous étions restées? dit miss Lilias en frémissant.

— Le fait est que vous auriez couru de terribles dangers; mais heureusement vous les avez évités.

— Dieu nous a protégés, dit mistress Cobden avec componction.

— C'est évident, dit nettement miss Lilias sans lui nous étions perdues.

— Continue, mon frère, dit miss Jane.

— J'étais pressé d'arriver à Andersonville, je me hâtai donc de continuer ma route.

— Tu te rendais à Andersonville ? s'écria vivement miss Jane.

— C'est vrai, vous ignorez cela ?

— Nous ignorons tout, dit la mère.

— Tout absolument, ajouta miss Lilias.

— Alors, sachez que je suis attaché comme aide de camp au général Stewens.

— Le général Stewens? dit miss Jane.

— Oui, celui que nous connaissons. Il commande les troupes chargées de veiller sur les prisonniers Fédéraux.

— Ah ! fit miss Jane.

Un éclair jaillit de sa prunelle; mais, se remettant aussitôt, elle ajouta avec une froideur trop marquée pour ne pas être feinte :

— Continue, mon frère.

Le jeune capitaine la regarda avec surprise, et il reprit:

— Hier je me rendis à Milledgeville, chargé d'une dépêche du général Stewens pour le gouverneur de l'État ; ma mission remplie, comme il me restait du temps devant moi, je m'amusai à me promener par la ville; grande fut ma surprise quand tout à coup je m'entendis appeler.

— C'était notre père ! dit miss Lilias en riant.

— Juste, c'était lui. Après nous être embrassés, comme il faisait très chaud, le père me fit entrer dans une espèce de *Bar-room*, où l'on sert des raffraîchissements et où l'on s'asseoit pour lire les journaux; tout en prenant une glace au gingembre, il me raconta votre départ de Rockingham et comment, depuis quinze jours, vous habitez notre maison de mâcon, tandis que lui s'occupait à remettre tout en ordre sur la plantation. Je lui racontai alors ma visite à Rockingham. Après m'avoir écouté d'un air sérieux et sans m'interrompre : « Voilà, me [dit-il, la preuve qu'il faut avoir de la volonté; ta mère voulait absolument rester là-bas; vois à quoi nous aurions été exposés si je ne m'étais pas montré ferme comme toujours. » Je souris, je savais à quoi m'en tenir à ce sujet; puis, l'heure me pressant, je quittai le père. Ce matin, à peine le soleil levé, je suis monté à cheval, et me voilà ; je passe toute la journée avec vous : le général, avec lequel je suis très bien, m'a donné congé jusqu'à ce soir sans même me demander où j'allais.

— A la bonne heure ! s'écria joyeusement miss Lilias.

— A présent que tu sais où nous sommes, dit mistress Cobden, j'espère que nous te verrons souvent ?

— Le plus souvent possible, chère mère; vous savez combien je vous aime, vous et mes sœurs.

— Oui, nous le savons, et nous en sommes heureuses.

— Lilias, dit miss Jane, donne l'ordre de rentrer les chevaux de mon frère, et qu'on aie grand soin de son soldat.

— Oui, ma sœur, j'y veillerai moi-même, répondit en riant la jeune fille.

Et elle sortit tout courant.

— Hum ! qu'allez-vous faire en attendant le déjeuner? dit miss Cobden en lançant à sa fille aînée un regard sous lequel elle rougit ; vous allez bien vous ennuyer !

— Nous ennuyer? se récria le capitaine; ne croyez pas cela, ma mère.

— Je vais d'abord montrer la maison à mon frère; puis nous ferons un tour de jardin.

— C'est cela, dit la mère.

— Comment, vous avez un jardin?

— Oui, très grand et très ombreux, mon frère; un véritable parc !

— Je serai heureux de le visiter; ah! si nous en avions seulement un tout petit au quartier général!

— Comment, vous n'avez pas de jardin?

— Hélas! c'est à peine si chacun de nous a une chambre, grande comme la main !
— Comment faites-vous, alors?
— Dame! nous nous en passons.

Tout en échangeant ces riens, dits tout exprès pour être entendus par les esclaves, le frère et la sœur avaient traversé un large corridor en se donnant le bras, et, après avoir ouvert une porte à double battant, ils étaient descendus dans le jardin.

Ils firent quelques pas, et bientôt ils furent cachés aux regards par les épais taillis derrière lesquels ils marchaient lentement.

Miss Jane s'arrêta alors, et, quittant le bras de son frère et se plaçant en face de lui en le regardant bien en face :

— Comment va John? lui demanda-t-elle à brûle-pourpoint.

— Il souffre sans se plaindre, répondit aussitôt le jeune officier.

— Il est donc à Andersonville ?
— Il y est depuis deux mois.
— Il doit me maudire ?
— Non; il prie et espère.
— Oh! alors il pense à moi! s'écria-t-elle avec joie.
— Je l'ignore.
— Mais puisque tu me dis qu'il espère ?

— Chère sœur, répondit tristement Dick, quand on est enfermé à Andersonville, on n'espère plus qu'en Dieu, car Dieu seul est assez puissant pour vous sauver !

— Oh! que me dis-tu donc là, mon frère ? s'écria-t-elle avec effroi.

— La vérité, ma sœur, répondit-il en secouant tristement la tête.

— Mon Dieu! cette prison est donc bien horrible! s'écria-t-elle en frissonnant et devenant pâle comme une morte.

Le jeune officier baissa la tête sans répondre.

Il y eut un court silence.

— Est-il vivant? demanda-t-elle d'une voix tremblante, après un instant :
— Il est vivant.
— Tu l'as vu?
— Je lui ai parlé.
— Tu pénètres donc dans cette affreuse prison ?
— J'y entre; oui.
— Lui as-tu parlé de moi?
— Non; je n'ai pas osé.
— Pas osé? Pourquoi?
— Parce que je n'étais pas seul ; personne, pas même le général Stewens, ne peut pénétrer seul dans la prison. On craint les évasions.

— Mais, encore une fois, Dick, mon frère, je t'en prie, réponds-moi : cette prison est donc bien horrible?

Le capitaine hésita.

— Je t'en supplie, réponds-moi! dit-elle les yeux pleins de larmes et en joignant les mains.

— Te souviens-tu, chère Jane, dit-il avec effort de cet ouvrage d'un poète italien, traduit en français, que j'achetai, il y a deux ou trois ans, à un colporteur de passage à Rockingham, et que tu lus avec un si vif intérêt?

— *La Divine Comédie,* par Dante Alligieri ?
— C'est cela même.
— Eh bien !

— C'est à la porte de la prison d'Andersonville que l'on devrait écrire cette phrase fatale: *Abandonnez toute espérance, vous qui entrez!* et non à la porte de l'enfer du Dante, car le vieux poète florentin, dans les neuf cercles de son enfer, n'a pas rêvé de supplices aussi effroyables que ceux des prisonniers fédéraux, enfermés dans cette épouvantable prison. Imagine-toi, pauvre enfant, les tortures morales et physiques les plus atroces, les cauchemars les plus hideux, et tout ce qu'une imagination en délire inventerait de plus insensé; tout cela sera encore bien au-dessous de la vérité!

— Oh! mon Dieu! mais les gardiens de cette prison sont donc des bêtes féroces?

— Tu l'as dit, pauvre sœur! ce sont des bêtes féroces.

— Oh! c'est impossible, Dick! tu veux m'effrayer! De telles atrocités dépasseraient tout ce que peut inventer la méchanceté humaine !

— Pauvre enfant, dit-il en la baisant au front avec une douce pitié, veux-tu que je te cite le nom de trois des bourreaux choisis par le gouvernement de Richmond pour torturer ces malheureux prisonniers et auxquels on est contraint d'obéir?

— A quoi bon me révéler les noms de ces misérables? Ces noms ne m'apprendraient rien! fit-elle d'une voix hachée par l'émotion.

— Peut-être, répondit le jeune officier, car ces hommes tu les connais.

— Je les connais, moi? Oh! mon frère, que dis-tu donc là ? Mais en effet, ce général Stewens ?...

— Oui, celui-là est un des trois, mais il est le moins redoutable, tant qu'il n'y a pas d'évasion ; son autorité est nulle dans la prison; et puis il est trop fin et trop adroit pour employer des moyens bas et misérables; d'ailleurs il ne se soucie pas de se brouiller avec moi en apparence il est très bien pour John, mais peut-être en secret il pousse les autres et les excite contre lui; il sait que je veille; il se tient sur ses gardes. Les deux autres sont les plus redoutables : le premier est sous-directeur de la prison, il se nomme Jerry Wolf; le second, Warding, est gardien-chef.

— Comment ! ces odieux scélérats !...

— Ont été choisis, oui, ma sœur, pour veiller sur les prisonniers.

— Oh ! alors, je n'ai plus qu'à mourir ! s'écria-t-elle avec désespoir. John ! mon cher John est perdu !

— Non ! répondit vivement Dick. Non, ma sœur, John n'est pas perdu ! car, sans parler de moi, un ami veille sur lui.

— Un ami, dis-tu ? un ami dans cet enfer ?

— Oui, un ami, un cœur d'or ; un brav officier que ton fiancé ne connait même pas.

— Et il le protège ?

— De tout son pouvoir.

— Il peut donc quelque chose pour lui ?

— C'est un officier, un capitaine comme moi ; le gouvernement du Sud l'a nommé lui-même directeur de Andersonville ; il a la haute main dans la prison, dont il est le chef suprême. Rien ne se fait sans son ordre ; il m'a juré de protéger de tout son pouvoir notre cousin John.

— Tu t'intéresses donc à lui, toi aussi, mon frère ?

— En doutes-tu, Jane ? John n'est-il pas notre cousin, ton fiancé ? Ne m'a-t-il pas sauvé la vie à la Roche-Noire ?

— Il t'a sauvé la vie ?

— Oui, ma sœur ; je te l'ai dit déjà, mais tu l'as oublié.

— C'est possible : pardonne-moi, mon frère ; j'ai la tête perdue. Dis-moi, Dick, ne ferais-tu rien pour sauver John si l'occasion s'en présentait ?

— Tu me fais injure, ma sœur, la vie que John m'a sauvée lui appartient ; je n'hésiterais pas à la risquer pour te le rendre.

— Bien, Dick ; voilà parler, mon frère ! s'écria-t-elle ; je t'aime, Dick ! je t'aime parceque tu es bon et que tu n'oublies pas les services rendus.

— Certes, je me souviens, chère sœur, mais hélas ! ni toi, ni moi, ni personne ne peut rien pour notre pauvre John !

— Pourquoi donc cela ? John ne peut-il pas s'échapper ?

— On ne s'échappe pas d'Andersonville.

— Peut-être ? répondit-elle avec un sourire d'une expression singulière

— C'est impossible, te dis-je, ma sœur.

— Je ne crois pas à l'impossible, mon frère, lorsqu'il s'agit de sauver celui que j'aime !

— Tu échoueras, pauvre sœur, fit-il en hochant la tête.

— Peut-être ! te répéterai-je. Dis-moi, Dick, combien y a-t-il de prisonniers à Andersonville ?

— Trente-cinq mille.

— Tant que cela ?

— Hélas !

— Des prisonniers ont-ils réussi à s'échapper ?

— Bien peu, ma sœur.

— Il y en a donc ? s'écria-t-elle avec joie.

— Oui, mais désespérés, qui vingt fois ont failli périr.

— Mais ils se sont échappés ?

— J'en conviens.

— Combien environ, depuis que cette prison existe, ont réussi à s'évader ?

— Trente-quatre ou trente-cinq tout au plus, ma sœur.

— Cela fait un sur mille ! s'écria-t-elle avec joie. Que me disais-tu donc, mon frère, que l'on ne s'évadait pas d'Andersonville ?

— Oui ; mais compte, folle enfant, combien de milliers sont morts à la peine.

— Ceux-là ont échappé par la mort ; ils sont heureux. John s'évadera, lui, mais il sortira vivant de cet enfer, je te le jure !

— Ainsi, tu persistes dans cette résolution insensée ! fit-il avec chagrin, effrayé malgré lui de l'opiniâtreté de sa sœur.

— Dick, tu es bien oublieux !

— Moi ?

— Oui, mon frère, puisque tu as oublié que la nuit où John fut pris par les Sudistes, je jurai devant toi de lui rendre la liberté.

— C'est vrai ; tu as fait ce serment, pauvre sœur ; mais alors tu ignorais...

— Pas un mot de plus, je t'en supplie ; réponds seulement oui ou non à la question que je vais t'adresser.

— Parle, ma sœur ; je te répondrai.

— Le cas échéant, pourrais-je compter sur toi pour sauver John ?

— Je te le jure ma sœur ; mais je te le répète tu ne réussiras pas !

— C'est ce que nous verrons, je retiens ta parole.

— Je te l'ai donnée ; c'était donc pour tenter ce coup désespéré que tu as persuadé à notre mère de quitter Rockingham ?

— Certes, mon frère. Pourquoi serais-je venue ici, si ce n'est pour faire échapper John ?

— Mais comment t'y prendras-tu ?

— Je l'ignore encore ; mais mon amour m'inspirera, je trouverai le moyen que je cherche.

— Dieu le veuille, mais je ne l'espère pas.

— Parce que tu n'aimes pas, mon frère.

— Moi ? je n'aime....

— Je ne veux pas surprendre tes secrets, mon frère, interrompit-elle vivement ; mais si celle que tu aimes, en supposant que tu sois amoureux, si celle que tu aimes était en danger, hésiterais-tu à.....

— A la sauver ? s'écria-t-il avec feu ; je donnerais ma vie, non pas pour la sauver, mais même pour lui épargner un chagrin !

— Tu vois donc bien que j'ai raison, mon frère, dit-elle avec un charmant sourire, en m'obstinant à sauver mon fiancé quand même.

— Tu as réponse à tout, méchante, répondit-il en souriant et rougissant à la fois ; je m'avoue vaincu.

— Très bien ! peux-tu me procurer un plan exact de la prison ?

— Je suis un pauvre dessinateur, chère Jane ; cependant j'essaierai de t'en barbouiller un tant bien que mal.

— Pourvu que je puisse m'y reconnaître, il suffira ; merci, Dick ; quand me donneras-tu ce plan ?

— A ma première visite.

— Bon ! j'y compte ; maintenant dis-moi le nom de ce capitaine qui s'intéresse à mon pauvre et cher John.

— Il se nomme Mac Morlan : c'est un officier de fortune, demi-soldat, demi-aventurier ; il a fait un peu tous les métiers, mais c'est un homme de cœur et honnête jusqu'au bout des ongles ; tu l'as entrevu, c'est lui qui s'est emparé de John.

— Tu me le présenteras : je désire causer avec lui.

— Ah ! ah ! tu veux essayer de le séduire, dit-il en riant.

— Pourquoi non ? Feras-tu ce que je te demande ?

— Je te le promets ; as-tu autre chose à me dire ?

— Rien, fit-elle en riant, sinon qu'avant un mois, peut-être quinze jours, John sera libre !

— Oh ! prends garde à la peau de l'ours, ma gentille petite sœur !

— Tu verras saint Thomas, dit-elle en riant ; en attendant, viens déjeuner : Lilias nous appelle.

A peine le frère et la sœur disparaissaient-ils dans l'intérieur de la maison qu'un certain mouvement s'opéra dans les buissons, à quelque distance de l'endroit où les deux jeunes gens s'étaient arrêtés, les branches s'écartèrent et un homme parut.

Cet homme était Harry Wolf en personne.

« Ouf ! fit-il en se relevant et rajustant ses vêtements, quelle faction ! Je suis moulu ! Malheureusement, je n'ai rien pu entendre. C'est égal, il doit y avoir quelque chose ; ils parlaient trop bas pour qu'il en soit autrement. Je veillerai sur le capitaine et sur sa charmante sœur. »

Après avoir jeté un dernier regard autour de lui, il s'enfonça dans les fourrés, et bientôt il disparut.

XI

DANS LEQUEL MISS JANE COMMENCE LE SIÈGE DE ANDERSONVILLE

Les trois dames Cobden, seules chez elles avec leurs esclaves, ne recevaient aucunes visites ; elles-mêmes n'en faisaient que très peu ; d'ailleurs, excepté leur cousin Max Robinson, chez lequel elles allaient parfois passer une partie de l'après-dîner, elles ne connaissaient pour ainsi dire personne à Mâcon ; tout en se montrant polies et aimables avec les dames ou les hommes qu'elles rencontraient quelquefois chez leur cousin, elles vivaient fort retirées et n'essayaient en aucune façon à se créer des relations ni à se lier intimement avec qui que ce fût.

La guerre qui désolait le pays leur servait de prétexte pour décliner toutes les invitations ; miss Jane, pour des raisons particulières, tenait absolument à conserver l'indépendance la plus complète.

Les deux jeunes filles faisaient souvent de longues promenades le matin, avant la grande chaleur, ou bien elles se rendaient à la plantation où leur père et leur frère les accueillaient de leur mieux ; elles passaient une partie de la journée à mettre tout en ordre dans le ménage un peu trop négligé des solitaires. Puis le soir, vers huit heures, elles rentraient à Mâcon.

Mais ces excursions étaient rares ; miss Jane ne les faisait que pour donner le change à son impatience, en attendant que se présentât l'occasion de mettre à exécution son projet d'évasion.

Par suite de plusieurs circonstances graves, le capitaine Richard Cobden avait été retenu bien malgré lui au quartier général du général Stewens ; il lui avait donc été impossible de tenir les promesses faites à sa sœur.

Ce contre-temps, bien qu'elle n'en laissât rien paraître, chagrinait fort la jeune fille ; la délivrance de son fiancé était devenue pour elle une idée fixe ; elle n'avait plus d'autre pensée ; elle se désolait de l'inaction à laquelle elle était condamnée. Si au moins elle avait eu le plan de la prison, elle se serait ainsi rendu compte, jusqu'à un certain point, des obstacles qu'il lui faudrait vaincre pour réussir dans sa difficile entreprise.

Plusieurs fois, en compagnie de sa sœur, elle avait dirigé sa promenade du côté d'Andersonville, mais toujours sans succès.

Une surveillance minutieuse était exercée autour de la prison, dont l'approche était rigoureusement interdite. De nombreuses patrouilles parcouraient sans cesse la campagne et obligeaient impitoyablement les promeneurs à rebrousser chemin ; si par hasard, ainsi que cela arriva une fois ou deux aux jeunes filles, on réussissait à se glisser entre les patrouilles et à échapper ainsi à leur surveillance, on venait se heurter contre un double cordon de sentinelles, reliées toutes entre elles, et à travers lesquelles il était cette fois impossible de passer inaperçu.

Rien ne rebutait miss Jane; son courage et son entêtement croissaient avec les difficultés. Elle avait entendu dire qu'un embranchement du chemin de fer passait à une lieue environ de la prison et qu'une gare spéciale la desservait. La jeune fille ne se faisait pas la plus légère idée de ce que pouvait être cette formidable prison : elle supposa qu'en montant dans un train quelconque elle réussirait tout au moins à apercevoir de loin les murailles de la prison, et qu'elle se rendrait ainsi à peu près compte du plan sur lequel elle était construite, le mot *prison* présentant naturellement à son esprit la pensée d'un bâtiment plus ou moins grand et plus ou moins élevé.

Mais, cette fois encore, son espoir fut déçu.

Montée dans un train avec sa sœur, elle reconnut que l'embranchement se terminait à la gare d'Andersonville, en pleine campagne.

Ce fut en vain qu'elle regarda de tous les côtés ; elle aperçut le quartier du général Stewens, mais la prison demeura invisible.

Elle revint le cœur navré.

Il fallait en prendre son parti; la jeune fille se résigna à attendre.

Mais son activité nerveuse ne s'accommodait pas de cette inaction forcée.

Pour tromper son impatience, elle résolut de tout préparer afin que, l'évasion ayant réussi, rien ne vint arrêter la fuite du fugitif, fuite dont la condition essentielle devait être la rapidité, car ses ennemis le poursuivraient chaudement.

Cette résolution prise, la jeune fille l'exécuta avec cette ardeur fébrile qu'elle mettait à toutes choses.

Toujours accompagnée de miss Lilias, sa complice inconsciente, elle commença à parcourir tous les environs, afin de les bien connaître.

Des chevaux, tous excellents coureurs, furent parqués dans un endroit choisi, ainsi que des armes, des munitions, des vêtements et des vivres.

Miss Jane s'était assuré le concours dévoué de deux nègres sur lesquels elle savait pouvoir compter.

Voici comment miss Jane avait réussi à trouver des esclaves fidèles et prêts à se faire tuer pour la servir.

Un jour que, selon son habitude, elle errait dans la campagne déserte en compagnie de sa sœur, en traversant un sentier étroit coupant en deux un immense champ de café, les chevaux des jeunes filles s'arrêtèrent tout à coup, et elles aperçurent un vieux nègre de haute taille et vigoureusement charpenté debout au milieu du chemin et les saluant avec les marques du plus profond respect.

Cet homme tenait un fusil à la main et avait deux longs revolvers à six coups à sa ceinture auprès d'un bowie-kniff.

Miss Lilias, tout effrayée de cette apparition peu rassurante, pâlit et poussa un cri de frayeur ; mais miss Jane était brave : loin d'être intimidée, elle sourit et rassura sa sœur d'un regard, elle se pencha sur le cou de son cheval, et s'adressant au vieux nègre, toujours immobile et le chapeau à la main à trois pas d'elle, elle lui dit d'une voix douce et sans la moindre émotion apparente :

— Que désirez-vous, brave homme ? Puis-je vous rendre service.

— Non, miss Jane Cobden, répondit le nègre en souriant.

— Vous me connaissez ? fit-elle avec surprise.

— Oui, miss Jane ; je vous connais, ainsi que votre sœur miss Lilias qui a bien tort de me craindre. Je connais toute votre famille aussi ; ne redoutez rien de moi, je suis votre ami.

— Je ne redoute rien de vous, je vous crois mon ami, mais je ne me souviens pas de vous avoir vu jamais.

— C'est vrai, miss Jane, vous ne m'avez jamais vu, pourtant je vous dis la vérité.

— Je ne doute pas de vos paroles ; je suis heureuse du hasard qui me fait vous rencontrer.

— Ce n'est pas par hasard, miss Jane : je suis ici tout exprès ; je vous attendais, car je savais que vous viendriez de ce côté.

— Alors, vous avez quelque chose à me demander ?

— Non ; j'ai à causer avec vous.

— Vous désirez causer avec moi ?

— Oui ; et ce que j'ai à vous dire est très important.

— Soit ; parlez, je vous écoute.

— Je ne puis vous parler ici, miss Jane ; ce que j'ai à vous dire demande du temps et ne doit être entendu que de vous.

— Voulez-vous que je vous suive dans un endroit que vous m'indiquerez ?

— Allons, je vois que vous êtes brave et qu'il m'a dit la vérité.

— De qui parlez-vous ?

— De celui qui m'a recommandé de veiller sur vous et de vous venir en aide au besoin.

La jeune fille le regarda attentivement pendant un instant; puis tout à coup elle ôta son gant de la main droite et, la tendant au vieux nègre, qui la toucha respectueusement :

— Maintenant, je vous reconnais, dit-elle en riant.

— Vous me connaissez, miss Jane?

— Oui. Vous êtes le Charmeur de serpents, l'ancien ami de John Brown, l'ami du général...

— Tristan de Saint-Pierre et du colonel Charlton, interrompit-il vivement, et prêt à me dévouer pour vous comme je me dévouerais à l'occasion pour eux.

— Je le sais, et je vous en remercie, Charmeur. Connaissez-vous la maison que j'habite à Macon ?

— Je la connais. J'ai rôdé dix fois autour d'elle dans l'espérance de vous apercevoir.

— Bien. Cette nuit, à onze heures, trouvez-vous à la porte du jardin. Tout le monde dormira ; je vous ouvrirai la porte, et vous entrerez.

— Bien, miss Jane; à onze heures j'y serai. Maintenant, partez, miss Jane ; il ne faut pas qu'on nous voie ensemble.

— A ce soir, dit-elle en lui tendant la main.

— A ce soir, répondit-il en touchant respectueusement cette main mignonne.

— Adieu, Charmeur, dit gaiement miss Lilias en lui tendant sa petite main d'un air délibéré; je n'ai plus peur de vous à présent que je sais que vous êtes un ami de Jane.

— Merci, miss Lilias; vous êtes jolie et bonne ; que Dieu vous protège.

Le vieux noir salua une dernière fois, fit un bond prodigieux et disparut aussitôt au milieu des fourrés.

— Il s'est envolé comme un follet, dit la rieuse jeune fille. C'est égal, j'ai eu bien peur quand je l'ai vu; comme tu es brave, toi, ma sœur! Tu n'as pas tremblé un seul instant.

— Folle ! lui dit sa sœur en l'embrassant.

— Que faisons-nous, maintenant? reprit miss Lilias.

— Nous continuons notre promenade.

Les deux chevaux repartirent.

— Jane?..., dit la jeune fille après un instant.

— Que me veux-tu, Lilias? répondit la sœur aînée.

— Un charmeur de serpents, c'est un sorcier, n'est-ce pas?

— Comment, toi, une grande jeune fille de seize ans et demi, peux-tu avoir de si sottes croyances? répondit miss Jane d'un air fâché en haussant les épaules. Les petites filles seules croient à de pareilles niaiseries.

— Ainsi ce n'est pas vrai?

— Certainement non, il a un secret pour charmer les serpents, voilà tout; c'est un métier comme un autre.

— Ah !

— Mais oui.

— Est-ce que tu lui ouvriras la porte du jardin, cette nuit, Jane?

— Je le lui ai promis devant toi.

— C'est vrai; mais je croyais que tu plaisantais; et que tu lui disais cela pour l'engager à s'en aller.

— Non pas; à onze heures j'irai lui ouvrir.

— Comment, toute seule?

— Tu le sais bien, puisque tout le monde sera couché.

— C'est vrai, on se retire à dix heures... Et tu n'auras pas peur, Jane?

— Et pourquoi aurais-je peur ?

— Dame ! je ne sais pas, moi; mais ainsi toute seule, dans le fond du jardin, au milieu de la nuit, moi j'aurais peur.

— Toi, tu es une poltronne.

— C'est possible ; mais comme cela, dans l'obscurité...

— D'abord, l'obscurité n'existera pas puisque la lune se lève à dix heures, et qu'elle éclaire comme en plein jour.

— Oh ! alors, c'est bien plus terrible, ma sœur!

— Comment cela ?

— Dame ! le jour est blanc, triste, froid; les rayons de la lune confondent tout et donnent aux ombres des arbres, démesurément allongées, des formes fantastiques véritablement effrayantes.

— Allons, tu ne sais ce que tu dis. Tu es folle. Je te croyais une jeune fille, et je vois avec regret que tu n'es encore qu'une enfant sans raison, t'effrayant de rien, et la tête remplie de contes de nourrice absurdes. Cela me fait de la peine, parce que je vois que ne puis me fier à toi.

— Cette fois tu vas trop loin, Jane, dit-elle les larmes aux yeux ; je suis enfant, c'est vrai, mais pas autant que tu le supposes ; j'entends et je vois bien des choses que je garde pour moi. Je t'aime beaucoup, Jane; je te suis partout sans rien dire ; j'ai l'air de ne pas comprendre et pourtant depuis longtemps j'ai deviné ton secret.

— Mon secret ! s'écria miss Jane en tressaillant.

— Bon! Si enfant que je sois, j'ai seize ans et demi, tu l'as dit toi-même tout à l'heure ; je t'ai vue pleurer bien souvent en te cachant de moi, ce qui me chagrinait fort ; je sais pourquoi tu pleures, et je forme des vœux tous les jours pour que mon cousin John recouvre la liberté, que tu l'épouses et que vous soyez heureux ensemble.

— Bien, Lilias ! répondit-elle avec émotion; je te remercie de ton affection ; pardonne-moi de t'avoir parlé ainsi que je l'ai fait, ma douleur me rendait aveugle ; je te croyais encore une enfant, voilà pourquoi je ne te disais rien.

— Tu as eu tort Jane; ne suis-je pas ta sœur ? Quelle confidente plus dévouée peux tu avoir ? Et puis, on souffre moins quand on partage son chagrin avec une sœur que l'on aime et qui vous aime.

— Mille fois tu as raison, chérie; je suis une ingrate de ne pas t'avoir devinée, toi si bonne et si dévouée.

— A la bonne heure ! embrassons-nous, et qu'il ne soit plus question de rien ; tu verras comme c'est bon de ne plus avoir de secret entre sœurs comme nous.

— Je le vois déjà, ma chérie.

Les deux jeunes filles s'embrassèrent avec effusion; miss Jane se sentait un poids bien lourd de moins sur le cœur ; elle avait maintenant une confidente de ses douleurs et de ses joies, elle ne se gênerait plus devant elle.

— Cet homme, reprit miss Lilias après un instant, a sans doute des choses très importantes à te dire. Il ne faut pas rester dans le jardin avec lui, mais le conduire au parloir; là, vous vous entretiendrez tout à votre aise sans craindre d'être entendus.

— Pourquoi me dis-tu cela mignonne ?

— Parce que le jour où Dick est venu, un homme s'était caché dans le jardin.

— Tu en es sûre ? fit-elle en tressaillant.

— Très sûre. J'ai découvert la place où il s'était tenu caché au milieu d'un buisson.

— Oh ! mon Dieu !

— Rassure-toi, il n'a rien entendu ; vous parliez bas, et puis il était trop loin de vous.

— Qui peut être cet homme ?

— Je le sais ; je l'ai vu d'une fenêtre où je m'étais placée je ne sais pourquoi, car j'ignorais alors que quelqu'un s'était caché dans le jardin ; mais en le voyant cela m'a donné l'éveil, et pendant que vous vous rendiez, toi et mon frère, à la salle à manger, j'ai cherché et j'ai découvert sa cachette.

— Et moi qui t'ai grondée pour être restée si longtemps dehors! Cet homme, tu le connais, Lilias?

— Oui, et toi aussi Jane : c'est le docteur.

— Jerry Wolf ?

— Lui-même.

— Le misérable espion ! il faut...

— Tout est fait ! s'écria Lilias en riant; le jour même j'ai fait changer la serrure de la porte du jardin et placer deux gros verrous intérieurs, sans rien dire à maman de ma découverte ; il vaut mieux qu'elle ne sache rien, cela l'inquiéterait, et c'est inutile.

— Tu es un charmant lutin, je te remercie; tu m'as rendu un grand service.

— Je le sais bien; ce soir, pendant que tu causeras avec le Charmeur, je ferai le guet afin qu'on ne vous surprenne pas ; nos esclaves ne sont pas sûrs.

— J'accepte, Lilias ; tu as raison, comme toujours; oh ! comme je m'étais trompée sur toi !

— Tu le reconnais ; n'en parlons plus alors, c'est fini.

Les deux jeunes filles arrivèrent à Mâcon vers quatre heures.

Un peu avant dix heures, miss Lilias se plaignit d'un grand mal de tête; elle embrassa sa mère et sa sœur et se retira. Mistress Cobden, voyant bâiller sa fille aînée et ayant elle-même besoin de repos, se retira en même temps, après toutefois s'être assurée que tous les esclaves étaient rentrés chez eux et dormaient.

Miss Jane resta donc seule au parloir.

Bientôt toutes les lumières s'éteignirent, le silence se fit dans la maison ; mistress Cobden dormait.

Vers onze heures moins le quart, un pas furtif se fit entendre dans le corridor, la porte s'ouvrit et miss Lilias entra.

— C'est toi? lui dit sa sœur. D'où viens-tu donc ?

— On avait laissé Neptune dans la cour: il aurait aboyé; tu sais qu'il est féroce la nuit, et qu'il est de taille à dévorer un homme. Je l'ai mis dans la cuisine, en tête-à-tête avec un gigot; il le mangera et n'entendra rien, la cuisine est loin. Quand le Charmeur sera parti je le lâcherai de nouveau dans la cour.

— Tu penses à tout, chère mignonne; merci !

— Il le faut bien.

— Tu n'as pas eu peur ?

— Si, un peu; mais cela m'a passé tout de suite.

— Allons ! allons ! avant quinze jours, tu seras aussi brave que moi.

— Je ne crois pas ; mais, c'est égal, je ferai comme si je l'étais.

A onze heures précises, miss Jane était à la porte du jardin et miss Lilias à son poste dans le corridor.

Au premier coup de onze heures, la jeune fille ouvrit la porte.

Le Charmeur entra.

— Suivez-moi , lui dit la jeune fille ; tout le monde dort ; ma sœur fait le guet pour éviter une surprise.

— Bien, répondit le nègre.

Dès qu'ils furent assis dans le parloir, comme le nègre restait silencieux, la jeune fille lui dit :

— Le temps s'écoule, Charmeur !

— C'est vrai. Excusez-moi, miss Jane, répondit-il, j'ai tant de choses à vous dire que je ne sais pas par laquelle commencer.

Il rapporta alors à la jeune fille comment il avait connu les deux officiers nordistes ; les services que ceux-ci lui avaient rendus, puis ce qui s'était passé entre lui et le général avant le départ de celui-ci pour le Sud, la recommandation qu'il lui avait faite de veiller sur miss Jane et de la protéger.

Enfin, il lui rapporta les relations qu'il avait eues avec le général dans le Sud, la guerre à outrance faite par les Chasseurs de la Liberté aux esclavagistes et la défaite terrible infligée par eux au général Stewens.

— Ici, en Géorgie, ajouta-t-il en terminant, tous les esclaves sont prêts ; ils se soulèveront en masse dès que le général de Saint-Pierre sera assez rapproché de l'Etat pour les protéger. Les troupes dont dispose le général s'augmentent tous les jours ; il s'est emparé de Little-Roock et de Memphis, les a mises au pillage et leur a fait payer une contribution de guerre énorme. Le général n'attend qu'un mot de vous pour marcher sur la Géorgie et s'embusquer dans les monts Cumberlands.

— Je ne le ferai pas attendre longtemps, je l'espère.

— Tant mieux ; mais prenez garde, vous êtes entourée d'espions, miss Jane ; vous ne faites pas un pas sans être surveillée et sans qu'on sache où vous êtes allée et pourquoi vous y êtes allé.

— Je m'en doute. J'ai trois ennemis implacables ici.

— Je les connais : ce sont des misérables capables de tout.

— Oui, malheureusement.

— Il faut lutter de ruse avec eux.

— C'est ce que je fais ; mais j'ai bon espoir : le directeur de la prison et mon frère Dick sont pour moi.

— Alors, reprenez courage, miss Jane ; la réussite est certaine, ce n'est plus qu'une question de temps, il faut saisir l'occasion quand elle se présentera.

— C'est ce que je compte faire ; mais une chose me chagrine.

— Laquelle, miss Jane ? Peut-être pourrai-je vous être utile.

— Je le crois. Je voudrais tout préparer à l'avance : armes, vêtements, munitions, vivres, etc. ; en un mot, former un dépôt qu'au dernier moment on transporterait à l'endroit nécessaire.

— L'idée est excellente, miss Jane, car la fuite doit être rapide.

— Oui, car la poursuite sera acharnée ; mais deux difficultés insurmontables m'arrêtent.

— Lesquelles ?

— La première les espions dont je suis entourée.

— C'est vrai ; la seconde ?

— C'est que je ne connais personne et que je ne sais à qui me confier pour une chose aussi délicate.

— Vous avez raison. Est-ce tout ?

— C'est tout, oui.

— Eh bien tranquillisez-vous, miss Jane ; ce que vous ne pouvez pas faire, je le ferai, moi.

— Vous vous chargeriez ?...

— Oui... de faire ce dépôt ; seulement je n'ai pas d'argent.

— Qu'à cela ne tienne ; quelle somme vous faut-il ?

— Faites le compte vous-même.

— Dix mille dollars, est-ce suffisant ?

— Trois mille dollars pour récompenser les gardiens après l'évasion. D'ailleurs, je les surveillerai, bien que je sois sûr d'eux, mais il faut toujours être prudent. Restent sept mille dollars : c'est plus qu'il ne faut.

— Voici six rouleaux de cent onces mexicaines chaque ; mais ce sera peut-être bien lourd ? dit-elle en lui présentant les rouleaux d'or.

— C'est vrai ; mais heureusement je n'irai pas loin avec ; faites un reçu, miss Jane, un reçu motivé : j'y mettrai mon signe.

— A quoi bon ?

— Pour la régularité, et pour ma décharge. C'est indispensable.

— Soit, puisque vous l'exigez.

— Il le faut, miss Jane ; ma responsabilité est grande.

La jeune fille écrivit un reçu motivé ; le Charmeur plongea ses cinq doigts dans l'encrier et il appliqua cette espèce de griffe au bas du reçu.

— Je signe toujours ainsi, dit-il. Le sixième jour après celui-ci, miss Jane, trouvez-vous à l'endroit où nous nous sommes rencontrés, vers sept heures du matin. Je vous conduirai à l'endroit que j'aurai choisi ; tout sera en règle, vous n'aurez rien à redouter, les espions seront éloignés. Quand faudra-t-il prévenir le général de Saint-Pierre ?

— Le jour de l'évasion seulement ; je vous le dirai moi-même car je vous verrai ce jour-là ?...

— Certes !...

— Vous partirez en courrier devant nous.

— Vous avez raison, miss Jane ; cela vaudra mieux ainsi.

A deux heures du matin seulement, le Charmeur se retira.

Tout se fit comme le vieux nègre l'avait dit.

Au jour convenu, les deux jeunes filles se trouvèrent au rendez-vous.

Le Charmeur les conduisit à une case de nègres, habitée par deux nègres et une vieille négresse. C'étaient eux qui étaient chargés de la garde de ce trésor, mille fois plus précieux pour miss Jane que les plus riches diamants de Golconde.

La jeune fille visita tout en détail et témoigna une vive satisfaction au Charmeur.

Ce fut ainsi que fut organisé ce dépôt.

Cependant il y avait autre chose encore, que voulait miss Jane; mais cela, elle seule pouvait le faire.

La jeune fille, tout étant préparé pour la fuite de son fiancé, songea à elle; car elle était résolue à suivre son fiancé, à partager tous les périls de sa fuite à travers le Sud, et à ne le quitter que lorsqu'il serait en sûreté.

Elle se rendit à Savannah, en compagnie de sa sœur, dont elle ne se séparait plus, et, montant à bord d'un navire français chargé principalement de ce que l'on nomme l'article de Paris et de haute confection pour hommes, elle acheta plusieurs costumes complets, pantalons, gilets, redingotes, manteaux, costumes de cheval et de chasse, et elle en emplit une grande malle; puis elle se fournit de linge, chaussures et coiffures; enfin, elle n'oublia rien de ce dont, dans un moment donné, elle pourrait avoir besoin. Tout, bien entendu, avait été acheté à sa taille, choisi et essayé par elle, avec l'aide de sa sœur, pendant que le capitaine du navire fumait sa pipe sur le pont.

Ses nombreuses acquisitions, bien emballées et adressées à Milledgeville, où son père les irait chercher et lui ferait parvenir, la jeune fille et sa sœur revinrent à Mâcon.

Ces dernières précautions avaient été prises de connivence avec le capitaine français pour dérouter les espions. Le capitaine parut furieux contre les deux dames : elles avaient, disait-il, tout « chamberlé » à son bord, et elles étaient parties sans même acheter une paire de bretelles.

Le lendemain, il mit avec d'autres colis les deux malles au chemin de fer, et le tour fut joué.

Tout était all right! comme disent les Anglais à propos de tout et à propos de rien.

On n'attendait plus pour agir que l'heure de délivrance du prisonnier; mais, hélas! elle n'arrivait pas!

XII

DANS LEQUEL MISS JANE CONTRACTE DES ALLIANCES OFFENSIVES ET DÉFENSIVES

Cependant mistress Cobden, malgré son apparente apathie et son bigotisme invétéré, aimait trop sa fille aînée pour ne pas s'inquiéter de ses courses répétées.

La bonne dame, à plusieurs reprises, avait interrogé miss Lilian sur ses longues promenades avec sa sœur : où elles allaient, ce qu'elles faisaient, et pourquoi elles avaient été à Savannah sans l'en prévenir.

L'espiègle fillette, tout en embrassant et câlinant sa mère, s'était toujours arrangée de façon à ne pas lui répondre, objectant ceci cela et beaucoup d'autres choses encore auxquelles mistress Cobden ne comprenait absolument rien, si ce n'est que ses filles lui cachaient quelque chose.

De guerre lasse, mistress Cobden se décida à interroger sa fille aînée. Celle-ci avait trop d'obligations à sa mère, elle professait pour elle un amour trop profond pour ne pas être émue de son inquiétude; d'ailleurs elle savait qu'elle pouvait compter sur son appui; pour la rassurer, ou du moins afin de lui prouver qu'elle ne voulait pas avoir de secrets pour elle, elle lui avoua franchement ses projets; lui raconta tout ce qu'elle avait souffert, à Richemond et à Belle-Isle, de l'égoïsme cruel du gouvernement sudiste, et elle termina cette espèce de confession en lui disant que maintenant elle haïssait et méprisait la cause du Sud, autant et même plus qu'elle en était autrefois enthousiaste.

Mistress Cobden adorait sa fille; elle lui donna raison sur tous les points, sauf sur un seul, l'esclavage.

La digne femme tenait fort à ses dollars; elle prétendait ne pas perdre, du moins sans une compensation équitable, les sommes dépensées par elle pour l'achat de ses esclaves. Mais, malgré cette légère divergence d'opinions, la mère et la fille, ayant d'un commun accord coupé court à toute discussion à ce sujet, restèrent dans les meilleurs termes et plus unies que jamais; d'autant plus que mistress Cobden aimait beaucoup son neveu, qu'elle avait presque élevé et qu'elle considérait comme un fils.

Elle désirait fort le voir libre, épousant sa fille, et assister enfin au bonheur de ses enfants, sans soucis ni traces d'aucune sorte.

Un matin, vers neuf heures, au moment où les deux jeunes filles se préparaient à sortir et à faire leur promenade de chaque jour, le capitaine Richard Cobden arriva accompagné du capitaine Mac Morlan; tous deux étaient à cheval, un dragon les suivait.

Les projets de promenade furent aussitôt renvoyés à un autre jour, et les jeunes filles se hâtèrent de se rendre au parloir, où les deux officiers avaient été introduits.

Le capitaine Mac Morlan fut officiellement présenté aux dames par son ami le capitaine Dick Cobden.

Dès que cette cérémonie importante fut accomplie, la glace se trouva rompue, et la conversation s'engagea sur le ton le plus cordial.

— Tu avais raison, mon frère, dit miss Jane en souriant; je remets maintenant parfaitement le capitaine Mac Morlan; nous nous sommes rencontrés...

— Dans une circonstance bien douloureuse, miss Cobden, se hâta d'interrompre le capitaine; je serais désespéré si vous m'en aviez gardé rancune.

— Pourquoi vous en aurais-je gardé rancune, capitaine? répondit-elle avec son plus séduisant sourire, vous êtes soldat et contraint d'obéir à vos chefs; d'ailleurs, ne vous êtes-vous pas excusé vous-même, capitaine, d'accomplir ce pénible devoir?

— Que vous avais-je dit, Mac Morlan? dit gaiement Dick; Jane est la sœur d'un soldat, elle sait que la discipline a parfois des exigences cruelles.

— Elle en eut surtout pour moi cette fois, mon cher Dick; je tiens à ce que votre charmante sœur sache bien que j'obéissais malgré moi et à contre-cœur; j'ai tout fait pour adoucir les ordres sévères que j'avais reçus.

— Je le sais, capitaine, et je vous en remercie du fond du cœur. Vous nous avez laissés, mon frère et moi, accompagner notre pauvre cousin, presque mourant, jusqu'au camp sudiste.

— C'était un devoir d'humanité, miss Cobden; et cependant, si j'avais exécuté strictement mes ordres, je ne l'aurais pas permis.

— C'est vrai, reprit Dick; mais ce que Mac Morlan ne te dit pas, Jane, c'est qu'après avoir fait transporter John à l'ambulance, il l'a soigné et veillé comme un frère tant qu'il a été en danger.

— Ah! c'est bien, cela, capitaine! Au nom de John, soyez remercié.

Et elle lui tendit la main.

— Eh bien! écoutez, miss Jane, dit-il après avoir respectueusement posé ses lèvres sur la main mignonne de la jeune fille; puisque nous sommes sur ce sujet, je veux vous dire, une fois pour toutes, ce que j'ai sur le cœur, afin que cela soit bien entendu entre nous et que vous sachiez pourquoi j'éprouve une si profonde sympathie pour votre cousin le colonel Charlton.

— C'est cela, Mac Morlan, soyons francs comme toujours entre nous, dit le jeune officier.

— Parlez, capitaine, ajouta Jane; je vous écoute avec le plus vif intérêt.

— Je ne suis qu'un aventurier, un officier de fortune sans éducation, miss Cobden; mais je suis un honnête homme. Mon jugement est sain et droit; je sais ce qui est juste et ce qui est injuste. Eh bien! dans mon âme et conscience, l'arrestation du colonel Charlton est illégale, injuste contre le droit des gens; en un mot, c'est un guet-apens odieux.

— Ah! fit miss Cobden heureuse de l'entendre parler ainsi, il y a donc encore des hommes de cœur dans le Sud!

— Il y en a partout, miss Cobden.

— Vous avez raison; pardonnez-moi, capitaine.

— Le colonel Charlton nous faisait une rude guerre; c'est un vaillant soldat; mais il nous combattait bravement, en face, le sabre à la main, à la tête de ses cavaliers, en plein soleil. Nous l'aurions tué ou fait prisonnier pendant la bataille, c'eut été notre devoir; nul ne se serait plaint, le combat a ses chances mauvaises que les officiers, comme les soldats, subissent; c'est le sort, la fatalité.

— C'est vrai, murmura miss Jane le regard étincelant.

— Mais les faits ne se sont point passés ainsi : le colonel n'était ni dans nos lignes ni dans celles de son armée; il était seul, il allait à un rendez-vous.....

— Avec sa fiancée, dites-le nettement, capitaine, car les choses sont véritablement ainsi! interrompit vivement la jeune fille.

— Oui, les choses étaient ainsi, en effet, miss Cobden; mais il y a plus : en ce moment le colonel n'était pas notre ennemi; il était libre d'aller où il lui plaisait sans que personne pût s'y opposer sans se déshonorer aux yeux de tous.

— C'est la vérité, dit le jeune officier en hochant la tête.

— Que voulez-vous dire, capitaine? s'écria miss Jane haletante.

— Ce qui est, miss Cobden, répondit le capitaine Mac Morlan d'une voix sourde; le général n'avait pas le droit de faire prisonnier le colonel, parce qu'il existait une suspension d'armes entre les deux armées, et que cette suspension d'armes ne finissait qu'au lever du soleil.

— Oh! C'est infâme! s'écria la jeune fille avec explosion.

— Oui, bien infâme! reprit le capitaine. Le général hésita longtemps, il refusa avec emportement; mais ses deux mauvais génies étaient là, à sa droite et à sa gauche, le pressant, le harcelant, lui poussant le papier, lui présentant la plume; il s'écria avec douleur. «C'est un guet-apens af-

freux !» Qui le saura?» répondit un de ces deux misérables. J'étais là, derrière la tente, j'entendis tout ; je me hâtai de m'éloigner, craignant d'être surpris écoutant; cinq minutes plus tard, un de ces hommes me remit l'ordre : le général avait signé.
— Oh! firent les assistants d'une seule voix.
— Cet ordre me sembla si monstrueux, que je refusai d'obéir avant d'avoir vu le général. Il était affaissé sur un pliant. « Allez, » me dit-il d'une voix basse et presque inarticulée. Je fus contraint d'obéir. Voilà pourquoi, miss Cobden, quoi qu'il arrive, vous pouvez compter sur moi; je ferai tout pour sauver le colonel.
— Ah! Dick avait bien raison de m'assurer que vous étiez son ami.
— Vous ne savez pas tout encore, miss Cobden?
— Mon Dieu!
— Rassurez-vous; ce qui me reste à dire n'a rien d'effrayant, au contraire, reprit-il en souriant. Je fus envoyé à Richmond pour affaire de service ; je profitai de cette occasion pour demander une audience au président de notre fédération. Jefferson Davys est un homme de cœur, d'un caractère doux, de manières aimables ; on se sent à l'aise avec lui. Je lui dis tout. Il pâlit et cacha sa tête dans ses mains. « C'est affreux! me dit-il; c'est ainsi qu'on perd notre cause. Je ne puis rien officiellement, mais je verrai, je chercherai, et je trouverai un biais qui me permettra, je l'espère, de réparer cette injustice. Allez, comptez sur moi ; je n'oublierai pas. Surtout, que ceci reste entre nous, capitaine. » Je me retirai. En effet, j'eus bientôt la preuve que le président n'avait pas oublié. Voilà pourquoi j'ai parlé aussi franchement devant vous, miss Cobden.
— Mais, dites-moi, je vous prie…?
— Rien quant à présent, miss Cobden; je vous en supplie, n'insistez point; bientôt vous saurez tout, et vous reconnaîtrez que vous avez raison d'espérer.
— Oh! je n'en ai jamais douté, s'écria-t-elle vivement.
Il y eut un court silence.
Mistress Cobden, prétextant ses devoirs de maîtresse de maison, quitta le parloir en compagnie de sa fille cadette, laissant miss Jane avec les deux officiers et les prévenant d'un ton de bonne humeur que dans une heure on se mettrait à table pour déjeuner.
Nos trois personnages continuèrent à causer pendant quelques instants; mais comme on s'apercevait des fenêtres les allées ombreuses du jardin et que Dick Cobden témoignait le désir de fumer un cigare, pur havane, miss Jane offrit gracieusement à ses hôtes de faire un tour de jardin, ce qu'ils acceptèrent avec empressement.

Miss Jane ouvrit une porte-fenêtre, et on descendit sans plus de cérémonie.

Tout en causant de choses et d'autres, les promeneurs s'enfoncèrent sous les hautes futaies; sur ces entrefaites, miss Lilias arriva en courant annoncer à son frère que sa mère désirait lui parler.

Le jeune capitaine s'excusa en assurant que bientôt il serait de retour, et il laissa sa sœur seule avec Mac Morlan.

Miss Jane attendait ce moment avec impatience. C'était elle qui, d'un coup d'œil, avait prié sa mère de lui procurer ce tête-à-tête avec le capitaine, non pas qu'elle voulût le séduire, ainsi qu'elle l'avait dit en souriant à son frère, — le capitaine Mac Morlan s'était mis si franchement à sa disposition qu'il n'y avait plus à douter de lui — mais sa curiosité avait été vivement excitée par les réticences du capitaine, et il lui tardait d'apprendre ce qu'il n'avait fait que lui laisser supposer.

Nous avons dit plus haut, en faisant le portrait du capitaine Mac Morlan, que c'était un de ces hommes comme on en rencontre beaucoup aux Etats-Unis et que l'on chercherait vainement autre part, qui depuis leur enfance courent le pays en faisant pour vivre tous les métiers, dont la conscience est assez large et les opinions politiques à peu près nulles.

Véritables aventuriers, dans l'acception honnête du mot, n'ayant ni parents, ni amis, ni patrimoine, ils essaient par tous les moyens de se créer, tant bien que mal, une position, et à se faire une place au soleil, leur courage, leur intelligence, et surtout leur persévérance, devant remplacer ce qui leur manque et leur servir d'outils pour le gagner.

Le capitaine Mac Morlan avait été tour à tour mousse, matelot, négrier, piqueur de nègres, chasseur, pionnier, coureur des bois, charpentier, maître d'école, trafiquant, soldat; maintenant il était capitaine et semblait ne devoir jamais arriver plus haut.

Dans une circonstance critique, il avait eu la faiblesse de se laisser enrôler par le Sud, ce dont il se repentait fort. Aussi ne s'était-il jamais fait d'illusions sur les résultats définitifs de la guerre. Pour lui, les Sudistes défendaient une cause perdue d'avance pour mille raisons : d'abord parce que l'esclavage avait fait son temps et devait forcément disparaître sous la pression toute-puissante de l'opinion publique ; ensuite parce que le Sud était beaucoup trop faible pour lutter avec avantage contre le Nord, dont la population dix fois plus nombreuse, était plus vigoureuse, plus aguerrie et surtout plus riche ; enfin, parce que le Sud avait, du premier coup, mis l'opinion du monde civilisé contre lui, en commençant la guerre par un guet-apens, une trahison honteuse, et en la continuant par des moyens barbares, cruels, comparables à ceux des Turcs et répudiés, même dans le Sud, par tous les honnêtes gens. Du reste, la guerre, telle qu'elle se faisait à présent, devait se terminer tout à coup par une horrible catastrophe qui livrerait le Sud au Nord.

Telles étaient les idées que le capitaine Mac Morlan roulait dans sa tête ; de plus, il frisait la quarantaine. Le besoin du repos, après tant d'agitations de toute sorte, commençait à se faire hautement sentir ; mais il n'avait rien.

Jusqu'alors, il avait vécu au jour le jour, faisant vie qui dure et mangeant son blé en herbe comme Panurge, ne songeant pas plus au lendemain que s'il ne devait jamais venir.

De plus, l'horizon n'était pas du tout couleur de rose pour lui ; la défaite finale du Sud commençait à se faire pressentir. L'ère des échecs était depuis longtemps close pour le Nord : ses armées avaient résolument pris une vigoureuse offensive ; elles marchaient en avant, se rapprochant de plus en plus du Sud. Celui-ci ne tarderait pas à être envahi à son tour : la Nouvelle-Orléans était tombée au pouvoir des Fédéraux ; la Louisiane agonisait. Le Nord avait d'excellents généraux, le Sud n'en avait plus : tous avaient été tués ou usés dans cette lutte opiniâtre.

L'heure de prendre ses précautions et de tirer le moins mal possible son épingle du jeu, comme on dit vulgairement, était venue. Le capitaine Mac Morlan le voyait, le sentait, mais le moyen lui manquait ; en somme, il était fort perplexe et ne savait trop que faire.

La trahison lui répugnait. C'était une flétrissure dont il ne voulait pas être stigmatisé ; son honneur d'honnête homme l'empêchait d'abandonner ceux avec lesquels il combattait depuis si longtemps. Cependant, après y avoir mûrement réfléchi, il finit par conclure avec sa conscience, un peu large, un compromis qui lui sembla tout arranger sans que personne eût le droit de l'accuser de manquer à sa parole et de trahir ceux qu'il servait.

Le capitaine s'était enrôlé pour trois ans au service du Sud ; depuis longtemps déjà, les trois ans étaient écoulés sans que l'enrôlement eût été renouvelé. Le capitaine, son engagement terminé, avait réclamé son congé et avait fait toutes les démarches nécessaires pour l'obtenir ; on ne daigna même pas lui répondre.

Il se rendit à Richemond, le ministre refusa de le recevoir ; il allait tenter une nouvelle démarche près du Président pour obtenir justice, lorsque le général Wenter, gouverneur de Milledgeville, dont il était aide de camp, le fit appeler et lui remit un pli signé du président et contre-signé du ministre de l'intérieur le nommant directeur de la prison d'Andersonville.

Le capitaine voulut refuser. Le général, bonhomme au fond, aimait le capitaine dont il appréciait le courage et les talents militaires ; il haussa les épaules et lui présenta un second papier.

— Préférez-vous être fusillé ? lui dit-il ; voilà l'ordre !

Le capitaine fut atterré, mais il ne perdit pas la tête ; il fit si bien qu'il intéressa le général à sa position et obtint de lui une attestation constatant que le gouvernement du Sud, s'obstinant à lui refuser le congé auquel il avait droit, l'avait nommé, sous menace de mort en cas de refus, directeur de la prison d'Andersonville, le tout pour valoir et servir au besoin. En lui remettant cette attestation, le général qui, lui aussi, était un vieux routier, lui avait dit d'un air goguenard avec un fin sourire :

— Eh ! eh ! mon fils, tu veux te garder à carreau ? Tu n'as peut être pas tort ; on ne sait pas ce qui peut arriver. Dans tous le cas, souviens-toi que j'ai ta parole, et que si tu te sers de ce papier comme un niais et de façon à me compromettre, malgré mon amitié pour toi je te ferai fusiller comme un chien ! Tu me connais, te voilà prévenu.

— C'est entendu, mon général, répondit le capitaine.

Et, serrant l'attestation dans sa poche, il avait accepté le commandement de la prison d'Andersonville, mais rassuré maintenant et envisageant l'avenir avec beaucoup moins de crainte.

Quelques jours plus tard, une nouvelle dépêche arriva ; ce qu'elle contenait personne ne le sut ; mais, à compter de ce moment, le nouveau directeur, assez triste jusque-là devint subitement fort gai et fort aimable avec ses employés et surtout avec le général Stewens auquel il fit une visite assez longue.

Le général Stewens était chargé de veiller aux abords de la prison, mais son pouvoir cessait à la porte ; le directeur seul était maître dans la prison.

Dick Cobden, parfaitement au courant de la position du capitaine Mac Morlan, dont il était depuis longtemps l'ami, avait tout raconté à sa sœur lors de sa première visite ; mais en lui recommandant la plus grande prudence, le capitaine étant très fin et nullement disposé à se laisser engager dans une affaire dont, en cas de non-réussite, il serait la première victime; aussi jouerait-il serré.

Miss Jane, elle aussi, était une fine mouche; les trois quarts d'heure qu'elle passa en tête-à-tête avec le capitaine dans le jardin ne furent pas perdus pour elle.

Certaine du concours du capitaine, la jeune fille n'avait pas hésité à tout lui dire et à lui expliquer son projet dans tous ses détails, ainsi que les mesures déjà prises par elle pour assurer une fuite rapide dont la durée ne saurait se prolonger beaucoup.

Le général de Saint Pierre, ami du colonel Charlton et chef du redoutable corps franc des Chasseurs de la Liberté, averti de la fuite du colonel, manœuvrerait de manière à venir le plus promptement possible en aide aux fugitifs.

— Franchise pour franchise, miss Cobden, dit alors le capitaine. Jefferson Davis n'ose prendre sur lui de rendre la liberté au colonel Charlton; mais il m'autorise à le laisser s'échapper. C'est pour cette raison seule qu'il m'a nommé directeur de la prison d'Andersonville. Voici la dépêche que, il y a quelques jours, il m'a fait l'honneur de m'adresser. Seulement, il faut agir avec une extrême prudence, car les ennemis du colonel ont les yeux ouverts.

La jeune fille rendit la dépêche au capitaine; un soupir de joie s'échappa de sa poitrine.

Alors, avec une adresse infinie et de manière à lever les derniers scrupules du capitaine, la jeune fille entama la question sérieuse, c'est-à-dire la récompense du service rendu, la question d'argent. Elle la traita avec tant d'habileté et de délicatesse, que Mac Morlan, assez chatouilleux cependant, n'y trouva rien à redire.

Lorsque le capitaine Dick Cobden reparut enfin, annonçant le déjeuner, tout était convenu, arrangé et arrêté entre le capitaine Mac Morlan et la jeune fille. Les deux alliés avaient échangé une poignée de main, ce qui, comme on sait, constitue en tous pays un engagement formel.

La jeune fille était radieuse.

— Oh! s'écria Dick en riant, tes yeux brillent comme des escarboucles, petite sœur. Tu as des couleurs charmantes. Il y a bien longtemps que je ne t'ai vue aussi joyeuse.

— En effet, tu ne te trompes pas, mon frère, répondit-elle avec un délicieux sourire. Je suis heureuse et c'est à toi que je le dois, ajouta-t-elle en lui tendant la main.

— A moi? s'écria-t-il avec une feinte surprise. Aurais-je, sans m'en douter, accompli ce miracle, petite sœur!

— Non pas; c'est avec préméditation, au contraire. Si tu me présentais souvent des amis aussi agréables que le capitaine Mac Morlan, tu me verrais toujours ainsi, mon frère; malheureusement, de tels amis sont rares.

— Madame! dit le capitaine en saluant.

— Hein? fit Dick, j'espère que ma sœur ne vous l'envoie pas dire, Mac Morlan!

— Je suis confus d'un tel compliment, mon cher Dick; votre charmante sœur peut être convaincue que je ferai tout ce qui dépendra de moi pour le mériter.

— Bon! il paraît que l'on parle par rébus ci?

— Tu sauras tout, mon frère, dit miss Jane en riant; cela te regarde autant que moi.

— Très bien! alors, allons déjeuner; je meurs de faim. Mac Morlan, donnez le bras à ma sœur et passons dans la salle à manger.

Le repas fut très gai et très cordial; dès qu'il fut terminé, nos trois personnages restèrent de nouveau seuls.

Mistress Cobden et miss Lilias savaient que miss Jane ne leur cacherait rien; elles préférèrent donc lui laisser toute liberté de s'entretenir avec son frère et le capitaine Mac Morlan.

— Ah çà! fit le jeune homme, maintenant que nous sommes seuls, apprenez-moi ce qui s'est passé entre vous, et pourquoi, ma mie Jenny, tu semblais si joyeuse quand je vous ai rejoints dans le jardin.

— C'est heureuse que tu devrais dire, répondit-elle vivement.

Et alors, sans plus attendre, elle lui rapporta son entretien avec le capitaine.

Dick avait écouté avec la plus sérieuse attention le récit de sa sœur.

— Ainsi, dit-il lorsqu'elle se tut, tout cela est vrai? Jefferson Davis est pour nous? Toutes les précautions sont prises?

— Oui, mon frère; il ne s'agit plus que de faire sortir John d'Andersonville.

— Ce qui n'est pas une mince besogne; mais nous y arriverons: c'est donc vraiment le général Tristan qui commande les Chasseurs de la Liberté?

— Oui, mon frère; il n'a organisé ce corps de partisans que pour aider à la délivrance de son ami; il est venu lui-même me l'annoncer à Rockingham; nous avons beaucoup causé, tout est convenu entre nous; je suis avertie de ses mouvements; le moment venu de fuir, nous le rencontrerons à un rendez-vous choisi à l'avance.

— Tu es donc en rapports suivis avec lui? reprit Dick.

La jeune fille sourit sans répondre.

— Qui jamais supposerait, reprit le jeune officier en riant, que tant de finesse et de diplomatie se cachent dans une si charmante tête. Sur ma foi ! quand les femmes s'avisent de conspirer, elles sont bien plus fortes que les hommes.

— Tu dis peut-être plus vrai que tu ne le crois toi-même, répondit-elle avec un malicieux sourire.

— Prends garde, mignonne; tu joues gros jeu !

— Que m'importe ! J'ai juré de sauver mon fiancé, je tiendrai mon serment ; d'ailleurs je compte sur toi Dick; nous réussirons ou nous échouerons ensemble.

— Amen ! dit-il en riant ; je dois la vie à mon cousin John, je veux acquitter cette dette ; tu as ma parole, je ne la retirerai pas; tu dis bien, nous courrons la même fortune tous deux !

— Vous voulez dire tous trois, mon cher Dick, dit froidement le capitaine Mac Morlan, n'ai-je pas, moi aussi, donné ma parole à votre charmante sœur ?

— Excusez-moi, cher ami ; je ne sais vraiment où j'ai la tête. Puisque nous nous entendons, je crois que nous ferions bien de profiter de ce que nous sommes seuls pour discuter sérieusement le projet de ma sœur et arrêter les moyens d'exécution.

— Soit, dit le capitaine ; j'ajouterai que, si nous voulons agir, il faut agir vite, à cause du général Stewens et des deux autres drôles qu'il a eu l'influence de faire entrer dans la prison.

— Asseyons-nous et causons, reprit Dick.

Nos trois personnages s'assirent autour de la table en acajou massif placée au milieu du parloir ; pour plus de sûreté, Dick poussa les verrous de toutes les portes.

Sa sœur l'arrêta.

— Ce n'est pas ainsi, dit-elle.

Et elle alla rouvrir toutes grandes les portes, si soigneusement fermées par son frère

— Ah ça ! que fais-tu donc ? lui demanda Dick.

— Allons ! répondit-elle en riant, je vois que tu n'entends rien encore aux conspirations. Si nous fermons les portes, nous avons quatre-vingt-dix chances sur cent pour qu'un espion quelconque vienne coller son oreille contre ces portes, si bien closes, et entende ainsi tout ce que nous dirons, et que nous avons un si grand intérêt à conserver secret.

— C'est possible ! dit l'entêté jeune homme ; mais si nous les laissons ouvertes comme les voilà ?...

— En laissant les portes ouvertes comme les voilà, mon frère, reprit-elle en riant, si quelqu'un vient, nous le verrons de loin ; il nous sera facile de l'arrêter à temps sans qu'il surprenne notre secret ; il nous verra, lui aussi, mais de loin naturellement ; en ne parlant pas plus haut que le diapason ordinaire, il lui sera impossible d'entendre une seule de nos paroles. Quant à nous voir, cela nous est égal.

— Hein ! que pensez-vous de cela, Mac Marlan ? s'écria Dick en se frappant le front. Quand je pense qu'une idée aussi simple ne m'est jamais venue ?

— Votre sœur a complètement raison, cher ami ; je crois comme elle qu'il est préférable de laisser les portes ouvertes.

— Of course ! moi aussi, fit-il en s'asseyant.

XIII

OU L'ON VOIT ÉCLATER AU GRAND JOUR L'HUMANITÉ SI LONGTEMPS CONTESTÉE, DES ESCLAVAGISTES.

Ce fut miss Jane qui, sur l'invitation de ses deux complices, car on peut à présent leur donner ce nom, prit la parole :

— M. le capitaine Mac Morlan, fit-elle, a dit tout à l'heure une grande vérité : si nous voulons agir, agissons vite ; je répète ses paroles. En effet, un secret, si sévèrement gardé qu'il soit, finit toujours par transpirer et être deviné ; trop de personnes sont intéressées à le découvrir pour qu'il n'en soit pas ainsi.

— Il ne suffit pour cela, ajouta Dick, que de commettre une imprudence.

— Ou une indiscrétion, ponctua Mac Morlan.

— Un mot suffit, reprit Dick.

— Vous vous trompez tous deux, messieurs, continua la jeune fille ; un secret peut être découvert sans qu'un complice ait dit un mot et quoique le silence le plus absolu ait été gardé.

— Oh ! oh ! voilà qui est fort ! s'écria Dick avec une nuance d'ironie.

— J'attends votre explication, miss Cobden ! dit le capitaine sérieusement.

— La voici, messieurs : un gouvernement comme celui que nous possédons, entouré d'ennemis de toutes sortes, sans cesse menacé, et attaqué par les ennemis du dedans et du dehors, est contraint, pour se défendre, d'employer certains moyens que réprouve la morale, mais qui, pour cela, n'en sont pas moins efficaces. Le premier rouage, le principal des gouvernements de fait et trop souvent même des gouvernements de droit, est la police ; mais une police nombreuse, puissamment organisée, ardente et peu scrupuleuse surtout, ayant à sa solde une nuée d'espions répandus dans tous les rangs de la société et sur tous les degrés de l'échelle sociale. Ces espions s'attachent particulièrement aux gens soupçonnés, avec ou sans raison, de vouloir attaquer le gouvernement. Pour cela, ces misérables se faufilent en tous lieux, se glissent dans les familles, voient, cherchent, furètent, écoutent et commentent tout : les gestes, les mouvements des physionomies, les allées, les venues, même les promenades les plus innocentes ; et comme il faut qu'ils gagnent bien ou mal leur argent, quand ils ne découvrent pas de conspirations ils en inventent. C'est ce qui se passe en ce moment dans notre malheureux pays ; nous vivons sous la pression affreuse d'un système d'espionnage cent fois plus horrible que jamais ne l'a été celui du gouvernement vénitien.

— Hum ! je crois que tu vas un peu loin, ma sœur !

— Je ne partage pas votre opinion, Dick ; je trouve, au contraire, que votre sœur a raison, dit Mac Morlan.

— Je ne demande pas mieux que d'être convaincu, fit Dick en souriant.

— Je vous écoute, miss Cobden.

— Cette preuve, la voici : Quelques jours à peine après notre arrivée à Mâcon, un espion muni d'une fausse clé s'est introduit dans le jardin de notre maison. Cet espion, vous le connaissez : c'est Jerry Wolf.

— Ah ! ah ! fit Dick.

— Cet espion vous avait suivi depuis Andersonville ; il ne s'était introduit dans le jardin que pour entendre votre conversation avec moi ; mais il était placé trop loin et n'a rien entendu ; j'ai retrouvé ses traces : que pensez-vous de cela ?

— Je pense que cela est très grave, By God !

— Qui nous prouve que notre conversation de tout à l'heure n'a pas été surprise de la même manière ? dit le capitaine Mac Morlan en pâlissant légèrement malgré son incontestable bravoure.

— Quant à aujourd'hui, rassurez-vous, capitaine, reprit en souriant la jeune fille ; on ne me prend pas deux fois au même piège ; mes précautions étaient prises, deux verrous solides ont été posés, devant moi, à la porte du bord de l'eau ; par surcroît de précaution, ma mère, ma sœur et quelques esclaves battaient les buissons pendant notre entretien.

— Je vous avoue, miss Cobden, que vous m'enlevez un poids bien lourd de la poitrine ; mais pourquoi ces espions s'adressent-ils à vous ?

— J'ai fatigué les autorités de Richmond de mes réclamations en faveur de mon cousin. Je suis venue ensuite me fixer à Mâcon. Cela a donné l'éveil, car on a supposé, ce qui est vrai, que je ne suis venue ici que pour essayer de faire évader mon fiancé.

— Oui, cela doit être ainsi, dit le capitaine.

— Voilà pourquoi je suis entourée d'espions et que je ne puis faire un pas sans en avoir derrière moi : ce qui vous prouve, messieurs, comment, sans dire un mot, on peut, malgré soi, laisser surprendre un secret.

— C'est épouvantable ! s'écria Dick.

— Que faire ? dit le capitaine.

— Une chose bien simple : profiter de notre réunion pour nous concerter et ne plus nous revoir que le jour de l'évasion ; car si vous n'avez pas été suivi aujourd'hui, ce qui n'est pas certain, si vous reveniez, vous le seriez sûrement.

— Je suis venu à Mâcon pour affaires de service ; ce n'est que par hasard que j'ai rencontré mon ami Dick à quelques pas d'ici, et que je l'ai prié de me présenter à vous. Cette visite a été improvisée puisque je ne vous connaissais pas ; donc je n'ai pas été suivi.

— C'est juste. Allons, nous aurons été plus heureux que sages ; capitaine, nous ne nous reverrons plus qu'au moment de la fuite.

— Mais comment serez-vous prévenue, miss Cobden ?

— Soyez sans inquiétude à ce sujet, capitaine ; mon frère et moi nous avons adopté une manière de nous écrire à rendre fou l'espion le plus rusé, si l'on osait intercepter notre correspondance ; il serait même à désirer qu'une de nos lettres fût lue par la police, les soupçons tomberaient bientôt.

— Si vous êtes assurée qu'il est impossible,..

— Je vous l'affirme, capitaine. D'ailleurs, j'écrirai ostensiblement à ma sœur, et je ferai porter mes lettres par un soldat.

— Ce qui ne m'empêchera pas de me venir voir, cher frère, mais rarement, afin de ne pas éveiller les soupçons.

— Je ne vois pas comment on pourrait empêcher un frère de voir sa sœur.

— Maintenant, cette question est vidée ; passons à une autre. Quatre voies nous sont ouvertes pour exécuter notre fuite : gagner Savannah, nous embarquer et partir pour New-York ; passer dans l'Alabama, le Tennessee, le Mississipi, ou la Caroline du Sud.

— La question est ardue. Aller à Savannah, c'est vouloir se faire arrêter tout de suite, dit Mac Morlan.

— C'est vrai, reprit Dick ; mais si nous réussissons, nous sommes définitivement sauvés. Ceci est à considérer.

— Mon cher Dick, quand on est sous le coup de la fusillade, on ne raisonne pas sur des hypothèses ; il faut, autant que possible, trouver une chance sérieuse de succès. Savannah serait bon s'il était possible de s'embarquer dix minutes après y être arrivé et partir aussitôt : sinon, non. Qu'en pensez-vous, miss Cobden? Vous avez longtemps étudié cette question, et, par conséquent, vous la connaissez beaucoup mieux que nous.

— Messieurs, je penche pour l'Alabama, le Tennessee et l'Arkansas : c'est de ce côté que nous rencontrerons les Chasseurs de la Liberté, peut-être dans l'Alabama, mais certainement dans l'Arkansas. Du reste, je saurai bientôt où nous les rencontrerons positivement.

— Je crois, en effet, que cette route est pour nous la plus sûre, dit Mac Morlan.

— Soit, dit le jeune officier ; puisque nous ne pouvons nous échapper par mer, allons par l'Alabama : c'est le chemin le plus court et le moins dangereux pour nous.

— Est-ce convenu, messieurs?

— Oui, répondirent-ils ensemble.

— A quelle date fixons-nous la tentative d'évasion? reprit le capitaine Mac Morlan.

— Avant de répondre à cette question, j'aurais besoin d'avoir quelques renseignements qui me sont indispensables sur Andersonville, répondit la jeune fille.

— C'est bien difficile, reprit le capitaine ; il nous faudrait un plan de la prison, et je vous avoue en toute franchise que je ne me sens pas capable d'en dresser un.

— Qu'à cela ne tienne, répondit Dick en riant ; je ne suis pas un grand dessinateur ; cependant, sur la demande de ma sœur, j'en ai griffonné un tel quel ; je l'ai même sur moi ; le voici.

Tout en parlant, il ouvrit son portefeuille, en tira le plan, le déplia et l'étala sur la table.

— Ah! mon Dieu! qu'est-ce que cela? s'écria la jeune fille.

— Le plan que tu m'as demandé, ma sœur.

— Je trouve même qu'il est très exact, dit le capitaine après y avoir jeté les yeux.

— Comment, exact? mais je ne vois là aucun bâtiment ressemblant à une prison, et Andersonville, où trente-cinq mille prisonniers sont enfermés, doit avoir une certaine importance, il me semble.

Les deux officiers se mirent à rire.

— Vous riez? reprit-elle en les regardant avec surprise.

— Pardonne-nous, chère sœur, nous rions de ta naïveté, sans songer le moins du monde à te railler.

— Ma naïveté?

— Certes! Ainsi, tu t'imaginais que Andersonville ressemblait aux prisons que tu as vues dans le Nord?

— Dame! il me semble...

— Il te semble mal, chère Jane ; le gouvernement du Sud est économe ; il ne dépense pas son argent à construire des prisons, surtout pour les prisonniers de guerre fédéraux.

— Comment les loge-t-il, alors? Car enfin, d'une façon ou d'une autre, il faut toujours qu'il les loge?

— Eh bien! non, tu te trompes : il ne les loge pas : il les parque comme des chevaux ou des bœufs, cela est assez bon pour eux. S'ils meurent chaque jour par centaines, c'est autant de gagné ; plus ils meurent, moins ils coûtent ; un gouvernement qui se respecte doit être économe, et le nôtre se respecte beaucoup, tu comprends?

— Tout ce que j'entends me semble si affreux que je ne sais si je ne deviens pas folle! Voyons, expliquez-moi ce plan, je vous prie, que je sache bien ce que c'est enfin que cet enfer d'Andersonville.

— J'aurai l'honneur de vous donner l'explication que vous désirez, miss Cobden ; vous suivrez sur le plan mes indications : les numéros vous guideront.

— Très bien! allez.

— Je commence : n° 1, la rivière.

— Je la vois, ainsi que le n° 2, qui doit être le chemin de fer?

— Précisément, miss Cobden ; n° 3, la gare.

— C'est cela ; n° 4?

— C'est le quartier du général Stewens, ma sœur, dit le jeune officier.

— Bon ; passons au n° 5 ; que signifient tous ces triangles?

— Ce sont les tentes des soldats chargés de la garde des prisonniers.

— Pauvres gens! et ce n° 6 répété quatre fois?

— Ce sont autant de batteries de canons destinées à foudroyer les prisonniers en cas de révolte.

— Que de précautions contre de malheureux prisonniers! Et le n° 7?

— Un ruisseau qui pénètre dans l'enclos des prisonniers ; n° 8, un marais dans l'enclos.

— Je vois tout cela ; mais cet enclos, ainsi que vous le nommez?

— C'est le n° 9 ; ce parallélogramme sert de prison à tous ces malheureux.

— Oh! mon Dieu! est-ce possible? quelle barbarie!

— Vous ne savez rien encore, miss Cobden, dit tristement le capitaine ; achevons cette nomenclature sinistre ; je vous donnerai ensuite tous les renseignements que vous me ferez l'honneur de me demander.

— Oh! je veux tout savoir! s'écria-t-elle

en serrant les dents. Voyons, où en étions-nous ? Ah ! n° 10, c'est cela !

— Le n° 10 est l'hôpital ; mais il est inutile : on n'a pas le temps d'être malade, on meurt foudroyé.

— Mon Dieu ! qu'elle est cette ligne portant le n° 11 ?

— C'est un sentier allant de la gare à l'enclos.

— N° 12, qu'est-ce que cela ?

— C'est ce que l'on nomme, miss Cobden, la ligne de mort. Tout prisonnier qui essaie de franchir cette ligne est aussitôt abattu et tué raide d'un coup de fusil.

— Tout cela est atroce, capitaine. Sommes-nous donc au milieu des sauvages ?

— On le croirait, n'est-ce pas, miss Cobden ? fit le capitaine avec amertume. Mais vous ne savez rien encore. Attendez, pour juger ces hommes, les détails qu'il vous reste à apprendre.

— Oui, oui, je dois tout connaître, car parfois j'ai des remords, dit-elle avec animation.

— Des remords ! s'écria Dick avec surprise.

— Oui, mon frère ; reprit-elle en s'exaltant de plus en plus ; je me demande si je ne cède pas à un entraînement fatal ; si je ne me laisse pas dominer par mon amour pour John, en laissant envahir mon cœur par une haine si profonde pour des hommes que je regardais, il y a deux ans encore, comme des héros, presque des martyrs ; et pour une cause qui m'inspirait un si grand enthousiasme, que je regrettais d'être femme ; et que j'enviais le bonheur des hommes assez heureux pour verser leur sang pour elle.

— Miss Cobden, reprit le capitaine Mac Morlan, ce que vous avez éprouvé pour la cause du Sud, toutes les femmes l'ont, comme vous, ressenti plus ou moins violemment ; mais il leur arrive aujourd'hui, comme à vous, après avoir servi cette cause de tout leur pouvoir, de la maudire, car elles aussi ont vu et ont jugé. Aussi le Sud, que les femmes — je parle de celles dignes de ce nom — ont aujourd'hui définitivement renié et abandonné, est perdu sans retour. Les femmes font l'opinion, elles la dirigent, en excitant les hommes à combattre et à se sacrifier sans regret et sans arrière-pensée. Avoir les femmes pour soi, c'est presque décréter la victoire.

— On ne saurait nier, ajouta Dick, que les meneurs de ce grand complot, ourdi dans l'ombre pendant tant d'années, et n'a éclaté au grand jour que lorsque le Nord a été presque absolument réduit à l'impossibilité de se défendre contre cette formidable levée de boucliers, ne soient sous tous les rapports, des hommes peu ordinaires, doués de talents remarquables. Ils ont fait des miracles. Défenseurs de l'obscurantisme, promoteurs d'une réaction prétendant faire reculer la civilisation de plusieurs siècles, prétendant à présent maintenir l'esclavage, c'est-à-dire l'avilissement d'une race entière, contre tout droit et toute justice humaine, après avoir réussi à dépouiller le Nord, et n'ayant procédé que par la violence et la trahison, défendant en un mot la cause la plus odieuse et la plus infâme par des moyens plus odieux et plus infâmes encore ; ces hommes, malgré tout cela, ont réussi à rendre pendant un temps cette cause populaire, à aveugler et à donner le change à tous les gouvernements européens et à surprendre l'opinion publique, même en France, en rejetant sur le Nord toute l'ignominie de cette guerre fratricide. Si ces hommes avaient défendu une autre cause, avec les talents extraordinaires déployés par eux pour faire triompher celle-là, ils eussent été des héros plus grands que ceux dont l'antiquité nous a légué les noms révérés.

— Cela est vrai, ajouta le capitaine ; mais ils se sont laissé emporter par la violence, la cruauté, l'avarice, l'esprit de rapine et surtout un parti pris odieux de mauvaise foi ; on dit aujourd'hui la foi sudiste, comme on disait jadis la foi anglaise. Ces hommes roulent maintenant sur une pente fatale ; elle les entraîne malgré eux et les fera tomber et disparaître dans la fange sanglante creusée par eux-mêmes.

— Revenons à la prison d'Andersonville, dit le jeune officier en hochant tristement la tête.

— Oui, j'ai hâte de savoir, dit miss Jane.

— Soit, miss Cobden. A présent que nous avons fait l'appel des numéros, vous me suivrez plus facilement sur le plan, et vous comprendrez mieux mes explications. L'endroit où s'élève aujourd'hui Andersonville, s'appelait primitivement le Camp-Sumter. Lorsque les prisonniers faits dans les premières batailles commencèrent à affluer dans le Sud, on déblaya le Camp-Sumter sur une étendue de vingt-cinq acres ; le sol est de sable, sur un fond de terre glaise ; une palissade fut élevée sur ce terrain, et on lui donna la forme d'un parallélogramme ; cette palissade fut construite en troncs d'arbres de sept mètres de haut ; à son sommet règne une galerie sur laquelle nuit et jour se promènent des sentinelles ; je n'ai pas besoin de vous dire que cet enclos est à ciel ouvert et que les prisonniers sont ainsi exposés à toutes les intempéries et les variations du temps, surtout aux redoutables orages si fréquents en Géorgie ; mais ce n'est qu'un détail.

— Et ils sont trente-cinq mille hommes parqués dans cet enclos ?

— Oui, miss Cobden. A l'intérieur de la palissade, dans la direction de l'est, se trouve une barrière à laquelle on donne le nom de ligne de mort. Les sentinelles ont ordre de tirer sans sommation sur tout prisonnier qui se hasardera à franchir cette barrière ; elle n'a pas d'autre raison d'être ; c'est un raffinement de barbarie, voilà tout ; certains prisonniers à bout de souffrances, cédant au désespoir, en ont fait un moyen de suicide.

— Oh ! c'est odieux ! Vous exagérez, capitaine ! s'écria-t-elle avec horreur.

— J'essaierais bien plutôt d'adoucir le tableau, miss Cobden ; mais je ne dis que la stricte vérité.

— C'est rigoureusement exact, appuya Dick.

— Cette rivière que vous voyez là, près du chemin de fer, est un affluent sans nom de l'Ockmulgée ; il en sort deux ruisseaux formant une espèce de presqu'île ; l'un de ces ruisseaux passe sous l'hôpital ; le second doit particulièrement attirer votre attention : cette petite rivière a environ deux mètres de large sur un mètre de profondeur ; mais, lorsqu'elle quitte l'affluent, elle côtoie, pendant un assez long espace, le camp des soldats préposés à la garde de la prison, de sorte que, lorsqu'elle pénètre dans l'enclos, elle est empestée par les déjections de toutes sortes qu'on y a jetées, et cela à tel point qu'elle laisse sur tout ce qu'elle touche une espèce de glu noirâtre. L'eau de cette rivière est la seule que les prisonniers boivent : on ne leur en fournit pas d'autre. Cette eau, noire et puante, sert aussi pour leur cuisine. Nous parlerons bientôt de leur nourriture. Avant de sortir de l'enclos, la rivière forme un marais de près de six acres d'étendue. Ce marais est un foyer d'infection et d'exhalaisons pestilentielles. Le chemin de fer est un embranchement du Grand-Central destiné spécialement au service de la prison. Je ne vous parlerai pas des batteries établies à chaque angle de l'enclos, ce serait me répéter. Quant à l'hôpital, il est là pour la montre et tout particulièrement affecté aux besoins des gardiens et des geôliers ; il n'y a pas d'exemple qu'un prisonnier y soit entré.

— Arrivons enfin aux prisonniers, dit la jeune fille, dont les yeux étaient pleins de larmes, et qui faisait les plus grands efforts pour ne pas pleurer.

— Les prisonniers n'ont aucun abri ; ils sont contraints, pour se garantir de la chaleur de l'été, des gelées de l'hiver et des orages, de se creuser des trous comme des fauves, trous où ils se tapissent farouches et sombres. Quelques-uns de ces malheureux, hâves, les yeux hagards, effrayants de maigreur, hideux de misères et de saletés, répètent sans cesse, d'une voix sourde et monotone, ces deux mots navrants : « J'ai faim ! »

— Oh ! c'est horrible ! s'écria la jeune fille en cachant son visage dans ses mains et éclatant en sanglots. John ! mon pauvre John ! Continuez, continuez : je veux tout savoir, tout !

Pourtant, grâce à un effort suprême de volonté, la réaction s'opéra. La jeune fille se calma peu à peu, elle essuya ses larmes, et un sourire mélancolique erra sur ses lèvres blêmies.

— Vous le voyez, dit-elle, je suis bien faible, hélas ! Je suis femme, mon cœur se brise au récit de telles horreurs. Le gouvernement de Richmond les ignore sans doute, car il ne les autoriserait pas !

— C'est lui qui les ordonne, miss Cobden, dit le capitaine Mac Morlan avec amertume.

— Ces hommes n'ont donc pas de cœur ? Ce sont donc des bourreaux ? s'écria-t-elle avec un indicible dégoût.

— Ce sont des bourreaux, oui, miss Cobden, des bourreaux dont le sens moral est atrophié et perdu par l'habitude de commander à des esclaves en les martyrisant.

— Dieu leur pardonne ! Mais les crimes qu'ils commettent les vouent à l'exécration générale !

— Passons à la nourriture des prisonniers, s'écria Dick, qui avait hâte d'en finir avec ces affreux détails.

— Cette nourriture est immonde, reprit le capitaine. Elle se compose pour chaque homme de huit onces de pain de maïs, deux onces de lard rance. Deux fois la semaine, deux cuillerées de riz ; deux fois par mois, deux cuillerées de mélasse. C'est tout pour vingt-quatre heures. Cette nourriture est apportée le matin à cinq heures, et *jetée en tas*. Vous entendez, miss Cobden, jetée en tas, sur le sable, au milieu des prisonniers affamés. Ils se la partagent comme ils peuvent ; on ne leur donne ni plats, ni cuillers, ni ustensiles de cuisine : c'est une vengeance. On veut dégrader ces malheureux et les avilir ; les prisonniers les plus vigoureux et les plus affamés se forment en troupe, assaillent leurs camarades plus faibles et leur volent leur nourriture, dont ils profitent. Ceux auxquels il reste de l'argent achètent à des cantines installées exprès, et à des prix fabuleux, des vivres de rebut qu'un chien refuserait.

— Voici, chère sœur, un détail, dont je te garantis l'exactitude, si incroyable qu'il paraisse d'abord,

— Parle, mon frère ; je m'attends à tout.

— Dans les villes du Nord, on fait des souscriptions afin d'acheter des vivres et des vêtements pour les prisonniers fédéraux, pour les aider et soulager, autant que possible, les souffrances imméritées qu'ils endurent; ces vivres, ces médicaments, car il y a aussi des médicaments, et ces vêtements sont expédiés à Richmond, au gouvernement, pour être distribués aux malheureux prisonniers; le gouvernement sudiste reçoit tous ces envois, il les fait vendre à *des prix exorbitants* aux prisonniers eux-mêmes par des agents spéciaux.

— Ceci est épouvantable! s'écria miss Jane au comble de l'indignation.

— *C'est pratique*, répondent les sudistes; et comme nous vivons ici sous le coup d'une inquisition qui étouffe toutes les réclamations et les protestations, les habitants du Nord, ne soupçonnant pas une si odieuse infamie, sont convaincus que leurs amis et leurs parents prisonniers dans le Sud sont bien traités et ne manquent de rien, grâce aux sacrifices qu'ils s'imposent.

— D'autant plus, ajouta le capitaine, que le gouvernement de Richmond fait grand bruit de son humanité, mais à présent la vérité commence à percer malgré cet étalage menteur de philanthrophie. Le gouvernement de Richmond ne trompe plus personne; on sait à quoi s'en tenir sur son compte. La mortalité est immense; chaque matin on enlève de l'enclos des centaines de cadavres. Depuis treize mois que je suis directeur de cet enfer, dix-neuf mille prisonniers ont succombé à ces affreuses tortures.

— Mais comment se fait-il que la pensée de fuir ou de se révolter ne leur soit pas venue? s'écria vivement la jeune fille. La mort est préférable à une telle existence.

— Vous ne vous imaginez pas, miss Cobden, ce qui se passe dans cet enclos... Ainsi, je vous ai parlé de bandes de prisonniers se réunissant pour piller les autres. Un matin, ceux-ci, exaspérés, réduits au désespoir, se réunirent, s'emparèrent des voleurs, les jugèrent et les pendirent. Plusieurs évasions furent tentées. Quelques-unes réussirent; la plupart furent dénoncées par des lâches, dans l'espoir de voir adoucir leur sort, ce qui n'eut pas lieu. Enfin, deux fois les prisonniers se révoltèrent; les batteries les foudroyèrent sans pitié, jusqu'à ce qu'ils se jetassent à genoux, en criant : « Grâce! » Voilà, miss Cobden, ce que c'est que la prison d'Andersonville. Maintenant, j'attends vos ordres.

— Il faut que John soit libre le plus tôt possible. Le voyez-vous quelquefois?

— Oui, miss Cobden; je le vois et je lui parle; il supporte son sort avec beaucoup de courage et de résignation : il a de l'argent, ce qui lui permet de rendre ses souffrances supportables; d'ailleurs, les officiers supérieurs sont moins maltraités que les soldats : ils ont au moins de misérables cabanes à peu près suffisantes pour les abriter.

— Nous n'avons pas de temps à perdre : il faut que John soit libre dans un mois.

— Il le sera, ma sœur, dit vivement Dick. Une idée vient de me traverser la cervelle. Cette idée est-elle bonne ou est-elle mauvaise? Je l'ignore encore; je ne puis rien te dire, quant à présent. Ma position d'aide de camp du général Stewens me donne une certaine autorité et des facilités que d'autres ne sauraient avoir; je verrai, je réfléchirai.

— Mais moi je ne puis agir de mon côté avant d'avoir une réponse positive de mon frère.

— Cette réponse, tu l'auras dans huit jours au plus tard. Ma chère Jenny, je ne veux pas te leurrer d'un espoir irréalisable. Dès que je verrai clair dans mon idée, je te la communiquerai.

— C'est convenu.

Et s'adressant au capitaine :

— Pourriez-vous, lui dit-elle, remettre une lettre à John? Il est important qu'il soit prévenu de ce que nous voulons faire.

— C'est indispensable. Ecrivez toujours la lettre, miss Cobden; j'essaierai de la lui remettre. Si je ne réussis pas, je lui dirai de vive voix ce que nous tentons pour son évasion et notre espoir de réussir.

— Je vous remercie mille fois, capitaine. Je ne serai pas ingrate; j'ai bonne mémoire; je me souviendrai.

— Je serai trop heureux de vous être agréable, miss Cobden; d'ailleurs, ajouta-t-il en riant, ne sommes-nous pas complices à présent?

— C'est vrai, capitaine; les conspirateurs se lient vite, ils contractent de chaudes et durables amitiés.

— Je n'ose ambitionner un aussi haut prix, miss Cobden; mais je suis jaloux de mériter votre estime.

— Elle vous est acquise déjà, capitaine, répondit-elle avec un charmant sourire.

La journée s'écoula en causant du projet d'évasion, cherchant des moyens, et, ainsi que cela arrive toujours en semblable circonstance, brodant constamment sur le même thème, et arrivant ainsi à redire sans cesse la même chose.

Vers le coucher du soleil, après qu'il eut été convenu pour la centième fois que le capitaine Mac Morlan ne reparaîtrait plus à la maison de mistress Cobden, que Dick viendrait rarement, et qu'on ne correspondrait que par lettres, les deux officiers, disons-nous, prirent congé des dames et repartirent pour Andersonville.

Le capitaine Mac Morlan emportait une lettre pour le colonel John Charlton.

Miss Jane était ravie; sa joie débordait malgré elle. Sans attendre que sa sœur se fût retirée dans sa chambre, car elle savait n'avoir pas à se gêner avec elle, la jeune fille lui raconta avec les plus minutieux détails, ainsi qu'à sa mère, ce qui s'était passé entre elle et les deux officiers, ainsi que les résolutions prises.

— Dieu veuille que tu réussisses, ma fille! dit mistress Cobden en l'embrassant.

Caresse que la jeune fille lui rendit avec usure.

— Tu réussiras, Jenny, lui dit à son tour miss Lilias en se jetant dans ses bras.

— Je l'espère, répondit miss Jane avec un mélancolique sourire.

Puis les trois dames se retirèrent pour la nuit.

XIV

COMMENT LE GÉNÉRAL STEWENS VOULUT RUSER AVEC UNE VIEILLE PURITAINE ET FUT BATTU PAR ELLE.

C'était le matin, entre neuf et dix heures, dans la salle à manger du général Stewens, à son quartier général, devant Andersonville. Deux hommes assis en face l'un de l'autre, à une table bien servie, déjeunaient de bon appétit, tout en regardant par une fenêtre ouverte le soleil dorer de ses chauds rayons les feuilles des arbres sous lesquelles s'ébattaient et pépiaient à qui mieux mieux une foule de gentils oiseaux.

Ces deux hommes étaient le général Joe Stewens et le docteur Jerry Wolf.

Lorsque le soldat qui les servait eut posé sur la table le café, les liqueurs, le général lui ordonna d'un geste de la main de se retirer, ce que fit celui-ci aussitôt en refermant la porte derrière lui, et les deux convives restèrent seuls.

— Quelle belle journée! dit Wolf en riant.

— Un temps magnifique! répondit le général sur le même ton.

Et ils éclatèrent de rire.

Il y eut un silence.

— Comment se porte mon ami John Charlton? reprit après un instant le général en allumant un cigare.

— Fort bien, répondit Wolf en fronçant le sourcil.

— Tant mieux: c'est un charmant garçon que j'aime beaucoup; mais, à propos, vous aviez, il me semble, quelque chose à me dire?

— Ma foi non; d'ailleurs, à quoi bon, puisque vous aimez si tendrement votre ami le colonel Charlton?

— Wolf, mon ami, vous baissez; vous avez une idée fixe, il faut prendre garde à cela!

— Que voulez-vous dire, général?

— Je veux dire que vous savez fort bien à quoi vous en tenir sur mon amitié pour John Charlton, que je voudrais voir, non pas à Andersonville,—car si bien gardé qu'il soit un jour ou l'autre il en sortira, et alors tout ce que nous avons fait sera perdu—mais au contraire, scellé dans une tombe dont...

— Si telle est réellement votre pensée, pourquoi n'agissez-vous pas? N'êtes-vous point tout-puissant à Andersonville? Ne commandez-vous pas les troupes?

Le général hocha la tête.

— Je commande les troupes, cela est vrai; je suis tout-puissant à Andersonville, c'est vrai encore...

— Eh bien?

— Je ne puis rien faire.

— Comment! vous ne pouvez rien faire?

— Rien absolument, je vous le répète; j'ai les mains liées. Prenez donc un cigare!

— Vous savez que je ne vous comprends pas, général?

— Pardieu! c'est à peine si je comprends moi-même ce qui arrive.

— Qu'arrive-t-il donc, au nom du diable?

— Tout simplement ceci, mon camarade, que mon pouvoir s'arrête à la porte de la prison.

— Cependant, il me semble...

— Oui, je sais ce que vous m'allez dire: je suis intervenu souvent, dans certaines collisions entre les prisonniers et leurs gardiens; mais je n'interviens que sur la demande du directeur de la prison; lui seul commande et agit à sa guise dans l'intérieur de l'enclos : je ne fais que lui obéir.

— Oh! oh! voilà qui est fort.

— C'est comme cela, mon camarade. Faites-en votre profit. S'il plaisait au capitaine Mac Morlan de vous jeter demain à la porte comme un chien galeux, je ne pourrais rien pour vous; et d'ailleurs je me garderais bien d'intervenir.

— Alors, si c'est ainsi, je n'y comprends plus rien du tout.

— Que voulez-vous? J'ai les mains liées.

— Mais comment? pourquoi? par qui? enfin, général?

— Ecoutez, Wolf : vous êtes un vieil ami, je ne veux pas avoir de secret pour vous.

— Merci. Allez, je vous écoute.

— Sachez d'abord que ma nomination en qualité de commandant des troupes du camp d'Andersonville, n'est pas une preuve de confiance, comme peut-être vous le supposiez, mais bien au contraire une disgrâce.

— Une disgrâce ?

— Mon Dieu, oui; on ne me pardonne pas, à Richmond, de m'être laissé surprendre et écharper par les Chasseurs de la Liberté; vous vous en souvenez bien ?

— Mille diables! si je m'en souviens! J'ai failli y rester.

— Mais ce n'est pas tout.

— Ah! il y a encore quelque chose ?

— Vous allez voir : le président de la République, Jefferson Davis lui-même, m'a donné l'ordre péremptoire de veiller à ce que le colonel John Charlton fût traité aussi bien que possible dans la prison.

— Comment! Jefferson Davis...

— Oui, la dépêche est tout entière de sa main, de laisser au prisonnier une liberté relative dans l'enclos, de ne lui faire subir aucunes vexations inutiles — ces mots sont en toutes lettres — me rendant responsable de l'exécution de ces ordres qu'il a donnés d'autre part au commandant ou directeur de la prison, lequel me les communiquera, ce que le capitaine Mac Morlan a fait aussitôt, en souriant de cet air moitié figue moitié raisin qui a le privilège de si bien m'agacer les nerfs. Il y a encore dans cette dépêche beaucoup de choses que je vous passe. Que dites-vous de cela, mon camarade ?

— Je tombe des nues, général; je ne m'étonne plus si le colonel est traité avec tant d'égards.

— Vous le voyez, je ne puis rien.

— Malheureusement!..

— Eh bien! voulez-vous que je vous dévoile ma pensée tout entière, ami Wolf?

— Pardieu! je ne demande pas mieux, général.

— Je ne suis pas fâché de cela.

— Comment ?

— J'aime, vous le savez, miss Jane Cobden; son frère est un de mes aides de camp, je ne voudrais pas me brouiller avec lui; ce serait maladroit à moi de me faire un ennemi de l'homme dont je courtise la sœur.

— En effet.

— D'ailleurs, j'ai remarqué que toujours on réussissait bien mieux par l'adresse et la ruse que par la force.

— C'est selon; allez, général, j'écoute.

— Donc, aussitôt que j'apprendrai l'arrivée de miss Cobden aux environs, car j'ai la conviction qu'elle arrivera bientôt; elle n'a que trop tardé déjà, — j'ai mon plan dressé, et cette fois j'en suis convaincu, je réussirai.

— Ainsi, vous n'attendez que l'arrivée de miss Cobden pour mettre à exécution ce plan magnifique et irrésistible ? dit Wolf en riant.

— Ma foi oui, pas autre chose. Ah çà, pourquoi donc me riez vous ainsi au nez ? Ce n'est pas poli, cela, mon camarade.

— Pardonnez-moi, mon général; c'est que cela me semble si bizarre...

— Quoi donc ?

— Ainsi, votre aide de camp, le capitaine Cobden, votre ami, ne vous a rien dit ?

— Que voulez-vous qu'il me dise ?

— Dame! bien des choses; par exemple, l'arrivée de sa sœur à Macon.

— Hein ? que me dites-vous donc là ?

— La vérité, général.

— Miss Cobden est arrivée ? s'écria-t-il en tressaillant.

— Parfaitement, général.

— Depuis longtemps ?

— Dame! depuis assez longtemps déjà.

— Et Dick ne m'a rien dit !...

— Sa sœur le lui aura défendu.

— Oui, en effet, c'est probable. Mais vous, vous le saviez, Wolf ?

— Depuis le premier jour, général.

— Pourquoi ne m'avez-vous pas appris cette nouvelle ?

— D'abord, parce que je croyais que vous la connaissiez.

— Soit, passons. Depuis quand miss Cobden est-elle arrivée ?

— Hum! attendez que je me le rappelle. Depuis combien de temps sommes-nous ici ?

— Bon!... Qu'allez-vous chercher là, Wolf ?

— La date exacte que vous me demandez, général.

— Vous êtes fou! dit Joe en haussant les épaules. Vous savez fort bien que nous sommes depuis quatorze mois à Andersonville !

— Tant que cela ? Comme le temps passe, pourtant ! Eh bien ! mon général, miss Jane, accompagnée de toute sa famille, est arrivée juste un mois jour pour jour après nous, non pas à Andersonville, mais à Macon, où les Cobden possèdent une maison magnifique.

— Depuis treize mois miss Jane serait à Macon ? Allons donc, c'est impossible!

— Soit; mettons que je n'ai rien dit, général.

— Le frère et la sœur se voient, sans doute ?

— Très rarement, général. A peine se sont-ils vus cinq ou six fois.

— Miss Jane est venue sans doute pour essayer de faire évader le colonel ?

— C'est probable; mais je l'ignore. Cette jeune fille est très fine; elle et sa sœur, miss Lilias, sortent beaucoup; on les rencontre toujours rôdant dans la campagne. Ce n'est pas sans doute dans le seul but d'admirer la belle nature !...

— Oh! être joué ainsi, moi ! s'écria-t-il en frappant du poing avec colère sur la table; je saurai ce que fait ici cette jeune fille.

Il se leva et appela.

— Que faites-vous? demanda Wolf.

Le soldat entrouvrit la porte.

— Sellez deux chevaux : un pour moi, l'autre pour vous, ordonna le général.

— Vous partez, reprit Wolf.

— Oui, je vais à Mâcon; j'ai besoin de causer avec mister Cobden. Par lui, je saurai tout.

— J'en doute; mais si vous tenez à le voir ce n'est pas à Mâcon qu'il faut aller, vous ne l'y trouveriez pas.

— Où est-il donc?

— Sur sa plantation, une magnifique caféière, entre Atlanta et Milledgeville.

— Mais vous m'avez dit vous-même...

— Permettez, vous ne m'avez pas compris.

— Expliquez-vous donc, au nom du diable !

Il se rassit et but un verre de rhum d'un trait.

En ce moment le soldat reparut.

— Attendez, lui dit le général; promenez les chevaux; voyons, parlez, vieux Wolf, ajouta-t-il en se tournant vers le docteur.

Le soldat avait quitté la pièce.

— Voici la chose en deux mots : Les Cobden, père, mère, fils et fille, se sont sauvés de Rockingham avec leurs esclaves et sont venus se fixer ici, où ils ont des propriétés. La mère et les deux filles se sont établies à Mâcon le père, son fils et les esclaves se sont au contraire installé, sur la plantation longtemps négligée où ils mettent tout en ordre. Ils ne se font que de très rares visites ; ils sont trop éloignés les uns des autres pour se voir souvent.

— Ainsi les dames habitent seules à Mâcon.

— Oui, avec leurs esclaves; leur maison est une des plus belles de la ville, tout le monde vous l'indiquera; j'y suis entré une fois, en cachette; mais depuis des précautions ont été prises, et il m'a été impossible de m'y introduire.

— Merci, Wolf; nous nous reverrons bientôt; j'ai à causer avec vous. Je pars pour Mâcon; peut-être avant peu ferons-nous quelque chose ensemble, ajouta-t-il avec un sourire d'une expression singulière.

— Comptez sur moi.

— C'est dit. Au revoir!

Et tous deux quittèrent la salle à manger.

Les jeunes filles faisaient leur promenade habituelle. Mme Cobden était seule. On lui annonça une visite ; cette visite n'était rien moins que celle du général Stewens en personne.

Mistress Cobden ordonna d'introduire le visiteur.

Le général se présenta, un sourire obséquieux sur les lèvres, salua avec le plus profond respect et prit le siège qu'un esclave lui présenta.

Mais si fin, si rusé, si habile qu'il fût, le général Stewens avait affaire à une femme beaucoup plus fine et plus habile qu'il ne l'était lui-même, ce dont il était loin de se douter, connaissant très superficiellement mistress Cobden et ne voyant en elle qu'une dévote acariâtre, à l'esprit étroit comme tous les puritains, avare, et n'aimant personne qu'elle-même.

Malheureusement, il se trompait du tout au tout; mistress Cobden adorait ses enfants, miss Jane surtout. Confidente de sa fille, elle l'aidait de tout son pouvoir sans en avoir l'air et veillait sur elle avec cette sollicitude de l'amour maternel qui comprend et accepte tout.

Mistress Cobden témoigna le plus vif intérêt au général Stewens, parut fort satisfaite de le voir, et regretta de ne pouvoir recevoir ses visites aussi assidûment qu'elle aurait été heureuse de le faire; mais l'isolement dans lequel elle vivait avec ses deux filles lui imposait une grande retenue et la privait du plaisir de recevoir ses meilleurs amis.

C'était dire poliment au général de s'abstenir de nouvelles visites; le général le comprit parfaitement. Il se mordit les lèvres de dépit, ce qui ne l'empêcha pas de beaucoup approuver la résolution prise par mistress Cobden, cette conduite étant la seule qu'elle devait convenablement adopter.

Mistress Cobden ne sembla pas remarquer le mécontentement du général, et tout naturellement, sans attendre que celui-ci l'interrogeât, elle raconta les motifs de son départ de Rockingham, et comment elle était venue se fixer en Géorgie et à Mâcon, où elle avait des propriétés, ce qui causait précisément l'isolement dans lequel elle était contrainte de vivre et dont elle se plaignait. Son mari, ayant laissé gérer longtemps sa plantation par son cousin Max Robinson, le plus riche planteur d'Atlanta, et s'étant aperçu de l'état de dépérissement dans lequel se trouvait sa propriété, s'était vu forcé de vivre sur son terrain même, afin de surveiller ses nègres et de récupérer s'il était possible les pertes causées par un long abandon, pertes d'autant plus sensibles que sa fortune se trouvait très compromise par la prolongation de la guerre.

Et elle continua ainsi à se lamenter pendant plus d'une heure, déplorant la situation difficile à laquelle elle se trouvait réduite, etc.

Tout cela était dit avec une si grande bonhomie, une franchise si véritable, que malgré toute sa finesse le général Stewens y fut pris ; ce trompeur émérite fut trompé lui-même et convaincu que mistress Cobden ne lui disait que la vérité.

Cependant il ne se tint pas encore pour battu ; il fit une dernière tentative, en demandant à mistress Cobden si elle avait des nouvelles de son neveu John Charlton, le fiancé de sa fille miss Jane.

Mistress Cobden s'attendait à cette question ; elle avait préparé sa réponse ; sachant la position occupée par le général, elle joua une comédie dont celui-ci fut complétement dupe.

Elle commença par s'emporter contre sa fille ; elle raconta tout ce que miss Jane avait fait, le trouvant choquant au plus haut degré et se réjouissant hautement de ce que John Charlton, qui d'abord avait fort mal reçu sa fille, lorsque celle-ci avait oublié ses devoirs jusqu'à ce point d'aller le trouver au milieu de l'armée fédérale, elle, une Sudiste, plus tard lui avait écrit de la prison de Belle-Isle, où il était interné, qu'il lui rendait sa parole et ne voulait plus avoir rien de commun avec une femme qui avait essayé par tous les moyens de lui faire trahir la cause qu'il défendait ; elle ajouta que sa fille, désespérée, reconnaissant enfin qu'elle n'obtiendrait rien de son cousin, était revenue dans sa famille, que depuis elle n'avait plus quittée.

Elle termina en disant qu'elle n'était pas dupe de la feinte résignation de sa fille, qu'une mère n'était pas facile à tromper, qu'elle était convaincue qu'elle aimait encore son cousin au fond de son cœur, et que l'impossibilité seule de se disculper à ses yeux obligeait miss Jane à s'abstenir de toutes recherches pour savoir ce qu'il était devenu, que d'ailleurs les temps étaient changés, que son mari et elle étaient bien résolus à ne plus lui fournir les moyens de recommencer de nouvelles escapades aussi compromettantes que les premières ; que du reste leur fortune ne leur permettait plus de consentir à des sacrifices d'aucune sorte pour satisfaire les caprices d'une jeune fille évaporée.

Cette fois, le général Stewens ne conserva plus un doute ; tout ce que lui avait dit mistress Cobden, il le savait ; il n'y avait donc pas d'arrière-pensée de la part de son interlocutrice ; elle avait parlé selon son cœur.

Ce qui prouve que le mensonge est si inhérent à la nature humaine, que le meilleur moyen de tromper les gens est de leur dire la vérité, d'une certaine manière, bien entendu.

Le fait est que le général Stewens donna tête baissée dans le panneau si adroitement ouvert sous ses pas par la maligne puritaine.

Il se retira parfaitement persuadé que Wolf s'était alarmé à tort ; que miss Jane ignorait où était interné le colonel Charlton, et que, même en supposant que miss Jane en fût informée, ayant sa famille contre elle et étant brouillée complétement avec son ancien fiancé, elle se trouvait réduite à l'impuissance et par conséquent ne tenterait rien en sa faveur.

Pour lui porter le dernier coup, mistress Cobden lui avait dit qu'elle serait très heureuse de le recevoir dès que son mari quitterait sa plantation, et viendrait se fixer définitivement à Mâcon.

C'était le renvoyer à la fin de la guerre. Le général le comprit, mais il n'en laissa rien paraître, et bien que très vexé intérieurement, il avait pris congé le sourire sur les lèvres, se promettant de faire bientôt une visite au planteur et laissant la vieille puritaine se frotter les mains.

Lorsque les deux jeunes filles rentrèrent, une heure plus tard, mistress Cobden leur raconta ce qui s'était passé en leur absence, la visite qu'elle avait reçue et comment, en lui donnant le change, elle avait éconduit le visiteur.

Miss Jane remercia affectueusement sa mère et rit comme une folle de la déconvenue du général.

XV

OU LE COLONEL CHARLTON COMMENCE A ESPÉRER

Nous nous transporterons maintenant à Andersonville, non pas au quartier général du général Stewens, mais dans l'enclos même où étaient détenus les prisonniers fédéraux.

Certes, en faisant l'histoire et la description de la prison d'Andersonville, le capitaine Mac Morlan, loin de noircir le tableau, en avait, au contraire, singulièrement adouci les teintes ; la réalité était effrayante.

Tous les alentours de cet immense charnier humain étaient désolés et comme brûlés; les arbres, rachitiques, tordus, remdlis de scrofules, mouraient et ne laissaient voir que des squelettes déjetés, élevant vers le ciel leurs branches privées de feuilles et sans écorce; l'herbe elle-même ne poussait pas; une odeur pestilentielle de cadavres prenait à la gorge, donnant des nausées et des étourdissements.

La mortalité était presque aussi considérable parmi les soldats chargés de la garde des prisonniers que dans l'enclos même, à cause de la corruption de l'atmosphère.

On était contraint de changer ces troupes tous les mois et de les remplacer par d'autres. On choisissait de préférence pour ce service les régiments les plus mal notés et dans lesquels la discipline était mauvaise. c'était une punition qu'on leur infligeait.

Au-dessus de l'enclos, comme sur les étangs stagnants, était à demeure un nuage d'un jaune violacé chargé d'émanations putrides, tandis qu'au plus haut des airs planaient, en formant d'immenses cercles, d'ignobles urubus et de hideux gypaètes qui parfois s'abattaient au milieu des prisonniers sur les cadavres des morts de la journée étendus et abandonnés ça et là et se relevaient emportant des lambeaux de chair sanglante.

Il fallait un véritable courage pour franchir la porte de l'enclos et oser pénétrer à l'intérieur.

Rien ne saurait rendre l'aspect misérable et dégoûtant de cette enceinte peuplée de cadavres vivants, livides, hagards et réduies à l'état de squelettes, errant à l'aventure sans prononcer un mot, drapés dans des haillons sordides, se traînant avec une peine extrême, ou vautrés pêle-mêle et complétement nus dans la fange comme des porcs; se pressant les uns contre les autres pour retenir quelques parcelles de chaleur vitale; d'autres, terrés dans leurs tanières, regardaient sans voir, d'un air hébété; le plus grand nombre, en proie à un désespoir sombre, se tenaient accroupis, les coudes sur les genoux, la tête dans les mains, le regard fixe, les traits convulsés, et sans même s'en apercevoir laissant leurs larmes tracer un sillon sur leurs faces décharnées.

Quelques-uns, mais ceux-là en très petit nombre, avaient conservé une vigueur relative; leurs vêtements, quoique sales et misérables, étaient moins sordides : c'étaient les riches, ceux qui grâce à leur fortune se procuraient à prix d'or des vivres à peu près mangeables, des vêtements presque propres, et surtout du tabac, ce grand consolateur des prisonniers.

Mais le tabac était cher, surtout quand on voulait l'avoir, non pas bon, mais seulement passable; il fallait le payer vingt dollars la livre, c'est-à-dire cent francs. Aussi, l'heureux possesseur d'une livre de tabac la cachait-il avec le plus grand soin; il en usait avec une parcimonie extrême. Il était défendu de fumer, mais on pouvait *chiquer*, habitude du reste très répandue dans l'Amérique du Nord, où les personnes du monde réputées comme il faut chiquent même dans les meilleurs salons. A Andersonville, qu'on nous passe ce détail odieux, car il est typique, une chique n'ayant servi qu'à une seule personne, pendant une journée, se vendait un dollar; une chique neuve, c'est-à-dire n'ayant pas encore servi, ne s'achetait pas moins de trois et même quatre dollars.

La plus hideuse promiscuité régnait entre les prisonniers; tous les rangs étaient confondus; la force seule s'imposait; les faibles étaient obligés de se soumettre à toutes les exactions et humiliations qu'il plaisait aux plus forts de leur faire subir. Chaque jour il se passait dans cet immonde enclos, où toutes les passions mauvaises et brutales avaient liberté entière de s'épanouir des scènes hideuses, que les geôliers et les surveillants se gardaient bien d'empêcher, et dont au contraire ils riaient méchamment.

Le colonel John Charlton ne manquait ni d'argent, ni d'habits, ni même d'armes, grâce aux instructions données à son sujet. Sa situation était donc, relativement aux autres prisonniers, très supportable.

Grâce au directeur et à son cousin Dick Cobden, il recevait d'excellents vivres et tous les ustensiles dont manquaient ses compagnons d'infortune. Sa hutte, adossée à la palissade de l'enclos, était assez grande; une cloison la séparait en deux pièces. Elle était hermétiquement close et était garnie de meubles grossiers, mais très suffisants.

Aucun des autres officiers prisonniers ne possédait une hutte aussi confortable.

A différentes reprises, certains prisonniers avaient, excités par Wolf, essayé de jouer de mauvais tours au colonel, mais ces diverses agressions avaient toujours été repoussées vigoureusement par lui avec l'aide de deux autres prisonniers auxquels il s'était intimement liés dans la prison, et le secours de plusieurs autres, qui lui étaient dévoués à cause des services qu'il leur rendait.

En somme, le colonel Charlton était généralement aimé et respecté par ses compagnons de misère, il possédait même une grande influence sur eux; mais cette position exceptionnelle avait été longue à obtenir : il lui avait fallu une lutte de plusieurs mois pour conquérir sa tranquillité et le respect des mauvais drôles dont le nombre dans la prison, comme partout ailleurs, se trouvait en majorité.

Lors de son arrestation, le colonel avait été mal soigné; une de ses blessures se r'ouvrait souvent; il souffrait d'intolérables douleurs physiques augmentées encore par l'abandon dans lequel il se croyait; surtout il souffrait de l'oubli auquel il se figurait être condamné par celle dont l'amour était sa vie.

Depuis quelques jours, il semblait être plus calme. Le courage, qui avait failli lui manquer, lui revenait. Sa physionomie s'éclairait par moments. L'espoir, ce dernier lien par lequel les malheureux se rattachent à l'existence était rentré dans son cœur.

Le capitaine Mac Morlan avait réussi à lui faire passer la lettre de miss Jane.

Cette lettre précieuse, le jeune homme la relisait sans cesse et l'inondait de larmes de joie; il la savait par cœur, mais chaque fois qu'il la relisait, il lui semblait y retrouver quelque chose de nouveau. Enfin, malgré ses souffrances physiques, il était redevenu presque gai, ce qui comblait de joie ses deux compagnons.

Ces deux amis, dont nous avons parlé déjà, étaient, le premier, un ancien coureur des bois, Canadien; « Bois-Brûlé »; le second, un Français, ancien chasseur d'Afrique. C'étaient deux hercules, fort braves et surtout excellents compagnons. Ils s'étaient pris d'une vive amitié pour le colonel. C'était grâce à leurs soins et à leur dévouement que John Charlton devait de ne pas avoir succombé de douleur et de misère. Aussi, ces trois hommes étaient-ils liés entre eux par des liens indissolubles et s'étaient-ils juré de mettre tout en commun, de s'évader ensemble, ou de rester en prison plutôt que de se séparer.

Le Canadien se nommait Pierre Berger, le Français, Charles Merlin. Le Canadien était né dans un village indien du haut Canada; le Français était Parisien pur sang, né dans la cité à l'époque où elle possédait encore des rues et des maisons.

Tous deux s'étaient enrôlés le même jour à Washington, dans le même régiment que John Charlton.

Bientôt tous deux avaient atteint le grade de lieutenant; ils avaient été pris ensemble dans la dernière bataille livrée par le général Freemont aux Sudistes commandés par le général Stonewal Jackson devant Fort-Republic; ce n'était qu'à Andersonville, où ils se trouvaient avant le colonel, qu'à leur grande joie ils avaient été définitivement réunis à lui.

Un matin, les trois amis étaient assis dans leur hutte, où ils habitaient en commun; ils achevaient de déjeuner assez confortablement au prix convenu d'avance de 17 dollars, — une misère! — Pierre Berger, après avoir soigneusement ramassé les reliefs du repas, avec lesquels ils devaient dîner, les avait cachés au fond d'un vieux bahut, espèce de meuble maitre-jacques, servant, selon les circonstances, d'armoire, de table, de siège et même de lit; Charles Merlin fumait avec une sensualité délicieuse un bout de cigare long comme le pouce, qui lui servait depuis trois jours déjà et qu'il allait bientôt éteindre, afin de ne le terminer définitivement que le soir, après son dîner; faire les quelques lignes impossibles à fumer devaient une chique excellente pour un prisonnier auquel le Français avait daigné les promettre.

— Comment vous sentez-vous aujourd'hui, colonel? demanda Merlin, entre deux bouffées de tabac.

— Bien; ma blessure est refermée; elle semble cette fois ne plus vouloir se rouvrir.

— Dieu le veuille! dit Berger.

— Et puis, reprit le colonel, j'ai reçu d'excellentes nouvelles.

— Bravo! s'écria Merlin, rien de tel que les bonnes nouvelles pour hâter une guérison.

— Berger, veillez un peu au-dehors sans en avoir l'air.

— Soyez tranquille, colonel, répondit Berger en allant s'asseoir sur le seuil de la hutte.

— Bon! il y a du nouveau à ce qu'il paraît, reprit Merlin.

— Peut-être. Où en sommes-nous, monsieur l'ingénieur? demanda John d'un ton de bonne humeur.

— Riez, mon colonel, reprit Merlin sur le même ton; n'empêche qu'il est heureux pour nous que j'aie obtenu mon diplôme d'ingénieur civil il y a quelque dix ans à Paris. Cela nous servira, je l'espère. Notre tunnel est terminé, colonel.

— Véritablement?

— Oui, colonel, depuis hier. Nous n'avons plus que quelques coups de pioche à donner pour sortir au jour, dix minutes de travail tout au plus.

— Comment, déjà! s'écria John.

— Ce déjà me semble charmant, colonel! Je vous ferai observer que depuis huit mois, Berger et moi, nous fouillons nuit et jour la terre comme des taupes.

— C'est vrai, hélas! je vous ai été presque inutile dans ce travail.

— Erreur colonel; sans la nourriture que grâce à vous nous avons eue, le wiskey et le vin que vous nous avez procurés, nous avons conservé nos forces, c'est-à-dire les moyens de travailler activement à notre évasion; sans vous nous serions morts de misère.

— Bon! bon! laissons cela, mon cher lieutenant. Renseignez-moi sur votre travail; ceci est plus important.

— Colonel, le tunnel a un mètre trente de large et un mètre quatre-vingt-dix de haut, c'est-à-dire le passage nécessaire et sans se courber. Dam! on ne peut pas avoir toutes ses aises.

— Je trouve que c'est plus que suffisant. Continuez, je vous prie. Quelle est la longueur du tunnel? Si nous sortions trop près de l'enclos, nous serions perdus.

— Rassurez-vous! colonel; je sais mon métier. Le tunnel à trois cent soixante-huit mètres de long.

— Trois cent soixante-huit mètres de long en si peu de temps?

— Pardon, colonel; nous avons commencé à creuser le 1er janvier, nous sommes aujourd'hui au 1er septembre; voilà donc huit mois, c'est-à-dire deux cent quarante-trois jours que nous faisons ce métier de taupes. Nous aurions facilement creusé deux et même trois mètres par jour s'il ne nous avait fallu étançonner [de distance en distance et faire disparaître les terres. Cela nous a retardé; au lieu de deux ou trois mètres par vingt-quatre heures, nous n'en avons creusé que trois cent soixante-huit en deux cent quarante-trois jours, c'est-à-dire un peu plus d'un mètre et demi en vingt-quatre heures, ce qui, vous en conviendrez, n'a rien d'extraordinaire.

— C'est vrai! Et pourtant un tel travail est prodigieux!

— Le plus difficile, colonel, était d'étançonner et de faire disparaître les terres; mais, grâce à Dieu! nous avons réussi à force de patience et surtout de prudence. Remarquez, colonel, que notre tunnel commence sous la palissade même de l'enclos, si bien que nous ne perdons pas un centimètre de notre travail. Nous débouchons bien en avant de toutes les défenses de la prison, sur la route même de Milledgeville, à un endroit où l'on n'a pas jugé à propos d'établir une ligne de sentinelles, à cause d'abord des nombreux marécages qui rendent cette partie du camp Sumter positivement impraticable, et ensuite parce que la route est, dit-on, très-fréquentée de jour et de nuit par les paysans qui se rendent au marché ou en reviennent. Nous sortirons dans un carrefour nommé *les Mille voies*, dans une case à nègres abandonnée et presque en ruines.

— Allons! mon cher Merlin, tout cela a été exécuté avec une intelligence et une habileté remarquables; mais surtout à présent méfions-nous des traîtres.

— Cherchez vous-même l'entrée du tunnel, colonel? bien que vous sachiez où elle est située, je vous mets au défi de la découvrir, tant elle est bien dissimulée; du reste, pourquoi ne partirions-nous pas cette nuit?

— C'est impossible, lieutenant; rapportez-vous-en à moi pour le départ.

— Berger et moi, vous le savez, mon colonel, nous sommes à vos ordres; nous attendrons.

— Des ordres, non mon ami, je n'ai pas à vous en donner, mais des conseils; vous êtes-vous jamais trouvés mal de les avoir suivis?

— Jamais, colonel, au contraire!

— Ayez donc un peu de patience; vous n'attendrez pas longtemps. J'ai une excellente nouvelle à vous donner, lieutenant; ces deux misérables qui nous espionnaient sans cesse, et qui si souvent ont essayé de nous nuire, ont donné leur démission; ils ne pouvaient plus y tenir.

— Je comprends cela, le granit lui-même s'émiette dans cet enfer!

— Ils ont, assure-t-on, quitté Andersonville ce matin; nous voilà donc débarrassés de MM. Wolff et Warding.

— C'est un excellent présage pour nous, colonel, dit Merlin en riant. Bon voyage, et que le diable, leur ami particulier, ne les replace pas sur ma route, car nous aurions, je le crains, une explication orageuse!

— Bah! que nous importent ces misérables! dit le colonel en haussant les épaules.

En ce moment une certaine rumeur se fit entendre au dehors.

— Que se passe-t-il donc? demanda John.

— Mon colonel, c'est le directeur de la prison; il vient d'entrer dans l'enclos avec un détachement de soldats, pour faire sa ronde accoutumée, répondit Berger. Le capitaine Richard Cobden, aide de camp du général Stewens l'accompagne, comme il en a l'habitude.

— Allons un peu voir cela, dit le colonel.

Il se leva, prit un bâton lui servant de canne, et il sortit de la hutte; ses compagnons le suivirent.

Les trois hommes se dirigèrent du côté où venait le capitaine Mac Morlan et s'arrêtèrent à quelques pas des soldats et des gardiens, dont le capitaine était entouré.

— Voulez-vous me permettre, dit alors Dick en s'adressant à haute voix, au gouverneur voulez-vous me permettre de causer pendant quelques instants avec mon cousin, le colonel Charlton?

— Mon cher capitaine, répondit le directeur sur le même ton, la consigne est formelle: il est défendu à tout officier de la garnison de parler à un prisonnier hors de ma présence.

— Je ne veux pas enfreindre votre consigne, capitaine, dit Richard Cobden en s'inclinant; je désire seulement remettre ces quelques livres de tabac à mon cousin et m'informer de sa santé.

— Je le sais, vous m'aviez averti en me faisant visiter le paquet de tabac ; ne soyez pas long, je suis pressé. Arrière, messieurs, ajouta-t-il en s'adressant aux soldats et aux gardiens, éloignez-vous hors de la portée de la voix.

— Attention! dit le colonel à ses compagnons : il y a du nouveau.

Pendant qu'il prononçait ces quelques paroles, les gardiens et les soldats d'un côté et les prisonniers de l'autre s'étaient reculés, en laissant un large espace vide au centre duquel restèrent seuls les deux capitaines et le colonel Charlton.

— Etes-vous prêt? demanda Dick.

— Oui, répondit laconiquement le colonel.

— A quel endroit?

— Carrefour des Mille-Voies, route de Milledgeville, dans une case à nègre ruinée.

— Très bien! un orage menace; cette nuit à minuit! dit le capitaine Mac Morlan.

— Nous y serons.

— Peut-être me verrez-vous au moment du départ, reprit le directeur.

— Je comprends.

— Voici des armes; en cas d'attaque, avec celles que vous avez déjà, cela suffira, reprit Dick.

— Merci, cousin.

— A ce soir.

— C'est convenu.

Le jeune officier remit le paquet au colonel. Ce paquet était assez lourd; John le plaça sous son bras. Le directeur, selon la consigne, avait déchiré le paquet avant d'entrer dans l'enclos, mais alors les gardiens avaient vu le tabac et s'étaient inclinés devant leur chef; d'ailleurs, par respect pour lui, ils se seraient bien gardés d'insister après sa visite.

— Bonne chance! reprit le directeur; surtout veillez et soyez prudents.

— Merci, nous nous méfions, dit le colonel; morts ou vifs nous serons au rendez-vous à l'heure dite.

Le colonel serra amicalement la main de son cousin, salua cérémonieusement le capitaine Mac Morlan et s'éloigna lentement en s'appuyant lourdement sur sa canne, comme s'il éprouvait une grande difficulté à marcher.

Le directeur fit signe aux soldats et aux gardiens de se rapprocher.

— Votre parent me semble fort malade! dit le capitaine Mac Morlan assez haut pour être entendu de tous.

— Oui, répondit le jeune officier en hochant tristement la tête, sa blessure ne veut pas se refermer.

Ce fut tout

La visite continua.

L'entretien n'avait pas duré plus de cinq minutes.

Il avait eu lieu publiquement; personne ne pouvait supposer qu'il existât une connivence quelconque entre les trois officiers; toute supposition à ce sujet eût paru absurde.

Cependant le colonel et ses amis étaient rentrés dans la hutte.

Le paquet fut ouvert : il contenait trois paires de revolvers à six coups enveloppés de tabac; les revolvers étaient chargés.

— C'est pour cette nuit, dit le colonel; nous avons des revolvers et des bowie-knifs; nous vendrons chèrement notre vie si l'on nous surprend.

— Quant à moi, on ne me prendra pas vivant, dit le lieutenant Merlin.

— Ni moi, dit le Canadien.

— Ni moi, fit le colonel en riant; il y a de l'écho ici; il est dix heures du matin, dormons camarades; cette nuit, nous galoperons!

— Ainsi soit-il! dit joyeusement le Français.

Les trois hommes s'étendirent alors sur leurs grabats et presque aussitôt ils s'endormirent profondément.

Vers cinq heures du soir ils s'éveillèrent.

— Que faisons-nous? demanda Berger.

— Il est cinq heures; mettez la table.

Le Canadien obéit avec empressement.

— Maintenant, reprit le colonel, mangeons bien et buvons mieux!

— Oui, il nous faut prendre des forces.

— Mes amis, reprit le colonel après un instant, laissez-moi vous proposer un toast, le seul que nous porterons. Je vous prie de boire à une jeune fille charmante et dévouée, dont l'amour m'a sauvegardé pendant ma captivité, en soutenant mon courage et me donnant l'espoir! Messieurs, à miss Jane Cobden, ma cousine et ma fiancée!

Les gobelets se choquèrent.

— A miss Jane Cobden, votre fiancée, colonel! répétèrent les deux hommes, et puisse son amour vous donner tout le bonheur que nous vous souhaitons!

Ce repas, le dernier qu'ils espéraient faire dans l'enclos fut promptement terminé. Il était tel que, dans tout autre endroit, les trois hommes s'en seraient éloignés avec dégoût; mais, à Andersonville, il n'y avait pas de délicatesse possible ; il fallait manger n'importe quoi sous peine de mourir de faim.

Après avoir bu un dernier coup de wiskey,

les trois prisonniers se levèrent, allumèrent pipes et cigares et allèrent s'asseoir sur le seuil de la hutte.

— Maintenant, dit le colonel en jetant un regard inquisiteur autour de lui afin de bien s'assurer que nul espion n'était aux écoutes, maintenant, compagnons, attendons et bon espoir!

— Amen! répondirent les deux hommes en baissant instinctivement la voix.

XVI

DANS LEQUEL NOS PERSONNAGES VONT UN TRAIN D'ENFER

Ce même jour, presque à la même heure, le général Stewens, assis dans son fumoir, en compagnie de Harry Wolf et de M. Warding, continuait une conversation depuis longtemps commencée, ainsi qu'il était facile de s'en rendre compte aux nombreuses bouteilles vides, entassées sur le guéridon chargé de liqueurs de toutes sortes et de cigares, placé au centre de la pièce.

— Donc d'après votre dire, mon cher Wolf, le capitaine Mac Morlan est un homme charmant? disait le général. Cependant permettez-moi de vous faire observer que vous n'avez pas toujours été de cet avis.

— J'avais tort, général. Je ne crains par de l'avouer franchement; je m'étais complétement trompé sur son compte.

— Ah bah!

— C'est comme cela, j'en ai la preuve.

— Et moi aussi, dit M. Warding d'une voix somnolente.

Le général haussa les épaules.

— Est-ce parce qu'il vous a fait obtenir du ministre le congé de deux mois que vous avez demandé par son entremise? Prenez garde, ce serait pour moi une preuve du contraire; Mac Morlan est bien fin sous sa grossière écorce.

— C'est possible; mais cette fois il s'est montré franc et généreux, dit nettement M. Warding.

— Hein? fit le général, que veut-il dire?

— La vérité, répondit Wolf; il a raison, général.

— Hum! Mac Morlan franc et généreux, un si vieux renard? cela me semble fantastique.

— C'est cependant ainsi. Général, quelle est la prime donnée par le gouvernement quand on empêche l'évasion d'un officier fédéral?

— Trois mille dollars; vous le savez aussi bien que moi.

— Bon! Savez-vous pourquoi nous sommes encore ici, au lieu d'être partis ce matin, comme nous en avions l'intention?

— Sans doute parce que vous avez trouvé mes liqueurs de votre goût, dit-il en riant; mais à quoi bon ces questions, s'il vous plaît?

— Général, ce matin, au moment où nous allions mettre le pied à l'étrier pour quitter le camp Sumter, le capitaine Mac Morlan nous a appelés d'un geste, et une fois entrés dans son cabinet il nous a dit nettement, sans phrases, à brûle-pourpoint « Vous avez tort de partir aujourd'hui; nous sommes de vieux amis; j'avais tout préparé pour vous faire gagner à chacun une jolie somme. — Bon! lui ai-je dit, nous reviendrons dans deux mois, cela ne sera pas perdu; nous ne sommes qu'en congé. — Je le sais bien, a-t-il repris, mais il sera trop tard; si vous étiez seulement restés jusqu'à demain, l'affaire aurait été faite cette nuit, et vous seriez partis en emportant chacun 4,500 dollars de plus dans votre poche. »

— Oh! oh! la somme est belle! s'écria le général en se redressant.

— N'est-ce pas? dit Wolf en se pourléchant les babines.

— Si belle même, qu'elle doit masquer quelque fourberie, dit le général d'un air pensif.

— Bah! vous n'y êtes pas. Vous allez voir.

— J'attends. Quelle est cette affaire dont les bénéfices sont si beaux?

— La voici en un mot. Mac Morlan, tout en exécutant strictement les instructions qu'il a reçues, ne laissait pas pour cela de surveiller avec soin le colonel Charlton.

— Ah! il s'agit du colonel! s'écria le général en fronçant le sourcil.

— Ne vous l'ai-je pas dit?

— Non. Mais continuez. Voyons, qu'y a-t-il?

— Il y a que le colonel, aidé par deux autres officiers avec lesquels il habite, a creusé un tunnel, et que tout est prêt pour son évasion. Les précautions de Mac Morlan sont prises, et, cette nuit, nous surprendrons les prisonniers en flagrant délit.

— Vive Dieu! s'écria le général en proie à une indicible émotion, ce serait trop de bonheur! Est-ce bien positif, ce que vous me dites-là?

— Positif, général; quel intérêt Mac Morlan aurait-il...

— C'est vrai, interrompit-il vivement; je suis fou! Vrai Dieu! ce Mac Morlan est un brave homme; je m'étais trompé sur son compte. Ah! miss Jane! je vous tiens, maintenant! Et vous avez accepté?

— By God! nous aurions été bien niais de refuser.

— En effet ! Ah ! si je pouvais aller avec vous...

— Qui vous en empêche, général ?

— Non, c'est impossible ; j'attends Dick Cobden, nous dînons ensemble, et peut-être...Mais non, je ne puis rien dire encore ; ne manquez pas de venir me rendre compte du succès de votre expédition ; j'ai hâte de savoir ce qui se sera passé.

— Cette nuit même vous aurez de nos nouvelles, général.

— C'est cela ; ne manquez pas de venir à n'importe quelle heure ; des ordres seront donnés, on vous laissera passer. Oh ! miss Jane ! Enfin ! enfin !

Quelques mots furent encore échangés, puis les deux hommes prirent congé et se retirèrent.

Le général resta seul, en proie à une surexcitation fébrile qui le troublait jusqu'au fond de l'âme et le rendait presque fou.

Mais peu à peu cette émotion, grâce à de vigoureux efforts de volonté, finit par se calmer, si bien que lorsque le capitaine Cobden arriva, une heure plus tard, il trouva le général calme et froid comme à l'ordinaire.

Il était sept heures du soir.

On se mit à table.

Les convives étaient au nombre de quatre : le général Stewens, un colonel commandant le camp en second, Dick Cobden et un autre aide de camp.

Le repas fut gai. On y parla presque constamment de la guerre et des succès des Sudistes ; depuis quelque temps ils éprouvaient défaite sur défaite, mais par ordre du gouvernement les journaux les changeaient toutes en victoires. Le général Lee, le dernier champion du Sud, manœuvrait, disait-on, de façon à envelopper les Fédéraux, à les écraser et à terminer la guerre d'un coup par un coup de foudre. Ce fut en effet ce qui arriva, mais tout autrement que les sudistes ne s'y attendaient.

Un peu après dix heures, le général donna en se levant le signal de la retraite.

Tandis que Dick Cobden passait dans son cabinet de travail, le général accompagna ses convives jusqu'à l'antichambre en s'excusant sur un travail pressé qui l'occuperait pendant toute la nuit, et il donna devant les deux officiers ordre aux plantons de ne laisser, sous aucun prétexte, pénétrer personne jusqu'à lui ; puis il serra les mains de ses convives et rentra dans son cabinet de travail, où il trouva Dick Cobden en train de se verser un énorme verre de sherry-brandy.

— Eh ! eh ! dit en riant le général, vous employez agréablement vos loisirs, mon camarade.

— C'était pour vous, mon général, répondit le capitaine avec gaieté ; moi, je préfère le genièvre ; vous voyez que je me suis versé d'abord. Et il présenta le verre au général.

— Un instant, dit le général en acceptant e verre de sherry-brandy ; avant tout, comment vont mes affaires ?

— Admirablement, mon général ; j'ai causé avec elle ; la pauvre enfant désire vous voir ; je vous apporte une lettre d'elle.

— Une lettre d'elle ! s'écria joyeusement le général ; vrai Dieu ! buvons à cette bonne nouvelle !

— A la bonne heure ! répondit le jeune homme sur le même ton.

Le général porta le verre à ses lèvres et le vida d'un trait ; tout à coup il pâlit, chancela, son regard s'égara, il poussa un gémissement sourd et, sans essayer de se retenir, il tomba à la renverse.

Mais Dick ne le perdait pas de vue ; il lui enleva le verre des mains, et prenant ensuite le général à bras le corps, il le porta sur un divan où il l'étendit.

— Hum ! murmura le jeune homme en lui jetant un regard de côté, la dose était orte, il a été foudroyé ; il en a pour vingt quatre heures, c'est plus qu'il nous faut.

Il vida dans les centres le verre, où il restait quelques gouttes, et le rinça avec soin ; il ouvrit la fenêtre, vida la bouteille de sherry-brandy au dehors, la rinça et, prenant un flacon dans une poche de sa tunique, il remplit la bouteille, comme elle l'était auparavant ; il versa même quelques gouttes au fond du verre du général.

— Là, dit-il en buvant le verre de genièvre qu'il s'était versé ; quand il se réveillera, il n'y comprendra rien. Tout est-il en ordre ?... Oui...Ah ! la porte .. Bonsoir, mon général, dit-il en riant ; vous allez avoir un rude cauchemar, sans vous douter.

Il referma la fenêtre, détacha les rideaux, puis il s'approcha de la porte ; alors il prit un long fil de soie, le plia en deux et le passa autour du bouton du verrou, tout en conservant dans la main les deux bouts du fil, puis il ferma la porte au pêne, tira doucement le verrou, qui entra dans sa gâche ; alors, par petites secousses, il ramena le fil de soie à lui, et le mit dans sa poche.

— Pardieu ! dit-il en riant, tout en s'assurant que la porte était bien fermée, il est souvent bon de lire les romans français. Je ne sais où ces auteurs vont chercher ce qu'ils écrivent, j'ai trouvé cette invention dans je ne sais plus quel roman d'Alexandre Dumas. En cas d'échec, je ne crains plus rien ; c'est plaisir de tromper un si grand trompeur.

Tout en parlant ainsi, il s'était rendu

dans l'antichambre, où il prit son sabre, son képi et son manteau.

— Le général travaillera toute la nuit, dit-il aux plantons. Il s'est enfermé dans son cabinet. Il défend qu'on le dérange, quoiqu'il arrive, avant qu'il sonne lui-même.

— Le général nous a déjà donné cet ordre, capitaine, répondit un des sous-officiers de planton ; nous exécuterons strictement la consigne.

— Vous aurez raison. Vous connaissez le général ; il ne vous pardonnerait pas.

Cinq minutes plus tard, le capitaine Cobden, enveloppé jusqu'aux yeux dans son manteau, s'éloignait à toute bride du quartier général.

Cependant, vers le coucher du soleil, ainsi que l'avait prévu le capitaine Mac Morlan, le temps s'était définitivement mis à l'orage ; des éclairs commençaient à sillonner le ciel de leurs lueurs verdâtres, le tonnerre grondait sourdement, et de larges gouttes de pluie tombaient de plus en plus pressées.

Les malheureux prisonniers, à demi-nus, s'étaient pour la plupart blottis dans leurs terriers ; les autres, privés de tout abri, s'étaient étendus pêle-mêle sur le sol, et serrés les uns contre les autres, ils se préparaient à recevoir l'orage avec cet héroïsme insouciant et presque idiot que donne le désespoir ; quelques-uns riaient et remuaient sans savoir pourquoi.

Un silence de mort planait sur cet enclos renfermant cependant plus de quarante mille infortunés à demi morts de misère, silence troublé seulement par les éclats de la foudre qui se rapprochait incessamment et roulait avec un fracas de plus en plus menaçant. La pluie tombait avec une violence dont on ne saurait se faire une idée dans nos froids climats ; elle ruisselait. Les éclairs se succédaient sans interruption.

— Il doit être plus de dix heures, dit à ses deux amis le colonel Charlton à voix basse ; il est temps de nous mettre à l'œuvre !

Une lanterne sourde fut allumée, les armes retirées de la cachette, revolvers et bowie-knifs furent passés à la ceinture.

— Mes amis, dit John d'une voix profonde ; nous touchons à l'heure suprême de notre existence ; nous sommes d'honnêtes gens, des hommes de cœur et de braves soldats ; notre vie est entre les mains de Dieu ; il nous voit, il nous juge ; prions-le du fond de notre âme d'avoir pitié de nous et de nous protéger pendant ces heures terribles qui vont s'écouler.

Ces trois hommes, ces trois cœurs de lion, qui peut-être marchaient à la mort en croyant marcher à la délivrance, baissè-rent humblement la tête sur la poitrine et prièrent avec ferveur pendant quelques minutes, puis ils se redressèrent le visage souriant et les yeux pleins d'éclairs.

Le colonel emplit trois gobelets de wiskey ; on but silencieusement.

— A l'œuvre ! dit le colonel.

Le Français et le Canadien commencèrent aussitôt à démasquer l'entrée du tunnel. Ce travail fut bientôt terminé.

— C'est fait ! dit Berger.

— Nous pouvons partir, ajouta Merlin.

— Pas encore ! répondit comme un sinistre écho une voix railleuse.

Et trois hommes se ruèrent dans la hutte, l'un d'eux tenait à la main un fanal de marine.

Les prisonniers, ainsi surpris à l'improviste, ne firent pas un mouvement, ne laissèrent voir aucun étonnement.

— Ah ! ah ! s'écria l'homme qui déjà avait parlé, vous nous croyiez partis ! Mais vous vous trompiez ; ce n'est que demain seulement que nous quitterons la prison : nous aurons le temps de vous voir fusiller. Allons, rendez-vous ! Vous êtes pris, mes maîtres ; toute résistance est inutile. Nous sommes armés de sabres et de revolvers contre vous qui n'avez rien pour vous défendre.

En ce moment, le troisième de ces hommes ferma la porte de la hutte, contre laquelle il s'appuya en levant son fanal et échangeant un regard avec le colonel.

Celui-ci étouffa un cri de joie, et rapide comme la pensée, il s'élança sur celui des gardiens le plus rapproché de lui, le renversa et le désarma en un clin-d'œil, en même temps qu'il lui appuyait le genou sur la poitrine.

— Vous vous trompez, maître Wolf, dit le colonel John en ricanant ; vous êtes seul, votre ami Wardings est rendu ; bas les armes, si vous ne voulez être tué comme un chien enragé que vous êtes ! Quant à votre troisième compagnon...

— Comment trouvez-vous mon idée, colonel ? dit le capitaine Mac Morlan, en s'approchant son fanal à la main.

Warding, lâche comme toujours, était tombé à genoux tremblant et claquant des dents.

— Vous avez voulu déblayer le terrain derrière nous, répondit le colonel ; merci, capitaine.

— Oui, répondit le capitaine ; ils sont mieux ici que dehors.

— Vous êtes venus à la malheure messieurs, dit le colonel John ; nous sommes résolus à nous échapper ou à mourir ; pourquoi vous acharner ainsi contre des hommes qui jamais ne vous ont fait de mal, que vous ne connaissez même pas ? Misérables

Judas! hideux vampires, repus de sang humain ! Jetez vos armes, rendez-vous ! sinon...

Les deux bandits se crurent perdus; en reconnaissant dans quel piége ils étaient tombés, ils rendirent leurs armes.

— Fouillez ces drôles! ordonna le colonel John.

Ses compagnons obéirent. La lueur fumeuse de la lanterne sourde et celle plus brillante du fanal facilitaient cette opération.

Les deux bandits, sur le conseil du capitaine, s'étaient munis de chaines et de menottes, ne se doutant guère qu'elles leur serveraient à eux-mêmes.

— Liez solidement ces misérables, enchainez-les ! ordonna le colonel.

Cet ordre fut exécuté en un tour de main.

— Qu'en faisons-nous maintenant ? demanda le Français.

— Pendons-les ou poignardons-les, dit le Canadien; si nous les laissons ici, on viendra à leur secours; ils nous dénonceront et nous serons perdus!

Le capitaine Mac Morlan hocha la tête.

— Ils sont seuls et ne sont plus à craindre, dit-il; pas de sang, je vous en supplie, mes amis : ce serait un assassinat; il me semble que ce crime nous porterait malheur.

— Ce n'est pas un crime, capitaine, dit le Français; nous sommes dans le cas de légitime défense.

— Peut-être y étions-nous tout à l'heure, dit le colonel; mais à présent ces hommes sont vaincus; ne les tuons pas; n'ayons pas leur sang sur nos mains. Dieu nous a protégés, il ne nous abandonnera pas, il est souverain juge, laissons-le faire justice de ces scélérats; entraînons-les dans le tunnel assez loin pour qu'ils ne puissent se faire entendre; il se passera du temps avant qu'ils réussissent à se débarrasser de leurs bâillons; dans quelques heures nous serons loin et à l'abri de toute poursuite.

— Que votre volonté soit faite, messieurs, dit le Français, mais souvenez-vous que seuls les morts ne parlent pas!

L'orage redoublait de fureur; une obscurité profonde régnait au-dehors; on n'entendait dans l'enclos que les lamentations des malheureux exposés sans abri à l'orage.

— Et vous, capitaine, que faites-vous ? demanda le colonel.

— Je vous accompagne, pardieu ! Est-ce que je ne me sauve pas aussi moi ! dit-il en riant.

— Bravo ! Vous avez raison, cela vaut mieux, dit le colonel; partons, enfants !

ajouta-t-il après avoir fermé, tant bien que mal, la porte de la hutte.

On avait un peu relâché les chaînes des deux bandits afin qu'ils puissent marcher; le revolver sur la poitrine, on les contraignit à descendre dans le tunnel.

Le capitaine allait en avant, le colonel fermait la marche.

On était presque dans les ténèbres, les fugitifs n'avançaient que lentement le corps penché en avant et tâtonnant à chaque pas.

Arrivés à une certaine distance :

— Halte ! dit le colonel, laissez M. Warding ici, après avoir bien reserré ses liens.

L'ancien planteur fut couché sur le sol, solidement enchaîné et bâillonné.

— En route ! dit John.

On repartit.

Une fois encore on s'arrêta, et la même manœuvre fut exécutée pour Wolf. Les deux prisonniers se trouvèrent ainsi éloignés l'un de l'autre d'une centaine de mètres, et à peu près autant de l'entrée du tunnel.

— De cette manière, dit John, ces drôles ne pourront se rejoindre ni s'entr'aider pour se débarrasser de leurs chaînes; si l'on ne vient les y chercher, ils risquent fort de rester longtemps cachés dans notre tunnel.

— Espérons qu'ils y crèveront comme des chiens enragés, dit Merlin ; c'est probablement la seule chose que dans toute leur vie ils n'auront pas volée.

— C'est égal, il aurait mieux valu les tuer tout de suite, dit Berger; au moins tout serait fini.

Décidément le Canadien tenait à son idée.

Les quatre fugitifs continuèrent leur route.

Ils atteignirent enfin l'extrémité du tunnel.

Ils s'arrêtèrent.

Tous quatre étaient en proie à une vive émotion; ils avaient le cœur serré, leurs artères battaient à se rompre; leur bouche était sèche, leur respiration sifflante; ils éprouvaient dans le bas ventre ces tressaillements nerveux que causent les fortes appréhensions ; c'est que l'heure était suprême pour eux : il s'agissait de vivre ou de mourir; derrière le frêle rideau de terre près duquel ils étaient arrêtés, il y avait la délivrance ou la mort !

— Il faut en finir, dit le colonel John d'une voix hachée en armant ses revolvers. Percez le mur, amis. A la grâce de Dieu !

Merlin et Berger se mirent à la besogne; les coups frappés avaient tous un écho dans leur cœur.

Tout à coup ils se rejetèrent brusquement en arrière.

Une masse de terre, détachée de la voûte, était tombée avec fracas dans le tunnel.

— Arrivez donc ! cria la voix joyeuse de Dick Cobden ; nous sommes là depuis déjà vingt minutes.

Les fugitifs eurent un éblouissement ; peu s'en fallut qu'ils perdissent connaissance. Leur joie fut si vive qu'ils étaient comme fous. Ils balbutiaient, riaient et pleuraient à la fois.

Ces hommes si forts pleuraient comme des enfants. On fut contraint de les aider à sortir du souterrain.

— Jane ! Jane ! s'écriait le colonel ; Jane où es-tu ?

— John ! mon John !! me voici ! s'écria la jeune fille en se jetant dans ses bras.

Ils sanglotèrent ainsi dans les bras l'un de l'autre pendant quelques minutes ; leurs cœurs étaient trop pleins, leur bonheur trop grand ; les paroles s'éteignaient dans leur gorge.

Mais comme cette scène menaçait de se prolonger, Dick et le capitaine Mac Morlan s'interposèrent.

Il n'y avait pas un instant à perdre ; il fallait fuir au plus vite ; les deux amants le comprirent ; ils se donnèrent un dernier baiser, et miss Jane s'éloigna afin de laisser John et ses compagnons changer de toilette.

La pluie avait cessé, l'orage s'enfuyait au loin, emporté sur l'aile humide de la brise nocturne.

Miss Jane sortit sur la route ; le Charmeur l'attendait à cheval, immobile, à quelques pas ; elle courut vers lui.

— Eh bien ? demanda-t-il avec inquiétude.

— Ils ont réussi ; vous pouvez partir. Faites diligence ! répondit-elle.

— Comptez sur moi. Au revoir.

Et, se penchant sur le cou de son cheval, il partit ventre à terre.

La toilette des fugitifs dura une demi-heure ; mais lorsqu'ils reparurent ils étaient méconnaissables : ils étaient lavés, rasés, coiffés, et avaient endossé des vêtements de planteurs géorgiens, pas très neufs, mais propres et de bon goût. Leur déguisement était si complet qu'il était impossible de les prendre pour des échappés d'Andersonville.

Leurs guenilles, réunies en paquets et lourdies par des pierres, furent noyées dans une mare.

Six magnifiques *mustangs* des prairies, entravés dans la hutte, attendaient en frappant du pied et rongeant leur frein.

On les fit sortir, et chacun se mit en selle ; puis les six cavaliers, car miss Jane avait revêtu un costume d'homme, partirent à fond de train.

Trois relais avaient été disposés le long de la route. Les fugitifs galopèrent jusqu'à onze heures du matin.

Lorsqu'ils firent halte dans une une petite auberge d'une misérable bourgade, où tout était préparé pour les recevoir, ils tombaient littéralement de fatigue ; John surtout était accablé ; mais ils avaient fait près de cinquante lieues en onze heures. Ils avaient franchi les frontières de la Georgie et se trouvaient dans l'Alabama. Ils n'avaient plus à redouter d'être rejoints par leurs ennemis.

D'ailleurs ils ne craignaient plus rien ; ils étaient armés jusqu'aux dents et résolus à ne pas se laisser arrêter.

A huit heures du soir, ils repartirent reposés, heureux et pleins d'espoir.

XVII

DANS LEQUEL ON PROUVE L'INFLUENCE DÉSASTREUSE DE LA TÉLÉGRAPHIE ÉLECTRIQUE SUR SES EMPLOYÉS, MÊME APRÈS QU'ILS ONT QUITTÉ L'ADMINISTRATION.

Bien des évènements s'étaient passés depuis la surprise du fort Washita.

Les Chasseurs de la Liberté avaient continué leurs exploits dans des proportions formidables. Ils avaient définitivement traversé la rivière Rouge et avaient pénétré dans les Etats du Sud, soutenus par le soulèvement partiel, mais devenu promptement presque général, des hommes de couleur parqués en vain et surveillés comme des fauves par leurs maîtres sur les plantations.

Mais plus les propriétaires d'esclaves redoublaient de sévérité, ou, pour être vrais, de férocité, pour retenir leurs malheureux noirs, plus leurs efforts devenaient inutiles ; les esclaves se soulevaient de tous les côtés ; ils abandonnaient en masse les habitations, souvent même après y avoir mis le feu.

L'acte d'abolition promulgué par le Nord malgré les mesures prises par le Sud pour l'empêcher, avait été publié et répandu à foison dans tous les Etats à esclaves ; plusieurs régiments noirs avaient été formés. Ces nouveaux affranchis, bien que fort novices encore dans le métier des armes, se battaient comme des démons contre leurs anciens maîtres.

Ceux-ci, de leur côté, avaient organisé des chasses à l'homme dans des conditions atroces ; partout les nègres marrons étaient poursuivis par des molosses ; de plus, dans certains régiments, de véritables meutes de molosses avaient été ajoutées avec leurs conducteurs. Ces meutes étaient spécialement destinées à s'élancer, dans les batailles, sur les nègres, que les chiens déchiraient et dévoraient vivants.

Les esclavagistes avaient, cette fois, fait reculer la civilisation de deux cent cinquante ans en ressuscitant en plein dix-neuvième siècle, à la honte éternelle de la race latine, si intelligente et surtout si humaine, le système odieux inauguré au seizième siècle par les conquérants bandits et les convertisseurs fanatiques espagnols au Pérou et au Mexique, de faire la chasse aux Indiens avec des chiens féroces et gigantesques dressés tout exprès.

Seulement, cette fois, il ne s'agissait plus de la race rouge, mais de la race noire. Là était toute la différence.

Ce fut en vain que le gouvernement fédéral protesta contre ces atrocités ; les esclavagistes furent sourds à toutes les observations ; ils persistèrent, et même ils redoublèrent de barbarie.

Il faut bien qu'on le sache enfin, malgré tous les efforts tentés par les Sudistes pour tromper et égarer l'opinion en Europe, pendant cette guerre ratricide, le gouvernement du Nord n'oublia jamais qu'il représentait le progrès ; il fut sévère, entêté, ne transigea jamais sur aucune question capitale; mais il n'hésita point à consentir certaines concessions, chaque fois que l'intérêt de l'humanité l'exigeait ; il fit de constants efforts pour ramener la guerre à des conditions normales entre peuples civilisés, tandis qu'au contraire les Sudistes procédèrent toujours par la violence, la mauvaise foi et la cruauté.

Du reste, ils avaient commencé la guerre par un guet-apens et une trahison. Aveuglés par la haine et le dépit, honteux peut-être de voir tous leurs plans renversés sans retour, ils étaient logiques avec eux-mêmes ; il leur était presque impossible de faire autrement que de s'obstiner dans la voie déplorable où leur indomptable orgueil les avait jetés.

La guerre, depuis quelque temps, avait complètement changé de face. Les Nordistes, trop souvent battus dans les commencements de la lutte ne s'étaient pas découragés; ils avaient au contraire redoublé d'énergie, faisant appel, au patriotisme de la nation; ils avaient réussi à organiser solidement leur armée et avaient commencé une audacieuse marche en avant, à travers les Etats du Sud, venant lentement, mais par un mouvement irrésistible.

Maintenant le gouvernement de Richmond n'enregistrait plus que des défaites ; ses meilleurs généraux et ses plus intrépides soldats, avaient laissé leurs cadavres étendus sur tous les champs de bataille ; la démoralisation envahissait sourdement les rangs des armées esclavagistes ; déjà les esprits perspicaces commençaient presque à entrevoir que la cause du droit ne tarderait pas à triompher et que les esclavagistes seraient contraints bientôt à rentrer dans le devoir.

Quant au général de St-Pierre, il s'était avancé dans le Washita-River et manœuvrait sur les frontières de l'Arkansas, de la Louisiane et du Mississipi, faisant tout le mal possible aux planteurs.

Sa troupe, divisée en cinq ou six détachements, attaquait sur divers points à la fois, d'après les rapports toujours exacts du Charmeur et de ses éclaireurs Comanches ; ceux-ci, alléchés par les parts de prises considérables que leur abandonnait le général, s'étaient doublés; leur nombre s'élevait maintenant à près de mille ; il aurait été beaucoup plus considérable encore si le général n'avait pas déclaré positivement qu'il ne souffrirait pas que leur nombre augmentât davantage.

Les Comanches, comme les autres Peaux Rouges, sont fort avides ; leur alliance avec les partisans leur assurait une impunité qu'ils appréciaient fort, car elle leur permettait de se venger des blancs, leurs ennemis séculaires ; c'était avec une indicible joie qu'ils tuaient et scalpaient les Sudistes.

Le plus profond mystère continuait à envelopper les exploits des Chasseurs de la Liberté, malgré tous les efforts des Sudistes.

La goëlette la *Grenouille* suivait les mouvements du corps des partisans auquel elle appartenait, mais en restant toujours un peu en arrière du principal détachement; elle se cachait au fond d'une baie ou d'une crique inconnue, parfaitement à l'abri et surveillée par le campement des soi-disant traitants ; ainsi que nous l'avons dit, la goëlette servait d'hôpital aux partisans dangereusement blessés dont l'état exigeait des soins assidus.

A l'époque où nous retrouvons les partisans, peu de blessés se trouvaient à bord de la goëlette ; un seul restait des blessés relevés après le massacre du fort Washita; les autres depuis longtemps guéris avaient fait partie d'un convoi de prisonniers expédié dans le Nord par le général, celui-ci ne se souciant pas de conserver près de lui des prisonniers, d'abord parce qu'il fallait les nourrir, ensuite parce qu'ils exigeaient une grande surveillance, et enfin parce qu'ils embarrassaient et gênaient les opérations rapides de sa troupe.

En quatre fois, le général avait ainsi expédié déjà plus de deux mille prisonniers dans le Nord, ce dont on s'émerveillait fort à Washington.

Nous avons dit qu'un blessé du fort Washita se trouvait encore sur la goëlette; ce prisonnier n'était autre que notre ancienne connaissance, le silencieux Watt.

Les blessures reçues par le Buswacker étaient nombreuses; trois surtout étaient très graves; Le pauvre diable fut plusieurs mois entre la vie et la mort; la science profonde du docteur Mathew et le dévouement à toute épreuve de miss Amy, aidés par sa vigoureuse constitution, le sauvèrent seuls d'une mort presque certaine. Enfin, après une lutte terrible prolongée, Watt entra définitivement en convalescence; lorsque la fièvre l'eut quitté et qu'il eut recouvré la lucidité de son intelligence, son premier regard se fixa tout d'abord sur Lizzeth; l'énorme chienne, assise sur son train de derrière, près du *cadre* où reposait son maître, lui léchait la main droite, que celui-ci laissait pendre au dehors.

Les traits du bandit se contractèrent; un éclair jaillit de sa prunelle et une larme de joie roula sur sa joue bronzée.

— Toi aussi, dit-il avec émotion en caressant le molosse, tu vis donc encore, ma pauvre Lizzeth!

La chienne le fixa avec un regard presque humain et lui répondit par un petit cri plaintif et doux en remuant son énorme queue, avec un bruit de marteau sur le plancher du faux-pont.

— Pourquoi Lizzeth ne vivrait-elle pas? dit une voix mélodieuse et sympathique.

Et miss Amy apparut souriante près du cadre.

— Pauvre bête! ajouta-t-elle en flattant doucement le chien de sa main effilée d'une blancheur laiteuse, elle a beaucoup souffert, elle aussi; nous avons eu bien de la peine à la sauver; mais à présent c'est fini, elle est guérie et aussi bien portante que jamais elle ne l'a été.

— Merci pour elle, merci pour moi, répondit le Bushwacker avec émotion.

— Vous l'aimez donc bien? demanda miss Amy toujours souriante.

— Oh oui! dit-il vivement.

— Pourquoi?

— Oh! beaucoup de raisons pour cela, dit-il avec son laconisme habituel; d'abord brave et fidèle.

— Oui, elle vous a bien défendu; c'est une bête redoutable.

— Méchante pour inconnus, mais pour amie pas méchante.

— Depuis qu'elle est ici avec nous, personne n'a eu à se plaindre d'elle; au contraire, elle caresse tout le monde et obéit avec une docilité remarquable à tous les ordres qu'on lui donne; on dirait qu'elle comprend ce que nous avons fait pour elle, la pauvre bête, et qu'elle essaie ainsi de nous prouver sa reconnaissance.

— Vrai, mistress, molosses dressés pour combattre, très braves, mais très intelligents, doux; jamais oublier le bien ou le mal; tout sa vie se souviendra vous lui avez sauvé la vie.

— Cela me fait plaisir d'entendre parler ainsi. Ce que vous dites doit être vrai : vous la connaissez bien?

— Très bien; ai vu naître, ai élevée, moi, toujours seul, elle mon amie, l'aime plus que tout, sa mort très grand chagrin pour moi.

— Alors, à présent que vous voilà rassuré sur son compte, vous êtes content?

— Oh! oui, bien content!

— Comment vous trouvez-vous?

— Très bien; pourrais me lever, me semble.

— Non pas encore; ce serait une imprudence; vos blessures sont à peine cicatrisées, il faut attendre le retour complet de vos forces.

— Obéirai, mistress.

La jeune femme lui fit boire une cuillerée de bouillon, puis elle se retira en lui disant :

— Essayez de dormir.

Dix ou douze jours s'écoulèrent.

Le Bushwacker commençait à se lever et à faire quelques pas en s'aidant d'une canne et en s'appuyant sur le dos de Lizzeth, qui ne le quittait point d'un pas.

Le général, le colonel et le Charmeur de serpents lui-même avaient fait plusieurs visites au convalescent. A chaque visite, ils le traitaient avec cordialité et le félicitaient de sa guérison.

Lizzeth continuait à être au mieux avec tout le monde; elle paraissait affectionner particulièrement deux personnes, miss Amy et le général.

Chaque fois que le général venait à bord de la goëlette, elle ne cessait de lui faire fête; elle accourait vers lui et lui souhaitait la bienvenue à sa manière, avec des démonstrations joyeuses prouvant la plus vive amitié.

Un travail singulier s'était fait dans l'esprit du Bushwacker. Cet homme, jeté depuis sa naissance au milieu de bandits, sans foi ni loi, n'avait d'abord rien compris aux soins dont il était entouré. Les paroles affectueuses qu'on lui adressait avaient bouleversé complètement ses idées sur le bien et sur le mal; il ne s'imaginait pas qu'il fût possible de traiter ainsi un bandit tel qu'il était. Peu à peu la lumière avait lui dans son étroit cerveau. Ce qu'il n'avait jamais fait jusqu'alors : la différence du bien et du mal, il le fit tout naturellement. Son cœur s'ouvrit à un sentiment qu'il ignorait : la reconnaissance. Il jura en lui-même un dévouement sans borne à ceux à qui il devait la vie et qui, au lieu d'achever son chien, presque expirant, l'avaient épargné et guéri. Ce que l'on avait fait pour Lizzeth lui tenait peut-être plus au cœur que les soins dont lui-même avait été l'objet.

Cela se comprend; il l'avait dit d'ailleurs : personne, sauf Lizzeth, ne l'avait jamais aimé.

« Ceux-là sont bons, se répétait-il sans cesse dans d'interminables à-partés; si quelque jour ils ont besoin de ma vie et de celle de Lizzeth, elle et moi nous nous souviendrons ! »

Un matin, miss Amy, après lui avoir fait servir un copieux déjeuner, lui demanda, ainsi qu'elle le faisait chaque jour, comment il se sentait.

— Oh! suis guéri, répondit-il.
— Pas encore, objecta-t-elle; il faut vous reposer pendant au moins une semaine.
— Tant que cela ? fit-il tristement.
— Comment, huit jours, vous trouvez que c'est trop longtemps attendre? Vous n'êtes pas raisonnable monsieur Watt ! s'écria-t-elle en riant.
— Hein? fit-il avec surprise.
— Qu'avez-vous donc? reprit-elle.
— Vous savez mon nom, mistress?
— Certes, et depuis longtemps.
— Comment cela est-il possible?
— Tout simplement parce que je vous ai entendu nommer devant moi.
— Il se pourrait! Cependant, souviens pas avoir vu jamais mistress?
— Vous le croyez; tant d'événements se sont passés depuis cette époque qu'il n'est pas étonnant que vous ayez oublié cette rencontre, si peu importante pour vous.
— Cherche en vain dans mémoire.
— Le jour où vous avez quitté Rockingham, le matin vers huit heures, M. Warding amena chez le docteur Wolf une esclave qu'il lui vendit.
— Cette esclave? demanda-t-il vivement.
— C'était moi, répondit la jeune fille.
— Allons donc! Impossible! vous êtes blanche, mistress!
— Non; j'ai dans les veines quelques gouttes de sang noir. En vous parlant, M. Warding vous donna le nom de Watt et vous ordonna de me conduire dans la bibliothèque du docteur.
— Oui, me souviens à présent; pour vous sauver, Yankees pris maison d'assaut.
— C'est cela même.

— Ainsi, vous me connaissez?
— Oui, mister Watt, je vous connais.
— Vous savez qui suis...
— Un Bushwacker, oui, je le sais; le docteur Wolf était votre chef; vous aviez alors deux chiens, Lizzet et Fellow.
— C'est vrai, Dieu damne! vous savez tout, mistress.
— Oui, à peu près, je le crois.
— Me connaissant, vous m'avez sauvé! s'écria-t-il au comble de la surprise.
— Pourquoi non? répondit-elle vivement. Vous ne vous êtes pas mal conduit envers moi, je n'ai pas à me plaindre de vous. Pourquoi vous en voudrais-je? Et quand même vous m'auriez fait du mal, serait-ce une raison pour que je vous en fisse à mon tour? Je ne le crois pas.
— Vous êtes Quakeresse? s'écria-t-il naïvement; on dit qu'ils agissent ainsi, comme vous dites.
— Non, reprit-elle en souriant, je n'appartiens pas à la secte des Amis, mais je suis chrétienne ; à ce titre, je rends autant que cela m'est possible le bien pour le mal; rassurez-vous donc, monsieur Watt : je ne suis pas votre ennemie, je ne hais personne, pas même M. Warding, bien qu'il m'ait vendue comme esclave, quoique me sachant libre, ni votre maître, le docteur ; tous deux je les plains et je prie Dieu de leur pardonner tout le mal qu'ils m'ont fait ou ont voulu me faire.
— Il serait possible! s'écria-t-il de plus en plus étonné.
— Vous vous en apercevrez dès que vous serez complètement guéri, répondit-elle avec le doux et séduisant sourire qu'elle avait dérobé aux anges dont elle était la sœur.

Watt avait laissé tomber sa tête sur sa poitrine; il réfléchissait profondément.

La pensée ne lui vint pas un seul instant de modifier sa manière de vivre et de devenir honnête homme; cela aurait été au-dessus de ses forces.

D'ailleurs, ayant vécu toute sa vie au milieu de bandits de toutes sortes, il était convaincu, peut-être avec raison, que ceux-ci sont en grande majorité sur notre globe sublunaire et que les honnêtes gens ne sont qu'une exception; seulement, il se fortifia de plus en plus dans la résolution, que depuis longtemps il avait prise, de se dévouer à miss Amy et aux autres personnes qui lui avaient si bénévolement sauvé la vie, tout en le sachant un affreux chenapan.

Cependant, depuis quelques jours Watt était devenu soucieux, triste, morose ; peu causeur naturellement, son mutisme avait encore augmenté; il demeurait des heures entières assis à l'avant de la goëlette, mâchant sa chique avec une énergie fébrile et taillant avec son couteau force morceaux de bois auxquels il donnait les formes les plus bizarres et les plus étranges, tout cela sans souffler mot, ne suspendant parfois son singulier exercice que pour promener autour de lui des regards mélancoliques.

Les Américains, entre autres manies, ont celle de tailler avec leur couteau tout ce qui leur tombe sous la main ; cette manie est poussée si loin chez eux que, à bord des steamboats, dans les trains de chemins de fer, aux cafés ou les hôtels, on a soin de faire ample provision de morceaux de bois qu'on leur distribue ou qu'on a soin de mettre à leur portée afin qu'ils puissent tailler tout à leur aise. Si les cafetiers, hôteliers et autres ne prenaient pas cette précaution, leurs établissements leur tomberaient un jour ou l'autre sur la tête ; il faut que les Américains du Nord taillent et coupent sans cesse ; mais chacun étant plus ou moins atteint de cette étrange manie, personne ne se formalise ; seulement on se précautionne, voilà tout.

A bord de la goëlette, le bois ne manquait pas ; Watt pouvait tailler, rogner couper autant que cela lui plaisait sans qu'on le trouvât mauvais. Dieu sait si le brave garçon s'en donnait ; depuis sa convalescence, il n'arrêtait pas.

Miss Amy était inquiète de la tristesse de son protégé, tristesse qu'elle ne savait à quoi attribuer ; d'autant plus que depuis longtemps elle avait obtenu du général que dès que sa guérison serait complète, la liberté lui serait rendu ; miss Amy se faisait une fête d'annoncer à son protégé qu'il était libre.

Elle attribuait la tristesse du Bushwacker au chagrin de sa captivité et à la perspective peu agréable d'être, avec d'autres prisonniers, expédié dans le Nord. La jeune fille résolut donc de se rendre sans délai auprès du général et de lui demander de laisser partir au plus vite le pauvre garçon, auquel elle s'intéressait réellement et dont elle voulait faire cesser la tristesse.

Sur ces entrefaites, la goëlette, suivant les mouvements du corps franc, vint s'amarrer au fond d'une crique ignorée située à deux ou trois lieues de Little-Roock.

Aussitôt les mâts couchés sur leurs chandeliers et toutes les précautions prises pour éviter que le bâtiment ne fût découvert, miss Amy se hâta de descendre à terre et se rendit au lieu de campement, où elle espérait rencontrer le général.

Presque toujours, lorsque la jeune fille descendait seule à terre, Lizzeth s'élançait joyeusement près d'elle, se constituant son garde du corps, et l'accompagnait dans son excursion ; malheur à celui, homme ou fauve, qui se serait hasardé à attaquer la jeune fille : d'un coup de gueule, le redoutable molosse aurait étranglé le mal avisé, quel qu'il fût.

Cette fois, Lizzeth fit un mouvement pour bondir vers miss Amy, mais Watt la saisit vivement par son collier et lui dit quelques mots à voix basse. La chienne se recoucha obéissante tandis que son maître suivait d'un regard anxieux la marche légère et gracieuse de la jeune fille à travers les hautes herbes de la prairie, tout en répétant à plusieurs reprises entre ses dents avec un accent singulier :

— Il faut ! il faut !

Le campement des trafiquants était déjà installé. Maître Tom Bancroff, de capitaine s'était métamorphosé en négociant des Savanes ; lui et ses compagnons jouaient leur rôle avec une perfection telle que tout soupçon de leur supercherie était impossible.

Cette fois le corps franc s'était embusqué aux environs d'une ville assez importante, bien que sa fondation ne remontât pas à plus de vingt-cinq ou trente ans ; mais trente ans aux Etats-Unis font plus que plusieurs siècles dans notre vieille Europe ; Litle-Roock, par son commerce, ses usines, le mouvement et l'activité de sa population, ferait honte à bien des villes manufacturières de France et même d'Angleterre.

Les partisans devaient donc jouer serré pour ne pas être démasqués ; du reste, l'audace avec laquelle ils avaient campé presque aux portes de la ville était pour eux une garantie de sûreté s'ils ne commettaient pas d'imprudence, ce qui n'était pas à redouter, grâce à la discipline de fer maintenue par le général.

Miss Amy ne rencontra pas, comme elle l'avait espéré, Tristan au campement des trafiquants ; mais le capitaine Bancroff lui ayant affirmé qu'il ne tarderait pas à arriver, elle se résolut à l'attendre.

La jeune fille avait à cœur d'apporter une bonne nouvelle à Watt le soir même, afin qu'il fût libre le lendemain.

Le soleil se couchait lorsque le général arriva au campement.

Après avoir échangé quelques douces paroles avec lui, miss Amy se hasarda enfin à lui présenter sa requête en faveur de son protégé.

— Chère Amy, répondit Tristan, depuis longtemps vous avez ma parole ; comme vous je m'intéresse à ce pauvre diable. Mais je prépare une expédition importante, il nous faut redoubler de prudence, la plus légère indiscrétion compromettrait non-seulement le succès de mon entreprise, mais encore l'existence de mes soldats et la vôtre même. Dans deux ou trois jours, dès que nous aurons exécuté notre coup de main, votre protégé sera libre, je vous le promets ; car alors je n'aurai plus à redouter ni indiscrétion ni trahison de sa part. Nous aurons disparu de ces parages sans laisser de traces.

— Oh ! Watt ne vous trahira pas ! s'écria-t-elle vivement.

— Je le crois comme vous, chère bien aimée ; mais, je vous le répète, je dois agir avec une extrême prudence.

— Je comprends tout cela, mon cher Tristan ; mais si vous saviez combien le pauvre homme souffre !

— Que puis-je faire à cela ? Il faut un peu de patience. Tenez ! si vous le désirez, aussitôt après le dîner je vous accompagnerai jusqu'à la goélette et, moi-même, je lui annoncerai que dans trois jours il sera libre.

— C'est une excellente inspiration, cher Tristan ; cette promesse, faite par vous, lui fera prendre patience et calmera son chagrin.

— D'autant plus que deux ou trois jours sont bientôt passés, dit en riant l'officier.

Vers neuf heures du soir, le général et le capitaine Bancroff quittèrent le campement en compagnie de la jeune fille, et se dirigèrent vers l'endroit où la goélette était amarrée. Les deux hommes causaient entre eux ; miss Amy marchait seule à quelques pas en avant.

Tout à coup, la jeune fille poussa un cri de frayeur en apercevant un animal de haute taille, dont elle apercevait mal la silhouette dans l'obscurité, courant en bondissant à sa rencontre ; mais presque aussitôt elle se rassura : elle avait reconnu Lizzeth. La bonne bête lui faisait fête à sa manière ; elle poussait de petits cris plaintifs et se serrait contre elle pour se faire caresser.

La jeune fille s'arrêta et passa légèrement la main sur la tête de la chienne.

— Tiens ! s'écria-t-elle avec une surprise subite.

— Qu'y a-t-il donc ? demanda le général.

— Voyez, répondit la jeune fille en montrant un papier qu'elle tenait à la main.

— Où avez-vous donc trouvé ce papier ? reprit Tristan.

— Il était attaché au collier de la chienne.

— C'est bizarre. Est-ce un avis qu'on nous donne ?

— Il faut voir ; il y a quelque chose d'écrit, dit le capitaine. Mais où donc est Lizzeth ?

On regarda, on chercha, on appela, mais inutilement. Aussitôt le papier enlevé par miss Amy, la chienne avait fait un bond de côté, s'était jetée sous bois et avait disparu.

— Oh ! oh ! cela se complique, dit le général.

— Il faudrait lire ? dit doucement miss Amy.

— C'est ce que nous avons de mieux à faire, dit le capitaine ; nous ne sommes qu'à quelques pas du campement, retournons-y.

— Peut-être serait-il préférable de continuer notre route, fit observer miss Amy ; en supposant qu'il soit arrivé quelque chose là-bas, nous serons plus tôt informés.

— Non, non, rentrons au campement ; je veux savoir tout de suite à quoi m'en tenir ; il y a dans cette affaire quelque chose de louche qui m'inquiète.

— Allons donc, alors, dit le capitaine ; nous n'avons que trop tardé.

— Comme il vous plaira, gentlemen, dit miss Amy intérieurement fort tourmentée sur le compte de Watt.

On rebroussa chemin, et en moins de dix minutes on fut de retour au campement.

Miss Amy et ses compagnons pénétrèrent sous une vaste tente à double compartiment, servant de logis au capitaine.

Deux fanaux de marine, posés sur une table, répandaient une brillante clarté.

Le général présenta un siège à miss Amy, puis il décacheta l'enveloppe, car le papier était sous enveloppe et portait cette suscription : « A miss Amy. »

Le général présenta le papier à la jeune fille sans le déplier.

— Cette lettre vous est adressée, chère Amy, lui dit-il.

— Lisez-la, mon frère, répondit-elle en la repoussant doucement avec un sourire ; je ne connais personne qui puisse m'écrire. Bien que cette lettre me soit adressée, elle doit vous intéresser beaucoup plus que moi.

Le général déplia le papier, y jeta les yeux et laissa échapper un cri de surprise.

— C'est étrange ! dit-il.

— Qu'avez-vous donc ? demanda la jeune fille. De qui est cette lettre ?

— Elle est signée « Watt ».

— Je m'en doutais, dit-elle.

— Mais ce n'est pas une lettre !

— Comment, ce n'est pas une lettre ?

— Non. Voyez vous-même ? C'est un télégramme !

La jeune fille regarda curieusement.

— En effet, murmura-t-elle. Qu'est-ce que cela signifie ?

— Nous allons le savoir.

Et il lut. Cette étrange missive était ainsi conçue :

Pas traître. — Obligé partir. — Grand danger miss Amy. — Watt reconnaissant. — Sauvera jeune femme. — Rien redouter. — Watt là. — Prendre garde Wolf. — Mister Warding. — Complot enlever miss Amy. — Pas rester Little-Roock. — Watt veut surveiller ennemis jeune femme. — Rien dire Wolf. — Déjouera complot. — Confiance en Watt. — Lui fidèle toujours. — Pas traître. — Bientôt saurez vérité. — Watt.

Le pauvre diable avait été assez embarrassé pour avertir miss Amy des dangers dont elle était menacée, et même pour justifier sa fuite. Désespérant de se faire clairement comprendre, il s'était souvenu du temps où il était employé du télégraphe. Il avait rédigé sa lettre en forme de télégramme, convaincu que de cette façon elle serait plus compréhensible que s'il essayait d'écrire comme tout le monde.

L'intention était certainement bonne; mais cependant, quoi qu'il eût fait, ce télégramme était loin d'être aussi clair que le pauvre garçon l'espérait; l'effet qu'il produisit d'abord fut déplorable en causant une vive inquiétude à ceux auxquels il s'adressait.

Enfin, à force de le tourner et de le retourner, nos trois personnages finirent par en deviner à peu près le sens. Cependant, malgré les protestations répétées du Bushwacker, ils résolurent d'agir avec prudence et de ne pas se fier plus qu'il n'était nécessaire à la bonne foi du bandit.

Le général se hâta donc de se rendre, en compagnie de miss Amy et du capitaine, à bord de la goëlette. Ils s'assurèrent que Watt était véritablement parti, ce qui lui avait été très facile sans attirer l'attention, car il n'était nullement surveillé, chacun sachant à bord que le général avait l'intention de le laisser aller un jour ou l'autre.

Le général envoya des batteurs d'estrade dans plusieurs directions; tous revinrent au bout d'une heure sans avoir rien découvert. Seul, l'Eclair Sombre avait retrouvé la double piste de l'homme et du chien; il l'avait suivie jusqu'aux faubourgs de Little-Roock.

Ce renseignement précieux augmenta l'inquiétude du général.

Watt avait sans doute des amis à Little-Roock; il leur raconterait comment s'était échappé des mains des Chasseurs de la Liberté, par lesquels il avait été pris au fort Washita, et avant cinq ou six heures les partisans seraient attaqués.

Miss Amy ne fut pas de cet avis; elle fit remarquer que le fugitif n'avait rien emporté avec lui, ni armes, ni vêtements, ni vivres, remarque dont l'effet fut excellent.

Elle ajouta que Watt ne trahirait pas ses sauveurs et qu'une attaque provoquée par lui n'était pas à redouter.

Le général hocha la tête d'un air de doute; il ordonna de tout préparer pour se mettre en route au premier signal; de plus, il expédia des éclaireurs et des patrouilles dans toutes les directions.

La nuit s'écoula ainsi; au lever du soleil, un calme profond régnait encore dans la savane, aucun mouvement n'avait eu lieu dans les ténèbres.

Il était évident que Watt n'avait pas parlé.

Les ordres donnés furent contremandés, et on reprit les préparatifs de la prochaine expédition.

XVIII

OU, GRACE A LIZZETH, ON A ENFIN DES NOUVELLES DE JERRY WOLF ET DE M. WARDING

Watt n'avait pas rencontré le capitaine Wolf à Little-Roock; seulement celui-ci lui avait laissé une lettre et de l'argent, en lui ordonnant de le rejoindre à Memphis.

Watt s'était acheté des armes, des vivres, enfin tout ce qui lui manquait, et, après s'être reposé deux heures à Little-Roock, il était parti pour Memphis, toujours accompagné de Lizzeth, que les nègres évitaient du plus loin qu'ils l'apercevaient, ce qui faisait beaucoup rire Watt, qui était un garçon très gai à ses heures.

La route est assez longue de Little-Roock à Memphis. Watt n'était pas pressé; il marchait doucement et fit le trajet en chassant tout le long du chemin. Watt eut un soupir de satisfaction en entrant à Memphis; il se rendit tout droit à l'adresse que Wolf lui avait indiquée.

Le docteur et ses deux compagnons, après l'avoir attendu pendant quelque temps à Memphis, étaient partis, mais en laissant une lettre et de l'argent pour lui.

Le lieutenant de Wolf, fut assez embarrassé après avoir lu cette lettre, non pas qu'il ignorât ce qu'elle contenait, mais ce qu'il ne savait pas c'était la route qu'il devait suivre pour se rendre à l'endroit où on l'attendait.

Les trois hommes pressés de se rendre à leur poste étaient partis pour Andersonville en Géorgie. Watt était parfaitement au courant des affaires de Wolf, lorsque celui-ci avait été nommé sous-directeur de la prison, il avait promis à Watt de ne pas l'oublier et de lui réserver une place de gardien, ce qui avait fait grand plaisir au bandit; mais il ignorait complètement où se trouvait cette prison. Wolf le lui indiquait dans sa lettre, mais cette indication n'était pas suffisante, car il ne savait de quel côté tourner, ni dans quelle partie des États-Unis était l'État de Géorgie et encore moins le camp Sumter et Andersonville. Wolf, pressé sans doute, avait oublié de lui tracer un itinéraire indispensable.

Mais Watt n'était pas un sot; il savait qu'avec une langue on va à Rome. Or, comme selon toute probabilité Andersonville était moins éloigné que Rome, il ne désespéra pas d'y arriver. Il commença par se reposer pendant une quinzaine de jours à Memphis. La ville lui plaisait beaucoup; de plus, il était fatigué d'avoir si longtemps marché à travers des chemins à peine tracés.

Lorsqu'il jugea ses forces revenues, réfléchissant que s'il continuait son voyage comme il l'avait commencé il durerait peut être trop longtemps, il acheta un cheval, qu'il eut à très bon compte d'un Indien, qui probablement l'avait volé tout harnaché, ce dont Watt ne s'inquiéta pas le moins du monde; il fit provision de vivres, s'informa du chemin le plus court pour se rendre en Géorgie, et un beau matin, un peu avant le lever du soleil, il se mit en route, bien armé, de l'argent en poche, le cœur léger et sans inquiétude sur l'avenir, car c'était un garçon assez insouciant, habitué à prendre le temps comme il lui venait et ne se préoccupant jamais de rien.

Seulement, comme il n'était pas pressé, il voyageait à petites journées, pour son plaisir d'abord, et ensuite pour ne pas trop fatiguer Lizzeth; s'il se fût pressé, la bonne bête n'aurait pu le suivre; et, depuis les événements de Washita, il l'avait prise en profonde affection.

Enfin, un jour, sans trop savoir comment et à force de s'informer, il se trouva à Mâcon. Là, il fit encore une halte; puis il se renseigna, et il apprit qu'il n'était plus qu'à une courte distance de la prison d'Andersonville.

Alors Watt se prit à réfléchir sérieusement. Il savait quelles questions Wolf lui adresserait tout d'abord. Watt possédait, au milieu de nombreux défauts très graves, trois belles qualités, rarement réunies chez le même homme.

Il était fidèle, reconnaissant et esclave de sa parole. Dès qu'il avait engagé sa parole, pour rien au monde il n'y aurait manqué; mais jamais il n'allait au delà.

Wolf l'avait laissé au fort Washita avec l'ordre d'essayer de découvrir miss Amy et, dès qu'il aurait des renseignements exacts sur elle, de venir le lui dire; rien de plus. D'un autre côté, miss Amy et le général Tristan non-seulement lui avaient sauvé la vie ainsi qu'à Lizzeth, mais encore ils l'avaient bien traité; il leur conservait donc une grande reconnaissance. Enfin, il était fidèle, c'est-à-dire qu'il n'était homme à trahir ni Wolf ni le général Tristan de Saint-Pierre.

Ces trois choses étaient assez difficiles à concilier ensemble; pourtant, à force de se creuser la cervelle, il finit par trouver un biais qui, à son avis, arrangerait tout.

« Voyons un peu, se dit-il tout en se dirigeant le plus lentement possible vers Andersonville. J'ai promis au docteur de découvrir miss Amy; je lui apprendrai qu'elle est au camp des Chasseurs de la Liberté. S'il me demande comment se nomme leur chef, je lui répondrai qu'il ne me l'a pas dit; ce qui est vrai, puisque c'est par le capitaine Bancroff que je l'ai appris. S'il veut savoir où sont les partisans en ce moment, je répondrai que je l'ignore, ce qui est vrai encore, car je ne le sais pas du tout. Il s'informera, cherchera et finira par les découvrir. Très bien. Il essaiera alors de s'emparer de miss Amy; il réussira probablement, parce qu'il est fin comme un opossum. Que ferai-je alors? J'engagerai une querelle d'Allemand avec lui et je quitterai son service; rien ne m'empêchera d'enlever à mon tour miss Amy et de la ramener au général Tristan, qui me produit l'effet d'en être sensiblement amoureux. Oui, les choses sont bien, c'est cela! je fais mon devoir, je paie mes dettes et je ne trompe personne. »

Ceci convenu avec lui-même, le brave garçon tout réconforté, et il arriva tout joyeux à Andersonville, où il tomba comme un obus et fut parfaitement accueilli par son maître, puis par M. Warding.

Le lendemain, le docteur lui demanda ce qui s'était passé pendant son long voyage et s'il avait découvert miss Amy.

Watt répondit oui, et, tout se passa comme il l'avait arrangé dans sa tête. Wolf n'eut aucun soupçon; il fit demander un congé de deux mois pour lui et pour Warding, et après s'être entendu avec le général Stewens, il fit sans perdre un instant prendre des renseignements sur les Chasseurs de la Liberté. Il mit tant d'espions en campagne, qu'au bout d'un mois il apprit que les partisans avaient quitté la rivière Rouge, qu'ils s'enfonçaient dans les États du Sud et qu'ils devaient être soit dans l'Alabama, soit dans le Tennessée.

Wolf n'en avait pas demandé davantage; jamais il n'avait renoncé à s'emparer de miss Amy, pour laquelle, on le sait, il éprouvait une odieuse et monstrueuse passion; il n'avait pas cessé un seul jour de mettre tout en œuvre pour se renseigner sur la position de la jeune fille, afin de saisir dès qu'elle lui serait offerte l'occasion de s'emparer d'elle; il était résolu à ne reculer devant aucun sacrifice pour réussir; que lui importait un crime de plus?

L'ancien Bushwacker se croyait certain du dévouement de Watt; il trouva donc tout simple d'en faire son complice dans le rapt qu'il méditait; d'ailleurs bien souvent il l'avait employé à des actes de violence tout aussi criminels sans que le bandit eût bronché.

L'ancienne alliance des trois scélérats Stewens, Warding et Wolf, s'était renouée plus fortement que jamais, leurs intérêts étant presque les mêmes. Le général Stewens s'était engagé à obtenir un congé de deux mois pour ses deux complices, à la condition expresse que ceux-ci, avant de quitter Andersonville en finiraient avec le colonel Charlton, malgré les hautes influences par lesquelles l'officier nordiste était protégé.

Le général Stewens était convaincu que, après la mort de John Charlton, il réussirait facilement à obtenir la main de miss Jane. Wolf et Warding avaient consenti à commettre ce meurtre, mais le général avait été contraint de son côté de s'engager à aider de tout son pouvoir les deux complices à s'emparer de miss Amy, fût-ce même au milieu du camp des partisants; le général avait accepté cette condition sans trop se faire prier; il savait de source certaine, bien qu'il n'eût révélé ce secret à personne, que le terrible corps de partisants était commandé par Tristan de Saint-Pierre; il éprouvait dans son for intérieur pour Tristan une haine au moins aussi grande que pour John Charlton, et il avait hâte d'être débarrassé, en une seule fois de ses deux ennemis.

Les choses ainsi convenues et arrêtées entre les trois misérables, ils se préparèrent à agir, tout en laissant la responsabilité de la sinistre expédition au capitaine Mac Morlan, le directeur de la prison, dont le concours passif leur semblait assuré et dont au reste ils ne voulaient faire qu'un complice inconscient, tout en laissant peser sur lui tout l'odieux du guet-apens qu'ils méditaient.

Sur ces entrefaites, Watt arriva à Andersonville, apportant à Wolf les renseignements que celui-ci attendait avec une si fiévreuse impatience.

Cette fois, il n'y avait plus à hésiter; tout semblait favoriser les trois scélérats; ils arrêtèrent définitivement la date de leur départ et prirent leurs dernières dispositions.

La veille du jour fixé, le directeur de la prison leur révéla, comme s'il venait de le découvrir seulement, l'existence du tunnel, et fit un appel chaleureux à leur zèle pour les engager à l'accompagner dans l'enclos, afin de surprendre le colonel en flagrant délit de tentative d'évasion. Wolf et Warding acceptèrent avec joie.

Mac Morlan résolut de profiter de l'orage, certain, disait-il, que de son côté le colonel ne manquerait pas de mettre à profit cette circonstance d'un temps exécrable pour essayer de s'enfuir. L'idée parut excellente aux deux hommes, et malgré leur finesse ils tombèrent complètement dans le piège qui leur était si adroitement tendu.

Wolf et Warding, après avoir donné à Watt l'ordre de tout préparer pour le départ, pénétrèrent enfin dans l'enclos et commencèrent leur ronde.

Nous avons dit comment elle se termina.

Les sentinelles et les gardiens veillant à la porte de l'enclos avaient été plusieurs fois changés pendant la nuit; le nouveau sous-directeur et le gardien chef arrivés dans la journée pour remplacer temporairement Wolf et Warding pendant les deux mois de leur congé n'avaient pas encore pris leur service.

Les deux bandits avaient fait leurs adieux à leurs compagnons le soir au dîner, en annonçant leur départ pour le lendemain au lever du soleil; on s'inquiéta donc d'autant moins de leur absence, que chacun les supposait partis.

Les choses restèrent en cet état jusque vers dix heures du matin le lendemain. Watt ne voyant pas paraître les deux hommes, avait d'abord cru que quelque affaire imprévue les empêchait de partir; puis il s'était impatienté, et finalement il avait été inquiet de cette absence prolongée, que rien ne semblait justifier, tout paraissait aller dans la prison comme à l'ordinaire.

Mais Watt était un homme prudent, il ne se pressait jamais, d'ailleurs il connaissait Wolf; il savait qu'il avait toujours quelque mystérieuse machination en train et qu'il pourrait le faire repentir de l'avoir fait avorter par trop de précipitation. Il attendit donc encore, bien que son inquiétude devint fort vive; enfin, n'y tenant plus, vers midi il se rendit à la prison; il se présenta au nouveau gardien chef qui fut fort étonné de le voir, le croyant déjà loin.

Watt s'expliqua, il raconta comment depuis que le directeur et les deux hommes avaient pénétré dans l'enclos, la nuit précédente, Wolf et Warding n'avaient point reparu. Le gardien chef s'inquiéta à son tour et donna l'ordre de prévenir le directeur; mais le directeur fut introuvable; depuis la veille au soir personne ne l'avait vu; l'affaire se compliquait singulièrement:

Le nouveau sous-directeur, prévenu à son tour, ordonna des recherches qu'il voulut diriger en personne; ces recherches durèrent longtemps; elles demeurèrent sans résultat. On entra dans la hutte du colonel : il était absent, ainsi que ses deux amis; sans doute ils se promenaient dans l'enclos, ce qu'ils faisaient souvent ; du reste la hutte était dans l'ordre le plus complet.

Chercher deux hommes, au milieu de trente-cinq mille autres, il n'y fallait pas songer.

Voici ce qui s'était passé dans la prison pendant l'orage, après la fuite du colonel.

Plusieurs prisonniers avaient vu les trois hommes pénétrer dans la hutte, mais ils ne les avaient pas vus en ressortir. Après un laps de temps considérable, curieux de savoir ce que les trois gardiens étaient devenus, les prisonniers s'étaient glissés silencieusement dans la hutte, avaient enflammé une allumette, car, malgré la plus active surveillance, ils réussissaient toujours à s'en procurer ; dès qu'ils virent clair, une partie de la vérité leur fut révélée ; ils se hâtèrent d'allumer le fanal abandonné et gisant sur le sol ; sans plus réfléchir ils résolurent de profiter de l'occasion que le hasard leur offrait de s'échapper.

Ces prisonniers étaient au nombre de huit ou dix.

Après avoir tout remis en ordre dans la hutte, ils en fermèrent la porte et descendirent dans le tunnel ; seulement, avant de s'éloigner, ils eurent la précaution de boucher de leur mieux l'entrée du tunnel, afin d'avoir le temps de s'évader.

John avait laissé dans la hutte les armes prises aux deux hommes, dont lui et ses amis n'avaient que faire ; les prisonniers s'étaient empressés de s'en emparer et de se les partager ; six d'entre eux se trouvèrent donc armés.

Grande fut leur surprise de trouver les gardiens enchaînés et bâillonnés dans le souterrain.

Le premier soin des prisonniers, avait été de déshabiller les gardiens, dont les vêtements étaient neufs et de bonne qualité ; de plus, ils s'approprièrent leur argent, car tous deux avaient sur eux des sommes importantes ; ils prirent en outre d'autres revolvers cachés dans leurs poches.

Le colonel et ses amis n'avaient pas songé à fouiller ces misérables.

Après avoir dépouillé les deux gardiens de tout ce qu'ils possédaient, ne leur laissant même pas la chemise, ils les enchaînèrent et les bâillonnèrent de nouveau et les abandonnèrent à leur sort ; ils avaient eu un instant la pensée de les tuer, mais cela leur aurait fait perdre du temps et ils avaient hâte de gagner au pied.

Il était près de deux heures du matin lorsqu'ils sortirent enfin du souterrain. Après avoir loyalement partagé entre eux l'argent, les vêtements et les armes pris aux gardiens, les prisonniers s'embrassèrent et ils se séparèrent ; pour plus de précautions, chacun d'eux devant prendre une direction opposée.

Disons tout de suite que ces prisonniers ne furent jamais repris.

Il était très difficile de s'évader de l'enclos d'Andersonville ; mais dès que l'on avait réussi à en sortir, on avait quatre-vingt-dix-huit chances sur cent de ne pas être repris ; les prisonniers étaient trop nombreux. Il en mourait trop chaque jour pour qu'il fut possible d'établir un contrôle quelconque ; de plus, les prisonniers morts étaient aussitôt remplacés par d'autres.

Trois jours s'écoulèrent sans qu'il se passât rien de nouveau ; ce ne fut que le quatrième que Watt, en proie à une inquiétude mortelle, retourna près du sous-directeur et le supplia d'ordonner de nouvelles recherches.

Le général Stewens ignorait complètement ce qui s'était passé à Andersonville ; il s'était réveillé vers midi avec un grand mal de tête et sans avoir conservé le plus léger souvenir de ce qui lui était arrivé.

D'abord il fut très étonné de se voir étendu tout habillé sur un divan ; mais lorsqu'il s'aperçut que le verrou intérieur était poussé, il ne se donna pas la peine de se creuser plus longtemps la cervelle, persuadé que lui-même avait poussé ce verrou après le départ de son aide de camp et que, probablement vaincu par la fatigue, il s'était étendu sur le divan pour se reposer ; la vue des liqueurs encore placées sur le guéridon acheva de le tranquilliser ; quant à l'absence du capitaine Cobden, il ne s'en occupa pas autrement, le jeune homme lui ayant la veille demandé un congé de huit jours.

Voilà comment, quatre jours après l'évasion, la fuite des prisonniers n'était même pas soupçonnée.

Aussi, grande fut la surprise du général Stewens lorsqu'il vit entrer Watt dans son cabinet.

Le lieutenant de Wolf, voyant que le sous-directeur de la prison ne voulait pas faire de nouvelles recherches, avait pris la résolution de se rendre au quartier-général.

Le général Stewens étonné de ne pas avoir revu ses complices et secrètement inquiet de ce silence prolongé qu'il ne savait à quoi attribuer, n'osant faire aucune démarche pour se renseigner de crainte de se compromettre, fut heureux de voir Watt qu'il connaissait de longue date; mais le bandit ne lui laissa pas le temps de l'interroger; il lui dit tout ce qu'il soupçonnait et l'inquiétude dans laquelle il était.

Ce qui frappa le plus le général, ce fut la disparition incompréhensible du capitaine Mac Morlan, le directeur de la prison ; avec son flair infaillible de limier, il devina la trahison.

— Je suis joué! dit-il, et, s'adressant à Watt : viens, lui ajouta-t-il, nous allons tirer cela au clair.

Ils se rendirent à la prison ; le général, après avoir adressé au sous-directeur des reproches sévères, demanda à Watt quel moyen il comptait employer pour retrouver les deux hommes disparus ; Watt montra Lizzeth.

Le moyen parut excentrique et par conséquent fut accueilli avec faveur.

Vers quatre heures de l'après-dîner, de nombreux détachements de soldats pénétrèrent dans l'enclos, afin de maintenir les prisonniers ; puis arrivèrent quelques escouades de gardiens, et enfin parut Watt, tenant Lizzeth en laisse et accompagné du général Stewens et du sous-directeur, forts curieux tous deux de savoir comment Watt s'y prendrait pour tenir sa promesse.

Lorsque toutes les mesures d'ordre et de sûreté eurent été prises, le général se tourna vers le bandit.

— Allons, mon garçon, lui dit-il, c'est à vous, maintenant.

— M'y voici, mon général, répondit Watt.

Il se pencha sur la chienne, la caressa en lui faisant sentir un mouchoir ayant appartenu a Wolf et lui parlant doucement; tout à coup il lui enleva la laisse en disant à l'animal qui remuait la queue et fixait sur lui un regard presque humain.

— Où est Jerry Wolf? cherche Jerry Wolf, Lizzeth, cherche !

La chienne jeta deux ou trois cris brefs et plaintifs, aspira l'air pendant quelques instants, et, après avoir hésité deux ou trois fois, elle mit le nez en terre et commença à tourner rapidement en formant des cercles qui s'agrandissaient à chaque tour.

Soudain, elle donna de la voix avec fureur à deux ou trois reprises et elle s'élança droit devant elle, rapide comme une flèche.

— Elle a empaumé la voie, dit Watt en se frottant les mains. Savais bien qu'elle trouverait!

— Vous croyez donc qu'elle est sur la piste? demanda curieusement le sous-directeur.

— Cent dollars contre six pence avant une demi-heure, amis retrouvés!

— Oh! oh! cela sera fort, par exemple!

— Vous connaissez pas instinct Lizzeth! Verrez bientôt. Regardez-la. Est bon rejoindre.

Lizzeth, arrivée devant la hutte, avait, d'un bond furieux, défoncé la porte, et s'était lancée dans l'intérieur.

— Devil! hâtons-nous ! s'écria le sous-directeur. Pourvu qu'elle ne fasse pas un mauvais parti au colonel Charlton!

En ce moment Lizzeth apparut sur le seuil de la hutte, donna deux ou trois fois de la voix, puis elle disparut de nouveau dans l'intérieur.

— Lizzeth appelle; découvert quelque chose ! se hâter ! dit Watt.

— By god ! c'est très curieux ! je m'amuse beaucoup, moi ! dit le sous-directeur en riant.

Il doubla le pas et fit signe à ses subordonnés de le suivre. Le général était resté près de la porte de l'enclos avec ses officiers.

Il ne fallut à Watt et au sous-directeur que quelques minutes pour atteindre la hutte.

Lizzeth s'élança vers son maître, et, le happant par ses vêtements, elle essaya de l'entraîner.

— Lâche-moi, je te suis ! dit Watt en la caressant.

Lizzeth obéit, et, arrivée à un certain endroit de la hutte, elle aboya en grattant avec fureur et s'arrêtant à chaque instant pour regarder son maître.

— C'est bien, ma fille, dit l'ancien Bushwacker en la caressant; tu as trouvé, hein?

La chienne remua la queue, donna joyeusement de la voix et recommença à gratter.

Watt la prit par le collier.

— Il faut creuser là, dit-il au sous-directeur.

— Comment? Que voulez-vous dire? demanda-t-il avec surprise.

— Je dis que mes amis sont là-dessous et qu'il faut creuser, dit nettement Watt cette fois.

— Très curieux! très curieux! dit le sous-directeur ; je m'amuse considérablement.

Et il ordonna d'aller chercher des pioches, des pelles et des lanternes.

Dix minutes plus tard, les gardiens revinrent avec les outils demandés et deux fanaux allumés.

— Creusez! dit laconiquement le Bushwaker.

Quelques minutes suffirent aux gardiens pour déblayer la terre, renverser le mur en pierres sèches et démasquer l'entrée du tunnel. A peine le passage fut-il praticable, que Lizzeth sauta par-dessus les gardiens et se précipita dans le souterrain en aboyant avec fureur.

— De plus en plus curieux! dit le sous-directeur en se frottant les mains à s'enlever l'épiderme; je ne me suis jamais tant amusé.

— Suivons Lizzeth, dit Watt.

— Suivons-la, je ne demande pas mieux, dit le sous-directeur; définitivement, je m'amuse étonnamment.

Tout en parlant ainsi, le sous-directeur arma ses revolvers et descendit dans le tunnel, en compagnie de Watt et des deux gardiens portant les fanaux.

Grâce à Lizzeth, ils ne tardèrent pas à retrouver les prisonniers, toujours garrottés et bâillonnés, étendus, nus et sans mouvement, à une certaine distance l'un de l'autre; ils semblaient morts.

Cette fois, le sous-directeur ne riait plus; son visage était considérablement allongé; il était livide.

— Eh bien! dit Watt, avais-je raison?

— Oui! oui! By God! voilà une vilaine affaire, Sympson, dit-il à un des gardiens, laissez-là votre fanal et allez chercher le médecin. Hâtez-vous, et dites à deux de vos compagnons de venir ici.

Le gardien obéit.

Les deux hommes furent enlevés et transportés dans la hutte, sans qu'ils eussent donné signe de vie; on les avait délivrés des chaînes et des bâillons. Ils avaient les yeux fermés et étaient pâles comme des suaires.

— Mauvaise affaire! mauvaise affaire! répéta le sous-directeur. Poussons jusqu'au bout! Cet endiablé souterrain doit avoir une fin, by God!

— Tout à une fin, dit sentencieusement Watt en prenant un fanal.

— Comment ces démons ont-ils construit ce tunnel sans qu'on s'en soit aperçu, by God! Je suis déshonoré! Ah! ces misérables yankees se sont moqués de moi! gromelait-il tout en marchant.

— Le tour est joli! dit Watt qui s'y connaissait.

Le sous-directeur lui lança un regard de travers.

— Combien ont dû s'évader par ce trou? reprit-il en frappant du pied avec colère.

— C'est-à dire, reprit Watt en hochant la tête, que je ne comprends pas qu'ils ne se soient point tous échappés. Le chemin est magnifique. Voilà une occasion que regretteront ceux qui ont été assez bêtes pour ne pas en profiter et la rater.

— Taisez-vous, monsieur! s'écria le sous-directeur avec colère; vous parlez comme un Yankee.

— Et vous comme un imbécile, sans vous offenser, répondit nettement Watt. Ah ça! je vous trouve gentil encore! Comment, moi, je répare vos sottises et vous m'insultez par-dessus le marché!

— C'est vrai; j'ai tort. Pardonnez-moi. Cette affaire me bouleverse complètement; je crois que je deviens idiot.

— Vous êtes en train, dit sérieusement Watt, qui, dans les grandes occasions, parlait comme tout le monde; il faudrait soigner cela, mon brave homme, et ne pas vous en prendre des fautes que vous commettez à ceux qui veulent bien vous rendre le service de les réparer.

Le sous-directeur poussa un grognement sourd; mais, reconnaissant avoir affaire à trop forte partie, il jugea prudent de se taire.

— Cet infernal souterrain ne finira donc jamais! s'écria-t-il après un instant.

— Le fait est qu'il est d'une belle longueur; il a fallut travailler pendant bien des mois pour accomplir une œuvre pareille.

— Euh! fit-il.

— Quand on pense que vous ne vous êtes douté de rien ni les uns ni les autres!

— Euh!

— Cet égal, je suis curieux de connaître là-dessus l'opinion du gouverneur de Milledgeville, le général Winter.

— By god! Vous ne me dénoncerez pas! s'écria-t-il avec épouvante.

— Eh! eh! fit Watt en ricanant.

Ils étaient seuls, le gardien était resté en arrière, pour aider au transport des deux hommes; le sous-directeur leva ses revolvers. Watt sourit et siffla Lizzeth, qui vint aussitôt se ranger près de lui.

— Ne touchez pas vos revolvers, dit-il en en riant, c'est inutile; à votre premier mouvement, je vous fais étrangler par ma chienne; vous ne connaissez pas encore toutes les qualités de Lizzeth; elle est très bien dressée.

— Que voulez-vous de moi, alors? demanda le sous-directeur effrayé.

— Attendez; nous sommes, je crois, au bout du souterrain; oui, tenez; je ne me trompe pas.

En effet deux ou trois minutes plus tard ils pénétrèrent dans la case à nègres.

— Allons! fit Watt, définitivement c'est un beau travail et habilement conduit.

— Hum! fit l'autre en regardant autour de lui d'un air effaré; le carrefour des Mille-Voies, la route de Milledgeville!

— Voyez. Des amis les attendaient à la sortie: ils avaient des chevaux. Allons! allons! cher monsieur, il faut en prendre votre parti; on s'est moqué de vous depuis la plante des pieds jusqu'à la pointe des cheveux. Je ne m'en dédis pas; tout cela est fort curieux; je m'amuse beaucoup.

— Me direz-vous, une fois pour toutes, ce que vous voulez de moi? s'écria le sous-directeur exaspéré.

— Je veux vous proposer une affaire, dit froidement Watt.

— Laquelle ?

— J'ai un besoin pressant de cinquante dollars.

— Je vous les donnerai, est-ce tout ?

— A peu près. J'aime beaucoup mes amis; par votre faute, ils ont été volés et dépouillés, peut-être même mourront-ils. Je veux que vous donniez à chacun d'eux cinq cents dollars pour les indemniser de ce que vous leur avez fait perdre ?

— Oh! oh!

— C'est à prendre ou à laisser; mes amis et moi, nous sommes très bavards.

— Soit, je remettrai cinq cents dollars à chacun.

— A la bonne heure !

— Est-ce tout cette fois?

— Oui. Et vous pourrez compter sur notre silence.

— Hum! vous le vendez assez cher.

— Dans certaines circonstances, le silence ne saurait être trop chèrement payé.

— Enfin, puisqu'il le faut!...

— Oui, vous avez raison ; mieux vaut vous exécuter galamment.

— Ah! s'écria le sous-directeur en se frappant le front, j'y songe !

— A quoi donc?

— Vos amis sont très malades ?

— Oui, ils sont dans un bien piteux état.

— S'ils meurent ?

— Oh! j'espère que non, dit Watt en souriant.

— Il faut tout admettre.

— Soit; admettons.

— S'ils meurent, cela change la question?

— Oui complétement.

— Je ne leur devrait plus rien ?

— Pas un alf crown.

— Alors, ces mille dollars, je les gar...

— Vous me les remettrez à moi, dit Watt brutalement.

— Comment, à vous?

— Certainement; ne suis-je pas l'héritier de mes amis? Ne suis-je pas, de plus, chargé de les venger ?

— Ah! vous voulez les venger ?

— Dam! vous êtes leur meurtrier; du reste, si vous le désirez, nous consulterons le général Winter; c'est un homme très juste ; je m'en rapporte à lui pour décider cette question que vous ne semblez point comprendre parfaitement.

— Allons! dit le sous-directeur, je suis prêt, je paierai.

— C'est ce que vous avez à faire de mieux.

— Mais vous vous tairez?

— Je vous le jure sur l'honneur, et jamais je ne manque à ma parole, mes amis se tairont aussi.

— Merci.

— Il n'y a pas de quoi, dit-il d'un air goguenard; retournons-nous ?

— Oui! nous n'avons plus rien à faire ici.

Ils rentrèrent dans le souterrain.

Les deux hommes avaient repris connaissance, mais leur faiblesse était extrême. Quelques heures de plus, on n'aurait retrouvé que leurs cadavres.

Par les soins du sous-directeur, ils furent transportés à l'hôpital, où les soins les plus intelligents leur furent donnés.

Cependant ce ne fut qu'au bout de quinze jours qu'ils furent complètement rétablis ; la secousse avait été rude.

Alors, ils songèrent à leur départ.

Après une longue et secrète conversation avec ses deux complices, le lendemain de leur sauvetage, le général Stewens avait laissé le commandement à son second, et il était parti à la tête d'un détachement de cinq cents hommes d'infanterie et un demi-escadron de cavalerie.

Wolf et Warding avaient raconté au sous-gouverneur toutes leurs souffrances dans le souterrain.

Celui-ci avait compris et s'était exécuté sinon de bonne grâce, du moins loyalement.

Les trois bandits, (car ces trois hommes n'étaient pas autre chose, prirent enfin congé du sous-gouverneur, très satisfait intérieurement de les voir partir, et ils s'éloignèrent au galop.

Le complot du général Stewens contre le colonel Charlton avait misérablement échouée; à présent, Wolf allait engager une autre partie contre miss Amy, pour son propre compte et celui de Warding.

Il va sans dire que le sous-gouverneur d'Andersonville s'était hâté de détruire le tunnel si habilement construit par Charles Merlin et son ami le Canadien Berger.

XIX

OU LE CHARMEUR DE SERPENTS, COMME TOUJOURS, ARRIVE A TEMPS

Il était dix heures du soir; la nuit était sombre et sans lune; quelques rares étoiles perçaient çà et là, comme à regret, la voûte céleste, incessamment voilée par les nuages courant lourdement dans l'espace ; le vent soufflait avec violence et faisait s'entrechoquer avec bruit les branches des chênes, des mélèzes et des érables dont les hautes frondaisons formaient d'immenses dômes de verdure semblables aux arcades d'une vieille église gothique.

Le froid était vif. A de courts intervalles on entendait le gémissement triste de la chouette, blottie dans le creux d'un arbre, se mêlant aux abois lointains de quelque loup en quête.

Dans une vaste clairière d'une immense forêt étagée sur les flancs d'une haute montagne, un feu brûlait, allumé à quelques pas de la rive d'une rivière-torrent bondissant échevelée du sommet de la montagne, et qui, après avoir traversé en biais la clairière, se précipitait sur les pentes, glissait à travers les rochers, formant de nombreuses cascades, et allait se perdre tout au fond de la vallée sous les hautes herbes.

Un *jacal*, espèce de hutte faite de branches entrelacées, abri précaire que se construisent les voyageurs contre le froid et les orages de ces hautes latitudes, s'élevait non loin du brasier, autour duquel trois personnes étaient assises. Un peu en arrière, plusieurs chevaux d'une rare beauté, mais rendus de fatigue, gisaient étendus sur le sol, sans avoir le courage d'essayer de manger la provende placée près d'eux sur une couverture.

Les trois personnes dont nous avons parlé se chauffaient en fumant mélancoliquement dans de longues pipes sans échanger une seule parole entre elles. Leurs vêtements, souillés et râpés par les fatigues d'un long voyage fait à travers les chemins à peine tracés, par le vent, la neige et la pluie, étaient de drap fin, avaient une coupe élégante et semblaient indiquer que ces gens d'aspect si misérable tenaient un certain rang sur les degrés de l'échelle sociale.

Ce qui semblait le prouver encore davantage, c'était la dignité sombre et la résolution froide répandues sur leurs traits aux lignes larges et caractérisées, qui avaient dû être fort beaux avant que les misères et les hasards d'une existence tourmentée, ou de longues souffrances récemment subies ne les eussent flétris et comme marqués du sceau indélébile de l'adversité.

Tous trois étaient jeunes encore; le moins âgé avait vingt-cinq ans, et le plus vieux quarante à peine ; mais ils étaient si amaigris qu'ils flottaient pour ainsi dire dans leurs vêtements ; leurs forces paraissaient épuisées, leurs yeux éteints avaient des regards si mornes, et une telle expression de désespoir était empreinte sur leurs visages livides, qu'on les eût pris bien plutôt pour des spectres que pour des hommes.

Des revolvers et des bowies-knifs étaient attachés à leurs ceintures de cuir fauve, et chacun d'eux avait une carabine à double canon à portée de la main ; ces armes étaient riches et de grand prix.

Soudain, une couverture tendue en guise de portière devant l'entrée du jacal fut soulevée, et un quatrième personnage apparut. Celui-ci, d'après son costume, était un jeune garçon de quinze à seize ans, svelte, élancé, admirablement proportionné, mais d'une beauté trop fine et trop touchante pour appartenir à un homme. En effet, les épaisses boucles d'une opulente chevelure noire flottant en désordre sur ses épaules ; sa poitrine bombée, étroitement serrée dans un habit de chasse boutonné du haut en bas jusqu'à la ceinture ; sa taille fine et ses hanches accusées révélaient une femme ou une jeune fille. Elle était splendidement belle, malgré la pâleur d'ivoire répandue sur son visage, ses grands yeux noirs brûlés de fièvre et les traces de larmes humides encore sur ses joues.

— Mon Dieu ! dit-elle d'une voix douce et pénétrante, est-ce que Berger n'est pas de retour ?

— Pas encore, ma sœur, répondit un des hommes assis autour du feu.

— Il est parti au coucher du soleil, ajouta le second ; il est bien faible, lui aussi ; il lui a fallu marcher doucement et avec précaution ; n'oubliez pas que nous sommes en pays ennemi, mademoiselle ; tout nous est hostile dans cette contrée.

— Hélas ! murmura-t-elle.

— Qui sait, dit le troisième entre ses dents, si, accablé de faim et de fatigue, notre pauvre Berger ne s'est pas couché au pied de quelque buisson ou de quelque roche pour y mourir ?

— Oui, murmura la jeune fille d'une voix profonde ; depuis trois jours nos vivres sont épuisés ; il ne nous reste que quelques miettes de biscuit pour tromper notre faim.

— Vous souffrez, Jenny, ma pauvre sœur, répondit le premier interlocuteur avec une tendre pitié.

— Oui, je souffre, mon bon Dick, fit-elle les yeux pleins de larmes ; je souffre, mais ce n'est pas pour moi, c'est pour John étendu dans cette hutte et se débattant contre les douleurs atroces que lui cause sa blessure. La plaie a un aspect horrible ; c'est en vain que j'essaie de me faire illusion, je vois, je sens que la vie l'abandonne, et je ne puis rien, rien pour le soulager ! Hélas ! aurai-je donc causé sa mort en voulant le sauver ? Cette pensée me torture comme un remords !

— Jenny ! ma sœur ! s'écria Dick, reviens à toi, reprends courage !

— Ce n'est pas le courage qui me manque, mais je ne puis supporter la vue de ses souffrances. Il essaie de les dissimuler, pour me donner le change, comme moi je souris et je m'efforce de paraître gaie pour ne pas l'affliger. Oh ! nous jouons une horrible comédie, mon frère, et nous ne réussissons pas à nous tromper l'un l'autre.

— Jenny ! lui dit-il doucement en l'attirant vers lui.

La jeune fille s'assit près de son frère.

— Oh ! laisse-moi pleurer, ici près de toi, murmura-t-elle d'une voix navrée ; quand je suis à son côté, je n'ose pas ; mes larmes me retombent sur le cœur et elles me brûlent.

Elle cacha son adorable visage dans ses mains, et elle pleura.

Il y eut un long silence, troublé seulement par les sanglots convulsifs de la jeune fille.

Les trois hommes, tristement émus, la regardaient avec une vive sympathie, mais sans trouver un mot de consolation à lui adresser.

On ne console, hélas ! certaines douleurs qu'en pleurant avec elles.

Ces personnages, que nous trouvons si misérables et campés dans une clairière perdue des monts Cumberland, le lecteur les a reconnus. Six semaines auparavant, nous les avons vus s'éloigner joyeusement du sinistre enclos d'Andersonville.

Les choses étaient bien changées. Contraints de se cacher sans cesse, de tourner les villes et les villages de peur d'être reconnus et arrêtés par les populations sudistes, réduits à camper continuellement en plein air quelque temps qu'il fît, obligés à de longues courses à travers des régions sauvages ; ne se procurant les vivres nécessaires qu'avec des difficultés inouïes, et passant deux et même trois jours sans manger, les fugitifs, déjà malades et débilités par d'aussi grandes fatigues et de si dures privations, avaient promptement perdu les quelques forces qu'ils avaient conservées jusque-là.

La blessure du colonel John Charlton s'était rouverte ; il n'avait voulu rien dire pour ne pas retarder ses amis, sachant bien qu'ils ne consentiraient jamais à l'abandonner ; mais la douleur l'avait vaincu malgré lui.

Un jour, il était tombé évanoui de son cheval ; alors seulement on avait connu la vérité. Sa blessure, qu'il ne pouvait soigner, s'était envenimée et avait pris un aspect véritablement effrayant.

Il fallut s'arrêter ; ce fut en vain que le colonel, rappelé à lui, protesta qu'il n'avait eu qu'une faiblesse passagère et qu'il se sentait en état de continuer sa route.

On ne l'écouta pas, et on campa à l'endroit même où avait eu lieu l'accident. Il y avait trois jours de cela ; les vivres étaient épuisés.

Pierre Berger, le rude coureur des bois, beaucoup moins affaibli que ses compagnons, s'était offert à aller chercher des vivres et des médicaments ; il était parti au coucher du soleil, c'est-à-dire vers six heures du soir, à pied, les revolvers à la ceinture, le rifle sur l'épaule. Il était plus de dix heures, et il ne reparaissait pas ; l'inquiétude était grande parmi les fugitifs, mais ils n'osaient se communiquer leurs craintes, et chacun d'eux, pour ne pas décourager les autres, restait sombre, pensif, commençant à désespérer mais ne se plaignant pas.

Chose singulière et qui cependant arrive plus souvent qu'on ne le suppose, c'était l'être le plus délicat et le plus faible en apparence qui avait le mieux résisté à toutes ces misères ; miss Jane Cobden, habituée à tous les soins et à tout le confort que donne la richesse, était aussi forte et aussi résolue que le premier jour ; les fatigues et les privations de toutes sortes semblaient avoir glissé sur elle sans l'atteindre ; fière et énergique, c'était elle qui consolait ses amis et leur rendait le courage toujours prêt à les abandonner ; son amour et son dévouement pour son fiancé étaient pour elle une égide avec laquelle elle bravait tout sans s'apercevoir de la souffrance.

Manquant de tout pour soigner son cher John, elle lavait la plaie, plusieurs fois par jour, avec l'eau glacée de la rivière. A sa grande surprise, ce remède si simple semblait soulager le malade ; la plaie n'était plus aussi livide, l'enflure diminuait, les douleurs étaient moins fortes ; en un mot, il y avait un mieux sensible. Elle le voyait, mais elle n'osait encore y croire. Cependant elle persévérait, et se payait avec bonheur, de ses soins touchants, par un sourire, seul remerciement que pouvait lui adresser son bien-aimé malade.

Tout à coup miss Jane releva vivement la tête et essuya ses larmes.

— J'entends du bruit, dit-elle ; quelqu'un s'approche de ce côté.

Les trois hommes tendirent l'oreille ; en effet un bruit de pas se faisait entendre, se rapprochant de plus en plus ; les fugitifs allongeaient machinalement la main vers leurs armes lorsque le cri de la Hulotte bleue éclata, clair et vibrant, à deux reprises.

— C'est Pierre Berger ; je reconnais son signal, dit le Français.

— Oui, dit le capitaine Mac-Morlan, mais il n'est pas seul.

— Il faut voir, ajouta Dick.

Il se leva, prit sa carabine, et, après avoir répondu au signal par un cri pareil deux fois répété, il se dirigea du côté où le bruit se faisait entendre de plus en plus intense.

En effet, on vit bientôt paraître Pierre Berger. Il conduisait un âne grand et fort, par une longe en cuir ; l'âne paraissait très chargé. A la droite du coureur des bois marchait un vieux nègre de haute taille, de formes herculéennes, dont la tête rasée était recouverte d'un capuchon ; sa barbe floconneuse était presque blanche.

— Ouf ! dit le Canadien en s'arrêtant à deux pas du feu ; me voici de retour, ce n'est pas sans peine. Messieurs, je vous présente un vieil ami à moi.

Les trois hommes saluèrent.

Qu'il soit le bienvenu et qu'il prenne place au feu auprès de nous : la nuit est froide !

— Merci pour votre offre, messieurs, répondit le nègre avec une dignité qui surprit les assistants.

— Le Charmeur de serpents ! s'écria la jeune fille en s'élançant vers lui.

— Miss Cobden ! s'écria-t-il avec surprise. Dieu soit loué, qui me fait vous retrouver enfin ! Mais, avant tout, permettez-moi de vous demander, miss Cobden, si le blessé dont m'a parlé mon ami Berger n'est pas le colonel Charlton ? Je ne le vois pas ici.

— Oui, reprit la jeune fille. Oh ! venez ! venez ! Dieu veuille que vous le sauviez.

— J'essaierai du moins, miss Cobden; conduisez-moi vers lui, répondit-il en souriant.

— Venez, dit-elle en s'armant d'une torche de bois d'ocote qu'elle alluma.

Le vieux nègre la suivit après avoir pris une gibecière posée sur le bât de l'âne; miss Jane et le Charmeur de serpents disparurent dans le jacal dont la couverture retomba derrière eux.

— Ah ça ! quel est cet homme ? demanda Dick.

— Un ami dévoué du général de Saint-Pierre et du colonel Charlton, répondit Berger; il servait d'intermédiaire entre le général et miss Jane pendant qu'elle habitait Macon, ne vous souvenez-vous pas de l'avoir vu au milieu de vous ?

— C'était donc lui ?

— Oui. Soyez donc sans inquiétude. Maintenant un coup de main, compagnons ! dit gaiement le Canadien. Je vous apporte des provisions et, cette fois, je crois que nous n'en manquerons plus.

Les trois hommes se levèrent en toute hâte ; l'âne se trouva en un instant débarrassé de sa lourde charge, ce qui parut lui faire un sensible plaisir; Berger le conduisait près des autres animaux et, après l'avoir entravé, rejoignit ses compagnons, occupés déjà à déballer les vivres avec force cris de joie et d'enthousiasme.

Berger s'était très bien acquitté de sa mission, rien ne manquait : viande fraîche et salée, gibier, poissons, légumes, pain, biscuits, jambons, saucissons, lard ; un barillet de Wiskey, un autre de vin de Mures ; une vingtaine de bouteilles de vin de France; café, liqueurs, cognac, que sais-je encore ? Il y en avait dont Balthazar, de biblique mémoire, ou Gargantua le Rabelaisien eussent été jaloux, et l'eau leur en fût venue à la bouche.

On jeta du bois dans le feu qui devint aussitôt un véritable brasier ; alors on mit un chaudron au feu pour faire de la soupe avec des tablettes de jus de viande, puis une bouilloire pleine d'eau pour le thé; on glissa des pommes de terre sous la cendre chaude, et, au moyen de deux baguettes fourchues plantées en terre, et sur lesquelles on plaça une baguette de fusil qui embrochait un cuisson de daim, on installa une broche ; au-dessous, on eut soin de mettre une lèchefrite.

C'était plaisir de voir avec quelle activité et quelle ardeur chacun travaillait ; il est vrai que la faim était grande.

Pendant que le diner cuisait, Dick mit la table, ou pour mieux dire le couvert; la vaisselle ne manquait pas, malheureusement depuis quelques jours elle était devenue inutile.

Le jeune capitaine, n'oublia pas le couvert du vieux nègre, qu'il plaça à sa droite.

La manière dont ce couvert était mis, ne manquait pas d'originalité : d'abord, une toile cirée était étendue à terre ; sur cette toile cirée, une nappe, sur laquelle le couvert était mis, à la mode américaine bien entendu, c'est-à-dire avec plus de tasses que de verres, et plus d'eau chaude que de bouteilles de vin.

Avec la joie, l'aspect de la clairière s'était complètement modifié ; la nature elle-même semblait s'associer au bonheur de ces pauvres gens ; le ciel semblait moins noir, les étoiles plus nombreuses et plus brillantes, la nuit moins sombre, enfin le froid était moins vif et le vent moins violent.

Il n'est rien de tel pour regaillardir et faire voir tout en beau comme l'aspect d'un bon repas, dont les parfums chatouillent agréablement l'odorat avant de caresser les papilles du palais.

Le diner était cuit à point, on était prêt à se mettre à table lorsque miss Jane et le vieux nègre sortirent du jacal.

Miss Jane rayonnait.

Chacun s'élança à la rencontre de la jeune fille, pour avoir plutôt des nouvelles du blessé.

— Rassurez-vous, dit le vieux nègre; sans

le savoir, miss Cobden a sauvé le malade par le traitement qu'elle lui a fait suivre; dans trois jours il sera sur pied et complétement guéri cette fois, j'en réponds.

Cette nouvelle fut accueillie par un cri de joie.

— John pourrait prendre un peu de bouillon, ou même un peu de potage, un peu de poisson et aussi un doigt de vin, si nous en avions, dit miss Jane.

— All'rigth! dit Mac Morlan en se frottant gaiement les mains; nous allons le servir tout de suite : Potage, poisson, pain frais de froment et vin de Pommard, il aura tout cela.

Berger et le capitaine Mac Morlan, plus au courant que leurs amis, de la vie d'aventure, étaient spécialement chargés de la cuisine; ils avaient fait le repas et s'en étaient tiré avec honneur; Ils voulurent que le malade fût servi avant tout le monde; ce ne fut que lorsque le colonel eut mangé et se fut endormi, que l'on se mit enfin à table.

L'appétit des convives, aiguisé par trois longs jours de jeûne, était formidable; les débuts du repas s'en ressentirent : ils furent presque complétement silencieux; on n'échangea que quelques phrases rapides et n'ayant trait qu'au repas lui-même; ce ne fut que lorsqu'on approcha du dessert que les langues se délièrent et que peu à peu la conversation s'anima.

— Il faut avouer! s'écria tout à coup Dick Cobden, que notre ami et fidèle compagnon a bien mérité de nous tous! il a accompli des chefs-d'œuvres. Je propose un toast à Pierre Berger, notre munitionnaire général; il est impossible de remplir, avec plus d'intelligence et de célérité une mission aussi délicate que celle dont nous l'avions chargé!

— Et dans une situation aussi désespérée! dit gaiement Mac Morlan.

— Ne me félicitez pas si chaudement, messieurs, dit en riant le Canadien; je ne mérite nullement vos remercîments; le hasard a tout fait.

— Bon! s'écria Charles Merlin; le hasard est la réserve de la providence envers les gens intelligents! Je bois à Pierre Berger!

— Oui, répétèrent-ils tous, à Pierre Berger!

— Je le veux bien, si cela vous est agréable, d'autant plus que le vin est excellent et que c'est plaisir de le boire; mais je vous répète que je ne suis pour rien dans ce qui nous est arrivé d'heureux; j'avoue même que j'étais assez triste et assez embarrassé, ne sachant pas trop quel parti prendre...

— Encore! interrompit Charles Merlin en riant.

— Toujours! Je reprends donc : lorsque le hasard, qui sans doute me guettait et voulait m'aider, me mit, à l'improviste, face à face avec mon vieil ami, le Charmeur de serpents, que vous voyez assis là, près du capitaine Cobden.

— Lorsque vous avez rencontré notre ami Berger, s'écria vivement miss Jane vous étiez à notre recherche, n'est-ce pas?

— J'ai eu l'honneur de vous le dire, miss Cobden ; mais vous étiez trop préoccupée alors, pour faire attention à mes paroles. Oui, je vous cherchais de la part du général; mais j'étais loin de m'attendre à vous rencontrer dans une situation aussi précaire.

— Hélas! murmura-t-elle, bien des malheurs ont fondu sur nous depuis notre départ d'Andersonville.

— Il est toujours difficile et surtout dangereux d'exécuter une fuite en pays ennemi quand on marche en troupe. Miss Cobden, sauf la privation de vivres et l'accident du colonel, je trouve, au contraire, que vous êtes fort bien sortis d'affaire. C'est un véritable miracle que vous n'ayez pas été repris.

— Ainsi le général de Saint-Pierre vous envoie vers nous?

— Oui, mais pas directement; je suis chargé d'une mission terrible et qui, je l'avoue, a absorbé toutes mes facultés. Quant au général, malgré l'événement malheureux dont il a été victime, vous pouvez être assuré de le voir paraître dans ces parages d'ici à trois ou quatre jours au plus tard. Ainsi, considérez-vous dès à présent comme étant en sûreté. D'ailleurs, je ne m'éloignerai pas beaucoup de vous; tous les jours, vous me reverrez. C'est précisément dans les monts Cumberland, où nous sommes, que je me propose de manœuvrer.

— Vous n'êtes donc pas seul? demanda Dick.

— Non, pas tout à fait, répondit-il en souriant; j'ai avec moi quelques compagnons; en temps de guerre, il est toujours dangereux de se hasarder seul sur le territoire ennemi; je suis à la recherche de trois misérables, que vous ne connaissez que trop, et auxquels j'infligerai un châtiment exemplaire dès que j'aurai mis la main dessus; je suis sur leur piste; ils ne m'échapperont pas longtemps!

— De quels scélérats voulez-vous donc parler? demanda Mac Morlan.

— Oh! vous les connaissez bien, capitaine.

— C'est possible; cependant, si vous me disiez leurs noms?

— Qu'à cela ne tienne, capitaine. Ils se trouvaient ensemble à...

— Andersonville ! interrompit vivement Charles Merlin. Nous nous les rappelons parfaitement; seulement nous avons lieu d'être étonnés d'entendre dire qu'ils rôdent dans ces montagnes. Quand nous nous sommes évadés, nous les avons laissé enchaînés dans un souterrain creusé de nos propres mains et par lequel nous avons opéré notre fuite.

— Quant au général Stewens, après l'avoir endormi avec une forte dose d'opium, je l'avais enfermé dans son cabinet de travail, ajouta Dick Cobden.

— Cela est singulier, en effet, dit le Charmeur de serpents d'un air pensif; si je l'osais, je vous prierais de me mettre au courant de toute cette affaire.

— Je ne demande pas mieux, dit Charles Merlin en riant, si cela peut vous être agréable.

— Très agréable et peut-être encore plus utile, répondit le Charmeur avec intention.

— Soit; voici la chose en deux mots :

Charles Merlin, raconta alors dans tous leurs détails les incidents assez curieux de leur évasion. Le Charmeur l'écouta avec une sérieuse attention, et lorsque le jeune homme eut achevé son récit il demeura pendant quelques instants pensif et absorbé dans de profondes réflexions. Enfin, il releva la tête :

— Rien n'est terrible comme les demi-mesures, dit-il en hochant la tête.

— C'est-à-dire que nous blâmez de ne pas avoir tué ces misérables !

— Certes ! dit-il sèchement.

— Je voulais les pendre ou les poignarder, moi, dit Pierre Berger.

— Et vous aviez raison répondit rudement le Charmeur, « morte la bête, mort le venin »; ce proverbe est bon à pratiquer.

— Le colonel nous a suppliés d'épargner ces gredins, qui cependant avaient juré notre mort; nous lui avons obéi.

— Oui, oui, reprit le nègre en hochant la tête, je reconnais bien là le colonel John, toujours bon et pitoyable envers les méchants, et prêt à leur pardonner !

— Est-ce donc mal cela? dit doucement miss Jane; ne vaut-il pas mieux conserver ses mains pures de sang humain et laisser les méchants aller se faire pendre ailleurs?

— Chez un soldat, oui, cela est mal, miss Cobden. Il faut faire la guerre comme elle doit être faite : sans cruauté inutile, mais sans hésiter à châtier les scélérats partout où on les rencontre. Quant à moi, pardonnez-moi, miss Cobden; je n'admets pas cette théorie qui consiste à envoyer les scélérats se faire pendre ailleurs pour ne pas avoir la peine de les punir. Celui qui tue doit être tué : la loi du talion est la plus juste et la plus ancienne du monde entier.

— Oh ! nous ne sommes pas des barbares, grâce à Dieu ! s'écria-t-elle avec amertume, pour nous faire juge et partie dans notre propre cause.

— Nous, miss Cobden, nous ne sommes pas des barbares, mais des égoïstes sans convictions comme sans énergie ; je ne fais pas ici de personnalités, je parle en général, parce que malheureusement cette maxime n'est que trop répandue; les hommes que vous envoyez si généreusement se faire pendre ailleurs, ils se gardent bien d'y aller, ils profitent de votre faiblesse, se moquent de vous et se hâtent de commettre d'autres crimes.

— Oh ! vous êtes bien absolu, il me semble, dit-elle en souriant.

— Je ne suis que vrai, miss Cobden; et tenez, pour ne parler que des misérables si bénévolement épargnés par le colonel, à peine délivrés, ils en ont profité pour commettre d'autres crimes, un entre autres dont le général de Saint-Pierre a été victime et qui le plonge dans le désespoir.

— Oh ! mon Dieu ! Que dites-vous donc là ? s'écria-t-elle avec douleur.

— Je dis, miss Cobden, que ces trois misérables avaient depuis longtemps juré la perte d'une personne que le général avait réussi à arracher de leurs mains. Cette personne, digne du respect de tous, vivait tranquille sous la protection fraternelle du général, qui professe pour elle une sincère et profonde affection. Deux de ces gredins, on ne sait pourquoi, haïssent mortellement cette personne. Ils ont réussi, on ignore comment, à s'introduire avec une incroyable audace dans le camp du général sans que leur présence fût soupçonnée. Il y a cinq jours ou plutôt cinq nuits, ils sont parvenus à se glisser dans le fourgon où reposait cette personne entourée de ses amis; l'ont enlevée sans donner l'éveil et ont si habilement opéré leur retraite, que jusqu'à présent il a été impossible de les retrouver ; si le colonel John, au lieu d'user de clémence envers des bandits indignes de pitié leur avait infligé le châtiment que depuis longtemps ils ont mérité, ce crime odieux n'aurait pas été commis, et le colonel, par sa faiblesse, n'en serait pas le complice involontaire.

— Hélas ! murmura la jeune fille.

— Mais ne nous avez-vous pas dit, demanda Dick, que vous étiez sur la piste de ces misérables ?

— En effet, et, à moins d'un miracle, ils ne m'échapperont plus longtemps. Mais il y a déjà cinq jours que l'enlèvement a eu lieu; depuis ce temps, qui sait ce que leur victime est devenue !

— C'est affreux ! s'écria miss Jane.

— Puisque nous devons rester campés ici jusqu'à l'arrivée du général, dit vivement Charles Merlin, disposez de nous, Charmeur, pour vous aider dans votre chasse contre ces brigands.

— Oui, dit Berger en riant, cela nous aidera à passer le temps, qui nous semblera long si nous ne faisions rien ; vous savez, Charmeur, que je m'entends assez bien à suivre une piste.

— D'ailleurs, ajouta Mac Morlan, nous serons heureux de prouver ainsi notre reconnaissance au général.

— Voyons, est-ce dit, Charmeur? s'écria Dick en riant, nous enrôlez-vous? Soyez tranquille, si ces drôles nous tombent sous la main, nous ne leur ferons pas grâce !

— Nous leur appliquerons la loi du juge Lynch comme nous le faisions dans les prairies de l'Ouest, dit Berger.

— J'accepte, gentlemen, et je vous remercie au nom du général. Permettez-moi seulement de vous poser une condition.

— Laquelle ? s'écrièrent-ils d'une seule voix.

— Peut-être me trouverez-vous bien osé de vous parler ainsi, moi qui ne suis qu'un misérable nègre...

— Mon ami, dit miss Jane avec un sourire enchanteur, vous êtes avant tout un homme ; nous vous devons tous la vie ; moi je vous devrai la santé de mon fiancé. Vous êtes l'ami du général Tristan ; les blancs et les noirs sont égaux devant Dieu votre couleur nous importe peu. D'ailleurs, si quelques-uns de nous ont été esclavagistes, aujourd'hui nous sommes tous abolitionnistes. La manière dont nous vous avons accueilli, sur la présentation de notre ami Berger, doit vous prouver le cas que nous faisons de vous ; parlez donc en toute liberté, et soyez pour nous ce que vous êtes pour notre ami.

— Mille grâces ! miss Cobden, je suis heureux d'entendre une blanche parler ainsi ; je vois que le général a raison, que l'anathème qui pèse sur notre race disparaîtra dans un avenir prochain et que justice nous sera rendue.

— N'en doutez pas; l'Amérique est et restera la fille aînée de la liberté ; bientôt tous les citoyens de notre grande République seront égaux devant la loi, sans distinction de couleur. Que désirez-vous de nous ?

— Tout simplement, miss Cobden, que l'on ne révèle pas au colonel le nouveau crime commis par les gredins qu'il a épargnés ; dans l'état où il est, cette nouvelle pourrait lui faire beaucoup de mal. Je vous ai promis une prompte guérison, elle dépend de votre silence.

— Nous nous tairons! s'écria Dick.

En ce moment, un grand bruit se fit entendre sous le couvert.

— Oh ! oh ! qu'est-ce là ? dit Berger.

Et, saisissant son fusil, il se leva vivement.

Ce bruit augmentait rapidement, cela ressemblait à la marche précipitée d'un homme à travers les buissons ou à la course effarée d'un fauve.

— C'est un homme, dit le Charmeur ; il ne cherche pas à se cacher, sa marche l'indique. Laissez-le approcher encore et vous le hélerez.

— Compris, dit Berger.

Et, faisant quelques pas en avant, il s'abrita derrière un arbre ; puis, après un instant, il épaula son riffle en criant d'une voix forte :

— Qui vive ?

— Ami ! répondit-on aussitôt de dessous le couvert.

— Etes-vous seul?

— Non ; j'ai avec moi une femme évanouie et un chien.

— Que demandez-vous ?

— Secours pour la femme évanouie. J'ai aperçu votre feu et je me suis dirigé vers vous, espérant que vous aurez pitié de cette femme que je porte et que vous lui viendrez en aide.

— Approchez, dit Berger après avoir consulté ses amis du regard.

Il désarma son riffle et en posa la crosse à terre.

On vit presque aussitôt apparaître un homme portant une femme sur l'épaule et tenant un riffle de la main gauche; un énorme molosse marchait gravement sur ses talons ; cet homme s'approcha d'un pas lourd et hésitant. Bientôt il fut en pleine lumière.

— Watt, le lieutenant de Wolf! s'écria Dick avec surprise.

— Moi-même, capitaine Cobden; mais je ne suis plus au service de Wolf, je suis mon maître maintenant.

— Tant mieux ; mais quelle est cette femme?

Miss Jane s'était élancée pour porter secours à la femme que Watt avait doucement posée sur l'herbe.

— Amy! s'écria-t-elle tristement. Mon Dieu! qu'a-t-elle donc ?

— Rien, miss Jane : la fatigue et la privation de nourriture ; ni elle, ni moi, depuis deux jours, nous n'avons ni bu ni mangé, et nous avons été chassés comme des bêtes fauves, ajouta-t-il avec ressentiment.

— Chassés ! s'écria le Charmeur; par qui donc ?

— Par Wolff et ses rascals de compagnons ! Mais ils me le paieront !

— Vous savez sans doute où est son campement ? reprit le Charmeur.

— Oui, et je vous y conduirai si vous voulez !

XX

DANS LEQUEL WATT PROUVE A WOLF QUE LE CHIEN PEUT AUSSI MANGER LE LOUP

En quittant Litle-Roock, le général de Saint-Pierre avait, par une marche de flanc, pénétré jusqu'au Mississipi qu'il avait traversé au-dessous de Memphis, et il était entré dans l'Etat de Tennessee.

Avant de continuer sa marche en avant, le général avait certaines mesures de sûreté à prendre; il s'était arrêté pour quelques jours!; selon sa coutume, il avait fractionné son corps, plus que quadruplé, en petits détachements disséminés sur un grand espace, mais tous reliés entre eux, et n'avait conservé près de lui que ses trafiquants et ses éclaireurs comanches.

La goëlette, mouillée et dissimulée dans un *creeck* profond du Duck-River, le général avait établi son camp à demi portée de pistolet de la rivière, à environ une douzaine de milles de Columbia.

Les Columbia foisonnent aux Etats-Unis. Du reste, il en est à peu près de même pour toutes les autres villes, ce qui cause une perturbation énorme et souvent amène des malentendus regrettables au point de vue géographique.

Le Columbia dont nous parlons ici est une fort jolie ville de l'Etat de Tennessee; chef-lieu du comté de Maury ; elle est bâtie sur le bord du Duck-River, charmant cours d'eau qui, je crois, ne figure sur aucune carte; elle fait un commerce considérable, possède quelques beaux monuments et a une population d'environ 30,000 âmes de blancs et de noirs.

Le Tennessee est un Etat à esclaves. Avant la guerre, la population noire dépassait la population blanche, d'un chiffre très important.

De la manière dont le général avait établi son camp il faisait face à la chaîne importante des monts Cumberland dont il n'était éloigné que de soixante kilomètres ; il avait à sa gauche Nashville, capitale de l'Etat de Tennessée et chef-lieu du comté de Davidson, construite sur le Cumberland-River ; derrière lui, Memphis, chef-lieu du comté de Shelby, assez petite ville, bâtie sur la rive gauche du Mississipi, et enfin à sa droite, un peu en arrière, Columbia.

Le général commandait ainsi ces trois villes importantes; il pouvait, selon que les circonstances l'exigeraient, soit marcher en avant sur les monts Cumberland, ou menacer l'une de ces trois villes sans avoir rien à redouter des deux autres.

Depuis quelques jours, le général occupait cette position sans que ses éclaireurs, lancés de tous les côtés, eussent rien découvert de suspect, il ne restait dans le pays que quelques milices incapables de lutter contre les troupes aguerries du général. La plus grande consternation régnait dans la population blanches; les noirs se soulevaient de toutes parts et se livraient à de terribles et sanglantes représailles contre leurs maîtres, dont les plantations, pillées et ravagées, flambaient comme de sinistres phares dans la nuit.

L'apparition du redoutable corps-franc dans le pays augmenta encore les plaintes et causa une panique générale; tout le commerce avait cessé depuis longtemps déjà; les balles de coton s'empilaient les unes sur les autres sans trouver d'acheteurs. Les temps n'étaient plus où les *forceurs de blocus* passaient audacieusement à travers les escadres fédérales pour trafiquer avec les esclavagistes ; prendre leur coton, leur sucre et leur café, en leur donnant en retour des armes, des munitions de toutes sortes, des draps, etc., etc.; maintenant c'était la misère, mais la plus horrible de toutes les misères, celle où l'on est condamné à mourir de faim en possédant d'incalculables richesses! Tel était l'état où se trouvait réduit le Sud, triste châtiment de son odieuse conduite et de sa fratricide rébellion !

C'était le soir. Le général, après avoir passé la plus grande partie de la journée à cheval pour rallier ses divers détachements, car il se préparait à continuer sa marche en avant, était rentré au camp assez fatigué.

Miss Amy, ses deux compagnes et le capitaine Bancroff allaient se mettre à table ; le général accepta l'invitation qui lui fut faite ainsi qu'au colonel Taylor dont il était accompagné.

L'on soupa de bon appétit; seule, miss Amy paraissait triste; elle se plaignait de douleurs à la tête. Le général, très peiné de la voir ainsi souffrante, tâchait de l'égayer. La jeune fille essayait vainement de sourire, les larmes lui venaient aux yeux; pressée de questions par le général, que son état commençait à inquiéter sérieusement, miss Amy, après s'être faite prier longtemps, répondit enfin de sa voix mélodieuse, dont la tonalité avait quelque chose de si touchant :

— Je ne sais ce que j'éprouve ; c'est plus

fort que moi. Je suis en proie à une tristesse mortelle.

— Quelqu'un vous aurait-il manqué de respect ? demanda vivement Tristan.

— Tout le monde m'aime ici, vous le savez bien, mon cher Tristan, répondit-elle doucement ; je n'ai qu'à me louer de toutes les personnes qui m'entourent et dont l'inépuisable bonté me rend bien heureuse, je vous assure.

— Eh bien ! alors, reprit le général, pourquoi vous créer des chimères, chère sœur ? Il faut secouer ces papillons noirs et redevenir gaie. Votre tristesse nous afflige, chère enfant ; faites un effort, ce n'est qu'une migraine, elle cessera. Avez-vous consulté le docteur ?

— Oui, mon cher Tristan, non pas pour moi, mais pour vous, afin de vous tranquilliser.

— Que vous a-t-il répondu ? Il est savant !

— Si savant, que je ne le comprends pas toujours, dit-elle avec un pâle sourire; il m'a répondu que j'avais les nerfs agacés; que ce malaise général dont je me plains provient d'affections spasmodiques; il m'a recommandé de prendre, en me mettant au lit, un calmant qu'il m'a préparé et qui doit me faire dormir.

— Il faut suivre les prescriptions du docteur, chère enfant, reprit affectueusement le général ; demain probablement vous vous réveillerez guérie.

La jeune fille hocha la tête à plusieurs reprises.

— Vous doutez ? dit le général.

— Non, cher frère, répondit-elle tristement. Je boirai la potion préparée par le docteur, mais elle ne produira pas sur moi l'effet qu'il en attend. Je dormirai, mais je me réveillerai demain aussi brisée que je le suis ce soir.

— Oh ! oh ! une malade qui nie les effets de la médecine ! s'écria le général en souriant.

— Non pas, dit-elle, je ne me révolte pas contre la docte Faculté, mais je sais que je ne suis pas malade dans le sens que dit le docteur.

— Comment cela, chère sœur ?

— Si je vous le dis, vous vous moquerez de moi, Tristan ?

— Vous ne le croyez pas, chère Amy ?

— Parlez, miss Amy dit galamment Lionel ; nous vous jurons de vous croire. D'aussi jolies lèvres ne sauraient dire que la vérité !

— Oui, ajouta le capitaine Bancroff. Pour ma part, je ne sais pas comment s'y prendrait miss Amy pour mentir !

— Il me faut donc me confesser devant vous, gentlemen ? reprit-elle en essayant de sourire.

— Nous l'exigeons, miss Amy, dit le colonel.

— Moi, je vous en prie, Amy, dit doucement le général.

— Soyez donc satisfaits, gentlemen. Je suis malade, très malade même, mais ma maladie est toute morale.

— Alors, c'est l'imagination qui travaille ?

— Non, dit-elle tristement ; c'est le cœur qui me manque ; par moments, il bat à briser ma poitrine, puis tout à coup il semble défaillir et presque s'arrêter ; mes tempes battent ; j'ai des bourdonnements dans les oreilles, je m'effraie sans causes ; des brouillards passent devant mes yeux, et j'aperçois des spectres fantastiques sans formes accusées et presque indistinctes.

— C'est étrange ! murmura le général ; ceci ressemble fort à des hallucinations ?

— Je ne sais ce que c'est, mais puisque j'ai commencé ma confession, je la terminerai.

— Parlez, chère sœur ; jamais vous n'aurez d'auditeurs aussi bienveillants.

— Sachez donc, cher Tristan, que trois fois déjà j'ai ressenti ce que j'éprouve aujourd'hui, et toujours lorsque de grands dangers ou de profondes douleurs me menaçaient.

— Chère Amy ! quel danger avez-vous à redouter au milieu de nous ?

— Je l'ignore, mon ami ; mais cela est ainsi ; c'est une espèce de pressentiment qui bouleverse tout mon organisme et me met dans l'état où vous me voyez. Je ne le discute ni ne l'explique : je le subis.

— Et ce pressentiment, si c'en est un, vous l'avez éprouvé trois fois, à des époques éloignées les unes des autres, reprit le général devenu pensif ?

— Oui, mon ami. La première fois ce fut la veille du jour où mourut mon père ; la seconde, quelques heures avant la mort de ma bienfaitrice ; la troisième fois, lorsque je fus conduite, hélas ! par mon frère, chez ce misérable Wolf, des mains duquel vous m'avez si miraculeusement sauvée. Vous vous en souvenez, n'est-ce pas mon cher Tristan, mon excellent frère.

— Oui, oui, je m'en souviens, Amy.

— Cette fois est la quatrième. Si absurde et si impossible qu'elle vous paraisse, Tristan, un danger terrible plane sur ma tête ; ce danger prochain, je le vois presque, quel est ce danger ? Je ne sais, mais bientôt vous reconnaîtrez que j'ai dit vrai ?

— Allons ! allons ! chère enfant, s'écria-t-il avec un rire forcé ; chassez ces folles appréhensions, vous êtes ici à l'abri de tout danger quel qu'il soit et d'où qu'il vienne ; je prendrai de telles précautions que je ferai mentir ces sombres pronostics; rapportez-vous-en a moi pour cela.

— Je le souhaite du plus profond de mon cœur, mon cher Tristan ; mais les pressentiments émanent de Dieu; c'est lui qui nous les envoie pour nous avertir de nous préparer, soit à comparaître devant lui, soit à souffrir les épreuves qu'il nous impose.

— Allons! ma belle prêcheuse, chassez ces vilaines idées; demain, je l'espère, vous n'y songerez plus.

— Dieu le veuille ! murmura-t-elle.

Sur ces entrefaites on annonça le Charmeur.

— Qu'il entre! dit vivement le général.

— Permettez-moi de me retirer, dit miss Amy en se levant, je me sens accablée.

— Allez, chère sœur, et ne manquez pas de prendre la potion calmante du docteur.

— Je vous obéirai, mon frère.

— Ne vous inquiétez pas des bruits que, sans doute, vous entendrez bientôt autour de votre fourgon, chère Amy; je vais placer une garde si formidable autour de vous, que je défie un danger quelconque de vous approcher.

La jeune fille prit congé et sortit, appuyée sur le bras de l'une de ses compagnes.

Un instant après le départ de miss Amy, le Charmeur entra.

— Soyez le bienvenu! je vous attendais, lui dit le général. Asseyez-vous là. Voici un verre, une bouteille, des cigares, du tabac et des pipes. Servez-vous ce que vous préférez.

— Je goûterai un peu de tout, dit le noir en riant et en remplissant un verre de rhum.

— A votre aise. Miss Jane Cobden est-elle toujours là-bas ?

— Hum! miss Cobden n'en a pas eu le démenti, général; elle a réussi à faire évader notre brave colonel Charlton de cette horrible prison d'Andersonville.

— Bravo ! s'écria le général; voilà une bien agréable nouvelle!

— J'en suis charmé, dit le colonel.

— Bonne affaire, dit le capitaine Bancroff. Buvons à sa santé !

Et il vida un énorme verre de tafia.

— Mais, reprit le général, êtes-vous bien sûr que ce soit vrai?

— J'étais là ; j'ai tout vu, reprit le nègre; aussitôt après l'évasion, miss Cobden m'a expédié vers vous, général.

— Sur ma foi, c'est une charmante fille ! elle aime John à la folie ; je suis heureux de reconnaître que je m'étais trompé sur son compte!

— Oui, reprit le Charmeur, elle a fait évader en même temps deux officiers nordistes du régiment du colonel et ses amis intimes ; mais ce qu'il y a de plus piquant dans cette affaire, c'est que ce charmant démon s'est fait aider, pour ce hardi coup de main, par le directeur même de la prison, un certain Mac Morlan, et par son frère, Richard Cobden, aide de camp du général Stewens, deux Esclavagistes enragés, dont elle a fait des Abolitionistes convaincus, et qui l'ont suivie.

— Pardieu ! s'écria Lionel, le tour est excellent et surtout de bonne guerre !

— N'est-ce pas? fit le nègre en riant.

— Oh ! les femmes ! s'écria Tristan; quand elles se mettent une idée dans leurs charmantes têtes, il faut qu'elles en arrivent à leurs fins ! C'est vraiment admirable! mon bon et loyal John est donc libre!

— C'est bien joué, dit le capitaine Bancoff; c'est un trésor, qu'une femme comme celle-là ! à sa santé.

Et il avala d'un trait une rasade au moins égale à la première.

— Si les femmes se mettent du côté des Fédéraux, dit le colonel en riant, les Sudistes n'ont qu'à bien se tenir.

— Où sont maintenant les fugitifs ? demanda le général.

— Ils doivent approcher maintenant des montagnes Cumberland.

— Je compte sur vous, Charmeur, pour aller au-devant d'eux, les découvrir et les faire m'attendre dans les montagnes, où je ne tarderai pas à les rejoindre.

— Vous comptez lever votre camp?

— Oui, sous deux jours; je me dirigerai vers les montagnes; d'ailleurs, au lever du soleil j'expédierai une forte avant-garde en avant; savez-vous quelque chose de nouveau ?

— Je sais que les fédéraux avancent; mais vous devez être sur ce point au moins aussi bien renseigné que moi, sans cela vous ne quitteriez pas le poste avantageux que vous avez ici ?

— C'est cela même, mon ami.

— Je sais de plus que les deux misérables qui ont essayé d'assassiner le colonel John, près du fort Republic, rôdent aux environs en compagnie de deux drôles de leur espèce, un certain Warding, un planteur ruiné, ce qui est pain béni, et un nommé Watt.

— Watt! l'ancien lieutenant de Wolf ! s'écria le général avec surprise.

— Oui, oui, c'est bien le même; il a avec lui sa chienne Lizzeth ! voilà ce que l'on gagne à sauver la vie à de pareils rascals !

— Bah! qui sait si Watt n'est pas venu à résipiscence?

— Hum! comptez là-dessus, général ! celui-là s'amendera lorsque le Red-River remontera vers sa source !

— Nous verrons cela !... Quant aux autres, ils feront bien de ne pas s'approcher de nos avant-postes ! Si je les prends, le premier arbre me fera justice d'eux trois, je les y accrocherai côte à côte.

— Quand dois-je me mettre en route pour rejoindre le colonel John, général ?

— Le plus tôt possible ! mon ami.

— Alors, demain.

— C'est cela ! Bonne nuit ! gentlemen... Venez avec moi, Charmeur.

Le colonel et le capitaine prirent congé et se retirèrent.

— Où me conduisez vous donc, général ? demanda le Charmeur.

— Je vais prendre des nouvelles de miss Amy.

— Serait-elle malade ? demanda le vieux nègre avec intérêt.

— Non, elle était un peu souffrante ce soir, voilà tout.

Tout en causant ainsi ils atteignirent la partie du camp où se trouvaient les fourgons. Il y régnait un silence de plomb; on l'aurait cru désert.

— Hum ! gromela le colonel, les fourgons sont bien isolés ici; je vais changer cela.

En ce moment, une des deux compagnes de miss Amy apparut arrivant du côté où la goélette était mouillée et marchant avec rapidité, comme si elle eût été pressée.

Le général la salua poliment.

— Pardon, lui dit-il, savez-vous, mistress, si miss Amy se sent mieux et si la potion qu'elle a prise lui a fait du bien ?

— Je ne saurais vous le dire, général, répondit-elle; je viens de l'ambulance, mais si vous le désirez, je m'en informerai.

— Je vous en serai très reconnaissant, mistress, répondit Tristan en s'inclinant.

La jeune femme salua à son tour et disparut au milieu des fourgons.

Tout à coup, le général s'entendit appeler par de grands cris. Il s'élança, suivi du Charmeur.

Miss Amy avait disparu : le fourgon était dans le plus grand désordre.

En un instant le camp fut éveillé et des éclaireurs s'élancèrent dans toutes les directions.

Le général était atterré ; cet audacieux attentat, exécuté avec une si perfide habileté au milieu de son camp, le confondait; il était en proie à une de ces fureurs qui sont d'autant plus terribles qu'elles sont impuissantes.

Pendant quelques instants, il était resté immobile, sans voir, sans entendre, inerte et sans pensées, comme frappé de la foudre. Puis, soudain, une réaction formidable s'était opérée en lui, et le regard étincelant, la lèvre frémissante, il avait voulu s'élancer lui-même à la recherche de la jeune fille.

Mais le Charmeur l'avait retenu avec une force et une autorité que Tristan ne lui avait jamais vues encore, et qui lui avaient imposé malgré lui.

Le vieux nègre, pendant que chacun perdait la tête, était demeuré froid et calme comme toujours; il avait visité avec soin les abords du fourgon, et, armé d'une torche, il avait minutieusement exploré le sol, pouce à pouce, ligne à ligne, semblant suivre des traces visibles pour lui seul. Puis cet examen terminé, il s'était approché du général et, lui posant la main sur l'épaule :

— Ne faites rien, ne bougez pas, lui dit-il d'une voix profonde dont l'accent émut le jeune officier ; je me charge de retrouver miss Amy.

— Vous ? s'écria le jeune homme, oh ! si vous faites cela !

— Je vous donne ma parole, reprit le Charmeur, et vous savez que je n'y manque jamais ; laissez-moi agir à ma guise; je sais tout; j'ai tout découvert; la jeune femme a été enlevée par deux hommes, cachés depuis plusieurs heures sous le fourgon, j'ai découvert leurs traces. Un de ces hommes est Jerry Wolf.

— Lui ! oh ! s'écria le général en frémissant.

— Calmez-vous; ne faites rien; je vous rendrai miss Amy; elle dormait quand on s'est emparé d'elle. Elle s'était jetée sur son lit, toute vêtue, sans doute, pour se reposer, le sommeil l'a surprise; c'est alors que ces deux hommes, glissant dans l'ombre comme des serpents, l'ont enlevée; près d'ici, caché dans un buisson, un homme les attendait avec des chevaux. A présent, ils sont loin ; moi seul je puis les retrouver, et je les retrouverai. L'audace insensée de cet odieux guet-apens en assure le succès; qui aurait jamais supposé que deux hommes oseraient s'introduire dans un camp aussi bien gardé ? C'est cette impossibilité même qui leur a permis de glisser inaperçus entre les sentinelles.

— Ainsi, vous me jurez ?...

— Je vous jure, général, que je tiens la piste des misérables et que je la suivrai sans m'écarter d'une ligne jusqu'à ce que j'arrive au bout; mais pour réussir, il faut que vous me laissiez liberté entière de manœuvrer et que tous les éclaireurs soient rappelés; en passant et repassant sans le savoir sur les traces qui me servent de fil conducteur, ils ne font que rendre ma tâche plus difficile.

— C'est juste, dit le général avec une violence contenue, je vais donner les ordres nécessaires.

— Moi je pars; je ne veux pas perdre un instant.

— Merci, mon ami, merci! s'écria-t-il avec une émotion indicible; si vous me la rendez!...

— Je vous le rendrai, mais calmez-vous; redevenez maître de vous-même. Envoyez au plus tôt un fort détachement à la clairière de la Cascade, dans les montagnes, et suivez-le de près; avant quarante-huit heures, vous apprendrez du nouveau. Au revoir, bon courage!

Et, après avoir à plusieurs reprises serré la main du général, il s'élança sur la piste, de ce pas gymnastique et balancé particulier aux Peaux Rouges et aux nègres, marrons qu'un cheval lancé au grand trot a peine à suivre et que nos soldats imitent aujourd'hui sans pourtant l'atteindre complètement.

Le général, convaincu de son impuissance et sachant quelle confiance il pouvait avoir dans la promesse du nègre, que mieux que personne il connaissait, n'hésita pas une seconde à lui obéir en tout ce que celui-ci lui avait recommandé. Une heure plus tard, le colonel Lionnel, à la tête d'un détachement de trois cents partisans et suivi par soixante Comanches, quittait le camp et se dirigeait vers les monts Cumberland.

Le Charmeur avait dit vrai.

Le général Stewens avait été rejoint par Wolf, Warding et Watt à un rendez-vous convenu; il avait établi sa troupe dans une plantation, à demi ruinée, dans une situation très avantageuse, à quatre lieues au plus des monts Cumberland, mais sur le versant opposé à celui où campait le général de Saint-Pierre. Après s'être reposés pendant deux ou trois jours en dressant leur plan de campagne, les nouveaux arrivés sentant toute leur vigueur revenue, Stewens avait confié le commandement de sa troupe à un de ses lieutenants, en lui ordonnant de l'attendre, et les quatre hommes bien montés et bien armés s'étaient dirigés vers les monts Cumberland.

Quelques jours plus tard, un peu avant le coucher du soleil, Wolf et Joe, tous deux vêtus du costume adopté par les trafiquants du capitaine Bancroff et marchant d'un pas tranquille, à une courte distance l'un de l'autre, chargés de sacs renfermant en apparence certains objets retirés de la goélette, et qu'ils transportaient au camp, étaient arrivés du côté de la rivière, la pipe à la bouche, et avaient passé à frôler les sentinelles sans être autrement remarqués, celles-ci croyant, dans la demi obscurité régnant à cette heure crépusculaire, avoir affaire à deux de leurs camarades.

Une fois dans le camp, ils s'étaient blottis sous le fourgon même de miss Amy, s'abritant et se dissimulant derrière les sacs qu'ils avaient apportés.

Plusieurs fois, Wolf avait eu l'audace de s'introduire dans le camp et de prendre les plus minutieux renseignements; ils allaient donc à coup sûr et sans crainte de commettre des bévues dont les conséquences pour eux auraient été terribles.

Ils étaient demeurés cois dans leur cachette pendant plusieurs heures, sans faire un mouvement, mais l'œil ouvert et l'oreille au guet, écoutant et épiant tout ce qui se passait autour d'eux. Aussitôt qu'ils avaient jugé le moment favorable, ils s'étaient levés doucement, avaient surpris la jeune fille endormie, l'avaient bâillonnée, garrottée et enfermée dans un sac; Joe l'avait chargée sur son dos, et Wolf, s'affublant tant bien que mal de vêtements féminins par-dessus ses habits, tous deux étaient sortis à pas lents, du côté de la rivière, comme s'ils se rendaient à bord de la goélette. La nuit était très sombre, les sentinelles avaient été d'autant plus facilement trompées que, de ce côté, on n'avait à redouter aucune surprise et que les communications étaient constamment ouvertes avec le navire.

Aussitôt hors de vue, les deux bandits avaient hâté le pas, s'étaient élancés à travers champs, jusqu'à une remise touffue au plus épais de laquelle Watt, accompagné de sa fidèle Lizzeth, les attendait avec trois chevaux.

La jeune fille avait été alors retirée du sac et on lui avait enlevé son bâillon. Elle était pâle et avait les yeux fermés. Les bandits craignirent d'abord de l'avoir étouffée, mais bientôt ils reconnurent avec joie qu'elle dormait.

Miss Amy avait bu la potion préparée par le docteur; cette potion était un somnifère peut-être même un peu trop fort; de là, le sommeil persistant de la jeune fille. Elle fut confiée à Watt, qui l'avait placée devant lui, sur le cou de son cheval; puis les bandits s'étaient élancés à toute bride dans la direction des montagnes.

Le matin de ce jour, une explication assez grave avait eu lieu entre Wolf et son ancien lieutenant.

Le bushwacker, après une dernière visite au camp des partisans pour compléter les renseignements, avait rejoint ses compagnons la veille au soir, en leur annonçant que le lendemain on tenterait le coup de main.

En effet le lendemain, deux heures avant le lever du soleil, on s'était mis en route, laissant Warding à la garde du campement provisoire, où l'on s'était temporairement établi.

UNE GOUTTE DE SANG NOIR

Arrivés sous la remise où les chevaux devaient attendre sous la garde de l'un d'eux, Wolff avait distribué les rôles ; lui et Watt devaient s'introduire dans le camp, et Joe garderait les chevaux ; mais cette combinaison déplut à Watt.

— Me battre contre des hommes, tant que vous voudrez, dit-il naïvement ; mais enlever une femme, une jeune fille sans défense, c'est une lâcheté que jamais je ne commettrai ; jusqu'à présent je vous ai toujours servi fidèlement, mais ici je m'arrête ; nous ne faisons plus la guerre, mais un métier de bandits ; je n'en veux pas.

— Oses-tu bien me désobéir ! s'écria Wolf avec colère. N'es-tu pas à mon service ?

— Je n'y suis plus à compter de ce moment, dit froidement Watt. Je me retire ; arrangez-vous comme vous voudrez : il ne me plaît pas de vous suivre plus loin.

Le cas était grave. Wolf connaissait son lieutenant ; on ne discutait pas avec lui : il voulait ou il ne voulait pas. Quant à se défaire de lui en ce moment, il n'y fallait pas songer. D'abord, Watt était un vigoureux gaillard, d'un courage de lion, et, de plus, il avait près de lui Lizzeth, qui n'obéissait qu'à lui et le défendrait.

Force était donc de transiger, quitte à voir plus tard ; son refus faisait avorter l'affaire, et Wolf voulait à tout prix s'emparer de Miss Amy.

— Voyons, mauvaise tête, dit-il d'un ton conciliant, n'y a-t-il pas moyen de nous arranger ?

— Je n'en vois qu'un, répondit Watt d'un air bourru : payez-moi les cent dollars que vous me devez et laissez-moi partir.

— Je ne puis me passer de toi aujourd'hui.

— Tant pis pour vous, cela ne me regarde pas ; je ne vous suivrai pas dans le camp. Je ne veux plus rester à votre service.

— Tu ne peux pas m'abandonner ainsi, reprit Wolf ; ce serait me jouer un mauvais tour, et tu n'as pas de raisons pour agir ainsi avec moi, qui t'ai toujours bien traité.

— Je ne dis pas non ; je ne me plains pas, répondit-il moins rudement.

— Faisons-nous des concessions mutuelles ; voilà les cent dollars que je te dois : tu garderas les chevaux pendant que lui et moi, nous enlèverons la péronnelle.

— Ceci est mieux, reprit Watt en faisant sauter l'argent dans sa main ; mais ce n'est pas tout, je veux mon congé ; le métier nouveau que vous faites ne me va pas ; Bushwacker, tant qu'il vous plaira, bandit, non, sous aucun prétexte.

— Eh bien ! soit ; puisque tu l'exiges, je te donne ma parole qu'aussitôt après l'enlèvement de cette femme, tu seras libre d'aller où il te plaira, sans que je te retienne.

— A la bonne heure, ceci est bien ; répétez un peu pour voir ? dit-il d'un air niais.

— Je te répète que, dès que nous aurons enlevé cette femme, tu seras libre d'aller où il te plaira, et je n'essaierai pas de retenir.

— Très bien ! c'est convenu ainsi ; vous avez ma parole.

Et il tendit sa main dans laquelle Wolf frappa.

— Vous pouvez partir quand il vous plaira, ajouta-t-il en serrant les cent dollars dans sa poche ; vous me retrouverez ici, fidèle comme toujours.

Quelques instants plus tard, Joe et Wolf s'éloignèrent.

— Hum ! dit Joe tout en marchant, méfiez-vous de ce drôle ? Il vous jouera quelque tour, ami Wolf.

— Me prenez-vous pour un niais ? répondit celui-ci en ricanant ; nous ne pouvions nous passer de lui, voilà pourquoi j'ai eu l'air de lui céder ; quant à me jouer un tour, s'il en a la pensée il n'en aura pas le temps ; nous lui mettrons la donzelle sur son cheval, ce qui l'embarrassera et nous permettra de le surveiller ; d'ailleurs, nous avons sa parole et il n'y manque jamais, je le connais bien ; en arrivant au campement, je lui brûlerai la cervelle.

— C'est ce que vous aurez de mieux à faire.

Ceci convenu, les deux hommes causèrent d'autre chose.

De son côté, Watt ruminait selon son habitude.

« Eh ! eh ! se disait-il, tout fin qu'il est, mister Wolf s'est mis dedans ; aussitôt miss Amy enlevée, je suis libre, c'est bien entendu ; il ne me pardonnera pas l'affaire de tout à l'heure, et il essaiera de m'assassiner en traître, selon son habitude ; mais à bon chat, bon rat ; il me croit beaucoup plus bête que je ne le suis. Nous verrons bien ! ajouta-t-il avec un ricanement sinistre qui aurait donné fort à penser à Wolf s'il avait pu le voir. »

Et il s'étendit sur l'herbe pour dormir, après avoir dit à sa chienne :

— Veille, Lizzeth !

Il dormit ainsi jusqu'au coucher du soleil, puis il se leva, donna la provende à son cheval sans rien donner aux deux autres, soupa avec les provisions de ses deux complices et fit passer dans son sac, à double poche, la provende que les chevaux auraient dû manger.

— Comme cela, ils ne s'apercevront de rien, dit-il, cela me fait à moi des vivres et des provisions. Eh ! eh ! on ne sait pas ce qui peut arriver ; il faut être prudent !

Alors il alluma sa pipe et attendit paisiblement le retour de ses compagnons.

Nous avons rapporté plus haut comment les choses s'étaient passées.

On galoppa ainsi pendant quatre heures; malgré le double poids qu'il portait, le cheval de Watt était plein d'ardeur, tandis que les deux autres semblaient fatigués et commençaient à ne plus avancer qu'à coups d'éperons.

On approchait des montagnes.

Déjà, les soulèvements de terrain, plus ou moins élevés, indiquaient qu'on atteignait les contreforts des Cumberlands; la nuit était excessivement noire : à six pas on ne se voyait pas.

On allait toujours sans échanger une parole.

Tout à coup Watt siffla d'une certaine façon.

Lizzeth bondit et mordit cruellement le cheval de Wolf, et, presque aussitôt, elle en fit autant à celui de Joe; tous deux avaient été mordus au jarret.

Ce double mouvement avait été exécuté avec la rapidité de la foudre.

Les deux chevaux se cabrèrent, ruèrent, s'emportèrent, et finalement désarçonnèrent leurs cavaliers, qu'ils lancèrent rudement sur le sol.

Tout cela s'était accompli en moins de cinq minutes.

Watt, laissant les deux hommes meurtris et effarés se débrouiller comme ils le pourraient, rappela Lizzeth et s'éloigna en redoublant de rapidité.

Deux heures plus tard, caché dans une grotte naturelle découverte par lui quelques jours auparavant et dans laquelle il avait porté des couvertures, quelques vivres, des munitions, enfin tout ce qu'il avait pu enlever à ses compagnons sans leur donner l'éveil, il faisait sentinelle auprès de miss Amy étendue sur un lit de feuilles sèches et dormant paisiblement enveloppée dans de chaudes couvertures.

Lorsqu'un peu après le lever du soleil, miss Amy s'éveilla calme et reposée, grandes furent sa surprise et son épouvante en se voyant dans une grotte, veillée par Watt et Lizzeth; elle fondit en larmes.

— Consolez-vous, dit Watt; Wolf et Joe vous ont enlevée, cette nuit, dans le camp du général. Mais je suis reconnaissant. Vous avez sauvé la vie à Lizzeth et à moi ; je vous ai sauvée à mon tour. Vous n'avez rien à craindre de moi; ma vie vous appartient. Je vous ramènerai au général, ou je mourrai.

Miss Amy, quoi qu'elle fit, ne réussit pas à obtenir de Watt des renseignements plus détaillés. Pendant quatre jours, ils restèrent cachés, afin de donner le change aux bandits. Mais les vivres s'épuisèrent, il fallut essayer de les renouveler.

Watt sortit, laissant Lizzeth à la garde de la jeune fille. Deux heures plus tard, au moment où il rentrait désespéré de n'avoir rien trouvé, il fut découvert par ses ennemis.

Il n'eût que le temps d'emporter miss Amy dans ses bras et de s'échapper suivi par Lizzeth qui formait l'arrière-garde.

Wolf le chassait comme jadis il chassait les noirs marrons, seulement il n'avait pas de chien, le fameux Fellow étant mort enragé un an auparavant.

Watt, après s'être défendu en désespéré, avait réussi à faire perdre ses traces à ses ennemis.

— Plutôt que de me laisser retomber aux mains de ces misérables, lui avait dit miss Amy d'une voix suppliante et le visage inondé de larmes, tuez-moi d'un coup de revolver.

— Je ne puis vous faire cette promesse, avait répondu Watt avec un frisson de terreur. Je n'aurai jamais le courage de vous tuer ; mais, ajouta-t-il en prenant un revolver à sa ceinture et le lui présentant, vous êtes maintenant maîtresse de votre vie.

— Merci, répondit-elle en s'emparant de l'arme avec un geste de joie; s'il le faut, je saurai mourir !

Pendant deux jours, les fugitifs errèrent à l'aventure ; ils avaient tout abandonné dans la grotte: cheval, munitions, couvertures ; il ne leur restait rien ; leurs souffrances furent horribles ! ils ne trouvaient rien à manger, ni même à boire ; ils n'avaient aucun abri et les nuits étaient glaciales ; miss Amy souffrait le martyre, mais elle ne se plaignait pas.

Lorsque la jeune fille, brisée par la fatigue, les privations et le sommeil, tombait engourdie sur le sol, Watt se dépouillait d'une partie de ses vêtements pour l'en couvrir, et Lizzeth se couchait près d'elle et essayait de la réchauffer.

Les deux malheureux fugitifs avaient perdu leur route, leurs forces diminuaient rapidement ; ils sentaient les approches de la mort, et pourtant ils continuaient à marcher, l'un près de l'autre, sombres, pensifs, le regard atone, n'osant même pas essayer de prononcer un mot de consolation ou d'espoir.

Le soir du second jour après leur fuite de la grotte, la jeune fille tomba épuisée au pied d'un arbre.

Watt n'essaya pas même de la relever.

— Dieu est donc contre nous, s'écria-t-il en lançant un regard de reproche, vers le ciel... Dieu n'abandonne jamais ceux qui ne s'abandonnent pas eux-mêmes, reprit-il après un instant. Essayons encore! luttons jusqu'au bout!

Et, après avoir jeté sur la jeune fille étendue sans mouvement un regard empreint d'une indicible pitié, réunissant pour un suprême effort les quelques forces qui lui restaient encore, au prix de fatigues énormes, il réussit à grimper jusqu'à la cime élevée d'un chêne séculaire. Arrivé là, il reprit haleine, puis il jeta un regard anxieux autour de lui. Cet arbre gigantesque dominait au loin la campagne, dans toutes les directions.

Soudain, le pauvre homme tressaillit : il avait aperçu au loin, à une grande distance, une lumière brillant dans la nuit, comme une étoile dans les ténèbres.

D'abord il crut s'être trompé ; il regarda de nouveau et plus attentivement.

— C'est un feu ! s'écria-t-il ; nous en sommes éloignés d'au moins deux lieues: réussirai-je à l'atteindre? Dieu qui me voit m'a fait découvrir cette lumière, il me donnera la force d'y arriver! que je meure après, peu m'importe, elle sera sauvée ! j'aurai payé ma dette de reconnaissance : allons !

Il redescendit avec des difficultés extrêmes ; ses membres engourdis et paralysés par le froid, n'obéissaient plus à sa volonté ; plusieurs fois, il faillit rouler du haut de l'arbre et se briser sur le sol.

Cependant, il réussit à toucher la terre sans accident.

Miss Amy était toujours étendue immobile au pied de l'arbre.

Il se pencha vers elle et reconnut qu'elle était évanouie.

— Pauvre enfant ! murmura-t-il.

Il se dépouilla de sa capote, dans laquelle il l'enveloppa soigneusement ; puis il l enleva dans ses bras et la plaça sur son épaule.

— Allons ! dit-il, à la grâce de Dieu !

Et, s'appuyant sur son fusil en guise de canne, il se mit péniblement en marche.

Lizzeth le suivit tristement, la tête et la queue basses ; la pauvre bête souffrait, elle aussi, bien qu'elle eut trouvé un peu d'eau et les restes presque putréfiés d'un lièvre.

Il fallut à Watt plus de trois heures pour franchir la lieue et demie qui le séparait du feu aperçu de la cime du chêne ; plusieurs fois il fut contraint de s'arrêter et de déposer son fardeau, les forces lui manquaient, sa respiration haletait, ses jambes flageolaient sous lui, le sang lui montait à la tête ; mais, soutenu par son indomptable énergie, chaque fois il repartait et faisait quelques pas encore.

Lorsqu'il déboucha sur la clairière, il avait à peine conscience de ce qu'il faisait ; il était à bout de forces et presque de courage ; il marchait comme un homme ivre, ne conservant que par miracle son équilibre.

Nous avons raconté, quelle réception lui avait été faite.

XXI

OU L'ON DÉMONTRE QUE RIEN NE PRÉVAUT SUR UN PRÉJUGÉ ABSURDE

Chacun s'était empressé de venir en aide aux deux malheureux ; ils avaient surtout besoin de nourriture, car, ils tombaient d'inanition. Pendant que les deux capitaines plaçaient des vivres devant Watt et que miss Jane prodiguait les soins les plus affectueux à miss Amy, Pierre Berger et Charles Merlin, la hache en main, abattaient force branches d'arbres, avec lesquelles, en moins d'une demi-heure, ils confectionnaient un jacal en tout semblable à celui du colonel, y amoncelaient dans un coin des feuilles sèches recouvertes de fourrures et en faisaient un lit moelleux sur laquelle la jeune malade avait été aussitôt étendue.

Malgré sa longue abstinence, la fatigue de Watt était telle et son envie de dormir si impérieuse qu'il ne put avaler que quelques bouchées ; mais, en revanche, il but de nombreuses tasses de thé très chaud et deux ou trois verres de vin, qui lui rendirent presque toutes ses forces.

Cependant, le Charmeur fut d'avis qu'on le laissât dormir quelques heures avant de l'interroger ; du reste, sans attendre qu'on le lui permît, Watt s'était renversé en arrière, avait fermé les yeux et s'était profondément endormi.

Lizzeth, après avoir copieusement mangé, avait abandonné son maître pour aller s'installer dans le jacal, comprenant sans doute que c'était sur miss Amy qu'elle devait spécialement veiller.

Miss Jane avait fait boire force thé brûlant à la jeune fille qui maintenant reposait d'un sommeil calme et profond. Miss Jane caressa Lizzeth ; celle-ci se laissa faire en remuant la queue.

La jeune fille lui dit alors, en lui désignant la malade d'un geste de la main :

— Veille !

La chienne poussa un ou deux petits cris plaintifs et alla se coucher aux pieds de miss Amy, en fixant son regard presque humain sur miss Cobden ; celle-ci sourit et quitta le jacal pour aller voir si son fiancé avait besoin de ses soins. Miss Jane était définitivement devenue garde-malades, du reste elle s'acquittait fort bien de son nouvel emploi.

Le Charmeur invita chacun à se livrer au repos, annonçant qu'il se proposait de veiller toute la nuit à la sûreté générale.

Après avoir jeté du bois sec au feu pour l'empêcher de s'éteindre, nos aventuriers s'enveloppèrent dans leurs manteaux et leurs couvertures et s'étendirent sur l'herbe, les pieds tournés vers le feu ; dix minutes plus tard, un silence profond régnait dans la clairière ; sauf le Charmeur, tous les voyageurs dormaient.

Le feu n'était éloigné que d'une dizaine de pas des deux jacals ; le Charmeur, assis sur une pierre assez haute, leur faisait face; il avait la tête dans les mains, les coudes sur les genoux, son riffle près de lui tout armé ; il songeait, les regards perdus dans l'espace, immobile comme une idole indienne.

Vers deux heures du matin, l'heure la plus froide de la nuit, où le sommeil est le plus lourd et le plus profond, soudain Lizzeth passa doucement sa tête sous la couverture tendue en guise de portière devant l'entrée du jacal, et, fixant son regard brillant comme une flamme sur un buisson assez rapproché, elle gronda sourdement à deux reprises différentes.

Le Charmeur, sans faire un mouvement qui indiquât qu'il avait entendu un bruit quelconque, tourna les yeux sur le buisson au centre duquel il vit étinceler un point rouge comme l'œil d'un fauve.

Rapide comme la pensée, son bras droit se détendit comme un ressort d'acier. Son bowie-kniff traversa l'espace en sifflant et s'enfonça dans le buisson. Le point rouge disparut, en même temps qu'un juron étouffé se fit entendre suivi d'une fuite rapide à travers les halliers. Le noir s'élança le fusil à la main, mais il s'arrêta presque aussitôt.

— A quoi bon ? murmura-t-il ; il est loin déjà, bah ! demain je le rattraperai.

Il caressa la chienne, qui le connaissait pour l'avoir vu souvent au camp des partisans, lui fit reprendre son poste auprès de miss Amy, et, s'armant d'une torche, il explora le buisson.

Il ramassa son bowie-kniff dont il examina la lame ; elle avait quelques gouttes de sang à la pointe. Le Charmeur interrogea alors le sol ; il vit une place mouillée et du sang sur des feuilles.

Il retourna auprès du feu et reprit sa place en murmurant entre ses dents :

— Il en tient ! mais qui est-ce ? Wolf ou Joe ? Quant à Warding, il est trop lâche pour risquer ainsi sa précieuse peau ! Bah ! à quoi bon me creuser la tête, ne le saurai-je pas bientôt ?

UNE GOUTTE DE SANG NOIR

Le reste de la nuit fut paisible et s'écoula sans incident.

L'homme blessé, mais légèrement, était Wolf, venu pour savoir quels étaient les gens campés dans cette clairière dont lui aussi avait de loin aperçu le feu ; il n'avait pas eu le temps de se rendre un compte exact du nombre des étrangers ni de voir qui ils étaient, d'abord, parce qu'ils étaient trop éloignés de lui, et ensuite parce qu'ils étaient enveloppés dans leurs manteaux ; de plus, il n'avait pas eu le temps de se livrer à un examen approfondi.

Mais l'apparition de Lizzeth et son grondement lui avaient révélé que miss Amy et Watt, qu'il cherchait vainement depuis plusieurs jours, avaient trouvé secours et protection près de ces voyageurs inconnus.

Wolf s'était sauvé en jurant ; il avait cru le noir endormi, tant son immobilité était complète. Sans cela, il aurait pris plus de précautions pour se cacher. Bien que sa blessure ne fût qu'une égratignure, elle le faisait assez souffrir, ce qui augmentait encore sa mauvaise humeur.

Il s'éloignait donc en maugréant contre lui même et contre le Charmeur, lorsque, en levant les yeux par hasard, il aperçut un peu sur sa droite, mais à une assez grande distance, non pas un, mais une trentaine de feux très rapprochés les uns des autres.

— Qu'est-ce que cela signifie ? se demanda Wolf en s'arrêtant, on dirait un bivouac ? Le général Stewens est à peine parti il y a une heure, il ne peut être de retour avec sa troupe, il lui faut au moins dix heures pour aller et revenir. Eh ! eh ! fit-il après un instant, ce serait drôle ! Excepté les Chasseurs de la Liberté, que le diable caresse ! il n'y a pas un seul de ces maudits *Ventres-Bleus* par ici ! Ces gens sont évidemment des Esclavagistes ! Tiens ! tiens ! tiens ! si j'allais de ce côté ? Rien ne me presse, ajouta-t-il avec un ricanement sinistre ; qui sait ? Peut-être réussirions-nous à nous entendre, et alors... oh ! alors nous rirons ! Bah ! trois ou quatre lieues sont bien vite avalées quand on n'a qu'à descendre.

Et, sans plus s'inquiéter, il se dirigea au pas de course vers les feux qui semblaient t'attirer.

Nous abandonnerons provisoirement Wolf que nous ne tarderons pas à revoir, et nous reviendrons auprès de nos amis que nous avons laissés endormis dans la clairière de la Cascade.

Au lever du soleil, Watt fit sauter les couvertures que l'on avait jetées sur lui pour le préserver du froid et bondit joyeusement sur ses pieds.

Ce n'était plus le même homme ; ces

quelques heures d'un bon sommeil lui avaient rendu toute sa vigueur et toute l'élasticité de ses membres.

— Buvez un coup de rhum, mon garçon, lui dit le Charmeur en lui passant sa gourde; rien n'est bon comme cela pour chasser le brouillard.

— Et miss Amy? demanda-t-il vivement, avant de prendre la gourde.

— Elle est sauvée, grâce à votre dévouement, mon brave; elle dort tranquille dans cette hutte, sous la garde de Lizzeth.

— A la bonne heure, camarade, s'écria-t-il joyeusement, à votre santé!

Et il donna une longue accolade à la gourde.

— Hum! cela fait du bien! dit-il, en reprenant sa respiration et rendant la gourde au Charmeur; si j'avais seulement une bouchée de pain cela me ferait grand plaisir.

— Tenez, là, dans ce panier, vous trouverez tout ce qu'il vous faut.

— Vous croyez que je puis me permettre?

— Certes, dit le noir.

— Oui, buvez et mangez, mon brave! Ne vous gênez pas, dit le capitaine Cobden en s'éveillant à son tour; nous vous tiendrons compagnie au besoin.

En un instant, tous furent éveillés.

Le Canadien et MacMorlan se hâtèrent de préparer le déjeuner qui se trouva prêt en moins d'une demi heure.

Le Charmeur avait pendant ce temps fait une visite au colonel, qu'il trouva assez bien, pour lui permettre de se lever; ses remèdes avaient accompli un miracle, l'enflure avait complètement disparu; les lèvres de la plaie étaient roses et presque cicatrisées. Le noir mit un nouvel appareil, puis il dit gaiement au colonel.

— Demain vous monterez à cheval, s'il le fallait aujourd'hui, vous le pourriez, mais mieux vaut être prudent.

John ne lui répondit que par une chaleureuse poignée de main en l'appelant son sauveur, et il se hâta de s'habiller pour assister au déjeuner.

Le Charmeur passa dans le second jacal. Là, tout était mieux encore : il n'y avait plus de malade, les deux jeunes femmes causaient comme deux sœurs.

Bientôt, tout le monde fut réuni pour le repas du matin.

John ignorait la présence de miss Amy Il la salua affectueusement, lui demanda des nouvelles de Tristan et fut agréablement surpris en apprenant qu'on l'attendait d'un moment à l'autre.

Le Charmeur connaissait le mutisme, ou plutôt ce laconisme invétéré de Watt. Désespérant donc d'obtenir aucun renseignements sur ce qui s'était passé entre miss Amy et lui, il préféra s'adresser directement à la jeune fille et la pria de lui raconter ce qui s'était passé depuis son enlèvement.

Mais, à la grande surprise du Charmeur, Watt protesta.

— Miss Amy ne sait rien, dit-il brusquement; je sais parler, quand il me plaît, tout aussi bien qu'un autre, et me taire quand il le faut. Je suis donc prêt à vous apprendre ce que vous désirez savoir.

Naturellement, on accepta avec joie une offre si carrément faite.

Watt commença donc son récit ; il le fit avec la plus grande franchise, sans rien omettre, le prenant à la prise du fort Washita, avouant dans quel but il était resté au fort et quel motif l'avait plus tard engagé à s'évader du camp ; enfin, il ne cacha rien et arriva ainsi jusqu'à son arrivée, la veille au soir, dans la clairière.

Ce récit très long, mais très intéressant, fut écouté avec un vif intérêt et produisit une grande impression sur les auditeurs.

Le caractère singulier de cet homme, placé entre ce qu'il croyait son devoir et ce que la reconnaissance exigeait de lui ; la façon bizarre dont il était sorti de l'impasse dans laquelle il s'était jeté, frappèrent surtout les deux jeunes filles.

Personne ne songea à blâmer Watt. En Amérique, ce caractère excentrique ne devait pas étonner, au contraire il était fait pour intéresser vivement ; ce fut ce qui arriva. Watt obtint un véritable succès.

— Ainsi, le général Stewens est à la tête de cinq cents hommes? demanda le vieux nègre dès qu'il eût terminé son récit.

— Oui, mais il les a laissés en arrière, et, en supposant qu'il soit allé les retrouver pour les amener dans la montagne, il lui faudra au moins une journée et peut-être plus pour être de retour avec eux pendant ce temps-la.

— Pourrez-vous nous conduire au repaire de ces misérables?

— Quand vous voudrez, répondit Watt. A mon avis, le plus tôt sera le mieux ; Wolf est malin comme un jaguar, s'il apprend que miss Amy est ici, il vous donnera du fil à retordre.

— Il le sait ; dit le charmeur.

Et alors, il rapporta en quelques mots l'événement de la nuit.

— Il faut en finir avec ces *rascals*! s'écria Dick; dans l'intérêt général, ils doivent mourir.

En ce moment, un nègre pénétra dans la clairière et marcha droit au Charmeur auquel il dit quelques mots à voix basse; le Charmeur lui répondit sur le même ton. Les deux hommes causèrent bouche à oreille pendant quelques minutes, puis le nègre inconnu salua silencieusement et se retira comme il était venu; bientôt il eut disparu sous le couvert.

— Gentlemen, dit le Charmeur, veuillez m'écouter, je vous prie; j'ai une nouvelle importante à vous donner.

— Parlez, dit John.

— Avant une heure, vous serez attaqués par une troupe de trois cents cinquante hommes.

— Hein? s'écria le colonel, plaisantez-vous, Charmeur?

— Pas le moins du monde, mon colonel, cette nouvelle m'a été donnée par l'homme de couleur que vous avez vu, il y a un instant parler bas avec moi.

L'anxiété était vive; les deux dames avaient pâli.

— Est-ce que ce Stewens?... reprit le colonel.

— Non, il a quitté ses amis vers deux heures du matin; même en faisant diligence, il n'arrivera pas avant six heures au moins, et encore. Les montagnes sont rudes à gravir et les chemins mauvais. C'est autre chose.

— Quoi donc? Veuillez vous expliquer, je vous prie.

— Ce ne sera pas long, colonel. Jerry Wolf...

— Encore ce misérable!... s'écria John avec colère.

— Toujours, colonel, reprit le Charmeur, tant que nous ne l'aurons pas envoyé au diable, mon ami particulier! Donc, Wolf a, je ne sait comment, aperçu les feux de bivouac d'une troupe assez nombreuse de volontaires sudistes qui se rendent à l'armée du général Lee, en train de lutter contre les Fédéraux, sur les frontières du Tennessee; quels arguments ce gredin de Wolf a-t-il mis en avant pour convaincre ces Sudistes et s'en faire des alliés? Je l'ignore; le fait certain, c'est qu'il a réussi et que, avant une heure, nous serons attaqués.

— Hum! la situation est précaire, dit John.

— Voici ce que je propose: le général Tristan est en marche pour nous rejoindre; nous l'attendons d'un moment à l'autre.

— Vous en êtes sûr? demanda John.

— Positivement, colonel, répondit le Charmeur Je propose donc que les dames aillent au-devant du général, escortées par deux d'entre nous, tandis que les autres resteront ici et soutiendront la retraite.

— Hum! cinq hommes contre trois cent cinquante! Et encore je suis blessé! dit John. Nous serons écrasés en cinq minutes.

— Peut-être, colonel. J'ai, moi, à portée de pistolet de cette clairière, deux cents hommes de couleur, braves et bien armés, prêts à combattre avec nous.

— Oh! oh! ceci change la question! s'écria John gaiment. Appelez vivement vos hommes et remuons la terre; on est fort derrière de bons épaulements.

— Et les dames? demanda Dick.

— Elles vont partir tout de suite, répondit le colonel.

— Non pas! s'écrièrent les deux jeunes filles; nous restons, au contraire.

— C'est de la folie! s'écria John. Je vous en supplie, Jenny, partez, si vous m'aimez!

— C'est précisément parce que je vous aime que je reste, John; j'ai fait le serment de ne jamais plus me séparer de vous; quant à mon amie, elle ne veut pas partir seule.

— Mon Dieu! que faire? s'écria le colonel.

— En prendre votre parti, John; nous vivrons ou nous mourrons ensemble, embrassez-moi!

Le jeune homme ne se fit pas répéter l'invitation.

— Là! là! assez! fit la jeune fille en riant et se dégageant doucement; à présent, préparez la défense, John, mon bien-aimé. Amy et moi, nous allons préparer l'ambulance; ainsi chacun de nous accomplira son devoir.

Et les deux charmantes jeunes filles s'échappèrent légères comme des oiseaux.

Pendant l'échange de ces quelques mots, nos autres personnages n'étaient pas restés oisifs; les noirs annoncés par le charmeur avaient pénétré dans la clairière, appelés par le cri de la hulotte; c'étaient tous des hommes jeunes à l'air martial, bien découplés et armés jusqu'aux dents.

On se mit aussitôt à l'œuvre. Les Américains savent manier la hache comme personne au monde; ils creusent la terre comme les taupes. Sous la direction savante du colonel, en moins d'une heure, des abatis de bois formidables formèrent de redoutables barricades s'appuyant contre des talus élevés et protégées par des tranchées larges et profondes.

Les Sudistes, retardés sans doute dans leur marche, ne paraissaient pas, ce qui donna le temps aux Fédéraux de relier leurs retranchements les uns aux autres; de les consolider avec des pieux, d'établir des chevaux de frise et d'improviser un camp retranché presque imprenable, surtout par un coup de main, puisqu'il était protégé de front par la rivière que les assaillants auraient une difficulté extrême à traverser sous le feu des Fédéraux.

Tout cela avait été terminé en quatre heures; il était près de dix heures du matin lorsque les vedettes annoncèrent enfin l'approche de l'ennemi.

Les Sudistes, sachant n'avoir affaire qu'à sept ou huit hommes qui de plus ignoraient leur arrivée, comptaient sur une surprise; ils venaient tranquillement, sans se presser, gardant à peine leurs rangs et portant leurs fusils en bandoulière, comme une troupe en marche qui sait n'avoir rien à redouter.

— Tenons bon, colonel, dit le Charmeur à l'oreille de John, j'ai expédié deux courriers au général, nous serons bientôt secourus.

— Bravo ! répondit le colonel en lui serrant la main.

Et, appelant le capitaine Dick d'un geste, il lui donna un ordre à voix basse.

Le capitaine s'éloigna en toute hâte et suivi de la plus grande partie des noirs ; il disparut sous le couvert.

Watt avait son idée, il avait mis à Lizzeth son collier de combat et s'était embusqué avec elle à l'écart.

Cependant les Sudistes se rapprochaient. Ils couraient et riaient entre eux, du bon tour qu'ils allaient jouer aux *ventres bleus*; ils n'étaient plus qu'à demi portée du fusil des retranchements, qu'ils n'apercevaient pas encore ; Wolf marchait en avant avec le commandant des volontaires.

— Feu ! cria le capitaine Dick d'une voix vibrante.

Cent cinquante coups de fusil éclatèrent à la fois, tirés avec une précision rare, presque à bout portant. Il y eut une panique terrible parmi les volontaires. Cette décharge avait jonché le sol de cadavres; chaque coup avait porté.

Les Sudistes s'arrêtèrent net terrifiés par cette attaque subite ; puis tout à coup ils se débandèrent en poussant des cris affreux.

— Feu ! commanda une seconde fois le capitaine Dick.

Une seconde décharge éclata , aussi meurtrière que la première. Le désordre devint horrible.

— A la baïonnette ! cria Dick.

Les noirs s'élancèrent en jetant de grands cris et se ruèrent sur les Sudistes, qui n'essayèrent même pas de se défendre.

Il y eut une mêlée affreuse, pendant quelques minutes; puis la voix vibrante du capitaine Dick s'éleva de nouveau, criant :

— En arrière !

Les noirs disparurent avec une rapidité telle, sous le couvert, que les Sudistes furent aussi épouvantés de la disparition de ces démons qu'ils avaient été effrayés de leur attaque.

Watt avait suivi tous les mouvements des noirs. A l'ordre de : «en arrière !» Il avait crié à Lizzeth : «Apporte !»

Et la chienne, qui avait bravement combattu dans la mêlée, s'était emparé d'un blessé, et l'avait traîné aux pieds de son maître ; celui-ci avait enlevé ce blessé sur ses épaules, et, arrivé aux retranchements, il l'avait lancé par-dessus, en criant à ses amis :

— Un ! attrapez !

Le blessé était tombé lourdement en poussant un gémissement sourd ; le Canadien le releva :

— Tiens ! dit-il ; c'est le capitaine Wolf ! bonjour, capitaine ?

Et il prit son bowie-kiff.

Wolf avait la jambe droite cassée par une balle, au-dessus du genou.

— Ne le tuez pas ! s'écria vivement Watt en se hâtant d'arriver ; ce n'est pas ainsi qu'il doit mourir.

Il saisit par le collet de son habit le misérable hurlant de douleur, et il le traîna dans un enfoncement de rochers où il le laissa en lui disant avec un accent qui fit frissonner le Bushwacker :

— C'est à mon tour, maître Wolf; nous causerons bientôt.

Cependant, les Sudistes avaient éprouvé des pertes sensibles, ils étaient démoralisés; pourtant leur capitaine fit tant, qu'il réussit à arrêter ses soldats et à les ramener au combat en leur faisant honte d'avoir fui devant quelques misérables nègres, quand ils étaient plus nombreux qu'eux.

Les Sudistes se préparaient donc à renouveler l'attaque ; mais la rude leçon qu'ils avaient reçue leur avait profité; cette fois ils s'avancèrent avec prudence et en employant des précautions extrêmes.

Watt s'était de nouveau embusqué à l'écart.

Le colonel Charlton avait ordonné à ses hommes de ne pas se montrer et surtout de ne pas tirer sans son ordre.

Les Sudistes s'étaient engagés sous le couvert, marchant lentement, le fusil en avant, s'attendant à chaque instant à recevoir une décharge ; mais rien ne bougeait, un silence de mort régnait autour d'eux.

Ils débouchèrent dans la clairière et s'arrêtèrent avec une surprise mêlée d'épouvante à la vue de ces retranchements sombres, muets, derrière lesquels on n'apercevait personne.

Sur l'ordre de leur chef, les Sudistes rétrogradèrent précipitamment et s'embusquèrent derrière les arbres, hors de portée de fusil.

La situation devenait grave ; le capitaine sudiste était furieux et surtout embarrassé. L'affaire était mauvaise pour lui, il ne savait comment en sortir en son honneur.

Soudain une douzaine de cavaliers, conduits par Warding, apparurent sur le plateau où les Sudistes s'étaient embusqués;

au milieu de ces cavaliers galopait le général Joë Stewens en grand uniforme.

Après quelques mots d'explication, le général demanda pourquoi ces hommes étaient ainsi embusqués, au lieu d'attaquer bravement les Fédéraux.

— Nous les avons attaqués et ils nous ont battus, répondit aigrement le capitaine.

— Battus? fit le général en haussant les épaules.

— Oui, et rudement ; ils ont jeté bas la moitié de mes hommes.

— Allons donc ! cinq ou six hommes vous tuer la moitié de votre troupe ! la peur vous aveugle.

— Je n'ai pas peur, mais je n'entends pas faire tuer moi et les miens comme des imbéciles ! Ce misérable Wolf nous a trompés. Il nous a jeté dans un guêpier dont je ne sais pas comment nous sortirons !

— Où est le capitaine Wolf ?

— Il a été tué un des premiers.

— Il a donc été le premier trompé. D'ailleurs, il a payé chèrement sa faute puisqu'il est mort, toute récrimination est inutile.

— Mais, que faire ? nous ne pouvons rester ainsi ?

— C'est ce que nous allons savoir ; suivez-moi.

Il mit pied à terre et, suivi du capitaine, il pénétra sous le couvert. Pendant quelques instants il examina attentivement les retranchements, puis il retourna d'un air pensif sur le plateau.

— Et bien ! qu'en pensez-vous ? lui demanda le capitaine tout en marchant.

— Capitaine, répondit Stewens, il n'y a pas cent hommes derrière ces retranchements, j'en suis sûr, et encore est-il bien possible qu'ils soient beaucoup moins nombreux ; leur retraite me le prouve. S'ils avaient été en force, ils vous auraient écrasé à leur première attaque ; ils ne l'ont pas osé.

— J'admets cela, répondit le capitaine. Mais ces retranchements ne sauraient être enlevés par un coup de main.

Et il ajouta, sans se douter qu'il plagiait le colonel Charlton :

— Cent hommes sont bien forts derrière de bons épaulements en terre ; je ne suis pas un conscrit.

— Ni moi non plus, dit Stewens. Voyez, je vous amène un renfort considérable.

Et il lui montra les soldats en train de gravir la pente et se rangeant au fur et à mesure sur le plateau.

— Oh ! oh ! fit gaiement le capitaine, voilà parler ; je crois que nous pourrons faire quelque chose !

— N'est-ce pas ? Eh bien ! voici ce que nous allons faire : La moitié de nos hommes sera laissée ici en réserve ; il ne faut pas démasquer toutes ses forces du premier coup. Les autres feront des gabions derrière lesquels ils s'abriteront et qu'ils pousseront lentement devant eux en pénétrant sur la clairière, tout en tirant sur les retranchements ; il nous faut attaquer de tous les côtés à la fois, et envelopper ces misérables Yankees de flammes. Moi, je prendrai cinquante hommes résolus avec lesquels je tournerai les retranchements, et je les attaquerai par derrière. Quand vous entendrez la fusillade de mon côté, vous lancerez la réserve en colonnes d'attaque à l'assaut sous la protection de vos tirailleurs, mais pas avant. Que pensez-vous de ce plan.

— Il est simple, je le crois bon.

— Alors nous l'exécuterons ?

— Oui, sans plus tarder.

Le général Stewens prit avec lui cinquante hommes de bonne volonté et s'enfonça avec eux sous le couvert.

Cependant Watt s'était, ainsi que nous l'avons dit, embusqué précisément du côté que Stewens se proposait d'attaquer. Son regard ne quittait pas le bois. Tout à coup il lui sembla apercevoir un mouvement suspect sous le couvert. Il se hâta d'avertir le capitaine Mac Morlan, qui se tenait près de lui.

Le capitaine se hâta d'accourir.

— Il y a quelque chose, dit-il après avoir regardé.

Il amena une douzaine d'hommes et se tint prêt.

Watt caressait sournoisement mignonne. Tout à coup, le cri de l'épervier d'eau s'éleva dans l'espace et fut répété de l'autre côté de la clairière.

Le Charmeur tressaillit et, se penchant vers le colonel Charlton auprès duquel il se tenait, il lui dit quelques mots rapides à l'oreille.

— Vous en êtes sûr ? s'écria le colonel avec joie.

— En voici la preuve : écoutez, dit le Charmeur, et à son tour il fit entendre le cri de l'épervier d'eau.

Le même cri fut aussitôt répété à la fois sous le couvert sur quatre points à la fois.

— Enfants ! cria le colonel d'une voix stridente, nos amis arrivent ! tenons comme des murs contre les Sudistes.

— Hurrah ! hip ! hip ! hip ! hourrah ! répondirent d'une seule voix les Fédéraux.

Le général Stewens avait éprouvé plus de difficultés qu'il ne l'avait supposé à tourner le camp ; il lui avait fallu traverser un marécage, où lui et ses hommes enfonçaient jusqu'aux genoux, et dans lequel ils avaient failli rester. Il est vrai, que de ce côté les retranchements n'avaient pas été aussi solidement établis. Après avoir fait reposer ses hommes pendant quelques minutes, le général Stewens les lança au pas de course contre les retranchements, et, comme il était véritablement brave, il courut en avant le sabre à la main ; l'élan des Sudistes fut si bien calculé, qu'en un instant ils eurent couronné les épaulements; la fusillade éclata furieuse des deux côtés.

— En avant! en avant! mort aux Yankees! cria le général Stewens en essayant de franchir le parapet.

— Apporte! apporte! répondit une voix railleuse qui fit tressaillir l'espion.

Lizzeth s'élança par un bond de tigre, saisit le général Stewens par ses habits, lui imprima une brusque secousse de haut en bas; il trébucha et roula du parapet sur le sol, où il resta étendu, happé à la gorge par la chienne.

— Doucement! cria Watt à Lizzeth.

Il était temps ; l'espion était à demi étranglé; en un instant, il fut désarmé, garotté et réduit à l'impuissance.

Cependant, le combat continuait sur toute la ligne; le capitaine sudiste, en entendant la fusillade, avait lancé ses colonnes d'attaque au pas de course; les soldats, furieux de leur premier échec et brûlant de se venger, bien qu'accueillis par une furieuse fusillade, avaient bravement continué à avancer sous la protection des gabions; ils avaient traversé la rivière sous le feu des retranchements et, en un instant, ils avaient couronné les épaulements sur toute leur longueur. Le combat alors était devenu terrible; les Fédéraux faisaient des prodiges, mais ils étaient trop peu nombreux pour faire face de tous les côtés à la fois. Sur certains points, ils commençaient à plier ; en vain les officiers les ramenaient à la charge, le camp allait être envahi, les Sudistes se ruaient comme des tigres sur leurs ennemis; quelques minutes encore et c'en était fait !

Tout à coup, le terrible cri de guerre des Comanches se fit entendre, et en avant et en arrière une nuée de féroces Peaux Rouges s'élança ventre à terre dans la clairière, tuant, renversant et scalpant tout ce qui s'opposait à leur passage ; en même temps les clairons résonnèrent, une fusillade effroyable éclata de tous le côté, et le colonel Taylor apparut le sabre à la main. L'avant-garde des Chasseurs de la Liberté entrait en ligne en criant :

— Pas de quartier !

La bataille se changea en un carnage horrible: les Sudistes étaient entourés ; affolés de terreur, ils jetaient leurs armes et imploraient la pitié de leurs implacables ennemis qui ne leur répondaient qu'en redoublant de fureur, au cri farouche de : pas de quartier !

Soudain, le général de Saint-Pierre parut; averti par un émissaire du Charmeur, il avait hâté sa marche, et arrivait, suivi de toute sa troupe.

— Arrêtez ! cria-t-il d'une voix vibrante, arrêtez ! plus de sang.

Les partisans reculèrent et reprirent leurs rangs, le massacre cessa aussitôt, le silence remplaça instantanément les bruits du combat.

— Nous faisons quartier! reprit le général; aujourd'hui la guerre doit être considérée comme terminée, le Nord triomphe partout; le général Lée vient de mettre bas les armes et de se rendre avec l'armée qu'il commandait, la seule qui restât au Sud; souvenez-vous, enfants, que les Sudistes ne sont, et ne doivent plus être pour nous que des frères égarés !

Les quatre cents Sudistes, seuls survivants des neuf cent cinquante ayant pris part à la lutte furent faits prisonniers, ou plutôt mirent bas les armes.

Restaient les trois bandits : Joe Stewens, Jerry Wolf et Josuah Warding.

Tous trois étaient hors la loi et depuis longtemps condamnés à mort par coutumace, par le gouvernement du Nord; un conseil de guerre fut aussitôt réuni, non pas pour les juger, mais seulement pour régulariser le jugement et exécuter la sentence prononcée contre eux.

Quand on alla les prendre pour les exécuter, on reconnut avec horreur qu'ils avaient été scalpés !

Etait-ce par les Peaux Rouges?

Malgré leurs horribles blessures les misérables vivaient encore! ils furent pendus séance tenante devant les troupes assemblées.

Watt ricanait sournoisement en caressant Lizzeth.

L'entrevue du général et de miss Amy fut touchante; les deux amants tombèrent dans les bras l'un de l'autre.

Ils étaient réunis et cette fois pour toujours : tous les ennemis de la jeune fille étaient morts; ils le croyaient, du moins : il en restait *un*, le plus terrible de tous, le *préjugé!* Tristan et Amy devaient bientôt s'en apercevoir.

Sur l'ordre du général, les partisans reformèrent leurs rangs et quittèrent la clairière.

Le redoutable corps franc allait rejoindre le général Sherman. Sa mission était accomplie; il l'avait terminée par un coup de tonnerre!

Aussitôt après l'exécution des trois bandits, le Charmeur avait disparu; lui aussi il avait enfin accompli sa mission : John

Brown était vengé, le Sud était vaincu et les noirs étaient libres !

Peut-être le reverrons-nous un jour prochain.

． ． ． ． ． ． ． ． ． ． ． ． ．

Le général Tristan de Saint Pierre fut accueilli à Washington avec la plus grande distinction. Le jeune homme usa de son influence en faveur de la famille Cobden, dont les péchés sudistes furent oubliés.

John Charlton, rentra dans la vie civile; redevenu un des plus riches propriétaires de l'Union, il obtint pour le capitaine Mac Morlan le commandement d'un fort sur la frontière indienne; de plus, John, sans blesser sa délicatesse, réussit à lui faire accepter une somme de 50,000 dollars. Le capitaine se trouva ainsi pour toujours à l'abri de la misère dont il avait tant souffert dans sa jeunesse.

Pierre Berger, le Canadien, était retourné au désert en compagnie de Watt que la paix n'arrangeait que très médiocrement; celui-ci avait opiniâtrement décliné toutes les offres que le général lui avait faites; il avait emmené Lizzeth avec lui.

Trois mariages pointaient à l'horizon : Celui du colonel Lionnel Taylor—il avait été officiellement promu à ce grade—et de miss Claudia de Saint-Pierre, la sœur de Tristan, cette charmante jeune fille qui n'a fait que passer dans ces pages; le mariage de John Charlton avec miss Jane Cobden, et enfin celui du général de Saint-Pierre avec miss Amy.

D'un commun accord, miss Jane et miss Claudia avaient décidé qu'elles se marieraient le même jour que miss Amy qu'elles aimaient comme une sœur après elles, et qu'elles l'accompagneraient pendant la cérémonie nuptiale.

Lorsque la résolution prise par le général d'épouser miss Amy fut connue; malgré ses éclatants services pendant la guerre, malgré la blancheur du teint de sa fiancée, son admirable beauté, sa distinction, le charme de son esprit, la bonté de son cœur et son dévouement dans les ambulances organisées par elle-même et à ses frais, malgré toutes ces qualités à qui chacun, en particulier, rendait justice pleine et entière; ce fut un tolle général ; Tristan éprouva alors, à ses dépens, quelle est la force d'un préjugé, si absurde qu'il soit !

Le père et la mère du général eux-mêmes firent observer d'un air embarrassé à leur fils, tout en convenant franchement qu'ils aimaient beaucoup miss Amy, et quelle était sous tous les rapports digne d'entrer dans leur famille, mais que *la goutte de sang noir* qui circulait dans ses veines, ne lui permettait pas de contracter, en Amérique, un mariage qui blessait si directement toutes les *convenances*.

En effet, le Nord, bien qu'il ait si généreusement lutté pour abolir l'esclavage et donner l'égalité et les droits de citoyens aux hommes de couleur, éprouve cependant pour eux un invincible mépris; les Nord-Américains poussent même si loin ce mépris et ce dégoût, pour cette race infortunée, qu'ils ne souffrent pas que dans les lieux publics et même dans les voitures les nègres, ou réputés tels, se mêlent avec eux ; cet illogisme raisonné est même, jusqu'à un certain point, le côté fâcheux du caractère de ce peuple cependant si généreux, si intelligent, et, surtout, disons-le, si *pratique*.

— Soit; répondit froidement le général aux observations de son père; je me marierai en France.

— Mais tu ne pourras jamais revenir en Amérique ! lui dit son père.

— Tant pis pour mon pays ! reprit-il fièrement; je préfère souffrir de son ingratitude que d'avilir mon caractère et de renier lâchement mes principes en me courbant devant un préjugé inique et absurde; je redeviendrai français comme l'ont été mes ancêtres, pendant tant de siècles.

Rien ne pût lui faire modifier sa résolution.

Après avoir réalisé la plus grande partie de sa fortune et avoir confié la gestion du reste, encore très considérable, à Charles Merlin, dont plusieurs fois il avait été à même d'apprécier l'intelligence et la profonde honnêteté; il donna l'ordre à Will, dont il avait fait son intendant, de tout préparer pour un prompt et définitif départ.

Un magnifique stamboat fut frété par Will à New-York pour le Havre.

Mais le général ne partit pas seul.

Miss Claudia, miss Jane, John et Lionnel lui donnèrent une grande et généreuse preuve de dévouement; devant tous, ils eurent le courage d'accompagner leur ami à cette heure décisive, et ils s'embarquèrent avec lui.

Plusieurs officiers étrangers, français pour la plupart et compagnons d'armes du général pendant la guerre terrible qui venait de finir, tinrent à honneur de protester contre le préjugé devant lequel se courbaient toutes les têtes ; ils escortèrent jusqu'au stamboat, sur lequel il partait, le brillant officier que tous ils aimaient et dont ils regrettaient de se séparer.

Le départ du général de Saint-Pierre fut presque un triomphe dans sa protestation.

Quelques mois après l'arrivée de Tristan à Paris, les trois mariages furent célébrés le même jour, et, ainsi que cela avait été convenu, miss Amy fut assistée par miss Claudia et miss Jane, tandis que John et Lionnel servaient de témoins à Tristan.

Mme de Saint-Pierre est une des femmes les plus distinguées et les plus recherchées de Paris.

Toute la colonie nord-américaine tient à honneur d'être reçue dans son charmant hôtel de l'avenue Montaigne et d'assister à toutes ses soirées et à toutes ses fêtes.

Il paraît que le préjugé contre le sang noir n'a pas traversé la mer avec les Américains, ou qu'ils l'oublient de ce côté de l'Atlantique?

Tristan de Saint-Pierre est très heureux, son beau-frère le colonel Taylor et son ami John Charlton se sont définitivement fixés près de lui; cependant, le général a des heures de mélancolie; peut-être regrette-t-il ce pays pour lequel il a si bravement versé son sang sur tant de champs de bataille, et qui l'en a récompensé en le contraignant à s'exiler!

Sa chère femme l'a rendu père de deux enfants charmants qu'il embrasse le sourire sur les lèvres.

Il songe, dit-on, à se faire naturaliser Français et à rendre ainsi à ses enfa...) patrie de leurs ancêtres.

On prétend que depuis quelques a... ées le préjugé, cause de l'exil de notre héro s'amoindrit chaque jour et tend de pl plus à disparaître dans les Etats-Un nord de l'Amérique.

Cela est-il vrai? nous en doutons; jusqu'à preuve bien positive de la réalité de ce fait, nous n'en croirons pas un mot.

Il faut des centaines de générations pour tuer un préjugé, et encore!

FIN

Paris. — Imp. Dubuisson et C°, rue Coq-Héron, 5.

www.ingramcontent.com/pod-product-compliance
Lightning Source LLC
Chambersburg PA
CBHW070523170426
43200CB00011B/2309